JN440492

일본 우익의 활동과 사상 연구

인문사회과학총서 69

일본 우익의 활동과 사상 연구

김채수

고려대학교출판부
KOREA UNIVERSITY PRESS

머리말

이 책은 일본의 우익단체·우익운동·우익사상 등에 대한 고찰을 통해 일본 우익의 본질을 규명해 내는 것을 목표로 한 연구서이다.

한국의 지식인들은 그동안 '일본 우익'에 대해 감정적으로만 대해 왔던 점이 없지 않다. 필자는 이러한 점을 감안하여, 지난 수년간 동아시아 지역을 통한 리저널리즘과 전 세계를 단위로 한 글로벌리즘에 입각해 그것에 대한 체계적 연구를 시도해 왔다. 이 책은 한국인들에 의해 그것이 합리적 차원에서 접근되고 또 체계적으로 이해될 수 있도록, 그 연구의 결과들을 기초로 해서 쉽게 저술해 낸 것이다. 그러한 점에서 본서는 '일본 우익'에 대한 교양서의 성격을 지닌 책이라 할 수도 있다.

일본의 학계와 언론계 등에서 '우익' 이란 용어가 사용되기 시작된 것은 1930년대 전반부터였고, 그것이 일반적으로 쓰이게 된 것은 그 후반부터였다. 그 배경에는 1920년대 초·중반부터 '우익'의 대립적 개념인 '좌익'이라는 말이 쓰이기 시작했고 그 후반에 가서는 좌익 세력들이 철저히 타도되는 과정에서 그것이 널리 쓰이게 됐었기 때문이었다.

원래 '우익右翼'이란 말은 프랑스 대혁명기에 때 생겨난 것이다. 프랑스혁명의 최종 단계에서 구성된 의회였던 국민공회國民公會의 석상에서 의장석으로부터 보아 우측에 보수파의 지롱드 당이 좌측에 급진파의 자코뱅 당이 위치해 있던 일로부터 유래했다.

일본에서의 '우익'이라는 말은 20세기로 들어와 사회주의 세력이 형성되어 보수와 진보의 대립적 사회구조가 형성되는 과정에서 쓰이기 시작되었다. 프랑스

대혁명 때 쓰이던 "la partie droite"란 용어가 영어권으로 들어가 "the right wing"으로 번역되어 쓰이게 됐는데, 그것이 일본에 유입됨에 따라 그것을 통해 '우익'이란 말이 성립되어 나왔던 것이다. 그렇게 유입되어 사용됐던 당시 일본에서의 '우익'은 프랑스 혁명기에 사용됐던 우익의 의미에 근거해서 근대적 혁명에 대한 안티테제로서의 보수파의 정치적 태도를 가리켰었다. 그러다가, 그것은 좌익이 국제 공산주의 운동을 행해 나감에 따라 그것에 대립되는 반혁명, 반동, 제국주의, 파시즘 등으로 전환되어 나오게 되었던 것이다.

한국인들은 해방 전까지 일본의 그러한 우익 세력들에 의해 민족적으로 잔인무도할 정도로 무참히 유린당해 왔었다. 해방 후에도 그들은 최근까지 줄곧 한국인을 무시하는 언행을 일삼아왔다. 그러한 이유들로 인해, 현재 한국인들이 '일본 우익'이라는 말을 접하면 어떤 이상한 반응을 불러일으킬 지경인 것이다. 그렇다면 우리들은 일본의 우익세력들의 그러한 언동들을 어떻게 이해해 가야 하는가? 또 그러한 언행을 일삼아 가는 그들을 어떻게 대해 가야 할 것인가? 일본의 우익 연구자들은 일본의 집권여당이 1990년대로 들어와 우경화 정책을 취해 감에 따라 일본의 화이트칼라들이 새로운 우익 세력으로 전환해 나왔다는 말들을 하고 있다. 그러한 지적은 1990년대로 들어와 전 일본인들 전체가 우익이 되었다는 말로도 받아들여질 수 있다. 우리는 그러한 일본인들을 어떻게 대해 가야 할 것인가?

우리들에게서의 학문이라고 하는 것은 우리들에게서의 일본의 우익 세력과 같은 바로 이러한 것들을 연구하는 행위가 아닌가 한다.

이 우익 연구는 우선 각 시대마다 어떤 우익 단체들이 존재했었고, 그들이 전개시켜 나갔던 운동들은 어떤 것들이었으며, 또 그들이 그러한 운동들을 실천해 나갔던 사상들은 어떠했는지 등에 대한 문제들을 집중적으로 고찰한다. 그러한 고찰은 우선 일차적으로 1990년 이후 10여 년간부터 시작되어, 그 이전의 메이지 유신까지의 120여 년을 다루게 되고, 또 그것은 20년을 하나의 고찰 단위로 해서 여섯 장으로 나뉘어 행해진다. 다음으로 본 연구는 각 시대마다의 우익 활동의 실상들이 어떠했었는가에 대한 파악은 물론, 그 본질적 규명까지를 목표로 하고 있기 때문에, 우익의 사상적 기저 규명의 일환으로 메이지유신의 사상적 기저, 그것의 기초를 이루는 바쿠후幕府 말기의 근세 국체 사상国体思想 등이 고찰된다. 끝으로 그 국체사상의 초석이라 할 수 있는 고대천황제 국가 사상의 형성 경위 등에 대한 고찰까지를 대상으로 한다. 이렇게 해서 이 연구는 도합 아홉 장으로 나뉘어 고찰된다.

이 연구에서의 고찰 대상의 접근 수순은 역사 연구나 문학사 연구의 경우처럼 물리적 시간의 흐름에 따라 진행되지 않고, 그 역순逆順으로 행해지게 된다. 그 이유는 본 연구의 주된 목적이 전후 일본 우익들의 실상 파악과 그 원인 규명에 두어져 있기 때문이다. 어떤 현상들의 원인 규명은 보통 그 현상들의 이전 단계에 대한 고찰을 통해 행해지다. 현상들이란 그 이전의 어떤 원인들의 결과들로 볼 수 있기 때문이다.

필자는 이 연구서가 한국인들로 하여금 일본의 우익들에 대한 이해를 가능하게 해서 그것을 바탕으로 금후의 한·일 관계가 동아시아의 리저널리즘과 전 지구의 글로벌리즘에 기초해 보다 바람직한 방향으로 전개되어 나가는 데 조금이라도 도움이 된다면 더 이상 바랄 바가 없다. 이 책이 출판되기까지 여러모로 도와주신 분들께 이 지면을 빌려 깊이 감사드린다.

2008년 겨울

김채수

▌차례

제1장
글로벌 시대(1990년대 이후) 일본 우익

들어가면서

*

이 장에서는 글로벌 시대로 접어든 1990년대 이후 일본의 정치적 상황들과 관련시켜 단체 · 운동 · 사상 등의 측면에서 일본 우익들의 동향을 파악한다. 이들이 금후 일본의 정치 · 경제 · 사회 · 문화 등에 어떠한 영향을 미치고 어떠한 역할을 수행할 것인지 고찰하고, 한 걸음 더 나아가 금후 동아시아의 연대 구축에 어떠한 역할을 할 수 있을 것인지, 또 그와 관련된 미국, 일본, 중국 등의 내셔널리즘이 향후 어떤 형태를 취해 글로벌리즘으로 전환될 것인지 등에 대한 문제들을 규명해 보고자 한다.

일본의 우익은 1990년을 전후해 자신들의 정신적 지주와 그들의 대항 세력을 동시에 상실하게 됐다. 1989년 1월 그들의 정신적 지주였던 쇼와昭和 천황이 사망했다. 그 이듬해 1990년 10월에는 이념적 차이로 양분되었던 독일이 통일되고, 그해 12월에는 역시 이념적 차이로 인해 그동안 수교가 불가능했던 한국-소련 간의 국교가 수립되는 등, 기존의 냉전 체제가 해체되고 있었다.

1991년 1월 미국, 영국 등의 다국적군과 이라크군이 맞섰던 걸프전은, 50여 일 만에 다국적군의 승리로 끝났으며, 그해 12월에는 소련이 해체되었다. 이러한 모든 과정은 그동안 자본주의와 공산주의라는 이념적 대립을 기초로 형성되고 유지되어 온 양대 진영의 세계가 와해되고 결국 미국을 정점으로 한 자본주의 중심의 세계로의 재편을 의미하는 것이었다.

일본의 우익들에게 쇼와 천황이란 1926년 즉위 이래 그야말로 현인신現人神으로 숭배받아 온 존재였다. 일본 우익은 그를 중핵으로 해서 형성, 발전해 나온 세력이며 오직 일본을 위해 대륙 침략에 앞장선 세력이었다. 그들은 소련 중심의 공산주의 세력은 물론 미국·영국 중심의 서구 세력들까지 일본의 대항 세력으로 간주했다. 한마디로 일본의 우익들이란 지난 64년간 쇼와 천황과 함께 살아왔고, 또 그를 위해 살아왔다고 말할 수 있는 자들이다. 그런데, 그 쇼와 천황이 1990년대로 진입하는 시점에 사망한 것이다.

그런 일본 우익이 쇼와 천황 사망 이후 국가와 세계에 대해 어떠한 입장을 취할 것인지 호기심을 갖지 않을 수 없다. 일본의 우익들은 공산주의 세력을 자신들의 최대 대항 세력으로 여겨 그들을 타도하는 것을 자신들의 활동 목적으로 삼았다. 그런데 1990년대의 초입에 독일 통일, 한·소 국교 수립, 소련 소멸 등을 계기로 냉전 체제가 완전히 해체됨으로써 그들의 주된 타도 대상이 사라져 버린 것이다. 따라서 우리는 일본의 우익들이 그 후 무엇을 목표로 해서 어떤 식으로 움직여 나갈 것인가에 대해 관심을 가지지 않을 수 없다.

역사적으로 고찰해 보건대, 우리에게 일본의 우익이란 분명 요주의 대상이 아닐 수 없다. 정치적으로나 사상적으로 일본의 우익 쪽에 서 있는 인사들이나 그들을 중심으로 형성된 단체들은 하나같이 소위 아시아주의라는 것을 표방해 왔다. 그들에게 아시아주의란 서구주의에 대립되는 것으로, 결국 일본을 중심으로 한 아시아주의를 가리킨다. 즉, 아시아인이 일본을 중심으로 일치단결해서 아시아를 지배하려는 서구 세력들과 대결해야 한다는 입장이다. 그들의 그러한 입장은 궁극적으로 우리에게는 위협이 될 수밖에 없으며 양국을 적대적 관계로 몰고 갈 수도 있다.

일본의 지식인, 언론인, 정치가, 사회 운동가, 실업가, 문학자 등을 포함하는 일부 인사들과 그들을 중심으로 형성된 단체들은 언론 등을 통해 노골적으로 자국 일본을 사랑한다고 공언하고, 또한 그와 직결된 행동을 보이기도 한다. 우리는 그들을 우익이라 부른다. 그러한 정신과 단체는 일본이 근대 국가로 전환하는 과정에서 성립된 것으로서, 이는 일본인들이 서구의 근대 국가들과 맞서기 위한 방편으로서 채택해야만 했던 국가주의 관념의 산물이라고 할 수 있을 것이다.

이제 우리는 그러한 국가주의 또는 내셔널리즘이 다국적군의 걸프전 승리와 그 직후의 소련 소멸 등을 계기로 한층 더 뚜렷해진 글로벌리즘이라는 새로운 시대 사상의 물결을 타고 이후 어떠한 형태로 전환할 것인지 관심을 갖지 않을 수 없다. 이른바 글로벌리즘이 최고의 경제력과 군사력을 보유한 초강대국 미국을 통해 실현되어 감으로써 신보수주의 등과 같은 또 다른 차원의 새로운 내셔널리즘의 시대가 도래할 가능성이 엿보이기 때문이다.

이상과 같은 점들을 고려해 볼 때, 우리는 글로벌 시대로 접어든 1990년대 이후 일본의 우익 세력들의 동향을 그들의 활동·단체·사상의 측면에서 철저히 파악해서, 향후 미국 중심의 글로벌리즘의 횡포와 그로 인한 또 다른 차원의 새로운 내셔널리즘 형성의 가능성을 대비해야 하는 시점에 처해 있다고 말할 수 있다.

**

일본에서 '일본의 우익'에 대한 연구는 기노시타 한지木下半治의 《일본의 우익日本の右翼》(1953) 출판이 시발점이라고 볼 수 있다. 그 후 1960년대로 들어와서 '사회운동연구회社会運動研究会' 편의 《우익 운동 사전右翼運動事典》(恒文堂, 1961)

의 출판을 계기로, 아라하라 보쿠스이荒原朴水의 《대우익사大右翼史》(大日本国民党, 1966), 사회운동연구회 편의 《우익사전右翼事典》(恒文堂, 1970) 등에 의해 '운동' 레벨에서의 체계적 연구가 행해졌다.

1970년대에 접어들어 일본이 유럽 선진국들을 누르고 미국에 이어 제2의 경제대국으로 도약하는 분위기 속에서 행해진 일본 내 우익 연구는 일본 공산당중앙위원회日本共産党中央委員会 편의 《정치반동과 우익 테러政治反動と右翼テロ》(日本共産党中央委員会出版局, 1974) 등의 간행으로 이어졌는데, 이를 계기로 일본의 우익 연구는 '사상'적 측면에서 우익을 연구해 보려는 학자들에 의해 행해지기 시작했다. 그 첫 성과가 바로 마쓰모토 겐이치松本建一의 《사상으로서의 우익思想としての右翼》(三文明社, 1976)과 같은 것이다.

그 전까지만 해도 사상적 측면에서의 우익 연구는 일본의 국가주의 운동이나 민족주의 운동에 대한 연구의 일부로 행해져 왔다. 그러나 《사상으로서의 우익》 이후부터는, 좌익과 우익 사이에 중립적 입장을 견지하려는 학자들에 의해 '우익'은 사상적 측면에서 독립된 연구대상으로 취급되기에 이른 것이다.

일본 내 우익 연구는 일본이 미국을 제치고 세계 제일의 채권국으로 부상하게 된 1980년대 전반에 와서 일본의 각 지도층들의 우경화 분위기 속에서 가장 왕성히 행해졌던 것으로 고찰된다. 호리 유키오堀幸雄의 《전후의 우익 세력戦後の右翼勢力》(勁草書房, 1983) 등이 그 대표적 업적이라 할 수 있다. 이 무렵 일본에서는 전전 대륙 침략을 감행했던 자들의 후예들을 주축으로 신보수주의 세력이 형성되어 나왔다. 또, 그러한 우경 세력들의 등장을 우려한 전후 민주주의 세력도 만만찮은 활동을 벌이고 있었다. 그러한 상황하에서 우익 연구는 우익에 대해 긍정적 입장과 부정적 입장을 취한 두 세력 모두에 의해 행해졌던 것이다.

1990년대로 접어들어 소련 소멸 등을 계기로 일본의 경제가 침체일로를 걷자 대다수 일본 국민은 그 타개책의 한 방안으로 청·일 전쟁과 러·일 전쟁을 승리로 이끈 메이지 정신과 그 기초를 이룬 사무라이 정신과 같은 것들을 부활시키려는 입장을 취했다. 그와 같은 과정에서 정치 · 경제 · 사회 · 교육 등의 모든 분야에서 우경화의 바람이 불었던 것이다. 이때의 우익 연구로, 글로벌적 시각에서 접근한 스즈키 구니오鈴木邦男의 《탈우익 선언》(1993), 우익문제연구회 편 《우익의 조류》(1998), 야마구치 야스시山口定의 《유럽 신우익》(1998), 기무라 미쓰히로木村三浩의 《우익은 끝나지 않았다》(2001) 등의 대표적 업적들이 나왔다.

한국에서 일본 우익에 대한 관심이 커지게 된 계기는 1992년부터 94년 사이에 일본 정부를 중심으로 한 일련의 행보에서 비롯했다. 일본 정부는 1992년 유엔 평화 유지 활동PKO 협력법을 성립시켰고, 1993년에 자위대自衛隊의 PKO 파견을 결정하였으며, 그 다음 해인 1994년에는 사회당 출신의 무라야마村山 수상이 '자위대 합헌'을 명확히 밝혔다. 일본이 경제대국에서 군사대국으로 변모할 가능성이 짙어지고 있었던 것이다. 그 결과 1995년을 전후하여 한국의 학자들은 〈전쟁 찬미로 결집하는 일본의 우익들〉(부지영, 《주간조선》, 347호, 1995), 〈일본의 우익〉(김진기, 《北韓》, 286호, 1995) 등과 같은 칼럼을 써내기 시작했고, 그 다음 해부터 정광섭의 〈한일 관계에 있어 일본 우익의 역할〉(《경기행정논집》 10, 1996) 등의 논문을 시발로 한국에서의 일본 우익에 대한 관심이 학문적 차원으로 전환되어 갔다.

그 이후에는 강창일의 〈일진회의 '합방' 운동과 흑룡회—일본 우익의 대아시아주의와 관련하여〉(《역사비평》 52호, 2000)와 같은 학문적 가치가 높은 논문이 나오게 되었고, 시사성이 가미된 김호섭의 《일본 우익 연구》(중심, 2000) 등과 같은 단행본도 출판되었다.

강한구 외의 《일본의 보수우익이 방위 정책에 미치는 영향 분석》(한국국방연구원, 1998)에는 다수 논문들이 포함되어 있으며, 아태 지역연구센터 편의 〈일본의 역사교과서 왜곡구도와 일본 사회의 우경화〉(《아태지역동향》 112호, 한양대학교, 2001), 정광섭의 〈일본 우익에 대한 이해〉(《순국》 89호, 1998) 등의 논문들이 나왔고 '일본 사회의 우경화'나 '역사교과서 왜곡' 등의 문제와 연관된 글들이 발견된다.

현재까지 한국에서 행해진 본격적인 일본 우익 연구로는 단행본으로 출간된 김호섭 외의《일본 우익 연구》와 강창일의《근대 일본의 조선 침략과 대아시아주의—우익 낭인의 행동과 사상을 중심으로》 등을 들 수 있다. 전자는 근대 일본의 우경화 현상에 대한 관심을 주축으로 하여, 제1장에서 일본 우익의 연원 및 그 역사적 전개와 이념을 논하고, 제2-4장에서 1990년대 중반 이후 일본의 우경화 실체와 그 원인을 논한 논문들로 엮어진 것이다. 따라서 이 책은 엄격한 의미에서 일본 우익에 관한 연구서라기보다는, 머리말에서 '저자 일동'이 "이 책은 일본의 우익, 우경화를 이해하는 데 가장 필수적이라고 생각되는 영역을, (1)역사, (2) 정치, (3)사회, (4)안보의 네 분야로 나누어 각기 집필을 담당"했다고 말하고 있듯이, 근대 일본 사회의 우경화 현상과 그 원인에 대한 고찰을 주축으로 한, 일본 우익에 대한 개론서적 성격의 논집이라 할 수 있다.

후자는〈결어—요약과 전망〉에서 필자가 "동학농민 전쟁 발발 이후 일본의 조선 병합까지 조선에서 활동한 일본 우익 낭인들의 행동과 사상을 서론과 5장으로 나누어 분석했다"고 말하고 있듯이, 일본 우익들과 조선과의 관계를 고찰한 연구서이다. 이 책 역시 일본 우익의 전모를 드러내 주지는 못한다. 현재 우리에게 필요한 일본 우익 연구서는 일본의 우익이 어떻게 형성되어 나와서 각 시대에 어떠한 역할을 수행했는지, 그것의 종류는 어떠했으며 일제의 대륙 침략과정에서 한국, 중국 등에 어떠한 일들을 자행했는지, 또 현재 그 종류는 어떤 것들이 있으며, 어떤 일들을 진행하고 있는지, 우익 사상의 본질은 무엇인지 등과 같은 문제들에 답을 제시해 줄 수 있어야 할 것이다.

약술하자면 한국에서 일본 우익에 대한 연구는 일본 내 우익 연구가 글로벌적 시각에서 행해지기 시작된 이후에 태동되었다. 그 이유는, 걸프전과 소련 소멸 이후 전 일본 사회의 우경화에 대한 우려와 그러한 우경화를 주도한 일본 우익들의 동향에 대한 깊은 관심에서 비롯된 것으로 보인다.

***

지구상의 인간들은 18세기 중후반 영국, 프랑스 등에서 일어난 산업혁명, 시민혁명 등을 계기로 해서 근현대화modernization를 이룩했다. 근현대화란 "인간이 자신과 자신을 둘러싸고 있는 물리적 세계에 내재된 다양한 진리들을 탐구하고 그것들을 이용해 기술과 자본을 축적하며 그 기반 위에서 대량의 물품들을 생산해 내서 기독교의 박애정신을 실현시켜 나가는 과정"(막스 베버의 《프로테스탄티즘의 윤리와 자본주의 정신》)으로 이해된다. 또 신이라는 관념이나 기존의 모든 사회적 제도와 규범들로부터 자유를 신장시켜 나가고, 권리나 법 앞에서 평등하다는 사상(〈인권선언〉 제1조)을 일반화시켜 나가는 과정이라고도 할 수 있다. 19, 20세기에는 시민혁명으로부터 기인한 네이션nation, 즉 근대국민 국가가 근현대화를 이끌면서 국가를 단위로 하여 진리와 박애, 자유와 평등이 추구되었으나20세기 말에 와서는 전 지구를 단위화한 글로벌라이제이션의 형태가 나타나기에 이른 것이다.

일본의 우익 또한 근현대화 과정에서 형성되어 나온 내셔널리즘의 한 소산이라는 점은 부인할 수 없다. 우리는 우선 글로벌적 시각에서 일본의 우익을 고찰해 보고, 거슬러 올라가 산업혁명의 정신인 진리탐구에 입각한 합리적 사고의 구축과 박애정신의 실현, 시민혁명의 정신인 자유와 평등의 실현 등의 과정이라 할 근현대화의 전개과정을 되밟으며 서구의 우익과의 비교 고찰을 수행할 것이다.

필자는 현하 글로벌리즘의 한 특성이라 할 수 있는, 글로벌라이제이션과 로컬라이제이션의 동시적 진행, 즉 글로컬라이제이션glocalization이라는 시각에서 접근하여, 1970년 미국에서 부상해 1980년대에 일본 정계에 지대한 영향을 미친 신보수주의, 1980년대 이후 서구에서 부상한 신자유주의(네오리버럴리즘) 등과의 관련 속에서 1990년대 이후 일본 우익의 동향을 살펴볼 것이다.

우선 일본과 미국의 정치적 상황이 1980년대 말의 쇼와 천황의 사망, 걸프전에서의 다국적군의 승리, 1990년대 초두의 소련 소멸 등을 계기로 한 냉전 종식 등의 시대적 상황 속에서 어떤 변화를 보였는지 고찰한다. 그 다음으로 미국의 신세계 질서 구상과 맞물려 일본의 국내외 정책들이 어떤 식으로 변화하였는지를 고찰한다. 셋째로 일본 정부의 유엔 중심주의로의 정책 전환과 보수·우익 인사들의 대응 양상을 살펴보고, 넷째로 1990년대로 접어들어 어떤 우익 단체들이 사라졌고 어떤 우익 단체들이 부상했는지를 알아본다. 다섯째로 기존의 우익 단체들과 새로 부상한 우익 단체들은 어떤 활동을 벌였으며, 개별 우익인사들의 우익 운동에 대해서도 알아본다. 여섯째로 1990년대로 들어와서 우익 단체들과 우익 인사들이 접촉한 우익 사상들은 어떠한 것들이었는지를 고찰한다. 끝으로 일본의 우익이 동아시아의 지역화에 어떠한 영향을 끼치고 있으며, 글로벌리즘에 대해서는 어떠한 입장을 취하고 있는지, 또 금후 글로벌리즘과는 어떻게 관련되어 나갈 것인지를 고찰하기로 한다.

1. 걸프전과 일본의 신보수주의 정책의 전환 양상

1) 미국의 걸프전 승리와 '신세계 질서' 확립 모색

1990년대로 들어와서 전 세계는 새로운 시대로 접어들었다. 그러한 전환의 계기가 된 대표적 사건이 다름 아닌 바로 걸프전(1991.1.17-2.28)과 소련 소멸(1991.12.13)이었다. 1990년 8월 2일, 이라크가 전격적으로 쿠웨이트를 침공함으로써 시작된 걸프전은 미국·소련을 양극으로 해서 일어난 종래의 냉전 체제하의 분쟁 패턴과는 판이하게 달랐다. 유엔 안전보장이사회를 주축으로 한 주요 국가들이 이라크의 쿠웨이트 침공에 반대해 다국적군을 형성해서 이라크와 전쟁을 치렀다. 당시 소련을 포함한 5개 상임이사국들의 이라크에 대한 태도는 거의 일치했다. 이는 바로 더 이상의 이념적 대립은 성립되지 않는다는 것을 의미하는 것이었다.

이라크의 후세인 대통령이 쿠웨이트를 침공했던 직접적인 계기는 국경지대에 위치해 있는 유전油田의 영유권 문제였던 것으로 알려져 있다.[1] 후세인 대통령은 이라크가 쿠웨이트를 침공했을 경우 세계 경찰관 역할을 자임하는

1■ 이라크가 쿠웨이트의 영유권을 주장한 배경에는 이전에 구미 열강에 의해 자의적으로 그어진 국경선 문제가 있었다. 이전에 오스만터키의 지배하에서 쿠웨이트는 현재의 이라크령인 바스라 주에 포함되어 있었다. 그런데 제1차 세계대전이 시작된 1914년, 영국이 오스만터키로부터 종주권宗主權을 억지로 빼앗을 당시 바스라 주를 분리해 쿠웨이트 측을 자신들 스스로의 보호령(영영방 내 자치국)으로 만들어 버렸던 것이다. 그 국경선은 쿠웨이드에 유전지대가 포함되도록 그이졌고, 인구가 많아 통치하기 어려운 이라크에 대해서는 보호령이 아닌, 보다 유연한 위임통치령이라는 형태를 부여했던 것이다. 그 후 쿠웨이트는 1961년까지 영국의 지배하에 놓였는데, 보호령 아래의 쿠웨이트는 "영국의 권익을 지켜온 괴뢰 정권을 유지시켜 나가는 사바후 왕가의 존속을 조건으로" 독립을 인정받았던 것이다. 그랬지만, 역대의 이라크 정권은 국제회의 등의 석상에서 일관되게 쿠웨이트 영유권을 주장해 왔다〔木村三『右翼はおわってねえぞ!』(雷韻出版, 2001), 282頁〕.

미국이 개입할 것을 예상하여 유전의 영유권 문제를 팔레스타인 문제와 관련시켜 아랍 각국의 지지를 받아 해결하려 했던 것으로 알려져 있다. 그러나 쿠웨이트 역시 아랍 세계를 구성하는 독립 국가였기 때문에 후세인의 생각대로는 되지 않았다. 결국에 가서는 걸프협력회의 국가들을 비롯한 이집트, 시리아 등이 이라크의 쿠웨이트 침공의 법적, 도덕적 근거에 대해 문제를 제기하면서 반이라크 진영으로 돌아섬으로써 아랍 세계는 균열되고 말았다.

이라크는 유엔의 안보리 상임이사국의 하나인 미국의 주도하에 결성된 29개국의 다국적군을 상대로 전쟁을 치러야 했다. 미국에 의해 주도된 걸프전은 컴퓨터를 이용한 하이테크 병기兵器의 실험장으로도 활용되었다. 개전일 이라크 공격에 최초로 출격한 것은 이른바 보이지 않는 공격기로 알려진 미군의 F117전투폭격기 편대였다. 미사일이 핀 포인트(바늘구멍)를 통해 목표를 포착하는 모습이 TV를 통해 반복되어 방영되었다. 전쟁은 월남전이 그랬듯 장기전이 될지도 모른다는 예상을 깨고, 한 달 10여 일 만에 다국적군의 승리로 끝났다.

걸프전에서의 승리를 계기로 유엔의 안보리는 걸프전을 미연에 방지하지 못했다는 반성으로부터 출발하여 금후 안보리가 종래의 평화 유지 활동PKO의 기능뿐만 아니라 보다 적극적인 분쟁예방 활동의 기능도 가져야 한다는 입장을 취했다. 또, 걸프전을 주도했던 미국의 부시 정권은 그해 말 소련 소멸의 분위기를 타고 미국 주도하의 '신세계 질서' 확립이라는 정치적 목표를 세우게 되었던 것이다.

일본으로 말할 것 같으면, 걸프전은, 전후의 일본 정치에서의 일대 전환점을 가져온 사건이었다.

2) 미국의 '지역방위 전략' 정책

소련 소멸 이후 미국의 '신세계 질서' 확립은 미국의 새로운 군사 전략을 통해 진행됐다. 당시 미국이 구상했던 새로운 군사 전략의 기본 개념은 1992년 5월에 발표한 〈1994-99년도 국방계획지침〉, 동년 8월에 발표한 〈90년대의 국방전략—지역방위 전략〉 등의 정책문서들로 확정되었다.

미국의 이와 같은 신방위 전략의 요체는 '지역방위 전략'이었다. 이는 방위계획의 요점이 구소련의 미국에 대한 '글로벌적 도전에 대처했던 것으로부터 주요 지역, 특히 유럽, 서남아시아 및 동아시아 지역에서의 위협에 대처하는 것으로의 이동'을 의미하는 것으로서, 이와 관련해 확립된 용어인 '지역방위 전략'은 92년 2월에 작성된 〈93년도 미 국방 보고〉에 처음으로 등장했다. 그 다음, 1993년 1월에 출범한 클린턴 정부의 국가안전보장 전략은 그 다음 해 7월에 작성된 〈안전보장 정책 보고서〉 이후 '관여와 확대 전략'으로 정식화되어 나왔다.

다시 말해서 그것은 미국의 세계적 '관여'를 유지하면서 그것에 의해 "민주주의와 시장경제의 국가 공동체를 확대해 간다"라는 전략적 개념이었던 것이다.

'지역방위 전략'은, (1) 방위력과 협조적 안전보장 수단에 의한 안전보장의 강화, (2) 해외시장의 개방과 세계적 경제성장의 촉진, (3) 해외 민주주의의 촉진 등 세 개의 '중심적 요소'로 구성되어 있으며, 국방적 전략, 경제적 전략, 외교적 전략의 통합적 파악을 목표로 하였다. 사실상, 이 세 요소는 종래의 냉전기에도 일관되게 추구한 전략 목표이다. 그러나 '관여와 확대 전략'의 주안은 군사적 압력에 의한 간섭이나 배제가 아니고 포괄적 수단에 의한 관계 강화로서 적대국도 이 공동체에 참여할 수 있는 것으로 되어 있다.[2]

걸프전 이후 미국의 군사 전략이 이와 같이 전환되면서 동맹국들에 대한

---

2 ■ 李鍾元「第4章 '世界秩序'の流動」(臨時増刊『世界』, 1997. 4), 217頁.

요구도 종래의 군사적인 '부담의 공유burden sharing'로부터 넓은 범위의 '책임의 공유responsibility sharing'로 확대하는 경향을 보이게 된다. 예컨대, 《공동방위에 관한 동맹국의 공헌도 보고》(95년판)는 "공동방위의 부담에 초점을 맞춘 종래의 방식으로부터 벗어나서 보다 폭넓게 협조적 안전보장의 책임이라는 초점으로 이동한다는 방침"을 분명히 하고 있고, 구체적 평가지표 또한 각국의 군사 예산이라든가 미군 주둔 경비 부담에 덧붙여 평화 유지 활동, 경제 및 인도적 원조, 핵 확산 방지 활동 등을 새롭게 설정해 놓고 있다. 이상과 같은 점들을 고려해 볼 때, 일본에 미군의 극동사령부를 설치한 이유는 경제대국 일본이 미 · 일 공동 방위의 부담금을 미국이 만족하는 수준까지 지급한다는 입장을 취했기 때문으로 파악된다. 와타나베 오사무渡辺治는 "1990년대 중엽까지는 현대 일본의 대국화가 일본 자본의 글로벌화라는 새로운 사태를 근거로 나타나고 있다"고 지적하고 있고, "현대 일본의 군사대국화는 그때까지의 정치 주도의 군사대국화의 시도와는 달리, 분명히 새로운 자본의 동향을 배경으로 해서 생겨나고 있다"고 말하고 있는 것을 염두에 둘 필요가 있다.[3■] 96년 4월 〈미 · 일 안보 공동 선언〉 이래의 재정의再定義 작업이 단기적으로는 중국이라든가 북한의 잠재적인 위협에 대한 대처를 고려하고, 그 후방 지원을 일본에 맡김과 동시에, 부속문서 〈양 국민에 대한 메시지〉에서 핵 · 생물 · 화학병기의 확산 방지, 인권의 보장, 인구, 환경 문제 등 전 지구적 문제들을 미국 · 일본이 아시아 태평양 지역의 공통 의제로서 제창한 것도 이와 같은 맥락에 의한 것이라 할 수 있다.[4■]

미 · 일 양국은 그러한 전략을 추진해 오다가 2004년 6월에 와서 미국 워싱턴 주의 미 육군 제1군단 사령부를 일본 가나가와겐神奈川県에 있는 주일미군 자마座間기지로 옮긴다는 방침을 정한다.[5■] 그러한 방침에 따라 금후 "주한 미군

3■ 渡辺治『日本の大国化とネオ・ナショナリズムの形成』(桜井書店, 2001), 5頁.

4■ 上掲書, 219頁.

사령부의 핵심 기능이 일본으로 옮겨갈" 계획하에 있고, 그러한 계획에 입각해 그에 따른 "미 지상군 감축이 대규모로 이루어"졌다.[6]

일본《아사히신문》의 칼럼니스트인 후나바시 요이치는 즉각적으로 한 발자국 더 나아가 동북아시아에서의 미군의 이와 같은 움직임에 대해 "이제 〈한·미·일 안보 공동 선언〉을 고려할 때"라는 입장을 제시하고 있다.[7]

3) 걸프전 이전 일본의 국제 국가론

오히라大平 내각(1978.12-1980.7) 이후 미국의 '동맹국'으로서 '공존공고共存共苦'의 입장을 취했던 일본은 걸프전을 계기로 우선 정치적, 군사적 측면에서 일대 전기를 맞게 된다.

1980년대 들어 미국이 신보수주의 정책을 취해 나가자 일본의 나카소네中曾根 수상도 거기에 보조를 맞췄다. 나카소네의 수상 재임 기간은 1982년 11월에서 1987년 11월까지의 5년간이었다. 그는 그사이 일관되게 신보수주의 정책을 견지했다. 그의 신보수주의 정책은 '전후 정치의 총결산', '터부에 대한 도전', '국제 국가 일본론' 등의 그의 정치적 슬로건에 입각해 수립되었다.

나카소네는 수상 재임 초 한국 방문에 이어 미국을 방문했는데, 그때 그는 군사와 외교에서의 미국·일본 책임 분담의 결의를 '일본열도 불침공모不侵空母'라는 표현으로 언론에 천명한다. 즉, 동북아시아의 평화와 안전을 지키려는 미국의 레이건 대통령과의 회담에서 그는 그와 같이 '미·일 운명공동체'를 강조하고 스즈키鈴木 전 수상과 레이건과의 공동 성명의 '미·일 동맹'을 진일보시키

5■ 김승련·최호원 기자, 〈'한미 관계는 아무런 이상 없다' 정부 공식입장과 정면 배치〉, 《동아일보》(2004. 6. 4).

6■ 같은 곳.

7■ 〈한·미·일 안보 공동 선언 고려할 때〉, 《동아일보》, A7면(2004. 6. 4).

는 태도를 보였다. 그리고 1986년 9월에는 미국의 전략방위구상SDI에 참여를 결정한다. 이처럼 그는 미국을 중심으로 한 서방 측의 안전보장 체제에 대한 지지를 강화하면서 방위비를 증액해 나갔다. 또 그는 국제회의에서 대소對蘇 전략 논의에 적극적 입장을 취했다. 이렇듯 미국과 적극적인 협력 관계를 만들어 가는 한편으로 그는 일본의 독자성을 강조하는 입장을 취했다. 전후의 수상으로는 처음으로 야스쿠니진자靖国神社 공식 참배(1984.1.5), 건국기념일 식전式典 등의 출석 등을 통해 권위적 천황상의 새로운 부활을 시도했고, 전전의 천황 지배의 전통을 계승해 나갔다.

나카소네 정권하의 문부성文部省은 '국기게양, 국가제창의 철저'를 각 교육기관에 통지(1985.9.5)하기도 했다. 나카소네 수상 자신도, "미국의 지적 수준은, 흑인들이 많기 때문에 일본보다 낮다"라는 발언(1986.9.22)을 하기도 했다. 그는 복고주의적 정책 실현을 통해 정치 체제를 근간으로 한 전 사회 체제의 우경화를 꾀했다. 그러나 결국은 인접한 한국, 중국 등 아시아 여러 나라의 국민들로부터의 국제적 비난은 말할 것도 없고, 국내의 일부 시민들과 종교가들 등의 강한 반발에 부딪혀 총리로서의 야스쿠니진자 공식 참배도 1회로 끝나고 말았으며, 건국기념일 식전의 출석도 불과 몇 번으로 끝나고 말았다.

나카소네의 그러한 신보수주의 정책은 천황 복권 정책의 좌절 등으로 인해 '전후 정치 총결산'의 결말을 내지 못한 채 다케시타竹下 내각(1987.11-1989.4)으로 넘겨졌다. 그러다 리쿠르트 사건 등을 통해 그 한계성만 다시 드러낸 채 1990년대로 넘어온 것이다.

나카소네의 신보수주의 정책은 1990년 초의 걸프전을 계기로 새로운 전환점을 맞게 된다. 그의 정책이란 대외적으로는 제2차 세계대전 이후 미국·소련을 양대 축으로 한 냉전 체제와 대내적으로는 그 냉전 체제에 기초한 자민·사회 양당 중심의 '55년 체제'에 기초한 것이었다. 그러나 1980년대 말로 접어들어 '냉전 체제'를 유지했던 베를린 장벽이 드디어 붕괴되고(1989.11.9), 90년대로 들어와 한·소 국교가 수립되고(1990.9.3), 독일 통일(1990.10.3)이 이루어졌으며, 남북한 유엔 동시 가입이 이루어졌다. 이어서 결국은 소련이 소멸(1991.11)하고, 그 후 1년이 못 되어 한국과 중국의 국교가 수립됐다(1992.8).

이와 같이 대외적으로 냉전 체제가 붕괴되어 가자, 그것을 기반으로 확립된 '55년 체제'도 해체되어, 결국은 호소카와細川 연립 내각의 발족(1993.8)을 계기로 38년 동안 집권해 온 자민당이 야당으로 바뀐 것이다.

4) 미국의 지역방위 전략 정책과 일본의 정계 개편

걸프전이 일본의 정치·사회·경제·교육 등의 부문에 끼친 영향은 어떤 것이었는가? 방위력 보유를 부정하는 일본의 헌법에 기초해 정치를 해야 하는 일본 정부는 〈샌프란시스코 강화 조약〉(1951.9)과 동시에 체결한 〈미·일 안전보장 조약〉에 의존할 수밖에 없는 한계를 지니고 있다. 따라서 일본 정부로서는 이라크에 대해서 미국과 같은 입장을 견지할 수밖에 없고, 미국이 대이라크전을 밀어붙일 때 일본 정부로서는 미국과 함께 전쟁을 치러 내지 않을 수 없었던 것이다. 이에 대해 일본의 정치가들은 일본이 그런 상황에 처한 이상에는 미국과 함께 대이라크전을 치러 자신들에게 유리한 국면을 확보해야 한다는 구상들을 하게 되었다. 일본이 자칭 세계의 경찰관 노릇을 하려는 미국의 등에 업혀 국제 사회로 한 단계 더 나아가 군사적 측면에서 국제 평화 활동을 적극적으로 펼쳐야 한다는 것이다. 그럼으로써 헌법 개정을 방해하는 인접 국가들과 일본 국내의 민주주의 선봉 세력들로부터 일본의 침략적 이미지를 씻어내, 헌법 개정을 통해 방위력을 보유하는 소위 '보통 국가'로 전환해 보겠다는 것이었다.

대이라크전에 대한 일본의 적극적 참여는 바로 그러한 맥락에서 행해졌고, 걸프전 이후 미국이 구상했던 '지역방위 전략'을 중심으로 한 '새로운 군사 전략'의 정책에 대해서도 일본 정부는 적극적 참여라는 입장을 취했다. 걸프전 이후의 미국의 지역방위 전략에 대한 일본 정치가들의 기본적 입장은 다음과 같이 구체화된 것으로 관찰된다.

우선, 1990년대로 들어와서 일본의 집권 여당이 야당으로 바뀌게 된 경위부터 고찰해 보기로 한다. 1989년 4월에 다케시타竹下 수상이 리쿠르트 사건 등으로 인한 국민들의 정치 불신에 대해 책임을 통감하고 퇴진을 표명하는 한편, 중의원 본회의에서는 헌정 사상 처음 자민당 단독으로 1989년도 예산안을 가결한다. 그 다음 7월 제15회 참의원 의원선거에서 자민당이 참패해, 자민당 결성 이래 최초로 여당과 야당이 역전된다. 그러한 과정에서 1992년 12월에 오자와 이치로小沢一郎 전 자민당 간사장을 중심으로 하는 하타파가 자민당 다케시타파로부터 분리되어 나오더니, 그 다음 1993년 6월 중의원 본회의에서 사 · 공 · 민 3당이 제출한 내각불신임안에 자민당의 하타파가 가세해 가결, 결국 중의원이 해산된다. 그러자, 자민당으로부터 다케무라 마사요시武村正義 등 10명이 탈당해 나와, '신당 사키가케'를 결성하고, 이어서 하타파의 중 · 참양원 의원 44명이 '신생자민新生自民'을 목표로 하여 '신생당'을 창당한다. 그러자 그 다음 7월 제40회 중의원 총선에서 '자민 과반수 부족, 사회 참패, 신당 약진'이라고 하는 결과가 나와, 의원 수가 '사회', '신생', '공명', '민사', '사민련' 순인 당들의 '비자민' 연정이 설립된다.

그 결과 '비자민' 연정에서 제외된, 호소카와 모리히로細川護熙를 대표로 하는 '일본신당日本新党'과 다케무라 마사요시의 '신당 사키가케'의 두 당(중의원 총 의석수 511석 중 9%에 해당하는 48석)이 캐스팅보트를 쥐게 되었다. 의석 수로 볼 때, 결국은 호소카와가 캐스팅보트를 쥐게 된 것이다. 호소카와가 "국민이 열망해 온" 정권 교체를 실현한다는 명분으로 '비자민' 연정의 제안을 받아들임으로써 그 다음 8월에 호소카와 연립 내각이 발족되었다. 그런데, 이 호소카와 내각은 5개월 만인 1994년 4월 하타羽田 연립 내각으로 교체되었고, 또 하타 연립 내각은 1개월 만에 해산, 그 후 자민당과 연정을 형성한 무라야마 내각이 성립되었고 무라야마 내각은 1996년 1월에 가서 다시 연정 내각의 형태를 취한 자민당의 하시모토橋本 내각으로 교체된다. 그리고 하시모토 내각은 1996년 11월 정권을 뺏긴 지 3년 3개월 만에 자민당 단독 내각을 구성하기에 이른다.

이렇듯 3년 3개월 사이에 진행된 일본의 정변은 (뒤에서 상술되는 바와 같이) 미국의 주도하에 행해진 걸프전을 계기로 한 것이었다. 일본 정부는 1990년 8월 대이라크 경제 제재를 결정하고, 다국적군에 대한 막대한 자금지원 등의 중동지원책을 공표했다. 일본은 걸프전과 관련해서 9월부터 다국적군, 주변의 여러 나라, 걸프만 난민구제 등에 총 220억 달러에 이르는 자금을 사용한다. 1992년 3월에는 육상 자위대에 '국제공권 프로젝트'팀이 설치된다. 그해 6월 일본 정부는 유엔 평화 유지 활동PKO 협력법을 만들어, 9월에는 이에 의거해 캄보디아에 자위대를 선거감시단으로 파견한다. 한편, 일본 정부는 그로부터 2개월 전인 그해 7월, 일본 군부가 종군위안부 모집에 관여했다는 사실을 발표했다. 그 다음 1993년 3월에는 모잠비크에 PKO를 위한 자위대 파견을 결정하며, 1994년 7월 자민당과 연립해 내각을 결성한 사회당의 무라야마 총리는 '자위대 합헌'을 언명한다. 그리고 하시모토 수상은 1996년 4월 클린턴 미 대통령과의 미·일 수뇌 회담에서 '극동 유사시'를 상정해 〈미·일 안보 공동 선언〉을 발표한다.

2004년 4월 자민당의 헌법조사회가 마련한 헌법 개정안 초안과 관련하여 《마이니치신문》은 "일본의 전쟁 포기를 규정한 '헌법 9조'의 개정과는 별도로 '국가를 지키는 의무' 조항을 헌법 개정에 포함시키기로 했다"고 같은 달 20일자에 보도하고 있다. 일본은 제2차 세계대전 패전 이후 징병제를 없애고 지원병제로 육해공 자위대원을 충원해 왔다. 일본 정부의 이러한 국방 의무의 헌법 명문화는 2005년 11월 집권당 헌법 개정안 초안 공표를 통해 이루어졌다.[8] 2004년

---

8 〈日자민 '국방의무' 헌법 명문화〉, 《동아일보》, A12면(2004. 4. 21).

6월 자민당의 헌법 개정 프로젝트팀은 헌법조사회의 회의석상에서 "헌법 초안에 군사 전력의 보유와 집단적 자위권의 행사를 명시할 방침"임을 분명히 했다. 일본 정부는 지금까지 "집단적 자위권을 보유하지만 행사는 하지 않는다"는 헌법 해석을 해 왔다. 자민당은 헌법 개정 시 '자위대' 대신 '자위군'이란 명칭을 사용함으로써 자위대의 성격을 '군대'로 규정하되 집단적 자위권은 명기하지 않는다는 입장이었으나, "집단적 자위권을 명기하는 편이 국민의 이해를 얻기 쉽다는 판단에 따라 입장을 바꾸기로 했다"는 것이다.[9]

이와 같이, 일본은 걸프전을 계기로 자국의 방위력을 강화시켜 미국과 유엔 등을 통해 국제 사회로의 진출을 꾀했다. 그리고 그러한 국제 사회 진출의 목적은 경제대국으로서의 '국제적 책임'과 '국제적 공헌'이라는 명목하에 헌법 개정을 통한 군사대국화를 이루려는 데 있는 것으로 해석된다.[10]

일본이 인접 지역의 아시아 국가들에 대해 양면성을 보이는 까닭도 같은 맥락에서 파악된다. 걸프전 이후 일본은 한국과 중국에 대해 과거 자신들의 침략 행위에 대한 '사죄'를 몇 차례에 걸쳐 표명했다. 그러면서도 다른 한편으로는 교과서 검정에 '히노마루日の丸·기미가요君が代'를 '국기·국가'로 명기토록 하고(1991.6), 자민당 내에 '역사검토위원회'를 발족시켜(1993.8), 태평양전쟁을 "자존자위의 전쟁이자 아시아를 백인 지배로부터 해방시키기 위한 전쟁"으로 기술한 《태평양전쟁의 총괄》(1995.8)을 출판했다. 이 위원회가 바로 1997년 일본 역사 왜곡을 주도하는 '새로운 역사교과서를 만드는 모임'을 탄생시켰다. 이후 고이즈미小泉 총리는 자신의 야스쿠니진자 참배 행위에 대해 위헌 판결이 나왔음에도 불구하고 "앞으로도 계속 참배하겠다"는 입장을 고수했다.

이상에서 살펴본 바와 같이, 일본의 신보수주의 정책은 걸프전의 승리를 계기로 자국 중심의 글로벌화를 추진하는 미국과 파트너십을 구축하여 나카소

9 박원재, 〈日, 집단적 자위권행사 명시추진〉, 《동아일보》(2004. 6. 5).

10 渡辺治『日本の大国化とネオ・ナショナリズムの形成』(桜井書店, 2001), 24頁.

네 수상이 추진했던 우익 사상 기반의 전전戰前으로의 직접적 전환을 지양하고, 오자와 이치로의 《일본개조계획》 등에 기초한 '유엔 중심주의 국가'로 전환하여 '국제적 책임과 공헌'을 발판으로 헌법 개정을 실현한 후 군사대국으로 발전해 나간다는 쪽으로 전환하고 있음을 알 수 있다.

걸프전을 신호탄으로 한 미국 중심의 글로벌화와 맞물려 일본의 정계가 개편되었고 이에 수반하여 경제, 사회, 교육 등의 각 분야에서도 전면적 개편이 일어났다. 한편 그러한 미국 중심의 글로벌화는 결국 걸프전 이후 10년 만인 2001년 9월 11일 이슬람교도의 과격분자들에 의한 '뉴욕 동시다발 테러 사건'이라는 끔찍한 결과를 몰고 왔다. 그리고 그 이후의 변화에 대해서 일본 사회의 일각은 정확히 파악한바, "그 사건 이후 미국의 이념인 '자유와 민주주의'는 크게 변모했다. 유엔의 안전보장이사회의 결의를 무시하는 한이 있더라도 미국의 이해利害를 최우선시하는 세계의 군사·경찰 국가 즉, '제국'으로서의 '자유'가 바로 민주주의라는 입장으로 변모한 것이다.[11] 그러나 미국 행정부의 정치 노선을 추종해 온 일본의 여론은 일본의 국회의원들을 한 단계 더 우 편향으로 내몰았다.

2. 일본의 '유엔 중심주의'로의 정책 전환 과정

1) 일본의 정계 개편의 주역, 오자와 이치로의 구상과 그 본심

앞에서 고찰한 바와 같이, 일본의 정계 개편과 그것을 통한 일본의 '유엔 중심주의'로의 정책 전환은 일본의 일반 시민들과 지식인들의 지지를 바탕으로 해서

11 ▪ 別冊 Niche ①「特集— 9. 11/3. 21以降の世界史と日本の選択」(批評社, 2003.12), 63頁.

이루어진 것은 결코 아니다. 그것은 걸프전을 계기로 해서 일본이 미국의 세계 전략 정책에 대해 적극적으로 동조하지 않을 수 없는 상황에 놓이게 됨으로써였고, 또 그런 상황에 놓이게 되자 일본으로서는 차라리 한 발자국 더 나가서 국제 사회 문제에 보다 적극적으로 관여하자는 입장을 취함으로써였다 할 수 있다. 일본이 미국과의 관계 속에서 그러한 입장에 놓이게 됨에 따라, 헌법 개정을 통한 군사대국으로의 전환을 최종적 정치 목표로 삼고 있던 집권여당의 일부 의원들이 당시 일본의 그러한 국제적 여건을 적극적으로 이용해 보겠다는 입장을 취해 소위 '유엔 중심주의' 정책 실현을 통한 헌법 개정이라고 하는 입장 쪽으로 전환해 나왔다고 할 수 있는 것이다.

1955년 이후 지속적으로 정권을 장악해 왔던 자민당은, 줄곧 전쟁 포기, 전력의 불보유, 교전권의 부정이 구체적으로 명기되어 있는 전후 평화헌법의 개정을 통한 군사대국화를 모색해 왔다. 그러나 사회당, 총평總評, 노동조합, 농민조합, 부인 단체, 종교 단체 등 백 수십여 단체들로 구성된 '헌법옹호국민연합'이 개헌을 저지하는 것을 최대의 과제로 하여 활발히 활동하고 있어 자민당의 3분의 2의 의석 획득을 저지시키는 데 성공해 왔었다.

자민당의 그러한 개헌 활동은 나카소네 수상의 신보수주의 정책을 통해서도 결국은 결실을 얻지 못하고 만다. 자민당의 일부 의원들은 전전戰前으로의 직접적 전환이라고 하는 나카소네 수상의 우익 사상에 기초한 강력한 신보수주의 정책을 통해서는 헌법 개정이 결코 가능하지 않다는 것을 깨닫고 국제 사회로의 적극적 진출을 통한 개헌 방안을 모색하기 시작했다. 그 대표적 인물이 다름 아닌 바로 오자와 이치로였다. 걸프전(1991.1.17-2.28) 당시 오자와 이치로는 자민당 간사장(1989.8-1991.4)이었다. 그가 자민당 간사장이었던 시기에 220여 억 달러에 달하는 금액이 다국적군, 걸프만 주변국 등에 지원되었던 것이다. 그의 정당 개편을 위한 첫 제스처는 1992년 12월 그를 중심으로 한 하타파羽田派가 자민당 다케시타파竹下派로부터 갈라져 나온 것이고, 그 다음의 제스처가

1993년 6월에 사·공·민 3당이 제출한 내각불신임안에 그를 중심으로 한 하타파가 가세함으로써 중의원을 해산시키고, 연이어 자민당으로부터 탈당해 신당을 결성한 것이다. 이렇게 해서, 걸프전 이후 일본의 정계 개편이 일어나게 됨으로써 결국 55년 체제가 붕괴되고 38년간 장기 집권을 행해 오던 자민당은 야당으로 밀려났다.

그렇다면 오자와 일당이 그러한 식으로 정계 개편을 행했던 이유는 과연 무엇이었는가? 오자와는 자민당에서 탈당하기 1개월 전에《일본개조계획日本改造計画》(講談社, 1993.5)을 출판했다. 이 책은 제1부 '지금, 정치 개혁을', 제2부 '보통의 국가가 되어라', 제3부 '5개의 자유를'로 되어 있다. 그중 제2부 '보통의 국가가 되어라'는 '일본의 책임과 역할', '평화 창출 전략으로의 전환', '유신 중심주의 실천', '보수주의의 덫으로부터 구해라', '아시아-태평양 각료회의의 상설', '대외원조의 적극적 사용법' 등으로 구성되어 있다.

이 책의 제2부 '보통의 국가가 되어라'를 통해서도 알 수 있듯이 그의 일본 개조 계획은 기존의 나카소네 수상 등이 추구해 왔던 '일본을 중심으로 한 국제 사회'라든가 혹은 일본 중심주의 등과 같은 이념에 입각한 것이 아니고, '유엔 중심주의'에 입각한 것이었다. 그렇다면, 그가 '유엔 중심주의'에 입각한 일본 개조의 계획을 주장하고 나섰던 궁극적 목적은 무엇이었는가?

우선 그가 주장하고 있는 '유엔 중심주의'란 한마디로 말해 일본이 국제 사회에서 평화적 활동을 하는 데 있어서는 세계의 여러 나라들이 가맹해 있는 "유일한 평화기구인 유엔을 중심으로 할 수밖에 없다"고 하는 입장을 말한다.[12] 그 경우, "일본 국민은 평화에 대한 위협, 파괴, 침략 등의 행위 등으로부터 국제적 평화와 안전의 유지 및 회복을 위해 국제 사회의 평화 활동에 솔선적으로

12 ■ http://www. ozawa-ichiro. jp. '정책과 오피니언'란에 실린 논문, 〈헌법 개정론〉, 5면 (2004년 5월 20일 현재).

참가해 병력의 제공을 포함한 모든 수단을 통해서 세계평화를 위해 적극적으로 공헌하지 않으면 안 된다"라고 '국제평화'에 관한 오자와 시안小沢試案은 말하고 있다.[13] 오자와는 이러한 정신은 〈유엔 헌장〉 제7장의 '평화에 대한 위협, 평화의 파괴 및 침략에 관한 행위'를 저지하려는 정신과 동일한 것이고, 또 일본이 유엔에 참가할 때 발표한 문서와 동일한 취지의 것이라고 말하고 있다. 또 그는 일본 국민이 "유엔에 가입해 〈유엔 헌장〉을 시인하면서도 '유엔이 인정하는 평화 활동에 참가하는 것은 국내 헌법에 의해 용서될 수 없다'라고 말하는 것은 지리멸렬한" 사고이고 헌법의 전문前文에는 국제 협조주의가 관철되어 있는데, 그 원칙에 따라 "새로운 시대에서의 평화주의의 이념을 표명한다면 군사대국화라고 하는 인근의 여러 나라들의 우려를 피해 갈 수도 있고, 오해를 해소해 갈 수도 있다"라고 말하고 있다.

이렇게 봤을 때, 그의 '유엔 중심주의'의 본심은 결국은 일본의 '헌법 개정'에 있음을 알 수 있다.[14] 그렇다면 그가 '헌법'을 개정해 국방력을 갖춘 소위 '보통 국가'가 되어야 한다고 주장하는 의도는 무엇인가? 일본이 유엔 가맹국인 한, 〈유엔 헌장〉에 입각해 국제 사회에 공헌할 수 있는 준비 작업의 하나로 헌법 개정을 통해 국방력을 갖춘 '보통 국가'가 되기를 원하는 것인지, 그렇지 않으면 '전쟁 포기, 전력戰力의 불보유, 교전권의 부인'이 명기되어 있는 현 헌법을 개정해 보기 위한 것인지의 문제이다. 우리는 그의 헌법 개정의 진의를 파악해 보는데 있어서 그의 다음과 같은 말을 음미해 볼 필요가 있다.

그는 그의 〈헌법 개정론〉에서, 헌법 제1장 1조에 "천황은 일본국의 상징이고 일본 국민 총합의 상징이며, 이 지위는 주권을 가진 일본 국민의 총의에 근거한다"라는 구절이 있는데, 이 구절로 인해 많은 일본 국민들은 사실상 "일본국 헌법은 입권군주제의 이념에 기초한 헌법"임에도 불구하고 그렇지 않은 것으

---

13 ▪ 같은 곳.

14 ▪ 김채수, 〈오자와 構想의 史的背景〉, 월간 《세계와 나》(1993. 9), 199면.

로 잘못 알고 있다고 말하고 있다.[15] 그는 그 논거로 다음과 같은 말을 하고 있다. 우선, 일본 헌법에 "천황이 가장 최초로 규정되어 있는 것으로부터로도 그것은 분명하지 않은가, 둘째로 제6조에 씌어져 있듯이, 주권자인 국민을 대표해 혹은 국민의 이름으로 내각 총리대신 및 최고 재판소장을 임명하는 것은 천황이다. 또 외국과의 관계에서도 천황은 원수로서 행동하고 외국으로부터도 그처럼 취급되고 있다. 이것으로부터도 국가원수가 천황이라고 하는 것은 의심할 여지가 없다"라고.[16]

이렇게 봤을 때, 그가 일본의 '국가원수가 천황이다'라고 주장하는 이유가 무엇인지 명확해진다. 이와 같은 사실에 입각해 봤을 때, 그의 '유엔 중심주의'의 의도는 '유엔 상비군'의 창설과 그 확대·강화를 통한 '군사대국화'의 길을 열기 위함이라 할 수 있고, 우선 그러한 길을 열기 위한 일차적 단계로 현행의 헌법을 개정하는 것에 있다고 볼 수 있다.

오자와 이치로가 1993년 6월 자민당 탈당 후 결성했던 신당은 신생당新生党이었다. 그 후 그는 그해 12월 신진당新進党 간사장을 거쳐, 그 다음 해 1995년 12월부터 2년간 신진당 당수를 역임한다. 그 다음 해 1월부터는 자유당 당수에, 2003년 9월에는 민주당에 합류해 2004년 5월에 와서는 민주당 당수에 오르게 됐다. 현재 민주당은 제1야당이다. 이제 민주당은 집권여당인 자민당의 헌법 개정 작업에 적극적 협력 자세를 취해 나갈 것이다. 이렇게 봤을 때, 오자와가 구상한 정계 개편의 목적은 이제 곧 실현될 것으로 전망된다.

---

15 ▪ http://www. ozawa-ichiro. jp. '정책과 오피니언'란에 실린 논문, 〈헌법 개정론〉, 4면 (2004년 5월20일 현재).

16 ▪ 같은 곳.

2) 과거 일본의 침략전에 대한 정부의 사죄 표명의 진의

일본의 천황이 과거 일본의 침략 전쟁의 피해국들에 직접적으로 사죄를 표명하게 된 것은 1990년대로 들어와서부터였다.

1990년 4월 노태우 대통령의 일본 방문 시 노 대통령의 '불행한 과거'에 대한 언급에 대해 천황이 '통석의 염痛惜の念'이란 말로 적절히 대응한 바 있었다. 걸프전 이후인 1992년 1월 미야자와宮沢 수상이 한국을 방문했을 때 종군위안부 문제에 관해 공식적으로 사죄를 표명했다. 그리고 그해 7월 일본 정부는 "강제연행은 아니었지만, 그러나 일본군이 종군위안부 모집에 관여했던 것은 사실이다"라고 조사 발표했다.

한편, 일본 정부는 1992년 10월 천황의 중국 방문을 실현시켜, 중국에서 천황으로 하여금 "우리나라가 중국 국민에 대해 많은 고난을 가져다준 것을 심히 슬퍼한다"는 말을 발표하게 했다. 그 다음 해 8월, 55년간 장기집권을 해 오던 자민당은 결국 야당으로 전락하고 호소카와 연립 내각이 발족되어, 그해 11월 호소카와 수상은 한국을 방문해, 창씨개명이라든가 종군위안부 문제 등에 관해 사죄한다. 그 다음 해 무라야마 도미이치村山富市 내각(1994.6- 1996.1) 발족을 계기로 하여 1995년 8월 각의결정閣議決定에 의한 '수상의 전후 50년 담화'발표를 통해서 과거 침략 전쟁에 대한 반성과 사죄를 표명했다.

이상과 같이 일본은 1990년대 초의 걸프전을 계기로 해서 5년에 걸쳐 여러 차례 과거 자신들의 침략 전쟁에 대한 사죄를 표명했다. 그렇다면, 걸프전 이후 5년간 일본 정부가 한국과 중국 등의 인접국들에 기회가 있을 때마다 과거 자신들의 침략 전쟁에 대해 사죄를 표명해 갔던 이유는 무엇이었던가?

우선, 그것은 앞에서 언급한, 1990년대 초 걸프전과 소련 소멸 이후의 미국의 새로운 군사 전략과 결코 무관하지 않다. 미국의 그 새로운 군사 전략이란 재차 언급하건대 '지역방위 전략'으로 요약될 수 있다. 이 용어는 〈1993년도 미 국방

보고〉(1992.2)에서 처음으로 등장했다.[17] 그 후 클린턴 미 대통령이 1996년 4월 일본을 방문해 미·일 수뇌 회담에서 '극동유사極東有事'를 협의해 〈미·일 안보 공동 선언〉을 행하게 된다. 그 다음 1997년 9월에 가서 일본은 새로운 미·일 방위 협력을 위한 지침 〈신가이드 라인〉을 결정한다. 그 다음 해 4월에 가서 일본 정부는 미·일 〈신가이드 라인〉에서의 '주변사태'의 대상을 '극동'과 '극동 주변'으로 한다는 견해를 발표한다.

이렇게 봤을 때, 일본은 1990년대 전반, 수차례에 걸쳐 과거 자신들의 침략 전쟁에 대해 사죄 표명을 한 바 있었는데, 그들의 그러한 사죄 표명의 진의가 무엇이었는지에 대한 이해가 가능해졌다. 그것은 일본이 "미군의 부담에 대한 일본의 분담을 증가시키고, 미·일 공동작전 체제를 구축하고, 자위대의 해외 파병에 의한 국제적 질서 유지 활동에서의 군사적 공헌을 행하고, 그것을 위한 헌법 개정이라든가 평화기본법과 같은 입법 조치를 행하면서, 그것을 전제로 한 유엔의 안전보장 활동에 대한 참가와 그 참가를 포함한 유엔 안보회의 상임 이사국화를 추구해 감으로써[18] 아시아 지역의 안전보장 구상에 대해 적극적으로 관여하기 위해 "일본 제국주의의 침략 전쟁을 어느 한도 내에서 '반성'하고 자기의 구상과 과거의 일본 제국주의와의 단절성을 강조하려" 했던 것이며[19] 또, "현재의 대국의 행동을 과거의 그것과 준별해 정당화하려고 했던" 것으로 파악된다.[20] 다시 말해서 1990년대 전반 일본의 과거 자신들의 침략 전쟁에 대한 '사죄' 표명의 진의는 소련 소멸 이후 "새로운 세계 질서를 미·일의 동맹 관계를 구축으로 해서 형성하기" 위한 기반 조성의 일환이었던 것이다.[21]

---

17 ▪ 臨時増刊『世界』(岩波書店, 1997. 4), 216頁.

18 ▪ 渡辺治『日本の大国化とネオ・ナショナリズムの形成』(桜井書店, 2001), 141頁.

19 ▪ 上掲書, 142頁.

20 ▪ 上掲書, 143頁.

21 ▪ 上掲書, 141頁.

3) 일본의 '유엔 중심주의'로의 전환에 대한 지식인들의 반응

1990년대로 들어서서의 일본 정부의 그러한 전환 정책에 대한 지식인들의 반응들은 대체로 다음과 같이 3가지로 나타났다고 볼 수 있다. 우선 하나는 진보 지식인들의 '전쟁 책임과 종군위안부' 등에 대한 문제 제기이다. 다른 하나는 보수 지식인들에 의한 '전쟁 긍정론'의 대두이고, 나머지 하나는 우익 지식인들의 '기존의 역사 교육에 대한 재검토' 개시이다.

진보 지식인들의 전쟁 책임론과 종군위안부 문제 등에 대한 대두는 다음과 같았다. 진보적 지식인들의 전쟁 책임론은 전후 비전향 공산주의자들에 의해 제기된 문제였다. 이에 대해 자본주의 진영의 마루야마 마사오丸山真男가 《사상思想》(1956.3)에 〈전쟁 책임론의 맹점〉이란 글을 발표한 바 있었다. 이에 비전향 공산주의자들은 《전위前衛》 등에서 집요하게 전쟁 책임론에 대한 마루야마의 비판적 글에 대해 비판을 가했다. 그러한 과정에서 전쟁 책임론의 중핵에 놓여 있던 쇼와 천황이 1989년 1월에 사망했다. 그의 사망을 계기로 새로운 차원에서 천황의 전쟁 책임론이 제기되었다. 그 과정에서 1990년 1월에 나가사키長崎 시장, 혼지마 히토시本島等가 "천황에게 전쟁 책임이 있다고 생각한다"는 의견을 제시하여 우익 단체의 한 회원으로부터 피스톨 습격을 당한 것이 계기가 되어 전쟁 책임론이 지식인들 사이에서 불붙기 시작했던 것이다.[22]

기본적으로 우익이나 보수적 인간들은 천황에게는 전쟁 책임이 없다는 입장을 보이고 있다. 이에 반해, 좌익, 진보적 인사들은 일차적으로 전쟁 책임은 천황에게 있다는 입장을 보이고 있다. 우익이나 보수적 인사들이 주장하고 있는 것처럼 천황에게 전쟁 책임이 없다면, 누가 책임을 져야 하는가의 문제가 제기된다. 이러한 전쟁 책임의 문제는 '전후 세대로서의 전쟁 책임의 문제'로 발전되어 나와, 최근에 와서는 '집합적 책임론'까지 대두되고 있다. 〈집합적

22■ 鈴木邦男, 『新右翼』(新增補版, 彩流社, 1994), 277頁.

책임론 서설〉에서 다키카와 히로히데瀧川裕英는 다음과 같이 말하고 있다. "전후 세대가 전 세대가 행한 전쟁의 보상 책임을 짊어진다는 것은 민족의 일체성·연속성이라고 하는 이유에 근거한 것은 결코 아니며, 문화적 유산의 상속을 이유로 하는 것도 아니다. 오히려, 그것은 어떤 국가로서의 인간을 배려하면서 또 어떤 국가라고 하는 정치 사회의 내부에 살고 있는 인간이 국내의 다른 인간과의 공생을 위해서 일정한 정통한 강제력의 필요성을 승인할 경우에 지불해야 할 대상인 것이다.[23]

그러한 격론과정에서의 결심의 하나로 '일본의 전쟁 책임 자료센터'가 발족(1993.4)되고, 그해 9월에 기관지 《계간 전쟁 책임 연구》가 창간되었다. 이 단체는 "일본이 행한 침략 전쟁과 전쟁범죄의 실태를 파악하고 전쟁 책임, 전후 보상의 과제에 관해 정면으로 연구하는, 현재 일본에서의 단 하나의 기구(비영리 단체)"로서 "역사와 법률, 국제 정치 등 각 분야의 전문가와 시민운동가들이 협력"해 연구 발표하는 단체이다.[24]

이 센터의 기관지 제1호(1993년 가을)는 〈종군위안부 문제를 검증한다〉라는 특집 기사로, '종군위안부'의 문제를 연구의 주된 테마들 중의 하나로 다루었다. 일본이 걸프전 이후 '유엔 중심주의' 정책을 취하자 진보진영의 지식인들은 그동안 '55년 체제' 속에 갇혀 공론화되지 못했던 '전쟁 책임론'과 그에 후속되는 '종군위안부'의 문제를 공론화하기에 이르렀던 것이다.

'종군위안부' 문제에 대해 그동안 일본 정부는 "민간업자가 자기들 마음대로 끌고 다녔다"라고 말하면서, " 정부라든가 군의 관여를 부정해" 왔었다. 그러다가 요시미 요시아키吉見義明가 발견한 군의 공문서가 공개되자 정부는 1992년 1월에 와서야 정부의 '관여'를 인정하게 되었다. 《공동연구 일본군위안부》(大月書店, 1995)의 편자들, 요시미 요시아키와 하야시 히로후미林博史는 '종군위안부'

---

23 http://philolaw. virturalave. net, 〈集合的責任論序說〉, 5頁(2004년 5월25일 현재).

24 jwrc@mura. biglobe. ne. jp(2004년 5월 25일 현재).

문제에 대해 다음과 같이 말하고 있다. "전후 40년에 걸쳐 우리들은 이 문제를 등한시해 왔다. 침략 전쟁이라든가 식민지 지배를 행한 책임에 대한 우리들의 관련 방법이 지금 근본적으로 의문시되고 있는 것이다. 전후 50년을 맞이해 이전의 침략 전쟁이라든가 식민지 지배를 총괄함과 동시에 전후 50년의 존재 방법도 문제시해 보는 것은 일본과 일본인의 장래와 관련하여 회피해 갈 수 없는 과제가 되어 있다. 특히 전쟁 범죄이자 민족 차별이며 성범죄인 일본군위안부제도의 사실에 대한 해명과 피해자의 명예회복이라든가 보상 실현은 현재 일본 사회와 우리들에게서의 인권과 민주주의의 수준을 묻는 시금석이라고 해도 과언이 아닐 것이다.[25]

'비교 문화 정신의학'을 전공하고 있는 한 진보적 지식인은 '일본인들의 침략 전쟁의 부인'으로 인한 일본인들의 정신적 피해에 대한 연구를 1993년 초부터 시작했다면서 "침략 전쟁을 부인한 전후 사회에서의 자아형성의 왜곡을 문제시하지 않으면 안 된다"는 입장을 토로하고 있다.[26] 또 그는 "우리들은 사실을 알려고 하지 않고 알기 전에 '우리들도 전쟁의 피해자이다', '침략이 아니고 생존을 위한 전쟁이었다', '자학사관을 인정할 수 없다' 등으로 강변하고, 과거를 부인함으로써 무엇을 잃은 것일까. 부인된 체험은 콤플렉스를 만들고, 억압된 마음의 상처는 감정의 경직과 병적 충동의 폭발을 가져온다. 과연 우리들은 저 침략 전쟁과는 다른 정신으로 살고 있는 것일까. 과거를 부인함으로써 무엇을 접목해 온 것일까?"라고 말하고 있다.[27]

---

25 ▪ 吉見義明 · 林博史『共同研究 日本軍慰安婦』(大同書店, 1995), 'はじめに.'

26 ▪ 野田正彰『戦争と罪責』(岩波書店, 1998), 356頁.

27 ▪ 上掲書, 7頁.

3. 일본 정부의 '유엔 중심주의' 정책에 대한 보수·우익 지식인들의 대응 양상

1) 학계·교육계의 대응

걸프전 이후의 정계 개편 과정에서 취한 일본의 '유엔 중심주의' 정책에 대한 보수, 우익 지식인들의 반응은 우선 일차적으로 과거의 침략 전쟁에 대한 일본 정부 인사들의 사죄 표명에 대한 강한 반발로 나타났고, 또 그들의 대응은 패전 이후의 자신들의 역사교육에 대한 반성 쪽으로 모아졌다. 예컨대, 작가 아가와 히로유키阿川弘之는 '누가 이 나라를 지킬 것인가'라는 문제를 놓고, 간사이関西대학 명예교수 다니가와 에이이치谷河永一와의 담화에서 미야자와 기이치宮沢喜一를 '국적国賊'이라 칭하고 있다.[28] 그 이유는 스즈키 젠코鈴木善幸 내각(1980.7-1982.10) 때 관방장관이었던 미야자와 기이치가 레이건 대통령과 스즈키 젠코 수상이 워싱턴에서 맺은 "〈미·일 안보 조약〉을 강화한다는 성명을 부정"했고, 또 그가 "미·일 안보의 강화는 군사동맹이 아니었다고 말했기 때문에 미국이 즉시 하와이에서의 합동 훈련을 없앤다고 하는 입장을 취하게 한 장본인이기 때문"라는 것이다. 그의 그러한 말을 받아서 다니카와 에이이치는 미야자와 기이치야말로 "전후 최대의 국적"이라고 말했다.[29] 그 이유란 1982년 교과서 문제가 일어났을 때 관방장관이었던 "그가 '아시아 여러 나라가 기분 나쁘지 않아 할 교과서를 만들겠습니다'라고 발언을 했었기 때문에 그것이 사죄 외교의 원점"이 되었기 때문이라는 것이다.

그러한 과정에서 1993년 8월에 자민당 내의 국회의원들에 의해 '역사검토위원회'가 발족되었다. 그 후 그 '역사검토위원회'는 1995년 8월 15일에 와서《태

28▪ 阿川弘之・谷澤永一「誰がこの国を守るのか」(『Voice』, 1997. 8), 120頁.

29▪ 上揭書, 120頁.

평양전쟁의 총괄》이라는 책을 펴내 태평양전쟁을 "자존자위의 전쟁이자 아시아를 백인 지배로부터 해방시키기 위한 전쟁"이라 정당화시켰다. 이러한 분위기 속에서, 전후 일본인들의 역사관은 '자학사관自虐史觀'이었으므로 그러한 역사관을 근본적으로 개조해서 새로운 역사관을 정립시켜 그것에 입각해 씌어진 역사를 새로운 세대에 가르쳐야 한다고 주장하는 지식인들이 있었다. 그 대표적 지식인이 바로 현재 도쿄대학 대학원 교육학 연구과 교수, 후지오카 노부카쓰藤岡信勝이다.

그는 그의 저서 《오욕의 근현대사》(1996)의 서문 〈자폐하는 일본 — '일국평화주의'는 이미 파탄하고 있다〉에서 "전후 일본의 평화 교육은 일본이 일으킨 무모한 '침략 전쟁'에 대한 깊은 반성에 입각해 평화헌법의 의의를 확립한다고 하는 길로 진행되어 왔다. 그러한 틀 속에서 다종다양한 교재와 수업의 개발이 교사의 손에 의해 시도되었다".[30] 그러나 "상황이 근본적으로 변한 것은 걸프전 이후이다. 걸프전은 평화교육이 근거로 삼아온 헌법 9조의 '평화주의'의 이상이 국제 정치의 실현 속에서 파탄된 것을 보여 주는 충격적 사건이었다"라고 말하고 있다.[31] 그가 서문의 제목에서 제시한 '일국평화주의'란 말은 일본 한 나라만의 평화를 위한 평화주의를 의미한다.

그가 "일본 한 나라만의 평화를 위한 평화주의"가 "이미 파탄하고 있다"고 말하는 것은 그가 오자와 이치로 등에 의해 제시되어 정부의 레벨에서 행해지고 있는 '유엔 중심주의' 정책이나 '국제 공헌' 정책을 적극적으로 받아들였다는 것이 전제되어 있다. 그렇다면 일본인들은 '유엔 중심주의' 시대를 맞이해서 새로운 세대들에게 일본의 역사를 어떻게 가르쳐야 할 것인가. 그의 관심은 바로 이 문제로 모아졌다. 이 문제에 대해 그는 "사회주의가 붕괴하고 냉전이 종결된 지금, 일본을 둘러싼 국제 환경은 근본적으로 변했다. 과거의 반성과

---

30 ▪ 藤岡信勝『汚辱の近現代史』(徳間書店, 1996), 2頁.

31 ▪ 上揭所.

신변의 '평화'에 자폐하는 평화교육은 탈피를 강요받고 있다"라고 말하고 있다. 또 그는 전후 평화교육이 출발된 시기에, "미야하라 세이이치宮原誠一 도쿄대 교수가 제안한 평화교육의 전체에 시선을 둔 대담한 재편성이 요구되고 있다. 그것은 종래의 평화교육의 패러다임(틀)의 전환을 의미하기 때문에 곤란한 과제라는 것은 잘 알고 있다. 그러나 도그마(정설)에 빠지지 않고 현실을 직시할 용기가 있으면 새로운 합의合意를 만들어 낼 수도 있는 것이다. 평화교육의 재건을 위해 우선 헌법 9조와 국제 공헌의 관련을 교사 사이에서 논의하기 시작하는 것은 어떨까"[32] 라고 하는 입장을 취하고 있다.

그 자신은 '헌법 9조'와 '국제 공헌'을 어떤 식으로 관련시켜 하는 것인가? 그것은 오자와 이치로의 입장과 동일한 것으로 고찰된다. 즉 일본이 '유엔 중심주의'의 입장을 취해 PKO 활동을 적극적으로 해야 하는데 현재 일본의 '헌법 9조'는 군대 보유를 제안하고 있다. 따라서 일본이 PKO 활동을 적극적으로 행하기 위해서는 '헌법 9조'를 바꾸어야 한다는 입장이다. 또 그는 일본의 신세대들을 강력하고 적극적인 인간들로 교육시켜야만이 그들이 적극적으로 PKO 활동을 행해 갈 수 있다는 입장을 취하고 있는 것이다.

그는 1994년부터 월간 《사회와 교육》(메이지 도서)에 '근현대사 교육의 개혁'에 관한 글을 연재하면서 95년에 와서는 "이데올로기에 사로잡혀 있지 않는 자유로운 입장으로부터의 대담한 역사 바로 보기"를 목적으로 한 '자유주의사관연구회' 조직과 함께 계간잡지 《근현대사의 수업 개혁》을 창간했다. 그는 자신의 '자유주의사관' 연구와 관련해서 다음과 같이 술하고 있다.[33]

> 전후 일본의 역사 교육은 일본의 근현대사를 오직 암흑·비도非道적인 것으로 그려내서 역사를 배우는 자에게 미래를 전망할 지혜와 용기를 가져다주는 것이

---

32 ▪ 上揭書, 5頁.

33 ▪ 上揭書, 51-52頁.

아니었다. 그렇게 된 원인을 7년간에 걸친 미국 점령하에 미국의 국가 이익을 대변하는 '도쿄 재판사관'과 1930년대의 소련의 국가 이익에 기원을 둔 '코민테른 사관'이 '일본 국가의 부정'이라고 하는 공통항을 매개로 해서 합체해 그것이 역사 교육의 골격을 형성하게 된다. 일본 국가를 위해서 변명할 여지는 존재하지 않았던 것이다. 내 자신이 이러한 역사 교육을 받고 자라난 세대이다. 일본 단죄사관은 긴 시간 우리에게 있어서 공기와 같이 당연한 것이었다. 그 역사관의 부분적 균열이 여기저기에 느껴지고 있기는 했지만 자기 자신의 역사관을 근본적으로 바꿀 필요성을 절박하게 느낀 경험은 하지 않았다. 그러한 나의 인식의 틀을 변화시킨 최초의, 게다가 아마도 최대의 원인이 시바 료타로司馬遼太郎의 작품과의 만남이었다고 지금 생각하는 것이다. 만약 그 만남이 없었더라면, 내가 전후 역사 교육의 주술로부터 빠져 나오는 일은 곤란했을 것이라 생각된다.

현재, 나는 역사교육의 개혁 운동을 추진하고 있다. '도쿄 재판=코민테른 사관'의 극복이 최대의 과제인데, 그 이면으로서의 '태평양전쟁 긍정관'에도 나는 힘을 보태 줄 수 없다. 그래서, 나는 새로운 근현대사 교육의 틀로서 '자유주의 사관'이라고 하는 제3의 사관을 구상해 자유주의사관연구회를 조직하여 교재의 개발이라든가 실천의 창조에 매진하고 있다.

이와 같이 '역사교육'에 대한 문제가 활발히 논의되는 과정에서 정계에서의 자민당의 '역사검토위원회', 학계 · 교육계에서의 '자유주의사관연구회' 등의 직간접적 후원하에서 '새로운 역사교과서를 만드는 모임新しい歴史教科書をつくる会'가 발족(1996.12.12)되었다. 발기인은 후지오카 노부카쓰(도쿄대 교수), 니시오 간지西尾幹二(전기통신대학 교수), 사카모토 다카오坂本多賀夫(가쿠신대학 교수), 하야시 마리코林真理子(작가) 등 9명으로 되어 있다.

이 '새로운 역사교과서' 찬동자는 제1차 집약분集約分, 아카와 히로유키阿川弘之(작가), 사에키 쇼이치佐伯彰一(문예평론가), 하가 도오루芳賀徹(당시 국제일본문화센터 교수), 히라카와 스케히로平川祐弘(당시 후쿠오카 조가쿠인대학 교수), 요시다 가즈오吉田和男(교토대학 교수), 아이다 유키오相田雪雄(노무라증권 KK 상임고문),

아사쿠라 다키오朝倉竜雄(일본합성 고무 KK 회장) 등 작가, 평론가(25명), 대학 교수(28명), 경제계 인사(25명) 등 78명으로 되어 있다.

회의 창설 성명은 "역사 교육의 문제는 이전의 대전에 패해 반세기에 걸쳐 반복해 논의해 왔음에도 불구하고 그 왜곡이 시정되기는커녕, 근년 점점 더 왜곡 혼미 정도가 심화되고 있다"라고 시작된다.[34] "특히, 이번 검정을 통과한 중학 7사中学七社의 교과서 근현대사의 기술은 청·일, 러·일 전쟁까지를 단순한 아시아 침략 전쟁으로서 자리매김하고 있다. 그뿐만이 아니다. 메이지 국가 바로 그 자체를 악으로 보고, 일본 근현대사 전체를 범죄의 역사로서 단죄해서 써 나가고 있다". 그 성명은 한걸음 더 나아가 "도대체 왜 이렇게 된 것인가. 일본인은 전후 50년간 세계를 둘로 나눈 미국·소련 두 초강대국의 역사관을 애매하게 국내에 공존시켜 왔다. 역사 교과서의 기술은 이 두 혼교混交의 좋은 일례이다. 본래 원리적으로 대립하면서 대일 전승국으로서 일본의 역사적 과거를 부정하는 두 개의 역사관이 전후 일본의 지식인의 머릿속에서는 합체해 공존해 왔다. 그 결과, 일본 자신의 역사 인식을 잃어버렸던 것이다"라고 하고 있다. 끝으로 성명은 "우리들은 여기에 전후 50년간의 발상發想을 고쳐, '역사란 무엇인가'의 본의로 되돌아가서 어느 민족도 예외 없이 갖고 있는 자국의 정사正史를 회복할 수 있도록 노력할 필요를 각계에 강하게 호소하고 싶다. 우리들은 일본의 차세대에 자신을 가지고 전달할 수 있는 양심 있는 역사교과서를 작성해 제공할 것을 지향하는 바이다"라고 되어 있다.[35]

이상과 같이 후지오카 노부카쓰 등에 의해 행해졌던 '자유주의사관연구회'라든가 '새로운 역사교과서를 만드는 모임' 등은 정부의 '유엔 중심주의'로의 정책 전환 과정에서 행해졌던 아시아의 인접국들에 대한 '사죄' 표명과 그것에 후속된, 과거 일본군의 '종군위안부' 설치 인정이 행해짐에 따라 과거 일본이

---

34 西尾幹二「新しい歴史教科書の戦い」(『Voice』, 1997. 2), 110頁.

35 上掲文, 111頁.

인접국들에 저질렀던 비인간적 처사들이 낱낱이 파헤쳐지고 또 인정되기에 이르자 목소리를 높이기 시작했다. 우익 인사들 내지 우익적 성향의 지식인들이 "우리 역사 연구 못하겠다", "우리 역사 못 가르치겠다", "어떻게 우리 어린이들에게 우리 일본군들이 이웃 나라 부녀자들을 침략 전쟁에 강제로 끌고 가서 자신들의 성욕 대상으로 삼았다고 가르칠 수 있겠느냐"라는 식으로 반발하고 나왔던 것이다.

이러한 반발에 동조해 일본군의 위안부 설치를 인정한 정부 인사를 '매국노'로 몰아붙인 지식인도 있었고, '태평양전쟁 긍정론'을 전개한 인사들도 있었다.

후지오카 노부카쓰의 입장에 서서 과거 일본의 침략 전쟁을 옹호하고 '태평양전쟁 긍정론'을 전개시켜 갔던 대표적 지식인들이 바로 고보리 게이이치로小堀桂一郎(교수), 이시하라 신타로石原慎太郎(작가·국회의원) 등이다. 또 그들의 입장에 서서 '헌법 개정'의 필요성을 주장하는 대표적 지식인이 에토 준江藤淳(평론가·교수)이고, 그들과 함께 우익 내지 우익적 입장에 서서 '일본'을 논했던 대표적 지식인이 바로 우메하라 다케시梅原猛(철학자), 시바 료타로(작가) 등이었다.

미야자와宮沢 수상(재위 : 1991.11-1993.8)이 걸프전 직후 인접국들에 대한 '사죄' 외교의 일환으로 당시 내각 관방장관 고노 요헤이河野洋平로 하여금 위안소 설치 문제에 대한 군의 관여를 인정케 하고, "모든 분들에게 대해 마음으로부터의 사죄와 반성의 기분을 말씀드린다"라는 취지의 담화를 발표하게 했다. 그러자, 전 도쿄대 비교문학 비교문화학과 교수 고보리 게이이치로 씨는 〈역사교육에의 기대〉(《발언자》 1996.10)에서 "일본의 현재 교과서가 적성敵性 국가가 작성한 반일反日 선전 문서의 번역 같은 입장을 노정하기에 이른 파국적 사태의 최대의 책임자가 바로 미야자와 기이치宮沢喜一"라면서, 그를 '매국노'라고 비난했다.[36]

36▪ 吉田裕「閉塞するナショナリズム」(『世界』, 岩波書店, 1997. 4), 78頁.

또, 고보리 게이치로 교수는 한국과 중국이 일본의 교과서 문제를 제기하고 총리의 야스쿠니진자 참배에 대한 항의는 분명한 '내정간섭'이라고 주장하고 있고, 그러한 내정간섭에 "우리나라가 굴복했다"라고도 말하고 있다.[37] '일본의 전쟁 책임 자료센터'에 참여한 요시다 유타카吉田裕 히토쓰바시一橋대 교수는 "고보리 씨도 《제군!諸君!》 1991년 8월호에 게재된 모씨와의 대화에서 '물론 나는 앵글로 색슨을 싫어한다. 그러나 일본의 국가 이념을 생각할 때, 정말로 말하고 싶지 않지만, 앞으로도 미국과의 동맹 관계는 지키지 않을 수 없다고 하는 것이 나의 입장입니다'라고 설명하고 있다. 이와 같이 반미反美이기는 하지만 반안보反安保에는 설 수 없는 이들의 딜레마가 그곳에 노정되어 있다고 말할 수 있을 것 같다"고 하였다.[38]

이시하라 신타로는 "연립 여당의 최초의 당수 호소카와 씨가 '과거의 전쟁은 침략 전쟁이었다'고 일부러 일본의 비非를 사죄하는 발언을 해서 매스컴도 그것을 지지했는데 전장戰場이 된 아시아의 여러 나라들이라면 몰라도 같은 식민지 경영에서 싸운 구미의 열강 등에게까지 사죄할 필요가 있을까. 일국의 사상이 역사적 인식이라든가 평가에 어떠한 입장도 가지지 않고 여학생처럼 가슴에 손이나 대고 사죄하는 것은 백치나 다를 바 없다고 말하지 않을 수 없다"라며 정부의 '유엔 중심주의' 정책의 일환으로 행했던 사죄 외교를 비아냥거렸다.[39]

이시하라 신타로는 작가 사카이야 다이치堺屋太一와의 담화 속에서 전후의 일본인들은 결정을 회피하는 습성이 있는데 그것은 '전후 교육'의 탓이라 말하면서, "국토의 일부까지 전투장이 되어 이 민족과 싸웠지만 패해 그들의 지배를 받았다. 그 처녀 체험의 굴욕으로 일본인은 마음 저변으로 떨어져 버렸다는 느낌이 들어요. 그래서 진짜 기력도 의욕도 없어졌지요"라는 입장을 피력하고

---

37 ▪ 小堀桂一郎「戦後日本と国家主義」(『Voice』, 1997. 9), 143頁.

38 ▪ 吉田裕, 前掲文, 79-80頁.

39 ▪ 石原慎太郎「Noと言える村山政權」(『Voice』, 1994. 11), 100頁.

있다.[40] 따라서 그의 그러한 말은 젊은 세대들에게 '새로운 역사교과서를 만드는 모임'이 말하는 '자학적 역사관'에 입각한 역사교육을 더 이상 시켜서는 안 된다고 하는 입장에서 나온 말이라 할 수 있다.

그는 《그래도 'No'라고 말할 수 있는 일본》(1990)을 쓴 적이 있다. 그는 그 책이 출판되어 나오자, 자신이 반미反美 내셔널리스트로 알려지게 되었는데 사실 자신은 '국제주의자이고 친미파'라면서 자신이 그런 타이틀을 붙이게 된 것은 "미국인들이 내용도 읽지 않고 다만 자신들을 향해 일본인들이 'No'라고 한다는 사실에만 놀라워한다는 점을 지적하고 싶었다"고 말하고 있다.[41] 그는 일본이 현재 "아시아의 여러 나라들로부터 요구받고 있는 것은 예부터 덕목을 갖춘 아시아의 일원으로서의 일본이 해야 할 아시아 혹은 세계에 대한 책임을 시급히 이행하는 것이고 또 그것은 과거를 위해서가 아니고 미래를 위한 책임의 이행이라고 생각한다. 무라야마 정권에 대해서는 이제 좀 자신을 가지고 일본에는 그만한 가능성이 있다는 것을 충분히 인식한 후에 아시아 문제에 대처해 나가기를 바란다"라는 말을 하고 있다.[42] 그는 "세계경제의 전망을 고려해 보면, 아시아에서 가장 책임을 져야 할 위치에 있는 일본이 이루어 낼 미국과의 상호협력은 무엇무엇에 결정적인 역할을 갖는다"라는 말도 하고 있다.[43]

이와 같이 이시하라 신타로는 역사교과서의 문제에 대해서는 '새로운 역사교과서를 만드는 모임'의 입장을, 아시아의 문제에 대해서 과거 대동아 공영권을 주장했던 자들의 입장을, 미국에 대해서는 반미의 입장을, 그러나 미국과의 상호협력에 대해서는 적극적 입장을 취하고 있는 것이다.

---

40 ■ 堺屋太一 · 石原愼太郎 「斷しない國家は滅ぶ」(『Voice』, 1995. 9), 125頁.

41 ■ 石原愼太郎, 前揭文, 104頁.

42 ■ 上揭文, 103頁.

43 ■ 上揭文, 104頁.

이시하라는 교육현장에서 행해지고 있는 '이지메' 문제에 대한 대책에 대해서 "전쟁이든 이지메이든" "혼자서 저항해 갈 수밖에 없다"는 입장을 취하고 있고, "혼자서 저항하는 것을 가르치는 것이 바로 진짜 교육"이라고 말하고 있다.[44] '하늘은 스스로 돕는 자를 돕는다'는 인생의 원리가 중·고교, 대학은 물론 인간의 사회에서 보편적으로 통하는 논리라고 말하고 있다. 이와 같이 그는 어디까지나 일본을 중심으로 해서 세계를 보려는 우익들의 경우처럼, 자신 대 사회, 일본 대 아시아, 일본을 중심으로 한 아시아 대 서구 등의 식으로 해서 세계를 바라보고 있는 자라 할 수 있다.

교육현장에서 심각히 제기된 '이지메' 문제에 대한 이시하라식의 해결 방안은 조지上智대학 교수 와타나베 쇼이치渡辺昇一의 전후 교육관과 맥을 같이 하고 있다. 월간지 《Voice》의 1996년 4월호 특집 〈헤이세이 '이지메' 백서白書 — '무武'를 잃어버린 일본인에게〉에서 와타나베 쇼이치는 "전후의 학교 교육이 어린이들로부터 저항하는 기술을 빼앗았다"라는 입장에서 근대 일본에서의 '무武'의 부재가 교육 현장에서의 '이지메' 문제를 야기시켰다고 말하고 있다.[45] 그는 "도망갈 수 없기 때문에 이지메가 생긴다", "좌익 사상이 선생의 권위를 빼앗았다", "노예가 될 정도라면 싸우는 쪽을 택해라", "주쿠塾(사설학원)를 학교로 인정하면 이지메는 없어진다"라는 생각들을 가지고 '무武'의 상기想起를 통해 '이지메' 문제를 해결해야 한다는 논리를 펴 갔다. 19세기 후반 서구의 열강들이 동아시아를 강타할 때 형성된 메이지유신 정신을 부활시켜야만이 교육현장에서 '이지메' 문제가 없어지고, 또 일본의 무력 보유를 부정하고 있는 전후 헌법이 개정되어야 그 문제가 해결될 수 있다는 우익인사들의 논리를 펴 갔던 것이다.

한국의 일본문학 연구자들에게도 잘 알려진 평론가이자 대학 교수 에토 준

---

44 ▪ 『Voice』(1996. 5), 72頁

45 ▪ 渡辺昇一「戦後の学校教育が子供たちから抵抗する術を奪った」(『Voice』, 1996. 5), 60-68頁.

의 경우도 정부의 '유엔 중심주의' 정책에 대해 우익 인사들의 입장을 대변했던 지식인들 중의 한 사람으로 알려져 있다. 그의 그러한 입장은 《Voice》의 1997년 3월호 특집 〈이 나라의 행방〉이라는 그의 글 속에 잘 드러나 있다. 그는 그 글에서 하시모토 수상을 신랄히 비판하고 있다. 그 이유는 그의 '위기관리 체제'의 관리 능력에 문제가 있기 때문이라는 것이다. 그 한 예로, 그는 "페루의 마리에 있는 일본대사 공저公邸를 토파크·아마르 혁명 운동MRTA이라 칭하는 과격분자가 급습해 천황 생일 축하회에 모여든 사람들을 인질로 잡아놓고, 1월 10일 현재까지도 사건 발생으로부터 3주 이상이 지났는데도 불구하고 지금까지 해결되고 있지 않는" 것을 지적했다.[46]

그는 그 사건에 대한 처리에 대해 다음과 같이 자신의 생각을 말하고 있다. "파티의 호스트로서, 일본의 천황폐하의 생일을 축하하기 위해 모인 사람들이 생각지 못한 경우를 만나 유폐되어 버렸다. 그것에 관해 우선 대사공관저의 주인으로서 대사가 이것에 대해 용서를 비는 것은 가장 기본적인 외교적 예의라 할 수 있다. 그러나, 대사는 일본 정부를 대신해 그 나라에 파견되어 있는 외교대신에 지나지 않기 때문에 정말 용서를 빌어야 할 사람은 그 대사의 직접 상사上司인 이케다 유키히코池田行彦 외무대신이고 그 외무대신을 각료로 옹립한 내각을 다스리고 있는 것은 하시모토 류타로橋本竜太郎 내각 총리대신이외에는 누구도 없지 않은가"라고.[47] 그는 "그렇다면, 내각 총리대신에게 맨 먼저 이 보고가 전해졌을 때 했어야 하는 것은, 우선 첫째로, '천황폐하의 생일을 축하하려고 했던 모임이 습격을 당했기 때문에 천황폐하에 대해 정말 면목 없습니다'라고 깊이 머리를 숙이고 사죄하지 않으면 안 된다. '자신의 감독 부족으로 이렇게 됐사옵니다. 정말로 유감입니다. 폐하의 축하에 폐를 끼쳤습니다. 죄, 만 번 죽어 마땅합니다'라고 폐하에게 사죄를 올"려야 한다며, 이것이

---

46 ▪ 江藤淳「'アンパン総理'も限界か」(『Voice』, 1997. 3), 63頁.

47 ▪ 上掲文, 64-65頁.

'첫 번째'라고 말하고 있다. 그리고 그는 "폐하께 용서를 빌러 갔다 온 후, 그 직후 전 세계에 대해서 자신의 실수에 대해 용서를 청한다. 사죄라면, 작금 인접 여러 나라들에 대한 사죄만을 말하고 있는 것 같은데, 인질 사건에 대해서도 총리의 책무상, 세계를 향해 해명해야 한다고 생각한다"고 하시모토 총리의 한국과 중국에 대한 사죄 표현에 대해 비아냥거리고 있다.[48] 또 그는 "총리대신이라 하는 것은 물론 내각을 묶는 일본 최고의 행정관이지만 일국의 총리인 한 현행법에 있어서까지 국민 통합의 상징으로 자리 잡고 있는 황실에 대해, 더욱이 일본이 열국의 사이에 서서 그 나름의 발언권을 가지고 국제 안보이사회의 상임이사국이 되고자 하는 나라라고 한다면, 당연 그러한 예의 정도는 표현하지 않으면 안 된다. 무엇보다도 안보리에 들어가서 유엔 대사가 다수파 공작을 하는 것만으로는 능사가 아니기 때문에 이럴 때야말로 확실히 예의를 표명해 두어야 하는 것이다"라고도 말하고 있다.[49]

이 사건과 관련해서 그는 자위대와 해외 파견과 헌법 개정에 관한 입장도 밝히고 있다. 그는 3주 이상 인질극이 행해지는 사건에 대해서는 자위대의 특수부대라도 파견해 문제를 해결해야 한다면서 "그러한 자위관은 존재하지만 해외파견이 불가능하기 때문에 하지 못한다고 한다면, 이것은 당연 헌법 문제에 있다. 해외파견이 불가능하기 때문에 나라의 영토라든가 국민의 안전을 보장할 수 없다면, 헌법은 개정되지 않으면 안 된다. 그것을 발의할 책임도 내각 총리대신하에 있다고 생각된다"고 말하고 있다.[50] 그럼에도 불구하고 내각 총리가 그러한 것을 하지 않는 것은"전후 교육이 나쁘다고 생각하지 않을 수 없다", "지금의 역사교육이 변변치 못함을 도저히 웃어넘길 수만은 없다", 사실상 "종전 직후에는 역사교육 그 자체가 없었다. 그 최초의 피해자가 하시모

48 ▪ 上揭文, 66頁.

49 ▪ 上同所.

50 ▪ 上揭文, 68頁.

토 씨이고 이케다 씨였던 것이다"라고 단언하고 있다.[51] 에토 준의 바로 이러한 문장 하나만을 보더라도 그의 사고가 어느 정도 우익적인가가 판연히 드러나 있는 것이다. 이상과 같은 학자, 교육자, 언론인 등이 우익 인사들의 입장에 서서 걸프전 이후의 정치적 현안들을 논해 갔다고 한다면, 철학자 우메하라 다케시, 작가 시바 료타로 등은 우익인사들을 대신해 일본의 문화를 이야기해 나갔다.

우메하라 다케시는 일본의 정부가 걸프전 이후 '유엔 중심주의' 정책을 취해 나가던 시기에 나카소네 전 수상의 신보수주의 정책의 추진 과정에서 세워진 '국제일본 문화센터'의 소장(재임 : 1987-1994)직을 수행하고 있었다. 그는 나카소네 전 수상의 신보수주의 정책의 추진 과정에서의 문화 정책의 브레인 역할을 수행했던 사람으로 알려진 철학자이다. 그의 일본 문화론 내지 일본학은 일본의 문화가 '자연을 모母로 존경하는 문명'이라는 입장을 취해, 근대 서구 문명에 대한 의문을 제기함으로써 출발된다.[52] 그는 그가 말하는 '자연을 어머니로 존경하는 문명'의 기초를 야요이弥生 시대가 아닌 조몬縄文 시대에 두고 있다는 점에서 다른 일본 문화론자들과 다르다고 말할 수 있다.

그는 근대 서구의 "과학기술 문명은 반면反面을 가리고 있다. 반면이란 자연의 파괴를 가리키는 것이다. 과학기술 문명의 이론적 기초를 구축한 것은 베이컨이라든가 데카르트이다. 그들은 '나는 생각한다. 고로 존재한다'라고 말한 인간 중심의 철학을 만들었다. 그래서 인간의 밖에 인간의 의식 대상으로서 자연을 놓았던 것이다. 그들은 자연의 법칙을 발견하고, 그것에 의해 자연을 지배하려 했다. 자연을 지배함으로써 인간은 한 없이 부를 가질 수가 있다. 이 사상이야말로 과학 사상의 핵심이다. 분명히 과학 사상에 의해 인류는 화려한 문명과 한없는 부를 축적했지만 그 반면, 자연파괴도 처절했다"라고 지적하

---

51 上揭文, 71頁.

52 梅原猛「日本近代を超えて」(『Voice』, 1995. 7), 166頁.

면서[53] 다음과 같이 그의 논리를 전개시켜 나갔다. "마지막으로 새로운 문명이란 무엇인가. 그 목표에 관해 말하고 싶습니다. 근대 문명의 근본에 있는 자연을 정복한다고 하는 생각은 고쳐먹지 않으면 안 됩니다. 서양의 자유주의에서도 근대주의에서도 없고 마르크스주의에서도 없는 새로운 문명의 이론이 지금 추구되고 있습니다. 그것은 '자연과의 공생'이라고 하는 것은 아닐까요?" 라고 말하고 있다.[54]

그는《대화 일본의 원상》이란 책에서 다음과 같이 말하고 있다. "나는 종래와 같이, 아이누 문화를 일본 문화와 관계가 없는 문화로서 보는 시각은 잘못된 것이라 생각한다. 그래서 아이누 문화를 오키나와 문화와 함께 일본의 기층문화인 조몬 문화가 가장 강하게 남은 문화라고 생각한다. 그 문화에, 일본 문화의 기층구조를 풀 열쇠를 찾아냄과 동시에, 인류가 그 생활의 98%까지를 차지해온 수렵 채집 문명의 의미를 다시 생각해 볼 단서를 발견해 보려고 하는 거대한 가설을 가지고 있다"라고 말하고 있는 것이다.[55]

우메하라가 조몬 문화를 주축으로 해서 일본 문화를 파악하려는 입장에는 그의《기기記紀》신화에 대한 집착과 깊게 관련되어 있다.《기기》신화는 일본의 천황가를 태양신의 후손으로 보려는 시각을 제공하고 있다는 점에서 주목되었다고 볼 수 있다. 그가 일본의 역사와 문화 속에서의 천황의 존재를 인정하려 하는 한 일본의 토착 문화인 조몬 문화를 주축으로 해서 일본의 역사와 문화를 보지 않을 수 없는 입장이 취해지기 때문인 것이다. 그는 천황에 대해 "우리나라의 전통은 인류에 있어서 대단히 중요한 것을 비밀리에 간직하고 있다. 그 심벌이 천황이다"라고 말하고 있다.[56]

---

53 上掲文, 164頁.

54 上掲文, 166頁.

55 梅原猛 · 吉本隆明『対話日本の原像』(中央公論社, 1986), 153頁.

56 岩井忠熊「'京都学派'の系譜と'新国家主義'」(『季刊科学と思想』通号 63, 新日本出版社),

'자유주의사관연구회'의 후지오카 노부카쓰는 자신의 '자유주의 사관'이 '도쿄 재판=코민테른 사관'을 뒤집은 시바 료타로의 사관史観, 즉 그의 러·일 전쟁을 다룬《언덕 위의 구름》(문고판, 전8권, 1978)에 내재된 바로 그 사관과의 만남을 계기로 형성된 것이라 말하고 있다.[57]

후지오카에 의하면 러·일 전쟁이란, '조국방위 전쟁'이었다는 것이다. 만일 러·일 전쟁에서 러시아가 승리했다고 한다면, "조선반도는 러시아의 영토가 되었을 것이고 일본이 러시아의 속국이 된다고 하는 것은 말할 것도 없다. 러시아는 그 위력을 보이기 위해 헬싱키에서 그랬던 것처럼 장대한 제독 저택을 도쿄에 세웠을 것이고, 게다가 태평양에 항구를 갖고 싶었던 원망을 풀기 위해 요코스카항과 사세보항에 일대 군항을 건설했을 것임에 틀림없을 것이다. 헌법을 정리시키고, 국회의사당을 고등경찰의 본부로 삼았을 것이 틀림없고, 더 나아가 막말이래 러시아가 갖고 싶었던 대마도에 일본의 현관을 지킬 수 있는 대요새大要塞를 짓고, 섬 내에 정치범의 감옥을 지었을 것이다. 교수형의 집행소를 지었을 것이다"라고, 후지오카는 시바 료타로의 생각을 빌려 말했다.[58] 후지오카는 "전후의 일본인은 자국의 방위에 관심을 갖는 것 그 자체를 악인 것처럼 봐 왔다"면서,[59] 그러나 메이지 시대에는 "일본인이 소박하게 국가를 믿었던 시대였고, 건강한 내셔널리즘이 흘러넘쳤던" 시대였는데도 불구하고 이제 일본인에게는 그런 "시대가 있었다는 것을 실감할 수 없게" 되어 버렸다고 말하고 있다.[60]

이렇게 봤을 때, 후지오카가 시바의 작품《언덕 위의 구름》을 통해 파악해 낸 사관은 러·일 전쟁 이후 일본이 일으켜 온 전쟁이 '침략전'이 아니라 '방위전'

533頁.

57 藤岡信勝,『汚辱の近現代史』(徳間書店, 1996), 52頁.

58 上揭書, 59頁.

59 上揭書, 57頁.

60 上揭書, 59頁.

이었다고 하는 것이다. 또, 그는 그러한 '방위전'을 치르는 과정에서 취한 일본 국민들의 자세는 '진정한 내셔널리즘'이었다고 하는 것이다.

필자가 여기에서 후지오카의 말을 취해 논하고자 하는 것은 시바 료타로가 《언덕 위의 구름》을 통해 독자들에게 제시하고자 했던 관념 체계는 후지오카가 지적하고 있는 것처럼 "일본에 있어서의 러·일 전쟁은 침략 전쟁이 아니고 조국 방위 전쟁이었다"고 하는 것이다.

이러한 입장을 취해 보면, 일본의 대륙 침략의 제1보였던 청·일 전쟁도 일본으로 말할 것 같으면 침략 전쟁이 아니고 방위 전쟁으로 파악될 수 있다. 후지오카의 언급을 빌려 말할 것 같으면, 청·일 전쟁이나 러·일 전쟁은 '제국주의 전쟁'이었지, '침략 전쟁'이 결코 아니었다고 하는 것이다. 그렇다면, 그러한 청·일 전쟁이나 러·일 전쟁의 원인은 결국은 19세기 서구 열강들의 동아시아 침략에 기인되었다는 말이다. 그러면, 우리 한국인은 그가 그런 식으로 청·일, 러·일 전쟁을 파악한 입장을 어떻게 생각해야 할 것인가?

이 문제에 대해서 여러 논의들이 제기될 수 있는 것은 우선 하나는 시바가 일본 제국주의를 사상적 배경으로 해서 탄생한 작가가 아니냐라고 하는 물음이다. 후지오카는 "시바는 러·일 전쟁 이후의 시대에서 취재한 역사소설을 쓰지 않았다. 그 이후의 시대는 일본에 부정적 기술이 많아지는 것을 두려워했던 나머지 시바의 미학으로부터는 쓸 수 없었을 것이다"라고 말하고 있다.[61] 우리는 이 시점에서 후지오카의 이러한 지적도 염두에 둘 필요가 있다.

두 번째 논의는 근현대 작가의 일반적 특징은 보통 피해자의 입장, 약한 자의 입장에서 역사와 사회를 본다고 하는 것이다. 그러나 시바라고 하는 작가가 '제국주의' 국가의 입장에서 '제국주의 전쟁'을 파악한다는 것은 문학자답지 않다고 하는 것이다.

---

61 ■ 上揭書, 54頁.

그는 '일본인에게 드리는 유언'이라고 하는 주제를 가지고 경제평론가 다나카 나오키田中直毅와 행했던 대화에서 "지면地面은 우리들이 기대 서 있는 장소이고, 최후에는 그곳에 뼈가 파묻힌다. 인생이 있고, 역사가 전개된다. 지면은 우리들 바로 그것입니다"며[62] "토지는 누구의 것도 아니고 모두의 것이라고 하는 윤리가 이전에 있었다고 생각합니다. 멀리서 돌아온 러시아인이 토지에 입맞춤을 하듯이 멀리서 일본국에 돌아오면 힘껏 밟아보는 토지로부터 따뜻함을 느껴 애국심도 생기게 될 것으로 생각되는데"[63] "토지의 사유私有가 시작되어", "토지가 투기의 대상"이 되어, "토지가 돈을 만든다"고 하는 생각이 일반화되어 결국 "버블경제가 형성되었다"고 말하고 있다. 따라서 그는 토지를 "공유화하지 않으면 일본은 망한다"는 입장을 피력하고 있다.[64]

또, 그는 '일본의 선택'이라고 하는 주제를 가지고, 경영 컨설턴트 오마에 겐이치大前研一와 행했던 대화에서도 "'나는 10여 년 전에 일본의 토지 값 상승에 반란을 일으키고 싶을 정도의 기분이었습니다. 이 정도로 땅값이 치솟은 사회에서 잘도 참아 가고 있다. 끝에 가서는 일본인에게 애국심마저 없어져 버리지는 않을까. 그래서 《토지와 일본인》이라고 하는 책을 제가 쓴 적이 있습니다. 그래도 상황은 나아지지 않아, 근년 그 생각은 점점 강해질 뿐입니다"라고 말하고 있다.[65]

이 정도로 시바 료타로는 '애국심'이 강한 작가이다. 프롤레타리아 작가가 독자들로부터 프롤레타리아 의식을 불러일으키기 위한 한 수단으로서 문학작품을 창작한다고 한다면, 시바 료타로는 일본 국민들로부터 애국심을 불러일으키기 위한 한 수단으로 문학작품을 창작했던 작가는 아니었는가라는 생각을

---

62 司馬遼太郎『対話集 日本人への遺言』(朝日文庫, 1999), 10頁.

63 上揭書, 13頁.

64 上揭書, 28頁.

65 上揭書, 67頁.

갖게 한다.

이상과 같이 1990년대 보수적 입장을 취하고 있는 지식인들은 1970, 80년대 신우익 인사들이 주장하고 있는 것들을 대변하고 있다. 특히, 그들은 그들 자신들이 친미파들이 아니면서도 걸프전 이후의 정부의 미·일 방위 전략 정책에 대해서는 긍정적 입장을 취하고 있다. 그 이유는, 걸프전 이후 미국이 취한 '지역 방위 전략'과 '책임의 공유'라는 신국방 전략에 착실히 동참한다면 그들의 숙원인 헌법 개정이 국민적 저항이나 인접국의 반발 없이 무난히 이루어질 것이라는 생각을 하고 있기 때문이다. 시바 료타로는《일본인에게 드리는 유언》(異国と鎖国, 1996.4)의 마지막 대화 〈이국과 쇄국〉에서 일본의 젊은이들에게 다음과 같은 '유언遺言'을 남기고 있다.[66]

> 나는 오랫동안, 한국인과 사귀어 오면서, 고맙다고 말하고 싶은 기분이 든다. 가장 가까운 나라의 사람이니까, 젊은이들도 꼭 한국인의 좋은 친구를 가졌으면 좋겠다. 그러면, 설혹 잔 드는 법이 다른 것 하나만 가지고도 대단히 경이로워서 문화로서 이해되어질 수 있기 때문에.

그가 로널드 토비와의 대화 마지막 부분에서 이런 말을 하기 전, 그는 토비 교수에게 다음과 같이 말했다.

"나는 조선인 친구를 몇 명인가 가지고 있어 정말로 이 세상에서 서로 만나서 좋았다고 생각하고 있습니다. 그중의 한 사람은 소위 제국주의 시대에 서울의 사범대학을 나와서《조선일보》의 주간이 되기도 했는데, 대단히 접하기 쉬운 소설을 써서 작가로서도 한국에서는 대단히 평이 높았던 선우휘鮮于輝 씨입니다. 사망했는데, 지금도 선우휘 씨를 생각하면 몸이 청결해진다는 생각이 듭니다.[67] 시바가 그를 생각할 때 그에게 그런 생각이 들었던 것은 그와 선우휘

---

66 上揭書, 172頁.

사이에 이런 일이 있었기 때문이다.

> 선우휘 씨와 단 둘이서 이야기를 하고 있다가, 깊이 빠진 적이 있었어요. 왜 일본인은 청결을 좋아하는 것인가라고. 이것은 즉, 자민족 중심주의, 혹은 문화인류학에 관련되는 일입니다. 우리들에게 있어서의 청결을 좋아한다는 것은,《고사기古事記》,《일본서기日本書紀》 때부터 계속되어 왔을 것으로 생각됩니다만, 나는 선우휘 씨가 일본인이 가지고 있는 대조선 차별의 문제를 염두에 두고 이야기했다고 생각했습니다. 그렇게 물음으로써, 조선인이 불결하다고 해서 일본인은 자기들을 차별해 왔다고 말하고 싶었던 것이었을 거라고 생각한 것입니다.

시바의 이러한 말을 들어보면, 선우휘 씨가 자신들의 잘못된 사고에 대해 직접적으로 공격하지 않고, 간접적으로 말해 준 것에 대해 '고맙게' 생각하고 있는 것 같다. 그런데, 필자가 여기에서 말하고자 하는 것은 선우휘라고 하는 작가가 '경성사범'을 나온 사람이고 일제 때 친일적 성향이 있었던 신문으로 알려진《조선일보》의 주필을 역임했었던 관계로 한국인들에게는 친일적 성향의 인물로 알려져 있다고 하는 사실이다. 그가 사실상 친일적 성향의 인간이 아니었다고 한다면 아마도 시바에게 그런 식으로 돌려서 말하지 않았을는지도 모른다. 보다 직접적이고 공격적으로 말했을 것이다. 이렇게 봤을 때 일본의 "젊은이도 한국인의 좋은 친구를 가졌으면 좋겠다"고 하는 시바의 유언은, 필자가 보기에 한국의 친일파 친구를 가졌으면 좋겠다는 말로 해석된다는 것이다. 사실상, 일본의 우익 인사들은 한국의 친일파들과 교분을 쌓고 있고, 한국의 친일파들은 일본의 우익인사들과 친분을 쌓고 있었던 것이다.

---

67 ▪ 上揭書, 171頁.

2) 보수 언론과 시민 단체들의 대응

1980년대에 시작되었던 일본의 신보수주의 정책이 걸프전을 계기로 '유엔 중심주의'로 전환해 나와 소위 '사죄' 외교, 자위대의 해외 파병에 의한 국제적 질서 유지 활동을 통한 군사적 공헌, 미 · 일 공동 작전 체제 구축, 아시아의 지역적 안전보장 구축에 대한 적극적 관여 정책들이 행해져 가는 과정에서 일본의 적지 않은 언론기관들이라든가 시민들이 이른바 '공동전선'을 형성해 다각적 차원에서 1970, 80년대의 우익 단체들의 주장에 동조했다.[68] 그 대표적 언론기관들이 바로 《분게이슌슈文芸春秋》, 《주오코론中央公論》, 《제군!諸君!》, 《세이론正論》, 《슈칸분슌週間文春》, 《슈칸신초週間新潮》, 《다카라지마30宝島30》, 《산케이신문産経新聞》, 《요미우리신문読売新聞》 등과 같은 것들이었다.

그들 언론들은 '종군위안부 문제'에 대한 정부의 공식적 사과, 일본군의 종군위안부 모집에 대한 관여 문제, PKO에 대한 자위대 파견, 침략 전쟁의 반성과 사죄 표명, 역사교과서 검정과 역사교육 문제, 천황의 전쟁 책임, 새로운 미 · 일 방위력을 위한 지침, 헌법 개정, 야스쿠니진자 참배 등의 문제들에 대해 기존의 우익인사들과 우익 단체들의 입장을 취해 보수 · 우익 논객들을 끌어들여 그들의 주장을 지면에 실었다.

이들 잡지, 신문 기관들뿐만 아니라 TV 아사히, TBS 등과 같은 방송매체들도 〈아침까지 생중계〉, 〈보도특집〉이나 〈뉴스23〉 등을 통해 우익의 입장에서 상기의 문제들을 다루었다. 1990년대로 들어와서 TV 아사히는 1990년 2월 23일 심야 오전 1시부터 6시까지 〈철저 토론 — 일본의 우익〉을 방영해서 우익들이 어떤 생각을 하고 있는지를 국민들에게 알리기 시작했다. 그해 4월 22일에는

68 ▪ 한상일, 〈일본 사회의 우경화 — 역사수정주의를 중심으로〉, 김호섭 외, 《일본 우익 연구》(중심, 1994), 236면.

TBS방송국도 '보도특집'의 형태를 취해 1시간 동안 〈일본의 우익〉을 방영했다. 동년 4월 5일에서 15일까지는 《아사히신문》까지 나서서 11회에 걸쳐 〈우익 — 현장으로부터의 보고〉를 연재하였다. 이렇게 해서 방송과 신문들의 '우익'에 대한 보도가 시작되어 그 후 상기와 같은 언론매체들이 '우익'에 관한 것들을 경쟁적으로 다루기 시작했던 것이다. 그 결과 최근 NHK의 경우는 〈혼마몬〉이라든가 〈신센구미新選組〉 등과 같은 대하드라마 방영을 통해서 일본인들의 전통 문화라든가 메이지 정신 등을 재활시켜 보려 했다. 또 NHK는 2006년부터 후지오카 노부가쓰의 '자유주의 사관'의 토대를 제공한 시바 료타로의 《언덕 위의 구름》을 영상화시켜 〈21세기 스페셜 대하드라마〉로 방영해서 국민들의 자학사관을 해체시켜 간다는 계획하에 있다. 특히, 《산케이신문》의 경우는 1996년 1월부터 〈교과서가 가르치지 않는 역사〉를 연재했고, 1999년 10월부터는 〈중학교 사회과 교과서의 통신부〉를 연재하였다. 한편, 《요미우리신문》은 〈헌법 개정 2004 요미우리 시안〉을 준비했다.

관변 우익 지식인들과 학자들의 일부가 '새로운 역사교과서를 만드는 모임'을 결성해서 그 모임을 중핵으로 해서 국·공회 기관의 일선 교육자들을 통해 새로운 역사교육 운동을 전개시켜 나가려 했다면 재야 우익 지식인들과 국회의원들, 공무원들, 기관장들 등은 '일본회의日本会議'를 결성해 기존의 우익 운동을 '국민 운동'으로 전개시켜 나가고 있다.

학계와 교육계에서 '새로운 역사교과서를 만드는 모임'의 설립총회가 1997년 1월 30일에 행해졌다면, 일반국민들과 공무원들을 상대로 한 '일본회의'는 동년 5열 30일에 그 설립대회가 개최되었다. 자민당 내에서는 1996년 6월 '밝은 일본' 국회의원연맹을 결성했다.

그들 두 우익 단체의 설립으로부터 2년 만이 1999년 3월 30일에는 정부와 민간의 연합 형태를 취한 '21세기 일본의 구상 간담회'가 발족되었다. 그러면, '일본회의'와 '21세기 일본의 구상 간담회' 등이 어떻게 형성되어 어떤 일들을 행해 갔는지를 고찰해 보겠다.

'일본회의'는 전신 단체 '일본을 지키는 국민회의'(1981년 결성)와 '일본을 지키는 회'(1974년 결성)가 통합되어 결성된 전국네트워크의 국민 운동 단체이다. '일본을 지키는 회日本を守る会'는 '70년 반안보 투쟁'이라든가 혁신자치체의 속출續出을 경계한 나머지, 그 대항 세력으로, '진자본청神社本庁'이라든가 '생장의 집生長の家' 등의 우익적 종교 단체를 중심으로 해서 1974년 4월에 결성되었다. 동년, '통일협의회'계의 '국제 문화재단'을 스폰서로 해서 '세계평화 교수 아카데미'와 함께 "헌법 개정, 애국심 고양, 천황 중심주의, 희생봉공犧牲奉公의 필요성을 주장했고, 그 실현을 위해 교육기본법을 개정하고, 일교조日教組의 교과서 검정에 대한 영향력의 제거와 교과서의 모델 만들기의 필요성을 지적"했다.[69]

'일본을 지키는 국민회의日本を守る国民会議'는 개헌 사상 조류改憲思想潮流의 형성을 목적으로 했던 사상 단체로서, 그 사상 조류의 본류는 '민족주의, 황국사관을 중심으로 하고' 있었던 단체였다. 그 단체는 1984년 '새로운 역사교과서 만들기'에 착수해 나카소네 내각에 의한 4회에 걸친 '초법규칙 수정'을 통해 86년 문부성 검정 합격을 달성했다. 고보리 게이이치로의 《신편일본사》가 바로 그것이었다.

이상의 두 우익 단체의 통합 형태로 행해진 '일본회의'의 발족은 중참 양원의원 230명이 가맹한 '일본회의 국회의원 간담회'의 발족과 동시에 이루어졌다.

'일본회의'의 중심적 인물은 '일본회의' 부회장 고보리 게이이치로이다. 그는 도쿄대학 대학원 비교문학 비교문화과 교수를 거쳐, 현재 도쿄대학 명예교수라고 하는 직함을 가진 학자로서 일본에서의 대표적 우익 지식인의 한 사람으로 알려져 있는 자이다. '일본회의'는 월간 《일본의 숨결日本の息吹》이라는 기관지를 펴내는데, 이 기관지에는 다카하시 시로高橋史郎 묘조明星대학 교수,

69 ▪ http://www2. ocn. ne. jp/~kokyoso/newpage3. htm(2004년 5월 26일 현재).

와타나베 쇼이치 조지上智대학 교수, 오하라 야스오大原康男 국학원 대학 교수 등과 같은 우익 지식인들의 이름이 자주 보인다.

'일본회의' 설립대회는 "각계로부터 전국에서 국민 운동을 담당할 1천 명의 대표가 결집"해, "성대히" 개최되었다. "국회의원 약 100명을 비롯하여, 경제계, 학계, 종교계 등의 각계 대표들과, 북은 홋카이도로부터 남은 오키나와에 이르는 전국 47도도부겐都道府県의 대표 약 1천 명이 결집"했다.

'일본회의'의 강령綱領은 "하나, 우리는 유구한 역사로 길들여진 전통과 문화를 계승해, 건전한 국민정신의 흥융을 기약한다. 하나, 우리는 국가의 영광과 자주독립을 보지保持하고, 국민 각자가 능력을 십분 발휘할 수 있는 풍요롭고 질서 있는 사회건설을 지향한다"이다.[70]

'일본회의'는 '국민 운동'을 일으키게 된 동기를 다음과 같이 설명하고 있다.[71]

> 우리들의 국민 운동은 지금까지 메이지·다이쇼·쇼와의 원호元号 법제화의 실현, 쇼와 천황 재위 60년이라든가 현 천황의 즉위 등의 황실의 경사를 축하하는 구민 운동, 교육의 정상화라든가 역사 교과서의 편찬사업, 종전 50년을 기한 전몰자 추도행사라든가 아시아 공생共生의 제전祭典 개최, 자위대 PKO 활동에 대한 지지, 전통에 기초한 국가이념을 제창한 신헌법의 제창, 20여 년에 걸쳐 바른 일본의 진로를 추구해 강력한 국민 운동을 전국적으로 전개시켜 왔습니다.
>
> 오늘날, 일본은 혼미하는 정치, 황폐한 교육, 결락缺落된 위기관리 등 많은 문제를 포함해 전도다난前途多難한 시기를 맞이하고 있습니다. 우리들 '국민회의'는 아름다운 일본을 지키고 또 그것을 전달하기 위해 '자랑스러운 국가 건설'을 다함께 제언提言해 행동하겠습니다.
>
> 또, 우리들의 새로운 국민 운동에 호응해서 국회에서는 초당파에 의한 '일본회의 국회의원 간담회'도 설립했습니다. 우리들은 아름다운 일본의 건설을 목표로

---

70 ■ http://www. nipponkaig. org/reidaiol/introduction(j)/koryo. htm(2004년 5월 26일 현재).

71 ■ 上同所.

해서 국회의원과 함께 전국 네트워크로 국민 운동을 전개합니다. 여러분의 성원을 바라마지 않습니다.

'국민회의'는 많은 여성들이 참가하고 있다는 점을 감안해서 '국민회의'의 국민 운동에 참가하는 여성들의 네트워크를 더욱 강화해서 광범한 국민 운동을 추진하기 위해서 2001년 9월에 '일본여성의회'를 설립했다. 또, '국민회의'는 전국적으로 국민 운동을 펼쳐가기 위해, 전국의 47도도부겐都道府県과 3,300시市, 마치町, 무라村에 본부들과 지점들을 설립하고 있다.

1999년 3월에 만들어진 21세기 일본의 구상 간담회는 "21세기에 있어서의 일본이 존재할 수 있는 모습을 검토하기 위해" 당시의 수상 오부치 게이조小渕恵三의 주선하에서 가와이 하야오河合隼雄 '국제일본 문화연구센터 소장'을 좌장으로 하는 민간인 16명으로 발족되었다.[72] 그 후, 그것은 33명이 더 참가해서 50명가량으로 불어났다.

가와이 하야오 '국제일본 문화연구센터 소장'을 비롯한 민간인 16명은 가와이 하야오 소장이 그러하듯이 일본의 각계를 대표하는 최고의 지식인들이다. 그런데, 1980년대 나카소네 야스히로中曾根康弘 전 수상의 신보수주의 정책이 실시되는 과정에서 설립된 '국제일본 문화연구센터'의 소장 직을 맡고 있던 가와이 하야오가 그러하듯이 그 간담회 참석자들은 국제적 감각을 가지고 일본의 장래를 생각하는 지식인들이라 할 수 있다. 그들은 21세기 일본이 이 지구상에서 어떻게 존재할 수 있을 것인가에 대한 일가견을 가진 자들이다. 그 간담회는 '세계에서 살고 있는 일본', '풍요와 활력', '안심하고 윤택한 생활', '아름다운 국토와 안전한 사회', '일본인의 미래'의 다섯 분과회로 이루어졌다.[73]

그들 참가자들은 발족 시점에서부터 2000년 1월 중순까지 약 10개월에 걸

72■ 河合隼雄 監修『21世紀日本の構想懇談会』(講談社, 2003), 1頁.

73■ 上掲書, 12頁.

쳐 분과회를 포함해 총 44회에 걸친 토론을 거쳐 그 결과물로《일본의 프런티어는 일본 안에 있다 — 자립과 협치協治로 구축할 신세기》(고단샤, 2000.3)를 출판했다.

3) 우익 단체들의 동향과 대응 양상

(1) 신우익의 경우

걸프전 이후 일본의 기존 우익들은 크게 둘로 나뉘어 고찰될 수 있다. 하나는 1970년 미시마三島 사건을 계기로 출현해서 1970년대와 1980년대에 활동했던 신우익이고, 다른 하나는 〈미 · 일 안전보장 조약〉(1951.9) 이후 '전전 우익'의 부활 과정에서 탄생된 '전후 우익'이다. 우선, 신우익의 경우에서부터 고찰하기로 한다.

걸프전 이후 일본의 정부가 하나의 확실한 입장을 가지고 '사죄' 표명 외교, '국제 공헌' 등을 통해 '유엔 중심주의' 정책을 취해 나가자 일본의 보수적 성향의 지식인들은 1970, 80년대의 일본의 신우익들이 주장해 왔던 것들을 주장했다.

그렇다면 걸프전 이후 기존의 우익들은 그러한 상황 속에서 어떠한 역할을 하게 됐던 것인가? 우선 걸프전 이후 일본의 우익 단체들의 주장과 그들의 동향부터 고찰해 보기로 한다.

기무라 미쓰히로는 그의 저서《우익은 끝나지 않았다! — 신민족파 선언》(2001)의 서문에서 다음과 같이 말하고 있다.[74]

> 작년 여름, 우익 민족파를 장년 연구해 온 평론가 마쓰모토 겐이치 씨로부터 내 손에 한 권의 책이 도착했다. 그의 저서《사상으로서의 우익》이다. 그 속에 어찌된 것인지 '우익은 끝났다'라고 하는 항목이 있어, 나는 대단한 충격을 받았다. 이

74■ 木村三浩『右翼はおわってねえぞ! — 新民族宣言』(雷韻出版, 2001), 15頁.

세상이 이상해져서, '지금부터 본령本領 발휘이다'라고 생각하고 있던 터였기 때문에 더욱 그렇다. 마쓰모토 씨는 쇼와 천황 서거를 계기로 해서, 그 충성의 대항이 없어진 것이라든가 미 · 소 냉전의 붕괴에 의해 우익 민족파가 담당하고 있던 '반공'이라고 하는 이념이 달성된 느낌이 있다고 하는 것이라든가, 지금까지 우익이 주장해 온 것을 체제라든가 '보수'라고 불리는 사람들이 제창하기 시작했다는 것을 지적하고서, '우익은 끝났다'고 말했다. 분명히 시대는 우익 민족파를 필요로 하고 있지 않을지 모른다. 그것뿐만 아니라, 국민이 우익 민족파를 넘어 버렸기 때문이다.

기무라 미쓰히로 씨는 위 문장에서 마쓰모토 씨가 "우익은 끝났다"고 말하고 있는 근거로서 그가 제시한 것들 그 자체에 대해서 반대하는 입장을 취하고 있지 않다. 마쓰모토 겐이치 씨는 그의 저서 《사상으로서의 우익》(2000)의 마지막 장 '우익의 종언'에서 "당시 나는 '우익은 끝났다라고 하는 것'의 소제목에 내포된 논문(〈'세계사의 게임'의 종언〉, 《주오코론》, 1991.4)을 썼다. 그것에 대해 우익으로부터의 반론은 전혀 없었다"라고 말하면서, '당시' 그가 왜 "우익은 끝났다"고 말했는지에 대한 이유를 '당시'의 논문의 일부를 발취해 설명하고 있다. 그 일부는 다음과 같다.[75]

내가 '우익은 끝났다'고 생각하는 것은 혁명(공산주의)을 치켜든 좌익이 끝났고, 그 대항 세력으로서의 우익도 끝났기 때문이다 등과 같은 정세론으로부터는 아니다. 우익이 치켜들고 있었던 내셔널리즘은 현재로서는 이제 보수 세력으로서의 혼지마 히토시本島等라든가 이시하라 신타로 등에 의해 충분히 인수돼 버렸다는 본질론으로부터이다.

마쓰모토 씨의 그러한 생각에 대해서는 기무라 씨도 위 문장에서 분명히

---

75 ■ 松本健一『思想としての右翼』(論創社, 2000), 301頁.

"지금까지 우익이 주장해 온 것을 '보수'라 불리는 사람들이 제창하기 시작했기" 때문에 "이제 시대는 더 이상 우익 민족파를 필요로 하고 있지 않을지 모른다"고 말하고 있고, 또 "국민이 우익 민족파를 넘어 버렸다"고도 말하고 있다.

이것은 바로 '우익' 연구자들, 기무라 씨도 마쓰모토 씨도 걸프전 이후 일본의 정치·사회 '체제'라든가 '보수'라 불리는 사람들이 '우익'이 해 왔던 일들을 행하고 있다는 사실을 받아들이고 있다는 확실한 단서가 된다.[76■] 앞에서 언급한 바와 같이, 일본의 정치·사회 '체제'나 '보수'라 불리는 사람들이 걸프전 이후 일본 내에서의 우익의 역할을 담당하게 되었다는 것은 걸프전 이후 일본 정부의 '유엔 중심주의' 정책과 결코 무관치 않다고 봐야 할 것이다. 그 이유는 다음과 같다.

일본 정부가 '헌법 개정'을 통한 군사대국의 건설을 그들의 정치적 최종 목표로 설정해 놓은 한 그 목표달성 과정에서의 인접국들의 반발을 피하기 위한 방안으로 미국의 '지역방위 전략' 정책을 받아들여서 '유엔 중심주의' 정책을 취하는 것은 지극히 당연한 일임에 틀림없다. 이와 같이 일본 정부의 '유엔 중심주의' 정책이란 일본이 인접국들의 반발을 피해 헌법 개정을 통한 군사대국 건설의 일환책이었기 때문에 일본이 '유엔 중심주의' 정책 실현을 통해 소위 그들이 말하는 방위력을 보유하는 '보통 국가'로 전환해 나가려는 것은 지극히 당연한 것이라 할 수 있는 것이다. 한마디로 말해 일본의 정치적·사회적 체제와 보수라 불리는 사람들의 우익적 언행은 일본 정부의 '유엔 중심주의' 정책의 정치적 대가로 행해졌던 것이라고 말할 수 있다는 것이다.

신우익의 중심적 인물, 스즈키 구니오도 1993년 10월 신우익의 중심적 인물의 한사람이었던 "노무라 슈스케野村秋介 씨의 자결로 신우익은 끝났다"라고 말하고 있다.[77■] 또, 그는《탈우익 선언》(IPC, 1993)을 출판하고서, 책의 제목을

76■ 木村三浩, 前掲書, 15頁.

77■ 鈴木邦男『新右翼』(新増補版, 彩流社, 1994), 306頁.

'탈우익 선언'으로 붙이게 된 경위를 다음과 같이 설명하고 있다.[78]

> 이 책은 '우익에 대한 의문에 대답한다'라고 하는 인터뷰 형식의 책으로 제목도 '우익과의 교제방법'으로 할 예정이었다. 그러나 내가 말하고 있는 것이 너무 당연한 것들뿐이어서 인터뷰하는 사람도 '이것이라면 우익이라고 말할 수 없겠군요. 자, 차라리, 탈우익 선언으로 하시죠'라고 해서 그렇게 했던 것이다.
>
> 그 책의 내용을 읽어보면 알 수 있겠지만, 우리들이 말하고 있는 것은 기이한 것도 과격하고 혹은 우측으로 치우쳐 있는 것도 아니다. 당연한 것을 주장하고 있는 것이다. 그렇기 때문에, '우익'이라든가 '신우익'이라든가 하는 익명으로 불리지 않아도 좋을 것이다. 소련도 붕괴되었고, 좌익이 사라지고 있다. 우익만이 남는 것도 이상하다. 우라든가 좌라든가로 구분해서 안심하고 있는 시대는 끝났다. 테러라든가 게릴라로 단체의 성격을 해명하려 하지 말고, 누구나 자유롭게 언론의 장으로 나와서 싸우는 것이다. 그러한 시대가 와 있다.[79]

이와 같이 "우익은 끝났다"라고 하는 시대가 도래해, 그동안 우익 운동을 해 오던 인간들이 그것을 실감하고 있다. 그렇다면, 기무라 미쓰히로 씨는 마쓰모토 겐이치의 "우익은 끝났다"고 하는 말에 대해 충격을 받은 이유는 무엇인가? 체제와 보수가 우익의 역할을 하고 있는 상황에서 그가 "지금부터 본령 발휘이다"라고 생각하고 있었던 이유는 무엇인가?

이들 두 사람 사이에는 '우익'에 대한 인식의 차이가 존재하고 있는 것 같다. 우선 마쓰모토 겐이치 씨는 '우익'의 사상적인 면에 관심을 가져 온 사람으로서 그에서의 '우익'이란 그의 저서《사상으로서의 우익》이 말해 주고 있듯이 메이지 시대 이후의 모든 우익 단체들 내지 우익 인사들, 그들의 사상들 등을 가리킨다. 그러나 기무라 미쓰히로 씨의 경우에서의 '우익'은 '우익 민족파', 즉 '신우익'

---

78 ■ 上揭書, 305頁.

79 ■ 上揭書, 306頁.

을 가리킨다고 말할 수 있다. 다시 말해서 마쓰모토 씨가 인식하는 '우익'은 '우익 민족파'라든가 '민족파'까지가 포함된 '우익'인 것에 반해, 기무라 씨의 '우익'은 '우익 민족파'를 중심으로 한 '우익'을 가리키고 있다고 하는 것이다.

기무라 미쓰히로는《우익은 끝나지 않았다》의 부제副題를 '신민족파 선언'으로 하고 있다. 이렇게 볼 때, 마쓰모토 겐이치 씨의 "우익은 끝났다"는 말은 걸프전 이후의 글로벌 시대로 들어와서의 '우익'의 역할은 끝났다는 의미이고, 기무라 미쓰히로 씨의 "우익은 끝나지 않았다", "지금부터 본령 발휘이다"라고 하는 말은 "기성 우익의 역할은 끝났는지 몰라도 '우익 민족파'의 역할은 끝나지 않았다. '우익 민족파'의 경우 '지금부터 본령 발휘'를 할 때이다. '본령 발휘'를 해야 할 지금부터를 '신민족파'라고 하자"라는 말의 의미로 받아들여진다.

그렇다면 기무라 씨가 생각하고 있는 '신민족파'란 무엇인가? 기무라 씨는 1990년대로 들어와서 기존의 "보수 세력들에 의해 우익의 내셔널리즘이라든가 아시아주의가 대변되어져 버렸기" 때문에 '우익은 끝났다'라고 말한 마쓰모토 씨의 견해를 받아들이고 있다.[80] 그는 그의 그러한 견해를 받아들여 "현재의 일본은, 마치 '일억 총 보수화'의 양상을 보이고 있다고 해도 과언이 아닐 것이다"라고 말하고 있다.[81] 또, "현재, 정부라든가 국민, 그리고 언론의 세계를 뒤덮고 있는 보수적 언질言質 속에는 우익 민족파가 주장해 온 것과 합치하는 부분이 있다"는 말도 하고 있다.[82] 그러나, 그는 "이들의 보수적 경향은 근본적으로 우익 민족파가 지향하고 있는 이념과는 다르다는 것을 잘라 말해 두지 않으면 안 된다"라고 말하면서, 그 차이란 그들의 그러한 주장들 속에는 우익 민족파가 일관되게 주장해 온 '반체제', '자주독립'(대미자립), '반글로벌리즘' 등에 관한 입장들이 빠져 있다고 하는 사실로부터 발견될 수 있다고 말할 수

80 ▪ 木村三浩, 前揭書, 106頁.

81 ▪ 上揭書, 107頁.

82 ▪ 上同所.

있다.[83]

그가 말하는 '반체제'에서의 '체제'란 서구 내지 미국의 승자 중심의 정치 체제를 의미하고, '자주독립'(대미자립)이란, 군사적 국방의 차원에서의 '자주독립'을 의미한다. '반글로벌리즘'의 경우도 미국 중심의 글로벌리즘에 대한 반대를 의미한다. 그가 말하는 자민당 정부나 '보수 세력'들은 앞에서 언급한 바와 같이 미국의 지역방위 전략을 기초로 해서 미·일 동맹을 중요시하려는 입장을 취하고 있다. 그러나, 그는 다음과 같이 말하면서 그들의 그러한 입장을 비판하고 있다. "현재의 일본은 독자적 결정이 불가능한 상태로 미국의 '속국'으로 전락해 가고 있고, 국민도 그 상태에 만족하고 있다. 실제, 앞에서 서술한 '정권의 보수화', 일억 총 우익화 속에서 이야기될 수 있는 '인근 여러 나라들의 일본에 대한 경계심'과 '일본의 아시아 지역에 대한 안전보장 확대'는 어디까지나 미국에 기생한 채 미국에 허용되는 구조의 범위 내에서 일어나고 있는 것이다. 그렇다면, '미국의 권위를 빌려 아시아에서 거만떤다'고 하는 스스로의 나약함과 자기애의 산물에 지나지 않은 것이다"라고 했다.[84] 그는 제7장에서 "자칭 '세계의 경찰관 미국에 주문한다'에서 자신은 걸프만 전쟁에서 일관해서 쿠웨이트 합병을 시도했던 이라크의 입장을 이해하려고 노력했고, 그 역사적 배경으로부터 쿠웨이트 병합의 정당성을 호소해 왔다"고 말하고 있다.[85] 또, 그는 "나는 이 미국의 히스테리라고도 말할 수 있는 대응과 어떤 한 주체성도 털어낼 수 없는 상태에서 허둥지둥 낭패만을 보고 있는 일본 정부의 자세에 커다란 의문을 품고 있다"고 말하고 있다.[86] 그는 미국의 '정의'에 유린당한, '아랍 민족주의'를 위해 투쟁했다고 말하고 있다. 또, 그는 미국의 유고슬라비아 폭격

83 上同所 .

84 上掲書, 108頁.

85 上掲書, 273頁.

86 上掲書, 276頁.

때도 "사전에 세르비아인에 의한 알바니아인 학살이 미국에 의해 선전宣傳되었다"고 말하고 있다. 또, 그는 '북조선'을 방문하고 나서, "기묘하게도 나는 그곳에 어떤 종류의 '건전함'을 읽을 수 있었다. 국민이 김정일 총서기를 중심으로 단결해 모두가 '애국심'을 가지고 있기 때문이다. 물론 완전히 연극적인 것도 있을 것이다. 정보가 한쪽으로 치우쳐 있는 것도 있을 것이다. 그렇지만, 솔직히 말해, '이상의 국가'를 목표로 한 사람들의 에너지에 압도되어 나는 돌아왔다"라고 회술하고 있다.[87]

이와 같이 그는 글로벌화를 주도하는 미국에 의해 유린되어 가는, 약소민족 국가들의 입장에서 미국을 비판하는 입장을 취하고 있다. 여기에서 그의 이와 같은 입장을 고려해 볼 때 그가 말하고자 하는 '신민족파'가 어떠한 것인지에 대한 이해가 가능해진다. 또 그가 말하는 '우익 민족파'의 '본령 발휘'가 어떠한 것인지도 이해가 가능해진다. '신우익'을 대표해 왔던 단체는 2007년 8월 현재 기무라 미쓰히로가 대표를 맡고 있는 '잇스이카이一水会'(1972)이다. 그 '잇스이카이' 강령에는 우리들은 "일본뿐만 아니라 세계의 모든 민족을 존중하고, 전승국을 중심으로 한 현재의 유엔에 대항하는 새로운 국제조직과 세계질서의 수립을 향해 공헌한다"는 표현이 들어 있고, 그 '기본이념'에는 "세계 각 민족의 존중, 연대에 의한 신유엔의 건설"이 포함되어 있다.[88] 이렇게 봤을 때 필자는 그가 생각하고 있는 '우익 민족파'의 '본령 발휘'란 글로벌화를 주도하는 미국에 의해 유린되어 가는 여러 약소국가들을 돕고, 또 그들의 민족주의 정신을 계발시켜 나가는 것이라 할 수 있다. 그러한 취지하에서 그는 미국에 유린당하고 있는 북한을 응원했고, 1994년 2월에는 북한을 방문할 수 있었다.

걸프전 이후 보수진영이 '우익'으로 전환되어 나가고 있는 상황 속에서 기존의 '우익'은 그때까지의 자신들의 역사적 사명을 다했다 생각하고 우경화의

87■ 上掲書, 340頁.

88■ http://www. issuikai. jp/kouryo. html(2004년 6월 1일 현재).

물결 속으로 침몰했다. 그리고 '신우익'으로 불리던 '우익 민족파'는 기무라 씨가 말하는 '신민족파'로 전환해 나와, 일본의 미국과의 지역방위 전략 정책에 반대 입장을 취해 미국 중심의 글로벌화와 대항해 가면서 각 민족들의 공존 사상을 기반으로 한 글로벌화를 추진시켜 나가려는 단체로 전환해 나가고 있는 것으로 고찰된다. 그러한 의미에서 우리는 '신우익'을 '반미 우익'으로도 부르고 있는 것이다.

(2) 기성 우익들의 경우

이상에서와 같이 1960년대 중반에 출현했던 우익 민족파는 1970년 11월 미시마 사건을 계기로 '신우익'으로 발전해 나왔고 1990년대 초의 걸프전을 계기로 해서는 일부가 보수파 속으로 침몰해 버리고 다른 일부는 '신민족파'라고 하는 일종의 '국제 우익'으로 전환해 나갔다. 그렇다면 〈샌프란시스코 강화 조약〉을 계기로 출현해 나와 '전전 우익'이라고 하는 명칭을 취해 갔던 우익 세력은 걸프전 이후의 1990년대 초에 와서 어떤 식으로 변모했던 것인가?

'전전 우익' 계열의 우익들은 1970년대 초에 등장한 '신우익'과 1970년대와 1980년대를 양존해 가면서 '신우익'이 행할 수 없는 역할을 행해 나갔다. '신우익'이 한마디로 '반소'와 '반미'라고 하는 입장을 취해 일본인들의 아이덴티티를 추구해 나갔다고 한다면, '전전 우익' 계열의 '전후 우익'의 경우는 '반소'와 '친미'의 입장을 취해 '애국'을 실천해 갔다. 사실상, 그들은 미국에 대해서 악감정을 가지고 있기는 하지만 일본의 국익을 위해 일본의 미국과의 지역방위 전략 정책을 찬성한다는 입장이었다. '전전 우익' 계열의 '전후 우익'은 〈샌프란시스코 강화 조약〉을 계기로 1950년대 전반에 대거 출현했다. 그래서 그것은 1960년대 후반에 등장한 '우익 민족파', 1970년대 초의 미시마 사건을 계기로 '우익 민족파'를 기초로 해서 출현한 '신우익'에 무력 사용 등을 통한 과격한 행동들을 떠맡기고, 주로 가두선전街頭宣伝 활동, 항의 · 요청 활동, 정례회定例会, 연구회,

기관지 발행 등의 활동들을 통해 우익 운동을 실행해 갔다. 그러나, 1990년대로 들어와서 '신우익'이 그러한 무력 사용 등을 통한 과격한 표현들을 포기하고 공개토론, 강연, 저술 활동 등을 통해 자신들의 주장을 표현하게 되자, 그때부터는 '전전 우익' 계열의 '전후 우익'이 '신우익'으로부터 무력 사용 등을 통한 과격한 표현들을 떠맡았다.

전 애국당前愛国党 간부의 자민당自民党 본부 침입 농성(1992.2.11), '우국성화憂国誠和' 회원의 가네마루金丸 씨 저격 사건(1993.3.20), 다이도주쿠大東塾 회원의 후지야마겐富山県 지사 습격 사건(1992.8.4), 고도宏道연합회원의 다카라지마샤 총격 사건(1993.11.4), 일본황민당계日本皇民党系의 우익 단체의 《아사히신문》 나고야 본사 주차장 화염병 투하(1994.4.21), 소콘주쿠 야마토松魂塾大和 동지회 회원의 호소카와 수상 저격(1994.5.30) 등의 행위들이 그 단적인 예들이다.[89]

전전의 우익 정신을 계승하려는 전후의 우익 세력들의 그러한 무력 사용 등을 통한 과격한 표현들은 주로 천황이나 황실의 권위를 저하시키는 언행을 행한 사람들이나 전전의 전쟁을 '침략 전쟁'으로 인정하는 발언을 행한 자들에 대해 행해졌다.

예컨대, 전전의 우익 정신을 이어받아 2002년에 창립된 우익 단체, ' 정치결사 동혈사'의 강령은 다음과 같다. "하나, 동혈사는 참된 일본 국가 건설을 바라고, 그를 위한 건설에 전제되는 파괴 활동을 담당한다. 하나, 동혈사 사원은, 활동상에 있어서의 일체의 타협과 패배를 부정하고 이것을 완수한다.[90] 바로 이 '동혈사'의 강령은 1990년대 이후의 우익 단체들이 자신들의 역할이 어떠한 것인지를 한마디로 잘 말해 주고 있다. 결론적으로 말해서 1980년대 이전의 보수 세력들이 1990년대로 들어와서 '우익'으로 전환해 나와 그동안 '신우익'이 행해 오던 주장들을 대신 주장하자, '신우익'의 일부는 새로 등장한 우익으로

89 ▪ 高木正幸『右翼』(改訂版, 土曜美術社出版販売, 1996), 181-188頁.

90 ▪ http://www23. tok2. com/home/douketusya(2004년 6월 1일 현재).

흡수되어 버리고 다른 일부는 글로벌리즘 사상을 받아들여 '신민족파'라고 하는 소위 '국제 우익'으로 전환해 나갔던 것이다.

전전 우익 계열의 우익들이 공통적으로 주장하고 있는 것은, 공산주의 세력 확대의 저지, 자주헌법 제정, 야스쿠니진자 참배, 북방 영토 탈환, 천황제 보지保持 등이다.[91]

이 전전 우익 계열의 우익들은 1990년대 이후에도 줄곧 탄생했다. 통일 단체로는 '국민행동'(1991년 12월 결성), '국민협의회'(1992년 2월 결성) 등을 비롯해 매년 하나의 단체 이상이 결성되었고, 단일 단체로는 '마호로바회まほろば会'(1990년 5월 결성), '필승 주쿠必勝塾'(1991년 2월 결성) 등 매년 세 단체들 이상이 결성되었다.[92]

---

91 ▪ '정치결사 대일본 천명동지회政治結社 大日本天命同志会', '정치결사 동혈사', '일본황민당 국사사日本皇民党 国士社' 등의 강령 참조.

92 ▪ 右翼問題研究会 編『右翼の潮流』(立花書房, 1998), 187頁.

나오면서

서론에서 필자는 1990년대 이후 일본의 정치적 상황들과 맞물려 일본의 우익들이 어떠한 식으로 변모해 나갔으며, 또 그것이 금후 일본의 정치·경제·문화 등의 발전에 어떤 영향을 미쳤으며, 어떤 역할을 행했는지, 또 그것이 금후 동아시아의 연대 구축에 어떤 역할을 할 수 있는지 한걸음 더 나가서 앞으로 미국·일본·중국 등의 내셔널리즘이 글로벌리즘과 어떻게 관련되어 나갈 것인지 등에 대한 문제의 규명 등을 본 연구의 목적으로 제시하였다. 본론에서 걸프전과 일본의 신보수주의 정책의 전환 양상, 일본의 '유엔 중심주의'로의 정책 전환 양상, 일본 정부의 '유엔 중심주의' 정책에 대한 보수·우익들의 대응 양상 등에 대한 고찰을 했다. 그 결과 다음과 같은 결론을 도출해 낼 수 있다.

지난 2세기 이상 전 세계를 주도해 온 근현대화의 주도국들은 1990년대 초의 걸프전(1991.1-2)과 소련 소멸(1991.12)이라고 하는 사건들을 계기로 해서 명실상부한 글로벌리즘의 시대로 전환해 나왔다.

지난 1세기 동안 자본주의 세계를 주도해 왔던 미국은 걸프전에서의 다국적군의 승리와 구소련의 자본주의 국가로의 전환을 계기로 하여 지역방위 전략을 중핵으로 한 새로운 신세계 질서를 구축해 갔다. 이에 대해 그동안 보수·우익 지식인들에 주도되어 신보수주의 정책을 취해 갔던 일본은 미국에 버금가는 세계 2위의 경제력과 〈미·일 안보 조약〉을 기반으로 해서 걸프전과 소련 소멸 이후 미국의 신세계 질서 구축에 적극적으로 참여하는 쪽으로 입장을 취해 간다. 일본은 미국의 신세계 질서 구축에 대한 적극적 참여의 일환으로 국내에서의 정계 개편을 통해 서구 세계에 대해서는 '유엔 중심주의' 정책을 취해 나왔고 인접 동아시아 국가들에 대해서는 '사죄' 외교 정책을 취해 나갔다.

일본 정부의 이러한 정책들에 대해 민감한 반응을 보였던 보수·우익들의 대응 양상은 다음과 같았다. 우선 일본 정부의 그러한 정책들에 민감한 반응을 보였던 자들은 자민당 정권의 지지 세력들의 중심을 이루어 왔던 보수 지식인들이었다. 그들은 70, 80년대에 신우익들이 주장해 왔던 것들을 그대로 주장하고 나섰다. 그러자, 신우익은 자신들의 역할은 끝났다고 생각한 나머지 무력 사용 등을 통한 과격한 행동들을 자제해 갔다. 그 대신, 그동안 '우익 민족파'로도 불려 왔던 신우익은 '신우익 민족파'란 이름을 내걸고 "전 세계의 모든 민족들을 존경한다"는 입장을 취해 미국에 유린되어 가는 전 세계의 약소국 민족들을 돕는 쪽으로 나가려는 입장을 취하고 있다.

70, 80년대 보수적 입장에서, 걸프전 이후 유엔 중심주의 정책이 실현되는 과정에서, 우익적 입장을 취해 나간 지식인들은 서구 문화나 미국 문화에 대해서 배타적이지만 미·일 공동방위 전략에 대해서는 필요성을 강조하고 있다.

일본 정부의 '유엔 중심주의' 정책이 실시되는 과정에서 '보수'에서 '우익'으로 전환해 나온 인사들이나 전전 우익의 부활 과정에서 탄생했던 우익들은 1990년대 이후 냉전 체제의 해체를 계기로 일본에 도래한 불황 속에서 그 극복 방안의 하나로 메이지 정신과 그것의 중핵을 이루는 사무라이 정신을 부활시켜 나갔다. 이는 패전이 일본인들에게 가져다준 패배의식과 그것을 통해 형성된 '자학적 역사관'으로부터 벗어나기 위한 방안으로, 패전 전의 일본 정신, 보다 구체적으로 말해서 일본이 서구의 열강들과 대항해 가기 위해서 메이지 혁명을 일으키고 청국과 러시아와 싸워 이기고 만주사변과 중·일 전쟁을 일으켰던 일본의 민족주의 정신을 부활시키기 위해서였던 것이다.

그 결과 일본은 보수·우익들의 그러한 메이지 혁명 정신, 그것의 기초를 이루는 사무라이 정신, 그러한 정신들로 형성된 민족주의 정신 등의 회복 운동을 통해 장기불황의 늪으로부터 벗어나고, '자학사관'으로부터도 서서히 벗어나고 있는 것으로 고찰된다. 한편, 〈미·일 안보 조약〉 체결 이후 '전전 우익'이 부활하는 과정에서 전전 우익의 정신을 이어받아 탄생한 우익들은 신우익이 포기한 무력 사용을 통한 과격한 행동을 전수받았다.

현재 일본의 '신우익 민족파'는 미국 중심의 글로벌리즘에 반기를 드는 과정에서 미국의 입장보다는 북한의 입장을 옹호하고 있다. 또, 현재 일본인들 중에는 '신우익'이나 '신우익 민족파'의 존재들에 대해서 지식이 없는 사람들도 많다. 재일 동포들이 '신우익'이나 '신우익 민족파' 등의 우익 단체들에 참여해서 활동하고 있는 것을 본 그들에 의해 '재일 조선인들'이나 '한국인들'이 우익 단체에 참여한 이유는 무엇인가라는 질문들이 인터넷상에 떠돌고 있다. 그 정도로 '신우익'이나 '신우익 민족파'는 '이 민족'에 대해 열려 있다. 이러한 사실을 감안해 볼 때, 일본의 우익들도 금후 동아시아국들의 연대 내지 연합에 적극적으로 기여할 수 있는 여지를 가진 세력들이라 판단된다. 그들의 그러한 기여는 일본 중심으로 동아시아 국가들을 엮어 보려는 것이 아니라 동아시아를 구성하는 각 민족들의 특수성들에 대한 존경을 통해 약소민족들을 미국과 같은 대국으로부터 보호해 보려는 데 그 목적이 있는 것으로 고찰된다. 그러한 점에서 한국인들은 일본의 우익들이 적극적으로 취합할 여지가 있는 대상들이라 판단된다.

일본의 우익은 일본의 자연, 문화, 민족 등을 지키려는 일본인들로부터 출발했다. 그래서 글로벌 시대로 접어들어 그들은 다른 민족들이 처해 있는 자연, 다른 민족들의 문화, 다른 민족 집단들이나 그 구성원들 하나하나를 접하는 과정에서 '일본'이라고 하는 자아로부터 벗어나서 이 지구상의 서로 다른 모든 민족들이 지니고 있는 민족성 그 자체 쪽으로 관심이 모이고 있다. 이러한 추세로 나간다면, 일본의 우익들도 21세기를 지탱시켜 나갈 글로벌리즘 내지 글로컬리즘을 실현시킬 나갈 수 있는 역군들로 진단된다는 것이다.

금후 일본의 우익들이 '일본'이라는 자국의식으로부터 벗어나 전 지구상의 모든 민족들과의 공존의식을 통해 '일본'을 의식한다면, 한국이나 중국의 민족주의자들이나 우익들도 그러한 입장들을 취해 자신들의 국가를 의식할 것이다. 결국 그 과정에서 한·중·일 지역공동체가 형성될 것이고, 동아시아라는 지역공동체 의식이 또 다른 차원에서의 글로벌 의식의 기초를 이룰 것으로 전망된다.

제2장
신보수주의 시대(1970-1990년)

들어가면서

*

본 연구는 1970-1980년대의 일본에 어떤 우익 단체들이 존재했으며, 그들의 활동들은 어떠했고, 그리고 그들의 사상적 배경은 어떠했는지 등에 대한 고찰을 통해 일본의 우익의 특성을 파악하는 것을 목적으로 한다.

1970-1980년대의 우익을 고찰하게 된 이유는 대략 다음과 같다. 일본에서의 전후 우익 연구의 일인자라 할 수 있는 호리 유키오堀幸雄는 그의 저서《전후의 우익 세력》(제1판 : 1983)의 후기에서 "70년 안보부터 현재에 이르는" 시기를 "국가 혁신 운동으로의 회기 경향이 고양됐던 시기"로 파악했고, '최근'(1983)에 들어 '우경화 경향'이 두드러졌다고 지적하고 있다. 또 그는 같은 책의 증보판(1993)에 첨부된 〈보론 행동우익의 실정補論 行動右翼の実情〉(1989년에 작성)에서 "금후(1989년 이후) 체제 전체가 우경화"될 것이라고 진단했다.

그의 지적대로 1990년대로 들어와서 일본의 전 사회 체제는 급속도로 우경화되었다. 그런데 그의 지적대로 일본 사회에서의 그러한 우경화 경향은 사실상 1982년 11월 나카소네 내각(1982.11-1987.11)의 성립 이후부터 두드러지기 시작한 것이다. 또, 그런 우경화 경향의 기반은 호리 유키오가 지적한 대로 "국가 혁신 운동으로의 회기 경향이 고양됐던" 1970년대부터 형성되었다고 말할 수 있다.

이와 같이 1970-1980년대는 한마디로 말해 우익들이 자유롭게 활동할 수 있는 분위기가 고조된 시기로서 이때 1990년대부터의 사회 체제 전체 우경화의 기초가 다져졌다고 할 수 있다.

1980년대의 우익 단체·운동·사상 등에 대한 고찰은 우리가 1990년대 이후의 일본 사회 전체의 우경화에 대한 이해를 깊이 하는 데 필수적 작업임에 틀림없다. 그뿐만 아니다. 일본에서는 1970-1980년대가 우익 활동이 가장 왕성했던 시기였던 만큼 그 시기의 우익에 대한 고찰은 우리들이 일본 우익의 특징을 이해하는 데 첩경이 아닐 수 없는 것이다.

**

일본의 학계에서 '우익'이 하나의 연구 영역으로 독립되어 나온 것은 기노시타 한지木下半治의 《일본의 우익日本の右翼》(要書房, 1953)을 계기로 해서라 할 수 있다. 이 연구서가 출현하기 전에도 일찍이 '외무성 조사부 제1과' 편의 《나라에서의 우익 운동国ニ於ケル右翼運動》(外務省調査部, 1935)이 있었고, 전후에 출판된 '경비경찰연구회警備警察研究会' 편의 《우익 운동右翼運動》(立花書房, 1952) 등이 있었다. 이것들은 '우익'이란 명칭을 취해 출판된 것들이기는 했지만, 그 연구기관이나 주체가 학계나 학자가 아니었다.

기노시타 한지가 《일본의 우익》을 집필한 시점은 〈미·일 안전보장 조약〉 조인(1951.9)이 이루어진 분위기 속에서 전전의 우익 단체들과 같은 새로운 내셔널리스트 단체들이 대두하던 때였다.

일본에서 우익 연구가 본격적으로 이루어진 것은 일간 노동통신사日刊労動通

信社 편의《우익 운동 요람 전후편右翼運動要覧戦後編》(1973), 야마모토 지로山本次郎의《우익무투파 선언右翼武闘派宣言》(1976) 등이 출판된 1970년대 후반 이후부터였다 할 수 있다. 이것들에 이어 기노시타 한지의《일본 우익의 연구》(1977)와《일본 우익 세력》(1977)이 출판됨으로써 그때 이래의 '일본의 우익'에 대한 연구는 그 결과물들이 연평균 3-4권씩의 단행본들로 출판되기 시작했다.

일본에서의 우익에 대한 연구는 예컨대, 미야모토 세이타로宮本盛太郎의《기타잇키 연구北一輝研究》(1975)라든가 와타나베 류사쿠渡辺龍策의《대륙 낭인大陸浪人》(1967) 등과 같은, 우익인사나 우익인물들에 대한 연구라든가, 도이츠富山統一의《지쿠젠겐요샤筑前玄洋社》(1977), 다카하시 마사히로高橋正衛의《쇼와의 군벌昭和の軍閥》(1967) 등의 경우처럼 어떠한 구체적 우익기관이나 우익 단체에 대한 연구 등의 형태로 행해져 왔다. 또 '경비경찰연구회' 편의《우익 운동》(1952), '일간 노동통신사' 편의《우익 운동 요람》(1976) 등의 경우처럼 우익 운동에 대한 연구라든가, 다케우치 요시미竹内好 편의《아시아주의》(1963), 사쿠라이 다케오桜井武夫의《일본농본주의》(1973) 등의 경우처럼 우익 사상에 대한 연구라든가, 다카키 마사유키高木正幸의《우익 활동과 단체》(1989) 등의 경우처럼 우익 활동들의 종류나 단체들의 종류 등에 대한 연구 등도 행해져 왔다. 다른 한편으로는 호리 유키오의《전후의 우익 세력》(1983), 쇼다 슈헤莊田周平의《쇼와 우익사昭和右翼史》(1991) 등의 경우처럼 역사적 측면에서의 우익에 대한 연구도 행해져 왔고, '사회운동연구회' 편의《우익 운동 사전》(1961)을 비롯한 호리 유키오의《우익사전》(1991), 스즈키 구니오의《우익·공안용어 기초지식》등과 같이 '우익' 사전 편찬 작업 등도 행해져 왔다.

이상과 같이 일본에서의 '우익'에 대한 연구는 1950년대로부터 시작되어 우익 인물, 우익 단체, 우익 운동, 우익 사상 등의 측면에서 행해져 왔고, 또 그것이 시대사적 측면에서도 연구되었던 것이다. 1950년대 초 '우익'에 대한 연구는 '우익 운동'에 대한 고찰로 시작되었고, 60-70년대에 와서는 우익 인물이나 혹은 우익 사상 등의 고찰로 전개되어 나왔다. 1980년대로 들어와서는 주로 역사적 측면이라든가 혹은 '우익 운동과 우익 사상'이라든가, '우익 활동과 우익 단체' 등과 같은 복합적 측면에서 접근되었다.

일본에서의 1970-1980년대의 우익 연구에서 가장 뛰어난 업적은 호리 유키오의《전후의 우익 세력》(勁草書房, 초판 : 1983, 증보판 : 1993)과 스즈키 구니오의《신우익新右翼》(彩流社, 초판 : 1988, 증보판 : 1990, 신증보판 : 1994)이라 할 수 있다. 전자는 전후 '우익 세력'의 등장과 그 전개양상을, 후자는 전후 '신우익'의 등장과 그 전개양상을 각각 고찰한 역작들이라 할 수 있다.

한국에서의 일본 우익에 대한 연구는 1990년대 중반부터 시작되었던 것으로 고찰된다. 1980년대 전반에도 한상일의《일본 제국주의의 한 연구—대륙낭인大陸浪人과 대륙팽창大陸膨脹》(까치, 1980)과 강재언의〈아시아주의와 일진회一進會〉(《한국사회연구》 제2호, 1984) 등과 같은 연구서와 논문이 나왔었다. 그러나 그러한 것들은 '일본의 우익'에 대한 연구, 그 자체들은 아니었다. 전자는 일본의 대륙 침략 시에 우익의 원류로 파악되는 대륙 낭인의 역할에 대한 고찰을 통해 일본 제국주의의 한 특징을 규명해 보려는 연구서였고, 후자는 우익 사상의 원류로 이해되고 있는 아시아주의와 일진회와의 관계를 규명해 보려했던 논문이었다. 1990년대 중반 이전의 일본 우익에 대한 연구는 강창일의〈일본의 우익과 조선 지배〉(《한민족 독립 운동사》 제5권, 국사편찬위원회, 1989)가 있다. 그러나 그 논문도 일본의 우익 그 자체를 연구한 논문은 아니다. 일본의 조선지배 과정에서의 일본 우익의 역할에 관한 연구라 할 수 있다.

1990년대 중반 한국에서의 일본의 우익에 대한 연구는 정광섭의〈한일 관계에 있어 일본 우익의 역할〉(《주간조선》, 1995), 강창일의〈일본 대륙 낭인의 한반도 침략—일본 우익의 대아시아주의에 대한 이해를 위해서〉(《역사비평》 28호, 1995년 봄호) 등으로 시작되어 김호섭 · 이면우 · 한상일 · 이원덕 공저《일본 우익 연구》(중심, 2000), 강창일의《근대 일본의 조선 침략과 대아시아주의》(역사비평사, 2002)에 의해 본격적 궤도에 오르게 되었다고 말할 수 있다.

한국에서의 '일본의 우익'에 대한 연구는 강창일과 한상일 등에 의해 본격화 되었다고 말할 수 있다. 이 경우, 강창일은 주로 일제강점기 한국에서의 일본의 우익들의 활동에 관한 연구를 통해 일본의 우익을 연구하였고, 한상일은 1990년대 이후 일본 사회의 우경화와 관련시켜 일본의 우익을 연구한 것으로 보인다. 이렇게 봤을 때, 이제 한국에서의 일본의 우익에 대한 연구가 본격적으로 이루어지기 시작했다고는 할 수 있지만, 현재까지 한국에서의 1970-1980년대 '일본의 우익'에 대한 연구는 전무한 상태이다.

***

본 연구는 주로 1970에서 1980년대까지의 20여 년간의 '일본의 우익'을 고찰 대상으로 한다. 일본에서 이 시기의 우익에 대한 연구는 당시 어떠한 우익 단체들이 존재했었으며, 또 그들은 어떤 활동들을 행했었는지, 또 당시 그러한 활동들을 행했던 인물들의 사상은 어떻게 형성되어 나왔는지 등에 대한 고찰들이 될 것이다. 그런데 일본에서의 그러한 고찰들은 일본인 자신들의 시각에서 행해져 왔고, 또 일본 내의 세론들에 의해 '우익'으로 규정된 카테고리 내에서 주로 행해져 왔다고 할 수 있다.

본 연구는 우선 일본인들의 시각으로부터 벗어나서 동아시아와 서구를 포괄한 글로벌적 시각에서 행해질 것이다. 근대 이후 일본은 동아시아의 국가들, 미국을 비롯한 서구의 많은 국가들 등과 맞물려서 변화해 왔다. 일본의 1970-1980년대는 동아시아 대륙의 국가들과는 냉전 체제라고 하는 특수한 정치적 상황과 맞물려 있었고, 구미 대륙의 국가들과는 신보수주의 정책들과 맞물려 있었던 시대였다. 이러한 사실들을 감안해 볼 때, 당시 일본의 우익 연구는 전 지구적 시각에서 접근되지 않을 수 없다는 입장이 취해지는 것이다. 둘째, 1970-1980년대의 일본의 우익은 당시 일본의 정치, 경제, 사회 등과 깊게 관련되어 활동해 나갔다. 따라서 당시의 일본의 우익 단체들의 종류, 그들의 활동 실상, 그들의 활동들을 지배했던 사상들은 당시 일본의 그것들과의 관련 속에서 파악되지 않을 수 없다. 셋째, 당시 일본의 우익은 그 이전의 우익 단체, 그들의 활동들 등을 기반으로 해서 존재했기 때문에 그것들에 대한 고찰은 일본에서의 전후 사회의 성립과 전개과정이라고 하는 역사적 맥락 속에서 행해지지 않을 수 없는 것이다. 넷째, 이상과 같은 측면에서 행해지는 본 연구는 우선적으로 일본 우익의 개념을 파악하고 그것을 기초로 해서 1970-1980년대의 우익 단체들의 종류에 대한 고찰로 시작된다. 그래서 그것은 그 우익 단체들의 활동사항 파악, 그들의 사상들에 대한 고찰로 전개될 것이다.

필자는 그러한 고찰들을 토대로 해서 1970-1980년대의 우익 단체 · 우익 운동 · 우익 사상 등의 특징을 도출해 보려고 한다.

1. 우익의 개념과 1970-1980년대의 일본 우익

1) 용어 '우익'의 연원과 일본에서의 '우익' 개념의 정착 과정

프랑스 대혁명기, 새로운 헌법 제정을 위해 1792년 9월 국민공회Nation Convention를 소집했다. 그때 의장석으로부터 봤을 때, 왼쪽에는 급진파였던 자코뱅Jacobins 당원들이, 오른쪽에는 보수파였던 지롱댕Girondins 당원들이 각각 위치해 있었던 것으로부터 현재 우리가 쓰고 있는 '우익'이라는 말의 의미가 유래된 것으로 알려져 있다.

이 말이 영어권에서 일반화된 것은 1917년 러시아혁명 이후 '좌익'이라는 말이 학술용어로 정착되는 과정에서였던 것으로 고찰된다. 그러나 이 '우익the Right Wing'이라는 용어가 영어권에서 학술용어로 정착화된 것은 전후의 일로서 그 시기가 '좌익the Left Wing'이라는 말보다 30여 년 늦은 것으로 고찰된다. 그러나 용어 '좌익'이 1970년대로 들어와서 학술용어로서 사라져 간 대신에 '우익'이란 용어는 점점 더 논문이나 저서의 타이틀 등을 통해 부상했던 것으로 고찰된다.

일본에서 학술용어로서의 '우익'이라고 하는 말이 쓰이기 시작된 것은 1920년대 후반 이후로 고찰된다.[93] 영어권에서와 마찬가지로 '우익'이라는 말은 1920년대 전반에서부터 일반화되기 시작했던 '좌익'이라는 말보다 더 늦게 일반화되었다.[94] 용어 '우익'은 1930년대에 와서는 학술용어로서 그 개념이

93 ▪ 예컨대, 高橋免去『左翼運動の理論的崩壞 ― 右翼運動の理論的根拠』(白楊, 1927) 등이 한 예가 될 수 있다.

94 ▪ '좌익'의 일반화 현상은, 아쿠타가와 류노스케芥川龍之介, 『난쟁이의 말侏儒の言葉』(1923)의 「彼は最左翼の更に左翼に位している」 등이 그 한 예가 될 수 있다〔『日本国語大辭典』(小学館, "左翼")〕.

정착화되었지만, 전후에 와서 학술용어로서의 '우익'은 1980년대 말까지 '좌익' 내지 '신좌익'에 압도당해 왔었다. 그러다가 1990년대로 들어와서 '좌익'이라는 말은 논문이나 저서의 제목 등에서 사라져 갔던 반면, '우익'은 서서히 부상해 나왔던 것으로 고찰되고 있다.

2) 일본의 우익 연구자들에 의해 파악된 '우익' 개념

현재 일반인들에게 인식되어 있는 '우익'에 대한 인상은 대개 다음과 같이 기술되고 있다.[95]

> '우익'이라고 하면, 시내에서 화가 나 큰소리로 외치는 소리나 다를 바 없는 대음량의 가두선전 소음을 뿜어낸다던가, 혹은 폭력단이나 다를 바 없는 사건의 당사자로 등장해 결과적으로 일반인들로부터 공포의 대상으로 인식되어, 모멸당해, 그다지 관계를 갖고 싶지 않은 존재로서 인식되어 있는 것이 현재의 상태이다.
>
> 한편 '우익'에 대해 어느 정도 관심을 갖고 있는 일본인들은, '우익'에 대해서 '우익은 실로 일본적인 것으로부터 파생해 나온 것도 사실이다. 일반으로부터 어느 정도 혐오의 대상이 된다 하더라도 그 존재 방식은 일본의 토양과의 관련성을 생각지 않으면 말할 수 없다'라는 생각을 가지고 있는 것이다.[96]

'우익문제연구소'는 《우익의 조류右翼の潮流》(立花書房,1998)에서 "우리나라에서 국가주의 내지는 민족주의에 입각한 사상이나 신조 등에 근거해, 사회의 불합리, 불공평, 불공정 등을 개혁하고 시정하려는 운동을 '우익 운동'이라 말하고, 그 주체를 '우익'이라 한다"로 '우익'을 정의하고 있다. 이 경우 '우익'을 '국가주의'나 '민족주의'를 추구하는 과정에서 "사회의 불합리, 불공평, 불공정을 개

---

95 ▪ 右翼問題硏究会『右翼の潮流』(立花書房, 第一刷発行 : 1998, 第二刷発行 : 2002), 'はしがき'.
96 ▪ 上同所.

혁하고 시정"하려는 운동 내지 주체로 파악했다는 점이 돋보인다. 다카기 마사유키高木正幸는 그의 저서 《우익右翼》(土曜美術社出版販売, 1989)의 〈서문에 대신해〉에서, "결국 우익은 보수적 체제를 옹호하고, 국가주의적, 반공적 조직 내지 운동으로 규정할 수 있다"고 말하고 있다.

《전후의 우익 세력》의 저자 호리 유키오는 그의 저서 《우익사전右翼辞典》(三嶺書房, 1991)의 '우익右翼' 항목에서 '우익'을 다음과 같이 설명하고 있다.

> 일반적으로 반동적이고 반근대反近代적인 국가주의 사상 및 운동을 가리키는데, 명쾌한 정의는 없다. (근대 시민혁명 이후) 근대화에 대한 안티테제로서의 보수파의 정치적 태도를 가리키고 있다. 19세기 중반 이후 좌익이 국제 공산주의 운동으로 대표되자, 우익은 이것에 대한 반혁명 혹은 반동으로 대표되어, 제국주의, 파시즘 등을 널리 우익이라 부르게 되었다.
>
> 일반적으로 우익에는 체계화된 이론은 없고 당사자들에 따라서 그때그때의 지도이념이 다르다. 그러나 지적할 수 있는 것은 무엇보다도 우선 그것이 근대에 대한 반동으로서 인류의 보편적 이념, 예를 들면 자유와 평등을 부정하고 국가에 중심적 가치를 두고 있다고 하는 것이다. 오늘날, 우익은 국가주의, 민족주의, 제국주의, 전체주의, 혹은 국가사회주의를 포함하는 개념으로 파악되고, 광신적 배외주의排外主義, 쇼비니즘(광신적 애국주의) 등, 국가에 대한 과도한 충성심과 사회주의와 공산주의에 대한 과도한 적개심을 갖는 것 등으로 생각될 수 있다. 그래서 민족적 사명을 강조하고 현상 타파, 쿠데타에 대한 강한 지향심을 갖고 있다. 또 좌익에 대한 전위前衛를 강조한다.

그의 《우익사전》은 '우익'에 관한 이상과 같은 설명에 덧붙여, 쓰쿠이 다쓰오津久井竜雄가 그의 저서 《우익》(昭和, 1952)에서 '우익'을 "본래 조국을 사랑하는 정신이고, 조국의 역사와 전통을 존중하고, 그 긍지로 살려고 하는 정신"으로 정의했다면서, 그의 그러한 정의를 근거로 해서 일본 우익의 특징을 다음과 같이 설명하고 있다.

이와 같이 '일본의 전통으로 회귀한다'는 입장의 결과는 일본 우익의 특징에 '천황에 대한 신앙'이 첨가된다. 따라서 일본의 경우, (1) 천황, 국가에 대한 절대적 충성, (2) 공산주의와 사회주의에 대한 증오, (3) 전체주의, 배외주의, 전통주의적 성격, (4) 이론보다 정념의 우월과 동시에 행동의 중시, (5) 일인 일당적, 혹은 소수정예주의 등의 특징을 갖는다. 사상적으로는 '천황주의' 및 '국가주의'를 축으로 하고 있다.

덧붙여 그의 《우익사전》은 전전과 전후의 '우익'에 대해서 다음과 같이 설명하고 있다.

전전戰前의 우익은 천황주의 즉, 천황 중심의 정치 체계와 일군만민一君万民 등이 강조되어 일본주의 혹은 황도주의가 지도이념이 되어 있었다. 그 외에도 반자본주의反資本主義와 손잡고 일본주의적 경제제도를 실현시키려 했던 국가사회주의라든가, 농본주의와 손잡고 농촌을 중심으로 한 자치제도를 살려 나가려 했던 군민君民일체의 국체를 지향했던 농본자치주의라든가, 가족제도에 기초한 가족국가론 등이 태어났다. 한편, 구미의 아시아 진출에 반대해 아시아인의 아시아를 주장하는 일본 우익의 대아시아주의는 일본의 대륙 진출을 위한 이데올로기로 전화転化되어 나갔다. 더욱이 60년대 후반에 태어난 신우익은 전후 세계지배 체제의 타파(얄타·포츠담 체제 타파)를 주장하는 급진적 우익이라 할 수 있는데, 일본 민족으로의 회귀를 목표로 해서 그것을 위한 '반체제와 국가 혁신'을 부르짖었던 것으로 본질적으로는 전통적 국가주의의 계보를 계승한 것이라고 할 수 있다.

이상과 같이 일본 우익 연구자들이 파악한 '우익'에 대한 개념은 연구자에 따라 어느 정도 달리 파악되고 있지만, 우익이 '애국', '반공', '천황 숭배', '배외'라고 하는 입장이라는 것에는 일치된 견해를 보이고 있다.

3) 본서가 취하는 '우익'의 개념

영어사전에서 '우익'의 원어 'right wing'의 의미를 찾아보면 "(1) 보수적 혹은 반동적 정치 단체의 멤버들이나 광범위한 정치적 개혁을 반대하는 사람들, (2) 그러한 정당이나 혹은 그러한 정당들의 그룹, (3) 보수적 혹은 반동적 인사를 지지하는 어떤 정치적 혹은 사회적 조직 부분"으로 되어 있다.[97]

이렇게 영어권 내지 서구에서의 '우익'은 첫째, '보수적 혹은 반동적 정치 단체의 멤버들이나 광범위의 정치적 개혁을 반대하는 사람들'을 가리키고, 두 번째는 그러한 사람들로 구성된 ' 정치적 단체'나 그러한 사람들이 지지하는 '정당'을 가리킨다. 세 번째는 '보수적 반동적 인사나 그러한 정당을 지지하는 정치적 혹은 사회적 조직'을 가리킨다. 다시 말해서, 영어권 내지 서구에서의 '우익'은 '보수적 혹은 반동적' 정치 단체나 그러한 정치 단체를 지지하는 사회적 조직, 그러한 단체나 조직의 멤버, 그러한 단체나 조직을 지지하는 사람들, 더 나아가서는 광범위한 정치적 개혁을 반대하는 사람들까지를 가리킨다.

여기에서 사용하는 '우익'의 개념은 이상과 같은 일본의 우익 연구자들의 우익에 대한 개념과 서구인들의 '우익'에 대한 개념들을 포괄한다. 그러나 중점적으로 논하려는 대상은 현재 일본 사회에서 '우익'으로 이름 붙여진 단체, 구체적으로 말해, 개인보다 국가나 민족을 우선시하고 그것들을 위한다는 언행을 공개적으로 표출해 가는 인간들로 구성된 단체들, 그 단체들의 구성멤버들, 그러한 단체들이나 그 멤버들의 일관된 활동들, 그들의 사상 등으로 한정된다.

필자는 여기에서 '우익'을 '보수'나 '반동'과 구별해 사용하고 있다. '보수'와

---

97 ▪ *The Random House Dictionary of the English Language*, Second Edition(1987) : 1. members of a conservative or reactionary political party, or those opposing extensive political reform. 2. such a political party or a group of such parties. 3. that part of a political or social organization advocating a conservative or reactionary position.

'반동'의 개념은 다음과 같이 구분된다. 서구에서의 ' 정치학' 용어로서의 '보수'란 근대 시민혁명 과정에서 성립되어 나온 것으로서 그것은 근대 시민혁명 내지 근대화를 긍정한다. 그것들을 긍정한다는 점에 있어서는 '우익'도 마찬가지이다. 그러나 '반동'의 경우는 근대 시민혁명이나 산업혁명을 일으킨 근대의 합리주의적 사고에 의해 추진되어 나가는 근대화를 반대하는 세력들이다. 그러나 일본에서의 '우익'은 '반동'의 의미를 함유하고 있다.

그러한 이유로 인해 일본의 정치학계에서는 '반동'이란 용어가 별로 사용되지 않고 있다. '우익'에 '반동'의 의미가 내포되어 있는 것은 일본에서 근대 시민혁명에 해당하는 메이지 혁명이 근대 서구 세력의 동아시아 도래로 인해 어쩔 수 없이 일어났던 혁명이었다는 점에서 '우익'들이 메이지 혁명을 '전통'과 '근대'라고 하는 시각에서 파악하려는 것이 아니라 '서구'와 '일본'이라는 시각에서 파악한다는 입장을 취하고 있기 때문이다. 따라서 일본의 '우익'이란 말에는 근대 시민혁명에 해당되는 메이지 혁명 이전의 일본의 전근대적 정치 체제나 사고들까지도 포함되어 있는 것이다. 그러한 의미에서 필자가 여기에서 사용하는 '우익'은 '반동'이 내포된 '우익'이고 '보수'와도 구분된 '우익'이다.

2. 1970-1980년대의 우익 단체

1) 우익 단체의 일반적 성격

우익 단체란 일반적으로 우익인사들로 구성된 인간 집단을 가리킨다. 우익 단체는 1989년을 기준으로 해서 경찰 측에서는 '850단체, 12만 명'으로 집계되어 있다.[98] 그러나 이 숫자가 얼마나 정확한지는 결코 알 수 없다. 그 이유는 첫째 우익 단체로 출발했어도 어느 시점에 가서는 폭력 단체로 변해 버린 것들이 있는가 하면, 또 어떤 단체는 종교 단체나 폭력 단체로 출발했다가 우익 단체로 전환되는 경우가 적잖기 때문이다. 두 번째는 우익 단체 내지 우익계 단체는 이합집단이 격심하기 때문이다. 기성 단체가 해산하기도 하고, 또 기성 단체로부터 분파해 새로운 단체로 출발하기도 하기 때문이다.

우익 단체는 1970년대 후반부터 1980년대에 걸쳐 지속적으로 증가해 왔다. 또 그것들은 그 조직의 형태로 봐서 본부와 지부들로 구성된 연합체로 되어 있든가, 혹은 단일체로 되어 있다. 1990년을 기준으로 해서 연합 형태의 단체는 20여 개였고 실제 활동하고 있는 단일 우익 단체는 160여 개로 조사되었다.[99]

회원 수는 80년대 초를 기준으로 해봤을 때, 각 신생 단체들의 평균 회원 수는 약 15명이다.[100] 우익 단체 수가 가장 많이 증가했던 1970년대 후반을 기준으로 봤을 때, 당시 전 우익 단체의 약 36%에 해당되는 단체가 회원 수를 1-10여 명으로 하고 있고, 5개 단체 정도가 회원 수를 1만 명 이상 가지고 있었던 것으로 고찰된다.[101] 우익 단체들의 주된 활동들은 (1) 기업규탄을 포함한 가두선전 활동, (2) 항의, 요청 활동, (3) 정례회, 연구 활동, 기관지 발행 활동 등으로 대별되고 있다.

한 우익 연구자는 "현재의 우익에 관해서, 전전부터의 계보를 순수하게 계승해 가는 것은 기껏해야 20-30단체 정도이고 전체의 8할 이상은 의협계義侠系 단체"라고 말하고 있다.[102]

1970년대 후반 이후 지속적으로 우익 단체가 증가했었는데 그 이유들 중의 하나는 1970년대 후반부터의 폭력단 단속 강화, 1970년 총회꾼, 몇몇의 회사주식들을 조금 가지고서 그 주주총회에 출석해 그 자리에서 남들이 싫어하는

---

98 ▪ 高木正幸『右翼』(土曜美術社, 1989), 10頁.

99 ▪ 右翼問題研究会『右翼の潮流』(立花, 1998), '付録'.

100 ▪ 堀幸雄『戦後の右翼勢力』(勁草書房, 1993), 192頁.

101 ▪ 上掲書, 191頁.

102 ▪ 上掲書, 12頁.

짓궂은 언행을 행하기도 하고, 또는 의사진행에 협력해 회사로부터 돈을 뜯어내는 일들을 상습적으로 하는 자들을 기업의 주식총회로부터 내쫓는 상법제정 등이 계기가 되어 폭력단이라든가 폭력 단체의 총회꾼들이 정치 단체의 일종인 우익 단체들로 전환했기 때문이었던 것으로 고찰된다.[103■]

2) 1970-1980년대 우익 단체의 종류

우익 단체는 그 성립 시점을 기준으로 해서 전전으로부터의 계보를 이어받은 '전전 우익'과 전후에 태어난 '전후 우익'으로 크게 구분해 볼 수 있고, 그 성격으로 봐서는 '순정 우익純正右翼', '의협계 우익', '신우익' 등으로 구분해 볼 수 있다.[104■]

전전 일본의 우익 단체들은 패전으로 인한 점령군의 추방 지령으로 패전 직후 230여 개 단체가 해체되었다. 그 대신 '친미반공'과 '민주주의'를 내세운 '신예대중당新鋭大衆党', '기쿠키동지회菊旗同志会' 등과 같은 신흥우익 단체들이 얼마간 등장했다. 그러다가 한국 전쟁 발발(1950)과 〈샌프란시스코 강화 조약〉을 계기로 추방 해제가 행해짐에 따라 전전의 우익 단체가 대거 부활해 나왔다.

〈샌프란시스코 강화 조약〉에 근거해 그 강화 조약과 동시에 미·일 간에 조인됐던 안전보장 조약이 개정됨에 따라 그 조약 개정에 반대해 1960년대부터 안보 투쟁이 행해져 왔는데 그 과정에서 형성되어 나온 신좌익 세력에 대항해 1970년대부터 '신우익'이라 불리게 되는 새로운 우익 세력이 형성되어 나왔다.

1970-80년대에는 〈샌프란시스코 강화 조약〉과 〈미·일 안전보장 조약〉 이후 추방 해제의 분위기를 타고 부활한 전전의 우익 단체들을 중심으로 형성된

103■ 上揭書, 10頁.

104■ 이상의 용어와 구분은 다카기 마사유키의 설을 참조하였다〔高木正幸『右翼活動と団体』(改訂版, 土曜美術社出版, 1996), 18-26頁〕.

'순정 우익', 패전 직후 전전의 우익 단체가 해체되는 상황 속에서라든가, 혹은 1970년대 후반 이후 폭력단 감시가 심해진 상황 속에서 총회꾼이나 폭력 단체 등으로부터 전환해 나와 형성된 '의협 계열의 우익', 60년대 말 이후의 대학 분쟁 과정에서 형성된 '신우익' 단체 등이 존재했던 것이다.

(1) 순정 우익 단체

순정 우익이란 '대일본생산당大日本生産党'(전전의 '대일본생산당'이 1954년 6월에 재건된 것), '대동숙大東塾'(전전의'대동숙'이 1954년 4월에 재건된 것), '국민동지회国民同志会'(전전의 '대일본생산당' 간사이関西 본부 위원장에 의해 1952년 8월에 결성된 것. 그러나 현재 눈에 띌 만한 활동을 하고 있지는 않음), '대일본애국당大日本愛国党' 등과 같이 전전의 우익 단체 또는 그 사상이나 인맥 등을 계승하고 있는, '순국청년대殉国青年隊', '호국단護国団', '방공정신대防共挺身隊' 등과 같은 전후의 우익 단체들을 말한다. 그들은 재군비再軍備가 행해지는 상황 속에서 '천황 옹호', '반공', '헌법 개정' 등을 주로 주장했다.

이 순정 우익계의 단체들은 전전 순정 우익과 전후 순정 우익 계열 단체들로 구분해 볼 수 있는데, 전자의 경우는 지도자층의 노령화, 사망 등으로 인해 그 세력이 계속 감퇴되어 갔다. 순정 우익 계열의 단체들은 앞에서도 언급했듯이 〈샌프란시스코 강화 조약〉과 〈미 · 일 안전보장 조약〉이 행해졌던 1951년 이후 일본이 미국으로부터 완전히 독립되어 나옴에 따라 추방 해제가 행해지는 상황 속에서 전전의 우익 정신과 그 명칭들을 계승시키는 형태로 재건된 단체이다.

패전 직후 전전의 우익 단체들을 해체시켰던 미국이 일본을 독립시켰던 것은 일본을 자기편으로 끌어들여 동아시아에서의 공산주의 세력들의 남하를 저지하기 위해서였다. 반공反共의 입장을 취해 왔던 전전의 우익 단체들은 그러한 '반공'이라고 하는 점에 있어서는 미국과 같은 입장이었다. 전전의 우익정신을 계승한 순정 우익은 '반공' 정신에 입각한 '안보견지安保堅持'라는 입장을 취함으로써 과거 자신들의 적이었지만 냉전 체제하에서는 소련의 대립 축이었던 미국에 대해서는 '반미'라고 하는 입장을 전면에 내세울 수 없는 입장이었고 '반소'의 입장만 전면에 내세우고 있었다.

(2) 의협계 우익 단체

패전으로 인해 전전의 우익 단체들이 해체되자, 전전에 우익 운동과 관계를 가졌던 인사들이나 해체된 우익 단체와 관계를 가졌던 인사들에 의해 미국의 일본 점령이라는 현실에 맞는 의협 단체들이 형성되어 나왔다. '일본국수회', '애국청년연맹' 등의 단체들이 그 예들이다.

'60년 안보 투쟁', '70년 안보 투쟁' 당시, 좌익 세력에 의한 혁명적 위기에 대비해서 우익 세력들과 자민당원들이 의협계 단체들을 자기들의 세력으로 끌어들였거나, 혹은 그러한 정치적 분위기 속에서 의협계 단체들이 자신들 스스로 우익 단체로 전향해 나왔다. '교화交和청년대', '일본청년사', '조국방위대' 등이 그 예들이다.

의협계 우익 단체란 그러한 정치적 상황 속에서 의협계 단체들이 자금원 확대 등을 위해서라든가 의협계 단체들에 의한 우익 단체 결성의 풍조에 자극되어 우익 단체로 전환해 나온 단체 등을 가리킨다. '신일본청년우정회', '대일본신정회' 등이 그 예들이다.

이 단체들은 '친미', '친자민', '친기업' 등의 입장을 취하고 있는 우익 단체들이다.

(3) 신우익 계열의 단체

(가) 민족파 학생 단체

1965년경부터 발생한 학원분쟁 속에서 그 분쟁을 주도해 갔던 좌익 학생 단체에 대항해서 학내에서는 '학원의 정상화'를 학외에서는 '전후 체제 타도'를 주장했던 학생 단체들이 형성되어 나왔다. 예컨대, '생장의 집生長の家' 학생회전국

총연합, 즉 '생학련生学連'(1966년 5월 결성), '일본학생동맹'(1966년 11월 결성) 등과 같은 단체들이 형성되어 나왔다. 이들은 기존의 우익 단체가 반공 일변도였던 것에 반해, '얄타·포츠담 체제 타도'를 주장하고 나섰다는 점에서 '민족파 학생 단체'로 불렸다.

(나)우익 민족파

70년대에 들어와서 민족파 학생 단체에 참가했던 학생들이 사회로 나가서 미시마 사건(1970.11)을 계기로 '일본청년협의회'(1970.11), '잇스이카이'(1972.3), '북방 영토 탈환 청년위원회'(1977.9), '중원사重遠社'(1977.11) 등과 같은 '민족파 청년 단체'라 불리는 단체를 결성했다.

(다)신우익

'신우익'으로 불리는 우익 단체들의 결성은 '미시마 사건'을 계기로 '우익 민족파'를 기초해 촉발되었다고 할 수 있다. '신우익'이라고 하는 명칭은 '우익 민족파'의 결성으로부터 약 5년 후부터로 고찰된다.

'잇스이카이'의 회장, 스즈키 구니오鈴木邦男(1943년생)가《배 시계와 승냥이 腹々時計と狼》(1975)를 출판해 당시 과격한 활동을 행해 가던 신좌익에 심정적 공명을 보내자 매스컴에서 그를 '신우익'으로 불렀다. 그때 이래 반체제, 반권력을 지향하고, 특히 과격한 행동을 주장하는 민족파 청년 단체를 총칭해서 신우익이라 부르게 됐다.[105] '신우익'이란 명칭은 이렇게 해서 쓰이기 시작했던 것으로 고찰된다.

전후의 우익 운동은 기본적으로는 '반공 중시, 체제 옹호'의 경향이 강했는데, 1960년대 후반부터의 우익 운동은 신우익을 '반공 일변도의 운동으로부터 탈각해 철저한 반체제, 국가 혁신 운동'을 전개시켜 나가야 한다는 주장이 높아져, 그 후의 우익 운동은 차차 정부, 자민당, 재계 등을 주축으로 해서 형성된

105 ▪ 高木正幸, 前掲書, 26頁.

'체제'와의 대결 자세를 보이는 입장을 취해 갔던 것이다. 그중 가장 활발한 우익 활동을 전개했던 대표적 단체로는 '잇스이카이' 외에 '통일전선의용군'(1981년 10월 결성) 등이 있다.

3. 1970-1980년대의 우익 운동

1) 전후 상황과 '70년 안보 투쟁' 준비

1949년 중국 대륙에서 중공이 건립되고, 그 다음 해 한반도에서의 한국 전쟁이 발발하였다. 그로 인해 당시 일본을 점령하고 있던 미국은 극동 정책에서의 일본 역할의 비중을 증대시키지 않을 수 없었다. 그 결과 미국의 트루먼 대통령은 자기 진영으로 일본을 한층 더 끌어들여 소련, 중공의 공산 세력의 남하를 저지하기 위한 방안으로 52개 참가국들과 함께 1951년 〈샌프란시스코 강화 조약〉을 체결한다. 그 조약은 대략 다음과 같은 것이었다.

일본은 주권을 회복하고 한국의 독립을 승인한다. 일본은 대만·호고제도澎湖諸島·지시마千島열도·남카라후토南樺太의 영토권과 남양제도南洋諸島의 위임 통치권을 방기放棄하며 북위 29도 이남의 남서제도와 오가사와라제도小笠原諸島에 대해서는 미국이 인수해 시 정권을 행사한다는 등의 내용이 포함돼 있다.[106]

이 조약이 조인되던 날 미국과 일본은 일본 및 극동에서의 '평화와 안전'을 위해 미국의 군대가 일본 국내 및 그 인근에 지속적으로 남는다는 내용의 〈미·일 안전보장 조약〉을 조인했다. 그 결과 일본은 1952년 4월부터 7년

---

106 ■ 文部省檢定『高校日本史』(改訂版, 実踐出版, 1986), 333-334頁.

만에 미국으로부터 독립국으로서의 주권을 회복하게 되었던 것이다. 그러나 그러한 〈미·일 안전보장 조약〉에 대한 일본 국민들의 반응은 설혹 일본이 미국으로부터 독립국으로서의 주권을 회복했다 하더라도 〈미·일 안전보장 조약〉에 근거한 미군의 일본 국내 및 인근 지역의 주둔으로 인해 장차 일본이 무력분쟁에 말려들 가능성은 언제든지 존재하기 때문에 일본의 안전이 보장된다고만은 볼 수 없다는 쪽으로 흘러갔다.[107]

일본 국민들의 그러한 반응들은 일본이 전쟁을 방기放棄하고 전력戰力을 불보지不保持한다는 것이 천명되어 있는 신헌법을 지지하는 국민들의 입장들에 의거한 것이었다. 그러나 다수의 일본 국민들의 반응들이 그러했음에도 불구하고 일본의 보수 정권은 1954년 한 발자국 더 나가 미국과 〈상호방위 원조 협정〉을 체결하고 미국으로부터의 경제·군사 면에서의 원조를 받는 대신 일본도 방위력 증강의 의무를 지게 되었다. 그러한 분위기 속에서 1950년에 발족되었던 경찰예비대警察予備隊와 52년 신설된 해상경비대가 1954년 육해상 자위대自衛隊로 개편되었다.

보수 정권이 이러한 식으로 나가자, 이에 대응해 혁신정당·노동조합·지식인들로 구성된 국민들은 "일본국 헌법을 지키고, 재군비에 반대한다"는 운동을 일으켰다. 보수 정권은 1956년 일본·소련 국교 회복에 성공하고 뒤이어 소련의 지지로 일본의 유엔 가입을 성사시켰다. 그러고 나서 보수 정권은 일본의 경제력을 부활시키고 자위력을 강화시킨다는 전제하에서 10년간의 유효가 끝나기 직전 〈미·일 안전보장 조약〉의 개정 교섭에 들어가 결국 1960년 1월에 워싱턴에서 〈미·일 상호협력 및 안전보장 조약〉(〈신안보 조약〉)에 조인했다. 이 조약은 미·일 공동방위라고 하는 일종의 군사동맹 조약의 성격을 갖는 것으로서, 그야

---

107 ▪ 山極晃「朝鮮戦争とサンフランシスコ講和條約」(『岩波講座日本歷史 22』, 岩波書店, 1977), 414頁.

말로 그동안 평화헌법을 지지해 오던 국민들로서는 일본이 중국 등을 적대시하는 미국의 전략 체제에 말려들어 또다시 전쟁을 치러야 할지 모른다는 불안감에 사로잡히게 되었다. 특히 공산·사회당 등의 당원·노동자·학생·시민들은 결국 1959년 3월 '안보 개정 저지 국민회의'를 결성해 그 다음 4월부터 "일본국 헌법하의 법 체계와는 이질의 법 체계로서 헌법 체계와 모순된" 〈신안보 조약〉이 1960년 6월로 참의원에서 자연 승인되는 그 시점까지 격렬하게 시위했다.[108■] 이것이 바로 '60년 안보 투쟁'이다.

그러한 '60년 안보 투쟁'을 거쳐 이루어진 개정 안보 조약은 그 유효기간이 재차 10년으로 고정되어 있었다. 그래서 60년 안보 조약 개정을 극렬히 반대했던 정당이나 학생·시민 단체들은 그 개정 안보 조약의 시효가 끝나는 70년에 가서는 더 이상 연장되어서는 안 된다는 쪽으로 그들의 입장들을 모아 갔다.

안보 조약 제10조에 "10년간 고정시켜" 둔 후 "1년 전의 폐기 예보를 통해 종료한다"고 되어 있다. 그래서 그간 안보 조약 개정에 반대 투쟁을 벌여 갔지만 결국 그것을 저지시키지 못했던 '안보 개정 저지 국민회의' 측은 1970년에 가서는 반드시 동 조약을 폐기시켜야 한다는 목표하에서 1960년대 초부터 1970년에 가서의 동 조약 폐기를 위한 반안보 세력을 구축해 나갔다.

그런데 여기에서 필자가 논하고자 하는 것은 모든 국민들이 안보 조약을 개정하려는 보수 정권에 반기를 들었던 것은 아니었다는 것이다. 전후 점령군의 추방 지령에 의한 우익 단체들의 해체에 이어서 친미, 반공, 민주주의의 기치를 올리고 등장했던 우익 단체들과 1952년 강화 조약 발효 이후 부활했던 전전 우익 단체들 등은 헌법 개정 등의 기치를 들고 부활한 보수 정권의 안보 조약 개정에 찬동했다.

그러나 60년 안보 투쟁 당시 보수 정권의 안보 개정을 지지해 안보 개정 반대

108■ 大江志乃夫「安保闘争」(岩波講座『日本歴史 23』岩波書店, 1977), 178頁.

단체들과 맞서 싸웠던 그 우익 세력들은 상대 세력이 너무 거대했고 또 그들의 투쟁이 너무 격렬했었기 때문에 자신들의 존재에 대해 위기감을 느끼지 않을 수 없었다. 이에 그들 60년대 초부터 전 일본 애국자 단체 회의 등의 연합체 등을 조직했고, 또 정부와도 관계를 유지하면서 전학련全学連 등의 좌익 세력들과 대항했다. 그들은 60년 안보 투쟁으로 무기력했던 자신들의 형세를 만회한다는 각오로 60년대를 통해 '70년 안보 투쟁'을 준비했던 것이다.

2) 우익 세력들의 '70년 안보 투쟁' 준비

'60년 안보 투쟁' 때도 보수 정권을 지지했던 우익 단체들이 그냥 보고만 있었던 것만은 아니었다. 우익들은 1960년 안보 투쟁이 격렬하게 전개되기 이전에 '전 일본애국자단체회의'(전애회의) 등의 연합체를 결성해 정부와 한패가 되어, '안보 조약 개정 반대'를 부르짖는 전학련 등의 좌익들에 대항했다. 그들도 '미·일 안보 체제 호지'를 부르짖으며 일장기와 성조기를 걸고서 가두선전 활동을 전개시켜 나가기도 했다.

특히 1960년 6월 19일로 예정되어 있었던 아이젠하워 미 대통령의 방일에 대해서 정부·자민당 측에서는 경찰력만으로는 안보 투쟁 세력을 막기 곤란하다는 판단하에 야쿠자 폭력단들과 물밑으로 연결되어 있던 우익 진영에 도움을 요청하기도 했다.[109]

안보 투쟁 종식 후, 그 투쟁을 경험했던 우익 세력들은 좌익 세력들이 힘만 합치면 '적색 혁명'도 가능하겠다는 생각을 하게 되었고, 10년 후 즉, 1970년의 안보 조약의 고정 기간이 끝나면 다시 좌익의 혁명적 행동이 일어날 것임에 틀림없다는 위기의식에 빠져들었다. 그렇게 해서 그 후 '70년 위기설'은 우익의

109 ■ 高木正幸, 前揭書, 51頁.

프로파간다가 되었던 것이다.[110] 그러한 위기의식에 사로잡힌 우익 세력들은 기시 수상 상해傷害(1960.7), 아사누마浅沼 위원장 암살(1960.10), 《주오코론中央公論》 사장 집에 침입하여 가 정부 등을 사살한 시마나카嶋中 사건(1961.2), 소련 부수상 저격(1961.8), 삼무 사건三無事件(1961.12), 고노河野 건설상建設相 저택방화 사건(1963.7) 등의 테러 사건 등을 줄줄이 일으켰다. 그러한 과정에서 테러를 동반한, 작은 의미의 행동우익이 탄생하였다.

특히 60년 안보 투쟁 당시 자민당 보안위원회의 요청으로 도박꾼, 노점상 등을 동원시켰던 고다마 요시오児玉誉士夫(1911-1984)는 1961년에 '청년사상연구회'를 결성했다.[111] 1963년에 가서는 일본이 공산주의 혁명에 조우했을 때, 그것과 대결해서 궐기할 수 있는 강대한 조직을 가져야 한다는 생각에서 '동아동우회東亜同友会'를 구상하고, 우선 간토関東 지역의 폭력단들을 움직여 '관동회関東会'를 결성했다. 그러한 과정에서 국내에서는 1964년 도쿄올림픽이 개최되었고, 국외에서는 미국이 베트남공화국(남베트남)에 대한 지원으로 남베트남 해방 민족전선의 배후에 있는 북베트남에 대한 본격적 폭격을 개시함으로써 베트남 전쟁이 발발했다. 전쟁이 치열해지자 오키나와沖縄가 미국의 본격적 전략기지가 됨에 따라 일본의 국내 각 정치 단체들 사이에서는 오키나와의 기지가 심각한 문제로 대두되었다.

그러한 정치적 상황 속에서도 일본의 보수 정권이 기본적으로 미국의 아시아 정책에 협조적 자세를 취해 나가자 오키나와 주민들은 베트남 전쟁의 후방기지라는 현실 속에서 끈질긴 조국복귀 운동을 전개시켜 나갔다. 그들의 그러한 운동이 전개되는 과정에서 1964년에 '3파 전학련'이라고 하는 신좌익 학생운동 단체가 결성되었고, 그 단체가 베트남 반전 투쟁을 전개시켜 나감에 따라, 1966년에 가서는 우익 편향의 학생들 사이에서 일본 민족의 장래를 걱정하는

---

110 ▪ 堀幸雄, 前揭書, 40頁.

111 ▪ 上揭書, 52頁.

학생들의 단체가 탄생하게 되었다. 소위 민족파 우익이라 불리는 '일본학생동맹'(日学同), '생장의집학생회전국총연합'(生学連) 등이 그러한 단체들이다.

그들은 '자주헌법, 자주국방, 실지失地회복' 등을 슬로건으로 내세워 전학련 규탄 대회 개최, 자위대 체험 입대 등을 행했다. 한편, 보수 정권은 메이지 100년을 국가적 행사로 기념할 것을 결정하고, 1966년 메이지유신 100주년 기념 준비 위원회를 발족시켜, 그것을 통해 우익 세력들을 규합시켰고, 1967년에는 그동안 우익 세력들이 주장해 왔던 '기원절紀元節' 부활 운동을 감행했다.

1968년 1월 나가사키겐長崎県 사세보佐世保항에 원자력 항공모함에 엔터프라이즈호가 입항하자, 혁신 측 31개 단체가 집결했다. 게다가 사회 · 공산 양당의 공동 투쟁이 실시되었고, 고메이公明당까지 가세했다. 혁신 세력들의 그러한 단합에 자극된 우익 단체들의 몇몇은 '70년의 전초전'이라고도 생각한 듯 혁신 세력에 맞서 나치군복과 같은 제복을 입고 '엔터프라이즈 입항 환영'을 내걸고 사세보에 집결했다. 그해 12월에 가서는 우익 단체 '일신협日新協'이 호텔 뉴올림픽에 정 · 재계 인사 1천여 명을 모아서 '안전보장 추진 국민회의'를 결성하기도 했다.

1969년에 가서 우익 세력들은 그동안 해산해 있던 폭력 단체를 자신들의 우익 단체로 재편시키고, 혁신 세력들에 대항할 조직을 정비해 갔다. 또 1960년에 창설됐던 '청사회青思会'는 고다마 요시오를 최고 고문으로 해서 1969년 2월부터 산중에서 무투 훈련武闘訓練을 개시했다. 그 다음 3월에는 히비야공회당日比谷公会堂에 우익 자민당계의 175단체가 집결해 재계, 우익 등과 연합해 '안전보장추진회' 등을 1969년 3월 말까지 홋카이도北海道 등 14도후겐에 설치해 혁신 세력과 대결하기도 했다. 정부의 차원에서는 사토佐藤 내각이 미국에 대해 오키나와 반환 교섭을 진행시켜 1969년 11월, 닉슨과의 회담에서 '핵 폐기 · 본토와 동등한 수준'의 조건으로 '1972년 반환'을 약속받음으로써 혁신 세력들의 안보 투쟁의 논거를 해소시켰는가 하면, 1969년 1월부터는 기동대 투입을 통해 도쿄대 전공투全共闘의 야스다安田 강당 점거를 막고 주동자들의 체포 등을 통해 혁신 세력의 중핵이었던 전공투의 활동들을 철저히 저지했다.

3) '70년대 안보 투쟁'과 미시마 사건

우익 세력들은 '70년 안보 투쟁'이 '60년 안보 투쟁'보다 한층 더 안보 폐기 쪽으로 발전해 나갈 것으로 전망했다. 그러나 예상했던 것과는 달리, 60년에 개정된 안보 조약이 1970년에 와서 국회 심의 없이 자동 연장됨으로써 실제로는 싱겁게 불발로 끝나고 말았다.

그런데, 그해 11월 25일 작가 미시마 유키오三島由紀夫(1925-1970)가 3년 전에 자신이 조직한 '방패회楯の会' 회원 5인과 도쿄 이치가야市ヶ谷의 자위대 주둔지(동부방면 총감부)에 쳐들어가 총감을 의자에 묶어 총감실에 넣은 뒤, 자위대원 천여 명을 세워놓고, 격문 등을 뿌리고 연설을 한 후 동행자 한 명과 함께 할복자살한 뜻밖의 사건이 발생했다.

그 사건 발생 이틀 후 《마이니치신문毎日新聞》(1970.11.27)은 "그 사건 조사를 담당했던 우시고메牛込 경찰서의 수사 본부에 의하면 미시마 등은 당초 자위대 이치가야 주둔지 내의 연대連隊를 결기決起시켜 그들로 하여금 쿠데타를 일으키게 할 계획이었는데, 결국은 그의 그러한 계획이 실패로 돌아가자, 자위대 이치가야 주둔지의 총감 감금, 미시마의 연설, 미시마 등 2인의 할복이라는 계획으로 변하게 됐다"고 발표했다.

미시마가 정말로 자위대와 공모해 쿠데타를 계획했었는지 안 했었는지 그 진상이 불분명한 채 8년이란 시간이 지나갔다. 그러다가 미시마와 공모해 쿠데타를 계획했었다고 하는 당시 방위청의 한 간부의 친구, 야마모토 기요가츠山本舜勝라고 하는 사람의 증언이 《아카하타赤旗》(1987.5.21)에 게재되었다.[112] ▪

미시마는 왜 자위대로 하여금 쿠데타를 일으키도록 했던 것인가? 미시마는

1967년 말 자위대 체험 입대를 행한 적이 있다. 그 후 그는 1968년 9월 학생을 모집해 민간방위조직으로서 '방패회'를 결성해, 그들에게 체험 입대를 행하게 했다.

당시《아사히신문朝日新聞》(1970.11.25.석간)은 미시마의 그러한 행위에 대해 그가 "자위대를 명예로운 국군으로 만들고, 헌법을 개정하기 위해서 쿠데타를 일으키고, 천황을 민족의 역사적, 문화적 연속성과 동일성을 구현할 유일한 상징으로 만들기 위해 일본을 개조하려고 진지하게 생각한" 끝에 저지른 행동이라고 논했다. 사실상 그의 그러한 생각은 사건 당일 미시마 등이 자위대원들에게 뿌린 격문이나 그의 연설 내용, 사건 당일 아침 탈고한《풍요의 바다豊饒の海》(1970), 그 전년 발표한 〈반혁명 선언〉(《논쟁저널》, 1969.2), 그로부터 2년 전에 발표한 〈문화방위론〉(《주오코론》, 1968.7) 등에 잘 나타나 있다.

그는 '격문'에서 다음과 같은 말들을 하고 있다. "우리는 오늘날 자위대에만이라도 참된 일본, 참된 일본인, 참된 무사의 정신이 남아 있기를 꿈꾸었다." 그런데 "법리적으로는 자위대는 위헌임이 명백하고 나라의 근본 문제인 방위가 형평주의의 법적 해석에 의해 얼버무려지고, 군이라고 하는 이름이 사용되지 않는 군으로서, 일본인의 정신의 부패, 도덕의 부패의 근본적 원인이 되어 온 것을 봐 왔다. 가장 명예를 중시해야 할 군이 가장 악질적 사기하에 방치되어 온 것이다", "4년 전 나는 혼자 뜻한 바가 있어 자위대에 들어갔고, 그 다음 해에는 방패회를 결성했다. 방패회의 근본이념은 오직 자위대가 눈뜰 때 자위대를 국군, 명예로운 국군으로 만들기 위해 목숨을 버리려는 결심에 있었다", "군대의 건군본의란 천황을 중심으로 하는 일본의 역사 · 문화 · 전통을 지키는 것밖에 존재하지 않는다는 것이다", "우리가 꿈꾸어 보고 있듯이 만약 자위대에 무사의 정신이 남아 있다고 한다면, 어째서 이 사태를 묵시할 수 있겠는가.

---

112 ■ 堀幸雄, 前揭書, 81頁.

스스로를 부정하는 것을 지킨다는 것은 얼마나 크나큰 논리적 모순인가", "지금 이야말로 우리는 생명존중 이상의 가치의 소재所在를 제군의 눈에 보여 주겠다".

그는 연설을 통해서도 "자위대에서의 건군建軍의 본의란 무엇인가. 일본을 지키는 것. 일본을 지키는 것이란 무엇인가. 일본을 지키는 것이란 천황을 중심으로 한 역사와 문화의 전통을 지키는 것이다"라는 말을 하고 있다. 그의 연설은 "일본을 뼈 없이 만드는 헌법에 따라 왔다고 하는 것을 알고 있는가. 여러분 중에 한 사람이라도 나와 함께 일어설 자가 여기 없는가. 한 사람도 정말 없구나. 좋다. 무라고 하는 것은 무엇이며, 칼이라고 하는 것은 무엇인가…. 그러면서도 무사인가. 그러면서도 무사인가 말이다", "아직 여러분은 헌법 개정을 위해 일어나지 않으려 한다는 것을 이제 충분히 확인했다. 이것으로 나의 자위대에 대한 꿈은 없어진 것이다. 그러면 여기에서 나는 천황폐하 만세를 부른다"로 끝난다.

그는 자살 시점으로부터 약 1년 9개월 전에 쓴 〈반혁명 선언反革命宣言〉에서도 자신이 공산주의를 반대하는 이유에 대해 "그것이 우리의 국체, 즉 문화·역사·전통과 절대로 상용相容될 수 없고 논리적으로 천황의 존재와 상용될 수 없기 때문이며, 게다가 천황은 통일성, 민족적 동일성의 둘도 없는 상징이기 때문"이라고 말하고 있다. 또 그는 그 사건 시점으로부터 2년 5개월 전에 발표한 〈문화방위론〉에서 우선 "문화란 무언가 무해하고 아름다운 인류의 공동재산"이라 정의해 놓고, 일본의 문화를 "'국화와 칼菊と刀'의 영원한 연환連環"으로 파악했다. 그러고 나서 그는 점령군의 점령 정책이란 한마디로 "'국화와 칼'의 연환"을 단절시키는 것이었다면서, 점령기의 그러한 문화 정책은 점령군의 그러한 점령 정책이 끝났는데도 불구하고 줄곧 일본의 문화 정책을 "'국화와 칼'의 쌍방을 포섭하는 일본적인 것이 훤히 보이는 폼을 배척"하고 있다고 했다. 일본의 문화 정책이 "일본 문화로부터 그 정태靜態만을 끌어내고, 동태動態를 무시"함으로써, 다시 말해, '국화와 칼'의 '칼'을 단절시킴으로써 일본 문화의 정체성과 연속성을 단절시키고 있다는 것이다.

그는 "일본 문화는 행동양식 자체를 예술작품화하는 독특한 전통을 가지고 있다. 무도武道 그 외의 마셜 아트(근대 등의 정렬整列 예술)가 다도茶道라든가 화도華道 등과 같은 짧은 시간 내에 생기生起, 계속, 소실하는 작품 형식과 동일한 장르에 속해 있는 것은 일본의 특색이다. 무사도는 이와 같은 윤리의 특색이다. 무사도는 이와 같은 윤리의 미화, 혹은 미의 윤리화의 체계이고 생활과 예술의 일치이다"라고 말하고 있다. 또 그는 '국민 문화의 특질'을 '재귀성과 전체성과 주체성'으로 파악해 문화의 전체성을 논하는 과정에서 '국화와 칼'의 '칼'의 거세를 다음과 같이 논하고 있다.

"'국화와 칼'을 통째로 용인容認하고 윤리적으로 미를 판단할 것이 아니라 윤리를 미적으로 판단해서 문화를 통째로 용인하는 것이 문화의 전체성의 인식에 있어서 불가결하고, 이것이 모든 문화주의, 모든 정체政體의 문화 정책적 이념에 반反하는 점일 것이다. 문화는 통째로 인정되고 이것을 통째로 보지保持하지 않으면 안 된다. 문화에는 개량도 진보도 불가능하고 원래 문화에 수정이라고 하는 것은 있을 수 없다. 이것이 있을 수 있다고 하는 것은 전후 잠시 일본을 집요하게 지배하고 있었다"라고 말하고 있다.

또 그는 "현대에는 '국화와 칼'의 '칼'이 단절된 결과 일본 문화의 특질의 하나이기도 한, 한도 없는 이모셔널한 무절도가 나타나 있고, 전시 중에는 '국화'가 단절된 결과, 다른 방향으로 사기와 위선이 생기게 됐던 것이다. 항상 억압자의 측에서 히스테릭한 위선의 역할을 연기하는 것이 전시 중에도 현재에도 변화가 없다"라고도 말하고 있다.

"문화에서의 생명의 자각은 생명의 법칙에 따라, 생명의 연속성을 지키기 위한 자기방기自己放棄라고 하는 충동 쪽으로 사람을 촉진시킨다"고 말하면서, 그러한 의미에서의 "지키는 일 그 자체가 혁신하는 것이고, 동시에 '태어나고' '성립되는 것'"이며, 또 "지키는 것은 행동하는 것이기 때문에 일정의 훈련에 의한 육체적 능력을 구비하지 않으면 안 된다. 대만 정부 인사들 중에는 소림사권법少林寺拳法의 달인達人들이 많다고 나는 들었는데 일본의 근대 문화인의 육체적 단련의 부족과 병과 약품만을 통해서 육체에 관심을 갖는 경향은 일본문학을 병들게 하고 그 제재와 시야를 한정했다. 나는 메이지 이래의 소위 순문학에 검도의 장면이 나타나 있지 않는 것을 기이하게 느낀다"라는 말을 하고도 있다. 미시마는 '문화공동체 이념의 확립'의 필요성을 제기하면서 그것만이 공산주의와 민주주의 등과 같은 정치적 이데올로기에 대항할 수 있다는 입장을 취하고 있다.

그는 그러한 문화공동체의 확립 원리로서 '천황'을 끌어낸다. "'국화와 칼'의 영예榮譽가 최종적으로 귀일하는 근원이 천황이므로 군사상의 영예 또한 문화개념으로서의 천황으로부터 부여되지 않으면 안 된다. 현행 헌법하에서 법리적으로 가능한 방법이라고 생각되는데, 천황에게 영예대권의 실질을 회복해 군의 의장儀仗을 받으시는 것은 물론, 연대기도 직접 하사하시지 않으면 안 된다." 그렇게 해서 "천황과 군대를 영예의 고리로 연결시켜 두는 것이 급선무인 것이고, 또 그 외에 확실한 방위책은 없다. 물론 이러한 영예 대권적 내용의 부활은 정치적 개념으로서의 천황이 아니고, 문화개념으로서의 천황의 부활을 촉진시키는 것이지 않으면 안 된다. 문화의 전체를 대표할 수 있는 이와 같은 천황만이 궁극의 가치 자체이기 때문에 천황이 부정되어 혹은 전체주의의 정치개념으로 포괄될 때야말로 일본과 일본 문화의 진짜 위기이기 때문이다"라고 말하고 있다.

그의 이상과 같은 말들을 고찰해 봤을 때, 우리는 그가 왜 자위대로 하여금 쿠데타를 일으키도록 선동한 나머지 결국 그러한 죽음을 택했는지를 알 수 있다. 또 우리는 자살 당시의 '격문'을 통해서도 알 수 있듯이, 이미 그는 1968년 7월 〈문화방위론〉을 발표하고 그해 9월 5일 '방패회'를 결성했던 무렵부터 자살을 결심했던 것으로 고찰된다. 당시 그가 그러한 자살을 결심했던 것은 그 당시

'70년 안보 투쟁'을 눈앞에 두고 '헌법 개정'은 말할 것도 없고 '안보 개정'까지를 반대하는 공산주의 세력 등과 같은 혁신 세력들과의 투쟁을 각오한 과정에서였다고 할 수 있다. 그러나 결국 '70년 안보 투쟁'은 정부 여당의 뜻대로 '안보 개정'의 자동연장으로 끝나게 됐다. 그러자 그는 '헌법 개정'까지를 요구해 온 민족파 우익 세력의 투쟁 노선을 이어받아 자위대로 하여금 국방권을 방기한 헌법을 개정하려 들지 않는 자민당 정부를 타도하려는 입장을 취했던 것이다.

4) 미시마 사건 이후 기성 우익의 활동 상황

(1) 국제적 정세와 국내 상황

1970년대 초의 그러한 미시마 사건은 일본의 우익들에게 커다란 충격을 가져다주었음에 틀림없다. 그렇다면 미시마 사건 이후 일본의 우익 운동은 어떤 식으로 전개되어 나갔던 것인가?

우선, 국제적 정세부터 간단히 고찰해 보기로 한다. 1971년에 아랍연방이 성립되었다. 이 아랍연방의 성립은 그 후 이슬람 문화가 그 문화와 인접해 있는 인도의 힌두교 문화, 기독교 문화 등과 충돌하면서 타협하지 않을 수 없는 단계로의 진입 그 자체였던 것으로 고찰된다. 그해 중국이 유엔에 가입한다. 그 다음 1972년 2월에는 닉슨이 북경에 도착해 〈미 · 중 공동 성명〉을 발표하고, 5월에는 모스크바에 도착해 SALT(전략병기제한교섭)에 조인한다. 동년 9월에는 일본의 다나카 가쿠에이田中角栄(1918-1993) 수상의 방중을 통한 국교 정상화가 이루어진다. 1973년에 가서는 〈베트남 평화 협정〉이 조인되고 1975년에 가서는 베트남 전쟁이 종결된다. 동년, 일본 · 소련 국교 정상화가 이루어진 1955년 이후 미해결 상태로 남아 있던 일본 · 소련 간의 외교 문제들을 해결하기 위해 다나카와 브레즈네프간의 평화 조약 체결 교섭 지속 확인을 위한 '공동 성명'이 발표된다. 1979년에 가서는 미 · 중 국교가 수립된다. 동년 한국의 박정

희 대통령이 사살되고, 영국의 대처 내각이 발족된다. 1980년대로 들어와서 1981년 미 공화당의 레이건이 대통령으로 취임하고, 동년에 프랑스에서는 미테랑 대통령의 취임으로 좌익 정권이 탄생한다. 1984년에는 미 레이건 대통령이 재선에 성공한다. 그 다음 해에는 소련에서 고르바초프가 서기장으로 선출된다.

이와 같이 1970년대의 국제 정세는 50·60년대의 냉전 체제가 해빙 무드의 단계로 전환해 나왔던 것이다. 1980년대로 들어와서는 자본 진영과 공산 진영의 대립의 문제보다는 제3세계가 하나의 정치적 경제적 집단으로 부상함으로써 미국·소련이라고 하는 양대 축 중심으로 형성되었던 국제 사회가 붕괴될 조짐을 보임에 따라 미국·영국 등의 서방세계의 국가들은 보수주의적 입장으로 돌아서게 된다. 그렇다면, 이 기간에 일본에서 어떤 일들이 일어났었던 것인가?

우선 1971년 6월 〈오키나와 반환 협정〉을 미국과 조인한다. 그 다음 1972년 다나카 수상이 중국을 방문해 국교를 정상화시켰다. 1973년 10월 중동 전쟁의 발발로 인해 석유 위기가 도래해 인플레가 초래되었다. 1974년 10월 《분게이슌슈文芸春秋》에 의해 다나카 수상의 금맥·인맥 문제가 폭로된다. 이 해 경제 불황이 심각해 기업 도산 건수가 사상 최고가 된다. 그러한 상황에 1976년 록히드 사건이 발각, 순정 우익의 거두로 알려진 고다마 요시오가 체포된다. 록히드 사건의 주역은 우익의 흑막 고타마 요시오지만 후에 다나카 전 수상도 체포되었다. 그러한 과정에서 대부분의 우익들은 자신들의 신용이 실추되었다고 생각한 나머지 큰 충격에 싸이게 된다. '간사이関西 우익 단체 간담회'에서는 고다마에게 '할복권고서'를 보내기도 한다.

이러한 상황에서 일본은 1970년대 후반에 와서 저성장 시대로 접어든다. 그뿐만 아니라 공해, 환경오염, 인구의 도시 집중화 등의 문제들의 표면화에 직면한다. 1977년에는 일본에 전후 최대의 불황이 도래한다. 1980년대로 들어와서 미국에서 일본의 자동차 판매 상황이 사상 최고(1980년 6월 시점, 23.4%)에 달해 일본차 판매규제 움직임이 강화되는 등 미국과의 무역마찰이 심각해진다. 그러한 과정에서 1982년 11월 나카소네 내각이 출범한다. 그것을 계기로 일본 사회는 서구의 신보수주의 정책과 맞물려 우경화되어 나갔다.

이러한 상황 속에서 일본의 우익들은 어떤 활동을 행해 갔던 것인가? 일본의 우익들이 1970년대로 들어와서 접했던 미시마 사건은 그들에게 하나의 커다란 충격이 아닐 수 없었다. 그들이 그 사건으로부터 커다란 충격을 받기는 했지만 직접적으로 미시마의 경우처럼 과격한 행동들을 통한 활동들은 행하지 못했다. 미시마 사건을 계기로 우익들로부터의 어떤 활동들이 있었다고 한다면 아마도 그것은 민족파 우익 계열들이 중심이 되어 단체들을 결성해 나갔다는 것이었을 것이다. 간단히 말해, 미시마 사건 이후 한동안 우익 활동은 저조했다고 말할 수 있는데, 그 이유는 대개 다음과 같이 세 가지로 파악될 수 있다.

첫째, '70년 안보 투쟁' 과정에서의 우익들의 최대 지원 세력들은 여당 자민당과 정부였고, 그들의 최대 적대 세력들은 좌익 세력들이었다. 그런데 정부가 '70년 안보 투쟁'을 준비하는 과정에서 좌익 세력들까지도 자기 쪽으로 영입해 버렸기 때문에 '70년 안보 투쟁' 이후 우익들이 자신들의 투쟁 목표를 잃어버렸다고 하는 것이다.

둘째, 정치가 나카지마 지쿠헤이中島知久平(1984-1949) 저격 사건을 일으킨 이후, 대동숙, 흥론사興論社 등을 비롯한 많은 우익 단체들의 고문역을 맡아오며 정재계의 흑막으로 알려져 왔던 미우라 기이치三浦義一(1898-1971), 5·15 사건(1931) 때 해군중위로서 수상 관저를 습격하고 이누카이犬養 수상을 권총으로 사상한 미카미 다쿠三上卓 등이 1971년에 사망하고, 그 다음 1972년에는 하마구치浜口 수상 암살 테러리스트로서 전후 '호국단', '전애회의全愛会議' 등의 의장이었던 사고야 요시아키佐郷屋嘉昭(1908-1972) 등이 사망했다. 1974년에는 '신병대 사건'을 일으켰던 아마노 다쓰오天野辰夫, '애향숙愛郷塾'의 다치바나 고자부로橘孝三郎(1893-1974) 등이 사망했다. 그동안 우익계를 끌어왔던 인사들이 그렇게 세상을 떠남으로써 우익계에 신구의 세대 교체 시점이 왔던 것이다. 이때가 우익 단체들의 인적 교체와 체제의 재정비가 행해졌던 시점이었기 때문에 우익 활동이 멈칫했던 것이다.

셋째, 미시마가 주장했던 내용과 그의 표현수법으로 보아 그는 분명히 일본의 전형적 우익 인사였음에 틀림없다. 그런데 그에게는 다른 우익인사들과 다른 점이 하나 있었다. 그것은 다른 우익들이 그들의 타깃 대상을 살해해 왔음에 반해, 미시마는 자결을 감행했다고 하는 점이다. 미시마의 그러한 자결행위는 그의 〈문화방위론〉이나 자결 직전의 '연설' 내용들을 고찰해 봤을 때, '사무라이 정신'에 입각한 것이라 할 수 있다. 그렇게 봤을 때, 미시마의 자결 행위는 당시의 우익 사상을 근대 이전이나, 혹은 메이지유신 당시의 사무라이 정신과 연결시켜 주었다는 점에서 의의가 있다고 할 수 있다. 당시의 우익들은 미시마의 그러한 자결 행위를 보고, 자신들로서는 그러한 강렬한 표현을 결코 할 수 없었기 때문에 한동안 그들의 우익 활동을 유보했을 수도 있다.

이렇게 봤을 때, 미시마 사건은 우익들의 신구 세대 교체의 계기를 마련해 주었던 사건이었다고도 볼 수 있으며, 당시의 우익 활동 정신을 근대 이전의 일본 사상과 연결시켜 주었던 사건이었다고도 판단된다. 사실상 미시마 사건을 계기로 우익의 세계에서는 크게 말해, 순정 우익 계열로부터의 적잖은 우익 세력들이 후퇴하고, 전전의 우익 정신이나 전근대의 일본 정신을 기초로 해서 새로운 우익 세력이 부상해 나왔다고 할 수 있다. 그렇다고 해서 순정 우익 계열의 우익 세력들이 우익의 세계에서 완전히 후퇴한 것은 결코 아니다. 또 새로 부상한 '신우익'이 우익 세계의 중심을 차지했다는 말도 아니다. 한마디로 말해, 퇴조와 부상하는 우익이 공존했다고 할 수 있다는 것이다. 그러면 기성 우익과 신우익이 어떠한 활동들을 행해 갔는지를 고찰해 보기로 한다.

(2) 순정 우익 계열들의 우익 활동

순정 우익 계열의 단체들 중에서 활발한 우익 활동을 전개했던 단체들은 '대일본애국당', '흥국사興国社', '방공정신대', '국방청년대国防青年隊', '대일본생산당', '대동숙', '수기관修己館', '동양청년유지회東洋青年有志会', '정기숙正気塾', '애국청년동맹', '존황의숙 인의사尊皇義塾人義社', '우국성화회憂国誠和会', '송혼숙松魂塾' 등이다.[113]

그들의 주된 활동들은 '정부 · 자민당 공격', '사회당 · 일교조 등 반공 단체 공격', '반소련 공격', '기업 공격', '좌익과격파 등 과격파 공격', '재판관 공격', '매스컴, 출판사 공격', '해외 진출' 등으로 분류된다.[114]

그들의 활동을 시기별로 나뉘어 고찰해 보면 대개 다음과 같다. 우선 1970년대 전반기이다. 이 시기 순정계 우익들의 우익 활동은 한마디로 저조했다고 말할 수 있다. 이 기간 중에 거론될 수 있을 만한 우익 활동은, 1972년 9월 중 · 일 국교 정상화가 행해졌는데, '대일본애국당'과 같은 '반공'의 깃발을 들고 있었던 순정계 우익 단체들이 그 과정에서 중국과의 국교정상화 반대 운동을 일으켰던 것 정도라 할 수 있다.

1970년대 후반기에 일본은 저성장 시대를 맞게 된다. 국민들은 저성장 속에서 기득권을 잃지 않으려고 과거의 권리에 달라붙었다. 그로 인해 급속히 의식의 보수화 현상이 일어났다. 혁신 자치체들은 거의 소멸했고 야당도 또 보수화했다.[115] 이러한 상황에서 1976년 '록히드 사건'이 일어났다. 우익의 거두 고다마 요시오와 다나카 전 수상이 체포되었다. 우익 단체들은 1976년 2월에는 도쿄와 지방에서 '애국자 긴급 시국 간담회'를 개최했고, 그 다음 3월에는 '록히드 의혹 규탄, 부패 자민당 숙정, 금권우익 배격 국민대회' 등을 개최해 갔다.

---

113 ▪ 高木正幸『右翼活動と団体』(土曜美術社, 1989), 155-178頁.

114 ▪ 上揭書, 82-102頁.

115 ▪ 堀幸雄『戦後の右翼勢力』(増補版, 勁草書房, 1993), 87頁.

그 다음 1977년 3월에 와서는 신우익 단체 '대비회大悲会' 회장 노무라 슈스케野村秋介 등에 의해 '경단련経団連 점거 사건'이 일어났다.

1970년대에 일본의 우익 단체들이 이룬 그들 차원에서의 최대의 성과는 1979년 6월 6일 참의원에서 가결 성립된 '원호 법제화元号法制化'라 할 수 있다. '원호元号',즉 연호年号가 법제화된 것은 우익종교 단체 '생장의 집生長の家'을 주축으로 해서 성립된 우익 단체 '생정련生政連'과 자민당의 우파右派 등에 의해 추진된 강력한 국민 운동의 결과라 할 수 있다.

우익 단체들의 원호 법제화 운동은 1970년대 초부터 시작되었다. 1960년대부터 우익 단체들이 그것을 주장해 오자 1970년대 자민당 내에서 그들의 주장을 받아들여 그것을 실현시켜 보려는 움직임이 나타났다. 1972년 자민당은 '원호에 관한 소위원회'를 결성했고, 1975년에 와서 미키三木 수상은 그것을 정치 문제화시켰다. 그러자 '생정련 중앙본부'는 1977년 10월 '신도정치연맹', '불소호념회仏所護念会', '군은련軍恩連', '일본유족회' 등의 우익 단체들과 함께 소위원회에 찾아가 압력을 가했다. 그러한 과정을 거쳐 1978년 7월 자민당 총무회는 원호 법제화를 당의党議로 결정했던 것이다.

이렇게 봤을 때, 1970년대에 '원호 법제화'를 추진했던 핵심적 세력은 우익 종교 단체 '생장의 집' 출신들이었다. '생장의 집'은 전전의 국가주의 체제를 지향하고 천황제의 부활을 바라고 신자를 동원해서 정교政教를 일치시키려는 종교 단체이다. 이 종교 단체 외에도 '원호 법제화'에 기여했던 우익 종교 단체는 '생장의 집'보다 늦게 정치결사政治結社의 형태를 취해 참의원 선거에 뛰어들었던 '진자본청神社本庁'이었다.

이들 종교 우익 단체들은 저성장 시대에 자신들의 정치적 기반을 확보해 새로운 우익 단체를 결성하여 새로운 우익 운동을 전개시켜 나갔다. 우선 그들은 '일본을 지키는 국민회의'를 결성(1981.10)하여 그들의 최대의 목표로 삼아온 '헌법 개정'의 실현을 위해 그 단체를 통해 대중 운동을 전개시켜 나가려

했던 것이다. 그 회의의 목적은 궁극적으로는 헌법 개정에 있지만 그 목적 달성을 위한 구체적 방안, 그것은 '군대의 보지保持, 해외 파병, 집단 자위권 실현, 즉 헌법 9조의 개정이었다.[116]

1980년대로 들어와서 우익 단체들에 어떠한 의미에서서건 커다란 사건이 아닐 수 없었던 것은 일관되게 '개헌'을 주장해 왔던 나카소네가 1982년 11월에 수상이 되었다고 하는 것이다. 그것은 그동안 우익이 주장해 오던 것들을 그가 정부의 차원에서 그대로 실행에 옮겨 갈 수도 있는 우익인사였기 때문이었다.

1970년대에 정치 결사의 형태를 취해 정치에 뛰어들어 자민당의 우파들과 손잡고 '원호 법제화'를 성공시켰던 종교계 우익 단체들은 자민당의 우파 중에서도 가장 우익적 성향이 짙은 '다카파鷹派'의 거두, 나카소네 야스히로가 수상에 오르자, 우선 그를 통해 두 가지 문제를 해결해 보려 했다. 하나는 야스쿠니진자의 국호지国護持 관철이었고, 다른 하나는 태평양전쟁에서의 승자 중심으로 서술된 일본 역사교과서의 개정이었다. 수상에 오른 나카소네 자신도 그 두 문제에 대해 우익과 같은 입장이어서 우익이 주장하고 있는 대로 그 두 문제를 관철시켜 나간다는 입장을 취했다.

그는 첫 번째 문제의 달성 방법의 하나로 그가 수상에 오르기 전 해인 1981년 4월에 결성된 '모두 야스쿠니진자에 참배하는 국회위원회みんなで靖国神社に参拝する国会議員の会'(회원 331명)과 함께 '야스쿠니진자의 공식 참배'를 시도했다. 그의 그러한 시도는 1984년 1월 5일 아침 수상으로서 최초로 행한 신춘 야스쿠니진자 참배였다.

수상이 그러한 반동적 행위를 하는 가운데 '국민회의' 측에 의해 만들어진 '복고조復古調 역사교과서'가 문부성 검정에 통과되고 그 내각의 문교장관이었던 후지오藤尾의 망언이 행해지기도 했던 것이다. 한국과 중국이 이에 거세게

---

116 ■ 上揭書, 231頁.

반발함에 따라 나카소네 수상은 외교적 문제를 감안해 더 이상 야스쿠니진자 공식 참배와 같은 반동적 행위를 행하지 못하게 된다. 그가 그렇게 나가자 그동안 그의 그러한 정치적 행위에 박수를 보냈던 우익들은 그를 비판하기 시작한다. 그러나 필자가 여기에서 말하고자 하는 요점은 나카소네 수상이나 정부각료가 과거 우익들이나 행할 수 있었던 반동적 언행을 그토록 쉽사리 행할 수 있었던 것은 그들의 지지자들이 우익이나 우익적 성향의 인간들이었으며 그들을 기반으로 해서 체제 전체가 우경화되어 가고 있었기 때문이라는 것이다.

5) 신우익의 등장 과정

(1) 신우익과 민족파 우익

'신우익'이라는 용어는 평론가 이소다 고이치磯田光一(1931-1987)가《아사히저널》(1975.12.19)에서 '극우·극좌 접근의 정신 상황'이라고 하는 타이틀로 스즈키 구니오의 저서를 평한 이후 "신우익이라는 것이 출현했다"라는 말들이 나오게 됨으로써 쓰이기 시작했다고 볼 수 있다.[117]

신우익은 "1968, 69년의 전공투 운동, 대학 투쟁 당시 신좌익에 대항할 조류로서 각 대학의 민족파 학생들의 움직임 속"에서 태어났다.[118] 당시의 '민족파 학생들'이란 1965년 12월 신좌익파 학생에 의해 주도되었던 와세다대학 등록금 인상 반대 운동에 대항해 학원 정상화를 주장했던 우익파 서클이 중심이 되어 그 다음 5월에 결성된 '생장의집학생회전국총연합'과 동년 11월에 결성된 '일본학생동맹' 등에 가담했던 우파 학생들이었다.

'생학련' 결성의 기초가 되었던 것은 '생학련'보다 2개월 전(1966.3)에 '생장의집' 출신의 와세다 대학생 스즈키 구니오를 의장으로 해서 결성됐던 '와세다대

117 ▪ 鈴木邦男『新右翼』(新増補版, 彩流社, 1994), 77頁.

118 ▪ 高木正幸, 前掲書, 56頁.

학생연맹'(早学連)이었다.

'생장의 집'이란 종교가 다니구치 마사하루谷口雅春(1893-1985)가 1940년 창설한 종교법인 단체이다. 다니구치 마사하루는 심령술에 심취해 1930년 인생고, 병고의 해결법을 다룬 개인잡지《생장의 집》을 창간, 1934년에는 '광명 사상 보급회'를 결성, 1940년에는 종교법인 '생장의 집'을 창설, 전시에는 '천황절대, 성전완수'를 호소했고, '만주 광명 사상 보급회'를 만들어 군의 대륙 진출을 협력해 갔다. 그로 인해 패전 후 그는 공직 추방의 대상이 되었지만 일전一転해서 '자유와 평화'를 주창했고 1946년에는 출판사 '일본교문사'를 창립했는가 하면 1949년에는 '생장의 집'을 부활시켰다.

강화 조약 이후에는 재차 전전의 입장으로 되돌아가 '만교귀일万教帰一'을 외치고 '헌법 개정, 기원절 부활' 등을 주창했다. 1964년에는 정치 진출을 목표로 해서 '생장의 집' 정치 연합을 결성해 참의원을 비롯한 지방의회까지 신자를 투입시켜 나갔다.[119]

'일학동日学同'은 학원정상화를 목적으로 이루어진 '와세다대학생연맹早大学生連盟'의 멤버를 중심으로 해서 결성된 단체로서 그 슬로건은 '학원분쟁의 해결, 민족정신의 회복' 등이었다. '일학동'은 "대학에 국방부, 일본문화연구회, 헌법연구회 등의 서클을 만들어 조직을 확대시켜" 나갔고, 또 '자주헌법, 자주국방, 실지회복'을 슬로건으로 해서 각지에서 전학련 규탄의 연설회를 개최했다.[120] 이들의 '생학련'과 '일학동'에 가담했던 학생들은 "운동의 기점을 민족에 두고 스스로를 '민족파'라고" 칭했다.[121]

이들 민족파 우익 학생들은 "기성 우익과 일선을 그을 목적으로 이론 구축을 추진해 우선 그들이 존재해 있는 전후 체제를 얄타·포츠담 체제로 규정해 그

---

119 ▪ 堀幸雄『右翼辞典』'谷口雅春' 項目 参考.

120 ▪ 堀幸雄, 前掲書, 69頁.

121 ▪ 上掲書,, 68頁.

체제로부터의 탈출을 주장해" 갔다.[122]

그들 민족파 우익 학생들이 말하는 얄타 · 포츠담 체제란, "미소 양대 축에 의한 전후 세계의 분할 지배"를 얄타 체제라고 말하고 그 일본판으로서의 점령 헌법을 근간으로 하는 반천황, 반민족, 반국가적 전후 상황을 포츠담 체제로 규정한 것으로서 한마디로 전승국에 의해 짜여진 체제를 가리켰다. 그리고 '70년 투쟁'을 위한 그들의 목표는 '헌법 개정, 자주국방, 영토회복'이었다.

이와 같이, '70년 투쟁'을 앞두고 학원 분쟁에서의 소위 '신민족주의' 운동으로 시작됐던 최초의 우익 학생 운동은 신좌익 학생 운동의 안티테제로 출현했었다. 당시의 신좌익 운동은 1960년대 후반으로 들어와서 시민운동의 형태를 취해 정치적 운동으로부터 벗어나 정치적 이념적 대립에 입각한 베트남 반전 투쟁, 나리타공항 반대 투쟁, 대학 분쟁 등으로 나타났었다.

특히, 당시의 신좌익 운동을 대표했던 학원 투쟁은 1966년 게이오慶応대학의 수업료 인상에 대한 스트라이크로부터 시작해서 1968, 69년에 걸쳐 최고점에 달했다. 그러나 1970년대로 들어와서 그것이 주민 운동으로 전환됨으로써 운동의 주체가 학생에서 지역주민으로 바뀌어졌던 것이다.[123]

이와 같이 신우익의 대항 세력이었던 신좌익의 주체가 학생에서 지역주민으로 전환해 나오자 신우익의 주체도 학생 단체로부터 벗어나서 일반 청년 단체로 전환해 나왔던 것이다.[124]

(2) 신우익과 민족파 우익 스즈키 구니오

(가) 스즈키 구니오와 '미시마 사건'

당시 신우익 운동, 다시 말해서 민족파 우익 운동의 주체가 학생에서 청년층

---

122 ▪ 上同所.

123 ▪ 김채수, 《일본 사회주의 운동과 사회주의 문학》, 421면.

124 ▪ 堀幸雄, 前揭書, 75頁.

시민으로 전환해 나오게 됐던 직접적 계기는 1970년 11월 미시마 사건이었던 것으로 이야기되고 있다.

'생장의 집' 출신으로서 신우익의 모체라 할 수 있는 민족파 우익 성립에 절대적 역할을 수행했고 현재 신우익의 대부로 알려져 있는 스즈키 구니오는 '미시마 사건'과 관련시켜 신우익의 출발을 다음과 같이 회술하고 있다.[125]

> 사건이 있었던 1970년 11월 20일이라고 할 것 같으면, 당시는 좌도 우도 학생 운동은 진정화되어 있었다. 적어도 대중 운동은 끝나 있었다. 나 자신으로 말할 것 같으면 전국학협全国学協으로부터 숙청되어 학생 운동으로부터 물러나서 센다이로 돌아가 있다가, 그해 여름부터 산케이신문사에 특채되어 입사하게 되었다. 학생 운동으로부터 일단 손을 씻고 이제부터는 샐러리맨인가, 라고 생각하고, 몸가짐을 가다듬고 있던 때였다.
>
> 일개월간, 도쿄에서 떨어진 한 신문판매점에 기거해 배달, 수금, 확장 등 필사적으로 일에 전념했다. 본사로 돌아와서는 판매국 개발센터, 회계과 등으로 돌려졌다. 주판도 하나부터 다시 공부했고, 양복과 넥타이도 겨우 판자에 걸기 시작했을 때였다. 그러한 때에 미시마 사건의 뉴스가 날아들었던 것이다. 생각지 않고 TV가 있는 지하식당으로 날아갔다. 허탈 상태에서 TV를 보고 있었다. 옛 학생 동지들이 회사로 찾아와서 "일 같은 것 하고 있을 때가 아니잖아?"라고 말한다.
>
> 어안이 벙벙해서 일도 할 수 없어 조퇴를 했는데 무엇 하나 손에 잡힐 리 없었다. 옛 학생동지들이 모여 있을 법한 장소를 이리저리 걸어 봐야겠다는 맘이 들었다. 자신이 이런 때에 회사를 다니고 있다고 하는 것이 뭔가 어처구니없이 범죄적인 일과도 같아 참을 수가 없었다.
>
> 미시마가 죽었다고 해서라기보다는 모리타森田가 죽은 일에 쇼크를 받았다. 모리타와는 대학에서 계속 함께 운동해 온 친구이다. 밝고 언제나 방긋방긋 웃고 있으면서, 거기까지 생각하고 있었다고는 생각도 하지 못했다.

---

125 ▪ 鈴木邦男, 前掲書, 35-37頁.

위에서 스즈키 구니오가 말하고 있는 모리타 힛쇼森田必勝는 미시마가 1968년에 학생들을 모집해 민간 방위 조직으로서 결성한 '방패회楯の会'의 회원으로 미시마 사건에 참가했던 4인 중의 한 사람이고, 그중 그 현장에서 미시마의 목을 치고 유일하게 자인自刃 사망한 자이다. 스즈키 구니오가 모리타 힛쇼를 알게 된 것은 그가 1965년 12월 신좌익 학생들에 의해 주도되었던 와세다대학 수업료 인상 반대 운동에 대항해서 학원 정상화를 목표로 투쟁에 나섰던 때로, 당시 모리타도 스즈키 구니오와 함께 민족파 우익의 입장에서 투쟁했었다. 민족파 우익은 당시 신좌익파와의 투쟁이 승리로 끝나자 그 기세를 몰아서 1966년 11월에 '일학동'을 결성했다. 그 민족파 우익 단체가 결성되기까지 그들은 동지였었다. 그 단체가 결성되자, 모리타는 그 단체를 통해 활동을 했고, 스즈키는 '생장의 집'을 배경으로 해서 결성된 '생학련'을 통해 활동했다.

그 후 스즈키는 '생학련'을 중심으로 해서 1969년 5월에 결성된 '전국학협全国学協'의 초대 회장으로 활동하다가 '생학련'과 '전국학련'으로부터 '신앙적이지 않다', '폭력적이다'라는 등의 이유로 다른 몇몇 회원들과 함께 숙청당한다. 그래서 그는 학생 운동을 청산하고 산케이신문사에 입사하게 됐던 것이다.

(나) 미시마의 방패회와 '일학동'의 모리타 힛쇼

모리타의 경우는 '일학동' 발족 이래 멤버로 활동해 가다가 그 단체의 산하기관으로 만들어진 '전 일본학생국방회의'의 초대의장이 되어 활동했다. 그러다가 그는 당시 여러 잡지에 애국적 반공적 문장을 지속적으로 발표하던 미시마가 1968년 9월에 '세계 유일의 작은 군대'라고 스스로 불렀던 '방패회'를 만들자, 즉시 그 단체에 뛰어들었다. 그러고 나서는 그 다음 1969년 2월에는 '일학동'을 탈퇴, '방패회' 하나에만 매진했던 것이다.

'방패회'에는 모리타의 경우처럼 '일학동'이라던가, '생장의 집'으로부터도 많은 학생들이 참가했었다. 미시마 사건에 참가했던 모리타 이외의 나머지 3인 중 2인은 '생장의 집' 출신이었다. 당시 '방패회'(회원 87명)로 모여들었던 민족파 우익 학생들이 스즈키 구니오 등의 경우처럼 '전국학협'으로부터 '숙청'됐다던가, 또 모리타 등의 경우처럼 '일학동'으로부터 '탈퇴'했다든가 '제명'되었던 이유는 다음과 같은 이유들이었던 것으로 고찰된다.

당시의 민족파 우익의 2대 계열이었던 '전국학협'과 '일학동'의 간부들은 회원들의 폭력적 행위를 원하지 않았고, 또 그 단체들로부터 탈퇴한 학생들은 민족 운동을 대중 운동이나 시민 운동의 형태로 몰아가려는 자신들의 소속 단체들을 통해서는 자신들의 민족 운동의 목적을 달성시켜 나갈 수 없다고 생각했었기 때문이다.

당시 '방패회'를 만들었던 미시마의 생각도 그러한 단체들로부터 숙청당했거나 탈퇴한 학생들의 생각과 비슷했었던 것으로 이야기되고 있다.[126]

미시마는 신좌익 세력이었던 '전공투戦共闘'를 적으로 보고는 있었지만, 한시기 '반체제' 운동을 일으키는 그들의 주장이 '장하다'고 생각해, 그들에게 '기대'했던 적도 있었다고 한다. 그랬던 탓인지, 한번 그는 도쿄대의 '전공투'에 불려나가 그들과 토론집회를 가졌었는데, 그때 "그대들이 한마디, 천황폐하 만세라고 말해 준다면 그대들과 공투해도 좋다"라고 말한 적이 있다. 또, 그는 전국으로부터 일만 명 정도를 모아서 '조국방위대'를 만들어 보려고도 했다. 그러나 그는 1969년 1월 도쿄대 야스다安田 강당에서의 기동대와의 공방전에서 그들이 백기를 들고 투항하는 모습을 보고, "생명을 건 인간이 한 사람도 없는 것인가"라고 절망했다고 한다. "일공日共과는 달리, 조금은 접점을 가질 수 있다고 생각했던 신좌익 운동도 더 이상 기댈 수 없다고 생각했다"는 것이다.[127]

그처럼 미시마는 한때는 대중 운동을 통해 자신의 애국 사상을 실현시켜 보려 했었는데 결국 그러한 대중 운동에 절망한 나머지 이번에는 백 명이라고 하는 '세계 유일의 작은 군대' '방패회'에 자신의 최후의 희망을 걸었던 것이다.

---

126 ▪ 鈴木邦男, 前掲書, 33頁.

127 ▪ 上同所.

그러나 미시마가 만든 '방패회' 회원 백 인의 궐기 계획도 실패로 돌아가고 결국에 가서는 5인의 결기決起에 자신과 죽음을 같이하기로 했던 자는 모리타 한 사람뿐이었던 것이다.

스즈키 구니오는 미시마가 죽기 일 년 전 그가 하야시 후사오林房雄를 상대로 '방패회'에 가담한 청년들에 대한 절망을 말했던 것을 다음과 같이 소개하고 있다.[128]

> 지금의 청년이라 해도 오른쪽이기 때문에 성실하다, 왼쪽이기 때문에 성실하지 않다고 생각하고 있으면, 틀리기 일쑤이다. 자기가 곤란한 처지를 당해 보지 않으면 모른다. 청년이라고 하는 것은 가장 순진하지 않을지도 모르지요.

미시마는 '방패회'의 회원들에 대한 그러한 생각이 있었던 탓인지 그 사건을 행함에 있어서 '방패회'의 회원들에게 다음과 같은 '명령서'를 썼다.

> 이번의 사건은 방패회 대장인 미시마가 계획, 입안, 명령하고 학생장 모리타 힛쇼가 가담한 것이다. 미시마의 자인은 대장으로서의 책임상, 당연한 것이지만, 모리타 힛쇼의 자인은 스스로 자진해 방패회 전 회원 및 현재 일본의 뜻을 품은 청년층을 대표해 자기 스스로 모범을 보여, 청년의 심기를 보이려 한다. 귀신을 통곡케 할 늠름한 행위이다. 미시마는 어찌 됐든 모리타의 정신을 후세에 향해 크게 펼쳐라.

스즈키 구니오는 미시마와 모리타의 그러한 죽음을 직면하고 느꼈던 심정과 그 후의 일들을 상기의 인용문에 이어 다음과 같이 기술하고 있다.

> 그래서 우리들도 다만, 회사에 근무하고 있는 것만으로는 안 되지라는 마음이

128 ■ 上揭書, 43頁.

들었다. 무언가 하지 않으면…이라고 옛 학생동지들이 모여서 서로 이야기를 나누었다. 우리들의 '잇스이카이'도 이것을 계기로 해서 사회인이 매월 일 회라도 모여서 서로 공부해 가자는 취지에서 만들어졌다. '신우익'이라고 불리는 세력은 모두 그렇다. 바로 그곳에서 출발했다. 모리타 힛쇼에 대한 '부담'이 몰아세웠던 것이다. 다시 말해, 민족파의 학생 운동으로부터 손을 씻은 전원에 대해 그 사건(이라기보다는 모리타의 자인)은 우리들의 양심을 찔렀다. 거기까지 숙고해서 스스로의 목숨을 던진 동지가 있다고 하는 사실에 우리들은 과연 이대로 좋은가, 라고 자문자답했다. 이 양심과 '뒤가 켕김'이 '신우익'을 만들었다. 또 그 이후 신우익의 역사를 지탱하는 것이 됐다.

일반적으로는 미시마 이후의 새로운 민족파 운동을 신우익으로 부르고 있는 것 같고 '미시마가 신우익을 만들었다'고도 말하고 있다. 그러나 나의 개인적 감정으로는 미시마보다는 모리타였다. 모리타에 대한 부담이 신우익을 만들었다고 생각하고 있다.

현재 일본에서 '신우익'이라 불리는 단체들은 상기에서 스즈키가 말하고 있는 모리타에 대한 '부담'을 거름으로 해서 탄생되었던 것이다. 그러한 상황에서 탄생된 단체들이 '신우익'으로 이름 붙여지게 된 것은 그로부터 5년 후인 1975년 10월 스즈키 구니오의 《배 시계와 승냥이》가 출판된 이후였다. 그 책이 나오자 당시의 매스컴들은 우익이 "신좌익의 폭탄 투쟁을 평가했다"라고 하는 형태로 보도함에 따라 그 책의 저자인 스즈키 구니오의 민족파 우익을 '신우익'이라고 부르게 되었고, "신좌익에 대항할 수 있는 질을 가진 우익이 나왔다"라고 하는 말들이 나오게 됨으로써 '신우익'이라는 말이 쓰여지게 되었고, 또 그 책이 "2만 부가 팔려나가는 바람에 '신우익'이라는 말이 정착되었던 것"으로 고찰되고 있다.[129]

그 다음 그 용어가 매스컴들에 의해 집중된 이후 일반적으로 사용되기 시작

---

129 ▪ 上揭書, 49頁.

했는데, 그것은 특히 "재계의 영리지상주의를 규탄"하기 위해, 'YP 체제 타도 청년동맹'의 '신우익'들이 일으킨 '경단련 습격 사건'(1977.3.3) 등과 같은 사건들이 매스컴에 의해 집중적으로 보도된 이후부터라 할 수 있다.

(다) 신우익 단체들의 결성과 분열

(ㄱ) 신좌익과 민족파 우익— 앞에서 논한 바와 같이 민족파 우익이란 우익 세력이 혁신 세력과 투쟁하는 과정에서 혁신 세력으로부터 신좌익이 출현해 나오자 그에 대응해서 등장한 세력이다. 일본에서의 신좌익은 공산당이나 사회당 등과 같은 정당이라든가 기성의 좌익조직, 특히 공산당 조직 등과 같은 운동조직들의 무장 투쟁 방침의 철회에 대한 반발로부터 태어난 좌익 운동 세력을 가리키는 말이다.

일본에서의 학생좌익 운동은 일본 공산당의 지도하에서 행해져 왔었는데, 1955년 7월 공산당이 제6회 전국협의회에서 무장 투쟁 방침을 철회하자, 그동안 공산당을 신봉해 무장 투쟁을 통한 혁명을 목표로 해 왔던 '전학련'(전 일본 학생자치회총연합, 1948년 발족) 등의 학생들이 공산당에 실망해 공산당과 결별한 학생들이 트로츠키즘을 받아들여 1957년 12월 '혁공동'(일본 혁명적 공산주의자 동맹)을 발족하고, 그 다음 해는 무장 투쟁을 주장하다가 공산당으로부터 제명된 학생 당원이 주체가 되어 '분트'(공산주의자 동맹=공산당)를 결성하는 등 반공산당의 입장을 취한 좌익조직이 신좌익으로 태어났던 것이다.

'혁공동'은 57년 1월에 결성된 '일본 트로츠키스트연맹'이 개조改組되어 "세계 영속 혁명을 근간으로 한 일본에서의 트로츠키즘의 실천을 목표로" 성립된 단체이다.[130] '분트' 역시 "사상적으로는 트로키스트주의의 세례를 받았는데, 최종적 목표는 스탈린주의를 부정하는 레닌주의의 복권"이었다.

'혁공동'이 조직되자 '전학련'의 주도권은 '혁공동'에게로 넘어갔고, 또 '분트'

---

130 ■ 高木正幸『新左翼三十年史』(土曜美術社, 1988), 42頁,

가 결성되자, 그 주도권은 '분트'에게로 넘겨져 결국 '60년 안보 투쟁'은 사실상 '분트'의 주도적 역할로 인해 이루어졌던 것이다.

50년대 말 이후 '전학련'을 주도했던 '혁공동'이나 '분트'의 사상적 기초를 이루는 '트로츠키즘'이란 한마디로 스탈린I. V. Stalin(1879-1953)의 일국사회주의一國社會主義를 부정하고 마르크스Karl H. Marx(1818-1883)와 레닌V. I. Lenin(1870-1924)이 추구했던 만국 노동자를 위한 국제 사회주의를 회복시키려는 사상이라 할 수 있다. 다시 말해서 트로츠키즘이란 트로츠키L.Trokskii(1879-1940)가 소련 중심의 사회주의 정책을 취해 갔던 스탈린에 대항해 만국의 모든 노동자들이 자기 나라에서의 사회주의 혁명을 통해 자본가 정권을 타도해 전 세계의 모든 국가들이 사회주의 국가가 되는 것을 목표로 한다. 이 사상은 스탈린 정권 장악 이후 마르크스주의의 입장을 일관되게 주장하면서 소련지도부를 비판했던 사상을 말한다. 이처럼 트로츠키즘이란 자본가 중심의 민족주의나 국가주의에 반대하고, 노동자 중심의 세계주의를 추구했던 사상이다.

이렇게 봤을 때, '혁공투', '분트' 등의 신좌익 세력들이 투쟁 목표로 하는 것은 지속적인 무장 투쟁 혁명들을 통해 자본가 중심의 민족 국가들을 타도하고 노동자 중심의 국가들을 건설하는 것이었다. 이러한 투쟁 목적을 갖는 신좌익 세력들에 주도되어 일어났던 것이 다름 아닌 바로 '60년 안보 투쟁'이었다.

앞에서도 논했듯이, 결국 '60년 안보 투쟁'이 보수 정권의 승리로 끝나기는 했지만 그것을 직접 체험했던 우익 세력들은 자신들의 힘이 얼마나 나약한가를 절감하고, '70년 안보 투쟁'에 대해서는 반드시 자신들의 힘으로 '70년 안보 투쟁'을 일으켜 갈 신좌익 세력들을 제압해야겠다는 결심을 하고 '70년 안보 투쟁'을 위한 준비를 해 나갔다.

그러한 과정에서 60년대 중반으로 들어와 학생들 사이에서 신좌익의 대항 세력이 형성되어 나왔다. 신좌익은 스탈린의 일국사회주의에 반기를 들고 마르크스나 레닌의 국제 공산주의의 입장을 고수했던 까닭에 앞에서 논한 바와 같이 '민족'에 대해서는 부정적이었다. 이에 신좌익의 대항 세력으로 부상한 학생들은 '민족'을 중시하는 입장을 취했다.

신우익은 보수 정권의 입장에서 '민족'을 중시하는 입장을 취하는 한, 결국은 일본은 패망하고 말 것이라고 주장했다. 따라서 그들은 기존 우익 세력들과도 일선을 긋지 않을 수 없는 입장이었다. 당시 우익 세력들은 일본 민족을 또 다른 전쟁 속으로 끌어들이려는 미국과 우호 관계를 맺은 보수 정권을 뒷받침하고 있었다. 그래서 그들은 "점령 헌법을 기초로 하는 반천황 · 반민족 · 반국가적 전투 상황을 포츠담 체제로 규정하고 투쟁 목표로서 '헌법 개정 · 자주국방 · 영토회복'을 내걸고 '민족자결', '국가의 자주적 독립'을 주장"했던 것이다. 이처럼 그들이 "자신들의 운동기점을 '민족'에 놓고 있다는 의미에서 그들은 자신들을 '민족파'라 칭했던" 것이다.[131]

(ㄴ) 민족파 우익의 양대 세력의 성립 — '민족파'라 불리는 우익 세력의 단체 형성은 1966년 11월 '일본학생동맹'(일학동)의 결성을 계기로 비롯되었다. 그들은 그 전년도 12월 '전학련'에 주도되어 수업료 인상 반대 투쟁으로부터 시작된 와세다대 분쟁에 끼어들어 '전학련'에 대항하기 시작하였고, 그 대항 과정에서 학원 정상화를 목표로 '학원분쟁의 해결, 일본 민족 정신의 회복' 등의 슬로건을 내걸었는가 하면, 또 1966년 3월 스즈키 구니오를 의장으로 해 '와세다대학생연맹' 결성했다. 그해 11월에는 와세다대학이 구축이 되어 도쿄도東京都 내의 23개 대학의 학생들에 의해 '일학동'이 결성되었다. 그때 '일학동'은 '얄타 · 포츠담 체제(YP 체제) 타도', '헌법 개정', '국가의 자주독립' 등의 슬로건을 내걸었다.

이상과 같이 민족파 우익 세력은 '일학동'의 결성에 이어, 또 하나의 민족파 우익으로 스즈키 구니오를 의장으로 한 '전국학생자치회연락협의회'(전국학협, 1969.5)가 결성했다. '전국학협'은 '생장의 집' 산하의 학생조직으로 '생장의

---

131 ▪ 堀幸雄, 前揭書, 68頁.

집학생회전국총연합'이 중핵으로 해서 결성되었다.

'생학련'이란 종교가 다니쿠치 마사하루谷口雅春(1893-1985)가 설립한 종교 단체 '생장의 집'의 학생조직에 소속된 고교생들이 대학에 진학해서 1966년 5월에 조직한 단체이다. 창립대회 선언에서 그들은 '조국 일본'은 "개국 이래 만세일계万世一系의 천황을 받드는 국체를 존속시켜" 왔다고 말하고 있고, 결성 후 강한 반공적 입장을 취해 가면서 〈대일본제국 헌법〉 복원을 주장했다.

'생학련'이 학내에서 학생협의회를 만들어 소위 '학협 운동'을 행해 가게 됐던 것은 사실은 나가사키長崎대학에서부터였다. 1966년 10월에 나가사키대학에서 '생학련'계가 교양부 자치회를 수중에 넣고 그 다음 해 7월에 전학련에 대한 대항 세력으로서 '나가사키대학 생협의회'를 조직했다. 그 후 그것으로부터 자신감을 얻어 전국에 걸친 학협 조직을 구축해 갔다. 그 작업은 이미 전국에 걸쳐 '생학련'이 조직되어 있었기 때문에 그리 어려운 일은 아니었다. 그 결과 비로소 1969년 5월에 '전국학협'이 결성되었던 것이다.

이렇게 해서 결성된 '일학동'과 '전국학협'은 우익학생 세력을 대표해서 일본에 전파된 트로츠키즘을 배경으로 성립된 '전학련'에 대항해 '70년 안보 투쟁'을 준비해 갔다. 이들 두 단체들은 '반공', '반미', '반헌법', '호국', '민족', '천황 숭배'라고 하는 측면에서는 같은 입장들이지만 '일학동'의 중심 세력은 '전학련'에 반대하는 학내의 학생들을 통해 형성되었고 '전국학협'의 경우는 학외의 '생장의 집' 산하의 '청년회'에 의해 조정되었던 탓으로 초기에 협조적 관계였던 두 단체는 결국은 서로 충돌하면서 독자적으로 학내에서의 세력을 확보했다.

'일학동'은 대학의 국방부 등과 같은 서클들을 연합시켜 '전 일본학생국방회의'(1968년 6월 결성), '전 일본학생헌법회의'(1969년 9월 결성), '전국고교생 협의회'(1969년 9월 결성) 등을 조직해 나갔다. 한편, '전국학협'도 '일학동'의 산하 조직들에 대응되는 단체들, 예컨대 '전 일본학생 방위회의', '전 일본학생문화회의', '전 일본학생교육회의', '전령헌법타도 전국학생협의회', '북방영토투쟁 전국학생협의회', '전국고교생협의회총연합'(전고협) 등을 조직했다.

이렇게 해서 '70년 안보 투쟁'을 앞두고 민족파 우익이라 불리는 '일학동'과 '전국학협'이라고 하는 양대 세력은 자신들의 세력들을 확대시켜 나갔던 것이다.

(ㄷ) '잇스이카이'와 '신우익' — '70년 안보 투쟁'이 불발로 끝나는 바람에 민족파 우익 세력의 활동은 소강상태를 맞게 됐다. '일학동'은 미시마 사건으로 활기를 되찾는가 했더니, 그 후 이렇다 할 활동을 하지 못했다. OB 미우라 시게나리三浦重周가 1977년 4월 '일학동'의 상부 단체로서 '중원사'를 결성하고, 기관지《신민족주의》를 발행한 정도다.

'전국학협'은 안보 조약 자동 연장(6월) 직전인 70년 5월에 신좌익의 '전학련'에 대결해 갈 수 있는 우익의 전학련이라 말할 수 있을 '전국학생자치총연합'의 결성을 꾀했는데 '일학동'의 불참으로 무산되었다. 그해 7월에는 '전국학협'이 그때까지 그 지도부에 영향력을 행사해 왔던 '생학련'으로부터 이탈해 나와 독자 노선을 걷게 되고 미시마 사건이 발생하기 직전인 그해 11월 3일에는 '전국학협'의 OB 70명이 '일본청년협의회'를 결성해 기관지《조국과 청년》을 발행하면서 '전국학협'의 지도부로 나서게 된다. 그 다음 1972년 5월에는 스즈키 구니오를 중심으로 한 민족파 우익의 OB들이 '잇스이카이一水会'를 결성한다. 신좌익의 대표적 존재로 알려진 스즈키 구니오는 그의 저서《신우익》에서 "일반적으로 미시마 이후의 새로운 민족파 운동을 신우익으로 부르고 있는 것 같고 '미시마가 신우익을 만들었다'고도 이야기되고 있다"고 말하고 있다.[132] 또 그는 "우리들의 '잇스이카이'도 미시마 사건을 계기로 사회인이 한 달에 한번이라도 모여서 서로 공부해 보자고 해서 만들어졌다. '신우익'이라고 불리는 세력이 모두 그렇다. 그것으로부터 출발했다"라고 말하고 있다.[133]

또 그는 '민족파 우익'이 '신우익'으로 불리기 시작된 것은 그의 저서《배 시계

---

132 ■ 鈴木邦男, 前掲書, 37頁

133 ■ 上同所.

와 승냥이》의 출판 이후로 보고 있고 '신우익'이란 명칭이 일반화된 것은 민족파 우익의 '경단련 본부 점거 사건'(1977.3) 이후로 보고 있다.[134] '잇스이카이'란 '첫 번째 수요일'(第一水曜日)에 개최되기 때문에 붙여진 이름이다. 원래 '잇스이카이'는 '매스컴연구회'라고 하는 모임으로부터 출발한, 매월 1회 정례회를 열던 '연구회'였는데 1974년 3월 방위청에 대한 항의 활동 중 회장 스즈키가 검거된 이후 연구회로부터 행동 단체로 변화해 "얄타·포츠담 체제의 타파를 목표로 주권법 제정, 〈미·일 안보 조약〉 파기"를 주장했다. 특히, 그것은 '미시마 정신의 계승'을 주장해 '천황'에 경사되어 있었으며 1975년 8월부터는 기관지《레콩키스타失地回歸》를 발간하기 시작했다.

1973년 9월에 가서 '전국학협'은 그 지도부와 결별하고 새 OB들로 구성된 지도부를 맞이했으나 쇠퇴의 길로 접어들게 되었고, 한편 '일본청년협의회'의 100여 명은 그해 11월 '일본청년협의회 총 노선결기 제1회 전국대회'를 개최해 조직을 정비해 갔다.

그 후 '일본청년협회'는 '생학련'을 중핵으로 1974년 3월에 결성된 '반헌법학생위원회전국연합'의 상부 단체를 받아들였다. 1975년 8월에는 '학순동学純同', '잇스이카이', '그룹일본' 등이 가맹해 '일본주의청년학생협의회'를 결성한다. 그 다음 해 1976년 6월에는 노무라 슈스케, 스즈키 구니오 등이 새로운 운동을 목표로 '새로운 일본을 만드는 청년집회新しい日本を創る青年集会'를 고메자와시米沢市에서 개최, 이후 각지에서 지속된다. 1977년 6월에는 '신생아시아청년집단'이 결성되고, 동년 9월에는 '북방영토탈환청년위원회'가 결성된다. 1981년 9월에는 '북방영토탈환청년전선의용군'이 모체가 되어 '통일전선의용군'이 결성된다. 그 후 이렇다 할 신우익 단체의 결성이 행해지지 않다가, 1989년 3월에 가서 새로운 민족파 학생조직 '일본 민족주의 학생평의회'가 발족된다.

---

134 ▪ 上揭書, 49, 57頁.

이상과 같이 '신우익' 계열의 단체들의 결성과 분열은 일단 1960년 중반에서부터 시작되어 1970년대 말에까지 이어지다가 1980년대로 들어와서는 80년대의 초기와 말기에 각각 한 건씩밖에는 이루어지지 않았다. 90년대로 들어와서의 '신우익' 계열의 단체들의 결성과 분열은 거의 눈에 띄지 않는다.

6) 신우익의 활동 상황

(1) 활동의 시발 · 목적 · 패턴

신우익의 모체로 이야기되고 있는 민족파 우익은 앞에서도 언급한 바와 같이 신좌익과의 관련 속에 형성되었다. '60년 안보 투쟁'의 실패로 그동안 분열되었던 신좌익 세력들은 '70년 안보 투쟁'을 위한 준비를 위해 1966년 12월에 '중핵파' · '분트'의 '학생조직사학동学生組織社学同'과 '사청동해방파社青同解放波'의 '학생조직반제학평學生組織反帝学評'을 합쳐 '3파 전학련'을 결성했다. '3파 전학련'은 돌, 각목 등을 투쟁 무기로 해서 등장한 최초의 좌익 단체들이었던 것으로 이야기되고 있다.

그들의 그러한 투쟁 무기들이 동원되어 등록금 인상 반대 운동이 행해졌던 탓인지, 신좌익 세력들이 주도하는 등록금 인상 반대 운동을 지켜보고 있던 우파계의 학생들이 '학원 정상'은 물론 '일본 민족 정신의 회복' 등과 같은 슬로건까지를 내걸고 '등록금 인상 반대 운동'을 저지하게 됐던 것이다.

우파계 서클 학생들은 그러한 저지 활동으로 '등록금 인상 반대 운동'의 종식이라는 결실을 맺게 됨으로써 자신감을 얻어 '일학동' 등과 같은 단체를 결성해 대대적으로 우익 활동을 하기 시작했다. 그들의 우익 활동은 '얄타 · 포츠담 체제 타도', '헌법 개정', '국가의 자주독립' 등을 위한 활동이었고, 그러한 활동들은 기업이나 정부 혹은 좌익 세력들 등에 대한 어떤 요청, 항의 규탄 등을 위한 가두선전 활동, 살상을 포함한 테러 활동, 정례회나 연구회, 강연, 저술, 대담,

기관지 발행 등을 통해서 행해졌다.

(2) 활동 실례

(가) 반공 활동

- 와세다대학 학비 인상 반대 운동(1966.1) 등과 같은 '전공투 운동'의 저지 활동.
- '쇼와청년회昭和青年の会'의 한 회원이 나고야名古屋역에서 북방 영토 반환을 요구하며 내일来日한 바이바코프 소련 부수상을 저격, 체포됨(1968.1.29).
- '국방청년대'의 히로세 스미오広瀬純生의 중·일 국교 회복을 추진한 오히라 마사후사大平正芳 수상을 습격, 살인미수로 체포됨(1975.12.18).
- 스즈키 구니오 등 홋카이도北海道 구시로釧路에서 '일본·소련 우호회관' 건설 반대 투쟁을 일으켜 스즈키 구니오 체포됨(1977.4.9).
- '일본민족독립의용군'이 오사카 소련영사관에 화염병을 투척(1983.5.27).
- '국수청년대国粋青年隊'의 오카자키 가즈오岡崎一郎 등 아카사카赤坂 히노키죠桧町 공원에서 행해질 예정의 '혁노협革労協'의 집회에 시한폭탄을 설치하려다가 오발, 중상을 입고 체포됨(1986.4.29).
- 중국 천안문 사건의 리더로 1989년 12월에 중국 민항기를 납치하여 일본에 정치 망명한 장진해張振海를 일본 정부가 망명을 인 정치 않고 중국으로 송환하려 하는데 대하여 '잇스이카이', '의용군' 등이 결기 구원 운동을 전개(1990.3.9), 그러나 장씨는 결국 4월 28일 중국으로 송환. 이에 '잇스이카이', '의용군' 등이 '중핵파'와 동조해 반대 운동을 일으킴(1990.3).
- 강택민, 중국 공산당 총서기의 내일来日에 반대해, 중국민주화 세력 '민주중국진전일본분부民主中国陣戦日本分部'와 '잇스이카이' 등의 민족파 우익이 공투(1992.4.7).
- '천황 폐하 중국 방문 반대'를 외치고 민족파 활동가 가쓰라다 도모카즈桂田智司가 화염차로 수상관저 돌입 시도(1992.8.25).

(나) 반미 활동

- '잇스이카이' 반핵방위조약反核防衛条約의 입장을 취해 포드 미 대통령 내일来日 반대 투쟁 전개(1974.10).
- 일본 민족의용군, 고베神戸 미 영사관에 방화(1981.12.8).
- 일본 민족의용군, 요코하마시横浜市의 미 해군주택에 방화.
- 통일의용군, 이카와 다케시井川武志 등 '반미애국, YP 체제 타도'를 외치며 미 대사관 습격, 이카와 다케시 체포(1984.7.19).
- 통일전선의용군, 이케코池子 미군 주택 건설반대 운동 결기(1985.5).
- 미 · 영 군이 이라크 공습을 개시하자 '잇스이카이'가 미 대사관 등에 연속 항의 행동 전개(1997.1.17).
- 부시 미 대통령을 초대한 만찬장 직후, '잇스이카이' 회원 2명이 수상관저 앞에 항의의 표시로 붉은 페인트를 던짐(1992.1.8).

(다) 천황 · 황실 보호 활동

- 《신잡지X》의 천황 설명용 사진 사건으로 민족파가 궐기, 의용군들에 의해 잡지 사무소 습격당함. 의용군 의장 기무라 미쓰히로木村三浩 9월에 체포됨(1984.7).
- 나가사키長崎 시장, 혼지마 히토시本島等가 "천황에 전쟁 책임은 있다고 생각한다"고 발언해 우익 단체 세이키주쿠正気塾의 다지리田尻 생도에 의해 가까운 거리에서 피스톨 습격을 당해 중상을 입음(1990.1.18).
- 《분게이슌슈》 사장, 다나카 겐고田中健五, '황실기사'의 문제로 우익에 의해 자택에서 피격(1994.11.29).
- 《'황실의 위기' 논쟁》을 출판할 예정의 '다카라지마샤宝島社', 우익 세력으로부터 총격 등의 공격을 당함(1943.12).
- 나고야名古屋의 한국인 회관을 '아카호다이赤報隊'가 습격, 방화. "천황이 사죄해야 한다"는 한국 대통령의 발언에 반발해 행한 행동(1990.5.17).

(라) 국방자립의 실현을 위한 활동

- '일본학생회의' 의장 야마우라 요시히사山浦喜久 등 8명, '핵방 조약 조인 반대'를 외치며 외무성으로 난입(1969.11.4).
- 재경在京의 민족파계 30단체 결집, '핵 확산 방지 조약 저지 공투회'의 결성(1975.2).
- 미시마 유키오三島由紀夫, 모리타 힛쇼 등 5인, 육상자위대 동부총감부를 점거, 쿠데타를 일으키려다 좌절, 미시마와 모리타 자결(1970.11.25).
- 자위대 관람실에서 잇스이카이 회원이 가 이후海部 수상에게 전단을 던짐(1991.10.27).
- PKO 분쇄를 외치고 신우익 '평화회'의 메구로 히데하루目黒秀春 씨가 육상자위대 이치가야市ヶ谷 주둔지에서 벽에 페인트를 던지고 망치로 표지판을 때려 부숨(1992.6.13).

(마) 민족적 아이덴티티의 손상 저지 활동

- 통일전선의용군의 사카타니 데쓰오板垣哲雄, 교과서 문제와 굴욕외교에 항의해, 스즈키 젠코鈴木善幸 수상 사저를 습격, 체포됨(1982.9.2).
- 스즈키 구니오, 《아사히저널》에 〈승공연합은 민족파 운동의 적이다〉라는 논문 발표. 그 이후 '승공연맹'(통일교) 규탄 캠페인 전개(1985.2).
- 오키나와의 요미야무라読谷村에서 중핵파의 시리하나 요시카즈知花昌一가 국체国体 개최 중, 일장기를 끌어내려 소각한 사건이 일어나자 '일장기 소각 사건 규탄 집회'를 개최해서 전국 우익 6백여 명이 결집.
- '잇스이카이'가 '통일교=승공연합의 알려지지 않은 소안' 등을 연제로 한 강연회를 개최. 이를 계기로 통일전선의용군 등이 '반승공' 캠페인을 전재(1989.9.26).
- 자민당 부총재 가네마루 신金丸信의 북조선 방문에 대해 민족파 우익의 대부분이 '굴욕 외교'라고 반발, 항의함(1990.9.24).

- '잇스이카이' 회원들이 프랑스 대사관에 가서 전단 등을 뿌리며 대일 모욕적 발언을 반복해 온 크레송 프랑스 신수상에 항의, 사죄 요구(1991.6.11).
- '잇스이카이' 등이 '조선인 종군위안부 문제'에 관해 긴급 항의(1992.2.26).
- 우익들이 호소카와 신 수상의 '침략 전쟁' 발언(1993.8.10)에 대해 '일본공업클럽'에서 "일본은 침략국이 아니다"라면서 '호소카와 수상 규탄 집회'를 개최(1993.9.13).

(바) 금권 정치 · 부패 정치 규탄 활동

- 록히드 사건에 우익 인사 고다마 요시오가 관련되어 있다는 보도가 나가자 '간사이애국자단체간담회' 등과 같은 우익 단체, 고다마 요시오에게 할복 권고서를 보냄. 우익 마에노 미쓰야스前野光保가 경비행기로 고다마 집에 돌입해 자결(1976.3.9).
- 자민당 간사장, 다케시타 노보루竹下登에 대해 금권 정치를 규탄하는 항의 운동이 나고야名古屋의 우익 단체 '릿고샤六合社'의 이에노 다카오家野隆男를 중심으로 전국적으로 전개되고, 또 '국민전위대' 이름으로 오카야마岡山로부터는 피스톨이, 미에三重로부터는 모의 다이너마이트가 다케시타 사무실에 보내짐(1987.9).
- '아카호타이赤報隊'가 자민당에 불법 정치자금을 제공해 소위 '리쿠르트 사건'을 일으킨 에쓰기江副 전 사장집을 습격, 발포, 도주 시 인근 주민들에 의해 얼굴이 목격되었으나 아직 체포되지 않았음(1988.8.10).
- 노무라 슈스케의 비서 미즈타니 신이치水谷伸一 등이 가솔린 탱크를 가득 실은 트럭으로 수상 관저로 돌입. 대폭발 직전에 저지, 체포됨. 자민당 다케시타 노보루 수상이 리쿠르트사로부터 불법 정치자금을 받았다는 의혹이 확대되어 행해진 사건(1989.3.15).
- 우익 전 애국당前愛国堂의 아이하라 오사무相原修가 '부패한 자민당에 해산을 요구한다'라고 외치며 권총과 일본도를 가지고 자민당 본부로 돌입(1992.2.11).

(사) 재계의 영리지상주의 규탄 활동

- 노무라 슈스케 등 4인이 'YP 체제 타도 청년동맹'의 이름으로 '재계의 영리지상주의를 규탄한다'고 '경단련経団連' 본부를 점거, 미시마 유키오 미망인 히라오카 다마코平岡珠子의 설득으로 투항함(1977.3.3).
- 니나카와 세이타이蜷川正大 등 3명이 'YP 체제 타도 청년동맹'의 이름으로 땅값 상승에 광분狂奔한 안도 타로安藤太郎, 스미토모住友 부동산 회장 집을 습격해 체포당함(1987.1.13).
- 안도 회장 습격에 자극을 받은 홋카이도北海道의 민족파 청년 모리 유즈루森譲, 스미토모住友 은행을 권총으로 습격(1987.1.31).

(아) 유신 정신 부활 활동

- 민족파 학생의 OB가 유신정당을 만들어 국정에 타격을 주려고 교토에서 '유신간담회'를 개최(1978.10).
- 노무라 슈스케, 스즈키 구니오 등이 만든 '새로운 일본을 만드는 청년집회'와 '유신간담회'가 합동 합숙(1981.3).
- '잇스이카이'의 현대강좌에서 노무라 슈스케 씨가 '언제까지나 슬퍼할 수만은 없다. 지금이야말로 헤이세이유신을' 강의(1989.1).

(자) 자연파괴 반대 활동

- 오카야마岡山의 '잇스이카이', 산하山河를 파괴하는 신공항 건설 반대 결기(1981.8).

(차) 언론사들의 '신우익' 폄하 발언들에 대한 항의 활동

- 일본 민족독립 의용군, 아사히신문사의 도쿄東京와 나고야名古屋 양 본사에 방화(1983.8.13).
- 전국의 민족파 우익이 총선 때 대동단결해 노무라 슈스케를 대표로 하는 '바람모임風の会'을 결성해 선거전을 치르는데, 선거기간 중 《주간아사히週刊朝日》(7월 24일호)가 '바람모임'을 '이虱의 모임会'으로 야유, '바람모임' 측은 즉시

항의,《주간아사히》 전면적으로 잘못 인정, 사죄(1992.7.8-26).

- 《아사히신문》 본사 역원役員 응접실에서 노무라 슈스케 씨《아사히신문》 보도 태도에 항의해 자결.

(카) 출판·강연·토론회 등의 언론 활동

- '잇스이카이'의 기관지《레콩키스타》(1975년 8월 창간) 발행.
- 스즈키 구니오 동아시아 반일 무장 전선 '이리'를 다룬《배 시계와 승냥이腹腹時計と狼》 출판(1975.10).
- 스즈키 구니오가 다케나카 모리竹中労, 이이다 모모いいだもも, 하니 고로羽仁五郎 등과 같이 '난세 75를 공격하는 대연설회'를 개최(1975.10).
- '잇스이카이' 현대강좌에서 아리다 요시오有田芳生가 '통일교회=승공연합의 알려지지 않은 소안素顔'을 타이틀로 해서 강연(1989.9.26).
- '잇스이카이' 주체로 '언론의 자유와 테러'란 타이틀로 패널·좌담회 개최, 패널은 이나미 신노스케伊波新之助(《아사히신문》 편집위원), 마루야마 미노리(《신잡지X》 편집장), 스즈키 구니오 등 3인.

(3) 신우익들의 우익 활동의 전개 양상

신우익의 우익 활동들은 정치, 외교, 경제, 군사, 문화, 환경, 언론 등의 분야에서 일본 민족의 생존이나 일본 민족 문화의 창달을 저해시킨다고 생각되는 일들이 야기되었을 때 정부나 그 관련 단체에 대해 항의집회나 테러 행위 등을 행하면서 출판, 토론, 강연 등을 통해 자신들의 사상을 알리는 것이었다. 그들의 우익 활동의 핵심은 패전 후 일본을 미국에 예속화시킨 소위 '얄타·포츠담 체제'를 타도하고 메이지유신 정신을 끌어내, 그것에 기초한 일본의 문화를 발전시켜 나가기 위한 것이었다. 그들의 그러한 활동은 처음에는 신좌익 세력에 맞서 폭력적으로 나갔다. 그러나 쇼와 천황 사망(1989.1)과 1990년대로의 진입을 계기로 '헤이세이유신'이 우익 측에서 제기되고 또 일반인들의 '우익'에 대한 관심이 높아지게 됨에 따라 폭력이나 테러 등을 통해서가 아니라 언론을 통해서 행해지게 되었다.

쇼와 천황의 사망 직후 출판된《헤이세이 원년의 우익》이 발매되어 한 달 만에 초판 3만 부가 소진되어 1만 부를 증쇄하였다. 그 다음 1990년 2월에 가서는 심야 오전 1시에서 6시까지 TV 아사히에서 〈철저토론 '일본의 우익'〉이 방영(23일)되었다. 4월에 가서는《아사히신문》이 11회에 걸쳐 〈우익—현장으로부터의 보고〉를 연재(5-15일),《아사히신문》이 우익을 정면으로 다룬 것은 35년 만이라고 한다. 동월 22일에는 TBS가 '보도특집'으로 한 시간 동안 〈일본의 우익〉을 방영, '잇스이카이' '의용군' 등을 비롯한 우익 및 민족파 우익의 실태가 보도되었다.

그들의 우익 활동은 1990년대로 들어와서는 중국의 민주화 운동을 지원하는가 하면 '잇스이카이'의 기무라 미쓰히로 등이 '이라크 민간 원조기금'을 가지고 이라크로 떠나 아랍 민족을 응원하고, 또 '걸프전과 아랍 민족주의'의 심포지엄 개최(1991.5.22) 등을 통해 일본 민족주의라고 하는 일본의 일국민족주의에서 글로벌적 차원에서의 민족주의로 전환된다.

4. 1970-1980년대의 우익 사상

1) 기존 우익의 사상적 배경

(1) 반공 사상과 황국 사상

1970-1980년대에 순정 우익 계열의 기존 우익들이 일으킨 대다수의 폭력사태들은 '반공'이나 '천황'과 관련된 것들이었다.[135] 또 1970년대로 들어 최초로 대규모로 일어났던 우익 운동도 공산 국가인 중국과 국교를 정상화해서는 안

된다는 '중 · 일 국교 정상화 반대 투쟁'이었고, 1970년대의 기존 우익 단체들에 의한 우익 운동의 최대의 성과도 천황제 실현을 위한 초석으로서의 '원호 법제화'의 실현이었다. 이러한 사실들을 통해서 알 수 있듯이 이 시기 기성 우익들이 우익 활동을 행했던 정신적 원동력은 반공 사상과 황국 사상에 의거했다는 것을 알 수 있었다.

그렇다면 그 시기 우익과 반공과는 어떻게 관련되어 있었던 것인가? 이것은 두 가지 측면에서 고찰될 수 있다. 하나는 우익들이 자신들의 그러한 입장을 지탱할 수 있는 현실적 측면에서였었고, 다른 하나는 대의명분이라고 하는 측면에서였다고 볼 수 있다. 전자의 측면에서는 다음과 같이 고찰된다. 당시 세계는 미국을 주축으로 한 자본주의 진영과 소련을 주축으로 한 공산주의 진영으로 양분화되어 있었다. 자본주의 진영에 소속되어 있는 일본의 정부 여당은 미국의 정책들을 받아들여 그것들을 실현시켜 가지 않을 수 없는 입장이었다. 특히 국방을 미국에 맡기고 있는 일본으로서는 미국의 국방 정책을 비롯한 대부분의 정책들을 적극적으로 받아들이지 않을 수 없는 처지였다. 특히 자민당의 우파는 미국의 국방 정책만은 적극적으로 받아들이는 입장을 취했다. 일본의 기성 우익은 자민당 내지 자민당의 우파의 정치적 지지기반을 이루어 왔다. 따라서 일본의 기성 우익은 '반공'이란 입장을 취하지 않을 수 없었던 것이다.

두 번째로 대의명분이란 측면에서는 다음과 같이 고찰된다. 당시 일본인들에게서의 우익은 애국자 내지 애국 단체로 인식되어 있었다. 일본인들에서의 국가란 일본인들이 처해 있는 땅, 그 땅 위에서 생존하는 인간들, 그 땅과 인간과의 이상적 관계가 추구되는 과정에서 만들어진 문화 등을 가리킨다.

일본인들에서의 이러한 것들로 구성된 일본이라고 하는 국가를 상징하는

---

135 ▪ 高木正幸『新左翼三十年史』(土曜美術社, 1988), 155-178頁.

존재가 바로 천황이다. 천황이 그러한 일본국을 상징하는 존재로 받아들여지고 있는 것은 천황가를 통해 일본의 국토에서 일본 민족과 일본의 문화가 전개되어 나온 것으로 인식되기 때문인 것으로 고찰된다. 이처럼 일본이 천황가를 주축으로 해서 발전해 나왔다는 의미에서 일본을 '황국'이라 말하고, 천황가를 주축으로 해서 일본의 역사를 인식하려는 사상을 황국 사상이라 한다. 일본에서의 우익들의 우익 활동의 에너지원은 이러한 황국 사상에 기초해 있는 것으로 알려져 있다.

그렇다면 일본의 근대화 과정에서의 우익과 황국 사상은 어떻게 관련되어 나왔던 것인가. 우익 연구자들은 우익 사상의 연원을 메이지 초의 정한론자들로부터 찾고 있다. 사이고 다카모리西鄕隆盛 등에 의해 정한론이 대두된 것은 1871년(메이지 4년) 페한치겐閉藩置県 이후 하나하나 시행되던 급진적 근대화 정책에 대한 국민들의 불만을 정한征韓으로 무마시키면서 내정개혁을 진행해 보려는 뜻에서였다. 그들이 '정한'까지 하면서도 '내정개혁'을 행하려 했던 것은 우선, 일본 자신도 근대 서구처럼 근대 국가로 전환하고, 둘째, 일본이 한국과 중국을 자기의 속국으로 만들어 '대국'으로 전환해 나와 근대 서구의 열강들과 겨루기 위해서였던 것이다.

정한론자들의 그러한 사고는 결국 사이고 등에 의한 1877년(메이지 10년) '세이난의 역西南の役'을 일으키고 그 다음 1878년에는 '자유민권 운동'을 고조화시킨다. 1881년(메이지 14년)에는 사이고의 대륙 정책에 공명한 도야마 미쓰루頭山滿(1855-1944) 등에 의해 최초의 우익 단체 '현양사玄洋社'가 결성되어 대륙 진출을 주장하는 대아시아주의를 주창하기에 이른다. 1884년(메이지 17년)에 와서는 한국 서울에서의 '갑신정변'의 발발을 계기로 해서 자유민권 운동의 민권론이 국권론으로 전환해 나온다. 우익 사상의 한 연구자는 이러한 "민권론으로부터 국권론으로의 전환을 계기로 우익이 성립되어 나왔다고 보지 않을 수 없다"는 입장을 제시하고 있다.[136] ■

그 후 민권론의 주류는 노동자들의 입장에서 한벌藩閥 정부의 사회 정책을 비판해 나가다가 사회주의로 전환해 나갔고, 국권론자들은 일본이라고 하는 국가를 구성하는 구성원 즉, 국민의 입장에서 번벌 정부의 대외 정책들을 비판해 갔다. 한마디로 말해서 전자는 극좌의 입장에서 후자는 극우의 입장에서 정부의 사회 정책과 대외 정책을 비판했던 것이다. 이와 같이 극좌, 극우는 '애국'의 접근 방법의 측면에서는 서로 다르지만 애국심이라고 하는 그 내용의 측면에서는 공통점을 가지고 있었다. 그래서 주로 국권론을 주장했던 인사들이 모인 '입헌자유당' 의원들, 특히 사카이 유자부로酒井雄三郎, 고지마 류타로小島龍太郎 등의 나카에 조민中江兆民 문하의 인물들에 의해 성립된 '사회문제연구회'(제1차 : 1892, 제2차 : 1897)에 메이지 30년대의 사회주의 운동의 중심적 추진자였던 고토쿠 슈스이幸徳秋水, 가타야마 센片山潜 등이 회원으로 들어갔었던 것이다. 그러나 러·일 전쟁(1904-1905)을 계기로 극좌와 극우는 전쟁에 대한 입장 차이로 결국은 분리되었다. 극좌는 사회민주당의 실질적 중심인물이었던 고토쿠의 《20세기 괴물, 제국주의》(1901.4)에 기초해 '반전론反戰論'을, 극우는 '흑룡회黒龍会'의 주간이었던 우치다 료헤이内田良平의 《러시아 망국론》(1901.9)에 근거해 주전론主戰論을 주장했다.

그 후, 1920년대로 들어와 러시아혁명(1917)의 물결을 타고 일본에 일본 공산당이 창당(1922)됐다. 그때 스탈린의 영향권 내에 있었던 국제 공산당 조직인 코민테른(공산주의 인터내셔널)은 일본 공산당 창립의 해에 〈일본 공산당 강령 초판〉을 작성해 보내고 그 후 1927년(〈27년 테제〉)과 1932년(〈32년 테제〉)에도 그들의 하부조직인 '일본 공산당'에 일본의 혁명을 위한 지침을 결의했다. 이와 같이 코민테른이 3차례에 걸쳐 일본 공산당에 시달한 것들에 공통된 내용은 "일본의 천황제를 타도해야 할 적으로 파악"하고 있었다는 것이다.[137] 그 이유

136 ▪ 松本健一『思想としての右翼』(論創社, 2000), 18頁.

137 ▪ 藤岡信勝『汚辱の近現代史』(德間書房, 1996), 71頁.

는 소련의 지배하에 있던 코민테른은 메이지유신을 부르주아 혁명으로 보고 있을 뿐만 아니라 "메이지 혁명은 프랑스혁명처럼 봉건제도를 근본부터 부정하는 시민혁명이 아니고 그 앞의 절대주의라 불리는 봉건사회의 최후의 단계에 해당되는 사회를 산출한" 혁명에 지나지 않는다고 보았기 때문이었다.[138] 따라서 코민테른에 의해 메이지 국가는 '천황제 절대주의로 규정될 수 있는 성격의 국가'로 파악되었던 것이다. 또 코민테른은 일본의 공산주의자들이 우선 갑자기 자본주의를 타도할 사회주의 혁명은 불가능하니까 그 앞에 천황제 절대주의를 타도할 부르주아 민주주의 혁명을 하지 않으면 안 된다는 입장을 갖고 있었던 것이다.

그런데 '러·일 주전론'을 주장했던 우익들의 입장에서는 코민테른의 그러한 입장과 그들의 지시하에서 움직이는 일본 공산당은 결코 용납될 수 없는 집단으로 인식되지 않을 수 없었던 것이다. 우선 우익들은 "일본이 서구 열강에 대항해 급속한 근대화에 성공한 것은 천황을 정점으로 한 국민적 통일을 이룰 수 있었기 때문이었다"[139] 고 생각하고 있었다. 이는 "일본 사회에 천황제 타도를 제1의 방침으로 한다는 깃발을 든 세력이 태어났다는 것은 일본 국가로 말할 것 같으면 커다란 위기를 의미"[140] 했기 때문이다. 우익들이 '반공'의 입장을 취했던 것은 바로 이상과 같은 역사적 맥락 위에서 출발되었고, 또 그들이 '황국' 사상을 자신들의 우익 운동의 사상으로 받아들이고 있었던 것도 바로 그러한 이유 때문이었던 것이다. 일본이 문화를 개방당한 후 중국이나 한국과는 달리 서구 열강들에 짓밟히지 않고 근대화를 이룩할 수 있었던 것은 메이지 혁명을 일으킨 주역들이 있었기 때문이라는 것이 바로 우익들의 입장이기도 했던 것이다.

---

138 ▪ 上揭書, 72頁.

139 ▪ 上揭書, 73頁.

140 ▪ 上同所.

메이지 혁명의 주역들은 대륙으로부터 유교 사상을 받아들여 그것을 치정이론으로 해서 일본을 다스려 갔던 도쿠가와 바쿠후德川幕府를 무너뜨렸다. 또 그들은 그동안 막부의 수중에 있던 천황을 끌어 올리고, 또 대륙의 유교 사상에 깔려 있던 신도 사상과 같은 일본의 고유 사상을 끌어내서 메이지 국가를 건립했던 것이다. 따라서 황국 사상이란 메이지유신의 주역들인 하급무사들과 천황가를 주축으로 해서 일본의 근대화와 일본의 역사를 파악하려는 입장을 의미한다. 황국 사상을 주축으로 해서 동아시아를 파악해 보려는 한, 동아시아의 한국이나 중국은 일본의 주변국들에 지나지 않고, 또 세계의 중심은 신국神国, 바로 일본으로 인식될 수밖에 없다. 우익들의 대아시아주의는 바로 이 황국 사상을 기초로 해서 성립되었던 것이다. 우익들과 황국 사상은 바로 이렇게 연결되어 있는 것이다.

(2) 반서구 사상과 미국의 신보수주의 사상

신보수주의neo-conservatism란 1970년대 후반 이후 미국에서 지배적 위치에 있던 정치 조류를 가리킨다. 그것은 우선 일차적으로 1960년대 중반 이후에 성립되어 나왔던 자본주의 체제에 대한 대항 문화로서의 히피 문화의 등장을 배경으로 해서 나왔던 자유방임주의에 반대해서 성립되었다고 할 수 있다. 두 번째로 그것은 기독교와의 관련 속에서 성립, 확립되어 나갔다고 할 수 있다.

이러한 신보수주의에 대한 보수주의는 유럽의 보수주의를 가리킨다. 따라서 '신보수주의'란 1970년대 후반 이후 미국에서 나타난 보수주의적 경향이라 할 수 있다. 유럽에서의 보수주의란 일반적으로 귀족제라든가 신분제를 옹호하고, 자본주의적 자유경쟁에 대해서는 회의적이고 사회 정책에 대해서는 강한 관심을 갖는 태도이다. 그러나 1970년대 후반 미국에서 나타난 보수주의란 1960년대 후반 이후 미국에 등장했던 히피 문화의 유행을 배경으로 해서 성립된 자유방임주의와 비기독교적 종교 운동에 대항해 취해진 보수주의적 태도를 가리킨다. 그런데 미국인들의 그러한 보수주의적 태도란 "그 정신에 있어서 뿌리깊이 그리고 의심할 여지없이 자유주의적인 것"으로서 유럽의 근대 시민 혁명정신이나 미국의 독립정신에 기초한 철두철미한 자유주의에 입각한 것이다.[141] 정치와 경제적 측면에서 말할 것 같으면, 제2차 세계대전 이후, 세계의 이데올로기는 사회주의와 자유주의로 양분화되어 그들의 대립 속에서 후자는 복지 국가를 지향하는 과정에서 보수주의란 이름이 붙여지게 되었다. 그러나 1970년대로 들어와 그동안의 이익 정치Interest Politics의 결과로 정부의 권능이라든가 권위가 과도해져서 대폭적인 재정 적자라든가 행정기구의 거대화가 선발 민주주의 국가들의 공통된 과제로 등장하게 되었던 것이다. 그 결과 그러한 현상은 본래의 자유주의의 본질을 흐리게 할 뿐만 아니라 정부의 지나친 시장개입으로 인해 경제 분야에서 시장원리를 훼손했다. 이러한 현상들을 고찰해 갔던 니스베트R. Nisbet라든가 프리드만M. Friedman(1912-2006) 등과 같은 학자들이 '커다란 정부'에 대해 정부의 시장 개입 불원칙 등을 골자로 한 '작은 정부'론을 전개해 기업을 포함한 사적 집단의 활성화를 촉진시킬 것을 강조했던 것이다. 다시 말해서 그들의 그러한 입장은 정부의 간섭을 가능한 한 배제하고 자유경쟁이라든가 자유시장의 원칙에 충실한다는 입장이었고, 감세, 정부 규모의 축소, 복지 정책 재검토, 통제 철폐 등이 요구되는 입장이었는데, 정치학에서는 이들 입장들을 신보수주의라 불렀던 것이다.

기독교와의 관련성에 대해서는 끝없는 평등화의 진행 과정에서 절도節度를 상실해 버린 사회에 전통적 가치라든가 규율을 부활시키기 위해 기독교에 대한 신앙을 강화시키려는 형태로 나타났다. 특히, 에반젤리칼 파라든가 펀드멘털리스트가 커다란 역할을 해 왔다. 그들 종교 단체들은 임신중절, 간제諫制버스 통학, 공립학교에서의 예배 금지, 동성애 등에 대한 반대 입장을 통해서 미국사

141 ■ 上揭書, 9頁.

회의 도덕적 정화를 주장했다.[142] 이렇게 봤을 때 신보수주의란 미국에서의 "1960년대의 혼란에 대한 반동에서 형성된 사고방식"에 기초해 성립된 태도로서, 미국의 "자유주의 유산을 보호하기 위해서 현대의 자유주의를 넘어서야 한다"고 느끼는 사람들의 태도라 할 수 있다.[143]

이러한 신보수주의자들은 그 전대前代의 대항 문화 운동 단체가 학생집단들이었던 것에 반해 하나의 강력한 지식인 집단이었다. 그들은 하버드, 버클리, MIT, 시카고, 스탠포드 등의 일류대에서 강의를 했던 자들로서 그들의 명성은 견고했었다.

《현대 미국 지성사》의 저자 스타인펠스Peter Steinfels는, 카두신Charles kadushin의 《미국의 지성*The American Intellectual Elite*》이라는 책에서 만들어 놓은 가장 저명한 현대 미국 지식인 70명의 명단에서 4분의 1이 신보수주의라고 말하고 있다.[144] 그는 《현대 미국 지성사》에서 신보수주의 대표적 지식인으로 어빙 크리스톨Irving Kristol, 대니얼 P. 모이니한Daniel P. Moynihan, 대니얼 벨Daniel Bell 등을 뽑고 있다.[145] 이들 신보수주의자들의 특징은 다음과 같은 두 가지 점이었다. 하나는 그들이 제기해 온 문제들은 기본적인 것들로서 "종교적으로 기초화된 문화 없이는 어떻게 도덕적 원칙이 설 수 있으며, 또 근본적으로 어떻게 사회제도들이 정당화될 수 있을 것인가" 등과 같은 문제들이었다.[146] 다른 하나는 "신보수주의자들이 마련한 해결책은 강력한 권력과 통하는 것, 필시

142■ 大越正実 編「新保守主義」(『現代用語の基礎知識』自由国民社新, 2001), 709頁.

143■ P. 스타인펠스, 《現代美國知性史》, 金快相 옮김(現代思想社, 1983), 7, 11면.

144■ 위의 책, 12면

145■ 위의 책, 21면.

146■ P. 스타인펠스는 대표적 신보수주의자들로서 그들외에도 노만 포도레츠Norman Podhoretz, 사무엘 P. 헌팅던Samuel P. Huntington, 세이무어 마틴 립세트Seymour Martin lipset), 나덴 글라저Nathan Glazer, 아론 윈다브스키Aron Wildavsky, 로버트 A. 니스베트 Robert A Nisbet, 제임스 Q. 윌슨James Q. Wilson, 리차드 홉스타드터Richard Hofstadter 등을 들고 있다.

강력한 권력 그 자체이다"라고 하는 것이다.

신보수주의자들은 기본적으로 아메리카니즘의 입장에 서 있는 자들로서 도덕주의자들이다. 이 경우의 "도덕주의란 미국 프로테스탄티즘을 독특하게 뒤집어 놓은 것이며 퓨리터니즘보다도 더욱 깊은 미국인의 특성의 기반이라 할 수 있는 프런티어적인 복음주의의 산물"이라 할 수 있다.[147] 그들은 "전통적인 가치와 제도인 종교, 가족, 서구 문명의 '고등 문화high culture'를 존중하는" 자들이다.[148] 그들은 초기에는 마르크스주의에 근원을 둔 어떤 요소들을 보유하고 있었던 사회주의자였으나 실제로는 반스탈린주의자들이었다. 그 후 그들은 반공 사상을 지닌 냉전주의자로 돌아섰다.

신보수주의자들은 "'냉전', 'CIA'와 같은 비난의 대상이 되었던 용어들과 정신적 결합"을 했던 자였다.[149] 그들은 "대체로 직접 정부 관리, 정치적 엘리트들과 접촉했던" 자들이었다.[150] 그들은 대기업에 접근해 그들과 유대 관계를 가졌고, 정부와의 계약 관계를 유지함으로써 지식산업이나 정치권력의 측면 등에서 강력한 기반을 만들었던 자들이었다. 미국에서의 신보수주의는 신보수주의자들이 1960년대의 안정 파괴적이고 지나친 움직임이라고 생각한 것에 대한 반작용으로 등장한 사상으로서 1970년대 이후 미국의 정치를 변화시켜 나갔던 인물들이라 할 수 있다.

1970년대 미국의 이러한 신보수주의 정책에 대항해서 1980년대에는 유럽 각국과 일본도 자국 중심의 정치 체제를 구축하려는 쪽으로 선회하기 시작했다. 일본의 경우 미국과 연동된 신보수주의 정책은 미국을 일본의 '동맹국'으로 불렀던 오히라大平 수상이 이끌었던 내각 시절(1978.12-1980.7)부터로 고찰된

---

147 ▪ 위의 책, 50면.
148 ▪ 위의 책, 70면.
149 ▪ 위의 책, 45면.
150 ▪ 위의 책, 17면

다. 오히려 수상은 미국의 대통령이 행했던 것처럼 수상 보좌관 제도와 사적 자문기관으로서의 '정책연구그룹'을 두고 그들로부터 조언을 들어가면서 정책을 수립해 국정을 수행하는 방식을 택했다. 그의 그러한 국정 수행 방법은 그의 갑작스런 사망으로 인해 수상직을 임계받은 스즈키 젠코 내각의 '임시행정조사회'의 설치(1981.3)로 이어졌다. 미국과 연동된 신보수주의 정책이 본격적으로 취해지기 시작한 것은 나카소네 내각에서였다.

나카소네(1918-) 수상은 스즈키 전 내각이 만든 '제2차 임시행정조사회' 등을 활용해서 '브레인 정치'의 형태를 취해 국정을 수행했다. 그는 '임시행정조사회' 등과 같은 각종 심의회라든가 사적 자문기관의 답신答申이라든가 제언提言 등을 통해 국철(현 JR) 등의 민영화, 재정 주도의 복지 국가론을 배척하고 작은 정부, 규제 완화, 민간 활력의 적극적 이용 등과 같은 행정 개혁들을 비롯하여 야스쿠니진자 공식 참배, 방위비의 국민총생산GNP비 1% 돌파, '교과서 문제'를 불러일으킨 교육개혁 등을 추진해 갔던 것이다. 특히, 그는 미국을 중심으로 한 서방의 안전보장 체제를 적극적으로 지지하는 한편, 긴축재정 속에서 방위비를 착실히 증액시켰다. 또 주요 선진국 수뇌회의 때마다 대소對蘇 전략논의에서 적극적 역할을 행했으며, 전후 보수 정권의 기본 정책이었던 '경輕군비 · 경제대국'이라고 하는 노선의 수정을 암시하는 '전후 정치의 총결산' 등과 같은 언동을 자주했다. 또 그의 '국제 국가론'은 국제적 협력을 강조하는 한편 일본의 독자성을 강조하는 것으로서, 한국, 중국 등의 인접국들을 자극했다. 그의 이와 같은 보수주의적 정책은 우선 일차적으로 1970년 이후 미국의 신보수주의 정치와의 연계를 통해서 행해졌던 것이라 할 수 있다. 그 다음으로 그의 그러한 신보수주의적 정치는 특정인들의 국제 관계론이나 국가관들로 결정되는 그의 '브레인 정치'와 그 '브레인 정치'의 그룹을 형성하는 인사들의 정치적 성향과도 깊게 관련되어 있다.

그것뿐만이 아니다. 그의 그러한 신보수주의적 정치는 그 자신의 '신국가주의'적 국가관과도 깊게 관련되어 있다. 그의 그러한 국가관은 그가 청년 시절부터 사사師事받았던 야베 데이지矢部貞治(1902-1967), 전 도쿄대 정치학 교수 등의 영향하에서 성립된 것이고, 나카소네 수상 자신도 야베로부터 영향을 받았다고 말하고 있다.[151]

야베 데이지 교수는 '동아시아 신질서 체제' 확립을 위한 '신체제 운동'을 추진했던 정치가 고노에 후미마로近衛文磨(1891-1945)의 브레인이었는데, 그의 정치철학은 '1943년 해군성 사상연구회에서의 다카야마 이와오高山岩男, 니시타니 게이지西谷啓治, 스즈키 세이코鈴木成高의 보고', 그 후의 소위 '교토학파의 4인남'과의 교유交遊를 심화시켜 가는 과정에서 성립되었다고 한다.[152] '교토학파'의 중심은 니시타 기타로西田幾多郎이다. 예컨대 그가《학문적 방법》(1937)에서 "우리들의 역사적 정신의 근저로부터(우리들의 마음의 근저로부터) 세계적 원리가 나오지 않으면 안 된다. 황도皇道는 세계적이지 않으면 안 된다"라고 말한 것으로 보아 그의 학문과 철학은 황도사관에 입각한 것이라 할 수 있다. 야베 데이지의 정치철학을 성립시킨 '교토학파의 4인남'의 학문과 철학은 말할 것도 없이 황국사관에 기초한 니시타 기타로의 철학에 기대어 있는 것이다. 이와이 다다쿠마岩井忠熊는 〈'교토학파'의 계보와 '신국가주의'〉라는 논문에서 나카소네의 정치적 과제는 그 자신이 말한 '전후 정치의 총결산'이었는데, 그 '총결산' 노선의 '철학'이란 다름이 아니라 바로 '천황제 이데올로기'였다면서 "나카소네 수상은 천황제 문제에서 아주 구체적이고 적극적이다. 역시 역대의 수상은 언제나 천황제 이데올로기의 옹호자였다. 그들은 민간의 우익적 운동을 지지해 시정화施政化한다고 하는 자세를 취했다. 나카소네 수상은 중의원에서까지 천황제 옹호의 발언을 했다"는 지적을 하고 있다.[153]

---

151 岩井忠熊 「'京都学派'の系譜と'新国家主義'」(《季刊科学と思想》 通号63, 新日本出版社, 1987), 518頁.

152 上掲書, 39頁.

나카소네가 수상 직에 오르자 그에게 신브레인 그룹이 형성되었는데 저널리즘에서는 그들을 '신교토학파'라 불렀다. 구와바라 다케오桑原武夫와 우메하라 다케시梅原猛가 그 중심적 인물들이었고, 가미야마 슌페이上山春平, 우메사오 다다오梅棹忠夫도 그 중심에서 벗어날 수 없다고 할 수 있다. 나카소네 수상과 그들과의 관계는 "일본 문화의 재평가라는 부분에서 일치한다는 것으로부터 성립"되었다.[154] '신교토학파'라 불리는 이들의 철학적 기반은 황국사관의 기초를 세계사적 차원에서 재구축시킨 교토학파에 놓여 있다. 일본의 문화는 일본의 독특한 자연 환경을 구축으로 해서 성립, 전개되어 나왔고, 또 그것은 일본의 독특한 자연환경을 배경으로 해서 성립해 나온 일본의 천황가 중심의 역사를 구축으로 해서 발전했다는 입장들을 공유하고 있다는 점에서 그들의 관계가 성립되었다는 것이다.

나카소네는 도쿄대학 법대를 졸업하고 내무성에 들어가 근무하다가 해군에 입대, 해군장교로 종전을 맞았다. 전후 다시 내무성으로 돌아갔다가, 1947년(29세) 민주당 후보로 입후보해 국회로 진출했다. 그는 그해 자신이 출마한 군마켄群馬県 다카자키高崎의 청년들을 모집해 '청운숙青雲塾'을 세워 자신이 숙장이 되기도 했다. 또 그는 〈나의 선언〉에서 일찍이 〈신일본 국민헌법〉(자주헌법)을 제정해야 한다는 입장을 표명하기도 했다. 1952년 강화·안보 양 조약의 비준에 당면해서는 야당의 입장에 있었으면서도 안보 조약에 반대해 중의원 본회를 보이콧하기도 했다. 1955년 일본민주당 부간사장이 되어서는 〈자유헌법의 기본 성격〉이란 논문을 쓰기도 했고 그 다음 해에는 〈헌법 개정의 노래〉를 작사하기도 했다. 그 가사의 4절은 "이 헌법 있는 한, 무조건 항복 계속된다. 맥아더 헌법 지킨다는 것은, 맥아더 원수 신하된다. 국가운명을 개척할 자는 홍국의 기로 불타오르면 된다"로 되어 있다. 이러한 점들을 고찰해 봤을 때, 우리는

153 ▪ 上掲書, 518頁.

154 ▪ 上掲書,532頁.

나카소네 수상이 신우익들이 한결같이 주장해 온 반공, 천황을 중심으로 한 일본 문화와 황국사관의 계발, 헌법 개정, 군비 확대 등을 차근차근 실현시켰다는 점을 감안해 봤을 때 그를 신우익 세력의 한 사람이라 보지 않을 수 없는 것이다.

그의 수상 임기는 1987년 11월에 끝났다. 그러나 그는 수상 직을 떠난 후에도 후임 다케시타竹下 내각에 지속적으로 영향력을 행사했다. 그 결과 1990년대로 들어와서 일본은 그 사회 및 국가 체제 그 자체가 우경화되었던 것이다.

2) 신우익의 사상적 배경

(1) 신우익 사상과 신좌익

'신우익'이라는 말은 일본에서 1950년대 후반에서부터 사용되기 시작한 '신좌익', 'New Left'라는 용어를 배경으로 해서 등장한 말이다. 서구에서 뉴레프트, 즉 '신좌익'으로 규정된 운동이 일어난 것은1956년 2월의 일로서 1953년 3월 사망한 스탈린과 그의 스탈린주의에 대한 비판을 계기로 시작되었다. 뉴레프트 운동의 배경은 스탈린에 의해 제거되었던 트로츠키의 세계 혁명론과 영구혁명론을 기초로 하고 있는 트로츠키즘이었다. 트로츠키는 11월 혁명(1917) 이전 볼셰비키 혁명에 참가해 그 확립을 지도했는데 혁명 이후 레닌, 스탈린의 일국사회주의에 대립하다가 결국 1929년 스탈린에 의해 제거당했던 것이다.

관료적 스탈린주의를 해체하고, 제국주의의 권력을 영속적으로 타도한 후 프롤레타리아, 인터내셔널리즘 등을 확립해, 일국에서 승리한 사회주의 혁명을 차례차례로 다른 나라로 확대시켜 세계 혁명까지 추진시켜 나가야 한다는 이론이었다. 그의 그러한 혁명이론이 운동으로 성립되어 나온 것은 1950년대 후반 프랑스와 영국에서부터였고 1960년대로 들어와서는 그러한 혁명이론의 신봉자들이 정치적 차원의 급진 세력으로 등장하게 되었다.

일본에서의 신좌익 운동은 1955년의 '6전협' 이후 무력 투쟁을 포기하고 평화노선으로 전화한 공산당에 대한 비판으로부터 시작되었다. 그러한 노선을 취한 일본 공산당 지도부를 비판하던 일본의 일부의 공산당원들은 그해 일본 트로츠키스트연맹을 설립하였고 결국 1963년에 와서는 그 연맹의 주류가 중핵파를 이루게 되었다. 한편, '6전협' 이후 무력 투쟁을 포기한 공산당 지도부에 불만을 품고 탈당했거나 제명되었던 학생 당원들에 의해 1958년 12월 '분트Bund'가 결성되어 60년 안보 투쟁이 그 단체에 의해 주도되었다. 그런데 그 분트의 기본적 사상은 레닌의 혁명 정신으로 돌아가라고 하는 레닌주의의 부활을 기본으로 한 무장투쟁주의였다. 그러나 그 후 분트의 경우도 하나의 자생방법의 하나로 그러한 레닌주의에 트로츠키의 세계 혁명론과 영구 혁명론을 병행시켰던 것이다. 이렇게 봤을 때 일본의 신좌익 운동은 기본적으로 트로츠키즘을 사상적 배경으로 하고 있고 그 목표는 무장 투쟁을 통한 일본의 자민당 정부가 취하고 있던 자본주의 정치 체제의 타도였다는 것이다.[155]

이러한 트로츠키즘을 사상적 배경으로 해서 확립된 '신좌익'에 대응되어 1970년대 후반부터 '신우익'으로 불렸던 세력들은 다음과 같이 형성되었다.

일본의 신우익은 1950년대 후반 스탈린의 일국사회주의에 기초해 있는 일본 공산당으로부터 분리해 나와 스탈린의 일국사회주의 정책을 비판하였다. 그 후 소련으로부터 추방당한 트로츠키의 세계 공산주의 사상을 받아들여 성립된 신좌익의 대항 세력으로 성립해, 1960년대 중반에 부상했던 민족파 우익을 모체로 해서 1970년대 초에 새로운 우익 세력으로 등장했다. 이처럼 일본의 신우익은 세계주의와 공산주의를 지향하는 신좌익 세력에 대하여 일본의 일국민족주의와 자본주의를 지향하는 세력이라 할 수 있다. 신우익의 모체라 불리는 민족파 우익 세력은 앞에서도 이미 언급했듯이 '일학동日学同'과 '전국학협全

---

155 ▪ 김채수, 앞의 책, 410-417면.

国学協'의 성립을 계기로 형성되었다. 이 중 '일학동'은 정치적 측면에서 민족의 당면 문제에 접근해 간다는 입장을 취했고, '전국학협'의 경우는 종교적 측면에서 민족의 문제에 접근해 갔던 것이다.

정치적 측면에서의 민족의 당면 문제는 일본이 정치적 · 경제적 · 군사적 측면에서 미국으로부터 완전히 독립해 나오는 것으로서 민족파 우익의 말을 빌리자면 "패전이 가져다준 '얄타 · 포츠담 체제'를 타도해서 패전 전의 상태로 회귀시키는 것"이었다. 얄타 체제란 제2차 세계대전을 종결시킨 미국 · 소련의 양대국에 의한 전후세계의 분열 지배를 의미하고 포츠담 체제란 점령하의 '반천황 · 반민족 · 반국가적 전후 상황'을 유지시켜 가는 체제를 가리킨다. 기존 우익은 '친미반공'의 입장을 취해 'YP 체제'하에서 행해지는 현재의 헌법, 〈미 · 일 안보 조약〉, 정계, 재계, 관계官界, 그리고 역대 보수 정권 등을 긍정해 왔다. 그러나 신우익은 그러한 것들을 비판하는 입장을 취했던 것이다. 종교적 측면에서의 민족 문제에 대한 접근은 신도神道와 천황을 중핵으로 한 일본의 전통적 가치 체계를 부활시키는 것이었다. 그렇다면, 이러한 신우익 단체의 모체들은 어떠한 국제적 정세 및 사상적 조류와 맞물려 형성되어 나왔던 것인가?

(2) 서구에서의 신좌익 운동과 대항 문화 운동

서구에서 1950년대에서 60년대에 걸쳐 코민테른계의 공산주의 운동도 사회민주주의 계열의 좌익도 아닌 새로운 좌익 사상의 조류와 운동이 형성되어 나왔다. 뉴레프트New Left 운동은 자본주의의 변모에 따른 새로운 사회변동이론의 모색 속에서 성장해 나왔고 1956년 헝가리 혁명에 대한 소련의 압살을 계기로 해서 탄생하였다.

뉴레프트는 1950년대의 프랑스와 영국에서부터 등장했었다. 자본주의 체제 내에서의 노동자 계급의 체제 내적 존재로의 전환, 관료화되고 권위주의화된 스탈린주의적 체제하에서의 인간주의적 사회주의의 쇠퇴, 경제 결정주의적인 절대적 빈곤화, 풍요로운 사회에서의 새로운 인간적 비극으로서의 소외라든가 기계화 등의 현상들을 목격한 지식인들이 우애, 공동체, 인간 변혁 등과 같은 새로운 인간형의 길을 제시하고 나왔다. 그러나 그것은 그 운동 주체들이 지식인들이었던 탓으로 정치적 집단으로까지는 나오지 못했다. 또 그것은 소련 공산당 제20차 대회에서의 흐루쇼프의 스탈린 비판(1956.6), 부다페스트에서의 반소反蘇 운동(1956.10), 사르트르의 공산당과의 결별 선언(1956.11) 등을 통해 한층 더 정치화되었다.

1960년대 이후에는 베트남 반전 운동, 히피풍속과 같은 카운터 컬처(대항문화) 운동 등과 연동連動해서 여러 형태들을 취해 발전해 나갔다. 그래서 그것은 현대 자본주의의 이데올로기 지배의 구조와 스탈린의 일국사회주의 정책으로 인한 마르크스·레닌 공산주의 사상의 변질을 폭로하려는 것으로서 문화와 의식의 측면에서의 운동으로 전개해 나갔던 것이다.

이렇게 봤을 때, 신좌익 운동은 일종의 대항 문화 운동으로서 사회 변혁과 자기 변혁의 결합 운동이란 할 수 있다. 이 운동의 대표적 실례들은 미국의 히피풍속의 유행, 프랑스의 5월 운동, 일본의 대학 분쟁, 중국의 문화대혁명 등을 들 수 있다. 우리는 1960년대 중반부터 1970년대 초두에 걸쳐 일어났던 미국의 히피풍속 유행 등을 비롯한 선진산업사회에 등장한 그러한 문화혁명 운동들을 대항 문화의 일종으로 파악하고 있다.

대항 문화란 일반적으로 사회구조의 상부를 이루는 지배적 문화에 대항해서 그 사회구조의 전면적 변혁을 목표로 지향하는 인간들에 의해 만들어지는 문화를 가리킨다. 그러나 협의의 의미로는 일반적으로 앞에서 말한 문화혁명 운동들 즉, 기능적 합리주의라든가 효율주의의 지배에 의해 황폐화된 기존의 사회를 전면적으로 부정하고 그것과는 완전히 다른 사회와 사회양식을 실현하기 위한 운동을 통해서 진정한 자기 아이덴티티의 확립을 목표로 하는 정치적 문화적 급진주의를 가리킨다. 이러한 대항 문화 운동의 주체들은 학생들을 중심으로 한 청년층들 내지 지식인층이었다. 그들은 기존의 체제에 대한 거절을 신좌익 운동의 경우처럼 권력과의 직접적 대결이라고 하는 형태를 취해 표명하는가 하면, 히피풍속 유행의 경우처럼 체제와의 대결보다는 고도 관리사회의 지배 원리가 미치지 않는 코뮌 형성이라고 하는 행위를 통해 새로운 라이프스타일의 가능성을 추구했던 것이다. 특히 미국의 경우는 베트남 반전운동이 무르익은 분위기 속에서 대학 해방구라든가 가두전街頭戰 방식의 정치적 반항 운동을 비롯하여 부르주아적 사생활주의 대신 공동생활주의를 추구하는 코뮌, 확대 가족, 집단적 감수성 훈련그룹encounter group, 록음악이라든가, 약품 등의 사용, 해방된 성행위라고 하는, 전통적인 퓨리턴적 윤리에 정면으로 도전하는 행동양식을 통해 기존 문화에 의의를 제기했던 것이다. 이러한 신좌익 사상에 영향을 끼친 사상적 조류들은 스탈린주의 비판의 트로츠키즘, 문화대혁명을 계기로 한 마오쩌둥주의, 라틴아메리카의 혁명가 게바라E. C. Guevara(1928-1967) 등의 제3세계 혁명론, 프랑크푸르트학파의 비판이론 등으로 이야기되고 있다.

이러한 대항 문화 운동을 사상적 배경으로 해서 정치적 집단이 형성되어 나왔던 것은 60년대 중엽 이후의 미국과 독일에서였다. 그 정치적 집단들은 체제 내의 노동자 계급의 현실을 근거로 해서 '대용代用 프로테스탄트' 혹은 '계급으로서의 청년'이라고 자기 규정한 학생 급진주의자들을 주체로 한 세력들이었다. 미국의 경우는 '민주사회를 목표로 한 학생조직', 독일의 경우는 '독일사회주의 학생동맹' 등이 그 실례들이었다. 이들은 의회외적 반대 세력으로서 기성 정치 세력과 전면적으로 대치해서 코뮌을 근거지로 해서 거리에서의 비폭력 직접행동이라든가 시민적 불복종을 전개시켜 가는 한편, 운동의 실천을 통해 자립적 주체적 라이프스타일의 확립을 목표로 했다. 그러나 그러한 존재에 대해 위협을 느꼈던 체제에 의해 법과 질서가 강행됨에 따라 그 단체들의 내부가 분열되고 또 그러한 분열로 인한 위기의식으로 인해 지하저항 운동으로부터 테러리즘 전술의 채용까지로 전환되어 나갔는가 하면 다른 한편으로는 인간변혁을 신종교 운동을 통해 추구해 나갔던 그룹도 있었다. 그러나 그러한 정치 단체는 1970년대 중반에 가서 모습을 감추고 시민운동 단체의 형태로 전환해 나갔던 것이다.

이상과 같이 서구에서 50년대 후반경에서부터 형성되어 나오기 시작했던 학생들과 지식인들을 중심으로 한 신좌익 운동과 대항 문화 운동은 60년대 후반에 와서 절정에 달했다. 일본의 경우도 이와 같은 조류를 타고 50년대 말 학생들을 주축으로 해서 신좌익 세력이 형성되어 나와 당시 일본 국민들의 최대의 현안 문제였던 '60년 안보 투쟁'과 같은 문제를 주도해 나갔던 것이다. 그런데 필자가 여기에서 말하고자 하는 것은 그러한 신좌익 운동에 대항해 60년대 중반에서부터 학생들을 중심으로 해서 '일학동', '전국학협' 등과 같은 신우익 세력의 모체가 형성되었고, 70년대로 들어와서는 미시마 유키오 등과 같은 몇몇의 지식인의 우익 편향적 표현들을 계기로 '일학동', '전국학협' 등의 OB들로 구성된 청년들을 주축으로 한 신우익 단체가 형성되었다는 것이다.

나오면서

필자는 본 연구를 통해 1970-1980년대 일본에 어떤 우익 단체들이 존재했으며, 그들의 활동들은 어떠했고, 그들의 사상적 배경은 어떠했는지에 대한 고찰을 통해 일본 우익의 본질을 규명해 보려 하였다. 필자는 본론에서 우선 일본에서 일반적으로 사용되는 우익이라고 하는 용어의 일반적 개념을 파악해, 그것과 관련지어 필자가 사용하려는 그것의 개념을 규정하였다. 다음으로 1970-1980년대 일본의 우익 단체들의 종류, 그들의 우익 활동들, 그들의 사상들 등을 고찰하였다. 그러한 고찰들의 결과는 다음과 같이 정리될 수 있다.

일본의 우익 연구자들이 사용하는 우익의 개념에는 일반적으로 '애국', '반공', '천황 숭배', '배외' 등과 같은 의미가 내포되어 있다. 또 필자가 여기에서 사용하는 '우익'의 의미에는 '반동'의 의미가 내포되어 있고, 또 그것에는 '보수'와도 구분되는 우익이라고 하는 의미도 함유되어 있다고, 그러한 의미가 함유되지 않을 수 없는 그 논리적 근거도 제시하였다.

1970-1980년대 일본에 존재했던 우익 단체들은 크게 전전의 우익 단체들의 명칭과 정신을 이어받아 전후에 부활했거나 새로 탄생한 '기성 우익' 단체와 신좌익 세력의 대항 세력으로서 1960년대 중후반에 새로 탄생한 '신우익' 단체라고 하는 두 종류의 우익 단체로 양분된다. 기성 우익 단체들은 전전의 우익 단체의 명칭과 정신을 전후에 그대로 이어받아 부활한 '전전 우익' 단체와 그것들의 정신을 이어받으면서도 전후 실정에 맞게 탄생한 '전후 우익' 단체로 양분될 수 있다.

기성 우익의 대표적 단체로는 '대일본애국당', '홍국사', '방공정신대', '국방청년대', '대일본생산당', '대동숙', '수기관', '동양청년유지회', '정기숙', '애국청년동맹', '존황의숙인의사尊皇義塾人義社', '우국성화회', '송혼숙' 등으로 고찰된다. 현재 우리들에게 이야기되는 신우익의 경우는 1960년대 중반에 출현한 민족파 우익을 기초로 해서 1970년대 초 미시마 사건을 계기로 태어난 신우익 단체라 할 수 있는데, 신우익은 1990년대 초 걸프전을 계기로 '신민족파'로 전환된다. 그 대표적 단체로는 '일학동', '전국학협', '잇스이카이', '일본청년협의회', '북방영토탈환청년위원회', '중원사', '통일전선의용군' 등으로 고찰된다.

1970-1980년대의 우익 활동은 기성 우익의 경우, 반공 세력 활동 저지, 천황제 부활, 역사교과서 개정, 헌법 개정 등에 그 초점이 맞추어져 있었다. 그 구체적 활동으로는 '천황 · 황실 보호 활동', '자주국방 실현을 위한 활동', '민족적 아이덴티티의 손상 저지 활동', '원호 법제화 추진 활동', '야스쿠니진자의 국호지国護持 관철 활동', '정부 · 자민당 공격', '좌익 과격파 공격', '재판관 공격', '해외 진출 활동' 등을 들 수 있다.

신우익의 경우는 일본의 전후 체제, 즉 '얄타 · 포츠담 체제 타도 운동', '반미 활동', '대기업의 영리지상주의 타도 활동', '금권 정치 · 부패 정치 규탄 운동', '환경 파괴 반대 활동', '유신 정신 부활 운동', '대언론사 항의 활동', '출판, 강연, 토론회 등의 언론 활동' 등이라 할 수 있다. 그와 같은 우익 활동을 일으키는 우익들의 기본적 사상은 반공 사상과 황국 사상, 그리고 대아시아주의 등을 기초로 하고 있으며, 1970-1980년대에 와서 60년대의 유럽으로부터의 트로츠키즘과 같은 신좌익 사상이나 70년대 미국으로부터의 신보수주의 사상 등으로부터도 강한 영향을 받았던 것으로 고찰된다.

이상과 같이 1970-1980년대의 우익을 단체, 운동, 사상이라고 하는 3측면에서 고찰해 봤다. 그 결과 필자는 일본의 우익이 일본인들의 타 민족들과의 관계 속에서의 민족적 생존 전략 수단의 일종으로 이해되어질 수 있다는 입장을 취하게 되었다.

제3장
전환기(1945-1970년)

들어가면서

*

본 연구는 패전 이후부터 1960년대까지 일본에서 우익 활동이 어떠한 단체들에 의해 어떤 운동의 형태를 취해 어떤 사상적 배경하에서 행해져 왔는지 고찰하는 것을 목적으로 한다.

현재 전 지구상에서는 지난 2세기간 지구상의 정치, 경제, 사회 등의 체제를 주도해 왔던 국가들로부터 1990년대 이래 글로벌 문화의 구축이라는 명제가 형성되어 나와, 그 구축 작업이 본격화되고 있다. 그런데 그러한 글로벌 문화가 전 지구상의 인간들의 공통된 생활양식으로서 구축되는 과정에서의 가장 큰 장해물을 꼽으라면 다름 아닌 바로 지난 2세기간 우리의 삶을 지배해 왔던 내셔널리즘이라는 사상이다.

사실상 그러한 글로벌 문화의 구축이란 그동안 정치, 경제, 군사력 등을 주도해 온 국가들에 의해 행해질 수밖에 없다. 그런데 세계 제1의 군사대국인 미국의 지역방위 전략 정책에 공조하고 있는 세계 제2의 경제 대국인 일본이 그러한 글로벌 문화의 구축사업에 대해 주목할 정도의 특이한 태도를 취하고 있는 것은 글로벌 문화 구축이 내셔널리즘과 그만큼 깊게 관련되어 있기 때문이라고 말할 수 있다.

현재 글로벌 문화 구축과 관련된 일본의 내셔널리즘은 다음과 같은 세 단계를 통해 구축되어 나왔다. 제1단계는 일본의 내셔널리즘의 사상적 기반이 형성되어 나온 단계이다. 임란 이후 일본이 한국으로부터 받아들인 주자학은 일본의 정치계와 사회에 일반화되었다. 그것은 메이지유신 이전 근대 서구 문명이 유입되는 상황에서, 민간 차원에서, 주자학으로부터 영향을 받아 국학国学이 형성됨으로써 주자학에 대해 대립적 입장을 취해 황도 사상을 확립하게 되었다. 제2단계는 제1단계에서 형성된 국학과 황도 사상을 기초로 해서 메이지유신 이후 천황제 국민주의 국가 체제가 확립되어 나감으로써였다. 제3단계는 1945년 패전을 계기로 승전국 미국에 대립해 새로운 차원의 내셔널리즘이 성립되어 나옴으로써 구축되어졌던 것이다.

필자는 글로벌 문화의 구축이라고 하는 위업에 대한 일본의 적극적 참여의 여부는 제3단계에서 형성된 내셔널리즘과 깊게 관련되어 있다고 본다. 따라서 다른 어느 때보다도 현재 제3단계에서 형성된 내셔널리즘의 특징에 대한 규명 작업이 필요하다고 생각되며, 또 그 특징에 대한 규명은 패전 이후의 일본의 우익들의 동향, 그들에 대한 승전국 미국의 억압 정책의 전망 등에 대한 고찰을 통해서 행해질 수 있다고 생각된다.

**

일본에서의 우익에 대한 연구는 기노시타 한지木下半治, 호리 유키오堀幸雄 등이 주축이 되어 이루어져 왔다. 기노시타 한지의 1945-1960년대의 우익에 대한 연구 성과는 그의 저서《일본의 우익日本の右翼》(要書房, 1953),《우익 테러右翼のテロ》(法律文化社, 1960),《일본 우익의 연구日本右翼の研究》(現代評論社, 1977) 등에 수록되어 있다. 호리 유키오의 경우는《전후의 우익 세력戦後の右翼勢力》(1983)으로 출판되었다. 이들 외에도 이 시대의 우익에 대한 연구는 '우익문제연구회'의 회원들에 의해서도 행해졌는데, 그 성과는《우익의 조류右翼の潮流》(立花書房, 1998)에 수록되어 있다.

기노시타 한지는 1900년생으로 1924년 도쿄대 법학부를 졸업해, 도쿄교육대학, 메이지대학 교수를 역임했던 자이다. 그가 일본의 우익에 대한 연구를 시작하기 전까지는 '일본의 파시즘', '일본 국가주의 운동' 등을 연구했었다. 그의 그러한 연구는 극우 세력들에 대한 비판적 입장에서의 연구였다. 전후 일본의 우익 세력들이 기본적으로 전전의 파시스트, 국가주의자들의 후예들이라는 입장에서 볼 때, 그의 '전후 일본의 우익'에 대한 연구는 비판적 입장에서 행해진 연구라 하지 않을 수 없다.

그는《일본 우익의 연구》의 '머리말'을 통해 "일본 정치의 파시즘화는 금후 착착 진행될 것은 틀림없다"라고 말하면서 "본서에 전시展示된 것들이 파시즘론—특히 파시즘적 현상의 해명에 기여할 수 있다면 다행이다"라고 말하고 있다. 이처럼 그의 전후 일본의 우익에 대한 연구는 그가 비판적 입장을 취해 행했던 '일본 파시즘 연구'의 연장선상의 것이었다고 할 수 있다.

호리 유키오의 경우는 1929년생으로 아오야마 가쿠인青山学院대학 상과를 졸업하고《마이니치신문》기자를 거쳐 에히메愛媛대학, 도호쿠東北복지대학 등의 교수를 역임하며, 1980년대로 들어와서부터 우익 연구를 시작했다. 그가 우익 연구에 착수해《전후의 우익 세력》을 그 첫 성과로 내게 된 것은 "이전부터 우익에 관심이 있어 그것이 일본인의 삶의 방식에 관련되어 있다고 생각해" 왔기 때문이다. 그런데 자기 친구로부터 '일본인의 삶의 방식'에 관해 책을 하나 써 달라는 부탁을 받은 것이 계기가 되어 우익 연구를 행하게 됐다는 것이다.《전후의 우익 세력》의 '후기'에서 그는 일본의 정치적 개혁이 메이지유신 이래 항상 중도에서 끝나 버리고 말았는데 그렇게 끝나 버리고 만 개혁이 결국에는

"우익 세력의 부활을 허락했다"면서, 무엇보다도 최근의 "우경화 경향을 묵인해서는 안 된다"라는 입장을 제시하고 있다.

이렇게 봤을 때, 호리 유키오의 경우도 '우익'에 대하여 호의적 입장을 취해 《전후의 우익 세력》을 저술했다고 볼 수 없다. 그는 우익의 본질과 관련된 '일본인의 삶의 방식'의 일면을 규명해 내기 위한 일환으로서 우익 연구를 행했다고 말할 수 있다.

기노시타 한지의 《일본 우익의 연구》와 호리 유키오의 《전후의 우익 세력》 속의 패전-1960년대의 일본 우익에 대한 연구는 전후 일본의 정치적 변화 속에서 어떤 '우익' 단체 혹은 '우익' 세력들이 어떤 운동을 일으켰으며, 또 그들을 지배했던 우익 사상들은 어떠한 것들이었고, 그들 단체의 규모와 조직은 어떠했는가에 대한 문제들의 고찰들로 이루어졌다. 이들 두 연구자들은 상기의 연구들을 통해 전후 일본의 정치적 현상과 '우익'과의 관계를 고찰해 본다는 입장을 취했고, 또 그들은 그 시기를 4기로 나누어 고찰했다.

제1기는 1945년에서부터 1951년, 즉 패전에서부터 강화 조약까지의 점령기로서 '우익 단체의 붕괴와 신흥반공 운동의 대두기台頭期'라 할 수 있는 시기이다. 제2기는 강화 조약에서 '60년 안보 투쟁'까지로서의 '구우익 단체의 부활기'이고, 제3기는 '60년 안보 투쟁'으부터 '70년 안보 투쟁'까지로 '폭력주의적 경향의 고양과 민족방위론의 대두기'이다. 제4기는 '70년 안보 투쟁'에서부터 80년대 초까지로 '국가 혁신 운동 쪽으로의 회기 경향의 고양기'라 할 수 있는 시대이다.[156■] 호리 유키오의 그러한 구분은 기노시타 한지의 구분에 기초한 것으로 간주된다.[157■]

이들 이외의 '전후 일본의 우익에 대한 연구'의 성과물은 앞에서 지적한 '우익

156■ 堀幸雄『戦後の右翼勢力』(增補版, 勁草書房, 1993), 360頁.

157■ 기노시타 한지는『日本右翼の研究』에서 '패전 직후', '강화 조약 발효 후', '50년대 후반', '60년대', '안보 후'로 구분하고 있다(『日本右翼の研究』의 차례 참조, 現代評論社, 1977).

문제연구회'의 《우익의 조류》 등이 있는데, 이 경우도 전후 일본의 정치적 변화를 기본적으로 4단계로 구분해서 각 단계의 정치적 현상의 특징과 각기의 '우익 운동'의 특징을 고찰하고 있다.

***

패전-1960년대를 중심으로 한 전후 일본의 우익에 대한 연구는 당시 어떤 우익 단체들이 어떻게 형성되어 나와서, 어떤 운동을 전개시켜 나갔고, 또 그들의 사상적 배경은 어떠했는가에 대한 문제들의 규명을 주축으로 해서 이루어진다.

당시의 우익 단체, 우익 운동, 우익 사상들에 대한 고찰은 기존의 우익 연구의 성과물들을 참조해 패전 1945년에서 1951년 강화 조약까지의 제1기, 강화 조약에서 60년 안보 투쟁까지의 제2기, 60년 안보 투쟁 이후에서 70년 안보 투쟁까지의 제3기로 구분해서 행해질 것이다.

기노시타 한지, 호리 유키오 등의 기존의 연구자들이 취했던 시각, 즉 일본 국내의 정치적 상황의 변화와 맞물려 당시의 '우익'을 고찰한다는 시각을 지양하고, 동과 서를 하나로 볼 수 있는 글로벌적 시각을 취해 제2차 세계대전에서의 패전국들의 경우와의 비교를 통해 행해질 것이다. 다시 말해서 패전국들, 독일과 이탈리아에서의 전후 우익들이 어떻게 처리되었고, 또 그 후 어떤 식으로 새로운 우익 단체들이 형성되어 어떤 새로운 우익 운동을 전개시켜 나갔으며, 그들의 사상적 배경은 어떠했는지에 대한 문제와의 비교를 통해서 행해 간다는 입장을 취한다.

1. 종전과 우익

1) 종전과 새로운 세계 질서

(1) 제2차 세계대전과 일본제국

현재 우리는 제2차 세계대전을 독일·이탈리아·일본을 중심으로 하는 전체주의 국가들이 인접국들을 침략하자 전 세계의 민주주의 국가들이 이들 나라에 맞서면서 시작된 전쟁으로 이해하고 있다. 1939년 9월 독일군이 폴란드를 침략하자 영국과 프랑스가 대독對獨 선전을 한 것이 전쟁의 발단이 되었다. 그것은 독일이 순식간에 폴란드를 점령해 공산주의 국가인 소련과 그것을 분할하고 그 다음 해 4월에는 덴마크, 노르웨이, 벨기에, 네덜란드 등을 항복시키고, 그해 6월에 가서는 프랑스까지 항복시킨 뒤 영국을 공습하는 식으로 전개되었다. 그러다가 대전은 동유럽에서의 독일과 소련과의 이해관계의 충돌로 인해 결국 독일이 1941년 6월 소련에까지 선전포고를 하는 양상으로 전개되어 나갔다.

이탈리아는 독일이 프랑스를 항복시키자 그 전과戰果의 배분을 생각하고 1940년 6월 독일의 편에 서서 참전했다. 이탈리아는 일본·독일과 1937년 11월에 방공防共 협정에 의거해, 소위 베를린·로마·도쿄라고 하는 추축을 형성하고 있었는데, 참전 후 1940년 9월에는 그것을 독일·이탈리아·일본 삼국 군사동맹으로 발전시켜 나갔다. 그러나 이탈리아는 참전 이래 그리스·북아프리카 등에서 패배를 거듭해 파시스트 정권의 위신은 땅에 떨어진다. 한편 독일·이탈리아와의 방공 협정을 삼국 군사동맹으로 발전시킨 일본이 1941년 12월 미국과 영국에 선전포고를 함으로써 전쟁은 전 지구로 파급되었다.

1942년 초까지의 전황은 추축국이 우세였으나, 그해 11월로 접어들어 소련의 반격, 영미군의 북아프리카 상륙을 계기로 연합군의 우세로 역전되어 결국 1943년 9월에 가서는 우선 이탈리아가 무조건 항복한다. 그 다음 1944년 6월 연합군은 노르망디에 상륙해 파리를 해방시키고 1945년 봄에는 독일 본토에 진입했다. 한편 소련군이 스탈린그라드에서 독일군을 저지, 반격을 가해 동유럽 국가들을 해방시키고 1945년 4월에 베를린에 돌입하자, 히틀러의 자살과 함께 5월 7일에 독일이 항복한다. 극동에서는 미국이 1945년 4월 오키나와를 점령하고 8월에는 원자폭탄의 투하와 소련군의 참전으로 일본이 무조건 항복함으로써 종전된다.

(2) 대전의 대결과 전개 양상

전 유럽과 극동에서의 정세는 1937년 11월 독일·이탈리아·일본의 방공 협정 체결 등의 경우가 말해 주고 있듯이 독일의 나치즘, 이탈리아의 파시즘, 일본의 군국주의 등과 같은 극우의 전체주의 국가들과 소련을 중심으로 한 극좌의 공산주의 세력들과의 대결 양상이었다 할 수 있다. 그러나 대전이 발발해 그것이 전개되어 나가는 과정에서 극우의 나치 세력이 소련의 공산주의 세력과의 협조 관계를 취해 가면서 중도우파라 할 수 있는 자본주의 국가들을 침공했고 나중에 가서는 극좌의 소련과도 대결했다. 그러자 영미와 같은 자본주의 국가들도 극좌의 공산주의 국가인 소련과 협조 관계를 취해 극우의 전체주의 국가들과 대결했다. 그 결과 종국에는 극좌 세력과 협조 관계를 취한 중도우파와 극우의 전체주의 세력 국가들과의 대결 양상으로 나가 결국 중도우파와 극좌의 승리로 끝나게 됐던 것이다.

이탈리아의 극우 파시즘 세력의 패망은 독일의 나치즘이나 일본의 군국주의 세력의 경우처럼 연합군의 공격에 의한 것은 아니었다. 대전 중 이탈리아의 파시즘 정권의 위신이 땅에 떨어지자, 그동안 파시즘 세력들에 억눌려 있었던 노동자 계급이 반파시즘 운동을 일으켜 1943년 3월에는 북이탈리아의 주요 도시에서 임금 인상과 전쟁 종결을 요구하는 대규모적 스트라이크를 일으켰다. 그러자 그동안 무솔리니 정권을 뒷받침하고 있는 왕가王家·군부·자본가 등의 세력이 무솔리니에 등을 돌리기 시작했다. 그러한 상황에서 북아프리카를 완전 점령한 연합군이 1943년 7월부터 시칠리아 섬 상륙을 개시하고 로마에 폭격을 가하기 시작했다. 그러자 이탈리아의 국내 여론은 반反무솔리니로 돌아섰고 왕가와 군부가 연합군 협력 체제를 만들어 감에 따라, 7월 하순에 개최된 파시스트 대평의회大評議會가 전군全軍의 통수권을 왕에게 반환했다. 그와 동시에 무솔리니는 체포되고 왕의 명에 따라 바돌리오 원수 내각이 성립되었다. 새 내각은 파시스트당을 해산시키고 9월에 연합군에 무조건 항복한 후 독일에 선전을 포고했던 것이다.[158]

(3) 미국 · 소련 중심의 새로운 세계질서 형성

근대 산업혁명과 시민혁명 들을 통해 형성되어 나왔던 근대 국민 국가들의 국내 정치는 자본가 계급과 노동자 계급과의 역학적 관계를 기초로 해서 행해져 나갔다. 자본가 계급은, 공장주, 은행장, 지주, 군인, 정치가 등이 주축이 되어 형성되었고, 노동자 계급의 경우는 공장노동자, 소작농, 중하층시민 등으로 형성되었다.

서구에서의 근대 산업사회를 주도해 갔던 국가들은 영국, 미국, 프랑스, 독일, 러시아 등이었는데, 러시아는 20세기로 들어와서 1917년 11월 혁명을 통해 레닌을 수반으로 한 소비에트 공산주의 정부를 수립하였고, 나머지 국가들은 자본가 계급 중심의 국가 형태를 취하고 있었다. 그런데 이들 자본주의 국가들의 정치적 지도자들은 점진적 개혁을 통해서든 혁명을 통해서든 러시아에서의 경우처럼 사회주의나 공산주의 정부가 들어서는 것을 다각도로 경계하고 있었다. 그러한 경계심을 이용해서 이탈리아의 파시즘, 독일의 나치즘, 일본의 군국주의 세력들과 같은 극우 세력들이 정권을 장악해 대내외적으로 공산주의 세력

---

158 ▪ 김익달 편, 《세계 문화사 V》(학원사, 1964), 615면.

들 등과 같은 극좌 세력의 부상을 억압하게 되었던 것이다.

그러나 대전 중 자본주의 세력들 중의 중도우익이 극좌의 소련 공산주의 세력과의 협력 관계를 취해 극우 세력들을 타도해 버렸기 때문에 전후의 정세는 미국을 주축으로 한 중도우파 세력과 소련을 주축으로 하는 극좌 세력과의 대결구도를 형성하게 되었던 것이다

2) 전승국들의 전후 처리

(1) 얄타 회담과 포츠담 회담

전승국의 전후 처리 문제는 기본적으로 '얄타 회담Yalta Conference'(1945.2.4)과 '포츠담 회담Potsdam Conference'(1945.7.17)에 의거해 처리되었다.

얄타 회담은 대전 말 흑해의 크림반도의 얄타에서 열린 영국 처칠, 미국 루스벨트, 소련 스탈린의 연합국 거두 회담이었다. 이 회담에서의 결정사항은 다음과 같은 것이었다. 첫째 국제연합의 문제에 관한 것이었다. 1945년 4월 25일에 샌프란시스코에서 연합국의 국제회의를 개최해서 헌장을 결정하는 일, 안전보장이사회에서의 대국의 거부권을 인정하는 일 등이었다. 둘째 독일에 관한 것이었다. 연합국의 독일의 무조건 항복 요구가 확인되었고, 전후 처리에 관해서 독일은 영국·미국·소련·프랑스의 4개국으로 분할 관리되는 일, 2년 이내에 그 전력 배제와 배상 징수를 결정하는 일, 전쟁 책임자의 처벌 등이 논의되었다. 셋째 폴란드 등을 비롯한 동구권 국가들의 주권회복 등의 문제가 논의되었고, 네 번째는 소련의 대일 참전 문제가 논의되었다. 소련은 독일 항복 후 3개월 이내에 대일전에 다음과 같은 조건으로 참가한다는 것이었다. 남사할린과 지시마 열도의 소련 귀속, 여순조차권旅順租借權 소련 회복, 대련大連에 관한 소련 우월적 지위, 남만주 및 동지東支 철도 경영에 대한 소련 참가권, 외몽골 현상 유지 등에 관한 것이었다.

1945년 7월 17일에 개최된 포츠담 회담에서의 주요의제는 주로 독일 처리에 관한 것이었다. 제1차 관리 기간 중 독일 처리에 관한 원칙은 다음과 같았다.[159] "독일을 완전 무장 해제시키고, 비군사화시키고, 군사물자 생산에 이용되는 모든 공장을 파괴시킨다. 독일 국민에게는 전면적 군사적 패배의 고배를 마시게 하고, 스스로의 무자비한 전쟁 수행과 나치스의 광신적 반항에 의한 독일 경제의 파괴 및 혼돈과 비참함에 대한 책임을 독일 국민 스스로가 진다는 것을 자각시킨다. 나치당은 그 관련 조직은 물론 하부기구까지 근절시킨다. 당의 직역도 모두 폐지시킨다. 전쟁 범죄자는 체포해 재판대에 세운다. 연합군의 목적에 대적해 온 그 외의 인물은 공적, 준공적 직무로부터는 말할 것도 없고 중요한 사기업의 관리직으로부터도 추방시킨다."

포츠담 회담에서는 이상과 같은 독일 처리 문제 외에도 일본의 항복 조건을 명시한 연합국(미·영·중) 공동 선언, 즉 〈포츠담 선언〉이 발표되었다. 그 선언의 내용은 다음과 같다. (1) 일본의 군국적 세력의 영구 제거, (2) 신질서 건설까지의 연합군 점령, (3) 영토 범위 결정(혼슈, 홋카이도, 규슈, 시코쿠 및 연합군 측이 결정하는 몇몇 작은 섬들). (4) 군대의 완전 무장 해제, (5) 전쟁범죄의 처벌, (6) 민주주의의 부활 강화 언론·사상·종교의 자유 기본적 인권의 확립, (7) 공정한 실물배상 징수를 가능하게 할 산업·경제 유지, (8) 이상의 목적이 달성되고 책임 있는 정부가 수립되는 시점에서의 점령군 철퇴.

일본 정부는 처음에 이 선언을 묵살해 버렸는데, 8월 6일 일본 히로시마에 원자탄이 투하되고, 8월 8일 대일전에 중립을 지켜 오던 소련이 얄타 비밀 협정에 의거해 참전, 만주와 한반도 방면으로 진격해 들어오고, 그 다음 날 8월 9일에는 나가사키에 제2의 원자탄이 투하되자 8월 14일에 어전회의에서 〈포츠담

159 ▪ A. グローセル『ドイツ總決算一一九四五年以降のドイツ現代史』(山本尤他訳, 社会思想社, 1983), 62頁.

선언〉을 수락하기로 결정해 그 다음 날 일본의 히로히토裕仁 천황이 직접 항복문을 방송으로 발표하게 됐다.

(2) 전승국들의 국제연합 발족

대전을 승리로 이끈 세력들의 합의는 우선 일차적으로 1945년 10월 24일 국제연합의 발족으로 구체화되어 나왔다. 국제 연합의 발족을 위해 연합국들이 〈국제연합 헌장Charter of the United Nations〉을 채택한 것은 나치 독일이 항복한 직후 그해 6월 샌프란시스코에서였다. 연합국들의 국제 연합 발족 목적은 민주주의 국가들이 전쟁 후에도 지속적으로 단결함으로써 전체주의 국가들과 전쟁 재발을 미연에 방지하기 위한 것이었다. 1943년 영국 · 미국 · 소련의 외무부장관 회동이었던 '모스크바 회의'에서 국제평화와 안전보장을 유지할 국제적 기구의 창설 필요성이 논의되어 그 다음 해 1944년 8월 워싱턴 교외의 덤바턴오크스에서 영국 · 미국 · 중국 · 소련 4개국 대표가 〈국제연합 헌장〉의 기초 협의를 위한 토론을 갖게 되었고, 1945년 2월 루스벨트 · 처칠 · 스탈린이 얄타에서 설립을 결정해, 그해 4월 25일 샌프란시스코 연합국 회의가 개최되었다.

이와 같이 국제연합이 발족되기까지 3년간의 준비 기간을 거쳤다. 그런데 제1차 세계대전 결과로 발족된 국제연맹이 가맹국들의 만장일치의 결의 방법을 채택했었던 것에 반해, 국제연합의 경우는 만장일치로 결의되는 미국 · 소련 · 영국 · 프랑스 · 중국의 안정보장 상임이사국의 결의사항을 가맹국이 수락해야 한다는 특징을 지니고 있었다. 그 결과 안정보장 상임이사국들을 주축으로 하는 국제연합의 추진 사업은 그 실현 가능성이 확보되어 있었다고 말할 수 있다. 이와 같이 영국 · 미국 · 소련을 중심으로 한 전승국들의 일차적 작업은 우선 무엇보다도 국제평화와 안전보장의 유지를 위한 제도적 장치라 할 수 있는 국제연합을 구축하는 것이었다. 이차적으로는 다시 전쟁을 일으켜 국제평화를 파괴할 수 있는 독일의 나치즘, 이탈리아의 파시즘, 일본의 군국주의 세력 등과 같은 전체주의 세력을 완전히 근절시키는 일이었다.

(3) 전승국들의 전체주의 세력들의 청산 작업

전승국들의 전체주의 세력들의 청산 작업은 프랑스의 나치 협력자 청산에서부터 시작되었다. 앞에서 언급한 바와 같이 프랑스는 1940년 6월 나치 독일에 항복해 나치 독일에 점령되어 있다가 1944년 6월 연합군의 노르망디 상륙작전 성공으로 파리가 해방되어 만 4년 만에 나치 독일로부터 해방되었다. 나치 점령하의 프랑스 정부는 드골 장군이 이끄는 런던의 망명 정부 자유프랑스와 파리에 있는 나치 독일의 괴뢰 정권인 페탱 원수의 비시 정권으로 양분되어 있었다. 1942년 11월 영·미 연합군이 프랑스의 식민지국들이었던 북아프리카의 모로코, 알제리, 튀니지 지역 등에 대한 상륙 작전에 성공하자, 드골은 그 다음 해 5월부터 그동안 본토에서 반나치 운동을 행했던 애국 단체들과 세력을 규합해 갔고, 그해 6월 파리가 해방되자, 민족해방프랑스위원회CFLN를 출범시켜 8월부터 나치 협력자들을 숙청하기 시작했다. 이때 드골이 규정한 나치 협력 민족반역 범죄자는 "자유 박탈을 정당화하기 위해 프랑스의 패배를 악용한 투항주의자들, 프랑스 국민을 '악의 길'로 인도한 비시 정권의 고위공직자들과 그 추종자들, 그리고 나치 독일의 승리를 위해 물심양면으로 협력한 프랑스인들"이었다.[160▪]

드골의 그러한 숙청 선언은 큰 호응을 얻어, 북아프리카 지역에서는 반나치 저항 운동을 벌이고 있는 '북아프리카 지역 전투를 위한 프랑스위원회'라는 단체가 자체적으로 나치 협력자 숙청위원회를 구성해 민족반역자들의 범죄를 추적해 그 결과를 드골 장군에게 보고한다는 결의문을 채택해 나치 협력자들을 모조리 체포했다.

160▪ 주섭일, 《프랑스의 나치 협력자 청산》(사회와 연대, 2004), 31면.

드골의 그러한 나치 협력자 숙청에 대해 처칠과 루스벨트는 처음에는 '슬기롭지 못한 행동'이니만큼 자제해 줄 것을 당부할 정도였다. 그러나 드골이 북아프리카 지역의 '나치 협력자 숙청위원회'를 통해 연합군의 북아프리카 상륙작전을 도와주었던 인사까지 숙청하자, "처칠과 루스벨트는 드골 제거를 협의하기까지 했"었다.[161] 드골의 그러한 숙청에 대해 반대 입장을 취하고 있던 자들은 "전쟁이 끝난 후 새 사법부와 새로운 법 체계에 의해서 정정당당하게 나치 협력자들을 응징하자고 주장"하였다.[162] 그러나 드골은 파리 해방 후 프랑스 임시 정부의 첫 국가원수가 되어 '나치협력자숙청위원회'를 주축으로 프랑스 임시 정부를 조직하여 대숙청 작업에 돌입하게 된다.

우선 드골은 비시 정부의 최고지도자 페탱 원수를 민족반역자로 재판에 회부한다. 그때까지만 해도 페탱에 대한 많은 프랑스 국민들은 그가 제1차 세계대전 시 독일과 베르덩 전투에서 승리한 전쟁영웅으로서 제2차 세계대전 시에는 나치 독일과의 발 빠른 휴전 협정을 통해 프랑스를 구출한 인물로 평가하고 있었다. 그러나 드골은 "페탱은 가짜 정부를 구성해 수반에 취임하면서 나치 독일에 굴욕적으로 항복했고, 민주헌법을 훼손했으며, 적을 지원하기 위해 프랑스 노동자를 독일에 압송하는가 하면 연합군과 반나치 투쟁을 계속하는 '정의의 프랑스'에 대항해 프랑스군을 싸우게 하는 반역죄를 범했다는 것"으로 그를 재판대에 세우게 된다. 이렇게 페탱이 나치 협력 민족반역자로 규정됨으로써 비시 정권의 각료들과 공직자들은 자동적으로 모두 나치 협력자로 낙인찍혀 숙청된다. 이와 같이 프랑스는 나치 협력자 대숙청을 프랑스 해방 1년 전(1943.6) 알제리에서부터 시작해 지속적으로 행했던 것이다.

프랑스는 나치 독일의 지배하에서 프랑스인이 행했던 나치 협력을 시효 없는 반인도적 범죄로 규정해 지금까지도 색출을 행하고 있다. 프랑스의 법무부

---

161 ▪ 위의 책, 37면.

162 ▪ 위의 책, 35면.

의 발표에 의하면 숙청재판소가 문을 닫은 1951년까지의 최고 재판소, 지방 숙청재판소 및 시민법정이 다룬 나치 협력 사건은 모두 124,751건에 달했고, 그중 45,017건이 공소기각 결정, 28,484명이 재판 결과 무죄 석방, 6,763명이 사형 선고(이 중 3,910명은 궐석재판), 2,173명이 금고형 선고를 받았다.[163■]

현재까지 프랑스에서는 나치 협력범 3만 8천여 명에게 징역형이 집행된 것으로 되어 있다. 이것은 인구 10만 명당 평균 94명이 감옥에 갔다는 말이 된다. 그런데 "덴마크의 경우, 총 1만 4천 명이 징역형을 선고받아 인구 10만 명당 평균 374명이 나치 협력자로 징역을 살았는데, 이는 인구 비율로 치면 프랑스보다 4배나 더 높은 수치이다. 네덜란드는 징역 총계 4만여 명, 10만 명당 419명이, 벨기에는 징역 총계 5만여 명, 10만 명당 596명이, 노르웨이는 징역 총계 2만 명, 10만 명당 633명이 각각 나치 협력자로 징역을 살았다. 프랑스와 인구 비율로 보면 노르웨이가 최고 6.6배나 더 많은 수치를 나타내 프랑스의 숙청이 제일 약했다는 평가가 나온다".[164■]

전승국들의 독일과 일본의 처리는 기본적으로 얄타 회담과 포츠담 회담에 입각해 행해졌다. 거듭 말하건대, 1945년에 접어들어 연합국의 공세에 밀려 독일군이 갑자기 무너짐에 따라, 그해 2월 영국·미국·소련은 크림반도의 얄타에 모여 전후 처리 문제를 논의했고, 그 후 연합군은 라인 강을 건너 독일 본토로 진격하고 소련군도 동부에서 독일·이탈리아로 진격해 갔다. 4월 하순에는 미국과 소련의 선두부대가 만나게 되고, 그로부터 며칠 후 북이탈리아 지방에서 저항하던 독일군이 항복하고 그의 보호하에 있던 무솔리니가 이탈리아 유격대에 체포되어 살해된다. 5월 1일에는 소련군이 베를린에 돌입하게 되는데, 히틀러는 그 전날 자살하고, 5월 7일에는 독일군 최고 사령부가 연합군에게 무조건 항복함으로써 유럽에서의 전쟁은 끝나게 된다. 그 결과 1945년 7월

163■ 위의 책, 332면.

164■ 위의 책, 341면.

17일 영국 · 미국 · 소련은 베를린 교외 포츠담에 모여, 얄타 회담에 기초해서 독일 처리 문제를 논의했고, 일본의 항복 조건을 선언했었던 것이다.

전승국 영국·미국·프랑스·소련에 의해 분할 점령된 독일에서의 전범 처리는 우선 최소한 '제3제국'의 지도자층을 벌한다고 하는 점에서 일치되어 있었다. 그러나 나치즘 근절을 위한 연합국들의 생각은 제각기 달랐다. 그들의 그러한 생각들은 나치즘을 보는 생각들이 달랐기 때문이었다. "영국은 나치즘을 일종의 병으로 보고 건강을 회복하기 위해서는 균배출자를 제거시키면 된다고 생각했고, 프랑스는 비스마르크와 히틀러 사이의 일종의 연속성을 의식해 나치즘을 '히틀러에게 있어서 가장 위험한 형태로 구현된 프로이센적 본질'로 파악해 독일의 통일 국가와 전체주의 국가와의 관련성을 지적했고, 프로이센 및 독일 통일을 깨부수지 않는 한 형벌도 효과가 없다고 생각했다. 미국은 영국과 프랑스의 해석의 사이를 왔다 갔다 하고 있었고, 소련은 나치즘의 승리를 독일의 사회구조, 특히 경제적 지배의 구조로부터 파악하고서 형벌은 부차적 문제이고 중요한 것은 사회 개혁이라 생각했"던 것이다.[165]

독일군에 의해 점령된 유럽의 9개국의 대표들은 전쟁중이였던 1942년 1월 런던에서 전범들의 형벌에 관한 선언에 조인해 둔 바 있었다. 즉, 그들은 그 선언에서 점령지에서의 독일군들의 대량 체포와 추방, 포로의 사살, 대량 학살 등과 같은 행위를 폭력행위로 규정해, 그와 같은 폭력행위를 남발한 테러 정체를 고발하고, 명령 수행이나 참가를 따지지 않고 저지른 자라든가 또는 그러한 범죄를 책임져야 할 자들을 정규 법정에서 벌을 주는 일을 가장 중요한 목표 중 하나로 삼고 있었다.

4대국들의 경우는 한 단계 더 나가서 런던 회의(1945.6-8)를 개최해서 독일 또는 범죄가 행해진 국가들에서의 그러한 전범 특별 법정과는 별도로 국제군사

165 ■ A. グローセル, 前掲書, 70頁.

법정을 조직해 개인과 집단을 따지지 않고 상급전범들을 심리하기로 결정한 후 23개국으로부터 조인국 서명을 받아 독일의 뉘른베르크에 국제군사 법정을 설치해서 1945년 11월부터 그 다음 10월까지 1년간 '국제군사재판'(뉘른베르크 법정이라고 함)을 행했다. 나치 독일의 지도자들이 개인으로 기소되고 제국 정부, 참모 정부, SA(나치돌격대), SS(나치친위대), SD(비밀호위경찰), 게슈타포(비밀 국가경찰), 나치지도자 그룹 등이 집단으로 기소되었다. 이 경우의 재판의 규정은 "하나의 집단 혹은 조직이 그 법정에 의해 유죄선고를 받았다면 각 조인국의 관할관청은 해당집단 및 조직에 귀속하는 개인을 국민 법정이나 군사·점령군 법정에 기소할 권리를 갖는다"로 되어 있었다.[166]

이 군사법정에 고발된 조직들은 소련의 재판관으로부터의 이의가 제기되어 '참모본부'와 '제국 정부'가 제외되고 최종적으로 유죄 처리되었다. 개인으로 기소되어 유죄판결을 받은 자들 중 10명은 교수형에 처해졌고, 나머지는 종신금고형, 10-20년 금고형 등의 처벌을 받았다. 집단으로 기소되어 유죄 판결을 받은 자들은 점령군들의 지배하에 있었던 독일의 경우 점령군들의 '비나치화' 정책의 차원에서 처리되었고, 주민은 '유죄자, 용의자, 준용의자, 동조자, 결백'이라고 하는 5범주로 분류되었다. 각국의 점령 지구들에는 '자동구류 수용소'들이 설치되어, 1946년 말까지 영국 점령 지구에는 약 6만 4천 명, 미국 점령 지구에는 9만 5천 명, 프랑스 점령 지구에는 1만 9천 명, 소련 점령 지구에는 6만 7천 명이 자동 구류되었다. 그렇다고 그들이 다 장기 수용되어 있지는 않았다. 대량 석방이 행해진 대신 공적 활동 금지 조치가 취해졌던 것이다. 1945년, 1946년의 경우 프랑스 지역에서는 약 7만 명, 영국 지역에서는 32만 명에게 공적 활동 금지령이 적용되었다.[167]

1943년 7월 파시즘 대평의회에서의 무솔리니 불신임이 가결되어 그가 체포

166▪ 上揭書, 70-71頁.

167▪ 上揭書, 79頁.

됨으로써 무솔리니 정권이 붕괴되자 신수상에 P. 바드리오 원수가 임명되었다. 새 내각은 우선 파시스트당을 해산시키고 파시즘 대평의회, 특별재판소 등 파시즘적 제도들을 폐지했다. 그러나 이탈리아는 국가기구라든가 행정기관을 그대로 유지한 채 9월 이탈리아 본토에 상륙한 연합군에 무조건 항복하고 독일에는 선전포고를 행했다.

그 후 무솔리니는 독일군에 구출되어 북이탈리아의 가르다 호반의 사로에 본거지를 둔 '이탈리아 사회공화국'을 수립한다. 그러나 파르티잔에 의한 격렬한 저항 투쟁이 독일 점령군과 '이탈리아 사회공화국'에 대해 행해졌고, 연합군의 북상으로 인해 독일군이 국경 근처로 퇴각함에 따라 결국 '이탈리아 사회공화국'이 항복함으로써 1945년 4월 이탈리아는 독일과 파시즘으로부터 해방된다. 그때 무솔리니는 측근과 스위스 국경 방면으로 도피하려다가 파르티잔 일당에 잡혀 애인과 함께 총살당했다.

이탈리아의 정치 체제는 1946년 국민투표를 통해 왕당제가 폐지되고 공화제로 전환해 나왔다. 그러나 파시즘 시대의 많은 법, 제도, 기관 등이 공화제 아래에서도 그대로 계승되고, 또 무솔리니 정권의 주요 간부는 별도였지만, 파시스트의 공직 추방도 한정된 범위에 머물렀다. 그 결과 파시즘 붕괴 후 곧 '이탈리아 사회공화국'에 참가했던 멤버 사이에서 네오파시즘의 움직임이 생겨 1946년 12월 '이탈리아 사회공화국'의 간부와 병사들을 중심으로 한 네오파시즘 정당인 '이탈리아 사회 운동MSI'이 결성되었던 것이다.[168]

3) 미국의 전후 일본 처리

일본의 경우는 어떠했는가? 일본은 연합국들의 〈포츠담 선언〉에 명기된 항복 조건을 받아들임으로써 전쟁을 끝내게 되었고 전승국들은 얄타 회담과 〈포츠

---

168 ■ 山口定他編『ヨーロッパ新右翼』(朝日新聞社, 1998), 138-139頁.

담 선언〉의 내용에 입각한 일본의 전후 처리 입장을 취했다.

처음에는 그랬지만 결국 전승국들의 대일 점령 정책은 그들의 이해관계 속에서 취해지지 않을 수 없었다. 대일 점령 정책의 한 특색은 전승국들 중 미국 주도로 이루어졌다고 하는 것이다. 또 미국의 일본 점령 관리 방식의 한 특징은 독일·조선의 그것들과는 달리 간접통치와 미국에 의한 독점 점령이라고 하는 점이었다. 그러나 오키나와겐沖縄県만은 분리되어 직접 군정 방식이 취해졌다. 패전부터 1945년 12월 '극동위원회'와 '대일이사회'가 설치될 때까지 '극동자문위원회'가 존재했다고 말할 수 있지만, 사실상은 '미국 정부 → 연합국 최고사령관SCAP → 일본 정부'라는 루트로 명령이 전달되었다. 극동위원회FEC 설치 후는 '극동위원회 → 미국 정부 → SCAP → 일본 정부'라고 하는 명령 체계가 이루어져 일본 국내에서는 SCAP(맥아더 원수)가 최고권한을 가지고 있었다. 연합국 총사령부GHQ는 일본 정부에 대해서 SCAPIN(총사령부 각서)라든가 섹션 메모 등의 형식으로 명령을 내렸고, 일본 정부는 이것을 일본의 법령 형식으로 바꾸어 지방청에 하달했던 것이다.[169]

이러한 상황 속에서 연합국 최고사령관의 맥아더는 1945년 8월 영국·미국·프랑스·소련 4개국이 런던에 모여 체결한 〈런던 협정〉에 입각해 전범 정책을 세워서 대일 점령 정책의 제1탄으로서 1945년 9월 11일, 1941년 태평양전쟁 개전 시 최고책임자였던 도조 히데키東條英機(1884-1948)의 체포령을 시발로 그 해 12월 6일까지 100명이 넘는 일본의 전쟁 지도자를 체포, 구국해 갔다. 일본이 패전한 직후부터 미국은 이미 준비가 되어 있던 뉘른베르크 재판에 기초해 일본의 재판도 독일의 경우에 준하는 것이 바람직하겠지만 재판소의 설치와 실시 규칙, 전쟁범죄 규정 등은 연합군 간의 협정에 의하는 것보다는 SCAP의 맥아더가 결정해야 한다는 방침을 굳히고 있었다. 그래서 결국 뉘른베르크 재판과

169 ■ 竹前榮治「'対日占領政策の形式と展開」(岩波講座『日本歴史 22』岩波書店, 1981), 53頁.

달리 도쿄 재판의 특징은 미국과 SCAP의 결정적 권한하에 있었던 것이다.

피고 선정의 기준은 "(A) 1930-1936년 1월, (B) 1936년 2월-1939년 7월, (C) 1939년 8월-1942년 1월, (D) 재벌, (E) 확장주의적 초국가주의 단체, (F) 육군군벌, (G) 관료벌"로 삼아 작업을 통해 전범 용의자, 심문, 사실 조사가 행해졌다. (A)-(C)에서는 '평화에 대한 죄'를 주안점으로 피고 선정이 행해졌다. 그 결과 28명의 피고가 결정되었는데, 피고 선정에서의 최대의 문제는 천황의 기소 문제였다. 오스트레일리아의 검사가 천황기소를 정식으로 제의했는데, 점령 정책의 원활한 수행을 위한 고도의 정치적 배려로부터 천황의 면책을 주장하는 미국인 수석 검찰관 키난J. B. Kennan이 이것에 반대해 결국 천황면책이 결정되었다. 한편 인도인 라다 비노드 팔(1886-1967) 판사는 전승국들의 지도자들이 패전국들의 지도자들을 심판할 수 없다는 취지에서 A급 전범들의 무죄를 주장하기도 했다.[170]

피고 확정 후에도 A급 전범 용의자가 많이 구금되었던 것으로 봐서 제2, 제3의 A급 재판이 예정되어 있었다. 1946년 5월 3일 공판이 개시되어 1948년 11월에 종료되었는데, 그해 12월 23일 도조 히데키 등 7명이 교수형에 처해지고, 그 다음 24일에는 기시 노부스케岸信介, 고다마 요시오児玉誉士男, 사사가와 료이치笹川良一(1899-1995) 등 최후까지 구금되어 있던 17명의 A급 전범 용의자가 석방되었다. 그 후 총사령부는 A급 재판 계속 의사가 없다는 의사를 보였다.

이 도쿄 재판과 뉘른베르크 재판과의 차이점의 하나는 재판소의 구성에 있었다. 뉘른베르크 재판에서는 영국·미국·프랑스·소련의 4개국 각자가 재판관의 권한에서도 검찰관의 그것에 있어서도 완전 대등 평등의 지위에 있었고, 또 4개국의 합의가 재판 진행에서 절대조건으로 되어 있었다. 그런데 도쿄

---

170 ■ 후일 우익들은 야스쿠니진자 옆에 그의 동상을 세웠고, 일본의 아베 신조安倍晋三 수상은 2007년 8월 인도 방문 시 그의 후손을 만날 것이라는 입장을 언론에 밝혔다(《한겨레》 2007. 8. 15. A2면).

재판에서는 기소의 권한을 갖는 수석검찰관이 맥아더가 지명하는 한 명밖에는 인정되지 않았고, 다른 나라는 참여검찰관을 파견할 수 있는 것으로 되어 있었다. 맥아더의 지명으로 결정되는 재판장은 윤번제를 취하지 않고 고정되어 있었으며, 전 재판관의 출석 없이도 과반수 재판관만 출석하면 재판이 열릴 수 있었던 것이다.

GHQ의 점령 정책의 제2탄은 일본으로부터 극단적 국가주의와 군국주의를 일소하는 수단의 일환으로서 1946년 1월 〈극단적 국가주의 단체의 해산령〉과 〈바람직스럽지 않은 인물들의 공직으로부터의 제거에 관한 각서〉, 즉 〈공직 추방령〉을 함께 선포했다. '바람직스럽지 않은 인물'이란 "(A) 전쟁 범죄인, (B) 직업군인, (C) 국가주의적 단체 관계자, (D) 대정익찬회 · 익찬 정치회의 유력인사, (E) 만철滿鐵 등 식민지 · 점령지 관계회사의 직원, (F) 식민지 · 점령지의 고관, (G) 그 외 군국주의자 · 극단적 국가주의자" 등으로 되어 있었다. 이 경우 '공직'이란 칙임관勅任官 이상을 가리키고, 추방령 해당자는 선거의 입후보 자격을 상실하는 것으로 되어 있었다.[171]

이와 같이 전승국들에 의한 일본 군국주의의 처리는 몇 가지 측면에서 다음과 같은 특징을 갖는다. 첫째는 추축국들 중 나치 독일은 연합국 영국 · 미국 · 프랑스 · 소련의 4개국들의 공동 점령에 의한 직접 통치였던 것에 반해, 이탈리아의 파시스트 정권의 경우는 내부의 국내 세력에 의해 타도되었고 또 대전 후반에 이탈리아의 파시스트 정권을 타도한 이탈리아의 새 정권이 연합국에 가담했었던 탓으로 이탈리아는 전승국들의 전후 처리 대상에서 제외되었다. 군국주의 일본의 경우는 대전 시 연합국들 중 미국에 의해 타도되었다는 점이 감안되어 전적으로 미국의 주도하에 처리되었다고 하는 것이다. 둘째, 일본의 군국주의 처리는 미국의 간접 통치에 의해 행해졌다는 점이다. 셋째, 미국의

171 ▪ 松尾尊兊「旧支配体制の解体」(岩波講座『日本歴史 22』岩波書店, 1981), 101頁.

간접 통치를 통한 일본의 전범 처리는 계획대로 진행되지 않았다고 하는 점이다. 그 이유는 미국의 일본 점령 목적이 종전 후 소련을 중심으로 한 공산 세력의 부상으로 인해 전체주의의 퇴치로부터 공산주의 세력 확장의 저지로 전환되어 갔기 때문이다.

미국의 일본 점령은 1945년 항복 조인식이 행해진 9월에서 1951년 10월 〈샌프란시스코 강화 조약〉 및 〈미·일 안전보장 조약〉 조인이 행해진 시점까지의 약 6년간 행해졌다. 그 점령의 제1단계는 1945년에서 1948년까지로 그 기간의 주된 점령 정책은 군국주의 체제의 제거와 민주주의 실현을 위한 개혁이었다.[172■] 제2단계는 1949년에서부터 1951년까지로, 1946년 그리스에서의 공산주의자들의 반란을 계기로 공산 세력의 확대를 저지하기 위해 1947년 6월 소위 〈트루먼 독트린〉이 행해지고, 그해 8월에는 〈마셜 플랜〉이 발표됨으로써 냉전 체계라고 하는 상황이 형성되어 나오게 되었다. 1948년 중기에 와서는 중국 내전에서 공산당 측이 이기리라는 것이 확실시됨에 따라 미국의 대일 급진적 개혁이 "군국주의 체제의 재건으로 전환해" 나왔다.[173■] 그러한 전환은 1949년 11월 중국공산당 정부 수립과 다음 해 6월 북한 공산주의 세력의 남한 침입으로 더욱 촉진되었던 것이다.

이상과 같은 미국의 일본 군국주의 처리는 일본 군국주의 지배하에 있었던 한국에서의 전범 처리에 지대한 영향을 미쳤다. 영국·미국·프랑스·소련의 전승국들이 공동으로 관리했던 뉘른베르크의 국제군사재판의 경우는, 대전 시 나치 독일에 점령되어 있었던 덴마크·네덜란드·노르웨이 등에서의 나치군에 협력했던 인사들을 전범으로 처리했고, 또 각국들이 나치 협력자들을 민족 반역죄로 다스려가는 데 그 법적 근거를 제시해 주었다. 그러나 '도쿄 재판'이라고 불리는 그러한 극동 국제 군사 재판의 경우는 일본 군국주의 지배하에 있었

172■ 존 K. 페어뱅크 외, 《동양문화사(下)》, 전해종 외 옮김(을유문화사, 1984), 947면.
173■ 위의 책, 954면.

던 한국 등에서 일본 군국주의자들에 협력했던, 소위 친일파들을 한국 정부가 처리하는 데 어떤 법적 근거도 마련해 놓지 않았다. 따라서 해방 직후 미국·소련의 신탁 통치하에 들어갔던 한국이 친일파를 색출해 처단한다는 것은 사실상 어려웠다. 도쿄 만에 정박한 미주리호 선상에서 항복문서 조인식이 9월 2일 행해진 후 1945년 9월 9일 일본 측으로부터 정권을 이양받은 미국의 존 R. 하지 중장은 아널드 소장을 군정장관에 임명해 1948년 5·10 선거를 통해 나온 제헌국회의 설립까지 약 3년간 미군정을 실시했다. 사실상 시기적으로 보면, 그 군정하에서 한국의 친군국주의 세력들이 색출되어 처단되었어야 했었다. 그러나 미국·소련의 한국 통치의 목적과 의도가 대전을 야기했던 일본 군국주의 세력 퇴치에 있었던 것이 아니었기 때문에 그것이 불가능했었던 것이다. 그 후 제헌국회에서 1948년 9월 반민족 행위 처벌법을 제정, 공포해서 그 집행을 위해 국회에서 '반민족 행위 특별조사 위원회'를 설치하여 일본에 협력해 악질적으로 반민족 행위를 한 자들을 조사했으나, 1948년 8월 15일에 수립된 이승만 정권의 비협조로 인해 결국 그 다음 해 8월 그 기관이 폐지되고 말았던 것이다.

2. 점령기의 우익

1) 점령기(1945-1951)의 우익 단체와 우익 활동

(1) 전시 중의 우익 단체

대전 중 우익 단체들의 대부분은 1936년 '2·26 사건' 이후 군부에 영합迎合했고 1940년 봄부터는 고노에 후미마로近衛文麿 내각과 군부가 추진했던 일국일당一国一党의 수립 등과 같은 소위 신체제 운동에도 찬성했으며, 기성 정당 해소에도

응해 갔었다. 또 그들의 대부분은 신체제 운동의 결과로 그해 10월에 결성된 관 제국민 통합조직 '대정익찬회大政翼賛会'에도 합류해 국민정신의 총동원화를 주장했다.

그러한 과정에서 우익 단체들의 일부가 대정익찬회를 좌익적 존재라고 비판하게까지 된 상황이 전개되었는데, 현역 육군대장이었던 도조 히데키의 내각(1941.10-1944.7)이 성립되어 미 · 일 전쟁이 개시되자 우익 단체들의 또 다른 일부가 신체제에 대한 순종을 거부하는 상황이 벌어졌다. 그러자 군국주의 정부는 우익을 정치 단체로 일절 허가하지 않고, 문화 · 사상 단체로서의 존재만을 인정하고 우익 단체들에게 익찬회 산하의 사상 단체 통합기관이었던 '대일본흥아동맹회' 쪽으로의 참가를 강요했다.

군국주의 도조 내각이 출범한 이후 익찬회에 통합된 구정당 세력들이 1941년 9월에 익찬의원동맹을 결성함에 따라 그 익찬 체제는 그 다음 4월 '익찬선거'라고 하는 제도로서 그 완성을 보게 됐었는데, 익찬회 내에서 핵심적 역할을 해 보려던 전체주의파 우익 단체들은 그것의 불가능성을 자각하고서 체제 순응을 거부하는 바람에 결국 1945년 6월 해산해 '국민의용대'로 해소되었다.

이렇게 봤을 때, 패전 직후 전시 중 군부에 영합해 정치 단체에서 문화 · 사상 단체로 전환되어 대정익찬회에 참여했었던 소위 '관념 우익' 단체들이 존재했었고, 군부의 강요하에서도 문화 · 사상 단체로의 전환을 거부하고 끝까지 정치 단체로 남기를 고집했던 소위 '순정 우익' 단체들도 존재했다. 또 전시 중에 대정익찬회에 참가했다가 탈퇴해서 군부를 비판하다가 해산당한 단체들도 있었는데, 하시모토 긴고로橋本欣五郎(1890-1957)의 '대일본적성회大日本赤誠会', 나카노 세이고中野正剛(1886-1943)의 '동방회東方会' 등이 바로 그러한 단체들이다.

'대일본적성회'는 1936년 2 · 26 사건이 처리되는 상황 속에서 관제국민 통합조직 '대정익찬회'가 발족됨에 따라 육군대령 하시모토 긴고로에 의해 결성됐던 '대일본청년당'이 1940년 11월 정치 단체로부터 사상 단체로 개조해 나왔던 우익 단체이다. 회장은 역시 '대일본청년당'을 결성했던 하시모토 긴고로, 이 우익 단체는 '익찬회' 내에서 전체주의 파를 형성해 중심적 역할을 행하려 했으나 뜻대로 되지 않아 도조 내각의 성립 이후, 체제 순응에 반대해 결국 1944년 9월에 해산되었다. 한편, '대일본적성회'의 급진파는 1941년 12월 8일 대영미전이 일어났는데도 불구하고 영미 대사관이 온전하자 그 이유가 친영미파 재벌들의 보호하에 있기 때문이라 생각하고, 대영미전이 일어난 5일 후인 12월 14일 영미 대사관의 습격, 친영미파 중진재벌의 암살, 내무성·경찰청·주요 신문사의 습격을 감행하기로 기획했다가 결국 발각되어 검거되었다.

'동방회'는 중의원 의원 나카노 세이고가 중심이 되어 1936년 3월에 결성한 단체로 전체주의를 지향하고, 남진론南進論을 제창했다. 나카노 세이고는 1940년의 신체제 운동에서 신체제 준비위원이 되어 그해 10월 '대정익찬 운동'에 참가하기 위해 동방회를 해산시키고 문화 단체 '진동사振東社'를 만들 것을 결의했다. 그는 1940년 10월 '대정익찬회'가 결성되어 상임총무가 되었는데 '대정익찬회' 내에서의 일본 극우파와의 대립이 잦자, '진동사'를 '동방회'로 되돌렸다.

1941년 7월 '대일본흥아동맹회'가 성립되어 정치 단체의 문화·사상 단체로의 개조가 요구되자 , '동방회'는 '동방동지회'로 개조되었다. 그 후 '동방동지회'는 '대정익찬회'로부터 탈퇴해, 통수와 국무를 겸무해 천황대권을 간범하고 있다고 도조 수상을 비판한다. 1943년 10월에는 '동방동지회'가 국정변란을 기획했다는 이유로 회원 39명이 검거되고 나카노가 헌병대의 취조 후 할복자살하는 '동방동지회 사건'이 발생했다. 1944년 3월에 '동방동지회'는 해산했다.

이 시기 군부와 우익과의 대립은 다음과 같은 정치적 상황 속에서 성립됐던 것으로 고찰된다. 대러전용〔對露戰用〕의 관동군이 1931년 만주사변을 일으키자 만주사변 직후에 출범한 이누카이犬養 내각(1931.12-1932.5)이 '황군皇軍'으로 불렸던 반소주의자 아라키 사다오荒木貞夫(1877-1966) 대장을 육군 장관으로 받아들였다. 그 후 해군장교들이 아라키 사다오 정권을 수립하기 위해 1932년 5 · 15 쿠데타를 일으킴에 따라, 그때 수상 이누카이가 사살되어 사이토齋藤 내각(1932.5-1934.7)이 새로 출범하게 됐는데, 그 내각에서도 아라키 사다오가 육군 장관직을 고수했다. 그는 일본이 32년에 만주국을 승인하고, 33년에 국제연맹을 탈퇴하는 데 절대적 역할을 하는 한편, 국가 개조를 추구했던 청년장교들의 이익을 대표함으로써 소위 황도주의 시대를 구축해 갔다. 그러한 과정에서 군 내부에 형성된 황도파의 장교들이 '쇼와유신'을 목표해 1936년 '2 · 26 사건'을 일으키게 된다. 한편 사이토 내각 때 아라키 육군 장관에 이어 하야시 센주로林銑十郎(1876-1943) 육군대장이 육군 장관으로 임명됨에 따라 비황도파가 군부국의 요직을 점령하게 됐다. 그러한 과정에서 '2 · 26 사건'이 일어났는데, 그 사건을 계기로 육군은 황도파를 일소했다. 대신 '2 · 26 사건'이 처리되는 과정에서 천황가의 인척, 고노에 후미마로 공작이 수상에 천거되었다. 그러나 그는 수상 직을 고사하다가 1937년 6월에 다시 천거되어, 결국 고노에 내각이 형성된다. 그러자 우익은 고노에 내각이 추진하는 정책들을 적극적으로 실천해 나가게 됐다.

일본은 4년 동안 중 · 일 전쟁을 치렀는데, 중 · 일 전쟁 발발 직후부터 일본과 독일 · 이탈리아 · 일본 3국간의 방공 협정을 맺고 있었던 독일이 1939년 9월 폴란드를 침공하고 영국, 프랑스 등에 선전포고를 했다. 그 다음 1941년 6월에 가서는 소련에까지도 선전포고를 했다. 그러자 일본은 그해 12월 미국과 영국에 선전포고를 행함으로써 태평양전쟁을 야기했다.

한편, 만주사변 이후 일본의 정치계는 군부와 궁중그룹이 형성되었다. 궁중그룹이란 일본 궁중의 천황을 포함해 천황 측근에서 전쟁 등과 같은 정치적 사건에 대해 입장들을 제시하는 인사들을 가리켰다. 그런데 그 궁중그룹 중에는 친군親軍적 입장을 취해 정치를 혁신하려는 정치혁신파들이 존재했었는데, 그들이 바로 고노에 후미마로, 기도 고이치木戸幸一(1889-1977) 등과 같은 인물이었다. 앞에서도 언급한 바와 같이, 고노에는 중·일 전쟁까지는 찬성했지만, 중·일 전쟁이 완결되지 않은 시점에서 대미영전까지 밀고 나간다는 것에 대해서는 반대했던 인물이었다. 그러나 1940년 당시 천황보좌의 소임을 맡은 내부內府 장관으로서 당시 천황 측근에서 실권을 쥐고 있었던 기도가 대미영전에 대해 주전론자의 입장을 취했던 도조 히데키 육군 장관을 수상으로 밀어, 1941년 10월 도조 내각이 성립되는 바람에 결국 그 다음 12월 8일에 태평양전쟁이 발발했던 것이다. 그러나 기도는 전쟁의 국면이 악화되자 '성단聖斷'을 통한 화평을 추진하려는 입장으로 바뀌었다. 그러나 때는 이미 늦어 1940년 도조가 육군 장관이 된 후 군부가 통제파로 재편됨에 따라 '성단'을 통한 화평 모색이 불가능한 상태에 이르게 되어 결국 통제파가 주도하는 군부와 황도파 측의 우익과의 대립은 불가피했었던 것이다.

(2) 패전 직후의 우익 단체와 우익 활동

패전 시의 우익 단체는 약 300개 정도로 추산된다. 그것들의 존재 형태는 일반적으로 '일인일당一人一党'의 형태를 취하고 있었다. 그 당수들 한 사람 한 사람은 천황을 정신적 지주로 삼고 있었고, 또 그들은 천황제를 가장 확실한 정치적 체제로 신봉하고 있었다. 따라서 천황에 절대복종하는 것이 우익의 기본적 원칙이었다. 이렇게 봤을 때, 천황의 항복 선언은 우익이 그들의 정신적 기반을 완전 상실했다는 의미에서 우익의 몰락 그 자체를 의미하는 것이었다. 그렇다면 천황의 항복 선언으로 인한 우익들의 몰락은 어떻게 구체화되어 나갔던 것인가?

우익 연구의 초석을 놓은 기노시타 한지는 일찍이 우익 단체들의 패전 수용의 두드러진 양태를 다음과 같이 세 가지로 분류해 볼 수 있다는 입장을 제시한 바 있다.[174] '자결그룹自決組', '간판도환그룹看板塗換組', '경제적 침잠파経済的潜派'가 그것들이다. 그의 이러한 분류에 대해 필자는 패배 수용 그룹까지를 포함시켜 패전 직후의 우익을 4그룹으로 분류해 볼 수 있다고 생각한다.

'자결그룹'은 '존양동지회尊攘同志会', '명랑회明朗会', '대동숙大東塾' 등이 대표적인 예라 할 수 있다. '존양동지회'는 1944년 4월에 이바라키茨城의 가시마진구鹿島神宮에서 결성됐는데, 8월 12일 〈포츠담 선언〉 수락 결정 이후, 대전 말 천황 보좌를 맡았던 장관 기도 고이치, 천황가의 정치가 고노에 후미마로 등의 중신重臣을 공격한다는 문들을 붙여 가면서 수류탄 폭발 등을 행했다. 1945년 8월 15일에는 기도야말로 망국의 원흉이라 못박고, 사저로 몰려가 면회를 강요하면서 경비순찰에 상처를 입히기도 하였다. 그러다가 그들은 도쿄 시바구芝区 아타고야마愛宕山에 집결해 군의 항전파가 일으키는 반란에 호응했다. 그러자 경시청은 아타고야마를 둘러싸고 그들을 설득해 갔었는데, 8월 22일 10명이 수류탄으로 폭사했고 2명만이 설득당해 하산했다. 그로부터 5일 후 폭사한 회원들 중의 한 사람의 처 등 두 여성이 뒤따라 자살했다.

'명랑회'는 1935년 일본 우편선박 기관사 협회의 일부가 고급선원들을 모집해 결성한 단체였다. 1945년 8월 23일 단체의 회장 등 여성 한 명을 포함해 12명이 천황의 무조건 항복에 반대해 궁성 앞 광장에서 권총, 단도, 독약 복용 등의 방법으로 집단자살을 감행했다. 이는 천황의 항복을 저지시키지 못한 것에 대한 사죄의 표현이었음과 동시에 패전의 책임을 천황이 져야 한다는 표현이기도 했다.

'대동숙'은 1939년 4월 도쿄 시부야구에서 가게야마 마사하루影山正治(1910-1979)가 1936년 결성했던 '유신료維新寮'를 고쳐서 창설한 단체이다. 가게야마는 '대일본생산당' 상임위원이었을 때(당시 24세), 황족 내각을 실현해 쇼와유신

174■ 木下半治『日本右翼の研究』(現代評論社, 1983), 114-115頁.

을 달성해 보기 위해 기획했다 발각된 소위 '신병대神兵隊 사건'(1933.7)에 참모로 관여해 검거된 바 있었고, 1940년 7월에는 '신병대 사건'에 관여했던 자들과 함께, 요나이米內 내각의 총 사직, 황족 내각의 실현 등을 계획했다가 사전에 발각되어 1942년 금고 5년의 형을 받았으나 그 다음 4월에 특사로 풀려났다. 1941년 10월에 도조 내각이 출범해 도조 수상이 육군 장관과 내무 장관을 겸했고 1944년에 가서는 참모총장까지도 겸하게 되어 절대적 권력을 휘둘렀다. 이렇게 도조 수상이 절대적 권력을 장악해 가자, 군부가 천황의 신성한 권력까지를 박탈할 가능성이 있다고 판단한 나머지, 징용 거부와 같은 형태를 취해 군국주의 정부에 반대 입장을 취했던 우익 단체들이 있었는데 그 대표적 우익 단체가 바로 '대동숙'이었던 것이다. 천황의 항복 선언을 접하자, 당시 '대동숙' 장의 응소應召로 그 숙장을 대행代行하고 있던 숙장 가게야마 마사하루의 아버지 가게야마 쇼헤이影山庄平(1886-1945) 등 14명은 요요기하라代々木原에서 할복 자살을 행했다.

'간판도환그룹'은 사사가와 료이치의 '전국 근로자 동맹', 고다마 요시오의 '일본 국민당', 미타무라 다케오三田村武夫(1899-1964)의 '민권동지회', 혼료 신지로本領信治郎(1903-1971)의 '신일본건설동지회' 등이다. 사사가와의 '전국 근로자 동맹'은 1942년 6월 신체제 운동이 진행되는 과정에서 우익 정치결사로서의 '국수대중당国粹大衆党'을 사상결사로 개조시켰던 '국수동맹国粹同盟'이 탈바꿈해 나온 단체이다. 고다마의 '일본국민당'은 그의 '흥아청년운동본부'가, 마타무라의 '민권동지회'는 그의 '동방회'가, 혼료의 '신일본건설동지회'는 마타무라의 '동방회'가 각각 탈바꿈해 나온 단체들이었다.

'경제적 침잠파'는 "지방에서 경제 활동을 하는 단체로 모습을 바꾸어 구세력을 온전시켜 나가려는" 입장을 취했던 단체들로서 이시하라 간지石原莞爾(1889-1949)의 '동아연맹협회', 사사가와 료이치의 '국수대중당', 호즈미 고이치穗積五一(1902-1981)의 '지집료至軒寮', 이노우에 닛쇼井上日召의 '히모로기주

쿠ひもろぎ塾', 가게야마 마사하루의 '대동숙' 등이 대표적인 케이스라 할 수 있다.[175]

이시하라의 '동아연맹'계는 야마가타겐山形県에서의 니시야마西山 농장을 경영하면서 효모酵母 비료 보급 운동을 전개했다. 사사가와의 '국수대중당'은 '은성백화점', 여관 등의 경영, 경기용 보트 제작 등에 손을 댔다. 호즈미의 '지집료'는 '신성학생료新星学生寮' 경영, 이노우에의 '히모로기주쿠'는 토건업에 손을 댔다. 가게야마의 '대동숙'은 야마토 공사大和公社 등을 경영했던 것이다.

이상의 3종의 패배 수용의 양태는 사실상 예외적이라 할 수 있고, 대부분의 우익은 "거의 패배를 저항 없이 수용했던 것"으로 고찰된다.[176] 그 이유는 자신들이 신봉해 왔던 천황제라고 하는 정치 체제의 정점에 있던 천황에 절대 복종하는 것이 원칙이라 생각했었기 때문이었다.

(3) 기존 우익 단체들의 해체

(가) 패전 전후의 내각들의 대미對美적 입장

통제파의 중심인물 도조 히데키를 주축으로 출범했던 도조 내각이 무너진 직접적 계기는 사이판 섬 함락이었다 할 수 있다. 1944년 6월 미군에 의해 사이판 섬이 함락되자, 그동안 침묵을 지키고 있던 친영미파의 오카다 게이스케岡田啓介, 고노에 후미마로 등의 중신重臣 등의 압력으로 도각했던 것이다. 도조 내각이 무너지자, 육군대장 출신으로 조선총독이었던 고이소 구니아키小磯国昭가 부수상 요나이 미쓰마사米内光政 해군 장관과 연립 내각의 형식을 취해 고이소 내각(1944.7-1945.4)을 출범시켰다.

그러나 고이소 수상이 시도했던 중국의 장제스 정권과의 화평 작전이 실패로 돌아가고 또 미국의 일본 본토 공작이 시작되자, 고이소 내각도 천황으로부

---

175 ▪ 上掲書, 115頁.

176 ▪ 堀幸雄, 前掲書, 2頁.

터 불신을 사게 되어 결국 모두 사직하고 말았다. 그 다음은 해군대장 출신으로 친영미파의 입장을 취했던 추밀원 의장 스즈키 간타로鈴木貫太郎가 육군으로부터 '전쟁 완수' 등의 임무를 부여받고 스즈키 내각을 출범시켰다. 그러나 스즈키 내각은 '본토 결전本土決戰' 방침을 결정해 그 방향으로 모든 체제정비를 진행시켜 나가면서도, 다른 한편으로는 전쟁 종결을 위한 작업도 개시했다. 그러다가 7월 말에 와서 무조건 항복해야 한다는 〈포츠담 선언〉이 발표되고 또 다음 8월에 가서는 본토에 원자폭탄이 투하되고 소련의 대일 참전이 행해짐에 따라, 결국 8월 14일 〈포츠담 선언〉 수락을 결정하고 그 다음 15일 총 사직하게 됐던 것이다.

〈포츠담 선언〉 수락 후 8월 17일 군부의 저항을 억누르기 위해 황족 내각으로서의 히가시쿠니 나루히코東久迩稔彦 내각(1945.8.17-10.9)이 출범해 항복문서 조인 등의 항복 실무 처리를 행했다. 히가시쿠니 내각은 항복 실무를 처리한 후 일본 재건에도 관심을 가졌었지만, GHQ로부터 민주화를 향한 지령이 예상외로 강했었기 때문에 10월 4일 GHQ로부터의 '인권 지령'의 하나로 〈정치적, 민사적, 종교적 자유에 대한 제한 철폐의 각서〉가 나오자, 그 다음 날 "각서는 실행불가능"이라고 하는 입장을 표명하고 총사직을 결정했다.

그 다음의 시데하라 기주로幣原喜重郎 내각(1945.10-1946.5)은 GHQ의 지령하에서 1946년 4월에 앞의 '지령'이라든가 10월 11일자의 〈5대 개혁지령〉 등 일련의 민주개혁을 추진하면서도 천황제를 유지하려다가 총선을 실시, 결국 제1당의 자유당을 축으로 제1차 요시다吉田茂 내각(1946.5-1947.5)을 성립시켰다.

(나) GHQ의 우익 세력 해체

전전부터의 이러한 정치적 상황들의 극심한 변화들과 맞물려 우익 단체들은 해체와 결성을 통해 다양한 우익 운동을 전개했다. 우익 단체들의 해체는 우익 단체의 기반 해체로 시작되어 우익 단체 그 자체의 해체로 전개되었다. GHQ는 앞에서 언급한 바와 같이 1945년 9월 11일 우선 일차적으로 도조 히데키 등

개전 시의 각료를 비롯한 39명에 대해 전범으로서 체포령을 내린 것을 시작으로 그해 12월 6일까지 3차에 걸쳐 118명에게 체포령을 내렸다.[177]

두 번째 12월 25일에는 '국가신도'야말로 천황을 신격화시킨 근거라 생각하고 천황제를 지탱시켜 가는 국가신도를 정치로부터 분리시킨다는 목적하에 〈신도지령〉, 즉 〈국가신도의 폐지 지령〉을 발하게 된다. 그 다음 1946년 1월 1일에 가서는 〈천황 인간 선언〉을 행하게 했다.

셋째, 1월 4일에 가서는 〈공직 추방령〉과 우익 단체 해체를 지령했다. 그 지령은 〈연합국 총사령부발 일본 정부 앞 1946년 1월 4일부 각서〉로서 '공무종사에 적합지 않은 자의 공직으로부터의 제거에 관한 건' 및 '혹종의 정당, 협회 그 기타의 단체의 폐지에 관한 건'이었다.

그 추방령에 기초해 우익 관계의 추방은 우선 "(1) 우익 단체의 창립자, 간부 또는 이사, (2) 요직을 점유한 자, (3) 일체의 간행물 또는 기관지의 편집자, 4) 자발적으로 다액을 기부한 자" 등이 대상이었다. 그 다음은 '그 외의 군국주의자 및 극단적 국가주의자', 보다 구체적으로 말해 "(1) 군국주의적 정권 반대자를 공격했거나 또는 그 체포에 관여한 모든 자들, (2) 군국주의적 정권 반대자에 대한 폭력을 부추겼다든가 또는 감행한 자, (3) 일본의 침략계획에 관해 정부를 상대로 해서 활발하고 중요한 역할을 연출했거나 또는 언론저작, 행동을 통해 호전적 국가주의 및 침략을 활발히 주창한 자로 분명히 드러난 모든 자들" 등을 대상으로 해서 행해졌었다.

(다) 대표적 A급 전범

1948년 5월까지 공직추방이 지속되었는데 그때까지의 추방자에 대한 심사 수는 총 717,415명이었고, 이 중 211,188명이 추방에 해당되었다. 그 추방 대상자들 중 우익 관계의 추방은 49,340명이었다.[178] 그들 중 주요 우익 전범 및

177 ▪ 堀幸雄, 前掲書, 7頁.

178 ▪ 上掲書, 9頁.

추방자들로서 A급 전범으로 알려진 대표적 인물들은 다음과 같다.

- 도쿠토미 소호德富蘇峰(1863-1957) : 본명은 도쿠토미 이이치로德富猪一郎로 직업은 저널리스트, 평론가. 청·일 전쟁을 기해 국가주의자로 변신해 나온 이후 제2차 세계대전 시에는 '대일본언론보국회' 회장으로 활약해, 1943년에 국가로부터 문화훈장을 수여받았다. 그러나 그는 1946년 그것을 국가에 반납했다.
- 오카와 슈메이大川周明(1886-1957) : 국가주의자 기타 잇키北一輝와 더불어 파시즘 운동의 이론적 지도자로서 1918년 유존사猶尊社를 결성했다. 군부에 접근해 '3월 사건', '10월 사건'에 관여했고, '5·15 사건'에서 검거되었다. A급 전범으로 체포되었는데, 정신장해로 석방됐다.
- 사사가와 료이치笹川良一(1899-1995) : 우익 운동가로서 1931년 '국수대중당'을 조직해 총재가 되고, 1942년에는 익찬선거에서 중의원의원에 당선됐다. A급 전범으로 수감되었는데 불기소되어 석방 후, 전국에 경정競艇을 보급시켜 '전국모터보트경주회연합회'의 회장이 됐다. 1982년에는 유엔 평화상을 수상했다.
- 신도 가즈마進藤一馬(1904-1992) : 정치가. 부친이 후원하고 있던 '동방회'에 들어가 나카노 세이고를 스승으로 받들어 총무부장이 됐다. '동방시보東方時報' 사장을 하다가 1944년에는 '현양사' 사장이 되었다.
- 구즈우 요시히사葛生能久(1874-1958) : 국가주의자로 1901년 우치다 료헤이內田良平 등과 흑룡회를 조직하고, 신해혁명 때에는 중국에 건너가 혁명파를 원조한 자이다. 1931년에는 '대일본생산당' 결성에 참여했다. 1937년 우치다 사후에는 '흑룡회'를 주관했다.
- 하시모토 긴고로橋本欣五郎(1890-1957) : 군인. 육군 중진 장교를 중심으로 '사쿠라카이桜会'를 만들어 1931년 쿠데타를 계획했으나 실패('3월 사건', '10월 사건'). 육군대령으로 제대해 '대일본청년당' 총령, '대일본적성회' 회장, 1942년

에는 중의원의원이 됐다. A급 전범으로 종신형을 선고받고, 1955년에 가석방된다.

• 고다마 요시오児玉誉士夫(1911-1984) : 우익 운동가. 1929년 '건국회'에 참가했다가 천황 직소 사건으로 입옥했다. 그 후 외무성이라든가 참모본부의 촉탁으로 중국에서 활동. 1931년에는 '고다마 기관児玉機関'을 상하이에서 만들어 자금 조달에 힘썼다. A급 전범으로 기소되었으나, 석방 후 정계의 흑막이 된다. 1976년 록히드 사건으로 기소된다.

• 히라누마 기이치로平沼騏一郎(1967-1952) : 사법관, 정치가. 1925년 야마모토山本 내각하에서의 법무장관을 지냈다. 1926년에는 우익 단체 '국본사国本社'를 결성. 제2, 3차 고노에 내각의 국무장관을 역임했다. A급 전범으로 종신금고형에 처해졌다.

(라) 대표적 공직 추방자

• 이노우에 닛쇼井上日召(1886-1967) : 국가주의자. '혈맹단'을 조직해 일인일살一人一殺을 제창. 1932년 이노우에 준노스케井上準之助(1869-1932) 등의 암살(혈맹단 사건)을 지도하다 발각되어 무기징역에 처해졌다가 1940년 출옥. 1954년 '대일본호국단'을 결성했다.

• 도야마 히데조頭山秀三(1907-1952) : 국가주의자. 국가주의자 도야마 미쓰루頭山滿의 3남. 1931년 '천행회天行会'를 결성. 1932년 '5 · 15 사건'에서 해군 장교들에게 무기를 조달한 용의로 검거되어 금고 3년을 받았다.

• 다치바나 고자부로橘孝三郎(1893-1974) : 사상가. 일고一高 중퇴 후 고향 이바라키겐茨城県에서 '형제촌' 농장을 창설, 농부주의 교육을 목표로 해서 '애향숙愛郷塾'을 설립. 이노우에 닛쇼 등 해군청년장교들과 교류하다가, '5 · 15 사건'에 연좌되어 금고 4년을 선고받았다. 1939년에는 '고토무스비샤ことむすび社'를 조직하고, 전후에는 '신생일본동맹회'를 조직했다.

• 시미즈 고노스케清水行之助(1895-1981) : 국가주의자. 19세 때 상하이로 건너가

신해혁명에 관계했다. 기타 잇키, 오카와 슈메이 등과 활동. 1924년에는 '대행사大行社'를 결성. 1931년에는 '3월 사건'에 관여했다.

- 가게야마 마사하루影山正治(1910-1979) : 국가주의자, 가인歌人. '대일본생산당'에 입당. '신병대 사건'에 연좌. 1939년 '대동숙'을 창설했고, 요나이 미쓰마사 등의 암살계획(7·5 사건)으로 검거된다. 1949년부터는 '불이가도회不二歌道会'를 주재主宰. 1954년 '대동숙'을 재건했다. 1979년 5월 자살.
- 미카미 다쿠三上卓(1905-1971) : 군인, 국가주의자. 1932년 해군중위 때, '5·15 사건'으로 이누카이 쓰요시犬養毅 수상을 사살. 금고 15년형을 받고, 1938년에 가석방. 1940년에 '황도익찬청년연맹'을 결성했다.
- 미우라 기이치三浦義一(1898-1971) : 국가주의자. '대아의맹大亞義盟' 결성. 1932년 도라야虎屋 공갈 사건, 1935년 마스다 다카시益田孝의 불경 규탄 사건, 1939년 나카지마 지쿠에이 저격 사건 등을 일으켰다. 전후는 정재계의 흑막으로 주목을 받았다.
- 오누마 쇼小沼正(1911-1978) : 국가주의자. 1930년 이노우에 닛쇼를 알아 '입정호국당立正護国堂'에 들어가 니치렌日蓮신앙과 국가 혁신 사상을 배웠다. '혈맹단'의 일원으로서 1932년 전 재무장관 이노우에 준노스케를 사살해 무기징역에 처해졌다. 1940년 출소하였고 1954년에는 '업계공론사'의 사장이 된다.

(마) 해체 지령 및 재결사 금지 대상의 우익 단체

그 지령에 의해 1946년 1월 4일 해산 명령을 받은 우익 단체는 우선 일차적으로 '대일본일신회', '대일본흥아연맹' 등 27개 단체였고, 그 후 1951년 말까지 몇 차례에 걸쳐 도합 233개의 우익 단체가 해체 지령 내지 재결사 금지 지정을 받았다.[179] GHQ로부터 해산 지령을 받은 대표적 우익 단체들은 다음과 같다.

---

179 ■ 上同書.

- 대일본일신회大日本一新会(구'대일본생산당') : 1942년 도조 내각의 강제적 정책 전환에 의해 동년 6월 정치결사 '대일본생산당'이 해산되고 대신 사상결사로 재결성된 단체. 우치다 료헤이의 사후 제2대로 '대일본생산당' 총재였던 요시다 마스조吉田益三(1895-1967)에 의해 재결성되었다.
- 대일본흥아연맹大日本興亞連盟 : '대정익찬회'가 1941년 1월 1일 각의결정에 기초해 혁신 단체의 통합을 목표로 동년 7월 6일 히비야공회당에 53개 단체를 강제로 집합시켜 결성한 단체이다.
- 대일본적성회大日本赤誠会 : '대일본청년단'이 고노에 내각의 신체제 운동에 순응해 1940년 11월 정치 단체로부터 사상 단체로 개조해 나온 단체이다.
- 대동숙大東塾 : 1939년 4월 가게야마 마사하루影山正治 등이 '유신료維新寮'를 고쳐 도쿄 시부야구澁谷区에서 개숙開塾했다. '대동숙'은 황실주의를 가장 강하게 주장해 온 단체로서 1945년 패전을 접하고서는 숙장대리 가게야마 쇼헤이影山庄平가 13명의 숙생들을 데리로 할복자살했다.
- 현양사玄洋社 : 신도 가즈마가 1944년 사장으로 들어앉은 우익 단체.
- 건국회建国会 : 아카오 빈赤尾敏(1899-1990)이 1926년에 결성한 우익 단체.
- 흑룡회黒龍会 : 우치다 료헤이가 사망한 1937년 이후 구즈우 요시히사가 주재해 오던 우익 단체.
- 국수대중당 : 사사가와 료이치가 1931년 조직한 우익 단체.
- 국체옹호연합회 : '대정익찬회' 등에 참여하면서 '대일본흥아동맹' 상무이사 등을 역임했던 이리에 슈큐入江種矩(1882-1952) 등이 1932년에 결성한 단체. 그해 도쿄 지역의 판사 등이 치안유지법으로 검거됐던 사법성의 적화赤化 사건이 일어났다. 그러자 우익 단체가 들고 일어나 사법부의 숙청을 외치는 상황에서 결성된 단체였다.
- 명륜회明倫会 : 전 육군대장 다나카 구니시게田中国重(1870-1941) 등에 의해 1933년 고급 재향군인을 주체로 해서 조직된 국가주의 단체.

- 존양동지회尊攘同志会 : 1943년 '국수대중당' 등의 급진파들이 결성한 '팔일회八の日会'의 유지들이 1944년 '성전관철동맹聖戦貫徹同盟'을 계승한다는 취지에서 결성된 단체.
- 대화회大化会 : 1919년 상해에서 기타 잇키를 만아 사숙私淑했던 이와타 후미오岩田富美夫(1891-1943)가 1923년 창설. 창설자 이와타는 귀국 후 기타, 오카와 슈메이大川週明 등이 결성한 '유존사'에도 참가했던 인물로서 '대화회'는 '유존사' 계열로 '경륜학회経倫学会'의 무력 행동부를 떠맡았던 단체였다.
- 천행회天行会 : '현양사'를 결성한 도야마 미쓰루의 3남, 도야마 히데조가 1931년 동아시아 민족의 제휴와 무도武道정신의 고양을 내걸고 결성한 단체.
- 동아연맹東亜連盟 : 1928년 관동군 사령관이 되어 이타가키 세이시로板垣征四郎(1885-1948) 등과 만주사변을 일으켜 만주국 건국을 추진한 이시하라 간지가 1939년부터 지도했던 단체. 이시하라는 1937년 참모본부 작전부장이 되어 그의 지론, '세계최종 전쟁'에 의거한 미·일 결전을 상정하고 대중전對中戦불확대를 주장해 도조 히데키와 대립적 입장을 취했다.
- 동방동지회東方同志会 : '동방회'는 동방시론사東方時論社 주필 나카노 세이고가 1936년 결성한 단체이다. '동방동지회'는 1914년 '대일본흥아연맹'이 성립되어 정치 단체들의 사상·문화 단체로의 개조가 요구되는 상황에서 그 다음 1942년 사상·문화 단체로 개조되어 나온 단체이다.
- 야마토 무스비やまとむすび : 1940년 '대일본당'을 결성한 사사이 가즈아키라佐々井一晃(1883-1973)가 지도했던 단체.
- 전 일본청년구락부全日本青年倶樂部 : 1939년 '대동숙'을 창설한 가게야마 마사하루가 지도했던 단체.

(4) 미국의 대일 점령 정책과 친미반공 우익 단체의 등장

(가) 종전 후 공산 세력의 확대와 미국의 초기 대일 점령 정책

앞에서 논한 바와 같이, 제2차 세계대전은 한마디로 말해 군부, 대재벌, 종교단체 등으로부터 지지를 받아 정권을 장악해 인접국들을 침략해 가던 극우세력들과 시민 및 노동자의 힘 등을 배경으로 해서 정권을 유지하는 중도우파 및 극좌 세력들과의 대결전이었다. 그 대결은 중도우파 및 극좌 세력들의 승리로 끝났는데, 문제는 그 승리를 계기로 다시 세계가 미국을 중심으로 한 중도우파와 소련을 중심으로 한 극좌세계와의 대결로 양분화되었다는 것이다. 다시 말해서, 대전 후의 세계는 미국의 자본주의 계급 중심의 중도우파 세계와 소련의 공산주의 계급 중심의 극좌파 세계로 양분화되어 나갔던 것이다. 그러한 양분화는 우선 유럽에서의 소련의 팽창주의 정책과 그것에 대한 미국의 저지 정책과의 충돌을 통해 확대되어 나갔다.

일찍이 전 영국 수상 처칠은 1946년 3월 미국 웨스트민스터대학에 초청되어 유명한 '철의 장막Iron Curtain'이란 연설을 하게 된다. 그는 그 연설에서 "이제 발트 해의 스테틴Stettin에서 아드리아 해의 트리에스트Trieste에 이르기까지 하나의 철의 커튼이 유럽 대륙을 횡단하여 내려지고 있다. 〔…〕 이 철의 커튼을 넘어 서유럽까지 손을 뻗치기 시작한 각지의 공산당 제5열의 행동은 분명히 문명에 대한 하나의 도전이다. 〔…〕 이는 그들의 권력과 사상의 무제한한 팽창이다. 그렇기 때문에 여러 민주 국가들, 특히 앵글로색슨 민족은 굳은 단결을 필요로 하고 있다"고 지적했다.

그의 연설 내용은 소련의 스탈린에게까지 알려져 스탈린은 동월 그의 기관지 《프라브다》를 통해 처칠의 연설을 맹렬히 공격했다. 이처럼 종전 1년이 채 되 지나기도 전에 영미와 소련의 대립은 분명해지고 있었던 것이다.[180] 그러

180 ▪ 김익달 외 편, 앞의 책, 650-651면.

한 상황에서 그리스에서는 소련의 지원을 받은 공산 세력과 영국과 연결되어 있는 민주 정부와의 사이에 치열한 내전이 행해지고 있었다. 한편 소련은 전쟁 후에도 대규모의 군대를 가지고 동유럽의 여러 나라를 자기들의 위성국衛星國으로 흡수해 가고 있었다. 상황이 그렇게 전개되어 나가자, 1947년 3월 미국의 투르먼 대통령은 "이러한 중대한 시기에 그리스와 터키를 원조하지 않으면 동유럽은 물론 서유럽에까지도 심대한 영향을 끼치게 될 것"이라면서 미 의회에 두 나라에 대한 4억 달러의 원조를 요청했다. 그 의회 연설 중에는 "안팎으로부터 전체주의의 압력에 대항하면서 자신들의 독립, 민주적 제도, 인간의 자유를 가지려는 국민은 누구보다도 우선적으로 미국의 원조를 받게 될 것이다"라는 소위 〈트루먼 독트린〉을 선언했다.[181]

이어서 동년 6월에는 마셜 국무장관이 하버드대학 졸업식에서 유럽 국가들이 경제부흥의 구체적인 계획과 그 수원受援 태세를 갖추기만 한다면, 미국은 그들에게 원조할 용의가 있다는 소위 마셜 플랜의 구상을 발표했다. 그러자 곧 영국을 중심으로 유럽경제부흥회가 파리에서 열리게 되어 결국 16개국이 1948년 4월에서 1952년 1월까지 미국으로부터 122억 달러의 원조를 받게 된다. 그 결과 폐허 상태에 있던 서유럽의 경제는 급속도로 회복되고, 또 정치적으로는 12개국으로 구성된 북대서양 조약기구NATO와 같은 대반공진영이 1949년 4월에 결성되어 사회적 안정을 회복하게 됨으로써 공산 세력의 확장을 저지시켜 나갔다. 종전 직후부터 유럽에서 공산 세력의 확장을 도모했던 소련은 미국의 이러한 공산 세력 저지 전략에 대항해 1947년 10월 유럽 8개국의 공산당 및 노동자 정보국, 즉 코민테른(1947.10-1956.4)을 결성해 소련과 동구 제국 간의 물자교환 협정과 차관 협정 등을 체결했다.

한편 일본의 무조건 항복을 계기로 대전 직후 일본에서의 공산 세력은 감금

---

181 ▪ 위의 책, 650면.

상태로부터 풀려나 사회주의·공산주의 정당을 세워나갔고, 한국에서는 종전 직전에 북쪽에 들어왔던 소련군을 중심으로 공산 세력이 자리를 잡기 시작하는가 하면 중국 대륙에서는 국공 내전이 재연되었다.

미국의 대일 초기 점령 정책의 기본입장은 비군사화와 민주화였다. 미국은 〈포츠담 선언〉에 근거한 민주화 정책의 실천으로 1945년 10월 정치범들을 석방하였다. 1928년 3·15 사건으로 체포되어 18년 동안 투옥되었던 두 비전향 정치범들, 도쿠다 규이치德田球一(1894-1953)와 시가 요시오志賀義雄(1901-1989), 13년간 투옥됐던 미야모토 겐지宮本顕治(1908-2007) 등 대부분의 정치범들은 공산주의자들로서 출옥 후 그동안 옥외에서 잠복해 있던 동지들과 함께 그해 12월 '일본 공산당'을 재건해 정치 활동을 전개시켜 나갔다.

한국의 경우 북한에 진주한 소련군은 38선 이북의 한국을 자신들의 위성국가로 만든다는 계획하에서 김일성을 내세워 '북조선인민공화국'을 설립해 공산주의 정치를 실시했다. 한편, 중국에서는 1946년부터 국공 사이에 군사적 충돌이 야기되기 시작했고 그 다음 1947년 3월에 가서는 국공 내전이 시작되었다. 태평양전쟁 개시 이후 미국의 지원을 받아왔던 장제스 국민당 정부는 군사력 측면에서의 자신들의 우월성을 자신하고 있었다. 그러나 사실은 그렇지 않았다. 공산당 측은 일본의 무조건 항복으로 소련군이 만주에서 일본군으로부터 거두어들인 엄청난 무기와 장비들을 소련군으로부터 물려받아 국민 정부군을 대적한 결과 국민당 정부를 대만으로 몰아내고 1949년 10월에 북경에서 '중화인민공화국'을 설립했던 것이다.[182]

(나) 미국의 대일 점령 정책의 전환

이와 같이 종전 후 유럽과 동아시아에서 소련을 중심으로 공산 세력이 확대되

---

182 ▪ 존 K. 페어뱅크 외, 앞의 책, 1001면.

어 나감에 따라 지본주의 노선을 걷는 미국으로서는 공산 세력들의 확대를 적극 저지시켜 나간다는 입장을 취하지 않을 수 없게 된다. 재차 언급하건대 미국의 초기 대일 점령 정책은 일본의 비군사화와 민주화에 있었다. 그러나 유럽에서 소련이 공산 세력들의 확대 정책을 취해 나가고 동아시아에서도 중국 대륙과 한반도 지역을 공산화시켜 나감에 따라 미국으로서는 일본을 발판으로 해서 동아시아의 공산 세력의 확대를 저지시켜 나간다는 정책을 우선적으로 취하지 않을 수 없었다. 다시 말해서 미국은 동아시아 지역의 공산화를 저지시키기 위해서는 일본의 비군사화와 민주화 정책을 포기하고 일본을 재무장시키고 일본의 국민을 우경화시켜 간다는 입장을 취했던 것이다. 미국의 이러한 발상은 전전 일본의 대륙 점령 정책과 유사하다. 전전 일본의 대륙 점령 정책은 일본이 자신들의 손아귀에 들어 있는 대륙의 인적, 물적 자원을 이용해 대미전을 치르는 것이었다.

미국의 그러한 정책 전환은 1948년 1월에서부터 표면화되었다. 미국은 종전 후 세계가 자본진영과 공산진영으로 양분화되어 나갈 것이라 파악하고 1945년 12월 조지 마셜George C. Marshall 장군을 중국에 특사로 파견했다 .그는 중국의 국공 간의 경쟁을 조정해 연립 정부를 수립할 수 있는 정치적 여건을 조성해 보라는 임무를 맡았다. 그러나 그는 임무 수행이 불가능하다는 것을 깨닫고 중경重慶에서의 국공 합작을 위한 정치 협상을 포기하고 미국으로 돌아가 국무장관에 취임했다. 미국은 1947년 9월, 공산당의 내전 승리의 가능성이 분명해지자 그해 3월 소위 〈투르먼 독트린〉에 의해 유럽에서 시작된 냉전 체제를 극동 지역까지 확장시킨다는 동아시아에 대한 구체적 냉전 정책을 제시했다. 그것은 한마디로 중국을 포기하고 일본을 재무장시킨다는 것이었다. 미국의 그러한 점령 정책의 전환은 당시 국무성 정책기획실장으로서 마셜 플랜 입안에 종사했던 존 캐넌이 주창한 소위 '소련 봉쇄 정책'에 기초해 입안되기 시작했다.[183] 그것은 1948년 1월 샌프란시스코에서 행한 로열 미 육군장관의 연설에서 공식적으로 표명되었다. 그는 미국이 공산 국가의 위협으로부터 벗어나기 위해서는 그 위협에 대한 극동의 반공 방파제로서 일본을 군사 기지화시키고 경제적으로는 자립시켜 나간다는 방안을 제시했다.

1948년부터의 미국의 대일 점령 정책은 초기의 점령 정책, 즉 비군사화 방향에서 군사적 재건의 방향으로 전환해 나왔고, 경제적으로는 대기업에 대해서는 융숭한 보호책을 취하는 반면 노동자들에 대해서는 그들의 임금 인상의 주장을 억제시켜 감으로써 일본경제의 대미 종속화 정책을 위한 종래의 독점자본주의 체제를 부활시켜 나갔던 것이다.

그러한 과정에서 1949년 10월 중국 대륙에서 공산당 정부가 수립되고, 1950년 2월에는 〈중·소 우호 동맹 상호원조 협정〉이 결성되고, 그해 5월 맥아더의 레드 파지 선언, 즉 적색 추방의 선언이 행해졌고, 1950년 6월 한국 전쟁이 발발했던 것이다.

(다) 친미반공 이익 단체의 등장

이러한 정치적 상황에서 전전의 우익 세력들이 해체되고 많은 우익 단체들이 새롭게 등장했다. 이 경우의 우익 단체들의 대부분은 무명의 청년들에 의해 결성되었다. 그 기본적 성향은 친미반공의 입장을 취했었는데 보다 구체적으로 구분해 보면, '친미親美', '임협任俠', '반공反共'으로 세분화될 수 있다.

(ㄱ) '친미' 성향의 우익 단체

- 친미박애근로당親米博愛勤勞党 : 전후 가장 일찍 등장한 우익 단체로서 오가와 유조小川有三가 1945년 9월 3일 결성했다.
- 평화확립연맹 : 일본 성결교회 목사 아라와라 보쿠스이荒原朴水가 1945년 10월에 결성한 단체이다. 아라와라는 1942년 도조 히데키에 의해 체포되었다

183 ▪ 오타케 히데오大嶽秀夫, 〈일본의 주권회복 과정과 재군비 — 서독과의 비교를 곁들이면서〉, 한국 정치외교학회 편, 《제2차 대전 후 열강의 점령 정책과 분단국의 독립·통일》(건국대학교 출판부, 1999), 59면.

고 한다.

(ㄴ) '임협' 성향의 우익 단체

- 일본천구당日本天狗党 : 오타 산기치太田三吉가 1945년 12월 도쿄에서 만든 단체. 신바시, 긴자 등의 깡패, 건달 등이 모집되어 결성된 정치 단체였는데, 그 실체는 폭력 단체였다. 예컨대 1946년 3월 1일에는 군마겐 도네군의 쓰키야노月夜野 우편국에 트럭 두 대로 침입해 들어가 통신시설을 파괴하고 보관 중인 고무장화 등을 가지고 달아나다가 검찰에 검거되는가 하면, 당원에 의한 공갈 상해가 끊이지 않았다. 폭력단이 정당의 가면을 쓴 전형적인 예라 할 수 있다.
- 신일본의인당新日本義人党 : 다카하시 요시히토高橋義人가 도쿄에서 1946년 2월에 결성한 단체.
- 신예대중당新鋭大衆党 : 아사쿠사의 야쿠자, 마키 야스히라真木康平가 1946년 6월에 결성한 단체. 1947년 1월 '2·1 스트라이크' 직전, 동 당원 청년부 두 사람이 스트라이크 지도자 조도 곳키聴涛克己 산별産別 위원장을 찔러 전후 최초의 우익 폭력 사건을 일으켰다.

(ㄷ) '반공' 성향의 우익 단체

- 반공 연맹 오쓰루大鶴 청년부 : 회원 고가 이치로古賀一郎 등 4명이 1948년 7월 사가佐賀시 공회당公会堂에서 연설 중이던 공산당 서기장 도쿠다 규이치에게 수류탄을 던져 전치 일주의 상처를 입혔다.
- 300여 개의 반공 우익 단체 : 1947년 2월 1일 예정되어 있던 총동맹파업을 점령군이 금지한 것을 근거로 해서 점령 당국이 반공적 태도를 분명히 했다고 받아들여 그것을 계기로 그 후 반공우익 단체가 수없이 결성되었던 것이다.

(ㄹ) 재군비 반대를 기치로 내건 우익 단체

- 국민당 : 관동군 참모로서 만주국 건설을 추진한 이시와라 간지의 '동아연맹사상'에 공명해 기무라 다케오木村武雄가 1938년 '동아연맹협회'를 만들어 이

사장 직을 맡았었는데, 그 협회의 후신이 바로 이 '국민당'이다. '국민당'은 이시하라 실질적으로 지도했던 단체였다. 이시하라는 종전 그가 1939년에 쓴 〈쇼와유신론昭和維新論〉을 즉시 개정했고, 또 〈신일본건설〉(1945.10)도 썼다. 그는 거기에서 이렇게 적고 있다. "드디어 세계 통일의 전야로서 전쟁은 최종 전쟁 시대로 들어갈 것이다. 그런데 태평양전쟁의 패배에 의해 꿈이 깨진 우리들은 여기에서 새롭게 자각하여 최종 전쟁에 대한 필승 태세의 정비란 무력에 의할 수 있는 것이 아니라 최고 문화의 건설에 있다는 것을 깨달은 것이다." 그는 바로 이러한 사고에 기초해 재군비 반대 쪽으로 전환해 나왔던 것이다.[184]

앞에서 지적한 패전 직후의 우익 단체들의 몇몇의 저항 이외에는 그렇다 할 저항이란 찾아볼 수 없는데, 그래도 하나를 찾아보라 한다면, 이시와라 간지가 맥아더 원수에게 '동아연맹'의 탄압에 항의하는 건백서를 제출한 것 정도라 할 수 있다.

- 민족신생 운동 : 와타나베 쇼조渡辺捷三, 기노시타 도루木下徹 등이 도쿄에서 결성한 단체로, 당면의 운동 삼원칙으로 "(1) 자주적 중립, (2) 내란 방지, (3) 독립 · 자주"를 들고 있다.
- 구국청년연맹 : 오리타 마사노부織田正信가 가가와겐香川県의 청년들을 모아서 다카마쓰高松에서 결성한 단체이다.

---

184 ■ 堀幸雄, 前揭書, 13頁.

3. 강화 조약과 우익 활동

1) 강화 조약과 〈미 · 일 안전보장 조약〉

미국의 대일 점령 정책의 전환은 1951년 9월 〈샌프란시스코 강화 조약〉의 체결과 〈미 · 일 안보 조약〉 조인으로 이어졌다. 일본은 이 강화 조약 체결을 계기로 연합국으로부터 독립했다. 1949년 10월에 중국공산당 지도자 마오쩌둥이 소련으로부터 도움을 받아 중화인민공화국을 설립하게 되고, 한반도 이북에서는 소련으로부터 조정을 받아 북조선인민공화국을 수립한 김일성이 소련으로부터의 군사적 원조하에서 1950년 6월 남침을 개시하기에 이른다.

당시 미국은 1950년 1월 한국과 〈상호방위 원조 협정〉을 맺었고, 그해 2월에는 중화인민공화국과 소련도 〈중 · 소 동맹 상호 원조 조약〉을 맺었다. 이러한 상황에서 북한이 남침을 개시했던 것이다. 그러자, 남한은 미국을 중심으로 한 유엔으로부터, 북한은 소련과 중국으로부터 원조를 받아 전쟁을 치르게 되었다. 1951년 7월부터 휴전 회담이 개최되어, 회담의 난항 끝에 1953년 7월 휴전 협정이 조인되었다.

미국에 의해 주도되었던 상기의 대일강화 조약은 6 · 25 한국 전쟁이 행해지는 와중에서 그해 10월 미 정부의 〈대일강화 7원칙〉 등의 발표 등을 통해 준비되었고 휴전 회담이 진행되는 과정에서 조약 조인이 이루어졌다. 대일강화 조약對日講和條約이란 한마디로 전범국 일본과 연합국 48개국과의 사이에 맺어진 제2차 세계대전 종결을 위한 평화 조약을 말한다.

〈샌프란시스코 강화 조약〉이 조인된 것은 1951년 9월 8일이고, 그것이 발효된 것은 1952년 4월 28일이었다. 미국은 이 조약과 동시에 일본과 〈미 · 일 안전보장 조약〉을 체결해, 일본의 대미 종속화를 연장시켜 나가게 된다. 〈미 · 일 안전보장 조약〉이란 강화 조약에 기초해 독립 후의 비무장 일본의 안전보장을 위해 미군의 일본 주둔을 결정한 조약이다. 즉, 일본은 미국에 주유권駐留權을 부여하고 주유군駐留軍은 일본인에게 일본방위의 의무를 지운다는 편무적 형식을 취해 미 점령군이 그대로 일본에 주재하게 되었다.

재일 미군의 시설 내지 지위 등에 관해서는 1952년 1월에 조인된 〈미 · 일 행정 협정〉 조인을 통해서 정해졌다. 그 후 그 조약에 기초해 일본은 미국의 요청하에서 자위대를 증강하게 되는데, 그것과 관련해 1958년 이후 전국적 차원에서의 안보 반대 투쟁이 일어나게 된다.

2) 강화 조약 전후의 일본의 민주화 정책

앞에서 논한 바와 같이 미국의 일본 점령 정책은 미소의 대립이 굳어져 가는 분위기 속에서 이미 1947년을 기점으로 점령군에 의한 일본의 민주화 정책에 브레이크를 걸었다. 1946년 4월 총선거를 통해 시데하라 기주로 내각을 무너뜨리고 출범한 요시다 시게루吉田茂 내각(제1-5차, 1946.5-1954.12), 그 요시다 내각을 퇴진시키고 성립해 나온 하토야마 이치로鳩山一郎 내각(제1-3차, 1954.12-1956.12), 그 다음의 이시바시 단잔石橋湛山 내각(1956.12-1957.2)의 수상 이시바시가 병으로 쓰러져 총 사직을 하는 바람에 성립되어 나온 기시 노부스케 내각(제1-2차, 1957.2-1960.7) 등에 의해 브레이크가 걸리게 됐던 것이다.

전후 일본의 민주화에 대해서 논하는 자들은 요시다 내각에서 기시 내각에 이르는 15년간을 '역코스' 혹은 반동기反動期로 보고 있다. 제1차 요시다 내각(1946.5-1947.5)은 점령군의 지령하에서 '전후 개혁'으로 총칭되는 민주적 개혁을 진행시켜 나갔다. 그 개혁 중 가장 중요한 것은 일본국 헌법의 제정이었다. 그러나 1946년 가을부터 그 다음 해에 걸쳐 노동 운동이 격화되자, 요시다 내각은 점령군과 함께 그것을 억압하는 쪽으로 선회했다. 제2-3차 요시다 내각(1948.10-1952.10)은 미국의 점령 정책의 전환을 배경으로 냉전 구조에 대응하는 형식을 취해 일본의 전전戰前 부흥을 도모해 갔다. '레드 파지'에 의한 좌익 탄압과 '경찰 예비대'의 창설에 의한 재군비 등이 개시되었던 것이다.

하토야마 내각은 단독 과반수가 되지 않아 보수합동으로 성립된 자유민주당을 여당으로 해서 단독 과반수를 확보해 개헌을 추진해 보려 했었다. 외교 면에서는 대미 자주외교의 입장을 취해 1956년 10월 일본 · 소련 국교를 회복시켰고 그해 12월에는 일본의 국제연합 가입도 실현시켰다.

전전의 군국주의 세력들이 추구해 왔던 이상과 같은 국가주의 중심의 정책들은 점령 초기에 실행했던 민주적 개혁을 중단시켰다. 그 구체적인 예가 1951년 8월 〈샌프란시스코 강화 조약〉 직전인 1950년 10월, 우선 일차적으로 1만 명에 이르는 대량의 전범들의 공직 추방 해제가 행해졌고, 그 후 1951년 말까지 21만 명의 추방자들 중 무려 201,507명이 해제되었다.[185] 전범들의 공직 추방 해제가 행해지는 과정에서 공산주의자와 그 동조자들의 공직과 민간 기업으로부터의 추방이라고 하는 레드 파지가 행해졌다고 하는 것이 바로 반동화를 말해 주는 구체적 증거라 할 수 있다.

3) 구우익 단체들의 부활과 우익 운동

정부가 미국의 새로운 극동 정책에 기초해 민주적 개혁 정책을 중단하고 과거의 국가주의 정책의 재건이라고 하는 입장을 취해 나감에 따라 점령 초기에 해체당했던 구우익 단체들이 우후죽순으로 부활했다. 그러한 분위기는 전후 우익이 최초로 통일 행동을 행했던 '일본재건국민대회'('반공신문', '야마토당' 등이 주최, 1949.8.15), '제1회 애국자 단체 간담회 개최'(아라와라 보쿠수이 등이 중심, 1951.2.8) 등에 의해 구체화되어 나왔다. 당시 부활했던 대표적 우익 단체들의

185 ▪ 堀幸雄, 前揭書, 14頁.

그 구체적 예를 열거해 보면 다음과 같다.

- 신생일본국민동맹(혼마 겐이치로本間憲一郎가 1951년 5월 결성).
- 협화당協和党(1951.8) : '동아연맹계'의 우익 단체로 야마가타겐에서 결성. '국민당'이 여기에 합류해 재출발.
- 대일본애국당(아카오 빈, 1951.10).
- 동풍회東風会(신병대 사건에 관계한 오카와 슈메이 등, 1952.4).
- 일본신생협의회(간다로菅太郎, 1952) : '대정익찬회'의 지도하에 있었던 '익찬장년단翼賛壮年団' 계열로부터 나온 단체.
- 은급부활촉진연맹恩給復活促進連盟(요시다 마스조 등이 중심, 1952) : 구'대일본생산당'으로부터 나온 단체.
- 동아연맹동지회(1952) : 재군비 반대를 주장하는 이시하라 간지石原莞爾의 '대동아연맹'의 계열로부터 나온 단체. 특히 '동아연맹' 속에서도 재군비를 주장하는 자들이 중심이 되어 결성된 단체.
- 국론사国論社(쓰쿠이 다쓰오津久井龍雄가 중심, 1953).
- 국수대중당(후지 요시오藤吉男가 중심, 1954).
- 대동숙(가게야마 마사하루影山正治, 1954).
- 생산당(가와카미 리지河上利治가 중심, 1954).
- 호국단(이노우에 닛쇼井上日召가 중심, 1954).
- 방공정신대防共挺身隊(후쿠다 스스무福田進, 1955).

이렇게 강화 조약을 전후해 부활해 나온 구우익 단체들의 일차적 우익 활동은 총선 참여를 통해서였다. 추방 해제를 통해 정치 활동을 재개할 수 있게 된 구우익 정치가들은 1952년 10월과 1953년 4월의 두 차례 총선을 통해 정계 진출을 시도했다. 그들은 요시다 내각의 향미 일변도와 경제주의를 비판하면서 '자주독립', '일본의 재군비', 재군비를 위한 '헌법 개정' 등의 정치적 입장을 취해 갔다.

1952년 10월 중의원 선거에서의 총 입후보자는 1,243명이었는데, 그중 26%에 해당되는 329명이 추방 해제자였고, 우익 진영에서는 5명이 당선되었다. 그 다음 해 4월 선거에서도 5명이 당선되었다. 당시의 우익 단체들의 우익 운동들은 전후 민주주의 개혁을 '적기 혁명赤旗革命'으로 파악하고 전전의 일본주의의 입장을 세워 나갔던 운동들이었다. 자주헌법, 재군비, 친미반소, 반공 등에 그 초점이 맞추어져 있었다고 말할 수 있다.

4. 〈미 · 일 안전보장 조약〉과 우익 활동

1) 〈미 · 일 안전보장 조약〉

일본이 1951년 9월 〈미 · 일 안전보장 조약〉을 맺을 당시 미국으로부터의 조기 독립 회복을 우선시했었던 탓으로 당시 맺은 〈미 · 일 안전보장 조약〉이란 일본이 미국에 대한 기지만을 제공하고 미국의 일본 방위 의무를 보장받지 못한 불평등 조약이 되지 않을 수 없었다. 그래서 기시 내각은 일본 국민들의 불만을 불러일으키는 그 조약의 편무성을 시정한다는 입장을 취했다. 조약의 유효기간이 10년이어서 기시 내각하에서 재조인이 행해지게 되었기 때문이다.

기시 노부스케岸信介(1896-1987)는 도쿄대 졸업 후 농상무성에 들어가 군부의 추천으로 만주국 정부의 산업부 차장이 되어 만주국 산업 5개년 계획을 수립했다. 그 과정에서 관동군 참모장 도조 히데키를 알게 되어 전쟁 수행을 위한 산업 정책을 추진시켜 나갔다. 그 후 그는 도조 내각하에서 상공장관이 된다. 그 이유로 해방 후 그는 A급 전범으로 체포되었다가 석방되었고, 추방 해제후에는 정계 복귀를 위해 '일본재건연맹'을 결성하기도 했다. 그 후 그는 자유당에 입당해 결국 1957년 2월 정권을 손에 넣었던 것이다. 기시는 1957년 2월 수상에 취임해 안보 조약의 개정 작업에 착수했다. 1958년 9월부터 개정 교섭에 들어간 〈신안보 조약〉은 1959년 12월에 타결되어 1960년 1월 9일 워싱턴에서 조인되었다. 그 후 〈신안보 조약〉은 1960년 5월 19일 중의원 본회의에서 통과되어 그 다음 달 6월 19일 참의원에서 자연 승인되었다.

그런데, 필자가 여기에서 지적하고자 하는 것은 이 〈신안보 조약〉이 '60년 안보 투쟁'이라고 하는 전후 최대의 국민적 저항을 통해 이루어졌다고 하는 것이다. 일본의 국민들의 입장에서 봤을 때 〈미·일 안보 조약〉의 편무성 개정이 요망되기는 하지만, 그 편무성을 시정하기 위해서는 미국의 일본 방위 의무를 명시하는 한편, 일본도 또 방위 의무를 지지 않으면 안 되었다. 그렇게 됐을 경우, 만일 미군에 의해 일본이 작전 행동을 일으키면 상대국이 당연 일본의 미군 기지를 공격할 것이 뻔하기 때문에 일본으로서는 어쩔 수 없이 그 전쟁에 말려들지 않을 수 없게 된다. 뿐만 아니라, 개정안대로 방위 범위가 '극동'으로 확장될 경우, 극동에서 전쟁이 일어나면 일본도 그 전쟁을 치르지 않을 수 없게 되는 것이다. 전쟁이 어떠한 것인가를 직접 체험한 바 있는 대다수의 일본 국민들은 일본에서의 전쟁 재발 위험성이 있는 안보 개정에는 절대 반대한다는 입장을 취해 안보 개정 반대 투쟁을 전개시켜 나갔던 것이다.

이 과정에서 A급 전범 출신의 기시 수상은 강화 조약 이후 우후죽순처럼 여기저기서 솟아올랐던 우익 세력들을 동원해 국민들의 안보 개정 반대 투쟁을 저지시켜 나간다는 입장을 취했다. 필자가 여기에서 강조하고자 하는 것은 그 결과 총선 이후의 우익 세력들의 우익 활동은 안보 개정 반대 투쟁 저지 쪽으로 전개되었다는 것이다.

〈신안보 조약〉은 결국 그러한 60년 안보 투쟁을 통해 기시 내각의 안대로 체결되었다. 〈신안보 조약〉은 양국이 양국의 자위력의 유지발전에 노력할 것,

일본 및 극동의 평화와 안전에 대한 위협이 생겼을 때에는 사전협의를 행해야 할 것, 일본 기시 정권하의 영역에서의 언젠가의 한쪽에 대한 무력공격에 대해서는 공동으로 대처할 것 등 쌍무 조약적 성격이 강화됐다. 그리고 그것은 이전의 안보 조약과는 달리 전 국토 기지 방식을 기초로 한 상호방위 의무를 강화시키고 자위대의 해외파견 문제를 부상시켜 미 · 일 군사동맹 조약으로서의 성격을 더욱 짙게 함으로써 결국 미국의 대일 초기 점령 정책하에서 만들어진 일본의 평화헌법 체제로부터 더욱 멀어지게 되었다. 또 기한은 10년으로 정해졌고, 그 이후는 한쪽이 종료 의사를 통보하면 1년 후에 실효되는 것으로 정해졌다.

기시 내각이 〈신안보 조약 비준안〉을 자민당 단독으로 강행 처리해 버린 결과 기시 내각은 그러한 강행 처리에 대한 국민적 저항을 이겨내지 못하고 결국 퇴각하지 않을 수 없었고, 그 기시 내각에 이어 이케다 하야토池田勇人 내각(1960.7-1964.11)이 출범하게 되었고, 그 내각에 이어 70년 안보 투쟁에 대처해 나갔던 사토 에이사쿠佐藤 내각(1964.11-1972.7)이 형성되어 나왔다.

이케다 내각은 관용과 인내를 가지고 혁신 세력과의 대립을 피하고 경제의 고도성장 촉진책을 취했다. 그 다음 1964년에 출범한 사토 에이사쿠 내각은 1965년에 〈한 · 일 기본 조약〉을 체결했고, 〈신안보 조약〉 개정과 관련해서 1969년 '70년 안보 투쟁'을 무산시켰다.

오키나와는 전후 미 군정하에서 극동의 군사거점으로서의 역할을 행해 왔다. 그러나 혁신 세력들은 〈신안보 조약〉 개정 시 오키나와의 반환을 목표로 해서 1960년대에 복귀 운동을 전개시켜 나갔다. 사토 수상은 70년 안보 투쟁의 저지 방법의 하나로, 1969년 미국을 방문해, 안보 체제 견지, 자위력 점증과 함께 오키나와 시 정권 반환의 내용이 담긴 〈미 · 일 공동 성명〉을 발표했다. 그 결과 〈신안보 조약〉은 별다른 국민적 저항 없이 자동적으로 연장되었다.

2) 안보 투쟁의 주도 세력

이상과 같이 일본의 집권여당의 기본 정책은, 연합군으로부터 독립되어 나온 후, 경제부흥과 자위력 증강에 초점이 맞추어졌고, 그 집권여당의 지지 세력인 보수 세력은 헌법 개정과 재군비를 주장했다. 그러한 과정에서 한국에서 6·25 전쟁이 발발한 후 2개월 만에 총사령부의 지령으로 신설됐던 경찰예비대가 강화 조약의 발효와 함께 1952년 보안대保安隊로 개조되고 그것과 동시에 해상경비대가 신설된다. 그 후 1954년 상호안정보장법MSA의 협정을 계기로 자위력의 증강을 꾀할 목적으로 보안대와 해상경비대를 통합하고 새로 항공부대를 신설해 자위대自衛隊를 발족시켜 방위청을 신설했다.

이와 같이 일본의 집권 세력이 재군비를 확대시켜 나가자, 재군비와 헌법 개정의 반대를 주장하는 좌파 사회당을 중심으로 혁신 세력이 결집되어, 결국 1955년 총선에서의 그 혁신 세력은 좌우 양 사회당이 개헌 저지에 필요한 전 의석의 1/3을 차지하게 된다. 그것을 계기로 결국 그해 10월에 양파 사회당이 통합되어 나왔다.

그러자 일본 민주당과 자유당과의 양 보수당의 합당도 실현되어 자유민주당(자민당)이 결성됨으로써 결국 의석의 2/3을 차지하는 자민당을 중심으로 한 보수 세력과 그것의 1/3을 확보하고 있는 혁신 세력과의 대립이라고 하는 55년 체제가 형성되어, 그것이 그 후의 일본 정계의 기본적 구조를 이루게 되었다. 그런데, 필자가 여기에서 말하고자 하는 것은 의석의 1/3을 확보하고 있는 중도좌파 세력의 사회당과 극좌파의 공산당이 안보 투쟁을 주도해 갔다고 하는 것이다.

미국의 초기 점령 정책, 구체적으로 말해 비군사화와 민주화 정책으로 인해 패전 후 일본에서는 노동조합의 결성 등을 통한 근로계층과 민주 세력이 급속하게 성장했다. 그러나 일본의 그러한 민주화는 중국에서의 마셜의 국공 합작의 중개 포기 이후 군사적 재건을 방해하지 않은 범위에서만 인정되어, 결국 민주화가 억제되었다. 그 구체적 실례들이 바로 1947년 2·1 파업 중지령, 1948년 7월 연합군 최고사령관의 지시에 의한 당시 아시다 히로시廣田均 수상의 공무원 단체교섭권 부정, 1950년 5월 최고사령관의 적색 추방 선언 등이다.

극좌파의 일본 공산당의 기본적 노선은 평화적 민주 혁명이었다. 1950년 1월 코민테른 기관지가 일본 공산당의 바로 그러한 우익 편향주의적 평화 혁명론을 비난하고 나서자, '레드 파지'로 공직에서 추방된 도쿠다 규이치 등이 강화조약이 체결될 시기에 '일본 공산당의 당면 요구'라고 하는 〈51강령〉을 채택해, 미국 제국주의와 일본의 반동 세력에 대한 반대를 과제로 하는 '민족 해방 민주혁명'을 목표로 해서 '민족 해방 민주 통일 전선'의 결성을 호소했다.[186] 그러한 과정에서 일본 공산당은 혁명이 평화의 수단에 의해 달성되지 않는다고 단정하고 무장 투쟁 방침을 제기하여 1951년 말부터 1952년 여름에 걸쳐 화염병과 그 외의 극좌 모험주의적 전술을 채택했던 것이다.

일본의 레드 파지 이후 맥아더의 일본 공산당의 비합법화 정책에 따라 일본 공산당의 지지기반이던 '전 일본산업별노동조합회의'(산별회의)의 일부가 사회당으로 돌아가 사회당의 좌파를 형성하게 되어 그 후 사회당의 좌우파가 대립하게 됐다. 예컨대, 1951년 1월 좌파는 '소련·중국 등이 포함된 전면 강화, 중립, 재군비 반대, 군사기지 반대'라고 하는 평화 4원칙을 당의로 했던 반면, 우파는 〈강화·안보의 양 조약〉만을 찬성하면서 결국 그해 10월 전당대회에서 좌우 양파라고 하는 분열을 초래하게 됐던 것이다. 1950년 3월에 결성된 '일본노동조합총평'(총평)도 1951년 9월 강화 조약 체결 때 전면강화의 입장을 취해 결국 좌파 사회당을 지지했다.

일본 정계에서의 '55년 체제'가 형성된 1955년, 일본 공산당은 '6전협' 개최

---

186 ▪ 日本共産党中央委員会 編『日本共産党六十五年下』(高麗書林, 1988), 143頁.

이후 무장 투쟁을 통한 혁명이라는 노선을 포기하고 평화노선을 채택했다. 그러자 그때까지의 일본 공산당의 강력한 지지 세력이었던 '전학련全学連'이 일본 공산당의 그러한 전환을 비판하고 나왔다. 1948년 6월에 공산당의 학생 조직으로 결성된 '전 일본학생자치회총연합', 즉 '전학련'은 1955년 이후 무장 투쟁 노선을 포기한 공산당에 불만을 품고 탈당했거나 제명된 학생 당원들에 의해 주도되었는데, 그 '전학련'을 주도했던 학생들이 '레닌의 혁명 정신으로 되돌아가자'는 구호하에 '분트Bund'(즉 동맹의 의미)를 결성했다. 한편, 1955년 '6전협' 이후 일본 공산당이 무장 혁명 투쟁의 노선을 포기함에 따라 1955년 학생 공산당원들은 세계 혁명론과 영속 혁명론을 중핵으로 하는 트로츠키즘에 대한 재평가를 통해 '일본 트로츠키스트연맹'을 설립했다. 1958년, 전학련 주류는 '전학련 제11회대'를 계기로 공산당 지도노선과 결별하게 되고, 또 '일본 트로츠키스트연맹'을 '혁명적 공산주의동맹'(혁공동)으로 확대시켜 나갔다.[187] 그런데, 필자가 여기에서 강조하고자 하는 것은 사회·공산 양당이 안보 투쟁에서의 원내 투쟁의 주역들이었다고 한다면, 이들 '분트'와 '혁공동'을 중심으로 하는 신좌익 세력이 안보 투쟁에서의 원외 투쟁의 주역이라는 것이다.

안보 조약 개정의 반대를 위한 투쟁은 기시 수상이 1957년 6월 미국을 방문해 〈미·일 신시대〉의 성명의 발표를 통해 〈미·일 안전보장 조약〉 개정의 의사를 표명함으로써 그 분위기가 형성되기 시작했다. 그래서 그것은 1959년 3월 '사회당', '총평', '중립학련', '호헌연합', '청년학생 공투회의'('전학련' 등 포함)를 포함한 13개 단체가 간사幹事 단체가 되어 원외 대중 투쟁을 위한 중심 조직체, '안보 개정 저지 국민회의'를 결성하면서 본격화되었다. 이때 '공산당'은 이 간사 단체로부터 제외되어 옵서버의 지위에 있었지만 실제로는 '국민회의'의 운영에 중요한 역할을 했다. 이 '국민회의'는 안보 개정 반대를 위해 그 다음 달

187 ▪ 高木正幸, 《新左翼三十年史》(土曜美術社, 1990), 40頁.

4월 15일에 제1차 통일 행동을 한 이래 그 다음 해인 1960년 6월 23일 신조약 비준서 교환과 기시 내각 퇴진 성명까지, 23회의 통일행동을 통해, 비록 목적 달성은 이룰 수 없었지만 전국에서 580만 명이 통일행동에 참가했고, 11만 인의 청원데모가 국회를 에워싸는 등 전후 최대의 대중 투쟁을 일으켰다. 그 결과 '국민회의'는 동년 6월 19일 예정의 아이젠하워 미 대통령의 방일을 저지시키는가 하면 의회제 민주주의를 지키려는 거대한 정치력을 보여 주었고 안보 개정을 강행해 갔던 기시 내각을 퇴진시켰던 것이다.

원외에서 60년 안보 투쟁을 주도해, 전후 최대의 대중 투쟁으로 끌어올렸던 단체는 '전학련'이었다. 그런데 '전학련'은 앞에서 밝힌 바와 같이 트로츠키의 세계 혁명론과 영속 혁명론을 사상적 배경으로 해서 성립된 '분트'에 의해 주도되었다. 우리는 '분트'의 경우처럼 트로츠키의 세계 혁명론과 영속 혁명론 등을 사상적 배경으로 해서 성립되어 나온 정치적 세력들을 '신좌익'이라 부르고 있다. 그런데 필자가 여기에서 명확히 말하고자 하는 것은 그동안 공산당에 의해 주도되었던 학생 운동이 60년 안보 투쟁을 거치면서 완전 공산당으로부터 독립해 나와 '좌익'에서 '신좌익'으로 전환되었다는 것이다.

60년 안보 투쟁 이후의 학생 운동은 신좌익 사상을 받아들인 학생들에 의해 주도되었고, 또 60년대에 확립된 시민운동은 그러한 사상을 실현시켜 보려는 학생 운동을 근간으로 해서 이루어졌다. 60년대 후반에 행해졌던 대학 분쟁도 큰 의미의 시민운동의 일종으로 파악될 수 있다. 필자가 여기에서 논하고자 하는 것은 〈신안보 조약〉의 '고정 기간'(10년)이 끝나게 되는 1970년 6월에 동 조약을 폐기할 것을 요구하는 반안보 세력이 학생들이라는 것이다. 따라서 시민운동의 일종으로 볼 수 있는 대학 분쟁을 통한 70년 안보 투쟁은 70년대에 주민 운동으로 전환되었다.

3) 안보 투쟁에 대한 우익 세력의 대응

전후 우익 세력들의 우익 운동의 절정은 60년 안보 투쟁기였다. 정부 여당의 안보 개정에 반대 입장을 표명했던 자들은 1954년에 결성된 우익 단체 '호국단護国団'의 고문 역을 맡고 있던 고지마 겐지小島玄之(1908-1966), '대동숙'의 숙장이었던 가게야마 마사하루 정도였고, 그 외 대부분의 우익 세력들은 A급 전범 출신의 기시 수상의 안보 개정을 지지했다.

1959년 3월 28일 경찰법 개정 반대 운동의 참가 단체를 중심으로 14개 단체가 '안보 개정 저지 국민대회'를 결성해 그 다음 4월 5일 제1차 통일 행동을 시작으로 해서 안보 개정 반대 운동을 전개했다. 그러자 우익 세력들은 정부 여당의 입장에 서서 히비야공회당에서 1959년 7월 25일 '전 애국회의'를 중심으로 '호국단' 등 18개 우익 단체가 참가한 가운데 안보 개정 추진국민대회를 개최해 '안보 개정 촉진 애국자협의회'를 결성했다.

한편 9월 5일에는 '신일본협회'를 중심으로 구단九段회관에서 '안보 개정 국민회의'가 결성하였다. 이 '국민회의'에는 '신일본문화인협회', '전국사우회全国師友会', '자유문교인연맹', '일본건청회日本建青会', '일본교육부모회', '일본문화협회' 등이 참가했다.

이렇게 결성된 양대 우익 단체는 신안보 촉진을 위한 행동대 내지 선전대의 역할을 담당했던 것이다. 기시 내각은 '안보 개정'의 추진과 함께 아이젠하워 미 대통령의 방일을 추진시켰는데 그 과정에서 경찰의 경비 부족을 우익 세력으로 보충해 보려고 당시 자민당 간사장을 통해 인협계 우익 단체의 대부 고다마 요시오의 도움을 요청했다. 고다마 요시오는 가나가와神奈川, 시바우라芝浦, 신주쿠新宿 등의 친분들, 1만 5천 명의 도박꾼과 야바위꾼 등을 동원해 '애국신농동지회愛国神農同志会'를 조직, 경찰청에 협조할 계획을 세웠고, '대동숙'도 고다마 요시오와는 별도로 '향우련鄕友連', '진자본청神社本庁', '생장의 집生長の家',

'전국사우회' 등 십 수 단체들과 경비 대책을 협의해 경시청과 손을 잡았다.

〈신안보 조약〉이 1960년 1월 9일 워싱턴에서 조인된 이래 그것이 동년 6월 19일 일본의 국회에서 자연 승인될 때까지 안보 반대 투쟁에 적극적으로 대항했던 우익 단체들은, 도쿄도 내에서는, '애국당', '방공정신대', '대일본독립청년당', '생산당', '호국단', '애국회의', '일본청년연맹', '자유일본을 지키는 회', '일본민주학생연맹'('신일협'의 학생조직) 등이었는데, 그들은 그 기간 동안 가두선전, 전단 살포 활동 등을 행했다. 또 지방에서도 '생장의 집' 등이 통일행동을 했던 것이다.[188]

그 후 일본의 우익 세력들은 '60년 안보 투쟁'에 대한 그러한 체험을 통해 '적색 혁명'이 도래할 가능성이 있다는 생각들을 갖게 됨으로써, 1970년의 안보 조약의 고정 기간이 끝나면 다시 좌익의 혁명적 행동이 반드시 일어날 것이라는 위기의식을 갖게 되었다. 그 결과 그들은 '60년 안보 투쟁' 이후 '70년 위기설'을 퍼트리면서 '70년 안보 투쟁'을 위한 준비를 했다. 그 과정에서 1960년대 중반으로 들어와 '60년 안보 투쟁'을 주도했던 신좌익 세력에 대항해, 1970년 미시마 사건을 계기로 '신우익'으로 전환해 나갔던 '민족파 우익'이 등장했다. 우익 운동은 그것을 계기로 새로운 차원에서의 '70년 안보 투쟁'을 준비하게 된다.

---

188 ▪ 堀幸雄, 前揭書, 37頁.

나오면서

패전에서부터 1960년대까지의 일본의 우익은 그 단체, 운동, 사상 등의 측면에서 다음과 같은 특징을 보인다.

우선 이 시기의 우익들은 패전 초, 점령기, 강화 전후, 60년대 등으로 대별된다. 패전 초의 우익은 전전의 도조 군부 내각에 협조했던 우익과 그 내각에 반기를 들었던 우익으로 분류된다. 다시 말해서 황도파皇道派와 통제파의 우익으로 분류될 수 있다. 점령기의 우익들은 친미반공의 입장을 취해 새로 결성된 우익들이다. 강화 전후의 우익들은 전전의 우익들이 부활한 것들로서 한마디로 천황주의 중심의 국가주의에 입각한 친미반공의 입장을 취했던 자들이었다. 이에 반해 60년대 중반에 새로 결성된 우익들은 1950년대 후반 안보 투쟁 과정에서 등장한 신좌익 세력의 대항 세력으로서 '70년 안보 투쟁'을 준비하는 과정에서 일본의 민족주의 사상을 주축으로 결성된, 소위 '민족파 우익'이라 불렸던 자들이다. 이들은 '일본 문화방위, 반얄타, 반포츠담, 반혁명 등'을 주창했다.

이 시기, 단체, 운동, 사상 등의 측면에서의 일본의 우익의 특징은 다음과 같은 몇 가지 점으로 요약될 수 있다. 우선 현재 일본의 우경화를 추진하는 세력들은 강화 전후에 부활한 전전의 우익 세력들의 후예들이라 할 수 있는 세력들이다. 사실상, 강화 전후에 부활한 우익 세력들의 주된 관심은 대륙 침략을 통한 대아시아주의의 실현에 있었지, 대미국전에서의 승리를 통한 세계지배에 있었던 것은 결코 아니었다. 그들은 일본 중심의 아시아 세계를 구축해 그것을 발판으로 해서 서구 세력과의 평등한 관계를 유지하려 했다.

둘째, 전전 아시아 대륙을 침략한 일본의 군국주의자들이나 이에 동조한 우익 세력들의 그러한 대륙 침략 정신이 패전 후에도 단절되지 않고 지금까지 면면히 이어져 오게 된 것은 연합국을 대표했던 미국의 일본 전범 처리가 미국의 국익 우선이라고 하는 차원에서 행해졌기 때문이라 할 수 있다. 보다 본질적으로 말해, 미국은 제2차 세계대전 후 세계가 중도우익과 극우의 대립에서 중도우익의 자본진영과 극좌의 공산진영과의 대립으로 전환해 나갈 조짐을 보이자 자본주의 진영의 맹주 역할을 수행하면서 국익을 취하려는 입장을 세워 그들의 일본 점령 정책을 비군사화와 민주적 개혁에서 재군비와 군국주의 부활로 전환시켜 나갔다고 하는 것이다.

셋째, 이 시기의 주된 우익 운동은 평화헌법 개정을 통한 재군비의 실현을 위한 안보 개정 투쟁이라 할 수 있다.

넷째, 이러한 안보 투쟁 과정에서 우익 단체의 탈을 쓴 정치 폭력 단체들이 결성되었다는 것이다. 다섯째, 신좌익 세력의 대항 세력으로 70년대로 넘어가면서 신우익으로 전환해 나갔던 민족파 우익이 1960년대 중반 이후 70년 안보 투쟁의 준비 과정에서 결성된 일본 민족을 중심으로 해 정치적, 경제적, 군사적, 외교적 문제를 주체적으로 해결한다는 입장을 취해 나갔다.

이상과 같은 점들을 감안해 볼 때, 현재 일본의 우경화를 추진시켜 나가는 원동력은 두 가지라 말할 수 있다. 하나는 천황 내지 천황가를 주축으로 해서 일본을 통시적으로 인식하려는 우익 세력들의 역사관과 그것에 입각한 그들의 정치적 실천 의지이다. 다른 하나는 우호적 혹은 적대적 관계를 가지는 미국을 주축으로 해서 일본을 공시적으로 인식하려는 그들의 세계관과 그것에 입각한 그들의 삶의 실현의지라고 할 수 있다.

제4장
군국주의 시대(1920-1945년)

들어가면서

*

본 연구는 단체, 운동, 사상 등을 주축으로 해서 1920년에서 패전까지 일본의 우익 활동의 성립과 그의 전개양상을 파악하여 현재 일본의 우경화의 원인과 일본 우익의 특성을 이해해 보는 것을 목적으로 한다.

일본은 글로벌 시대라 일컬어지고 있는 21세기로 진입하면서 과거 자신들의 한국과 중국 침략 전쟁에 대한 수차례에 이르는 공식적 사죄를 통해 '반성'과 동시에 '인교隣交'를 강조해 왔다. 한국과 중국은 일본의 그러한 '마음으로부터의' 사죄를 바탕으로 일본에 대한 대립적 의식을 완화시켜 가는 한편, 근대화 과정에서의 우리 자신들의 과오도 인정하면서 금후의 동아시아 연대 내지 동아시아 공동체의 구축 등과 같은 사업들을 추진하고 있다.

그러나 일본은 수차례에 걸쳐 그러한 사죄 표명을 해 놓고도 일본 정부를 대표하는 내각의 총리가 A급 전범자들의 위패가 안치된 야스쿠니진자를 공식 참배하는 등의 행태를 취하고 있다. 또 일본의 정부는 일본의 대륙침략 전쟁을 정당화시킨 역사교과서를 검인해 줌으로써 일본과의 선린善隣 관계를 구축해 보려는 한국과 중국의 국민들로부터 지탄과 불신을 받고 있는 실정이다.

최근 일본의 국민들의 여론은 총리가 야스쿠니진자 참배를 중지해야 한다는 입장과 그것을 계속해야 한다는 입장이 팽팽히 맞섰다.[189] 문제는 일본이 전쟁으로부터의 패망과 비극을 경험했음에도 불구하고, 그와 같이 전쟁 재발의 위험성이 내포된 입장을 과반수에 가까운 국민들이 견지하고 있다는 사실이다. 특히, 우리가 주목해 봐야 할 사실은 집권 여당인 자민당自民党 정권이 국민들을 우경화 쪽으로 몰고 가고 있다는 것이다. 그 이유는 여러 측면에서 이야기될 수 있다. 그중 하나가 바로 자민당 정권이 국민적 의식의 주류를 형성하는 우익 성향의 인사들과 우익 단체들을 지지기반으로 하고 있기 때문이라 할 수 있다.

그렇다면 일본인들의 국민적 의식의 주류를 형성해 온 우익 성향의 인사들과 우익들은 어떠한 사람들이며, 그들의 그러한 우익적 편향은 어떻게 형성되었는가? 이 시점에서 일본의 정치가들의 인접국들에 대한 몰상식적인 발언의 배경을 이해하기 위한 방안으로 바로 이 물음에 대한 철저한 고찰이 요구된다.

일본인들의 국민적 의식의 주류를 형성해 온 인사들의 우익적 편향의 기반은 1920년대에서 1930년대를 통해 형성되어 나온 것으로 고찰된다. 그렇다면, 당시 일본의 우익 단체들은 어떠한 것들이 있었으며, 또 그들은 어떤 식으로 우익 운동을 전개시켜 나갔고, 그들의 우익 사상은 어떻게 형성되어 나왔는가? 필자는 이러한 물음들에 대한 고찰을 통해 현재 일본인들의 국민적 의식의 주류를 형성시켜 나가는 인사들의 우익적 편향의 본질을 규명해 보고자 한다.

---

189 ▪ 예컨대 일본의 《마이니치신문》(2005.4.18)은 "총리가 야스쿠니진자 참배를 중지해야 한다는 국민들의 여론이 지난해 12월에는 45% 있었으나, 반일 시위가 진행 중인 현 시점에는 41%로 줄었고, 참배를 계속해야 한다는 여론은 지난해 12월에는 46%였는데 현재는 42%로 줄었다"고 보도하고 있다.

**

일본에서 '우익'이라는 타이틀하에서 행해진 학술적 차원의 우익에 대한 연구는 전후 기노시타 한지木下半治(1900-1989)의 《일본의 우익日本の右翼》(1953)의 출간으로 시발되었던 것으로 고찰된다. 그 이전의 '일본의 우익'에 대한 연구는 '외무성 조사부 제1과'에서 편찬한 《각국에서의 우익 운동各国に於ける右翼運動》(1935) 등으로 시작되어, 치안유지를 위한 방안의 차원에서 이루어졌었다. 그러한 측면에서 '우익' 연구는 '경비경찰연구회警備警察研究会'에서 편찬한 《우익 운동右翼運動》(入花書房, 1952)에까지 이어졌다.

기노시타 한지의 《일본의 우익》으로 시발된 학술적 차원에서의 우익 연구는 1960년대로 들어와서 '사회운동연구회社会運動研究会'가 편찬한 《우익 운동 사전右翼運動事典》(恒文社, 1961)의 출간을 계기로 본격화되었다. 그 후 우익 연구는 1970년대로 들어와서 전성기를 맞게 되고, 1980년대의 전반기를 그 절정기로 하여 퇴조하기 시작했다. 전전戰前 학술적 차원의 우익에 대한 연구는 '국가주의 운동'이라고 하는 타이틀하에서 행해졌다고 볼 수 있는데, 그 대표적 예가 기노시타 한지의 《일본 국가주의 운동사》이다.

현재 '일본의 우익'에 대한 연구자들은 기노시타 한지의 《일본 국가주의 운동사日本国家主義運動史》(慶応書房, 1939) 및 《일본 우익의 연구日本右翼の研究》(現代評論社, 1977)와 호리 유키오堀幸雄의 《전후의 우익 세력戦後の右翼勢力》(勁草書房, 1983) 및 《전전의 국가주의 운동사戦前の国家主義運動史》(三嶺書房, 1997) 등을 '일본의 우익' 연구의 최고 업적으로 보고 있다. 전자는 전성기에 나온 것이고 후자는 절정기 이후에 씌어진 것이다. 이들 두 연구자의 일본 우익 연구는 전자의 전서前書는 전전에 쓰였지만 전성기로 들어와서 재간되었고, 후서는 전성기 후반에 나온 것이다. 후자의 전서는 절정기에 나왔고 그 후서는 퇴조기에 나온 것이다. 이는 일본의 우익이 파시즘 단계로 전환해 나온 제1차 세계대전 이후부터 1970년대까지의 우익에 관한 연구이고, 후자의 경우는 사이고 다카모리西郷隆盛 등

의 〈정한론논쟁〉(1873)부터 1980년대까지의 우익에 대한 연구이다. 1980년대 말 이후 일본에서의 우익에 대한 연구는 '신우익'에 대한 고찰이 주류를 이루게 된다. 그 대표적 결과물들로는 스즈키 구니오鈴木邦男의 《신우익新右翼》(彩流社, 1988), 기무라 미쓰히로木村三浩의 《우익은 끝나지 않았다右翼はおわってねえぞ》(電韻出版, 2001) 등이 있다.

필자가 여기에서 고찰하고자 하는 1920-1945년의 우익에 대한 연구는 앞에서 언급된 《일본 우익의 연구》의 저자, 기노시타 한지에 의해 시작되었고, 그의 업적과 호리 다쓰오의 업적이 대표적이라 할 수 있다. 이 시기의 우익 연구에 대한 기초를 구축한 기노시타 한지는 《일본 파시즘日本ファシズム》(ナウカ社, 1921), 《일본 국가주의 운동사》(慶応書房, 1939), 《일본의 우익日本の右翼》(要書房, 1953), 《우익 테러右翼テロ》(法律文化社, 1960), 《일본 우익의 연구日本右翼の研究》(現代評論社, 1977) 등을 통해서 서구의 파시즘과 관련시켜 당시의 우익 단체들의 활동과 사상을 고찰했다. 기노시타는 《일본 우익의 연구》의 '서문'에서 "일본의 파시즘론은 아직 정착되어 있지 않다. 그럼에도 불구하고 일본 정치의 파시즘화는 금후 차근차근 진행되어 갈 것임에 틀림없다. 본서에 전시된 것들이 파시즘론 — 특히, 파시즘적 현상의 해명에 기여될 수 있다면 다행이라 생각된다"라는 입장을 취하고 있다.

이와 같이 그는 당시의 일본의 우익들의 활동을 서구에서 시작된 "파시즘적 현상"의 일종으로 파악하였고, 또 그는 "금후 차근차근 진행해 갈 것에 틀림없는" "일본 정치의 파시즘화"의 근본적인 원인을 해명해 본다는 입장에서 당시의 일본의 우익을 연구했던 것이다.

***

본 연구는 현재 진행되고 있는 일본 정치의 우경화 현상의 근원적 원인을 해명해 보려는 목적하에서 행해지는 것으로서 그 접근 방법은 다음과 같다. 우선 기노시타 한지의 그러한 세계사적 차원에서의 당시의 일본의 우익에 대한 연구의 시각을 글로벌리즘적 시각으로 확대시켜 당시의 일본의 우익 활동을 고찰한다.

기노시타 한지를 비롯한 당시의 일본 우익 연구자들은 제1차 세계대전 종료 이후의 일본의 우익들의 파시즘화를 주로 서구의 파시즘들과의 관련을 통해서만 고찰해 왔다. 그러나 필자는 기존의 그러한 입장을 지양하고, 당시의 동아시아 지역을 포함한 전 지구적 차원에서 당시의 우익 활동을 고찰한다는 입장을 취한다. 둘째, 기존의 우익 연구는 그 고찰 대상을 '우익'에 한정시킨다는 입장을 취했다. 그러나 본 연구는 정치적, 경제적, 사상적, 민족적 문제들과 관련시켜 당시의 우익 세력들의 파시즘화를 고찰한다는 입장을 취한다. 셋째, 단체, 운동, 사상 등을 주축으로 해서 우선 1920-1945년의 우익 활동을 고찰해, 그것이 글로벌 시대의 일본 정부의 우경화와 어떻게 관련되어 있는지 파악한다. 넷째, 그 구체적 작업은 우선 제1차 세계대전 후의 국내외 정세에 대한 고찰, 우익 단체와 우익 운동에 대한 고찰, 끝으로 그것을 통한 우익 사상 등의 고찰 등의 수순을 통해 행해질 것이다.

1. 제1차 세계대전 후의 일본 국내외 정세

1) 자본주의 진영과 공산주의 진영과의 대립적 양상의 형성

(1) 제1차 세계대전과 미국의 참전

제1차 세계대전은 1914년 6월에 발칸 지역의 세르비아에서 사라예보 사건이 직접적 도화선이 되어 그 다음 달 7월 28일 오스트리아가 세르비아에 선전포고를 하게 됨으로써 시작되어 그로부터 4년 만인 1918년 11월 11일 독일이 휴전협정에 조인함으로써 끝난 전쟁이다.

사라예보 사건이란 그 사건이 일어났던 시점으로부터 6년 전 오스트리아에 합병되어 반反오스트리아 기풍이 강한 보스니아의 사라예보 시市에서 오스트리아-헝가리제국의 황태자 프란츠 페르디난트Franz Ferdinand(1863-1914)와 그의 아내 소피Sophie가 암살단의 총에 맞아 살해된 사건이다. 이 사건을 계기로 반反슬라브 운동이 촉발된 오스트리아가 세르비아에 대해 전쟁을 선포했다. 그러자 발칸 지역에서의 범슬라브주의 운동의 돌격대 역할을 담당하는 대大세르비아주의 운동을 지원하기 위한 방법으로 러시아가 오스트리아에 대해 선전포고를 감행했다. 그러자 오스트리아 편의 독일이 러시아에 대해 선전宣戰한 다음 프랑스에 대해서도 선전했다. 그러자 영국은 중립을 선언한 벨기에를 침입한 독일에 대해 선전했다. 그 후 전쟁이 진행되는 과정에서 그해 10월에 연합군과 터키 사이에도 전쟁이 일어났고, 그 다음 1915년 5월에는 이탈리아가 영국, 러시아 등의 협상국 측에 가담했다.

이렇게 세르비아와 오스트리아와의 분쟁이 세계대전으로 확대된 것은 자신들의 제국주의 정책의 일환으로서 발칸 지역에 발을 들여놓았던 국가들이 많았었기 때문이었다. 당시 발칸 지역의 나라들은 열강들로부터 막대한 차관을 받은 채무국들이었고 이 돈은 주로 철도 건설 · 군비에 투자되었다. 세르비아 · 불가리아 등에는 러시아 자본이, 그리스에는 영국 자본이, 그 외의 다른 나라들에는 19세기 말까지 독일 · 오스트리아 자본이 우세했다가, 20세기 들어와서는 프랑스 자본이 점점 강해졌다. 이렇게 영국, 프랑스, 독일, 오스트리아 등이 그 지역에 발을 들여놓고 있었으며, 또 그 지역의 대부분의 민족들은 러시아인 계열의 슬라브 민족들이어서 러시아는 그 발칸 지역의 민족들을 범汎슬라브주의로 묶어 그것을 통해서 바다로 진출하려는 야심을 키워 왔었다. 발칸 반도의 국가들이 열강들의 자본들로 묶이게 됐던 것은 수백 년간 터키의 전제 정치하에 있었던 민족들이 19세기 후반으로 들어와 민족 운동을 일으키자 열강들이 그들을 터키 전제 정치로부터 구해 내서 자신들의 세력권에 편입시켜 두었기 때문이었다. 그러한 역사가 있어 터키로서도 과거 수백 년 동안 자신의 지배하에 있었던 발칸 반도 국가들에 대해 관심을 갖지 않을 수 없는 입장이었던 것이다.

이와 같이 발칸 지역에서의 세르비아와 오스트리아와의 분쟁이 세계대전으로 확대되었던 것은 한마디로 열강들의 제국주의 정책 때문이었다. 그래서 사람들은 제1차 세계대전을 제국주의 전쟁으로 규정하고 있다. 일반적으로 제국주의Imperialism란 국가가 인접국 혹은 먼 지역으로 자신들의 세력 범위를 확대시켜 나가려는 활동을 의미하는데, 현재 우리가 거론하고 있는 역사적 용어로서의 제국주의란 보불普佛 전쟁(1870-1871)을 계기로 독일제국이 성립됨으로써 19세기 말 유럽 국가들에 나타난 자본주의의 특정 단계와 관련된 특수한 국가 활동을 가리킨다. 자본주의의 고도화와 함께 생산 및 자본의 독점화가 진행되어 거대 자본을 옹호하려는 투자 자본가가 나타난다. 그들은 이윤율이 높은 후진 지역에 유리한 투자 대상을 골라 해외 진출을 적극적으로 꾀하려 했다. 원료 및 노동력을 저렴한 가격으로 취할 수 있는 아프리카, 아시아 등의 후진 지역이 그 대상이었다. 이에 앞서 경제적인, 더 나아가 정치적 관계가 수립되었고 경우에 따라서는 보호국화, 특수권익의 획득, 조차지租借地의 획득,

세력 범위의 획정劃定 등과 같은 특수한 현상이 나타났다.

제1차 세계대전은 열강들의 발칸 지역 국가들에 대한 이러한 제국주의적 정책이 취해지는 과정에서 야기된 전쟁이었는데, 그것은 영국과 독일의 제국주의 정책의 대립을 기본적 성격으로 하고 있었다. 전쟁은 독일 대 영국·프랑스가 대결한 서부전선과 독일 · 오스트리아 대 러시아가 대결했던 동부전선을 축으로 1917년까지 교착 상태에 빠져 장기화되었다. 그러한 상황에서 그해 4월 미국의 참전과 러시아혁명으로 전쟁은 새로운 국면으로 맞이하면서 결국 동맹국들의 항복으로 연합국의 승리로 종결되었다. 참전 전까지만 해도 미국은 대전에 대해 중립적 입장을 취했지만, 1915년 가을부터 "연합군 군수공창으로 점점 변모"했다.[190] 전쟁 전까지의 미국은 25억 달러에 달하는 채무국이었다. 그러나 미국은 전쟁 중 연합국에 대한 군수품 제공과 재정적 원조를 하는 과정에서 150억 달러의 채권국으로 부상해 전후 큰 발언권을 획득하게 되었다. 그 결과 미국은 그러한 발언권의 획득을 통해 자신들의 제국주의 정책을 거리낌 없이 추진해 나가게 됐던 것이다. 미국은 독립혁명(1776-1783)의 성공을 통해 영국으로부터 독립해 나온 이래 19세기 말까지 영국, 프랑스, 독일, 러시아 등의 국가들의 제국주의 정책에 대해서는 소극적인 입장을 취해 왔었다.

19세기 중 후반, 미국은 산업혁명(1840-60년대), 남북 전쟁(1861-1865), 대륙횡단 철도 완성(1869) 등을 통해 내적으로 근대화를 추진했다. 19세기 말에 이르러 "제국주의를 가장 유능하고 효과적으로 주창했다"고 평가되고 있는 뉴포트Newport대학의 학장 머핸A. T. Mahan(1840-1914)의 《해군력이 역사에 미치는 영향》과 같은 저작 등에 의해 '원대한 국책Large Policy' 등과 같은 주장들이 제기되었다.[191] 그러한 상황에서 하와이가 1898년에 병합되었고, 미 · 서美西 전쟁

190 ▪ 앨런 브링클린, 《있는 그대로의 미국사》 제3권, 황혜성 외 옮김(휴머니스트, 2005), 25면.

191 ▪ 위의 책, 제2권, 432면.

(1898.4-8)에서의 당시 스페인의 식민지였던 괌Guam섬, 필리핀 등이 미국에 넘겨졌다. 20세기로 넘어와서 1901년 루스벨트는 파나마 운하의 개착에 착수해, 1914년에 그것을 끝냈다. 그렇게 해서 미국은 대서양에서 대륙횡단 기차 등을 이용해 태평양 쪽으로 국력을 확장시켜 나갔고, 필리핀의 획득을 발판으로 중국 대륙으로 진출했다. 루스벨트를 이은 공화당의 태프트W. H. Taft(재직 : 1909-1913)는 원조하는 방식을 취해 미국 기업의 해외시장 진출과 은행의 해외투자와 미국 기업의 중국 시장 진출을 강력히 지지하는 외교를 전개했다. 그렇게 해서 중국 대륙까지 진출한 미국은 제1차 세계대전을 계기로 열강들의 제국주의 정책의 주도권을 장악하게 됐던 것이다.

(2) 러시아혁명

제1차 세계대전이 가져온 가장 큰 부산물의 하나는 러시아혁명이다. 우리는 멘셰비키(다수당)가 주도한 3월 혁명과 볼셰비키(소수당)가 주도한 11월 혁명을 합쳐 러시아혁명이라 말하고 있다. 1914년 대독對獨 전쟁이 시작되자, 독일군이 러시아 영토로 진격해 들어가 그 다음 해에 가서는 전선이 고착 상태에 빠졌고, 전쟁 초부터 필사적으로 투쟁했던 러시아 국민들이 1916년에 가서는 패배주의에 젖어들게 되었다. 1917년 초에 가서는 러시아의 모든 국내 산업이 완전 황폐화되고 철도수송이 거의 마비 상태에 이르렀다. 그때까지 러시아의 전체 성년 남녀는 50% 이상이 군에 동원되었고, 전쟁 1년째에 이미 사상자 수가 380만 명이 넘었다.[192]

그 결과 국민들이 염증을 느끼는 전쟁은 도시를 휩쓸었고 반전反戰의식이 시민들의 감정을 지배해 혁명 분위기가 감돌았다. 그러던 중 1917년 2월로 국회에서의 제정帝政의 입헌군주제적 개혁 주장이 제기되어 국민들이 한 가닥

192 ▪ 김익달 편, 《세계 문화사 V》(학원사, 1964), 425면.

희망을 갖게 되었고, 그 과정에서 수도 페트로그라드에는 매일 데모가 일어 농민 출신들의 군부의 하급사졸士卒들도 들고 일어나, 결국 완전 무정부 상태에 빠지게 되어 데모대와 반란군이 수도를 점령하게 되었다. 그 결과 국회가 니콜라스 2세의 황제 퇴위를 건의함으로써 300여 년간의 로마노프 왕조의 지배가 끝나게 되고, 자유주의 개혁파와 사회주의 혁명파가 주도하는 임시 정부가 수립되어 전쟁을 지속시켜 나갔다. 이것이 부르주아 혁명의 성격을 띤 3월 혁명이었다. 그러한 상황에서 그해 4월 망명지 스위스로부터 레닌V. I. Lenin, (1870-1924)이 독일을 거쳐 발트 해까지 봉인열차로 이송되어 귀국했다. 그는 〈4월 테제〉 선언을 통해 "러시아에서 부르주아 혁명은 이미 달성되었으며 역사는 무정하게 다음 단계 즉, 프롤레타리아와 빈농이 권력을 장악해야 할 사회주의 단계로 움직여 가고 있다"고 선언하고, 그러기 위해서는 제2의 혁명이 필요하다고 역설했다.[193] 그러한 과정에서 멘셰비키파와 볼셰비키파의 대립이 노골화되었다. 당시 소수파였던 볼셰비키파는 전쟁 반대를 위한 시위를 대대적으로 전개시켜 나갔다. 그러한 상황에서 임시 정부가 레닌을 다시 해외로 추방시켰다. 그러자 군이 반란을 일으킨 바람에 다시 임시 정부가 볼셰비키와 손을 잡게 되었으며, 망명지에서 레닌이 다시 귀국함에 됨에 따라 결국 그해 11월에 레닌을 수반으로 한 볼셰비키 정권이 수립되어, 드디어 그 다음 해 1월에 소비에트 연방 사회주의 공화국U.S.S.R이 성립되었다.

(3) 미국 · 영국 · 프랑스 · 일본 등의 시베리아 출병과 코민테른 결성

이렇게 러시아에서 공산당이 정권을 잡게 되자, 그동안 독일과의 전쟁에 여념이 없었던 서유럽의 자본주의 국가들이 러시아 공산당 정권에 반기를 들고

---

193 ▪ 니콜라스 V. 랴자노프스키, 《러시아의 역사 II—1801-1976》, 김현택 옮김(까치, 1982), 205면.

있던, 3월 혁명을 주도했던 세력을 도와 소련 공산당 정권을 타도하기 위해 러시아에 군대를 출병시켰다. 영국, 일본의 시베리아 출병은 이미 1918년 3, 4월부터 이루어졌다.

출병한 연합군은 국내의 반소 세력인 백위군白衛軍들을 도와 소련의 적위군들과 싸우다가 승산이 없다는 판단하에 1920년 여름에 완전 철병하고 일본군만이 연해주, 사할린 등에서 1925년 5월까지 주둔했다.

이와 같이 서유럽 자본주의 국가들이 시베리아 출병을 통해 소련 공산당 정권을 타도하려 하자 소련 공산당은 1919년 3월에 공산주의 인터내셔널 comintern을 창립했다. 이 코민테른은 제3인터내셔널의 성격을 띤 단체라 할 수 있는데, 그것은 각국의 공산주의 정당의 단순한 결합이 아니라 각국의 공산당이 코민테른을 통해 러시아 공산당의 지령하에 움직이는 조직적인 결합체였다. "코민테른의 간부가 소련 정부의 수뇌였기 때문에 사실상 각국의 공산당은 '소련 외무성의 지부'가 되었다. 코민테른 강령綱領에 의하면 각국 공산당은 코민테른의 결정을 무조건 실행해야 하며 소비에트를 위해 헌신적 투쟁을 하도록 규정하고" 있다.[194]

(4) 중국공산당 성립과 중국에서의 국공 합작

중국에서의 혁명의 필요성을 선전하던 쑨원은 1905년 도쿄에서 '중국 혁명동맹회'를 결성했다. 당시 일본 정부는 중국에서의 혁명 발발에 반대하는 입장이었지만 재야 세력들의 일부는 찬성했다. 그는 중국에서의 혁명 발발을 찬성하는 재야인사들의 후원을 받아 송교인宋敎仁(1882-1913) 등과 같은 당시의 중국 유학생들과 함께 '중국 혁명동맹회'를 결성했던 것이다. 혁명 성공 후 쑨원은 남경에서 중화민국을 건설해 임시총통에 올랐다. 그러나 구청제舊淸帝의 군부

---

194 ▪ 김익달 편, 앞의 책, 445면.

를 장악하고 있던 북경의 위안스카이袁世凱(1859-1916)를 지지하는 세력들이 많았다. 쑨원과 위안스카이와의 화의가 진행되는 과정에서 "위안스카이가 청제를 퇴위시키고 전제 정치를 공화정으로만 바꾼다면 혁명에서 그의 공로가 제일 크기 때문에 그가 총통이 되어야 한다는 여론이 팽배했다".[195] 결국 쑨원은 청제를 퇴위시킨 위안스카이에게 총통을 넘겨주었다. 그러나 위안스카이는 반동으로 돌아서 군벌 정치를 하면서, 중국의 혁명을 원치 않았던 독일, 러시아, 일제 등과 같은 제국주의 국가들의 도움을 받으며 제제 운동帝制運動을 일으키는 등 자신의 정권을 유지하려 했다.

한편 일본은 신해혁명이 일어나자 청 정부와 교섭해 청의 황실을 돕겠다는 조건으로 동북3성 지방을 요구했고 혁명군으로부터는 혁명을 돕겠다는 조건으로 철도와 광산채굴권을 취하려 했다.[196] 임시 정부가 수립되자 이제는 중국을 승인하는 문제를 두고 여러 조건을 제시했다. 그러한 과정에서 일본은 동북의 5개 철도부설권도 요구했는데 위안스카이는 그것도 받아들였다.

1914년 제1차 세계대전이 일어나자 일본은 중국의 참전을 반대하고 독일에 선전을 포고하고 당시 독일 영지였던 교주만膠州灣을 봉쇄하고 청도靑島를 무력으로 점령하였다. 그러고 나서 당시 중립을 선포했던 중국에게 〈산동 21개조〉를 요구한 음 그 비밀까지를 지켜 줄 것을 요구했던 것이다. 그러나 위안스카이는 황제가 되려면 일본의 지지를 받아야 한다는 생각에서 결국 1915년 5월 일본의 요구를 받아들였다. 그러한 상황에서 북경 정부의 총통 위안스카이가 1916년 6월 병사하자, 총통으로 취임한 위안스카이하의 부통령 여원홍黎元洪(1866-1928)과 당시 내각 총리였던 단기서段祺瑞가 북양北洋군벌, 일제 등으로부터 군사적 도움을 받아 군벌 시대를 열어갔다.

---

195 ■ 신승하, 《중국근대사》(대명출판사, 1993), 322면.

196 ■ 위의 책, 74면.

그러자 쑨원은 그러한 북경 정부에 대항할 목적으로 5 · 4 운동을 일으킨 민족 운동 세력들을 모집해 1919년 10월 중국 국민당을 경성해 이른바 삼민주의를 제창했다. 그러한 상황에서 소련의 공산당 정부가 1919년 3월 코민테른 제2회 세계대회에서 〈민족 및 식민지 문제에 관한 테제〉를 제시하여, 그것에 근거해 1920년 봄 코민테른의 극동부장 보니틴스키가 중국에 입국해 북경의 리다자오李大釗(1888-1927)를 만나고 그를 통해 상하이의 천두슈陳獨秀를 만나게 된다. 보이틴스키의 목적은 중국의 민족주의 운동을 사회주의 혁명으로 전환시켜 보려는 것이었다. 그러한 시점에서 1921년 7월 상하이의 한 비밀 장소에서 중국공산당 창립대회가 행해졌다. 그 대회에는 마오쩌둥 등 12명이 참가했다. 그렇게 해서 결성된 공산당은 코민테른의 지령에 따라 1924년 1월 민주주의 혁명을 달성하려는 국민당과 합작하여 민주통일 전선을 결성했다. 제1차 국공 합작(1924.1-1927.7)이 이루어졌던 것이다. 그러나 그것은 쑨원孫文(1866- 1925) 사후 장제스의 주도로 북벌北伐 작전(1926-1928)이 행해지는 과정에서 1927년 장제스의 4 · 12 반공 쿠데타가 행해져 결국 끝나고 말았다. 그것을 계기로 국공 합작이 깨지고 말았던 것이다.

(5) 북벌과 장쭤린 사건

광동군 정부를 수립했던 쑨원이 사망하자, 1925년 7월 광주에서 중화민국 국민정부가 수립되었는데, 그 다음 해 12월에는 무한으로, 1927년 4월에는 남경으로 환도했다. 그러한 상황에서 장제스는 제국주의 세력들과 중국자본가들의 도움을 받으면서 국민 정부를 장악해 북벌을 추진시켜 나갔다. 북벌군이 상해를 장악했을 때 장제스가 느닷없이 '4 · 12 반공 쿠데타'를 일으켜 국민 정부에서 공산당원들을 제거시켜 버리고, 남경 국민 정부를 성립시켰던 것이다.

그 후 무한 국민 정부와 남경 국민 정부는 합작의 형태를 취해 북벌을 지속적으로 추진시켜 나갔다. 그 과정에서 영국과 미국은 남경 정부를 지원하였고,

일본은 북경 정부를 지원했는데, 북벌군이 1928년 5월 제남으로 들어오자, 일본은 교민을 보호한다는 구실로 1년 전부터 청도로 상륙하여 제남을 점거하고 있던 일본군으로 하여금 북벌군의 북상을 저지하게 했고, 이에 수많은 인민들을 살육되었다. 북벌이 지속됨에 따라 북경이 함락될 위기에 놓이자 일본은 정책을 바꾸어 북양군벌의 주축을 이루는 봉천奉天군벌의 수령 장쭤린張作霖(1875-1928)을 적극적으로 지원했다. 그러나 북경이 북벌군의 손아귀에 들어가고, 장쭤린이 북경에서 심양으로 철수하자, 일본군은 장쭤린이 만주로 들어가 독립을 선포하게 되면 일본의 만몽滿蒙 정책에 방해가 될까 우려되어 심양으로 철수하는 장쭤린을 폭사시켰다.

(6) 만주사변과 중국공산당 임시 정부 수립

국민당 정부는 1928년 6월 북벌 완성 후 열강들에 대해 모든 불평등 조약의 수정을 요구하고 나섰고, 1930년부터는 토공전討共戰에 돌입했다. 그러한 상황에서 1931년 9월 일본이 만주사변을 일으켰다. 그러자 1927년 8월 남창南昌폭동을 계기로 조직된 중공군은 1931년 11월 남부 중국의 서금瑞金에서 중화 소비에트 공화국 임시 중앙 정부 수립을 선언하고 마오쩌둥이 중국공산당의 실권을 장악했다.

그 후 공산당은 1933년 1월, 〈대일 항전 선언〉을 기점으로 해서 이른바 통일 전선이란 구호를 내걸고 국민 정부를 타도하려 했고 국민 정부는 토공작전을 지속했다. 그러자 공산당 정부는 1934년 봄부터 서금에서 국민 정부군의 포위 공격을 피해 대장정을 행해 1935년 10월에 협서성陝西省의 연안延安에 도착했다. 그러한 시기에 화북 지방에서의 일본 침략은 더욱 확대되어 전국적 항일 운동이 전개되었다. 그러자 1935년 8월 공산당은 〈8·1 선언〉을 발표해 항일구국을 위한 민족 통일 전선을 형성시켜 나갔다. 그러한 과정에서 1937년 7월 중·일 전쟁이 발발하였다. 그것을 계기로 국민당 정부와 공산당 정부 간에 그해 9월 정식으로 제2차 국공 합작이 이루어졌고, 그해에 코민테른 제7차 대회와 독일 · 이탈리아 · 일본 3국 방공 협정도 성립되었다.

코민테른이란 소비에트 러시아가 제외된 제1차 세계대전의 전승국들이 파리 근교의 베르사유에 모여서 대독일 강화회의를 행하자 볼셰비키 정권의 수반 레닌이 러시아혁명을 성공시킨 볼셰비키를 중심으로 1919년 3월 모스크바에서 30여 개국의 공산당을 비롯한 좌익사회주의자들을 집결시켜 결성한 단체이다. 결성 이후 코민테른은 각국 공산당을 지도하는 중앙집권적 성격이 강한 단체였는데 1935년 7-8월에 개최한 제7자 대회에서는 독일, 이탈리아, 일본 등에서 급부상한 파시즘 세력에 대항할 수 있는 노동자의 통일 전선, 즉 인민전선의 운동을 결정했다. 그러한 상황에서 독일과 이탈리아는 스페인 내란이 일어나자 파시즘 세력을 도왔다. 그 과정에서 그해 10월 양국의 관계가 긴밀해져 베를린-로마 추축Berlin-Roma Axis이 형성되었고 그 다음 11월에는 독일이 극동에서 자신과 비슷한 침략 세력인 일본과 방공 협정을 체결했다. 그로부터 1년 후인 1937년 11월에 가서는 이탈리아가 가입하게 되어 결국 각국의 공산주의 세력들을 억누를 수 있는, 베를린 · 로마 · 도쿄를 연결하는 파시즘 3국의 추축이 형성되었다.

2) 제1차 세계대전 후의 서구 자본주의 국가 중심의 국제 정치 체제의 성립

(1) 〈베르사유 강화 조약〉

열강들의 제국주의 정책들이 빚어낸 제1차 세계대전은 다음과 같이 국제적 정세를 전환시켜 놓았다. 첫째, 세계 정치의 중심이 유럽에서 미국으로 옮겨갔다. 둘째, 대전을 계기로 러시아의 프롤레타리아 계급이 공산주의 혁명을 일으킴으로써 소비에트 러시아라고 하는 공산주의 국가가 탄생하였다. 그 결과 세계는 미국 중심의 자본주의 진영과 소비에트 러시아 중심의 공산주의 진영으로 양분화되었다. 셋째, 그동안 열강들의 제국주의에 짓눌려 있던 약소민족 국가들이 대전을 계기로 민족적으로 자각해 나와 민족 운동을 일으켰다.[197]

대전 후의 이상과 같은 국제적 정세의 전환은 대전 후 베르사유 강화회의 등을 통해서 행해졌다. 1918년 10월 독일이 윌슨의 〈14개 조항〉을 기초로 해서 강화할 뜻을 연합군 측에 제의하고 연합군 측이 이를 승인함으로써 휴전이 성립되었다. 따라서 윌슨의 〈14개 조항〉은 강화 조약이 기초가 되었던 것이다.

〈대독對獨 강화 조약〉의 조인은 1919년 1-6월에 파리 근교의 베르사유에서 '전반적인 이해관계를 가진 교전국들'인 미국·영국·프랑스·이탈리아·일본의 5개국이 주축이 되었고, 그 외에 '특수이해를 가진 교전국들'인 중국·인도 등의 19개국 등의 참가로 이루어졌다. 이 강화 조약은 윌슨 대통령이 대전 중인 1918년 1월 미 의회의 한 연설에서 천명闡明한 이른바 〈14개 조항Fourteen Points〉, 전쟁 재발을 위한 국제연맹의 설치, 독일 처리 문제 등을 근간으로 해서 이루어졌다.

(2) 국제연맹의 성립과 독일 처리

1919년 1월 베르사유 강화회의에서 국제연맹the League of Nations의 설치안이 가결되었다. 이 국제기구는 베르사유 회의에서의 윌슨의 전쟁 방지를 위한 국제기구 설립 의지가 결실로 나타난 것이라 할 수 있다. 이 기구는 "국제 평화의 유지, 국제 협력, 국제 분쟁의 평화적 해결"을 목적으로, 각 가맹국이 한 표의 표결권을 갖는 총회와 5대국(영국, 프랑스, 이탈리아, 미국, 일본)의 상임국常任國과 총회가 선출한 기한부 이사국(4개국)으로 구성된 이사회理事會를 두었다. 독일은 1926년에 가서 회원국으로 가입했는데 소비에트 러시아는 회원국으로 가입하지 않았다. 국제연맹의 설치로부터 2개월 후인 1919년 3월 소비에트 러시

197 ▪ 김익달 편, 앞의 책, 438면.

아는 국제연맹에 대응해 모스크바에서 코민테른Comintern을 창립함으로써 국제연맹은 서구 자본진영 중심의 국제기구로서의 역할에 머물게 된다.

베르사유 강화회의에서의 중요한 또 하나의 의제는 독일 처리의 문제였다. 우선 연합국은 독일의 모든 해외식민지를 빼앗았다. 둘째, 인접국 프랑스가 제시한 독일의 재침 방지를 위한 안전책은 '독일의 재건을 막을 극도의 약체화'였는데, 그것은 "군사 공격 기지의 박탈, 10만으로의 육군 병력과 1만 5천으로의 해군 병력 제한, 독일 군부의 참 본부와 의무병 제도 폐지, 잠수함과 공군 보유 금지, 막대한 보상금 지급" 등으로 구체화되었다.[198]

(3) 워싱턴 회담과 런던 해군 군축 조약 조인

제1차 세계대전에서 일본은 종래의 만몽 중심의 특권적 지휘를 강화하고 산동성의 독일 이권을 상속하여 중국에서의 정치적, 경제적, 군사적 지배권을 강화해 갔다. 그러자 전후 미국은 중국 대륙을 중심으로 한 극동에서의 일본의 세력 확장을 막기 위한 방안으로 워싱턴 회의(1921.11-1922.1)를 개최하였다.

워싱턴 회의의 의제는 다양했다. 그러나 그 핵심은 "일본의 극동 제패의 위험성을 예방하기 위한 4개국 협정과 9개국 협정"이었다. 이 회의의 주도국은 미국이었다. 우선 미국은 영국·일본·프랑스·이탈리아의 4개국에 대해 주력함(전함)의 보유 비율을 확정하자고 제의해 결국 미국·영국·일본의 주력함 비율을 5 : 5 : 3으로 하는, 15년 기한부의 〈해군 군비 제한에 대한 조약〉(미국·영국 각각 15척, 일본 9척)을 체결하고, 그 다음 〈중국에 관한 9개국 조약〉도 체결했다. 〈9개국 협정〉은 대전 중에 얻은 만몽에 대한 일본의 기득권과 산동성의 구독일 조차지租借地를 포기하는 등 중국에 대한 일본의 침략 의도를 봉쇄하는 것이었다.[199] 일본은 중국 시장에서 후퇴하지 않을 수 없었고, 한동안 그러한 워싱턴

198 ▪ 위의 책, 444면.

199 ▪ 위의 책, 451면.

체제하에 갇혀 있게 되었다. 일본이 19세기 말 동북아시아에서 행해졌던 제국주의 전쟁에 뛰어든 이후 "일본의 대외 확장의 최대의 국제적 지주는 영·일 동맹과 러·일 전쟁 후 1916년까지 4차에 걸친 러·일 협약을 통해서 구축한 러·일 동맹이었다. 그러나 러시아혁명에 의해 러·일 동맹은 붕괴되었고, 러·독 양 제국의 소멸(러시아 제정 : 1917년 붕괴, 독일 제정 : 1919년 붕괴)로 영국은 영·일 동맹의 메리트를 상실했다".[200] 그러자, 영미는 제1차 세계대전에 의한 구미 열강의 동아시아에서의 일시적 후퇴에 편승해 멋대로 확장의 손을 펼쳐 온 일본에 대해 강하게 반발한 나머지, 대전 후 유럽 지역에서 〈베르사유 강화조약〉을 통해 자신들 중심의 새로운 유럽질서를 구축했듯이 동아시아에서의 미국 중심의 새로운 국제 질서를 구축하기 위해 '9개국 협약'을 주축으로 한 워싱턴 체제를 발족시켰던 것이다.

3) 자본주의 진영에서의 극단적 내셔널리즘 국가의 성립

(1) 나치스의 정권 획득

베르사유 강화회의에서의 독일의 육·해군 보유 수에 대한 제한 조치가 취해지는 과정에서 독일에서는 혁명이 일어났다. 그 결과 임시 정부가 수립되어 1920년 1월에 바이마르공화국이 탄생하였다. 임시 정부는 1919년 3월 임시 국방법을 제정하여 40만으로 추산되는 반공 의용군을 주축으로 공화국 국방군을 창설하였다. 이 새 국방부의 지도부는 군제정 군부의 영관급 이상의 고급 장교가 차지하여 전통적인 독일 보수 세력의 아성으로서의 역할을 행하게 되었다. 베르사유 강화회의에서 가결된 독일 육군 10만 이상 보유 금지 조항에 입각해 40만으로 추산되는 의용군의 해산이 행해지자 이에 불만을 품은 한 군단이

200 ▪ 江口圭一, 《日本帝国主義史研究》(青木書店, 1998), 129頁.

1920년 3월 베를린을 점령하고 쿠데타를 일으켰으나 실패로 끝났다.

공화국은 그 사건을 계기로 〈베르사유 강화 조약〉에 의해 엄격히 통제된 독일군의 규모를 비밀리에 확대 강화해 가기 위해 제크트H. F. L Seeckt를 육군 총사령관으로 임명해 그로 하여금 비밀리에 '흑색 국방군'이라 불리는 노동 부대를 조직하게 했고, 그 외에도 비밀리에 소련의 군사원조를 요청해 소련 내에 '공업건설 진흥처'를 설치하여 항공기, 독가스, 포탄 등의 생산에 착수했다. 바이마르 공화국은 1919년 8월 3당(사회민주, 중앙, 민주당)의 연합으로 성립된 정부로서 통치력이 약했다. 공화국이 파쇼화될 수 있는 상황을 만들었던 것이다. 그 결과 공화국은 결국 나치스에 의한 독재를 낳았다.

독일의 군부 대두를 촉진시킨 또 하나의 사건은 독일의 배상 불이행을 구실로 한 프랑스군의 루르 지방 점령이었다. 이에 대한 베를린 시민의 대시위가 전개되는 가운데 비밀 극우 단체가 점령군에 대한 과격한 저항 운동을 벌여 나갔다. 그러한 상황에서 1923년 11월에 나치스Nazis(정식 명칭은 국민 사회주의의 독일 노동당)의 당수, 히틀러가 나치스의 당원들로 구성된 돌격대로 뮌헨에서 쿠데타를 일으켰다. 그러나 일부 군부와 보수 세력의 반대로 실패했다. 오스트리아의 한 가 정부의 사생아로 태어난 히틀러Adolf Hitler(1889-1945)는 18세에 모친을 여의었고 24세였던 1913년 병역 기피자가 되어 빈을 떠나서 독일의 뮌헨으로 이주했다. 그는 그곳에서 화공畵工으로 하루하루를 연명했다. 제1차 세계대전이 발발하자 지원병으로 입대해 전쟁이 끝난 후에도 바이에른에 주둔하고 있던 국방군에서 하사관으로 복무했다.

당시 독일의 바이에른 지방에서는 제정이 붕괴된 후 한때 공산권 정권이 성립되었으나 1919년 군부에 의해 타도되고 대신 보수 정권이 수립되었다. 그 후 그 지방 정권은 군부의 지배하에 있었다. 당시 군부는 우수한 병사들을 선발하여 계몽 선전대를 편성해 좌익 사상에 물든 시민들과 병사들을 교육시켰다. 그때 대원으로 뽑힌 히틀러의 연설이 압도적 인기를 모았다. 히틀러의 연구자들은 히틀러의 사상이 굳어진 것은 그 정치 교육 강습회가 행해지는 과정에서였다고 말하고 있다. 그러한 강습회가 행해지는 과정에서 히틀러는 1918년 3월에 뮌헨에서 결성된 노동당으로부터 가입을 권유받아 노동당 위원으로 입당하게 된다. 그는 1920년 2월, 당의 선전 책임자의 신분으로 최초의 대중집회를 개최하고 25개조의 당 강령을 발표했는데, 그 골자는, (가) 대大독일주의, (나) 독일 영토 확장과 식민지의 확보, (다) 군비 대확장, (라) 베르사유 체제의 타파, (마) 독재 정부 수립, (바) 반反유대주의 등이었다.

패전 직후 독일의 대중은 사회주의 운동에는 합류할 수 없었고 보수적 민족주의 쪽에 설 수밖에 없었다. 히틀러는 그러한 사회적 상황 속에서 1920년 여름 당시의 노동당을 국민 사회주의 독일 노동당, 약칭 나치라 개명하였고 1921년 7월 임시 전당대회에서 당수로 선출되었다. 그러자 바이에른 군부의 정치참모 에른스트 뢰엔Ernst Röhn(1887-1934)이 반혁명 의용군의 장병들을 대거 나치스에 입당시켜 당의 집회를 경비하고 반대 당원을 습격하는 역할을 담당하게 했다. 그들은 군대 내에서 군사훈련도 상당히 받아가면서 멋대로의 가두선전이나 데모 또는 집단 캠프생활을 함으로써 나치스의 기동대 역할을 수행했다. 이렇게 당이 군부의 지지를 받게 되고 재정가의 지원도 받게 되자 히틀러는 1923년 11월 뮌헨에서 쿠데타를 일으켰으나 실패로 끝나 히틀러는 결국 약 1년간 금고 생활을 하게 된다.

그는 출옥 후 의회주의적 합법 운동을 전개해 나치스의 재건을 도모했는데 그러한 과정에서 1930년 세계 공황이 도래해 독일의 실업자가 600만에 달했다. 그는 "국가적 힘을 결집하는 정부를 세워야 한다"는 주장을 통해 내셔널리즘을 불러일으키고, 또 "노동자층이 인간적으로 봐서 정당한 요구를 하는데도 기업가들은 그들을 적으로 대한다"는 주장을 통해서[201] 여론을 환기시켜 탈

201■ 中村幹雄『ナチ党の思想と運動』(名古屋大学出版会, 1990), 102頁.

노동자들을 지지기반으로 삼았다. 결국 히틀러를 내각수반으로 한 나치스가 1933년 1월 정권을 장악하게 된다.[202] 히틀러가 정권을 장악한 후, 1933년 3월 총선거 실시를 전후해서는 돌격대와 친위대親衛隊(SS, 돌격대의 정예반으로 편성되어 나치스 간부의 신병 보호와 나치스의 규율 유지를 위한 별동대)를 총동원해 유력한 경쟁자인 사회주의 정당에 대해 사상 최대의 대탄압을 가했다. 그해 7월에는 나치스 외의 모든 정당이 해체되면서 나치스당이 독일 국민의 유일한 정치 단체가 되었다. 또 그것은 일반적 사법·입법·행정 권력으로부터 독립되어 강력한 권력조직이 되었다. 1934년 힌데부르크 대통령 사망 후부터는 자신이 대통령을 겸한 총통 겸 재상이 되어 제3제국의 독재자로 군림하게 됨으로써, 나치스당의 조직을 통한 국가 통치를 확립시켜 나갔던 것이다.

(2) 이탈리아 파시즘의 정권 획득

이탈리아는 제1차 세계대전에서 중립을 선언했는데 연합군에 끌려 결국 연합군 측에 참전했다. 그 결과 독일 · 오스트리아군과의 전투에서 전사자 60만 명, 전상자 100만 명에 이르렀다. 그러나 이탈리아는 〈베르사유 강화 조약〉에서 요구한 것들이 모조리 묵살당하자, 두 번이나 강화회의 불참을 선언했다.

전후 이탈리아는 곧 경제공황을 맞게 됨으로써 식량 창고 습격, 파업공장 점령, 농민 폭동이 연발했으나 정부는 속수무책이었다. 그러한 정세하에서 사회당이 급격히 세력을 팽창해 1919년 11월 총선에서 제1당의 지위를 차지했고 그해 10월에는 코민테른 가입까지 결의했다. 이와 같이 좌익 세력이 대두되자, 여기에 맞서 로마교황청의 가톨릭 조직을 활용한 인민당이 우익 정당으로 창당되었다. 그러한 상황에서 무솔리니가 1919년 3월 참전주의자 30여 명을 모아 '전투단'이라는 파쇼 집단을 결성했다. 1920년 10월의 지방선거에 패배하

202▪ 하겐 슐체, 《새로 쓴 독일 역사》, 반성완 옮김(知와사랑, 2000), 259면.

자 파시스트들은 지주, 자본가로부터 받은 막대한 자금으로 '흑색 셔츠대'를 조직하여 조직적 살인, 폭행, 방화 등과 같은 테러 행위를 자행했다. 이듬해 11월 파시스트 전국대회 때에는 회원이 32만 명으로 늘어났는데, 그때 무솔리니는 '전투단'을 '국가 파시스트당'이라 개칭하고 새로운 강령을 선포하였다. 새로운 강령이란 군주정君主政을 승인하며 바티칸과의 타협 등을 내용으로 하는 국수주의적 강령이었다. 1922년 10월 국왕과 내통한 무솔리니는 쿠데타를 일으켜 국왕으로부터 조각권組閣權을 획득했다. 그러나 국회에서의 파시스트의 세력이 약했기 때문에 파시스트들은 3명밖에 입각하지 못했다. 그러자 무솔리니는 1923년 여름, 전 투표全投票의 1/4 이상을 얻는 정당이 총의석의 3/4을 차지한다는 기이한 선거법 개정안을 제안하여 그것을 폭력으로 통과시켰다. 그렇게 해서 1924년 봄 총선거에서 파시스트는 단독 내각을 조직했다. 또 그해 6월에 가서 파시스트는 통일 사회당 서기 마테오티를 암살한다.

그 다음 1924년 1월에는 "힘만이 해결책"이라는 협박 선언을 발표하고 언론, 출판의 자유를 박탈하는 등 조직적 탄압을 시작했다.[203] 한편, 그들은 모르간 재벌을 위시한 영미의 재벌들로부터 차관을 받아들여 국가의 재정적 위기를 수습해 갔고, 또 괴뢰노동조합을 육성하면서 대자본가들에게 국가보조금을 지급했다. 그러한 식으로 경제 정책의 성과를 올리면서 '믿고 복종하고 싸우자'라는 슬로건을 내걸고 파시즘 체제를 확립시켜 나갔다. 1926년 11월에는 '예외법'을 제정해 파시스트 이외의 모든 정당을 금지하고 비밀경찰은 국민의 자유를 송두리째 앗아 갔다. 1929년 3월의 총선거에서는 거의 파시스트만이 당선되어 파시스트 당원들로 의회가 성립되었다. 이렇게 해서 군국주의 체제를 확립시킨 파시즘은 '대로마제국'의 재건을 주창하면서 대외 침략의 길을 걸었다. 이렇게 해서 정권을 장악한 이탈리아의 파시스트는 헝가리, 불가리아 등

---

203 ▪ 김익달 편, 앞의 책, 477면.

베르사유 체제에 불만을 품은 유럽 여러 나라와의 협조적 관계를 형성해 파시스트의 세력권을 확장시켜 나갔던 것이다.

4) 강대국들의 출현과 새로운 민족 운동의 전개

독일제국의 성립(1871)을 계기로 세계는 제국주의 시대로 접어들었다. 이후 미국은 1880년대부터 태평양 진출을 시도해 결국 1898년 하와이를 병합하고 동아시아로 진출했다. 그것은 앞에서 짚어 본 바와 같이 미 · 서 전쟁 후 〈미 · 서 강화 조약〉(1898.12)이 이루어지는 과정에서 스페인의 지배하에 있었던 필리핀과 괌 섬들이 2천만 달러로 미국에 양도됨으로써 이루어졌다. 20세기로 들어와서 필리핀을 지배하게 된 미국의 관심은 중국 대륙으로 뻗어나갔다. 미국은 태평양, 동아시아 쪽으로 식민 정책을 확장시켜 나가기 위해 20세기로 들어와서 1906년 파나마 운하를 건설하기 시작해서 1914년에 그것을 개통하게 된다. 미국으로 말할 것 같으면 파나마 운하의 개통으로 태평 · 대서의 양양兩洋 작전을 펼칠 수 있었음은 물론 중국 시장으로의 진출까지 가능하게 되었던 것이다. 한편, 일본은 청 · 일 전쟁을 통해 얻은 요동반도를 러시아 · 독일 · 프랑스의 삼국 간섭으로 인해 상실했던 사실을 감안해, 의화단 진압에 투입되었던 러시아군이 그대로 만주를 점령해 버린 것을 목격하고 만주에서의 러시아 세력의 저지를 위해 영 · 일 동맹(1902)을 체결한다. 그러한 관계 속에서 러 · 일 전쟁에서 영미는 일본을 도왔다. 그 이유는 러시아 제국주의 세력을 약화시키고 러시아에 인접해 있는 "만주의 문호를 개방시켜 자기들도 그곳에 터전을 구축하기 위한 생각에서"였다.[204] 또 당시 일본은 "재정적으로 미약할 뿐만 아니라 영미 시장으로부터 많은 외채를 모집하고 있었"기 때문에 '강한 러시아'보다는 '약한 일본'을 상대해 가기가 더 편할 것이라고 생각했었기 때문이었다.

---

204 ▪ 강동진, 《일본근대사》(한길사, 1985), 224-225면.

러·일 전쟁 과정에서 미국은 필리핀 위쪽에 위치해 있는 일본으로부터 필리핀의 강점을 승인받기 위해 일본의 한국 단독 지배를 승인해 주었다.[205] 보다 구체적으로 말해 일본이 한국을 자신들의 '보호국'으로 만드는 문제에 대해 미국과 영국은 러·일 전쟁이 진행되는 과정에서 루스벨트 대통령의 권고로 행해진 〈포츠머스 강화 조약〉 조인(1905.9)이 행해지기 이전에 이를 승인한 것으로 보인다. 일제가 〈포츠머스 강화 조약〉 조인으로부터 2개월 만에 한국과 〈을사보호 조약〉을 체결하고 그 결과를 "즉시 각국에 통보했는데 그에 대해 제일 먼저 호의적 반응을 보인 것은 미국이었다".[206] 한편, 전쟁이 끝나자 그해 10월 미국의 독점 자본가 철도왕 해리먼E. H. Harriman은 일본에게 만주철도를 공동으로 경영하자고 제안해 왔고, 일본의 가쓰라 수상은 이를 수락하였다. 그 후 1907년에는 미 육군 장관 태프트가 일본을 방문해 "하루 빨리 한국을 병탄할 것을 촉구하는 뜻으로 한국에서의 이토 히로부미와 일본 정부의 활동을 찬양"하기까지 하였다.[207] 그러나 일본은 미국과 공동으로 만철을 경영하자는 제안에 반대하여 만철을 독점하고 말았다. 그것을 계기로 미·일 관계는 급속히 악화되어 1907년 말에 가서는 "미국의 대통령이 일본을 위협할 목적으로 미국 함대의 태평양 집결을 공표한 일"도 있었다. 그러한 상황하에서 일본은 미국에 대항하기 위한 한 방안으로 러시아와의 관계 조정에 착수하게 된다. 러시아와 일본은 1907-1912년 사이의 세 차례에 걸친 협약을 통해 러시아의 몽골 지배와 일본의 한국 및 만주 지배를 서로 승인해 주었다. 이러한 러·일 협약에 대항해 미국은 1910년 청 정부에 5천만 달러의 차관을 제공했다.

제1차 세계대전이 발발하자 일본은 그해 8월 독일에 선전포고를 해 놓고 중국의 대전 참가를 방해하면서 그 다음 1월에 독일의 영향권 내에 있던 산동

205■ 위의 책, 213면.

206■ 위의 책, 222면.

207■ 같은 곳.

의 청도를 무력으로 점령하고 산동에서 독일이 차지하고 있던 이권을 요구하는 등의 〈산동 21개조〉를 위안스카이 정부에 요구해, 결국 비밀리에 수락을 받아냈다. 그것을 알아차린 미국은 1915년 5월 일본과 중국에 대하여 중·일간의 어떠한 협정도 승인할 수 없다고 통보한 다음, 미국계 은행을 중국에 설립해 중국에 차관을 제공하는 협정을 체결하여 철도부설권을 얻어내고, 1916년에는 미국의 동양함대 증강도 계획했다. 대전이 끝나 베르사유 강화회의가 행해졌고, 이어서 미국의 주도로 워싱턴 회의가 개최되었다. 미국은 그 회의에서 〈해군 군비 제약에 관한 조약〉(미 : 영 : 일=5 : 5 : 3)과 〈중국에 관한 9개국 조약〉을 체결해 중국에서의 일본의 이권을 대전 이전의 상태로 후퇴시켜 버렸다.

한편 러시아는 제1차 세계대전에서 연합군 측에 참가해 막대한 손실을 봤지만 전쟁 막판에 볼셰비키당이 혁명을 일으켜 정권을 장악, 공산주의 정부를 세운 탓으로 자본주의 국가들인 연합군 측의 타도 대상이 되어 베르사유 강화회의에도 참석하지 못하게 됐다. 그러자 소련은 베르사유 강화회의의 진행과 때를 같이 하여 공산주의 국제기구인 코민테른을 창립한다. 그 후 소련은 그것을 발판으로 해서 자본주의 국가의 맹주로 부상한 미국에 대응되는 공산주의 국가의 맹주로서의 자리를 굳혀가게 된다.

이렇게 20세기 이후 미국은 극동 지역에서의 일본의 제국주의 정책을 방해했고, 제1차 세계대전을 계기로 자본주의 국가들의 중심 국가로 전환해 나왔다. 게다가 19세기 말부터 극동 지역에서의 식민지 확장을 놓고 일본과 경쟁관계에 있었던 러시아는 공산주의 국가로 전환해 나와서, 공산주의 국가들의 중심 국가로 부상했다. 그동안 한국에서 반일 운동인 3·1 운동이 일어났고, 중국의 북경에서도 반일 운동으로 5·4 운동이 일어나 전국으로 확산되었다. 그뿐만이 아니었다. 대전 후의 〈베르사유 강화 조약〉에서 이탈리아가 완전 소외당했다고 생각한 무솔리니를 중심으로 한 파시스트 극우 세력들이 국왕으로부터 지지를 받아 국가 파시스트당을 세워서 대로마제국의 재건을 목표로 군국주의 체제를 확립시켜 나갔고 독일의 경우는 대전에서 참패가 가져다준 민족적 위기를 극복하기 위해 군부를 지지기반으로 해서 나치스(국민사회주의 독일 노동당)를 성립시켜 '제3제국'으로 전환해 나왔다. 제1차 세계대전 이후 국제적 정세가 이와 같이 바뀌자 일본도 새로운 차원의 세계적 전략수립이 불가피했다.

그렇다면 이와 같이 새로운 차원에서 전개되어 나가는 국제 정세에 대해 일본은 어떠한 대응자세를 취하게 되었는가. 우선 정부 차원에서의 대응자세를 고찰해 보고 다음으로 그러한 국제적 정세와 관련시켜 우익 세력들의 동향을 고찰해 보기로 한다.

5) 제1차 세계대전 후의 일본 국내 정세

일본은 한·일 합방을 이룩한 후 그 다음 해인 1911년에, 〈미·일 통상항해 조약〉시 관세 자주권을 확립시킴으로써 바쿠후 말에 서구 열강들과 맺은 불평등 조약의 개정 사업을 드디어 실현시켰다. 그 이듬해 1912년에는 메이지 천황이 사망함에 따라 연호가 메이지에서 다이쇼大正로 바뀌게 되어 새로운 시대를 맞았다.

우선 일본은 1914년 제1차 세계대전에 참전함으로써 서구의 열강들의 대열에 끼어들게 되어 그들과 동등한 입장을 취하게 된다. 대전 중 러시아에서 볼셰비키 혁명이 일어나 공산주의 정권이 수립되자 서구의 자본주의 국가들의 대열에 합류해 소련의 공산주의 정권 타도를 위해 1918년 시베리아 출병을 단행했다. 그 다음 해 대전이 끝나자 파리 강화회의에서 미국·영국·프랑스·이탈리아와 함께 교전국으로 분리되어 모든 회의에 출석하게 되었고, 국제연맹에서도 5대 상임국의 하나가 되었다. 이와 같이 일본은 국제적으로 1910년대에 들어와서 과거 일본을 억눌러 왔던 서구 열강들과 대등한 관계를 확립시켜 가게 되었던 것이다. 그러한 과정에서 일본의 국내에서는 여러 측면에서 새로운 상황들이 출현했다. 그러나 미국의 주도하에 행해졌던 워싱턴 회의에서 영미를 주축으로 한 서구 열강국들에 의해 일본의 해군력이 축소당하고 베르사유 강화회의에서 취한 산둥 반도에서의 일본의 권익이 백지화됨에 따라 결국 일본은 영미를 중핵으로 한 서구 세력에 대한 대항적 입장을 세워나가지 않을 수 없었다. 일본의 서구 세력에 대한 그러한 자세는 결국은 자신들의 대륙 침략을 한층 더 강화시켜 나가게 됨으로써 1931년 만주사변, 1937년 중 · 일 전쟁, 1941년 태평양전쟁 등을 야기했던 것이다.

한편 제1차 세계대전 후의 일본의 국내 상황을 살펴보면 정치적 측면에서는 한벌藩閥 정치에서 정당政党 정치로 전환되었다. 그러한 전환은 정당 지도자들에 의한 정당들에 대한 비판, 입헌 정치를 실천하기 위한 호헌護憲 운동 등을 통해 행해졌다. 그 결과 중의원에서 다수를 차지하는 정당이 조각권組閣權을 갖는다는 원칙이 세워져 입헌정우회立憲政友会와 헌정회憲政会(1927년부터 입헌민정당)의 그 대정당이 번갈아 가면서 내각을 조직해 1932년 이누카이 내각이 붕괴될 때까지 정당 정치가 행해졌다. 이렇게 정당 정치가 자리를 잡아가는 과정에서 1925년에는 보통선거제가 실현되었다.[208] 한편, 대전 후 불경기가 도래하자 노동 운동이 활발해지고 노동조합의 수도 늘어나게 되어 1920년에는 일본에서 최초로 도쿄에서 메이데이가 행해지게 되었다. 그와 동시에 사회주의 운동도 고조되어, 1922년에는 비합법적으로 일본 공산당이 창립되었다. 이렇게 해서 다이쇼大正 데모크라시의 물결 속에서 좌익사회 운동 세력들이 증대되어 나가자 이에 대한 안티 세력으로서 우익 세력들이 탄생해 그들의 활동을 저지하기 시작했다. 또 정부는 정부대로 좌익 사회 운동 세력들의 '자각

---

208 ■ 차기벽 · 박충석 편, 《일본현대사의 구조》(한길사, 1983), 91-92면.

적 대중 운동과 소비에트 연방의 성립'을 의식해, 혁명을 통한 정권장악을 목표로 하는 사회주의 운동의 고조를 경계했다. 그리하여 보통선거제가 실시된 1925년에 치안유지법을 제정해 일본 공산당 탄압을 위한 전국적 차원의 대검거 사건인, 1928년의 '3·15 사건' 등 을 일으켜 좌익 세력을 타도해 갔다.[209]

이러한 상황에서 1929년 10월 뉴욕의 월가에서 시작된 세계대공황이 그 다음 해에 일본으로 파급됨에 따라 1930년 한 해에만 2,300여 건의 노동쟁의가 발생하여 사회의 전반적 위기가 심화되었다. 그러자 독일이나 이탈리아에서의 경우처럼 일본에서도 군국주의 파시즘 세력이 대두하여 정치적 권력을 장악해 민간 우익 세력들과 손잡고 '쇼와유신 혁명'을 수행해 나갔다. 그러한 과정에서 만주사변, 중·일 전쟁, 태평양전쟁들이 야기되었다.

2. 일본의 우익 단체

1) 일본 우익 단체의 계열

1918년 제1차 세계대전이 끝나자 일본은 불황의 폭풍에 휘말려, 쌀 소동, 중소기업 도산 등에 직면하게 되었다. 그러자 노동쟁의, 소작소동 등이 각지에서 속발해, 그러한 사회적 분위기 속에서 노동조합의 연합체, 사회주의자 동맹 등과 같은 사회주의 운동 조직들이 탄생했고, 1922년에는 일본 공산당도 태어나는 등 좌익 운동 세력들이 확대되었다. 그러자, 그때까지만 해도 대외적으로 국권 운동을 전개했던 우익 세력이 관심의 초점을 국외에서 국내로 이동시켜 반反좌익 운동을 전개하게 된다. 국내에서 우익 세력들의 그러한 반좌익 활동

209▪ 高橋幸八郎 外『日本近代史論』(車泰錫 外 訳, 知識産業社, 1981), 294-295頁.

은 재계, 정계, 군부 등으로부터 지지를 받게 되는데, 그 과정에서 "임협任侠계 우익, 행동 우익 등도 탄생하게 됐다. 그러한 우익 중의 하나가 바로 '대일본국수회'인데, 그것은 좌익 사회주의 운동을 실력으로 분쇄하겠다며 최초의 정당 내각 수상이라 할 수 있는 하라 다카시原敬(재직 : 1918.9-1921.11) 수상 등의 지원으로 결성된 토건업자를 포함한 도박꾼들의 전국적 집단"이었다. '대일본국수회'를 비롯해 당시 결성된 임협계 등의 우익 단체는 수백 개에 이르렀다고 하는데, 그들의 주된 업무는 스크라이크 파괴, 쟁의 개입, 사회주의자 암살 사건에 관련되어 있었고, 또, 기업 공갈, 정치적 거래 행위까지 하게 되면서 우익과 폭력단을 동일시하는 풍조도 생겨났다.

다른 한편에서는 당시의 국제적 상황과 맞물려 국가 개조 등을 목표로 내건 우익 단체들도 탄생하였는데, 그 대표적 단체가 국가사회주의 사상에 입각해 결성된 '노장회老壮会', '유존사猶存社' 등과 같은 단체이다. 당시의 우익 단체들의 국가사회주의 사상은 천황기관설에 입각해 주창된 기타 잇키北一輝의 사상을 기초로 하고 있었는데, 1930년대로 들어와서는 만주사변을 기해 급진적 청년장교들에도 받아들여져 테러, 쿠데타 계획 등으로 구체화되어 나갔다.

그러한 상황이 형성되어 나가는 과정에서, 민정당民政党과 미쓰비시三菱, 정우회政友会와 미쓰이三井 등의 경우가 그러했듯이, 정당과 재벌과의 유착 관계가 표면화되면서 결국에 가서는 각종 의혹 사건에서 거물급 정치가가 체포됨으로써 국민들의 불만이 폭발해 선거에서의 좌익 세력이 한층 더 신장되어 나갔고, 이에 뒤질세라 우익들의 국가 혁신 운동도 더욱 고조되었다.

그러한 분위기를 타고 우익 쪽에서 1929년에는 '일본 국민당', 그 다음 해는 '우국근로당憂国勤労党'이 결성되었고, 또 동년에 혁신파 우익 단체의 집합체로서 '전 일본애국자공동투쟁협의회'가 발족되었고, 그것을 발판으로 해서 청년 전위대가 결성되었다. 그 청년 전위대는 그 후 '혈맹단 사건', '2·26 사건' 등과 같은 쿠데타 계획을 비롯하여 일련의 과격한 사건의 중심적 존재가 되었다.

1931년에는 사사가와 료이치笹川良一를 총재로 '국수대중당'이 결성되었고, '흑룡회黒龍会'를 중심으로 해서 20여 단체가 결집되어 '대일본생산당'이 탄생했다. 1927년부터 1937년까지 634개나 되는 우익 단체가 결성되고, 단체원 총 수는 무려 12만 2천여 명에 달했다.[210] 그러면, 1920년대 이후 일본의 우익 단체는 어떻게 분류될 수 있으며 각 계열에는 어떤 단체들이 존재했는지 보다 구체적으로 고찰해 보기로 한다.

1920-1930년대의 일본 우익 단체는 현양사玄洋社(흑룡회 계열), 노장회(유존사 계열), 경륜학맹経綸学盟(국본사国本社 계열) 등으로 분류될 수 있다.[211] 현양사-흑룡회 계열의 우익 단체들은 기본적으로 대아시아주의를 바탕으로 하고 있는 우익 단체들이다. 일본의 우익 단체의 시조始祖로 알려진 현양사(1881년 창립)는, 정한론征韓論 대두(1873) 이후 정치적 분위기가 고조되어 1880년대 초반 일본에서 격렬했던 민권 운동의 영향으로 한국에서 갑신정변甲申政變(1884)이 일어나는 상황 속에서 창립되었다. 흑룡회는 북경에서의 일본공사 관원의 살해 등을 몰고 왔던 의화단義化團의 난亂이 외국의 연합군들에 의해 진압됨에 따라 러시아의 요동반도 조차, 만주 점령 등이 행해지는 상황 속에서 1901년 창립되었다. 베르사유 강화회의 직후 행해졌던 워싱턴 회의를 통해 일본은 베르사유 강화회의에서 취한 중국에 대한 이권을 포기하게 되었다. 그러자 그동안 대아시아주의를 사상적 기초로 하고 있던 일본의 우익 세력들은 새로운 차원에서의 우익 사상과 우익 운동의 필요성을 절감하게 되었다. 이때 창립된 것이 노장회-유존사 계열의 우익 단체들이다.

노장회의 창립은 1918년 제1차 세계대전이 종료되는 시기에 이루어졌으며 유존사는 대전이 종료된 시점에서 창립되었다. 이 계열의 우익 단체들의 창립은 20세기로 들어와서 미국이 제국주의 국가의 형태를 취해 동아시아 지역에

210 ▪ 高木正幸『右翼—活動と団体』(土曜美術社, 1996), 41-44頁.

211 ▪ 木下半治『日本右翼の研究』(現代評論社, 1983), 44-46頁 参照.

등장해서 일제의 대륙 점령을 방해하는 과정에서 서구 열강들의 주도 세력으로 등장하고, 러시아 전제주의 국가가 공산주의 국가로 전환되고, 또 중국에서의 배일排日 운동이 격화되던 상황에서 이루어졌던 것으로서 한마디로 말해 새롭게 부상한 그러한 강대국들과 대항하기 위해서는 일본의 정치 체계를 혁신시켜 나가지 않으면 안 된다고 하는 국가 혁신 사상을 기초로 삼았다.

경륜학맹 계열은 1923년 창립된 '경륜학맹'을 시발로 해서 성립되어 나왔다. '경륜학맹'은 베르사유 강화회의, 이탈리아에서의 파시스트당의 정권 획득(1922.10), 독일에서의 나치스의 성립(1920)과 극우 운동의 전개 등이 행해져 가는 국제적 분위기 속에서 일본주의자와 제휴한 사회주의자 다카바타케 모토유키高畠素之(1886-1928)에 의해 창립되었다. 이 '경륜학맹'은, 이탈리아의 파시즘, 독일의 나치즘 등이 그러했었듯이, 좌·우익 세력들의 연합이라고 하는 형태를 취했다. 따라서 '경륜학맹'은 무솔리니의 파시스트당과 히틀러의 나치스가 그러했었듯이 '사상행동부'와 '무력행동부'를 설치했다. '국본사'(1924)는 검찰총장, 히라누마 기이치로平沼騏一郎가 반조합 운동을 일으켜 온 '수양단修養団'(1903년 창립), 도쿄대東京大 내의 우익학생 단체 '흥국동지회興国同志会'(1920년 창립) 등을 기초로 해서 창립한 단체이다. 국가사회주의의 입장을 취했던 '경륜학맹'과 반조합反組合주의 입장을 취했던 '국본사'는 결국에 가서는 같은 길을 걷게 되는데 파시즘으로 무장한 군부가 대두함에 따라 전자의 경우는 사회주의적 요소를 제거해 가고 후자는 국가주의적 요소를 한층 더 강화시켜감으로써 가능했다.

일본에서의 임협任俠계 우익은 1920년대로 들어와서 좌익 편향적 사상이 고조되고 사회 운동이 격해진 상황 속에서 탄생하였는데 바로 이 경륜학맹-국본사 계열로부터 그 계열의 우익 단체들이 생겨난 것으로 고찰된다.

2) 현양사 - 흑룡회 계열의 우익 단체

주로 일본의 아시아 대륙 진출에 관심을 가졌던 현양사-흑룡회는 제1차 세계대전 전후의 러시아혁명, 일본군의 시베리아 출병, 쌀 소동 사건 등이 행해지는 과정에서 국내의 사건들에 대해서도 관심을 갖게 되었다. 그러나 현양사의 조직을 인수받은 흑룡회는 1920년대로 들어와서는 국내에서의 일정한 조직형태를 갖고 있지 못했다. 그로 인해 흑룡회 출신의 우익 세력들이 단체를 창립하거나 활동을 하려면 만주사변 발발(1931.9)을 획책해 가던 시점까지 기다리지 않으면 안 되었다. 그 시점에 가서야 흑룡회 계열로부터 '대일본생산당', '전국애국단체통일연맹', '대일본일신회大日本一新会' 등이 결성되었다.

(1) 대일본생산당

'대일본생산당'은 1931년 6월에 '흑룡회'의 수뇌 우치다 료헤이内田良平(1874-1937)에 의해 전국적 파시스트당으로서 결성되었다. 결성 과정에서 주도권을 쥐었던 인물은 흑룡회 오사카 지부장 요시다 마스조吉田益三였다. 동당은 오사카의 중상공업자中商工業者 및 국수 단체를 기초로 했는데, 만주사변 발발 직후 행해졌던 제1회 대회에는 흑룡회, 시오타니 게이이치로塩谷慶一郎 등에 의해 1927년 창설된 '명덕회明徳会', 스즈키 젠이치鈴木善一 등에 의해 결성된 일본 최초의 조직적 국가주의 단체 '일본 국민당'(1929년 결성) 등, 17개 단체가 참가했다. 정강요지政綱要旨는 (1) 군민君民일치의 선정善政, (2) 정치기구의 간이화簡易化, (3) 자급자족경제의 기초 확립 등이었다. 동당은 노동적 요소가 짙어 1932년 11월 총선 직전 '대일본생산당직업조합연합회'를 창립해 노동조합의 조직화에 노력했다.[212]

---

212 ▪ 堀幸雄『右翼辞典』(三嶺書店, 1991), 389-392頁 参照.

(2) 전국애국자단체통일연맹

1934년 7월에 결성됐던 '쇼와신성회昭和神聖会'에 '대일본생산당' 총재 우치다 료헤이가, 참가했다는 이유로 궁지에 몰려 결국 1937년 7월에 사망하게 되고 또 동년 동월에 중 · 일 전쟁이 발발하게 된다. 그러한 상황이 전개되기 1년 전인 1936년 5월 요시다 마스조가 결성한 것이 바로 '전국애국자단체통일연맹'(1936.5)이었다.

(3) 대일본일신회

태평양전쟁이 1941년 11월 개시되자, 많은 우익 단체들이 정치 단체로서의 성격을 박탈당하고 일종의 문화 단체로서 전환해 나오는 과정에서 '대일본생산당'도 1942년 6월에 '대일본일신회'로 전환해 왔다.

3) 노장회 - 유존사 계열

(1) 노장회

1918년 10월 제1차 세계대전 종료 직전 국가주의자로 알려져 있던 미쓰카와 가메타로満川亀太郎(1888-1936)를 후견인으로 해서 국가주의자 오카와 슈메이大川周明(1886-1957), 사토 고지로佐藤鋼次郎(1862-1923) 등이 중심이 되어 결성되었다. 당시 참가자는 44명. 좌우 구별 없이 일본의 국가 개조를 목표한 사람들이 모여 의견을 교환해 보기 위해 결성된 단체로 그 후 이 단체에 참가했던 사람들에 의해 많은 국가주의 단체가 결성되었다.

(2) 유존사

노장회의 중심 멤버였던 미쓰카와 가메타로, 오카와 슈메이 등이 마르크스주의를 배격하고 일본주의에 의한 국가 개조를 목표로 1919년 8월에 결성한 단체이다. 미쓰카와와 오카와는 당시 상해에 있던 기타 잇키를 지도자로 첨가시켜, 그 이듬해인 1920년 그를 본국으로 불러들였다. '유존사는' 기타 잇기가 상해에서 저술한《일본개조법안日本改造法案》을 간행해 국가 개조 사상을 계몽해 나갔다. '유존사'의 목적은 일본의 '개조'와 아시아 민족의 '해방'이었다. 그러나 결국 오카와와 기타와의 대립으로 1923년 3월 '유존사'는 해산되고 그 후 '유존사' 계통의 단체들이 줄줄이 결성되었다.

(3) 행지사

오카와 슈메이가 1924년 4월 결성한 '행지회行地会'가 1925년 2월에 '행지사行地社'로 개칭된 것이다. 미쓰카와 가메타로 등 13명이 동인으로 참가했다. 기관지로 월간《일본》을 발행했다. 강령은 "(1) 유신 일본의 건설, (2) 국민적 이상의 확립, (3) 정신생활에서의 자유의 실현, (4) 정치생활에서의 평등의 실현, (5) 경제생활에서의 우애의 실현, (6) 유색 민족의 해방, (7) 세계의 도덕적 통일"로 되어 있다. '행지사'는 내분으로 분열되어 결국 1932년 2월 해산되고, 그 대신 '진무회神武会'가 결성되었다. '행지사'는 일본에서의 국가주의 단체와 군부와의 제휴의 제1보 언급된다.

(4) 대화회

국가주의자 이와타 후미오岩田富美夫가 1923년 6월 창설한 단체이다. 이와타 후미오는 1919년 상하이에서 기타 잇키를 만나 사숙私淑한 후, 귀국해 '유존사'에 참가했다. 그것이 해산되자 시미즈 고노스케清水行之助 등과 '대화회'를 창설했던 것이다.

강령은 다음과 같았다. "(1) '대화회'는 일본의 대對세계적 사명을 전국에 이해시켜 일본의 합리적 개조를 단행하는 근원적 세력규합을 목적으로 한다. (2) 노예적 일본의 구사상을 배척한다. (3) 전 국민을 기틀로 해서 그 속의 지도적 청년의 인격적 결합을 꾀한다. (4) '대화회' 회원은 일상의 사사로운 일이나 비상시의 큰일에 직면에서 원시적 무인武人의 전형이 되어야 한다."

'대화회'의 사무실에는 유도장과 스모장이 설치되어 있었고, 《일본》, 《급진》 등의 월간지를 간행했다. 오스기 사카에 大杉榮 유골 탈취 사건 등 폭력 사건을 일으켰다. 그러다가 1943년 이와다의 사망과 함께 '대화회'도 해산되었다.

(5) 대행사

국가주의자 시미즈 고노스케가 '대화회'로부터 나와서 만든 단체. 시미즈 고노스케는 19세에 상하이에 건너가 신해혁명에 가담했다. 귀국 후 기타 잇키, 오카와 슈메이 등과 활동하다가, 1924년 '대행사大行社'를 결성했다. 그 후 그는 1931년 '3월 사건'에 관여했다. 1918년 데라우치寺內 내각의 외무부 장관이 되어 시베리아 출병을 추진시켰던 고토 신페이後藤新平(1857-1929) 등이 후원자이다. 강령은 처음에는 "천리天理에 의거하고 인도人道에 직면한 철저한 대일본주의 선양 충실, 국민외교의 실현, 국민의 정치적 자각과 정당의 철저한 각성"이었다. 그러나 그 후 그것은 다음과 같이 변했다. "천황 중심의 신흥 일본 건설, 입헌 정치의 확립, 비일본 사상의 배격과 국민 이상의 확립, 자주도의외교와 국제적 분배정의 실현, 자본주의 편중의 사회조직 및 경제구조의 합리적 개혁, 과감 · 독행 · 희생 · 규율 · 풍아 · 고상한 무사적 정신의 함양, 천하의 어떤 것도 두려워하지 말고 오직 정의의 심판만 준엄." 시미즈는 만주사변을 전후해 군부와 접촉해 활동했으며, 대행사는 1932년 2월에 해산한다.

(6) 동흥연맹

행지사 분열 후 간부 가사키 요시아키笠木良明(1892-1955)가 1926년 일신사의 행동 단체로서 조직한 단체이다. 가사키 요시아키는 도쿄제대 졸업생으로 '노장회', '유존사' 등을 거쳐 오카와 슈메이의 '행지사' 창립에 참가했던 국가주의

자로서 1919년에 만철滿鐵에 들어가 만주국 건설에 힘썼던 인물이다. 1933년에는 '대아시아건설사'를 조직하기도 했다. 만주국 건설로 간부가 만주에 건너가는 바람에 활동은 정체되었다.

(7) 진무회

1932년 2월 오카와 슈메이가 중심이 되어 결성되었다. 원래 '진무회'는 전《호치신문報知新聞》 정치부장 이노우에 가쓰요시井上勝好가 퇴사 후 이시하라石原산업 해운사에 입사해 도쿄지부장과 알게 되어 그의 도움으로 귀족원의원, 육해군 장관 등 40여 명의 찬동을 받아 결성한 것이었다. 그는 가쓰요시의 친구 '행지사' 사장 오카와 슈메이가 재향군인, 청년단 등을 기초로 해서 군사교육 보급을 행하고 있는 것을 알고, 기성 정당 타파를 목표로 하여 오카와 슈메이를 중심으로 진무회를 재편했다.

'진무회'는 정당이 아니라 국민 운동 단체로서 진무神武 건국의 정신에 입각한 국가 혁신을 주장했던 단체였다. 회원 수는 약 4,500여 명, 지부는 46개였다. 1932년 5·15 사건으로 오카와 슈메이가 체포되자, 당시 일본주의 운동의 중심이었던 '진무회'는 결국 1935년 2월 제3회 전국대회를 소집해 해산했다.

4) 경륜학맹 - 국본사 계열

(1) 흥국동지회

천황 주권설을 신봉하던 도쿄대 교수 우에스기 신키치上杉愼吉(1878-1929)가 1919년 4월 아마노 다쓰오天野辰夫(1892-1974)와 함께 '목요회木曜会'를 기초로 해서 도쿄대학에서 동지를 모아 조직한 단체이다. 그는 동 대학의 동년배 교수 요시노 사쿠조吉野作造(1878-1933)의 '신인회'에 대항해 국체선양의 활동을 했다.

주요 멤버는 아마노 외에 기시 노부스케岸信介(1896-1987), 오타 고조太田耕造(1889-1981), 다케우치 가쿠치竹内賀久治(1875-1946) 등이 있다. 이 회가 유명해진 것은 소위 모리토 사건이라는 것을 통해서였는데 모리토 사건이란 도쿄대 교수 모리토 다쓰오森戸辰男(1888-1984)가 쓴 논문 〈크로포트킨의 사회 사상 연구〉(1920년 1월 발행된 도쿄대 경제학부의 《경제학 연구》에 게재) 속 '흥국동지회興国同志会' 비판을 이유로 모리토 교수를 사임으로 몰아간 사건이다. 그 사건이 계기가 되어 '흥국동지회'는 경제학부, 법학부 학생회의 비난 대상이 되어 결국 '데이다이히노카이帝大日の会'와 종래의 '목요회'로 분열되고 말았다.

(2) 대일본국수회와 간토국수회

'대일본국수회大日本国粋会'는 1919년 10월 하라原 내각의 내무부 장관 도코나미 다케지로床次竹次郎(1866-1935)가 불러 모은, 간사이関西의 니시무라 이사부로西村伊三郎(1871-1920), 간토関東의 협객 아오야마 히로키치青山広吉, 구라모치 나오키치倉持直吉 등의 협객俠客 등이 제휴해 창설했다.

강령은 다음과 같다. "1. 황실을 중심으로 해서 민족의 통일을 꾀하고 성대히 경륜經綸을 행할 것, 1. 정치를 협도俠道에 근거해 행하고 정치가에게 신의를 지키도록 할 것, 1. 한국 합방 이래 20년 동아시아의 천지 지금 더욱 염려스럽다. 우선 무엇보다도 살아 있는 백성이 도탄에서 고생하고 있다. 이것을 구하는 것을 일본 국민의 천직으로 믿어야 할 것, 1. 경신숭조敬神崇祖의 생각을 드높이고 국민의 사상을 선도할 것, 1. 노사의 협동에 의해 자본가와 노동자 상호 공존공영을 기도하고 국민생활의 안정을 득할 것."

국수회는 소위 협객들이 참가하고 있기 때문에 노동 운동, 사회 운동, 수평사水平社 운동에 대해 격렬한 공격을 가해 맹위를 떨쳤다. 본부는 도쿄에 두고 부겐府県에 지부를 가지고 있었다. 60만 명의 회원이 활동했고 기관지 《국수지일본国粋之日本》을 냈다. 1922년 '간토국수회'와 대립해 본부를 교토로 옮겼다.

'정우계政友界'에 가까운 단체이다.

'간토국수회関東国粋会'는 형식적으로는 '대일본국수회'의 간토 본부이지만 창립은 1919년 1월로 동년 10월에 창립한 '대일본국수회'보다 빠르다. 총재는 '일본제철소', '홋카이도 탄광기선', 불일佛日은행 등의 사장을 역임하고 귀족원 의원이 된 와나타베 지후유渡辺千冬(1876-1940) 자작이고, 총장은 기다 이노스케木田伊之助 퇴역 육군 소장이다.

(3) 대화민로회大和民労会

'대도 키네마大都キネマ' 사장으로 토건업을 하던 가와이 도쿠타로河合徳太郎가 1921년 1월에 창설했다. 헌정회, 민정당民政党계의 단체이다. 가와이는 '대일본국수회'에 소속되어 있었는데 반년 후에 독립해 나왔다. 도쿄 다니나카谷中에 자선병원을 차리기도 하고 사카이 도시히코境利彦(1870-1933)를 습격하기도 하고 '노다간장쟁의野田醤油争議'에 개입하기도 했다.

정강은 다음과 같다. "1. 황실 중심의 대의에 따라 상하일치 충성을 다해 건국의 미풍 발양을 도모한다, 1. 유신중흥의 큰 계획을 토대로 해서 국운의 진전을 꾀하고 황운皇運을 도와 지켜 갈 것을 도모한다, 1. 교육을 장려하고 민심을 도야해 진실강건의 기풍을 만들어 일으켜서 사회의 건전한 발달을 도모한다, 1. 국민의 정치적 자각을 환기시켜 정당의 행동을 감시하며 진정한 입헌정치의 확립을 기대한다, 1. 노자労資의 협조를 꾀하여 사회사업을 촉진해 충실한 산업조직의 발달을 도모한다, 1. 정의, 공의를 요체로 해서 인류 공애, 공존, 공영의 입장을 가지고 횡포부정 섬멸을 도모한다, 1. 사회평화를 생각해 인민의 행복을 존중해 반사회적 행동에 의해 안녕질서를 문란시키는 자의 탄압을 도모한다."

(4) 경륜학맹

경륜학맹経綸学盟은 1923년 1월, 일본주의를 주창하던 우에스기 신키치, 국가사회주의자 다카바타케 모토유키, 국가주의자 이와타 후미오 등이 손잡고 결성한 단체이다. 우에스기 신키치는 도쿄 제국대 출신자로 도쿄대 헌법 강좌를 담당했던 교수였다. 천황 주권설을 주창해 미노베 다쓰키치美濃部達吉(1873-1948)의 천황 기관설을 공격했던 인물이었다. 다카바타케 모토유키는 1911년 사카이 도시히코의 '바이분샤売文社'에 들어가 사회주의 운동을 하다가 국가사회주의자로 전환한 인물이다. 1924년 일본에서 최초로《자본론》을 완역하기도 했다. 이와타 후미오는 1919년 상하이에서 기타 잇키를 알게 되어 그에게 사숙私淑 후, 귀국해 '유존사'에 참가했던 인물이었다.

이 단체는 "한 마음으로 천황을 받들고, 외부에 대해서는 일본 민족의 천재성과 능력을 세계에 시도하고, 내부에서는 일본 민족의 진정한 정신을 보호해 세계의 역사에 하나의 새로운 시기를 열어 갈 것"을 목적으로 결성됐다. 이 단체는 '사상행동부'와 '무력행동부'를 두었고 추후 정당의 결성을 계획했었으나 우에스기와 다카바타케와의 사상적 대립으로 인해 일 년 만에 자연 해소되었다. 그러나 이 단체는 결성 시 주목받았으며 이 단체의 참가자들로부터 많은 단체가 배출되었다.

(5) 국본사

국본사国本社는 1924년 사법관 출신으로 1923년 제2차 야마모토山本 내각의 법무부 장관을 지낸 히라누마 기이치로가 결성한 단체이다. 히라누마는 1923년 12월 '도라노몬虎ノ門 사건'으로 하야한 직후 자신이 고문으로 있던 도쿄대의 학생 단체 '홍국동지회'를 토대로 국본사를 결성했다. 국본사의 중심은 도쿄제대 출신으로 당시 변호사였고 후에 1939년 히라누마 내각에서 내각 서기관장 등을 지내게 되는 오타 고조, 제2도쿄변호사협회를 창설해 1936년 회장이 되는

다케우치 가쿠지 등이었다. 히라누마의 창립 취지는 한마디로 '국민 정신'을 함양진작涵養振作해서 '국본国本'을 탄탄히 하는 것이었다. 사법계에서는 검찰총장을 거쳐 기요우라清浦 내각의 법무부장관을 지낸 스즈키 기사부로鈴木喜三郎(1867-1940), 역시 검찰총장을 지낸 고야마 마쓰키치小山松吉(1869-1948), 군부에서는 기요우라 내각에서 육군 장관을 지냈고, 그 후 육군대장이 되고 조선총독을 지내게 되는 우가키 가즈시게宇垣一成(1868-1956), 1921년 워싱턴 군축 회의에 참석해 대미7할對美七割에 대해 강경론을 주장했고, 후에 연합함대 사령관, 해군 대장 등을 지내는 가토 히로하루加藤寛治(1870-1939), 헌병 사령관 육군대학교 교장 등을 거쳐 1931년 이누카이 내각에서 육군대장이 되고 육군 부내에서의 황도파의 중심인물로 통제파와 대립해 가는 아라키 사다오荒木貞夫, 육군성 정비국장을 지냈고 후에 만주사변 이후 관동군 참모장, 조선군 사령관, 대장, 조선총독 등을 지내게 되는 고이소 구니아키小磯国昭(1880-1950) 등이 회원이었다. 재계에서는 미쓰이三井 재벌의 이케다 시게아키池田成彬(1867-1950), 야스다 재벌의 중심인물 유키 도요타로結城豊太郎(1877-1951) 등이 참가했고, 학계에서는 예일대 출신의 도쿄대 물리학과 교수를 거쳐 도쿄대, 규슈대, 교토대 등의 총장을 역임했고 추밀원 고문관이었던 야마카와 겐지로山川健次郎(1854-1931), 농학자로 당시 도쿄대 총장이었던 고자이 요시나오古存由直(1864-1934) 등이 참가했다. 회원은 20여 만 명, 지부는 170여 개, 기관지는《국본国本》및《국본신문国本新聞》이다.

이와 같이 히라누마가 각 계로부터 지도자를 긁어모음으로써 정계에 은연한 힘을 갖게 되자, 정변 때마다 수상 후보로 거론되었다. 그러나 원로 사이온지 긴모치西園寺公望(1849-1940)는 특히 히라누마를 싫어했다. '국본사'가 '파시즘 총 본사'로 보였기 때문이었다. 그래서 그는 1932년 4월에는 성명서를 발표하고 '국본사'는 파시즘과의 관계가 없다고 주장했다. 1936년 '2·26 사건' 이후, 일본이 파시즘 시대로 넘어가자 히라누마는 드디어 추밀원 부회장에서 회장으로 승진하자 그해 6월에는 '국본사'를 해산시켰다.

(6) 건국회

건국회建国会는 우에스기 계열의 인간들이 결성한 단체로서 아나키스트였던 아카오 빈赤尾敏이 국가사회주의로 전향해 1926년 2월 창설한 단체이다. 회장에는 우에스기 신키치, 고문에는 국가주의자 도야마 미쓰루頭山満, 도쿄시장 나가타 히데지로永田秀次郎(1876-1943), 조선 총독부 경무국장을 지낸 마루야마 쓰루키치丸山鶴吉(1883-1956), 히라누마 기이치로 등이 있다. 이사장에는 아카오 빈, 서기장에는 쓰쿠이 다케오津久井竜雄(1901-1989), 강령은 "(1) 보통선거 실시를 통한 전 국민의 천황과의 직결과 건국 정신에 입각한 진정한 일본 민족의 일본 국가 건설, (2) 일본 민족의 유색 인종 선두 기립을 통한 전 인류의 세계문명 실현, (3) 국가에 의한 국민 생활 통제와 일본 국민의 천황의 자손으로서의 평등에 대한 철저화" 등이다.

'건국회'는 쓰쿠이 다케오 등의 탈퇴 후 국가사회주의를 배격하고 순수 일본주의로 전환되어 나와, 좌익 운동에 대해서는 적극적으로 반대 운동을 전개시켜 나갔다. 기관지로는《건국신문》,《일본주의》를 발행했다. 1929년 우에스기 신키치가 죽고, 쓰쿠이 다케오도 떠나자 '건국회'는 아카오 한 사람에 의해 운영되다가 1942년 아카오가 중의원 위원에 당선되고 또, 전시 중 우익이 재편되는 과정에서 '대일본황도회'가 되었다.

(7) 전 일본흥국동지회

1927년 11월 국가주의 운동가 아야카와 다케지綾川武治(1891-1966), 나가타니 다케오中谷武世(1898-1990) 등에 의해 창립되었다. 선언은 "우리는 일본에서 태어난 자이다. 우리의 '아我'는 시종 일본적 '아'이다. 우리의 이상인 '아'는 일본에서 출발해 일본으로 돌아온다. 우리의 '길'은 우선 '일본의 길'이다. 〔…〕 조국의 마음을 마음으로 해서 유신 선각의 소원을 소원으로 하는 우리는 지금부터 최대한 노력해서 일본 바로 그것에 깃드는 사악을 단멸분쇄하고 조국 본연의 자세로 돌아가도록 하지 않으면 안 된다"로 되어 있다.

강령은 다음과 같다. "1. 건국의 이상을 펼쳐 민족무궁의 발전을 크게 앙양한다. 1. 일군만민一郡万民의 국가적 특성을 정치조직에 실현시킨다. 1. 상하융화 국가일가의 풍을 사회제도에 반영한다. 1. 국민경제의 번영을 향촌을 기틀로 해서 촉진한다. 1. 유색 민족의 궐기에 협력하고 국제자원의 형평, 인구이동자유의 원칙에 입각해 신세계 질서에 창건한다." 회장은 아야카와이고 기관지는 《일본주의노동》으로 노동자·농민 운동의 일본주의화를 기도했다. 중심인물은 아마노 다쓰오, 오타 고조, 미쓰카와 가메타로 등이었는데 나카타니, 아마노 등이 '애국근로당'에 참가하려 했던 시점에서부터 내분이 생겨 결국 아야카와 파만이 남게 되었다.

(8) 급진애국당

'경륜학맹'이 결성 1년 만에 해소되자 다카바타케 문하의 국가주의자 쓰쿠이 다쓰오津久井竜雄(1899-1990)가 사회주의자로부터 국가주의자로 전향한 아카오 빈과 '건국회'를 창립하고, 1930년 2월에 가서는 '애국근로당'을 결성했다. 그러나 같이 결성했던 사람들과 의견이 맞지 않아 그해 8월 '애국근로당'으로부터 탈퇴해 나와 '급진애국당急進愛国党'을 결성하게 됐던 것이다.

강령은 "(1) 일본국의 존중과 일본 민족의 세계적 발전, (2) 피폐 궁핍한 국민대중의 정치적, 경제적, 사회적 해방, (3) 불공정한 현세계의 질서 타파와 일본 황도에 기초한 세계적 정의의 실현"이었다. 의원장 쓰쿠이는 1931년 3월에 전선 통일의 강화를 위해 '전 일본애국자공동투쟁협의회'(일협)를 결성하고 '급진애국당'을 해체시킨다. 그러자 '급진애국당'의 회원들은 1932년 1월에 결성되는 '대일본생산당'에 합류한다.

(9) 국수대중당

1931년 3월 후지 요시오藤吉男 등의 오사카에 있는 정우회 원외 단체가 오사카에서 결성한 단체이다. 당시 사사가와 료이치는 고문을 맡았는데 동년 9월 총재직을 맡았다. 《국수대중》이란 기관지를 냈다. '주의主義'는 "대일본 국민적 자각에 기초해 질적으로 충실, 강건하고 자기 중심주의를 체득해 정의의 대도를 걷는다"로 되어 있다.[213] '강령'은 "1. 진무神武개국의 살아 있는 정신으로 배양된 우리나라 특유의 문화를 옹호, 발전시켜 국리민복国利民福을 기期한다. 1. 산업상의 자유경쟁의 병해를 제거하고 상부相扶 정신의 장양구현長養具現을 기한다. 1. 입법행정 및 지방자치에 침투해 있는 폐풍누습弊風陋習을 타파해 신주정기의 신장을 기한다"로 되어 있다.

1936년 11월에는 간토 본부를 설립화하고 정신대挺身隊를 결성했다. 당원은 1만 2천여 명이었다. 사사가와당笹川党의 색채가 짙은 폭력적 성격이 강했다. 국수부인연맹, 국수항공연맹(국수의용비행대), 국수교통연맹 등을 조직했다. 1935년에는 사사가와가 채권 문제로 공갈 사건을 일으켰고, 폭력단 일체 검거 시 총재 이하 23명이 체포되어 한때 당이 큰 타격을 받았다. 1939년 12월에는 사사가와 총재가 자가용 비행기로 로마로 날아가 무솔리니와 회견한 일도 있었다.

---

213 ■ 堀幸雄, 前掲書, 207-208頁.

3. 일본의 우익 운동

1) 우익 운동과 국가 혁신 운동

(1) 미국 제국주의 세력의 동아시아 진출과 '노장회'의 창립

1918년 제1차 세계대전이 끝나자 일본의 우익들은 그때까지와는 다른 차원에서 우익 운동을 전개시켜 보려는 입장을 취했다. 보다 구체적으로 말해 그때까지의 우익 운동은 정부의 정치, 경제, 외교 자세의 감시 및 교정에 머물러 있었다. 그러나 제1차 세계대전이 끝난 이후부터는 "국가, 국체의 존재방식에까지 발을 들여 놓게 된", 소위 "국가 혁신 운동"의 형태로 전환해 나왔던 것이다. 그렇다면 그러한 우익 운동은 어떻게 성립되어 어떤 형태를 취해 전개되어 나갔던 것인가?

1914년에 발발한 제1차 세계대전이 장기화될 조짐이 보이자 그동안 연합군 측에 막대한 전쟁 물자들을 공급하던 미국으로서는 전쟁의 장기화가 결코 자국에 이로울 것이 없다고 판단한 나머지, 1917년 2월 전쟁에 참전하게 된다. 그러고 나서 미국 대통령 윌슨은 그로부터 1년 만인 1918년 1월 미국 국회에서 행한 연설에서 이른바 〈14개 조항〉을 천명한다. 그 14개 조항 중에는 당시 정치적으로 대단히 민감한 사안이었던 '민족자결의 원칙'이라든가 프롤레타리아 계급이 설립된 소비에트 러시아에 대한 '불간섭 정책'에 관한 것들이 포함되어 있었다. 1918년 10월에 와서 독일은 윌슨의 〈14개 조항〉을 전제로 연합군 측에 휴전을 제기해, 결국은 그 다음 11월에 휴전 협정 조인이 이루어지게 되었다.

이러한 과정에서 일본에서는 '일본의 국가 개조'에 대한 필요성을 절감하던 인사들에 의해 '노장회'라는 단체가 1918년 10월 9일 창립된다. 이 단체는 잡지 《대일본大日本》 편집장이었던 다쿠쇼쿠拓殖 대학의 교수로서 국가주의자로 알려진 미쓰카와 가메타로를 후견인으로 하여 창립되었는데, 참가자들은 육해군 군인, 대륙 관계자, 대학 교수, 언론인 등 44명이었다. 그들 참가자 중에는 오카와 슈메이, 나카노 세이, 곤도 세이쿄權藤成鄕(1868-1937) 등의 우익 측의 인사들뿐만 아니라 다카바타케 모토유키, 사카이 도시히코 등과 같은 사회주의자들도 참가하였다.

이들은 단체를 결성하게 됐던 직접적 계기가 '쌀 소동'이었다고 말하고 있다. '쌀 소동'이란 1918년 7-9월에 쌀값 폭등으로 전국적 차원에서 일어났던 폭동을 가리키는데, 그것이 일어났던 주된 원인은 제1차 세계대전 중의 인플레이션 정책 때문이었다고 할 수 있다. 보다 구체적으로 말해 그것은 실질 임금이 저하됐던 상황에서, 시베리아 출병을 예견한 상인들의 쌀 사재기와 그에 따른 정부의 쌀값 조절의 실패로 인해 1918년 쌀값이 전전戰前보다 4배로 폭등해 일어났던 폭동이었다. 당시 '노장회'의 창립에 참가했고 그 다음에 '유존사'의 결성에 일익을 담당했던 오카와 슈메이는 '노장회'의 성립과 '쌀 소동'과 관련시켜 다음과 같이 말했다. "쌀 소동이 일어났던 것은 우리나라가 군을 시베리아에 보내 빨갱이 러시아 군대와 싸우려 했던 시기였습니다. 국가가 군을 해외에 내보낼 때에 쌀값이 올랐다고 해서 폭동을 일으키고, 또 그것이 즉시 전국 수십 곳으로 퍼져나갔다고 하는 것은 국민들에게 심각한 암시를 주는 것으로서 일본 국가가 이대로는 안 된다는 것을 보이는 천의天意로 생각했습니다.[214]

오카와 슈메이 이외의 다른 참석자들의 경우도 '쌀 소동'을 계기로 그와 비슷한 생각을 했었기 때문에 '노장회'가 성립되었다고 할 수 있다. 그런데 필자가 여기에서 지적하고자 하는 것은 오카와 슈메이 등과 같은 국가주의자들이 당시 '쌀 소동'을 통해 그런 식으로 느꼈던 것은 바로 다름 아닌 그해 1월에 미국에서 발표되었던 윌슨의 〈14개 조항〉 때문이라는 것이다. 왜냐하면 일본의 국가주의자들은 그 〈14개 조항〉을 접하고 제1차 세계대전을 승리로 이끈 미국이 일본

---

214 ■ 右翼問題研究会『右翼の潮流』(立花書房, 2003), 72頁.

의 수중으로부터 한국과 중국을 해방시키기 위해 '민족자결의 원칙'을 천명하고 중국 대륙에서 일본과 적대적 관계에 있는 소비에트 러시아 공산당 정부에 대해 불간섭 정책을 취한다는 입장을 확인했기 때문이었다. 일본이 미국의 그러한 입장들에 대해 그토록 민감한 반응을 보였던 또 하나의 이유는 〈14개조항〉 속의 제1항인 '비밀외교의 철폐' 건 때문이다. 그동안 일본은 북경 정부와의 비밀 조약을 통해 중국에 제국주의 정책을 취해 나갔다. 중국인들의 반일감정을 자극시킨 〈산동 21개조〉(1915년 5월 체결)가 그 대표적 일례이다. 미국의 그러한 발표를 접하고 중국인들은 〈산동 21개조〉도 당연 취소가 되어 일본에 넘어간 이권도 중국으로 되돌아올 것이라는 희망을 갖게 됐다. 일본은 〈산동 21조〉가 무효가 될 수 있다는 생각을 했던 것이다.[215] 그래서 그들은 중국 대륙에 나타나 일본의 제국주의 정책을 방해하는 미국과의 대결을 위해서는 새로운 차원에서의 국가적 개조가 불가피하다는 입장을 취하게 됐던 것이다. 그 후 일본은 1918년 3, 4월부터 행해졌던 '시베리아 출병'을 통해서도 중국의 북부 지방과 동부 시베리아 지역에 대한 미국의 제국주의적 입장을 확인했다.[216]

그 일본군은 연합군 측의 시베리아 철병撤兵이 행해진 후에도 시베리아에서의 주둔을 철회하지 않았다. 일본군의 그러한 시베리아 주둔은 결국 미국과의 대립을 초래했다. 미국은 일본군의 북사할린 점령을 비난하며 1920년 8월에는 일본 이민자의 캘리포니아에서의 토지소유를 금하는 배일토지법排日土地法을 성립시켰고 1년 후에는 중국에 대한 항공 차관을 제공하였다. 일본의 시베리아 주둔에 대한 미국의 그러한 반응은 "중국을 둘러싼 제국주의적인 것"으로서 당시 한동안은 "미 · 일 전쟁의 위기까지 거론될 정도"였던 것이다.[217]

---

215 ▪ 신승하, 앞의 책, 141면.

216 ▪ 安藤実「第一次大戦と日本帝国主義」(岩波講座『日本歴史 18』岩波書店, 1975), 33-34頁.

217 ▪ 강동진, 앞의 책, 302면.

(2) 러시아혁명과 '유존사' 결성

1914년 대독 전쟁이 시작되자 독일은 러시아로 쳐들어갔다. 러시아 국민은 2년간 대독전을 치르면서 1917년 초에 이르러 대독전에서 승리할 아무런 징조가 보이지 않자 패배주의에 사로잡히게 되었다. 그러자 국민 대중들과 군부의 농민 출신의 하급 사졸士卒들이 부르주아 혁명으로 규정될 수 있는 '3월 혁명'을 일으켜 전제 정부 로마노프 왕조를 무너뜨렸다. 그해 11월에 가서는 노동자 계급의 볼셰비키가 '11월 혁명'을 일으켜 반동으로 돌아선 정부를 무너뜨리고 정권을 장악했다. 그 결과 1918년 1월 소비에트 연방 사회주의 공화국이 성립되었다. 그러자 연합군 측은 1917년 12월부터 대소간섭對蘇干涉 전쟁을 시작해, 그중의 영국군과 일본군은 그 다음 해 3, 4월에 시베리아에 상륙하게 되었다. 연합군의 대소간섭 전쟁이란 볼셰비키와 혁명군인 적위군赤衛軍이 소탕하려는 러시아의 옛 전제 정부의 지지 세력인 반소反蘇 세력의 중핵 백위군을 도와 소련 적군을 타도하기 위한 전쟁이었다.

그러나 그러한 목적하에 행해졌던 연합군의 러시아 출병은 결국 실패로 끝나, 1920년 여름까지 연해주의 일본군을 제외한 연합군 대부분이 철병하게 되었다. 그 실패의 주된 원인은 첫째로 "러시아 국민들에게는 긴 세월 원한의 적이었던 봉건적 여러 세력을 연합군이 후원함으로써 볼셰비키 혁명의 성공을 더욱 굳게 만들었"기 때문이었고, 두 번째로는 연합군 측의 시베리아 출병 목적이 제각기 달랐기 때문이었다. 일본군의 경우 연해주 주둔군은 1922년 6월까지, 사할린 주둔군은 1925년 5월까지 버티고 있었다. 이와 같이 "일제가 시베리아에 계속 주둔하려는 속셈은 만주에서부터 시베리아에 걸쳐 민족 해방 투쟁을 벌이는 한국인과 중국인의 유격전을 진압하려는 동시에 만주와 한국 지배에 있어 시베리아를 반혁명의 거점으로 확보하고 있는 것이 유리하다고 생각했기 때문이다".[218]

이러한 상황에서 '노장회'를 창립했던 국가 혁신주의자들 중의 반사회주의 인사들이 중심이 되어 1919년 8월 '국가 혁신 운동의 원점'으로 기술되고 있는 '유존사'를 결성하였다. 그 중심적 인물들은 미쓰카와 가메타로, 오카와 슈메이 등으로서 마르크스주의를 배척하고 아시아 민족의 해방을 위해 일본주의에 입각한 국가 개조를 목표로 결성된 단체였다.

(3) 중국의 배일 운동과 기타 잇키의 《국가개조안원리대강》

미쓰카와와 오카와가 '유존사'를 결성할 때 자신들의 국가 혁신 운동의 사상적 지도자로 영입한 인물이 있었다. 그가 바로 기타 잇키北一輝(1883-1937)였다. 그들이 1919년 '유존사'를 결성할 당시 기타 잇키는 상해에서 체류하고 있었다. 그런데 그들이 1920년 그를 상해로부터 데리고 왔다. 그는 귀국해 상해에서 집필한 《국가개조안원리대강国家改造案原理大綱》(등사인쇄, 1920)을 '유존사'에 제공했다. 기타는 1905년 5월 23세의 나이로 《국체론 및 순정사회주의》란 책에서 국가를 모든 것 위에 놓고 천황이란 국민의 한 사람이지 현인신現人神이 아니며 천황의 존재는 국민의 대표자이고 단지 기관機関이라고 하는 입장을 피력해 불경의 이유로 발금 처분을 받았다. 그 후 그는 고토쿠 슈스이幸德秋水 등과 같은 사회주의자들과 친분을 유지하며 1906년 12월 중국 혁명의 원조자 미야자키 도텐宮崎滔天(1871-1922)이라든가 쑨원 등이 결성한 '중국 혁명동맹회'에 들어갔다. 1911년 10월에는 중국에 건너가 중국 혁명 발발에 가담했다. 그러나 그는 1913년 4월 일본총영사로부터 국외 퇴거를 명령받아 그 다음 달 일본으로 건너왔다. 그때로부터 그는 《지나혁명외사支那革命外史》를 집필해 1916년부터는 국가사회주의 중국 혁명 협력자로 알려지게 되었고, 오카와 슈메이 등과 같은 국가주의자 등과도 교류를 하게 된다. 그러다가 그는 5·4 운동이 일어난 1919년 8월 중국에 건너가 당시 배일 감정이 팽배해 있는 분위기 속에서 《국가 개조안

---

218 ▪ 김익달 편, 앞의 책, 434면.

원리대강》을 집필했던 것이다. 그해 1월에 제1차 세계대전 종료 후 전승국들이 파리에서 '파리 강화회의'를 개최했었는데, 일본이 산동에서의 독일의 이권을 회수해 참전국 중국에 넘기려 하지 않고 자기 것으로 하려 한다는 소식이 중국의 유학생들과 지식인들에 알려졌고, 그것이 계기가 되어 결국 그해 '5·4 운동'이 일어났던 것이다.

그러한 '5·4 운동'이 진행되는 분위기 속에서 집필한 그의 《국가개조안원리대강》은 다음과 같은 내용을 기본 골격으로 하고 있다. 그의 국가 개조안은 천황의 대권에 의한 계엄령의 실시, 헌법의 정지, 의회의 해산 등을 통해서 재향군인단 회의를 기초로 하는 개조 내각에 의해 '사유재산의 제한', '은행, 무역, 공업 등의 국가관리', '화족제, 귀족원 폐지' 등을 대강大綱으로 하고 있다. 이렇게 봤을 때 그는 "군의 쿠데타를 통해 재벌 및 정당 정치를 해체시키고 국가사회주의 정권을 수립하려는" 주장을 했던 것이다.[219] 또 그는 요시모토 다카아키吉本隆明가 말한 '대중내셔널리즘'의 갑옷을 입고 있는 "이 예비군을 혁명 지향의 방향으로 이용하려고 생각하고, 그것을 위한 복종 가치의 근원인 천황을 '일군만민'으로 내세워 기성 권력의 손아귀로부터 빼어내려 했던 것이다".[220]

2) 국가 혁신 운동의 전개

(1) 국가 혁신 운동의 주체

제1차 세계대전 시 서구의 연합국들은 시베리아에 출병시킨 군대를 철병시켰는데 일본은 만주 지역을 장악하기 위해 연해주와 사할린 등으로부터 군대를 철병시키지 않았다. 그러자, 중국에 대한 일본 침략을 저지시켜 가려던 미국은

---

219 ▪ 右翼問題研究会, 前掲書, 142頁.

220 ▪ 色川大吉「日本ナショナリズム論」(岩波講座『日本歴史 17』岩波書店, 1976), 374頁.

영국에 원조를 제공해 영국으로 하여금 쓸모없는 영·일 동맹을 폐기하게 했다. 영·일 동맹의 폐기로 인해 태평양에서의 일본의 힘이 약화되자 미국은 워싱턴 회의를 개최해 미·영·일의 전함戰艦의 보유 비율을 '5 : 5 : 3'으로 하는 〈해군 군비 제한에 관한 조약〉과 〈중국에 대한 9개국 조약〉 등을 체결해서 일본의 중국 산동반도에서의 권익을 백지화시켰다. 이러한 정보를 접한 일본의 우익들은 '노장회', '유존사' 등이 일으킨 국가 혁신 운동을 주축으로 해서 기본적으로 "유신 혁명의 정신으로부터 일탈한 정부의 정치·경제·외교 등에 대한 자세를 교정한다"는 입장을 취해 우익 운동을 전개시켜 나갔던 것이다.

여기에서의 '유신 혁명의 정신'이란 메이지유신의 정신을 가리킨다. 메이지 혁명 정신은 19세기 후반 일본이 세계의 열강으로부터의 안전을 도모하고, 또 그들과의 평등한 입장에서 그들의 대열에 끼어든다는 목표하에서 천황을 내세워 당시 세계정세에 제대로 대처해 가지 못하는 도쿠가와 바쿠후德川幕府 정부를 무너뜨리고 아시아의 맹주가 되려는 정신적 자세를 가리킨다. 1920년대 초 워싱턴 회의를 통해 그러한 불평등 조약을 체결당한 일본인들로서는 다시 한 번 메이지 혁명을 일으켰던 정신적 자세를 취할 필요성을 절감하지 않을 수 없었고, 우익들의 입장에서는 한 번 더 메이지 혁명과 같은 것을 일으킬 필요가 있다는 생각을 하지 않을 수 없었던 것이다.

워싱턴 회의의 결과가 전해진 그 다음 해인 1923년 3월 오카와와 국가사회주의자 기타와의 대립으로 당시 국가 혁신 운동의 본부로 알려졌던 '유존사'가 해체되었다. 그러자 그 계열의 우익 단체들이 줄지어 결성되어 소위 '쇼와유신 운동'을 일으켜 갔던 것이다. 그 대표적 단체들은 이와타 후미오 등의 '대화회'(1923년 창립), 시미즈 고노스케의 '대행사'(1924), 오카와, 미쓰카와 등의 '행지사行地社'(1924년 4월 행지회行地会로 출발, 1925년 2월 행지사로 정착), 가사기 요시아키笠木良明(1892- 1955)의 '동흥연맹東興連盟'(1926), 니시다 미쓰기西田税(1901- 1937)의 '시린소士林荘'(1927년 결성), 미쓰카와 가메타로의 '홍아학숙興亜学

塾'(1931년 창설), 오카와 슈메이의 '진무회'(1932년 결성) 등이다.

(2) 〈런던 군축 조약〉과 '쇼와유신 운동'으로서의 '3월 사건' 및 '10월 사건'

1930년 1월 이탈리아·영국·일본·프랑스·미국 5개국이 런던에서 군축 회의를 개최했다. 이 군축 회의에서는 워싱턴 회의에서 제외되었던 전함 이외의 순양함, 구축함, 잠수함 등의 보조함 제한이 의제로 다루어졌다. 여기에서 순양함은 미국의 60%, 잠수함은 미국과 동수 등으로 해서 보조함 전체 수로서는 일본이 미국의 70%로 정해졌다.

이것이 일본에 알려지자 일본의 우익 단체들은 그 조약이 헌법 11조의 천황 통수권에 위배된다면서 그 조약을 체결한 정부를 공격했다. 그 군축 조약에 조인했던 당시 수상 하마구치 오사치浜口雄幸(1870-1931)가 그해 11월 도쿄역에서 우익 단체 애국사愛国社의 일원 사고야 도메오佐郷屋留雄에 저격당해 그 다음 해 결국 사망했다. 그 결과 당분간 시데하라 기쥬로幣原喜重郎가 임시수상 대리역을 맡고 있었는데, 〈런던 군축 조약〉 체결 직후 국가 개조를 목표로 결성된 육군 장교 결사 단체 '사쿠라카이桜会'가 쿠데타를 일으켰다. 그때 그들은 그 하마구치 내각의 육군 장관이며 국가 개조에 관심이 있었던 것으로 타진되었던 우가키 가즈시게를 군사 내각 수반으로 앉혀서 국가 개조를 추진시켜 보려는 계획을 세웠다. 당시 그 쿠데타를 기도했던 중심인물은 '사쿠라카이'의 발기인 하시모토 긴고로橋本欣五郎였고, 육군참모부의 스기야마 겐杉山元, 고이소 구니아키, 우익 측의 오카와 슈메이大川周明, 사회민중당의 아카마츠 가츠마로赤松克麿(1894-1984), 가메이 간이치로亀井貫一郎(1892-1987) 등이 참획参畫했다.

3월 20일 결행해 우익 단체와 사회민중단 등을 통해 1만여 명을 동원하여 국회를 상대로 해서 데모를 일으키고 정우회, 민정당 본격, 수상 관저를 폭발시키고, 군대로 국회를 에워싸 회의장에 들어가 총 사직을 요구하려 했었는데, 3월 10일 기밀이 누설되어 불발로 끝나고 말았다. 그해 10월에도 '3월 사건'과 유사한 사건이 일어났다. '3월 사건'에 실패한 육군의 하시모토 긴고로 등의 '사쿠라카이' 간부가 국가 개조주의 운동의 리더들, 오카와 슈메이, 사림장士林莊의 니시다 미쓰기 등과 협력해, 보병 십수 중대에 해군 항공대 등도 동원해 와카쓰키 레이지로若槻禮次郎 수상 이하를 암살하고 아라키 사다오 육군 중장을 수반으로 하는 조사 내각을 수립해 국가를 개조하려고 계획했으나 그것도 사전에 누설되어 미수로 끝났다. 이 사건을 '10월 사건'이라 부르고 있다. 이 '10월 사건' 이후 군내부에는 아라키 사다오와 마자키 진자부로真崎甚三郎를 중심으로 한 황도파와 나가타 데쓰잔永田鉄山(1884-1935)과 도조 히데키東条英機를 중심으로 한 통제파가 형성되어 그 파벌항쟁은 1936년 '2 · 26 사건'에서 정점에 이르렀다.[221]

(3) 1932년의 '혈맹단 사건' 및 '5. 15 사건'

그러한 상황에서 니치렌슈日蓮宗의 승려로 국가 혁신 사상에 빠져 있던 이노우에 닛쇼가 '입정호국당立正護国堂'이라고 하는 숙塾에서 우익 단체 '혈맹단血盟団'(1930년 결성)을 조직해 '일인일살一人一殺'을 제창하면서 테러 활동을 지도했다. 그 과정에서 혈맹단의 일원 오누마 쇼大沼正가 1932년 2월 전 재무부장관 이노우에 준노스케를, 동년 3월 히시누마 고로菱沼五郎(1912-1990)가 미쓰이 회사의 이사장 단 다쿠마団琢磨를 사살했다.

이러한 정재계 인사들의 사살을 지도했던 이노우에는 이미 1924년경부터 국가 개조를 목표로 해서 그것을 실현할 수 있는 여러 방법을 강구했다. 그러다가 1928년 '입정호국당'이라고 하는 숙을 열어 지방청년들을 육성했던 것이다. 그 과정에서 1930년 1월 해군항공대의 급진분자 후지이 히토시藤井斉(1904-1932)를 알게 되어, 그자로부터 정신 운동을 통한 국가 개조란 너무 더디기 때문

221 ■ 堀幸雄『戦前の国家主義運動史』(三嶺書房, 1997), 235-237頁.

에 테러에 의한 국가 개조의 방법을 택해야 한다는 사상을 주입받았다. 그는 그해 11월에 상경해 해군청년 사관생들과 회합을 가졌다. 그 과정에서 그는 해군청년 장교뿐만 아니라 육군청년 장교들과도 만나가게 되어 결국 런던 조약 체결이 이루어진 것을 기해 쿠데타를 계획했던 것이다. 그러나 그것은 불발로 끝났다. 그 후 1932년 2월 11일을 기해 그의 혈맹단 그룹과 해군이 쿠데타를 일으킬 계획을 세웠다. 그런데 공교롭게도 상해사변으로 해군 측의 후지이 히토시가 출정出征하는 바람에 이노우에의 '혈맹단'을 주축으로 한 민간인들만이 이를 결행하게 되었던 것이다.

정재계에서의 그러한 사살 사건들 때문에 경찰의 수사가 시작되자, 동년 3월 11일 이노우에가 자수自首를 했다. 이번에는 해군 측이 일어났다. 이노우에와 관계를 가졌던 해군 급진파 청년장교들이 국가주의 운동의 이론가로서 '3월 사건'(1931)과 '10월 사건'(1931)에 관계했던 오카와 슈메이로부터 자금을 원조받아, 육군사관학교 생도들, 이노우에의 친우인 농촌 운동가 다치바나 고자부로橘孝三郎의 '애향숙愛鄕塾' 출신으로 구성된 '농민결사대' 등의 민간인들 등과 협력해 1932년 5월 15일 쿠데타를 일으켰다. 우선 그들은 수상관저, 내대신內大臣(천황을 보좌하는 장관) 관저, 정우회 본부, 일본은행, 경찰청 등을 습격하고, 이누카이 쓰요시(1855-1932) 수상을 사살했다. 그 후 그들은 제2단계로서 도고 헤이하치로東鄕平八郎(해군대장 출신, 1847-1934) 원수元帥를 옹립해, 궁중으로 데려가 유신을 인식시킨 다음 계엄령을 실시해 곤도 세이쿄가 주장하는 농본주의 사상을 기초로 하는 자치주의에 입각해 국가 개조를 단행할 계획이었다. 그러나 그것은 제2단계까지 가지 못하고 제1단계로 끝나고 말았다.

이 사건을 계기로 일본에서는 정당 정치가 몰락하고 파시즘 세력이 형성되었으며, 그것은 황도파와 통제파와의 대립이 격화되었다.

(4) 신병대 사건

이 '신병대 사건'은 1933년 '애국근로당' 중앙위원 아마노 다쓰오天野辰夫(43세), '황국농민동맹' 간사 마에다 도라오前田虎雄(42세) 등이 획책한 쿠데타 미수 사건이다. 이들은 '대일본생산당' 상임위원 가게야마 마사하루影山正治(24세), 히가시쿠니노 미야東久邇宮 소속 무관이었던 야스다 데쓰노스케安田銕之助 예비육군 중령과 야마구치 사부로山口三朗 해군중령 등을 유인하여 7월 11일 수상관저, 경찰청, 정당 본부, 일본권업日本勸業은행 등을 습격해 사이토 마코토齋藤實(1858-1936) 수상 이하 전 각료, 마키노 노부아키牧野伸顯 내대신, 스즈키 기사부로 정우회 총재, 와가쓰키 레이지로若槻禮次郎(1866-1949) 민정당 총재, 야마모토 곤베이山本權兵衛(1852-1933) 전 수상, 후지누마 쇼헤이藤沼庄平(1883-1962) 경시총감 등을 사살한 다음 계엄령을 실시시켜 귀족수반 내각을 세워 쇼와유신을 수행하려 했었다. 그러나 그 결행 전날 경찰청에 탐지되어 모두 검거되었다.

(5) 코민테른 제7차 대회와 '2 · 26 사건'

1935년 7월부터 8월에 걸쳐 모스크바에서 코민테른 제7차 대회가 개최되었다. 그들의 주된 토론 테마는 파시스트의 공격이 급속히 강화되고 있는 정세 속에서 그 위협을 어떻게 저지하고 대항해 갈 것인가에 대한 것으로서 그 집행위원회의 서기장의 기조연설에서 "파시즘의 공격과 반파쇼 노동자 통일 전선을 목표로 한 투쟁에서의 코민테른의 임무"를 언급했다. 서기장 게오르크 디미트로프는 그 기조연설을 통해 파시즘을 "위기에 빠진 최종 단계의 자본주의 사상으로서 금융 독점 자본을 추구하는 폭력적 독재"로 정의했다. 그 대회는 프롤레타리아의 이익을 위해 파시즘에 반대해 싸울 정부, 즉 프롤레타리아 통일전선 정부의 수립을 '반파쇼 통일 전선 전술'을 결정했던 대회로서 마르크스주의의 발전사에서 획기적인 대회였다.[222] ▪

코민테른의 그러한 결정에 힘입어 코민테른 제7차 대회 다음 해인 1936년에는 프랑스와 스페인의 인민전선이 총선거에서 파시스트 우익과 중간 세력을 누르고 투표로 의석의 과반수를 획득해 통일전선 정부를 수립하는 데 성공하였다. 한편 1936년 2월 당시 모스크바에 있었던 일본 공산당 의장 노사카 산조野坂參三(1892-1993)가 그 대회의 통일전선 방침에 따라 〈일본 공산당에게 보내는 편지〉를 발표해, "일본의 전 민중이 단결하여 군부파시스트에 공격을 집중해 갈 것을 호소"했다.[223■] 이러한 국제적 정세에 대해 일본의 우익과 군부들은 민감한 반응을 보였는데, 필자가 여기에서 짚고자 하는 것은 '2 · 26 사건'이 바로 그러한 반응의 하나로 파악된다고 하는 것이다.

1932년 4월 코민테른 서유럽 사무국의 이름으로 〈32년 테제〉, 즉 〈일본의 정세와 일본 공산당의 임무에 관한 테제〉가 발표되었다. 그 〈32년 테제〉는 일본의 천황제에 대한 다음과 같은 입장을 취하고 있었다. "1868년 이후에 성립된 절대군주제는 〔…〕 무제한 절대 권력을 수중에 장악하고 노동자 계급에 대한 억압 및 전제 지배를 위한 관료적 기구를 부단히 추구해 왔다. 일본 천황제는 한편으로는 주로 지주인 기생적, 봉건적 계급에 의거하여, 다른 한편으로는 급속히 부강해진 부르주아 계급에 의거하여, 이들 계급의 상부와 긴밀한 영속적 블록을 형성하여 제법 유연성을 가지고 두 계급의 이익을 대변한다. 〔…〕 천황제는 국가의 정치적 반동과 봉건제의 모든 잔존물의 지주이다. 천황제 국가기구는 착취 계급의 현존하는 독재의 강력한 배경을 이루고 있다. 이것을 분쇄하는 것이야말로 일본에서의 혁명적 임무의 첫 번째라고 아니할 수 없다"라고.[224■]

〈32년 테제〉에 입각해 일본의 공산주의자들이 천황제에 대해 이러한 입장을 일반화시켜 나가자 그해 10월 일본 정부는 일본의 공산당원들의 소탕 작전을

222■ 이토야 도시오糸屋壽雄 외, 《일본민중 운동사》, 윤대원 옮김(학민사, 1984), 408-409면.
223■ 위의 책, 409면.
224■ 위의 책, 407면.

펼쳐 체포되는 대로 감옥에 처넣었다. 그러고 나서 천황제에 굴복한다는 전향 성명을 발표하는 등 집요하게 적화 사상을 공격했고, 1935년에는 우익 사상가들의 국체명징国体明徵 운동 과정에서, 1912년 이래 천황기관설을 주장해 오던 법학자 미노베 다쓰키치가 고소당하자 귀족원 의원직을 사직시킨다.

'2 · 26 사건'은 바로 이러한 정치적 상황 속에 일어났다. '2 · 26 사건'이란 한마디로 1936년 2월 26일 육군 장교들이 일으킨 쿠데타를 가리킨다. 보다 구체적으로 말하자면 황도파에 속한 육군청년장교들이 기타 잇키의 《일본개조법안대강》의 영향을 받아 도쿄 지역의 하사관, 병兵 등 약 1,400여 명을 출동시켜 수상관저, 경찰청 등을 습격해서, 내대신, 재무대신, 육군교육총감 등을 암살하고 의사당을 중심으로 한 주요 지점을 4일간에 걸쳐 점령한 사건이다. 좀더 거슬러 올라가서 논해 보면, 1920년대로 들어와서 일본의 공산주의 세력들은 소비에트 러시아의 공산주의 정권을 정치적 배경으로 성립되어 일본의 천황제 타도를 목표로 정치적 활동을 전개했다. 또 정당 정치 성립 분위기를 타고 민주주의를 실현시키려는 일부 지식인들이 공화주권의 입장을 제시했다. 천황기관설이 일반화되었다. 그러한 과정에서 1928년 중국 대륙에서의 장제스에 의한 북벌 성공이 이루어지고 1930년에는 런던해군 군축회의가 개최되어 일본의 해군력이 워싱턴 체제 때보다 한층 더 제한된다. 정부, 막료층 중심의 통제파, 추밀원 등은 그 회의 결과를 그대로 승인해 버린다. 군의 일부가 이에 반발해 만주 사변을 일으켜, 국제연맹이 나서 저지하려 하자, 일본 정부는 국제연맹을 탈퇴해 버린다. 일본 정부가 중국의 장제스의 북벌 성공 이후 개시하였던 공산주의 세력 타도를 〈32년 테제〉 이후 한층 더 강화시켜 나가는 과정에서 1932년 1월 일본 파시즘연맹이 창립되었고, 군 내부는 통제파와 황도파로 양분되었던 것이다.

'2 · 26 사건'은 당시 막료층 중심을 차지하고 있는 통제파에 대항해 '쇼와유신'을 수행해 보려 했던 황도파 계열의 젊은 장교들에 의한 것이었다. 구리하라

야스히데栗原安香 중위의 부대는 수상관저에서 수행비서인 마쓰오 덴조松尾伝藏 예비역 육군대령을 살해했는데, 그들은 그를 오카다 게이스케岡田啓介 수상으로 오인했다. 와카다는 식모방으로 들어가 숨어 있다가 그 다음 날 조문객에 섞여 탈출했다. 사카이 나오시坂井直 중위의 부대는 사이토 마코토 내 대신과 와타나베 조타로渡辺錠太郎 교육총감을, 나카하시 모토아키中橋基明 중위 부대는 다카하시 고레키요高橋是清 재무장관을 각각 살해하고, 안도 데루조安藤輝三 대위 부대는 스즈키 간타로鈴木櫃太郎 궁중청장에게 중상을 입혔다. 또 노나카 시로野中四郎 대위의 부대는 경시청을, 니유 요시타다丹生誠忠 중위 부대는 국방부장관 관저 부근을 각각 점령했고, 아이하라 등은 신문사를 습격했다. 천황이 중신重臣 사살에 격분하고, 해군도 격렬히 반발하자 스기야마 하지메杉山元 육군차관, 이시와라 간지石原莞爾 작전과장 등의 육군 주류가 역쿠데타를 모의하여, '점령부대' 철수의 봉칙奉勅 명령을 내리면서 이들은 진압되었다. 관료, 재계와 제휴하려는 막료층의 중심을 이루는 통제파를 타도하고 쇼와유신을 수행해 볼 목적으로 사건을 일으킨 청년장교들은 기타의 《일본개조법안대강》이 제시한 '천황과의 일체성'과 '국가 개조와 세계 정책의 일체성'에 매료되었던 것으로 이야기되고 있다. 그러나 엄밀히 고찰해 보면 "기타와 청년장교들의 천황과의 사이에는 커다란 틈이 있었다. 기타의 천황론은 이론적으로는 천황기관설의 측면을 갖추고 있어, 반드시 현실의 천황에 대한 기대는 없었다. 이에 대해 청년장교 일반의 천황론은 메이지유신 때의 존황尊皇 사상에 보다 가까운 심정적 천황귀일을 지향하고 있었던 것임에 틀림없다".[225] 이렇게 해서 국가 혁신운동은 '2·26 사건'으로 완전히 종식된다.

225■ 右翼問題研究会, 前掲書, 84頁.

4. 일본의 우익 사상

1) 국가 혁신 운동과 우익 사상

앞에서 고찰한 바와 같이 제1차 세계대전 종료 시점에서 제2차 세계대전 종료까지의 일본의 우익 단체들의 우익 운동은 국가 혁신 운동을 주축으로 해서 이루어졌다. 그렇다면 그들의 그러한 운동은 어떤 사상을 배경으로 해서 행해졌던 것인가?

제1차 세계대전 중의 러시아 볼셰비키 혁명의 성공(1977.11)과 미국 대통령 윌슨의 〈14개 조항〉 발표(1918.1)를 계기로 국가 혁신 운동을 일으켜야 한다고 인식한 인사들에 의해 우선 '노장회'가 결성되었다. '노장회'의 결성자들이 그렇게 인식했던 것은 그들이 제국주의적 사상에 깊숙이 빠져 있었기 때문이었던 것으로 고찰된다.

그들의 의식을 감싸고 있던 제국주의 사상이란 첫째는 세계 속에서의 생존이란 차원으로, 일제의 러시아 볼셰비키 혁명 이전의 러시아제국과 미국제국에 대한 대항의식이었고, 둘째는 중국 대륙에서의 친중이라는 입장을 취해 날로 세력을 확대해 가는 미국과의 경쟁의식이었다고 할 수 있다. 셋째는 러시아제국이 볼셰비키 혁명을 통해 공산주의 국가로 전환해 나왔다고 하는 사실에 대한 의식이나 일본 내의 사회주의자들과 노동자층이 그 공산주의 세력과 연계하여 일본의 대륙 침략을 방해하고 천황제 중심의 국가 체제를 와해시켜 갈 가능성이 있다고 하는 의식 등을 통해 형성된 사상이라 할 수 있다.

그들의 그러한 사상은 '반공산주의 사상'으로 구체화되었다. 1915년 중국에 대한 일본의 〈산동 21개조〉 요구를 계기로 중국인들에 의해 배일 운동이 전개되는 과정에서 기타 잇키를 통해 제기된 '국가사회주의'도 국가 혁신 운동의 사상적 배경의 하나로 파악된다.

'노장회'의 결성멤버 곤도 세이쿄, '혈맹단 사건'을 일으킨 이노우에 닛쇼, '5·15 사건'을 일으킨 다치바나 고자부로 등의 농본주의도 '2·26 사건'을 일으켰던 파시즘 사상, 일본을 압박하는 서구 열강 세력에 대적하기 위한 방안으로 천황을 내세워 실정을 초래한 현 정부를 타도해야 한다는 유신 사상 등도 당시의 국가 혁신 운동을 일으켰던 에너지원이었다 할 수 있다.

그러면 이상에서 국가 혁신 운동의 에너지원으로 지적된 우익 사상들에 관해 보다 구체적으로 논해 보기로 한다.

2) 제국주의 사상

제국주의Imperialism란 넓은 의미로는 한마디로 이웃나라나 혹은 멀리 떨어진 지역으로 자국의 세력 범위를 확대시키려는 국가적 활동을 말한다. 이러한 국가적 활동은 고대 이래 어느 국가들에서나 다 있어 왔다. 그러나 여기에서 논의되는 제국주의란 19세기 말에 나타난 자본주의의 특정단계와 관련된 특수한 국가 활동을 가리킨다.

19세기 말 자본주의의 고도화와 함께 생산 및 자본의 독점화가 진행되어 거대한 자본을 움켜잡으려는 투자자본가가 나타났다. 그들은 이윤율이 높은 후진 지역의 유리한 투자대상을 찾아 적극적으로 해외로 진출했다. 그들의 목적은 원료와 노동력을 저렴한 가격으로 많이 취하는 것이었다. 당시 그 목적이 쉽게 달성될 수 있는 곳은 아프리카와 아시아였다. 제국주의가 시대의 지배원리였던 19세기의 80년대부터 제1차 세계대전까지 영국, 프랑스의 아프리카와 아시아 진출, 러시아의 중앙아시아, 극동, 발칸, 터키 진출, 미국의 중남미, 태평양, 극동 진출, 일본의 한반도 및 중국 대륙 진출 등이 행해졌던 것이다.

그들의 그러한 진출은 가장 전형적인 제국주의적 현상이었다. 그로 인해 역사가 시작된 이래 일어난 최초의 세계 전쟁, 제1차 세계대전을 우리는 제국주의 전쟁이라 규정하고 있다.

일본이 극동에서의 서구 열강들의 제국주의 경쟁에 뛰어든 것은 러시아가 만주를 점령한 이후였다. 보다 구체적으로 말해 러시아는 1896년 6월 일본을 대상으로 하는 러·청 비밀 조약을 맺고 시베리아로부터 만주를 경유하여 블라디보스토크에 이르는 동청東淸 철도부설권을 확보했다. 1898년에는 요동반도의 조차까지도 성공한 데다가 1900년 7월에는 부설 중인 동청 철도가 의화단 운동이 행해지는 과정에서 파괴되자, 만주에서의 의화단 운동을 진압한 후 만주를 점령해 버렸다. 일본의 극동 진출은 그 이후부터였던 것이다.

러시아가 만주를 점령하자 이에 대한 영미의 반감이 형성되었다. 그러자 일본은 1902년 1월 영·일 동맹을 맺어 만주를 점령한 러시아에 대항해 갔다. 그러한 대결은 결국 러·일 전쟁을 야기하고 말았는데, 일본은 그 전쟁을 통해 한국을 자신들의 식민지로 만듦으로써 제국주의 국가로 전환해 나왔던 것이다. 그것을 계기로 일본은 1910년 한국을 완전히 속국화시킨 후 1911년 2월 미국과의 새로운 통상항해 조약 조인을 통해 관세자주권을 회복하게 됨으로써 문호개방 이래의 최대의 국민적 관심거리였던 서구 열강들과의 불평등 조약 해제가 이루어졌다. 그로부터 3년 후인 1914년 제국주의 전쟁으로 일컬어지는 제1차 세계대전이 일어나게 되자 일본은 서구 열강들과의 동등한 입장에서 참전하게 되고, 중국에 대해 〈산동 21개조〉를 요구해 그 요구를 관철시킨다. 그러나 일본은 결국 최강의 제국주의 국가로 부상한 미국의 주도하에서 열린 워싱턴 회의에서 〈중국에 대한 9개국 조약〉을 통해 제국주의 전쟁에서 획득한 일본의 산동반도에서의 권익을 완전 상실해 버리고 말았던 것이다.

일본의 그러한 상실은 결국은 영국이 영·일 동맹을 파기하고, 제국주의 전쟁을 통해 최강국으로 부상한 미국과의 협조 관계를 취해 일본의 세력을 제한하려는 과정에서 발생한 것이다. 미국의 영국과의 협조 관계를 통한 일본의 세력 확장 제안은 일본의 산동반도에서의 권익을 백지화시킨 것으로 끝나지 않았다. 영미 제국은 워싱턴 조약에서의 〈해군 군비 제한에 관한 조약〉을 통해 일본의 식민지 확장 능력을 제한시켜 버렸던 것이다. 그러자 일본의 우익 세력들은 자신의 제국주의 정책을 방해하는 영미 제국주의 국가들에 대항할 수 있는 새로운 국가 체제의 확립 운동을 전개하게 되었던 것이다.

3) 반反공산주의 사상

공산주의 이념에 입각해 일본에 공산당이 결성된 것은 1922년 7월이었다. 그 결성은 국제연맹에 대항해 창립된 코민테른의 영향하에서 이루어졌다. 다시 말해서 그것은 소비에트 러시아 공산당의 지령하에서 이루어지게 됐던 것이다. 당시 일본 공산당은 사카이 도시히코境利彦, 야마카와 히토시山川均(1880-1958), 도쿠다 규이치德田球一 등에 의해 일본에서 비밀리에 결성된 것이지만, 그해 11월 모스크바에서 열린 제4차 대회에 다카세 기요시高瀨淸(1901-1973)와 당시 소련에 머물고 있었던 가타야마 센片山潛(1859-1933) 등이 참석하면서 코민테른 일본지부로서 승인되었다. 코민테른 제4차 대회에 앞서 그해 1월 22일 코민테른은 모스크바에서 '극동 민족대회'를 열었다. 그때 그 대회에 참석했던 일본인들은 미국에서 소련으로 들어갔던 예일대 출신 가타야마 센, 일본에서 비밀리에 소련으로 들어갔던 도쿠다 규이치 등 14명이었는데, 그때 그들은 코민테른 지부로서의 일본 공산당 결성, 혁명 강령 등을 토의한 바 있다.

일본 공산당은 코민테른의 지도하에서 작성된 〈일본 공산당 강령 초안〉(1922년 테제)을 갖게 되었다. 당시 공산당은 부르주아 민주 혁명을 위해 농민과 동맹하여 천황제를 폐지시키고 천황, 대지주, 사원 등의 토지를 몰수하여 국유화시키고, 외국에 대한 일체의 간섭 폐지, 조선·대만·중국 및 사할린으로부터의 철병, 소비에트 러시아의 승인 등을 당면 과제로 내걸었다. 정부는 이러한 반제국주의 사상을 지닌 공산당 세력들에 대해 '3·15 사건'(1928), '4·16 사건'(1929) 등을 통해 무참히 탄압했다. 그러나 공산당 세력들은 그러한 탄압에도 불구하고 반제국주의 활동을 전개시켜 나갔다. 1930년 가을에는 그 전년에 공산당에 입당한 곤노 요지로紺野与次郎(1910-1977)가 모스크바로부터 입국해 1931년 초에 일본 공산당 중앙 집행 위원회를 재건하고 정치 테제 초안을 발포한다. 그 다음 해 4월에는 〈일본의 정세와 일본 공산당의 임무에 관한 테제〉(〈32년 테제〉)가 코민테른 서유럽 사무국 이름으로 발표된다. 〈32년 테제〉에서의 일본 국가의 권력은 다음과 같이 규정되었다.[226] "1868년 이후에 성립된 절대군주제는 그 정책에 많은 변화가 있었음에도 불구하고 무제한 절대 권력을 수중에 장악하고 노동 계급에 대한 억압 및 전제지배를 위한 관료적 기구를 부단히 추구해 왔다. 일본 천황제는 한편으로는 주로 지주인 기생적·봉건적 계급에 의거하며, 이들 계급의 상부와 매우 긴밀한 영속적 블록을 형성하며 제법 유연성을 갖고 두 계급의 이익을 대표한다. 〔…〕 천황제는 국내의 정치적 반동과 봉건제의 모든 잔존물의 지주이다. 천황제 국가기구는 현존하는 독재의 강력한 배경을 이루고 있다. 이것을 분쇄하는 것이야말로 일본에 있어서의 혁명적 임무의 첫 번째라고 아니할 수 없다."

그 후 일본 공산당은 이 〈32년 테제〉를 파급시키는 데 주력했는데, 이에 대해 1932년 10월 정부는 전국에 걸쳐 공산당 지도부를 비롯한 1,500여 명의 당원 등을 체포하였다. 그러나 1933년 5월에는 중앙위원회가 노로 에이타로野呂榮太郎(1900-1934), 미야모토 겐지宮本顯治를 선두로 〈32년 테제〉에 의거해 당 활동을 전개시켜 나갔다. 그러한 과정에서 모스크바에서 1935년 7-8월에 코민테른의 제7차 대회가 열려 '반파쇼 통일 전선 전술'을 결정하였다. 그 목표는 파시즘에 반대하여 싸우는 정부를 수립하는 것이었는데 이 코민테른 제7차 대회 다음 해인 1936년에 프랑스와 스페인의 인민전선이 총선에서 파시스트 우익과 중

226▪ 이토야 도시오 외, 앞의 책, 407면,

간 세력을 누르고 투표로 의석의 과반수를 획득하게 되어, 통일 전선 정부를 수립하는 데 성공하였다. 국제적 정세가 이렇게 돌아가자 일본의 공산당 세력 탄압은 더 강화되었다.

이와 같이 제1차 세계대전 후 일본의 사회주의 세력들이 소비에트 러시아의 공산당 정부 수립을 계기로 해서 자본주의 체제를 취하고 있는 일본의 천황제 정부를 부정하는 공산주의 세력으로 전환됨에 따라 천황제를 지탱시켜 나가는 재야 세력들이라 할 수 있는 우익 세력은 공산주의 세력들을 그들의 일차적 공격 대상으로 삼지 않을 수 없었던 것이다.

일본의 국가주의자들로 구성된 우익 세력들은 공산·사회주의자들이 자본주의 체제를 유지시키는 천황제를 타도해야 한다는 이유만으로 반공산주의 사상을 취했던 것은 아니다. 일본의 국가주의자들에 있어서 최대의 적국은 일본의 북방 지역에 인접해 있는 소비에트 러시아였다. 그럼에도 불구하고 20세기 초 러·일 전쟁이 일어났을 당시 일본의 사회주의 세력들은 제1차 세계대전 이후 러시아 공산당 정부의 입장에 서서 비전非戰 입장을 취했고 제1차 세계대전 이후 러시아 공산당 정부의 입장에서 일본의 제국주의 정책에 반기를 들었다.

4) 국가사회주의

'국가사회주의Staatssozialismus/state socialism'란 말은, 한마디로 국가기관을 통해 사회주의를 실현하려는 사상 내지 운동을 말한다. 국가사회주의는 "국가를 기초로 해서 자본주의를 억압하고 사회주의적 경제 체제에 의해 일원적 국가를 실현하려고 하는" 사상이다. 원래 그것은 19세기 독일연방이 보오普墺 전쟁(1866)을 통해 프로이센으로 통일되고, 후진 자본주의 국가로서의 독일이 선진 자본주의 국가로 성장하는 과정에서 국민 경제학파의 대표적 인물 라사르 Ferdinand Lassalle(1825-1864), 그의 사상을 계승한 독오獨墺학파의 창시자 브렌

타노Franz Brentano(1838-1917) 등에 의해 학문적으로 정착되기 시작되었다. 19세기 중·후반 그러한 상태에 처해 있던 독일로서는 대지주 귀족, 신흥 부르주아지, 프롤레타리아 등을 하나로 결합시킬 필요가 있었고, 또 당시 독일의 역사적 조건은 사회 정책, 보호주의, 전매, 국유화를 중요시할 필요가 있었던 것이다. 이 국가사회주의는 국유화와 노사 협조를 중심으로 한 것으로서 마르크스는 이것을 개량주의라 하여 비판하였다. 히틀러의 파시즘은 국가사회주의의 일종으로 볼 수 있으나 비민주주의적이라는 점에서 19세기 독일 국가사회주의와 다르다 할 수 있다.

일본에 19세기 독일의 국가사회주의 사상이 소개되어 정착된 것은 야마지 아이잔山路愛山(1864-1917), 다카바타케 모토유키, 기타 잇키 등을 통해서였다. 야마지 아이잔은 기독교 출신의 저널리스트였다. 그가 국가사회주의 사상에 관심을 갖게 됐던 것은 러·일 전쟁을 통해서였다. 그는 러·일 전쟁에서 호전적 입장을 취했고 전쟁이 끝나자 시바 데이키치斯波貞吉, 나카무라 하치로中村八朗 등과 '국가사회당'을 결성해 가족 국가론을 기초로 한 사회개혁을 주창했다. 그 후 그의 국가사회주의 사상은 그의 저서 《사회주의 관견社会主義管見》(1907)을 비롯한 그 후의 그의 논저들에 일관되게 나타난다.

다카바타케 모토유키는 일본 최초로 《자본론》을 완역한 자로, 경제적 이유로 도지샤同志社신학교에 입학했다가 재학 중 사회주의와 접촉해 결국 기독교를 떠났다. 그는 1908년 고토쿠 슈스이幸德秋水의 사상적 영향하에서 《동북평론》을 창간해 필화筆禍 사건으로 옥살이를 하게 된다. 출옥 후 사카이 도시히코 등의 '바이분샤'에 참가한다. 그러나 1919년에 와서 사카이와 결별, 국가사회주의 운동을 시작해 '대중사大衆社'를 창설, 《국가사회주의》 등과 같은 신문 잡지를 창간했다. 1923년에는 우에스기 신키치와 '경륜학맹'을 결성해 국가사회주의 운동을 실천했다. 1928년에 가서는 히라노 리키조平野力三, 아소 히사시麻生久, 우가키 가즈시게 등과 '급진애국당'을 조직해 국가사회주의 운동을 전개하다가 위암으로 급사하였다.

기타 잇키는 1904년 와세다대학 청강생이 된 이후 독학을 통해 1905년에는 《국체론 및 순정사회주의》를 자비로 출판했는데, 발매 금지되었다. 1919년에는 상해에서 집필한 《일본개조법안대강日本改造法案大綱》을 귀국 후 출판했고, 그것은 그 후 국가주의 운동의 교전教典이 되었다. 그는 니시다 미쓰기를 통해 황도파 청년 장교에게 크나큰 영향을 주었고 만주사변 시에는 오카와 슈메이, 곤도 세이케이近藤成卿 등과 함께 국가 개조 운동의 지도적 역할을 행했다.

야마지 아이잔은 "황실을 중심으로 하는 일본의 국민적 일체성의 전통으로부터 국가사회주의의 근거를 찾아내서 황실과 국가가 자본가 계급의 착취와 억압에 이용되고 있는 현황을 개혁해서 인민이 국가와 황실하에서 단결해 그 보호를 받는 유기적 통일체가 되는 것이 국가사회주의의 실현"이라는 입장을 취했다. 다카바타케 모토유키와 기타 잇키는 "황실과 인민과의 강한 융합 관계를 일본의 국체의 전통으로 파악"했다.[227] 그 결과 1928년 그가 사망한 후 그의 영향하에서 등장했던 국가사회주의 단체들은 황실이나 그것과 인민과의 강한 융합 관계를 절대적인 것으로 파악하게 되었고, 그 결과 군 내부에서 형성된 황도파에 의해 '쇼와유신', 즉 '제2유신'으로서의 '2·26 사건'이 수행됐으나 실패로 끝났다. 그 사건을 계기로 결국 국가사회주의가, '사회주의'가 빠져나간 천황제 일본주의 내지 국가주의에 기초한 파시즘으로 전환되어 사회민주주의라든가 공산주의 세력들을 철저히 비판해 나갔던 것이다.

5) 일본주의와 국체 사상

상기의 세 사람은 국가 체제, 즉 국체國体를 존중해야 한다는 사상, 국가란 계급

227▪ 田中真人「国家社会主義」(下中弘編『日本史大事典第三巻』平凡社, 1993), 345-346頁 参考.

지배기관이 아니고 통제기관이라는 사상, 계급 투쟁과 민족 투쟁의 결합이 이루어져야 된다고 하는 사상, 반反의회주의 사상 등을 가지고 있었다. 그러한 점에 있어서 그들은 국가사회주의자이기 이전에 국가주의자, 즉 일본주의자들이었다고 할 수 있다. 당시의 일본주의자란 일본 정신에 기초해 천황 중심의 정치사회를 실현하려는 사상을 가진 자로서 구체적으로 말해 국체 사상으로 무장된 자들을 말했다. 국체 사상이란 무엇인가? 한마디로 결국은 "천황 통치의 정당성 또는 일본국의 우수성을 주창하는 사상"이라 할 수 있다. 정치학 용어로서의 '국체'란 주권의 귀속이 어떻게 되어 있냐에 따라 국가의 형태를 구별할 경우에 사용되는 말로서 통상 군주국체와 공화국체로 구분된다. 그러나 일본에서는 특수하게도 만세일계万世一系의 천황에 의해 통치되는 우수한 국가적 품격을 나타내는 개념, 다시 말해 "역사적 · 윤리적 개념을 포함하여 천황 지배의 정당성, 우수성, 특수성을 주장하는 이데올로기"로서 사용되었고,[228] 또 그것은 (1) 영구불멸의 천황주권을 가리키는 경우, (2) 군신의 특별한 친분 관계를 가리키는 경우, (3) 국풍 문화 전반을 가리키는 경우 등 대단히 다의적 내용의 개념으로서 쓰였다.

에도江戸 시대 대륙으로부터 유학儒學이 일본에 들어가 정통학으로 정립되어 나오기 이전 일본에는 '신국神国 사상에 기초한 황국론皇国論'이 존재했었다. 유학이 정통학으로 정립되어 중화中華 중심주의가 형성되어 나오자 유학자들이 이에 반발해, 내부에서 일본이야말로 "유교적 도덕 특히 군신의 대의가 신대神代 때부터 행해져 왔다는 사상"이 성립되어 나왔고, 재야로부터 황국론을 이어받아 국학国学이 성립되었다. 에도 막부에서 말기에 걸쳐 군신의 대의를 중핵으로 한 일본의 국체를 정립시키려 했던 '후기 미토水戸학'과 '일본주의를 주창하는 히라타 국학平田国学'이 성립되어 국체 사상의 2대 조류가 형성되었다.[229]

---

228 ■ 堀幸雄『右翼辞典』(三嶺書房, 1991), 201頁.

229 ■ 領木正幸「国体思想」(下中弘編『日本史大事典 第三巻』平凡社, 1995), 239-240頁.

근대 서구 열강의 개국이 강요됐던 막부 말기에 가서는 그 2대 조류가 결합되어 존왕양이尊王攘夷 사상이 대두했다. 그것을 발판으로 해서 메이지 혁명 정부의 국체 사상이 형성되어 나왔던 것이다. 존왕양이 사상을 기초로 해서 형성되어 나온 메이지 정부의 국체는 정권이 조정朝廷에 귀속된 군주국체였다.

메이지 혁명 이후 메이지 정부는 인민에게 천황 통치의 정당성을 논증하는 모든 힘을 집중시켰다. 그러나 서구로부터 자유민권 사상이 전래되어 민권 운동이 일어나 메이지 헌법이 제정됨에 따라 군주국체는 입헌군주국체로 전환되었다. 군주국체가 메이지 헌법 제정을 통해 입헌군주국체로 전환했다 하더라도 그것은 어디까지나 군주국체의 일종이지 공화국체는 아니었다. 또 메이지 헌법이 인민들에게 제시하는 천황 통치의 정통성에 대한 논리적 근거라고 하는 것이 '만세일계'일 수밖에 없었기 때문에, 메이지 정부는 메이지 헌법을 공포한 그 다음 해인 1890년 '가족 국가관家族国家観'에 입각해 〈교육칙어教育勅語〉를 발포하여 인민들에게 충군애국주의를 교육시켜 갔던 것이다.

그 결과 일본이 청·일, 러·일 전쟁 이후 제국주의 사상으로 무장하는 과정에서 소위 천황을 족부族父로 하는 가족 국가론적 국체론이 일반화되었다. 그러한 상황에서 1912년 메이지 천황의 사망을 계기로 새로운 다이쇼大正 시대가 도래했고, 1912년 정우회를 여당으로 한 사이온지 긴모치 내각이 육군과 충돌해 총사퇴함에 따라 헌정 옹호 운동이 일어났다.

한편 대륙에서는 1911년 신해혁명을 계기로 그 다음 해 중화민국이 성립되고 서구에서는, 1914년에 제1차 세계대전이 발발했다. 그러자 일본은 동아시아 국가들을 대표해 대전에 참가해 서구의 열강 민주주의 국가들과 동시대를 열어나가게 된다. 이러한 시대적 상황을 통해 일본은 소위 '다이쇼 데모크라시의 시대'로 접어들게 됐는데, 그때 다시 국체론이 제기되었다. 기타 잇키는 일본이 제국주의 국가로 전환해 나온 시점에서 일찍이 《국체론 및 순정사회주의》(1906)를 자비 출판해 천황을 통치권의 주체로 파악하는 도쿄대 헌법학 교수

호즈미 야쓰카穗積八束(1860-1912)의 입장을 반박했다. 즉, 기타는 "메이지유신 이후의 일본을 국민 국가로 파악하고 천황을 '국민의 천황'으로 파악한다"는 입장을 취한 것이다. 그러한 입장들의 대립을 계기로 결국 호즈미 야쓰카의 입장은 "일본 정신에 기초해 천황 중심의 정치사회를 실현해" 보려는 일본주의(황도주의)로 전환해 나갔고, 기타의 입장은 "국가를 기초로 자본주의를 억압하고 사회주의적 경제 체제에 의해 일원적 국가를 실현해" 보려는 국가사회주의로 정착되어 나왔던 것이다.[230]

잇키의 그러한 입장을 살려[231] 도쿄대 헌법학 교수 미노베 다쓰키치로는 《헌법강화憲法講話》(1912) 등을 통해 천황주권의 원칙은 인정하지만 천황의 권력을 절대 무한한 것으로 볼 수는 없음을 강조하면서 천황은 법인으로서 국가를 대표하고 헌법의 규정에 따라 통치의 권능을 행사하는 최고의 기관이라는 소위 '천황기관설天皇機関說'을 주장했다.[232] 호즈미 교수의 제자 우에스기 신키치가 "군주주권에 의한 천황 권력의 절대성"이라고 하는 입장을 취해 〈국체에 대한 이설〉(1912) 등의 논문을 통해서 미노베 교수의 '천황기관설'을

---

230 ▪ 堀幸雄『戦前の国家主義運動史』(三嶺書房, 1997), iii-iv頁.

231 ▪ 기타 잇키는 니가타겐新潟県에서 중학교를 다닐 때 사회적 문제에 눈뜨기 시작해 《헤이민신문平民新聞》의 영향을 받아 사회주의에 경도된다. 1905년 22세에 도쿄로 나가, 동생이 다니는 와세다대학 청강생이 되어 우에노上野 도서관을 드나들면서 저작에 몰두해 1906년 5월에 《국체론 및 순정사회주의》를 자비 출판해 커다란 반향을 불러일으켰으나, 그해 6월 발금 처분된다. 한편 기타 잇키보다 10세 연상이었던 미노베 다쓰키치로美濃部達吉郎(1873-1948)는 1897년 제국대학 법학대학을 졸업한다. 재학 중 헌법학을 연구하고 싶었지만, 당시 헌법학 교수 호즈미 야쓰카와 맞지 않았기 때문에 단념하고 말았다. 그는 독일·영국·프랑스 3개국 유학 후 1900년 도쿄대학 법과대학 조교수가 되어 비교법제사를 담당하게 되었다. 1911년 여름부터 문부성 위탁으로 중등학교 교원을 위한 헌법강의를 하게 되어 그때부터 '천황기관설'을 주장하게 되고 그 결과물들을 그 다음 1912년 《헌법강화憲法講話》로 공판하게 됐던 것이다(堀幸雄『右翼辭典』104頁 ; 国史大辭典編集委『国史大辞典 13』450頁 등 참고).

232 ▪ 美濃部達吉郎『憲法講話』(有斐閣, 1923), 65-66頁.

공격하기는 했지만 다이쇼 데모크라시 시대에는 미노베 교수의 설이 대세를 이루었다. 그러한 상황에서 만주사변이 발발했고 그것을 계기로 국가사회주의 사상이 군부의 혁명 사상으로 받아들여짐으로써 파시즘이라고 하는 새로운 차원의 사상 대두로 국체론에 대한 토론이 다시 활발해졌다. 그 과정에서 1935년에 천황기관설을 배격하는 '국체명징国体明徵 문제'가 일어났던 것이다.

일본에서는 메이지 혁명을 전후, 《기기記紀》 신화에 의거해 일본은 만세일계의 천황이 하사된 신국神国이라는 국체론이 제기되었다. 그 후 그것은 '국민도덕'과 '통치권의 소재'라고 하는 두 방향에서 발전되어 나갔다. 하나는 1890년의 〈교육칙어〉가 충효의 길을 '국체의 정화国体の精華'로 해서 '천황 숭배를 국민도덕의 근간'으로 구축해 가는 문제였고, 다른 하나는 "통치의 전권이 천황에 있다"고 규정하고 있는 헌법 해석을 축으로 하는 문제였다. 다이쇼 데모크라시 시기로 들어와서 천황 숭배를 근간으로 하는 국민들의 도덕적 의식에 대한 계발은 개인주의, 자유주의를 반국체적인 것으로 부정했고, 통치권의 소재에 관한 문제는 만주사변 이후 국체명징 문제를 야기했다.

1935년 2월 귀족원 회의에서 일본 최초의 법학박사 기쿠치 다케오菊池武夫(1854-1912)가 통치권의 주체를 국가로 하고 천황을 그 국가의 최고기관으로 하는 '천황기관설'은 천황의 절대성을 부정하고 천황의 통치권을 제한하려고 하는 반국체적인 것이라고 미노베 학설에 대해 공격을 개시하자 원외院外에서도 군부의 지지하에 재향군인회라든가 우익 단체들의 운동이 전개되어 결국 천황기관설을 논한 미노베의 세 저서가 발금되고 〈국체명징성명서〉가 발표되었다. 그것을 계기로 1937년 5월에는 문부성이 《국체의 본의国体の本義》를 간행해, 그것을 통해 "자유주의 · 민주주의의 기초로서의 개인주의를 배격하고 황실을 종가宗家로 하는 일대가족국가一大家族国家로 해서 천황에 절대수순絶對隨順 · 몰아귀의沒我歸一하고, 자기의 분을 지켜가면서 화和를 실현하는 것이 일본 국민이 취해야 할 자세"라고 하는 입장을 취하게 됐던 것이다. 이렇게 해서 그 후 국체 사상은 천황을 현인신現人神으로 만들어 감에 따라 신비적 국체론이 형성되어 '신국론'이 대두되었다. 그러나 패전을 계기로 〈천황 인간 선언〉이 행해짐으로써 국체 사상은 부정되었다.

이와 같이 일본에서의 국체 사상이란 천황을 중심으로 국가력 체제를 확립해야 한다는 사상을 가리킨다. 일본의 우익 사상은 사실상 바로 이 천황을 중핵으로 하여 국가 체제를 확립시켜야 한다는 국체 사상을 기저로 하고 있는 것이다.

6) 농본주의

우익 사상가들 중에는 반反자본주의 사상을 가진 인사들이 있었다. 그들의 반자본주의 사상은 반反서양주의, 반근대주의, 반도시주의, 반중앙주의 등으로 구체화되어 나왔다. 그 대표적 인물이 곤도 세이케이權藤成卿(1868-1937)와 다치바나 고사부로이다.

곤도 세이케이는 청년 시절 수회에 걸쳐 한국, 중국, 러시아를 시찰한 자로서 1902년에는 우치다 요헤이의 '흑룡회'에 들어가 대러 개전, 한·일 합방을 주장했었고, 또 신해혁명의 삼존三尊의 한 사람으로 알려진 황흥黃興(1874-1916)이라든가 중국의 정치가 송교인 등과 교유하면서 1908년에는《동아월보東亞月報》를 발행한다. 1909년에는《황민자치본의皇民自治本意》를 저술해 '사직 국가社稷国家'의 실현과 농민자치를 주장했다. 그는 "관치주의, 자본주의, 도회를 배격해 아시아 고유의 원시자치로 회귀할 것을 호소"하기도 했다. 1927년에는 일본주의 사상가 야스오카 마사히로安岡正篤(1898-1983)가 그해 창립한 '금계학원金鶏学院'에서 한동안 강의,《자치민법自治民法》(1927),《농촌자구론農村自救論》(1932) 등을 저술 간행했다. 그런데 그는 이 두 서적이 '혈맹단 사건'(1932), '5·15 사건'(1932)의 사상적 배경이 되었다는 이유로 체포되기도 했다. 쇼와 공황하에서는 농촌 구제청원 운동의 중심적 인물의 한 사람이 되었다.

곤도는《자치민법》에서 농본주의에 대한 그의 기본적 입장을 다음과 같이 밝히고 있다. "국가 통치에는 두 종류가 있다. 하나는 '자치주의'이고 다른 하나는 '국가주의'이다. 전자는 모두를 '생민의 자치生民の自治'에 맡기고, 왕王은 모범만을 보이는 것이다. 후자는 왕 스스로가 일체의 '정치'를 행하는 형태이다. 그런데 일본은 개국 초부터 '자치주의'를 취해 왔다. 그런데 근대 이후에 와서 그것이 상실되고 말았던 것이다." 그의 그러한 농본주의는 국가 체제의 폐절廢絶을 주장했던 일본의 아나키스트들이 발을 들여 놓은 이유가 됐던 것이다. 우익 연구자 마쓰모토 겐이치는 그러한 "농민주의의 기본적 개념이 '사직社稷'이라는 것은 누구도 인정할 것이다"라면서 무라카미 이치로村上一郎(1920-1975)가 그의 저서《초개론草芥論》에서 '사직'에 관해 논한 것을 끌어내서 농본주의 사상의 기초가 '사직'에 있다는 자신의 입장의 논리적 근거를 제시하고 있다.[233■]

다치바나 고사부로는 '5·15 사건'의 지도자로 알려진 인물이다. 그는 잇코一高 입학 후, 러시아의 톨스토이, 영국의 무정부주의 입장의 사회주의자 E. 카펜터 등의 저작으로부터 영향을 받아 졸업 직전 학교를 퇴학하고 고향 이바라키겐茨城県으로 귀향해 이상적 농촌의 형태를 꿈꾸면서 농경생활을 시작한다. 1927년부터는 농촌 청년의 계몽을 위해 겐내県内 강연회를 개최, 만성적 불황에 고통받는 농촌의 현실을 파악하고 '대지와 함께 살아가는 자들과의 연대'를 통해 농촌과 국가의 구제를 주장했다. 1929년에는 동지들과 함께 '애향회愛郷会'를 결성했고, 1931년에는 '일본의 바르고 좋은 땅의 근로생활자' 양성을 위해 '애향숙'을 설립해, '대지주의, 형제주의, 근로주의'에 기초한 집단교육을 행했다. 그는 1920년대 말의 세계 대공황의 여파로 인한 일본의 농업공황 시기에 "애향숙의 정치적 진출에 의한 농촌 구제의 노선에 한계를 느껴" 이노우에 닛쇼의 동지로서의 그 일파의 유력자가 되었다. 그 결과 1932년 고가 기요시古賀清志

233■ 松本健一,《思想としての右翼》(論創社, 2000), 42頁.

등의 요구에 응해 숙생塾生을 이끌고 농민결사대로서 '5 · 15 사건'에 참가해 결국 무기징역을 받게 된다. 그가 '5 · 15 사건' 에 참가한 것은 "농본주의에 의해 국가 개조를 생각해 봤기 때문"으로 그의 그러한 농본주의 사상은 '5 · 15 사건'이 일어났던 5일 후에 출간된 그의 저서《일본애국혁신본의日本愛国革新本義》(1932)에 잘 드러나 있다.

우익 연구자 마쓰모토 겐이치는 그의 농본주의 사상과 관련해 다음과 같이 말하고 있다.[234] "동서同書 속에 들어 있는 격檄에는 '국토를 떠나면 국민 없다'라는 말이 있는데, 이것은 그의 '땅을 망치는 일체의 것들은 또 망한다'라고 하는 신앙으로부터 나온 말이다. 그런데 국민(농민)을 땅으로부터 갈라놓고 마을 공동체를 붕괴시켜 가는 것이 일본의 근대화였다고 한다면, 농본주의는 땅으로부터 떨어져 나와 공장노동자가 된다든가 혹은 병사가 되어 토지세를 지불하기 위해 딸을 창녀집이라든가 방직공장에 팔아넘기지 않으면 안 되게 된 농민의 비명의 사상화였다."

이들의 이러한 농본주의는 일본이 제 아무리 근대 자본주의 국가 체제를 취해 간다 하더라도 '일본은 엄연한 농촌국'으로서 '농촌이야말로 일본'이라고 하는 사상에 기초해 있는 사상이라 할 수 있다. 다치바나는 국가와 국민의 평온과 번영은 바로 '농촌적 공동체의 부활'에 있다고 말하고 있다.[235]

이렇게 봤을 때 이 농본주의 사상은 일본의 근대화에 대립되는 '일본 회귀' 사상에 기초해 있는 야스다 요쥬로保田与重郎(1910-1981)의 '일본낭만파'의 복고주의와도 상통되는 사상이라고도 말할 수 있다.

7) 파시즘

일반적으로 파시즘이란 양 대전 간에 취해졌던 민족주의적 급진 운동을 일으켰

---

234 ▪ 上掲書, 41頁.

235 ▪ 天道是『右翼運動100年の軌跡 — その 抬頭 · 挫折 · 混迷』(立花書房, 1992), 46-48頁.

던 사상, 또는 당시의 독일의 나치즘, 이탈리아와 스페인의 파시즘 당들의 독재 체제를 가리키는 말이기도 했다. 우리가 여기에서 말하려는 파시즘이란 일본의 군부 세력들과 극우 단체들이 당시 서구의 그러한 파시즘 사상으로부터 영향을 받아 취해 나갔던 천황제 파시즘 운동, 사상, 체제 등을 가리킨다.

파시즘의 공통 원리는 '전체주의', '협동주의'에 입각해 그 사회의 '정부·정당·군부·독점자본 등'의 일체화라 할 수 있다.[236] 그 특징을 구체적으로 다음과 같은 몇 가지로 요약할 수 있다. 첫째, 파시즘이란 제1차 세계대전 중의 러시아 혁명의 성공하에서 행해졌던 대전 후의 사회주의 혁명과 자본주의 체제의 동요 등을 배경으로 해서 반反혁명, 유사 혁명의 성격을 띠고 나타난 정치적 운동 내지 그 사상을 가리킨다. 다시 말해서, 파시즘은 반공反共, 반소反蘇를 주장하고, 더 나가 사회주의, 자유주의, 민주주의, 개인주의 등의 파시즘 이외의 모든 사상을 배격하고 혁명을 방지하려는 정치적 활동 내지 사상이었다. 또 파시즘은 폭력주의적이고 급진주의적이어서 비판 세력을 분쇄하면서 권력을 장악하였다. 뿐만 아니라 반反자본주의를 제창하지만 제도 그 자체는 결코 부정하지 않았다.

두 번째, 파시즘은 세계의 재분할을 목표로 했다. 구체적으로는 베르사유 체제의 타파였고 그것을 위해 파시즘적 신질서의 구축과 그것에 기초한 파시즘 세계의 건설을 주장했다. '가진 국가'와 '갖지 않은 국가'의 대립, 또 '갖지 않은 국가'가 자기의 생존권을 확보하는 것이 당연하고 그것이 바로 민족적 사명이라고 하는 신념을 중핵으로 했다. 셋째, 국가 총력 체제와 통제 경제를 기초로 하는 전시 국가를 구축했다. 파시즘은 그것을 위해 국가 권력에 의한 국민의 조직화를 강행했다. 또 국가 총력 체제는 부분적으로는 근대화와 평등화도

236▪ 淺沼和典「ファシズムの原理」(淺沼和典他 編『比較ファシズム研究』成文堂, 1982), 7-15頁.

추진했다. 그러나 그것은 어디까지나 국가 총력전 체제에 필요한 한도 내에서지 국민을 위해서가 아니었다. 그래서 그것은 입헌주의라든가 의회제 민주주의를 부정했다. 또 그것은 독점자본과 제휴했다. 넷째, 이데올로기로서는 반공·반소였고 민주주의는 부정되었다. 또, 배외주의, 침략주의, 국수주의, 팽창주의, 내셔널리즘 등의 입장을 취했고, 약소국가를 약탈하고 자국 민족의 우수성을 주장하는 입장이었다. 다섯째, 지도자 원리가 거론될 수 있다. 국가는 최고의 가치를 가지고, 개인은 부정된다. 그래서 파시즘은 지도자 원리에 의해 해결된다. 즉 파시스트가 전체의 의사를 체현體現하는 엘리트, 다시 말해서 최고지도자라는 것이 합리화된 사상이다. 이와 같은 선전은 세계공황 속에서 동요하고 있던 중간층에 의해서 받아들여졌다. 그들은 강력한 지도자에 의해 안정된 질서와 자기구제를 얻으려 했던 것이다. 또 반대 세력은 테러, 암살 등의 폭력적 수단에 의해 동조당하든가 아니면 말살되었다.

이러한 파시즘에 대해서 코민테른 제7차 대회(1935)에서의 데미토로프 서기장은 "위기에 떨어진 최종단계의 자본주의에서의 금융독점 자본을 중심으로 행해지는 폭력적 독재"로 정의해 보고한 바 있다.[237]

일본에 파시즘 세력이 등장한 것은 미국이 베르사유 강화회의의 후속조치로서 전승국의 일원이었던 일본에 취했던 워싱턴 회의를 통한 일본의 해군 군비 제한을 계기로 해서였다. 미국을 비롯한 전승국들이 패전국 독일이나 전쟁에서 우유부단한 입장을 취했던 이탈리아에 가혹한 조치를 하자 독일과 이탈리아가 파시즘으로 무장하게 되었듯이 일본도 자신들의 제국주의 정책을 방해하는 영미에 대해 군국주의, 천황제 파시즘 등으로 무장해 대처해 간다는 입장을 취했던 것이다. 그 결과 워싱턴 체제하의 일본은 1930년 1월 〈런던 군축 조약〉을 계기로 민간과 군부 내에서의 급진우익 세력들의 등장으로 완전한 파시즘

---

237 ▪ 堀幸雄, 《右翼辭典》(三嶺書房, 1991), 529頁.

국가로 전환해 나와 1931년 만주사변, 1937년 중·일 전쟁, 1941년 태평양전쟁을 일으켰던 것이다. 우리는 1931-1936년 사이를 '급진 파시즘의 전성기'라 부르고 있다.[238] 우선 1932년의 '5·15 사건' 이후 정당 내각은 정지되고 이 시기 두 사람의 해군대장이 수상이 되어 군부의 본격적 정치 개입이 이루어졌던 시기였다.

이러한 파시즘은 일본의 경우 위로부터의 파시즘으로 특징지어진다. 독일이나 이탈리아의 경우와 같이 파쇼 정당에 의한 반反혁명이나 유사 혁명 등의 형태를 취하지 않고, 군부를 중심으로 한 세력이 파쇼화의 추진력이 되어 기존의 천황제 지배 체제를 붕괴시켜 새로운 천황제 지배 체제를 성립시키는 것이었다. 그 파시즘 세력의 중핵은 육군중앙부의 막료들이었다.

한편, 기타 잇키의《일본개조법안》에 의한 '아래로부터의 파시즘'도 있었다. 이것은 같은 군부속의 황도파 청년 장교라든가 민간우익을 주체로 해서 '쇼와 유신'을 주창해 테러와 쿠데타를 행해 갔는데, 마지막 쿠데타였던 '2·26 사건'에 실패해 결국 주도권이 육군막료(통제파)에게로 넘어가고 말았다. 그렇게 해서 '위로부터의 파시즘'이 통제파를 중심으로 한 육군막료들에 의해 행해졌던 것이다. 그러한 파시즘이 추진시켰던 국가 개조 운동은 천황제 지배 체제 내의 개혁을 통한 신체제의 구축을 목표로 삼았다. 그 결과 우선 일차적으로 전시통제경제 체제가 확립되었다. '위로부터의 파시즘'은 고노에 신체제로서 군부, 관료 등 기성 세력의 재편을 통해 실현되었고, 한편 국민의 조직화는 고노에 신체제에 기초해서 성립된 관제管制 국민 조직인 대정익찬회大政翼右賛会를 통해 달성되어 나왔던 것이다.

238 ▪ 堀幸雄,《戦前の国家主義運動史》(三嶺書房, 1997), 189頁.

나오면서

이상과 같이 우리는 1920-1930년대, 보다 구체적으로 말해 제1차 세계대전의 종료 시점에서부터 태평양전쟁의 종료까지 일본에서의 우익 활동을 고찰해 봤다. 그 결과 우리는 당시의 우익 활동의 특징을 다음과 같이 요약해 볼 수 있다.

제1차 세계대전 이후 일본 우익 세력들은 대전 후 일본 제국주의 세력의 확장이 차단되는 국제적 정세가 펼쳐지자 그전까지와는 다른 차원에서 우익 활동을 전개시켜 나갔다. 그때까지의 우익 활동은 정치, 경제, 외교 등을 추진해 나가는 일본 정부의 자세에 대한 지적, 감시, 교정 등에 머물러 있었다. 그러나 대전 이후부터는 국가, 국체의 존재 방식에까지 관여하게 된, 소위 '국가 혁신 운동'의 형태로 전환해 나가게 됐다.

일본의 우익 활동이 그러한 양태로 전환해 나갔던 것은 크게 말해서 다음과 같은 세 가지 이유 때문이었다. 하나는 그동안의 유럽 중심의 자본주의 세계가 미국 중심의 자본주의 세계로 전환해 나갔고, 자본주의 세계를 주도하게 된 미국이 동아시아에서의 제국주의 세력으로서의 일제의 새로운 경쟁 대상자로 부상해 일제의 제국주의 정책을 저지했기 때문이다. 두 번째는 제1차 세계대전을 통해 러시아가 사회주의 국가로 전환해 나가서 일본에서의 천황제와 일본의 제국주의 침략 정책을 반대하는 사회주의 세력들을 지지했기 때문이다. 세 번째는 제1차 세계대전 종료 후, 승전국들이 취한 베르사유 체제에 반발해 독일과 이탈리아에서 파시즘 정부가 출현하는 상황에서 미국이 일제를 저지할 목적으로 취한 워싱턴 체제에 반기를 들었던 일본 정부가 영미의 편으로부터 벗어나가 그들과의 대립적 관계를 구출하는 독일·이탈리아 쪽으로 들어감으로써였다.

1920-30년대의 우익 단체들은 그 전년 대에 일본의 아시아 침략 활동의 일익을 담당했던 도야마 미쓰루의 '흑룡회黑龍会' 계열, 반反사회주의·반노동 운동을

주도해 가던 반조합주의 계열의 히라누마 기이치로의 대일본국수회 계열, 국가주의 내지 국가사회주의 노선의 미쓰카와 가메타로의 노장회·유존사 계열 등으로 분류될 수 있다. '흑룡회' 계열의 우익 단체들은 대륙 침략과 관련된 것들에 관여했고, '대일본국수회' 계열은 좌익 세력들의 노동 운동을 저지시키는 일 등의 대내 문제에 관여했던 관변 단체들이었다. 노장회·유존사 계열은 국가 혁신 운동의 전개 등과 같은 국체의 문제에 관여했다. 이들 우익 단체들의 사상적 배경은 제국주의, 반反사회주의, 국체 사상을 중핵으로 한 국가주의, 농본주의, 파시즘 등으로 고찰된다.

현재의 일본의 우익 단체들은 1950년대 초, 〈미·일 강화 조약〉의 체결을 전후해 성립된 것들이다. 당시 그것들은 전전의 우익 단체의 부활의 형태를 취해 성립된 것들로서 전전의 우익 단체란 바로 1920-30대에 성립된 것이었다. 이렇게 봤을 때, 현대 일본의 우익 단체들은 1920-30년대의 산물이라 할 수 있다. 그런데 그것들이 현재까지 생명을 유지하는 것은 당시 형성된 역사적 상황들, 구체적으로 말해, 중국·북한 등과 같은 사회주의 국가들과 미국·한국 등과 같은 자유민주주의 국가들과의 대립적 관계 등이 아직까지도 그 생명력을 갖고 있기 때문이라 할 수 있다.

이렇게 봤을 때, 일본의 우익은 제국주의, 반反사회주의, 국체 사상을 중핵으로 하는 국가주의 등을 기반으로 해서 성립, 확립되어 나온 것이라 할 수 있다. 따라서 현재, 사회주의 국가들인 북한과 중국 등을 의식한 미·일 간의 전략적 협조 관계가 해체되지 않는 한 일본에서의 우익 단체들의 활동들은 지속될 것이고, 또 일본의 글로벌화와 맞물려 우경화 현상도 지속될 것으로 예상된다.

제5장
제국주의 시대(1895-1920년)

들어가면서

현재 우리가 사용하고 있는 용어 '우익'은 '좌익'의 대립 개념이다. 이 용어가 일본인들의 문장들 속에 나타나기 시작된 것은 1930년대로 들어와서부터이다.[239] 이것이 '좌익'의 대립 개념의 용어로 쓰이기 시작한 것은 그보다 조금 빠른 1920년대 후반부터였다.[240] 일본에서의 1920년대 말 30년대 초는 1927년 육군대장 출신의 다나카 기이치田中義一(1864-1929)를 수상으로 한 파쇼 정권

239 ■ 예컨대 "また無産党の左翼はマルキシズムといふ理論をもつが, その右翼は全く無理論のものになってゐる"〔土田杏村「日本は何処へ行く」(《経済往来》1932年 4号) ; 樺島忠夫他編『明治・大正新語俗語辞典』(東京堂出版, 1984, 37頁〕.

240 ■ 예컨대, 저서의 타이틀을 이루는 용어로 쓰이기 시작된 예들은 다음과 같다.
高橋亀吉『左翼運動の理論的崩壊 — 左翼運動の理論的根拠』(白楊社, 1927) ; レンツナー『右翼的偏向の問題 — コミンテルン内の右翼化の問題について』(今村保男訳, 永田書店, 1929. 9) ; バウル・メルケル『戦闘的総合戦略と右翼清算派』(桑原悦夫訳, 南蛮書房, 1930. 6) ; エル・ヒタロフ『右翼的危険の増大と青年コミンテルンの諸任務』(藤川稔訳, プロレタリア書房, 1931. 7) ; 鍋山貞親『左翼労働総合と右翼との闘争』(希望閣, 1931. 12) 등.

이 형성되어 나와 1928년 3·15 사건 등을 통해 좌익 세력들이 철저히 타도되어 가던 시기였었다. '좌익'의 대립 개념으로서의 '우익'이라고 하는 말은 바로 그 시기 그러한 사회적 분위기 속에서 학계와 언론계 등에서 일반적으로 사용되기 시작한 것이다.

이에 반해 '우익'의 대립 개념으로서 '좌익'이라고 하는 용어가 쓰이기 시작한 것은 '우익'의 경우보다 10여 년 빠른 1920년대 초·중반부터였다.[241■] '좌익'의 대립 개념으로서의 '우익'이라고 하는 용어가 일본의 근대화의 과정에서 형성되어 나왔던 것은 '좌익'이라고 하는 용어의 실체들이 형성되어 나옴으로써였는데, 일본에서의 '좌익'의 실체들이라 할 수 있는 좌익 단체들이 출현하여 좌익 운동을 하기 시작한 1900년 전후로 고찰된다. 현재 좌익 세력의 주축은 사회주의 세력들로 파악되는데, 일본에서의 그러한 사회주의 세력들은 서구로부터 도래한 자본주의가 청·일 전쟁을 통해 성립, 발전하기 시작하는 시점에서 형성되어 나왔다. 1898년 10월, '사회주의연구회'가 연구 단체로서 조직되어 나왔고, 또 그것이 1900년 1월에 '사회주의협회'로 개칭되어 사회주의 운동 단체로 발전되어 나왔다. 이것이 바로 일본에서의 사회주의 운동의 첫 사례라 할 수 있다.

그 운동 단체의 주요멤버들은 그 다음 해 5월에 일본 최초의 사회주의 정당으로서 '사회민주당'을 결성했으나 치안경찰법에 의해 당일로 결사금지 조치를 당한다. 그러나 그 계열의 인사들은 1903년 10월 '평민사平民社'를 창립해 기관지 《평민신문平民新聞》(주간, 1903.11.15-1905.1.29)을 발행해 사회주의 운동을 전개시켜 나갔다. 러·일 전쟁 직전 시점에서의 그들의 주된 사회주의 운동은 러·일 전쟁에 반대하는 '비전론非戰論'을 주창하는 것이었다. 그러나 그들의

241■ 예컨대, 「ある左傾主義者 — 彼は最左翼のさらに左翼に位していた°したがって最左翼を軽蔑していた」 芥川竜之介 『侏儒の言葉』(「左翼」『日本国語大事典』 小学館, 1981) ; 日本詩人協会編『日本詩集 — 左翼戦線』(日本詩人協会, 1924) ; ニコライ · レーニン 『左翼小児病』(希望閣, 1926) ; 山川均 『左翼の闘争』(白揚社, 1927) 등이 그 예가 될 수 있다.

그러한 입장에 대립해 러·일 전쟁 수행을 강력 주장하던 인사들이 있었고, 또 그들의 그러한 주장들을 받아들여 러시아와의 전쟁을 수행하려는 정부의 입장을 적극 찬성하는 사회 단체들도 있었다. 이와 같이 '비전론' 등을 주창하는 사회주의 세력들이 '좌익'으로 불리면서 그 세력들에 대립해 '주전론主戰論'을 주장했던 이들이나 단체의 계열들이 1930년대로 들어와 비로소 '우익'으로 불리게 되었던 것이다. 이와 같이 '좌익'의 대립적 세력으로서의 '우익'이 일본의 근대화 과정에서 형성되어 나왔던 것은 러·일 전쟁 이후였고, 그것이 형성되어 나올 수 있었던 사회적 분위기는 청·일 전쟁(1894-1995) 이후 근대산업 자본주의의 사회가 형성되는 과정에서 조성되었다 할 수 있다.

본 연구는 운동·사상·단체의 성립과 전개라고 하는 차원에서의 1895-1914년 일본의 '우익'에 대한 고찰, 다시 말해 당시 '좌익'의 대립적 세력으로서의 우익 단체들, 그들의 우익 운동, 그들의 우익 운동 사상 등의 형성, 발전 과정을 고찰하여 일본의 우익의 본질을 파악하는 것을 목적으로 한다.

그 접근 방법은 다음과 같은 수순을 통해 행해질 것이다. 우선 먼저 현재 일본의 역사 속에서 '좌익'으로 불려 왔던 세력들의 근간을 이루어 왔던 사회주의 세력들이 어떻게 형성되어 나왔는지에 대한 고찰이 행해질 것이다. 둘째, 현재 일본의 근대화 과정 속에서 '우익'이라 불리고 있는 세력들의 주축을 이루어 왔던 국가주의 세력들이 어떻게 형성되어 나왔으며, 또 그 후 그것들이 '좌익' 세력들이라 불렸던 사회주의 세력들과 어떻게 대립해 나갔기에 '우익' 세력들이라 불리게 되었는지 등의 문제가 고찰될 것이다. 세 번째로 1930년대를 전후해 비로소 '우익'이라 불리기 시작했던 국가주의 세력들이 1895-1914년 사이에 어떠한 단체들을 만들어 갔으며, 또 그들에 의해 행해졌던 우익 운동은 어떠했는지에 대한 것들이 고찰될 것이다. 넷째로 당시의 국가주의 세력들은 어떠한 사상에 입각해 우익 운동을 실행해 갔는가에 대한 고찰이 행해질 것이며, 끝으로 '좌익'의 대립 사상으로서의 '우익'의 본질이 규명될 것이다.

1. 좌·우익 대립의 형성 과정

1) 일본에서의 사회주의 운동의 선구적 인물들

'우익'의 한 본질적 고찰이 '좌익' 세력의 형성 과정에 대한 고찰로 시작되는 이유는 앞에서도 간단히 언급한 바와 같이 '우익'의 기본적 의미가 '좌익'의 대립 개념으로 쓰인다고 하는 의미에서라 할 수 있다. 우리가 '좌익'의 반대개념으로서의 '우익'의 의미를 파악하려면 '좌익'과의 관련 속에서 '우익'의 의미를 파악해야 하고, 또 그러한 파악은 '우익'의 형성 과정과 그것과 관련된 '좌익'의 형성 과정 등에 대한 고찰을 통해 행해질 수 있다. 일본의 근대화 과정에서 '좌익' 세력으로 불린 세력들은 한마디로 사회주의 세력들이다. 그러면, 우선 일본의 근대화 과정에서 사회주의 세력들이 어떻게 형성되어 나왔는지의 문제부터 논하기로 한다.

일본에서 사회주의 정당 등과 같은 사회주의 운동의 단체들이 형성되어 나온 것은 20세기로 들어와서부터라 할 수 있다. 우선 1901년 5월에 '사회민주당'이 결성되었다. 그것은 치안경찰에 의해 즉시 금지되기는 했지만, 그러나 그것이 일본에서 최초로 결성된 사회주의 정당이었다는 점에 있어서 획기적 사건이 아닐 수 없었다. 당시 그것을 결성한 주체 세력들은 1897년 10월에 '사회주의연구회'를 결성하고, 1900년 1월에 와서 그것을 '사회주의협회'로 개칭했던 자들이었다. 그들의 주요멤버로는 아베 이소오安部磯雄(1865-1949), 가타야마 센片山潜(1859-1933), 고토쿠 슈스이幸徳秋水(1871-1911), 기노시타 나오에木下尚江(1869-1937), 가와카미 기요시河上清(1873-1949), 니시카와 고지로西川光次郎(1876- 1940) 등을 꼽을 수 있다.

아베 이소오는 도지샤영학교를 졸업하고 1892년 미국에서 하버드대학 신학교를 졸업한 다음 유럽으로 건너가 베를린대학에서 신학을 연구했다. 그러다가 귀국해 1897년부터 모교 도지샤의 교수를 거쳐 1899년에 와세다대교수가 된 자이다. 그는 귀국 후 기독교 사회주의를 주창해, 1898년 '사회주의연구회'의 창립했다. 1900년에는 그것을 '사회주의협회'로 개칭해 회장이 되었다. 그 다음 해에는 '사회민주당'을 결성해 사회주의 운동을 전개시켜 나갔다. 러·일 전쟁 시에는 '비전론'을 전개시켜 나갔고, 1911년에는 '곽청회廓清会'를 조직해 폐창廢娼 운동을 추진해 갔다. 1926년에는 '독립노동교회', '노동농민당' 등의 결성에 관여했고, '사회민중당'의 위원장이 되었다.

가타야마 센은 오카야마겐岡山県의 한 농가의 차남으로 태어나 19세까지 농업에 종사했다. 그러다가 1881년 상경해, 고학하다가, 1884년 도미, 접시를 닦으며 샌프란시스코의 메리빌대학에서 사회학과 신학을 연구했다. 그는 1896년 귀국해 동년 '노동조합기성회労働組合期成会' 등의 결성에 전력을 다하면서 격주 잡지《노동세계》를 발간하는 등 노동조합 운동의 발전에 공헌했다. 그는 러·일 전쟁에 반대해 1904년 제2인터내셔널의 암스테르담 대회에서 러시아 대표 푸레하노프와 반전反戰의 악수를 나누었고, 1906년에는 사카이 도시히코堺利彦와 '일본 사회당'을 창당해 의회 정책파의 입장을 취했다. 초기 사회주의 운동의 대탄압 사건의 하나인 '대역 사건大逆事件'(1910), 후에는 '도쿄시전東京市電'의 6천 명의 노동자들이 행했던 스트라이크를 지도하다 투옥된다. 1914년에는 도미하여 재미 일본인 노동자 사이에서 활동하다가 1917년 러시아혁명이 발발하자 볼셰비키를 지지해, 1918년 미국의 공산당 결성에 참가하면서 재미 일본 사회주의자 단체를 조직했다. 1921년에는 소련에 들어가 익년 극동노동자대회의 조직자가 되어 일본 공산당 결성을 지도하면서, 또 시베리아 출병 반대 운동을 전개했다. 1922년에는 코민테른 집행위원회 간부 회원으로 선발되어 그 후 국제 공산당 운동의 지도에 전력했고, 〈27년 테제〉, 〈32년 테제〉의 작성에 참가해, 국제 반제국 동맹의 지도적 역할을 수행하다 74세에 모스크바에서 사망했다.

고토쿠 슈스이는 메이지기의 대표적 자유민권 사상가 나카에 조민中江兆民(1847-1901)의 고향 고치겐高知県에서 출생해 향리에서 자유민권 사상을 자연스레 받아들이면서 성장했다. 1888년부터 조민의 사상과 인격에 감화되어 그의 학복學僕이 된다. 동향 출신 구로이와 루이코黒岩涙香(1862-1920)가 1892년 도쿄에서 창간한 일간신문《만조보万朝報》(1892.11.1-1940.10.1)의 논설기자가 된다. 그 후 그는 나카에 조민의 자유민권 좌파의 사상으로부터 사회주의로 나간다. 그는《만조보》내에서 우치무라 간조内村鑑三(1861-1930) 등과 '이상단理想团'을 결성해 자유민권 운동에 참가한 정치가 다나카 쇼조田中正造(1841-1913)의 의뢰로 아시오광독足尾鑛毒 문제의 타개를 위한 직소문을 기초起草한다. 1903년에는 러·일 전쟁 개전에 반대해 사카이 도시히코, 우치무라 등과 '반전'에서 '주전'으로 돌아선《만조보》를 퇴사해 사카이 등과 평민사를 창설해 주간《평민신문》을 발간, 개전 후 반전의 논진을 확장시켰다. 한편 〈여노국 사회당서与露国社会党書〉 등을 동시에 발표해 러시아혁명 운동 조직과 접촉을 꾀했다. 그러한 과정에서 1905년《평민신문》은 폐간당하고 동지의 필화 사건으로 투옥된다. 출옥 후 보양 겸 도미하여, 미국 사회당에 입당한다. 1906년 재미 일본인으로 사회 혁명당을 결성한 후 동년 귀국해 일본 사회당의 환영 연설회에서 '세계 혁명 운동의 조류'라는 타이틀을 가지고 강연한다. 그는 그때 의회 정책을 배척하고 총동맹파업의 필요성을 주장한다. 그 후 그는 줄곧 직접 행동론을 주장해 감으로써 가타야마 등의 의회 정책파와 대립한다. 1910년 '대역 사건'에 관여했다는 이유로 검거되어, 천황암살계획의 주모자로서 그 다음 해 처형된다.

기노시타 니오에는 도쿄전문학교(와세다대학 전신)의 국어법률과를 나와 고향 나가노長野에서 신문기자 변호사로 활동하다가 기독교에 입교한다. 1897년 보통선거 운동을 하다가 검거된 바 있고, 1899년에서 마이니치신문사에 입사해 폐창 운동·아시오광독 사건·천황제 비판 등의 논설을 써 가면서《평민신문》을 지원해 '비전론'을 전개시켜 나갔고《불기둥火の柱》(1904) 등과 같은 사회주

의 소설을 집필했다. 《평민신문》 폐간 후 창간된 《신기원新紀元》을 통해 활동하다가, 결국 그는 사회주의 운동으로부터 벗어난다.

가와카미 기요시는 쥬오다이中央大의 전신 법학원 등에서 수학했다. 22세에 구로자와 루이코로부터 문재文才를 인정받아 《만조보》의 논설기자가 된다. 독일 유학 출신의 경제학자 다지마 긴지田島銀治(1867-1934)로부터 감화를 받아 사회주의에 공명해 사회주의 운동에 참가하게 된다. 1901년 '사회민주당' 창립에 참가한 후 '자유의 천지'를 찾아 도미한다. 그 후 그는 미국에서 국제 문제 평론가로서 마이니치신문사 특파원으로 활동하다가 워싱턴에서 사망한다.

니시카와 고지로는 중학 시절에 기독교에 입신, 삿포로札幌농학교에서 우치무라 간조 등의 영향을 받았고 도쿄 전문학교 재학 중에 사회주의에 경도된다. 그는 졸업 후, 가타야마 센의 도움으로 잡지 《노동세계》를 발행하고, 그 후 사회주의 운동에 뛰어들어, '비전론' 등을 주장한다. 《평민신문》 폐간 후, 《빛光》(1905.11.30-1906.12.25)을 발간해 동년 창립된 일본 사회당의 기관지 역할을 하게 한다. 그는 그사이 《평민신문》의 필화 사건, 도쿄시전東京市電 가격 상승 반대 운동 등에 참여해 수회 투옥된다. '대역 사건' 이후 전향해 정신수양가로서의 저술 활동 등에만 종사한다.

2) 최초의 사회주의 운동으로서의 반전 운동

이상과 같이 '사회주의연구회'(1897), '사회주의협회'(1900), '사회민주당' 결성(1901) 등을 행해 갔던 인사들은 러·일 전쟁 직전, 반전反戰 운동을 일으켜 일본에서의 사회주의 운동의 초석을 놓았던 자들이었다. 그들은 1906년 1월 당시 사회주의 운동을 전개하던 동료들과 '일본평민당' 창당을 신청해 허가를 받게 되자, 동월에 '일본사회당' 창당을 신청해 허가를 받아낸 사카이 도시히코 등과 합당해 그해 2월에 전당대회를 치르게 된다. 이러한 사회주의 단체와 사회주의 운동을 사실상 주도했던 인사는 아베 이소오와 가타야마 센이었다. 사회주의 사상과 이론으로 무장된 아베 이소오가 독일을 거쳐 미국에서 돌아온 것은 1897년이었고 가타야마 센이 사회주의 이론과 사상과 행동을 겸비하고 미국에서 돌아온 것은 일 년 전인 1896년이었다. 가타야마는 귀국하자마자 노동조합 운동에 뛰어들었고, 아베는 가타야마 센의 노동조합 운동에 합세해 그와 함께 사상적 기반으로서의 그 자신의 사회주의 사상을 주입시켜 노동조합 운동을 사회주의 운동으로 전환시켜 나갔다. 그 과정에서 가타야마가 창간한《노동세계》는 그 제명이《내외신문》(1902.1-1903.2)을 거쳐 1903년 3월부터《사회주의》로 바뀌었다.

이와 같이 19세기 말 20세기 초에 노동조합 운동을 전개하던 과정에서 형성된 사회주의 단체들은 반전 운동을 시작으로 사회주의 운동을 전개시켜 나갔던 것이다. 러·일 전쟁이 끝나자 반전 운동을 전개했던 사회주의자들은 노동자·노동조합을 지지기반으로 하여 1906년 2월 일본 최초의 합법적 사회주의 정당이었던 '일본 사회당'을 창당한다. 그런데, 그 다음 해 2월 제2회 대회에서 투쟁방침을 놓고 가타야마 센을 중심으로 한 의회 정책파와 고토쿠 슈스이를 중심으로 한 직접행동파로 양분된다. 가타야마 등의 의회 정책을 통한 사회주의 운동은 일본 사회가 청·일 전쟁 이후 산업혁명을 통해 자본주의 사회로 전환해 나오는 과정에서 야기된 여러 사회적 문제들을 해결하려는 운동이었는데, 그 운동의 핵심은 자본가들에 희생되고 있는 노동자들의 노동조건을 개선시키려는 것이었다. 고토쿠 등의 직접 행동을 통한 사회주의 운동은 혁명을 통해 자본가 계급 중심의 사회를 건설해 가려는 정부를 전복시키고 노동자 계급 중심의 사회를 위한 정부를 건설해 보려는 운동을 가리킨다. 1911년 12월 31일 '도쿄시전'의 6천 명 노동자들이 배당금에 불만을 가진 나머지 행했던 스트라이크가 전자의 한 예가 될 수 있고, 천황 암살을 기도했던 '대역 사건'이 후자의 한 예가 될 수 있다.

그런데 필자가 여기에서 확실히 말해 두고자 하는 것은 첫째, 전자의 의회 정책을 통해 사회주의 운동을 하려는 자들보다 후자의 직접 행동을 통한 사회주의 운동을 하려는 자들이 더 좌익적 인사들로 받아들여졌다는 것이다. 다시 말해 전자가 온건좌익으로 불린다면 후자는 극좌極左로 불린다는 것이다. 둘째, 19세기 말에서 20세기로 들어오면서 미국으로부터 일본에 사회주의 사상이 소개되어 사회주의 운동이 행해졌는데 그 사회주의 운동의 첫 실천 사례가 반전 운동이었다고 하는 것이다. 셋째, 극좌들에 의해 행해졌던 '대역 사건'과 같은 사회주의 운동은 러·일 전쟁 시 반전의 입장을 취했던 인사들의 사상을 이어받아 행해졌다고 하는 것이다.

사회주의자들이 러·일 전쟁에 대해 반전을 주장했던 이유는 다음과 같이 요약될 수 있다. 당시 노동계를 대표해서 반전 운동을 일으켰던 자는 가타야마 센이었다. 일본에서 반전 운동이 일어나기 2-3년 전인 1901년 일본의 노동계는 '제2인터내셔널'(제2국제노동자협회)에 가맹하게 되었고, 가타야마 센이 그 사무국원으로 선출되어 1904년 암스테르담에서 행해졌던 제2인터내셔널 6회 대회에 참석하게 되었다. 일본의 노동계가 '제2인터내셔널'에 가맹한 1901년 당시의 국제적 정세는 제국주의 열강 간의 대립이 격화되어 있던 시기였던 만큼, 당시의 '제2인터내셔널'의 주된 테제의 하나는 반전 운동이었다. 당시의 '제2인터내셔널'의 주류는 마르크스주의 신봉자들이었는데 그들에 있어서의 반전 운동이란, '제2인터내셔널'이 출발한 1880년대 이후에 일어난 전쟁을 제국주의 전쟁으로 파악해, 제국주의 세력에 대한 대항의 일환으로 이해되었다.

마르크스주의자들에게서의 제국주의 전쟁이란, 제국주의가 20세기로 들어와서 레닌에 의해 '자본주의의 최고 단계'로서의 '독점 자본주의 상태'로 파악되어졌듯이, 자본가가 국가 권력과 결탁해 '독점 자본주의 상태'를 만들기 위한 전쟁으로 인식되었다. 그래서 혁명을 통해 자본가 중심의 사회를 노동자 중심의 사회로 전환시켜 나가는 것을 투쟁 목표로 삼는 마르크스주의자들은 자신들의 반전 운동을 자본주의 국가들의 독점 자본주의 상태의 저지 운동으로 생각했던 것이다. 당시 반전 운동을 일으켰던 자들은 앞에서 고찰해 본 바와 같이 세 그룹이었다. 한 그룹은 아베 이소오, 기노시타 나오에, 니시카와 고지로, 우치무라 간조 등과 같이 기독교 신자들이거나 혹은 기독교 사회주의자들이었다. 또 하나의 그룹은 가타야마 센 등과 같이 노동조합 운동을 통해서 나온 사회주의자들이었고, 나머지 하나는 민권 운동가 나카에 조민의 학복 출신, 고토쿠 슈스이 등이나 사카이 도시히코 등과 같이 민권 운동가 계열의 인사들로서 반전 운동을 통해 사회주의자로 전환해 나왔던 자들이었다. 첫 번째의 기독교 사회주의자들의 반전 운동은, 우치무라의 경우처럼 '평화주의'에 입각한 것이기도 했지만, 전쟁이 통치기관의 정점에 있는 천황과 그를 둘러싸고 있는 부자나 권력가를 위해서 가난한 농민이나 노동자 출신의 군인들이 희생하는 것에 지나지 않는다는 관점에서 시작되었다. 두 번째의 노동조합 운동을 통해서 나온 사회주의자들의 반전 운동의 주된 목적은 마르크스주의자들의 경우처럼 당시의 전쟁을 제국주의 전쟁으로 파악하고 독점 자본주의 상태의 도래를 저지해 가는 것으로서, 노동자 혁명을 통해 자본가 중심의 사회를 타도하는 것을 목표로 삼았다. 세 번째의 민권 운동 계열 출신의 반전주의자들은 전쟁이 한벌주의만 조장할 뿐, 일본의 민주주의 발전에 결코 도움이 되지 않는다는 뜻에서 반전 운동을 전개시켜 나갔다. 전쟁이 일본의 승리로 끝나 사회가 한층 더 비민주화 쪽으로 전환해 나가자 이상과 같은 반전 세력들은 노동조합 운동권 출신의 사회주의자들과 합세하여 사회주의 정당을 세워 직접행동파를 형성해서 통치기관의 정점을 차지하고 있던 천황의 암살기도 사건인 '대역 사건' 등과 같은 사건을 일으켰던 것이다.

이와 같이 러·일 전쟁 직전의 반전 운동은 사실은 천황제 자본주의를 국가의 정치 체제로 받아들여 그것을 통해 정치를 행해 갔던 천황과 메이지 정부에 대한 도전이었고 그것을 확대해석해 보면 당시 최고의 통치자 천황과 그의 통치기관인 메이지 정부의 타도를 의미하는 것이었다. 필자가 여기에서 주장하고자 하는 것은 당시의 사회주의 세력들이 그러한 의미로 해석될 수 있는 반전 운동을 전개시켜 나가자, 이에 대항해 주전론을 주장하는 자들이 있었다는 것이다. 당시의 '주전론'은 원래 정부, 군부, 언론계에 의해 선동, 조작된 여론이었다.[242] 그래서였는지, 아닌 게 아니라 민권 운동 계열의 신문,《만조보》를 제외한 모든 일간 신문들도 대체로 러시아에 대한 강경외교와 전쟁 불가피론을 전개하였던 것이다. 전쟁이 시작되자,《만조보》까지도 주전론 쪽으로 돌아서고 말았다. 이것은 바로 '정부, 군부, 언론계'가 개전을 추진하는 세력들이라는 것을 말해 주는데, 그렇다면 당시 그들은 어떠한 인물들이나 단체들을 선동해 주전론을 펼쳐나갔던 것인가?

3) 국가주의자들의 주전 운동과 좌·우의 대립 형성

당시 주전론을 주도했던 자들은 흑룡회黒龍会, '대러동지회〔対露同志会〕' 등과 같은 단체들이었다. 이들 단체들에 소속된 인물들의 계보를 추적해 보면 그 연원이 1871년(메이지 4년) 정한론征韓論을 주장했던 사이고 다카모리西郷隆盛(1827-1877)로 거슬러 올라간다. 당시 사이고 다카모리가 정한론을 주장했던 것도 폐한치겐廃藩置県, 지조地租 개정, 징병제 등과 같은 급격한 서구화 정책에 대해 신분상의 특권을 상실한 사족士族들이 불만을 일으켜 감에 따라 그것을 해소해 가기 위한 방책의 하나로 나왔던 것인데, 그로 말할 것 같으면 내란을 바라는 마음을 밖으로 돌려 나라를 일으킬 원략遠略이었던 것이다. 그러나 그것이 '시기 상조'라는 이유로 결국 받아들여지지 않게 되자, 사이고는 하야下野해 구사쓰마한薩摩藩의 가고시마鹿児島로 하향해 1874년(메이지 7년) '사학교私学校'를 세

242 ■ 강동진,《일본근대사》(한길사, 1985), 202면.

워 교육에 전념했다. 한편 정한파의 구참의旧参議 사이고 외의 이타가키 다이스케板垣退助, 고토 쇼지로後藤象二郎, 에도 신페이江藤新平 등은 동년 〈민선위원설립건백서民撰議院設立建白書〉를 정부에 제출해 놓고 고치의 '입지사立志社'를 선두로 각지의 사족들이 결사단들을 조직해 자유민권 운동을 일으켰다.

그러한 과정에서 에도 신페이 등에 의한 '사가의 난佐賀の乱'(1874), 구마모토熊本에서의 '신풍련의 난新風連の乱'(1876), 후쿠오카福岡에서의 '아키즈키의 난秋月の乱'(1876), 야마구치山口에서의 '하기의 난萩の乱'(1876) 등과 같은 불평사족들에 의한 반정부 반란이 일어났는가 하면, 가고시마의 사이고는 1877년(메이지 10년), 한벌藩閥 정부에 대항해 세난西南 전쟁을 일으켰다가 실패해 자결했는데, 그때 거병을 계획했다가 실패했던 사족 일행이 1878년(메이지 11년) 규슈九州의 후쿠오카에서 정치결사 단체, '향양사向陽社'를 창립했다. 그 이듬해 그것은 '현양사玄洋社'로 개칭되어 초대 사주社主로 히라오카 고타로平岡浩太郎(1851-1906)가 취임했다.

여기서 필자가 말하고자 하는 것은 러·일 전쟁 직전 주전론을 주도했던 단체들의 주요멤버들이 바로 이 '현양사' 출신들이었다는 것이다. 그 대표적 일례가 '현양사' 출신으로 '흑룡회'를 창설한 우치다 료헤이内田良平였다. '현양사'의 헌칙 제1조는 "황실皇室을 받들어 올려야 한다"로 되어 있다. 이것은 자유민권 운동을 일으켰던 '현양사' 출신의 인사들의 타도 대상은 어디까지나 한벌 정부였지, 한벌 정치를 지탱하는 천황이나 황실은 아니라는 것을 의미한다. 자유민권 운동의 주체들은 한벌 정부의 탄압 대상이자 경계 대상이었다. 특히 '현양사' 출신 계열의 자유민권 운동가들은 사이고의 경우처럼 국권신장을 통해 자유민권의 문제를 해결해 보려는 입장을 취해 온 자들로서 그들에 있어서의 국권신장의 방법이란 한벌 정부로 하여금 대륙 침략을 감행할 수 있도록 정치적 분위기를 조성하는 것이었다. '메이지 6년 정변' 이후 사이고의 추종자들은 끊임없이 대륙 침략을 통해 국내의 자유민권 문제를 해결해야 한다는 입장을 제시해 메이지 한벌 정부를 압박해 왔다. 그러나 메이지 한벌 정부는 그러한 주장들로 자신들을 압박하는 자들에 대해 일정한 거리를 두고 경계했다. 그러나 한벌 정부는 '삼국 간섭'으로 인해 일본이 청·일 전쟁을 통해 획득한 요동반도를 상실하자 그것을 되찾기 위해서는 러시아와의 전쟁이 불가피하다는 판단을 내리고 전쟁을 준비했는데 사회주의자들이 반전 운동을 일으키는 바람에 그동안 일정한 거리를 두고 경계해 왔던 국권론자들을 자기 쪽으로 끌어들여 주전론을 주장하도록 했던 것이다.

이와 같이 메이지 정부의 전복을 기도했던 국권주의·국가주의자들은 러·일 전쟁을 통해 형성되어 나온 사회주의 단체들의 등장을 계기로 메이지 정부와의 대립적 긴장 관계를 해소하고 반천황제의 입장을 취하는 사회주의 세력들과의 새로운 대립적 긴장 관계를 형성하게 되었던 것이다. 다시 말해서, 외세보다는 국내의 한벌 정부에 한층 더 대립적 입장을 취했던 자유민권 운동의 좌파라 할 수 있는 세력들이 외부로부터 사회주의 사상을 받아들여 러·일 전쟁을 기해서 천황제 국가의 전복 세력으로 등장함에 따라, 국내의 한벌 정부보다는 외세에 대해 한층 더 대립적 입장을 고수해 왔던 자유민권 운동의 우파라 할 수 있는 국권론자들이 천황제 국가의 전복 세력에 맞서 천황제 국가의 수호 세력으로 등장하게 된 것이다. 그 후 그들의 대립은 좌·우익의 대립으로 발전해 나갔던 것이다.

2. 국가주의자들과 국가주의 단체

1) 국가주의자들의 탄생 배경

(1) 갑신정변과 오사카 사건

자유민권 운동을 일으켰던 인사들이 민권신장의 한 방안으로 국권론을 적극적으로 주장하기 시작한 것은 한국에서의 임오군란壬午軍亂(1882), 갑신정변甲申政變(1884) 등을 계기로 해서였던 것으로 고찰된다. 국권론이란 메이지 초 이래 메이지유신을 일으켜 정부를 세운 메이지 한벌 정부가 메이지 정부의 전제성專制性에 항의했던 자유민권 운동 인사들에게 제시했던 논리로, 그 핵심은 "국민의 자유가 확충되어야 비로소 국가 권력도 신장될 수 있다"는 민권론자들의 주장들에 대해 "절대적인 부국강병을 바탕으로 해서 국가 권력이 세워져야 비로소 국민의 권리·자유가 보장"될 수 있다는 논리였다. 이와 같이 국권론은 근대 서구의 열강 세력들로부터의 민족적 안전방안의 하나로 천황을 끌어내서 바쿠후 정부를 타도하고 천황제 국민 국가의 형태를 취해 설립된 메이지 국가의 건국이념, 바로 그것에 기초해 세워진 논리였다.

사이고 다카모리의 정한론은 메이지 국가의 건국이념에 입각해 국민의 자유민권을 신장시켜 줌과 동시에 부국강병을 실현시킬 수 있는 방책으로서 제시된 것이었는데, 정권 투쟁의 과정에서 물밑으로 가라앉아 버리고 말았다. 그 결과 정한론을 주장했던 정치 세력들이 '국민의 자유와 권리 보장'을 주장했던 세력과 함께 자유민권 운동을 일으켰던 것이다. 이렇게 봤을 때 메이지 초의 자유민권 운동은 메이지 국가의 건설자들이 주장한 국권론에 기초한 민권신장의 운동이었던 것으로서 국가가 위기에 처하게 되거나 외국에서의 국가적 이미지가 손상된 사건이 일어났을 경우 언제라도 국권신장 운동으로 전환될 수 있는 가능성이 내재된 운동이었다.

갑신정변은 한국에서 1884년(메이지 17년) 12월 사대파事大派인 수구당守舊堂과 혁신파革新派인 개화당開化堂과의 사이에서 일어난 정치적 변란으로 한국의 역사책에 기록되어 있다. 그러나 일본의 역사책에는 그것이 "봉건 노대국 청국과 일본 자본주의 국가와의 반도에서의 최초의 싸움"으로도 기록되어 있다.[243]

당시 한국의 정계는 임오군란을 계기로 개화 세력과 수구 세력과의 갈등을 노출시키기 시작했다. 대원군 섭정 후 한국은 외교에서의 철저한 쇄국주의 정책을 취했다. 그런데, 1873년(고종 10년), 고종의 친정親政을 계기로 개방주의 정책이 취해져 결국 〈한·일 수호 조약〉(1876)이 행해져 문호개방이 이루어졌다. 정부는 〈한·일 수호 조약〉 당시 일본의 근대적 군대에 자극을 받아 1881년에 일본의 후원으로 별기군別技軍이라고 하는 신식군대를 조직하여, 그 군대를 우대하면서 기존의 훈련도감 군졸들에게는 군량미에 모래를 섞어서 제공했다. 훈련도감의 군졸들이 이에 분개해 난을 일으켰다. 그들은 그 정도에서 끝나지 않고 고종 친정 후 운현궁에서 칩거생활을 하던 대원군을 끌어냈고, 또 대원군은 그들을 이용해 척족戚族 및 일본 세력의 배척 운동을 일으켰다. 그러자 그들은 별기군 병영의 일본인 교련관教鍊官을 살해하고, 일본 공관을 습격해 불 질러 버리고 일본인 13명을 살해했다. 사태가 이렇게 확대되자, 고종은 그간 명성황후 일파에 밀려 있던 대원군에게 전권을 위임하게 되었다. 이리하여 대원군이 국정을 장악하게 되자, 민씨 일파는 청국에 대원군 일파를 소탕하고 한국과 일본과의 관계를 조정해 줄 것을 간청한다. 청은 즉시 군함과 4만 5천여 명의 군대를 거느리고 한국에 들어와 한국의 정치에 관여하게 되었다.

일본은 일 년 전인 1881년 200만 원 상당의 상품을 조선에 수출하여 조선의 외국 무역을 독점하게 되었는데 그와 같이 임오군란을 계기로 청국이 유력한 경쟁상대로 등장하자, 일본으로서는 강력한 입장을 취해 즉시 군함 4척과 보병

243 ▪ 이토야 히사오糸屋壽雄 외, 《일본민중 운동사》(학민사, 1984), 183면.

1개 대대를 파견하여 피해 보상을 요구해 왔다. 한국 정부는 일본과의 〈제물포 조약〉의 체결과 50만 원의 보상금 지불 약속으로 사태를 일단락 지었다. 그러나 그 후 한국의 정계에는 그러한 임오군란을 계기로 일본과 연관된 개화 세력과 청국과 연관된 보수 세력이 대립하였다.

그 후 조선의 개혁파 계열의 김옥균, 박영효 등은 1883년 여름 일본을 방문해 군산의 광산을 담보로 일본 정부로부터 차관을 얻어 보려 했다. 그러나 일본 정부는 청국과의 사이에 문제가 생길 것을 염려한 나머지 원조를 거절했다. 그간 조선에서의 김옥균 일파의 청국으로부터의 독립 운동을 지지했던 자유단 우파들은 주로 고토 쇼지로, 후쿠자와 유키치福沢諭吉 등 정한파 계열의 민권 운동 세력들이었다. 김옥균 등은 도일해 그들과도 접촉했는데 정한파 계열의 민권 운동 세력들은 정부가 조선에 대한 원조를 거절한다는 입장을 취한다는 정보를 접한다. 그러자 고토는, 청 · 일 간에 안남安南 문제로 국제적 분쟁이 일어나고 있는 시점이었기 때문에, 청이 조선과 일본과의 관계에까지 관심을 가질 상황이 아니라 판단하고 조선의 개혁파가 청하는 원조를 자신들이 들어주고 개혁파를 통해 조선 정부의 정치에 개입하겠다는 계획을 세우게 된다. 그래서 일본의 민권 운동파 계열의 고토 등은 우선 이타가키 다이스케와 함께 주일 프랑스 공사 시앙키비츠J. A. Sienkiewicz를 만나 프랑스 정부가 조선의 개화당에 100만 원의 차관을 제공할 것이라는 약속을 받아낸다. 그 다음, 고토 등은 필요에 따라서는 자신들이 "프랑스 · 동양 함대의 원조를 받아 조선에서 청국의 세력을 일소한다"는 고육지책苦肉之策까지도 계획해 둔다.[244] 그것뿐만이 아니라, 그들은 일이 성사되는 것을 보고 그들과 관계를 맺은 협객들의 우두머리들의 힘을 빌려 낭인浪人 700-800여 명을 동원한다는 계획까지를 세웠다. 한편 그들은 1884년 자유당기관지 《자유신문》에 9월 30일부터 10월 4일까지 4회에

244 ■ 위의 책, 184면.

걸쳐 '국권확장론'을 게재했다.

그런데 그 계획이 어느 날 술자리에서의 고토의 부주의로 정부의 이토 히로부미伊藤博文에게 누설되어 당시의 외무경 이노우에 가오루井上馨에게로 전달되었다. 그는 그와 같은 큰일을 고토와 같은 민간인들에게 맡길 수 없다고 판단한 나머지 그간의 조선에 대한 자신의 소극적 정책을 적극적 정책으로 선회시켜 나갔다.

우선 외무경 이노우에는 1884년 10월 당시 주한 일본공사 다케조에 신이치로竹添進一朗(1841-1917)에게 김옥균 등의 독립당이 사대당을 제거하도록 도와주라고 지시했다. 그렇게 해서 그해 12월 독립당은 다게조에로부터 사주를 받아 갑신정변이라고 하는 쿠데타를 일으켜 독립당 내각을 조직해 신정부를 출범시켰다. 그러자 청군이 즉시 1,500여 명의 군사를 끌고 조선에 들어와 신정부의 인사와 일본인들을 체포 사살함에 따라 결국 신정부는 3일 천하로 와해되고 말았고, 김옥균 등은 이 정변을 획책한 이노우에 가쿠고로井上角五郎(1860-1938)의 도움으로 일본으로 망명했다.

이렇게 갑신정변을 계기로 한국의 독립당 세력이 조선에서 설 땅이 없어지고, 또 갑신정변이 일본에 상세히 보도되자 청국군의 난폭성과 일본 정부의 나약한 외교에 대한 여론이 격앙되어 각지로부터 자유당 관계 인사들의 지도하에서 '조선개혁' 운동이 연일 전개되었다. 일본에서의 자유 민권 운동은 바로 '조선개혁 운동'을 계기로 시작되었고 이는 국권신장 운동으로 전환되었다.

조선에서 일어난 갑신정변을 계기로 일본에서 일어난 '조선개혁 운동' 등과 국권확장 운동은 급기야는 1885년 '오사카 사건'을 일으켰다. 1885년 1월 18일, 도쿄의 우에노上野는 "청국군의 난폭성과 정부의 나약한 외교에 격앙된" 시위대들로 가득 메워졌다. 시위대 참가자들은 "구마모토熊本의 단스카이淡水会 500여 명, 혼고本郷의 유히有斐학교 생도 일단, 쓰키지築地의 유이치칸有一館의 장사단壮士団, 사가佐賀청년회, 니쇼가쿠샤二松学舎, 메이지明治법률 학교, 게이오기쥬구慶応義塾, 와세다早稲田 전문학교, 독일학교 등등의 청년, 학생들"이었다.[245] 한편 지방에서는 자유당 관계의 인사들의 주도하에 갑신정변 때 조난당한 자들을 위한 조위금을 모았고, 독립당 지원을 위해 의용병을 조직하여 훈련을 시작하였다.

국권확장 운동의 일환으로서의 '조선개혁 운동'은 갑신정변을 계기로 격앙된 국민들의 여론을 읽어낸 자유당 우파 고토 쇼지로의 지휘하에서 자유당의 고바야시 구스오小林樟雄(1856-1920)와 이소야마 세이베에磯山清兵衛(1852-1891)가 자유당 좌파의 오이 겐타로大井憲太郎(1843-1922)를 설득해 행해졌다.[246]

고바야시와 오이 등이 '오사카 사건'을 계획하기 시작한 것은 우에노에서의 그러한 대규모 시위가 발생한 지 2개월 뒤인 3월이었다. 우선 그들은 조선에 건너가 독립당을 지원할 의용군을 모집하면서, 자금 모금책을 편성하였다. 그들은 폭탄과 칼도 제조했다. 그들은 그해 11월 준비를 끝내고 조선으로 건너가기 위해 그달 22일 나가사키長崎에 도착했는데, 고바야시, 오이 등이 체포됨으로써 오사카 사건은 결국 불발로 끝나고 말았다. 그들은 재판에서 2-10년의 징역을 선고받았으나 헌법 발포의 대사면령에 의해 모두 사면되었다.

(2) 지나친 서구화 정책과 국수주의 운동

한편, 이노우에 가오루(1835-1915)는 1879년(메이지 12년) 외무경에 올라 조약개정 작업을 담당하게 되면서 그 조약 개정의 분위기 조성을 위해 외국 귀빈 접대소 로쿠메이칸鹿鳴館(1880년 착공, 1883년 개관)을 마련해 일본의 고관들과

---

245 ▪ 위의 책, 185-186면 참고.

246 ▪ 당시의 자유민권 운동파들은 정한론이 받아들여지지 않아 1873년(메이지 6년) 하야했던 정한론자들이라든가 사쓰마薩摩·조슈長州·도사土佐·히젠肥前의 4번藩 중심으로 세워졌던 메이지 정부가 한층 더 그들 중심으로 국정을 운영하는 것에 대해 불만을 가진 자들이라든가 '1881년(메이지 14년) 정변' 이후 국정이 4번 중심에서 사쓰·조한 중심으로 돌아감에 따라 불만을 품게 된 도사·히젠한 출신의 인사들 등으로 이루어졌다.

외국 귀빈들과의 무도회 등을 빈번히 개최했다. 1885년 제1차 이토伊藤 내각이 결성되자 이노우에는 외상外相이 되어 조약 개정을 추진하기 위해 서구화 정책을 적극적으로 추진해 갔다. 그러나 그의 그러한 정책은 세론世論의 반대에 부딪히게 되었고, 그가 1887년 비밀리에 체결한 조약 개정 교섭이 세상에 누설되자, 정부의 연약한 외교와 굴욕적 조약이라는 비난의 소리가 들끓어 올랐다. 그러자 그해 보안조례법이 발표되었다. 야마가타 아리토모山県有朋(1838-1922) 내상內相에 의해 그 조약 개정 교섭은 중지되었고 이노우에 외상은 사임했다.

이러한 정치적 상황을 타고 국권론이 기승을 부리자, 자유민권 운동이 최고조에 달했던 1879년(메이지 12년)에 창립된 정치결사 단체 '현양사'가 1887년(메이지 20년) 민권론을 버리고 국권주의 쪽으로 전환해 나왔다. 그것은 소위 로쿠메이칸 시대의 지나친 서구화 정책에 대한 반작용으로 형성된 것이라 할 수 있는데, 그 후 그 국수주의 운동은 '정교사政教社'(1888년 창립)라고 하는 사상 단체의 기관잡지 《일본인日本人》(1888년 창간), 신문 《일본》(1889년 창간) 등을 통해 나타났다. 잡지 《일본인》의 실질적 주필은 지리학자 시가 시게타가志賀重昂(1863-1927)였고, 잡지의 명명자命名者는 평론가 미야케 세쓰레이三宅雪嶺(1860-1945)이었으며, 신문 《일본》을 주재했던 자는 평론가 구가 가쓰난陸羯南(1857-1907)이었다. 이들 세 사람은 특히 로쿠메이칸으로 상징되는 정부의 서구화 정책에 강한 적의를 갖게 된 나머지, '국수 보존주의'의 입장을 취해 국수주의 운동을 전개했다.

(3) 〈대일본제국 헌법〉과 〈교육칙어〉의 공포

1873년(메이지 6년) 정한론에 패배해 하야했던 이타가키 다이스케 등의 정한론자들이 그 다음 해 〈민선의원설립건백서〉를 정부에 제출했다. 그들은 그것을 폐하고 천부인권론天賦人權論에 기초한 인민의 자유와 권리의 신장 등을 요구했다. 그러나 정부는 그것을 기각해 버렸다. 그 사건은 자유민권 운동의 발단이 되었다는데 그 후의 자유민권 운동은 한동안 국회개설청원 운동을 근간으로 해서 발전되었다. 그러나 이토 히로부미伊藤博文, 야마가타 아리토모, 구로다 기요타카黒田清隆(1840-1900), 야마다 아키요시山田顕義(1844-1892), 이노우에 가오루 등의 정부 내 인사들은 헌법제 정권 및 의회개설권은 천황이 보유하고 있는 것으로서 신민이 감히 이러니저러니 할 것이 못되며, 설혹 국회가 개설된다 하더라도 그것이 천황주의를 침해해서는 안 된다는 생각을 견지하고 있었다. 그러나 민권 운동 단체들은 1881년(메이지 14년) '국회기성동맹国会期成同盟'을 발족시켜 국회 개설 청원 운동을 고양시켜 나갔고 헌법 초안 작업 등의 활동을 했다. 그러한 청원 운동 과정에서 각 민권 운동 단체들로부터 40여 종의 헌법 초안들이 작성되었는데, 그것들의 대다수가 "군주君主에게 주권主權은 있지만 실질적으로는 의회 권한이 우위에 있다"든가 "군주는 받아들이지만 실질적으로는 인민주권에 기초한다"고 하는 입헌군주제였다. 이토 히로부미 등과 같이 군주전제君主専制를 관철시켜 갔던 정부 내 인사들은 1882년(메이지 15년)에 국회 개설은 불가피한 것이라 생각하고 당시의 태정대신太政大臣 산조 사네토미三条実美(1837-1891)에게 "지금 민심의 귀향을 살펴보면 국회 개설 쪽으로 나가니, 헌법을 확립해 황통일계皇統一系와 황제 주권을 명시한 위에 국회를 일으켜 그것으로 군민공치의 대국大局를 성취한다는 것을 칙소詔勅로 나타낼 필요가 있다"는 내용을 건의하였다. 같은 참의參議 오쿠마 시게노부大隈重信(1838-1922)도 영국형 입헌군주제를 건의하였다. 정부는 1882년 10월 "10년 후를 기해 국회를 개설한다"는 칙소를 발포하기에 이른다. 그러자 동년 동월 이타가키 다이스케를 총리로 하는 '자유당'이 정식으로 발족되었고, 그 다음해 3월에는 그 전년 국회개설 청원 사건으로 정부로부터 파면당한 오쿠마 시게노부에 의해 '입헌개진당'이 결성되었다. 그러한 칙소 발포 후 정부는 참의 이토 히로부미를 중심으로 입법 작업을 통괄 할 참사원參事院을 창설해 유럽 각국들의 헌법을 조사해 보도록 그 기관의 인사들을 1883년(메이지 16년) 3월부터 그 다음 해 8월까지 유럽에 파견하였다. 그 헌법 조사는 천황주권을 견지하고 정부·관료의 집행권이 의회의 권한에 우월한 헌법을 만들기 위한 것이었다. 유럽에서의 헌법 조사가 끝난 후 정부는 1886년(메이지 19년)경부터 그것을 기초로 해서 이토의 지도하에서 이노우에 고와시井上毅를 통해 초안을 만들었다. 초안은 1888년(메이지 21년) 4월에 천황에 상정되었다. 그해부터 신설된 추밀원枢密院에서 천황 출석하에 최종적으로 심의한 결과, 1889년 2월 천황이 정해서 신민에게 내려준 헌법이라는 〈흠정헌법欽定憲法〉으로서 발포되었다.

이 〈대일본제국 헌법〉의 제1조는 "만세일계의 천황이 대일본제국을 통치한다"로 되어 있어 주권이 국민에 있지 않고 천황에 있음을 명시하고 있다. 제4조는 "천황은 국가의 원수元首로서 통치권을 총람總攬해 이 헌법의 규약에 의해 이것을 행한다"로, 천황 위에 국가가 있고 헌법이 있는 것으로도 읽힌다. 결국 주권자가 헌법 위에 있다는 입장과 헌법이 주권자 위에 있다는 입장이 양존하는 셈이었다.

이와 같이 메이지 정부는 이 〈대일본제국 헌법〉의 공포를 통해 법적으로 새로운 천황제 국가를 구축했다. 메이지 정부는 법적 근거만으로는 부족하고, 그것과 평행해 사상적 측면으로부터도 천황제 국가의 기초를 구축할 필요성이 있다는 생각에서 〈대일본제국 헌법〉이 공포된 그 이듬해 1890년(메이지 23년) 10월에 〈교육칙어教育勅語〉를 공포했다.

이 〈교육칙어〉의 초안은 〈대일본제국 헌법〉 초안을 작성했던 이노우에 고와시와 천황 측근의 유학자로 당시 추밀원 고문관이었던 모토다 나가자네元田永孚(1818-1891)와의 긴밀한 협조하에서 작성되었다. 칙어는《기기》신화를 전제로 한 일본국의 유래와 '국체의 정화国体ノ精華'를 '교육의 심원教育ノ淵源'으로 한다는 입장하에서 작성되었다. 정부는 칙어를 내고 천황·황후의 사진과 칙어의 등본을 전국의 학교에 배부하였고, 그 다음 1891년에 가서는 문부성이 〈소학교령小学校令〉을 내려 "수신修身이 〈교육칙어〉의 취지에 기초해 아동의 덕성을 함양하고 도덕의 실천을 지도하는 것을 요지로 한다"는 〈교육칙어〉의 시행규칙을 제시하였다. 또 문부성은 각 학교에 3대절三大節 행사일에 학교장이 천황·황후의 사진에 경례를 올리고 〈교육칙어〉를 낭독한 다음 〈교육칙어〉의 취지에 맞는 훈시를 행하도록 했다. 정부는 천황절대제天皇節大祭를 확립시키기 위한 방안으로 〈교육칙어〉에 기초한 그러한 교육을 통해 유소년 때부터 천황에 대한 숭상과 존경심을 전 국민에게 심었던 것이다.

(4) 국권주의자들의 국권 운동과 청·일 전쟁

일본이 〈대일본제국 헌법〉을 발포하고 그것에 의거해 제1 제국회의가 소집된 것은 1890년 11월이었다. 제1 제국회의의 쟁점은 예산안이었다. 정부 여당은 군비 확장을 위한 세출증액을 주장했고 야당은 세출총액 삭감 입장을 취했다.

갑신정변 이후 일본 정부의 인사들도 조선을 손에 넣기 위해서는 청국과의 전쟁이 불가피하고 또 언젠가는 조선에 접근할 제정 러시아와도 전쟁을 치르지 않을 수 없다는 입장을 갖고 있었다. 그래서 결국 정부는 입헌자유당의 이타가키 다이스케 등의 도사한파土佐藩派 의원 20명을 매수했다. 1891년 5월부터 제정 러시아가 시베리아 철도 건설을 시작하자, 일본의 정부 및 여야 정치가, 언론인들 등의 지배층들이 국민들에게 위기감을 조성시켜 감에 따라 침략주의가 활기를 띠었다. 어용신문《도쿄일일신문東京日日新聞》은 4월 3일자에서 일찍이 "일본은 인구가 과잉하기 때문에 식민지를 얻지 않으면 사회당과 공산당이 나오게 될 것이다"라는 식으로 선동했고, 정한론자 소에지마 다네오미副島種臣(1828-1905), 신문《일본》의 편집인 구가 가쓰난 등은 동년 '동방협회東方協会'를 조직해 대륙 침략을 선전했다. 오사카 사건을 일으켰던 오이 겐타로도 동년 '동양구락부'를 창설해 일본이 동양의 패권을 잡아야 한다고 주장했다. 민권운동 출신으로 세이난西南 전쟁 때 사이고 다카모리의 편에서 싸우고, 오사카 사건에도 연좌됐던 다루이 도키치樽井藤吉(1850-1922)도 동년《대동합방론大東

合邦論》을 발표했다.

1892년 12월 제4의회 때에는 야당이 예산안에서의 군함건조비 등을 삭감한다는 안을 가결하자 이토 내각이 그 가결안을 받아들이지 않았다. 그러자 야당은 정부가 의회를 무시한다는 이른바 〈상주안上奏案〉을 천황에게 제출했고, 정부는 이에 맞서 "천황에게 의회를 해산하든가 내각과 타협하라는 조칙을 내리도록" 했다.[247] 그 조칙은 "천황이 세계를 정복하는 것이 진무 천황 이래의 가르침이기 때문에, 세계 정세가 긴박해지고 있는 지금 군함 건조비 삭감은 안되는 일"이라는 내용이었다.

이렇게 정부가 조선을 자신들의 손아귀에 넣기 위해 청국과의 전쟁을 준비해 가자, 야당은 한술 더 떠서 '대외경対外硬 운동'을 일으켜 정부의 대외 조약 정책을 공격했다. 그러자 정부는 천황제 권력선양과 군국주의 선동을 강화하는 한편, 1893년 7월에는 조약 개정의 방침을 결정했다. 그때까지의 영국은 청국을 지지하면서 일본을 견제하던 입장이었다. 그러나 영국은 중앙아시아에서의 아프가니스탄을 둘러싸고 러시아와 대결함으로써 동아시아에서 일본을 러시아의 방패로 이용하려는 입장을 취해 일본과의 불평등 조약 개정 교섭을 하겠다는 의사를 갖고 있었다. 영국의 일본에 대한 그러한 입장을 읽어 낸 일본은 청국과의 전쟁에서 영국의 지지가 절대적으로 필요하다는 생각에서 1894년 7월 청·일 전쟁 개시 2주 전에 영국과의 조약 개정을 성사시켰다.[248] 영국이 청·일 전쟁 직전 일본과의 조약 개정에 임했다는 것은 강동진 박사의 언급대로 "일본을 장래의 동맹국이라고 보고" "일본의 침략 전쟁 개시를 승인

---

247 ▪ 강동진, 앞의 책, 136면.

248 ▪ 이 개정된 조약 내용은 "치외법권을 완전히 없애는 대신, 개항장 거류지에 한정되어 있던 영국인의 여행 자유의 제한을 없애고 일본 국내에서 여행·거주·영업 등을 할 수 있게 했으며, 외국인 판사임용과 법전 제정안에 대해서 미리 영국의 승인을 얻는다는 조항도 삭제되었다. 그 결과 관세자주 부분안만 제외하면 대체로 대등한 조약으로 개정" 되었다(강동진, 《일본근대사》, 한길사, 1985, 146면 참고).

한 것을 의미"한 것이라 할 수 있다.[249]

미국도 1871년 신미양요를 통한 조선과의 접촉에 실패한 이후 일본의 조선 침략 정책을 지원한다는 입장을 취하고 있었고, 러시아를 위험시해, 일본으로 하여금 러시아를 견제하도록 한다는 입장도 취하고 있었다.

청·일 전쟁(1894-1895)은 조선의 민씨 정권이 동학혁명을 진압하기 위해 청국 군대를 조선에 끌어들인 것이 직접적 계기가 되어 발발한 전쟁이었다. 일본은 갑신정변 후의 조선 문제에 관해 청국과 〈천진 조약天津条約〉(1885)을 맺었다. 그 조약에는 "장래 조선 출병 시에는 상호 사전 통보할 것"이라는 조항이 있었다. 일본군은 청국군이 조선의 민씨 정권의 요청에 의해 조선에 들어옴에 따라 그동안 전쟁 준비를 마치고 조선 침략의 구실만을 찾고 있는 터였는데 청군으로부터 조선 출동 통보를 받자 절호의 찬스라 생각하고 즉시 조선에 침입해 들어와 인천과 서울을 불법 점령하였다. 일본은 우선 조선 정부에 대해 내정개혁을 요구해 왔고, 또 청국과의 모든 조약을 폐기할 것, 청국 군대를 철수시킬 것, 일본군에 의한 서울·부산 간의 군용전선 가설 허락 등을 7월 22일 24시간 내에 응답할 것 등도 요구했다. 이에 대해 조선 정부는 내정개혁은 일본이 관여할 문제가 아니며, 또 일본이 요구하는 것들도 결코 들어줄 수 없다고 응답했다. 그러나 일본은 23일 군대를 왕궁에 침입시켜 국왕을 위협해 모든 정무를 대원군에게 맡기도록 했고, 25일에는 청국군을 공격했다. 그렇게 해서 청·일 전쟁이 발발했던 것이다.

당시 영국은 "일본의 전쟁 경비를 청국이 배상하고 조선의 독립을 보장한다는 조건으로 강화 조약이 체결되어야 한다"는 입장이었다. 미국은 일본의 침략을 지지, 격려했고, 제정 러시아는 기회주의적 태도를 취했다.[250]

일본의 국내에서는 많은 지식인들이 "청·일 전쟁을 야만에 대한 문맹의

---

249 위의 책, 145면.

250 위의 책, 154면.

의전義戦이라고 주장하여 전쟁에 적극적으로 협력해" 나갔고, 미쓰이·미쓰비시 등의 대재벌은 "전쟁 경비 모금을 위해 1894년 8월 반동적 배외주의 단체인 보국회報国会와 봉공의회奉公義会를 설립했다." 전쟁은 1894년 11월 여순 시내에서 일본군이 무저항 시민과 포로 약 6만여 명을 학살하고 시가지를 불살라 버리는 만행을 감행하는 바람에 결국 일본의 승리로 끝나게 됐다.[251]

(5) 국권주의자들과 삼국 간섭

일본은 1895년 4월 17일 청국과의 〈시모노세키 조약下関条約〉을 통해 청국으로부터 요동반도, 대만, 팽호제도澎湖諸島 등의 영유, 보상금 2억 엔, 청국의 4도시 개항 등을 얻어냈다. 그러나 그해 4월 23일 러시아·독일·프랑스는 산동반도에 함대를 집결시켜 놓고 일본에 요동반도 반환을 요구해 왔다. 일본으로서는 그것을 반환하지 않을 수 없었다.

> 이와 같이 서구의 세 제국주의의 간섭으로 인해 일본으로서는 요동반도를 돌려주지 않을 수 없게 되었는데 그 사실이 일본에 알려지자, 일본인들의 충격과 분노는 그야말로 대단했었다. 특히 삼국 간섭으로 인한 국권주의자들의 충격과 분노는 이루 형언할 수 없었다. 그들은 바로 그 삼국 간섭으로 인한 충격과 분노를 계기로 국권주의자에서 국가주의자로 전환해 나왔다.[252]

---

251 ▪ 위의 책, 155면.

252 ▪ '국가주의'란 말은 내셔널리즘이 번역된 말이다. 서구에서의 내셔널리즘이란 말은 "원래는 18-19세기 서유럽에서 출현한 국민 국가의 형식과 관련해서 '국민주의'로 번역될 수 있었던 내셔널리즘이 논의되는 과정에서 사용되었다. 그 경우의 내셔널리즘은 자유주의적 경향으로 특징 지어졌었다. 그러나 그 후 그것은 19세기 후반 독일 제국이 통일되고, 영국과 프랑스가 해외진출 정책을 강화시켜 나가면서 국가의 영광과 이익을 배타적으로 강조하는 과정에서 '국가주의'로 번역될 수 있는 특징을 지니게 되었다. 청·일 전쟁 이후의 일본은 19세기 후반 이후의 유럽 국가들의 그러한 '국가주의'로 번역될 수 있는 특징을 지닌 내셔널리즘을 받아들였던 것이다. 일본의 내셔널리즘이 '국가주의'로 이야기될 경

청·일 전쟁 이전 활발한 국권 확장 운동이 전개되는 과정에서 일본 국민들 중에는 국권주의자들로 불렸던 자들이 있었는데 그들이 바로 국권 신장을 목표로 내건 정치 단체 '현양사' 소속의 인물들이었다. 그들은 청·일 전쟁 이전 일본의 조선반도 진출의 첨병尖兵 역할을 해 왔던 자들로서 1880년대까지의 그들의 주된 대항 세력들은 사실상 한벌 정치 세력들이었다. 그러나 〈대일본제국 헌법〉 발포(1889) 후 1890년대로 넘어와서부터는 구미 세력을 대항 세력으로 해서 국권확장 운동을 전개했다. 그들의 국권확장 운동은 일본이 조선과 중국 대륙을 침략해 그것들을 발판으로 해서 구미의 세력과 대항한다는 전략하에서 행해진 것이었는데, 그 구체적 일례가 바로 일본이 조선이나 청국을 침략할 수 있는 구실을 만드는 일이었었다. '현양사'의 간부들은 그러한 구실은 만드는 일이야말로 자신들의 업무라 생각하고 '천우협天佑俠'이라고 하는 유격대 형태의 작은 행동 단체를 조직해 그것을 동학 운동에 투입시켜 동학 운동을 청·일 전쟁으로 확대시켜 나가도록 했다. 그들의 그러한 국권확장 운동의 결실은 일본의 요동반도 등의 획득으로 나타났었다. 그런데, 서구의 세 제국주의 국가들의 간섭으로 인해 그 결실은 완전 수포로 끝나고 말았던 것이다.

도쿠토미 소호德富蘇峰는 우리들에게 평론가로도 널리 알려져 있지만 패전 후 공직 추방자로도 알려져 있는 인물이다. 그는 삼국 간섭 이전까지만 해서 서구화주의의 입장에서 평민주의를 주창했던 자였다. 그러나 그는 삼국 간섭을 계기로 평민주의에서 국가주의자로 전환해 나왔다. 도쿠토미는 "'힘의 뒷받침 없이는 어떠한 올바른 행위도 그 정당성을 인정받지 못한다'고 선언하고 국력신장을 강조했는데, 그 후 그는 '요동반도를 돌려준 것은 나의 전 생애의 인생행로를 바꾸어 놓았고' 삼국 간섭의 결과로 '힘의 복음'에 의해 '세례를 받았

우 그 사상적 특징은 국가지상주의의 주장, 《기기》 신화에 의거하는 국체관, 특히 정신문화에서의 일본 문화의 우수성 등을 들 수가 있다"(国史大辞典編集委員会 編, 『国史大辞典 10』 古川弘文館, 1989, 'ナショナリズム').

다'라고 회고했다".[253]

'현양사'의 회원으로 '천우협'에 참가해 동학 운동을 청·일 전쟁으로 비화시키는 데 혁혁한 공을 세우고 그 후 한국 합방이 이루어지는 데 지대한 공을 세운 국권주의자 우치다 료헤이의 충격은 이루 말할 수 없었다. 그는 삼국 간섭의 주범을 러시아로 파악하고 "러시아 내정을 연구하여 복수의 길을 열겠다"는 결심하에서 삼국 간섭이 보도되고 요동반도 반환의 칙명이 발포된 지 3개월 만인 8월 말에 나가시키長崎를 떠나 블라디보스토크로 떠났다.[254] 한마디로 말해 삼국 간섭이란 서구의 제국주의 국가들이 연합해 국권을 확장시켜 나가려는 일본을 힘의 논리를 가지고 노골적으로 방해했던 사건이라 할 수 있다. 일본의 국민들은 그 사건을 계기로 도쿠토미 소호의 경우처럼 국가 간의 정의란 다름 아닌 바로 국력이라는 것을 터득했다. 그동안의 국가제법의 준수를 통해 국권을 신장시켜 간다는 입장을 취해 국권 신장 운동을 전개시켜 나갔던 국권주의자들은 국가의 힘만이 국민들의 모든 것을 해결해 줄 수 있다는 사상에 빠져들게 됨으로써 국가주의자로 변모했다. 한마디로 말해 국권주의자들은 힘의 논리에 입각해 국제적 관계를 만들어 가는 서구의 제국주의 세력들과의 구체적 접촉을 계기로 국가주의자들로 전환해 나왔던 것이다.

삼국 간섭을 계기로 일본은 제국주의로 무장해 러시아제국으로 넘어간 요동반도와 청·일 전쟁 후 러시아에 기대고 있는 한국을 자신들의 손아귀에 집어넣기 위해 러시아와의 전쟁을 준비했다. 그로부터 10년 만에 일본은 한국과 중국 동북부의 지배를 둘러싸고 러시아제국과의 제국주의 전쟁을 치르게 되고 그 전쟁에서의 승리를 통해 러시아가 조차하던 요동반도는 물론 한국까지도 자신의 식민지로 취하게 된다. 이렇게 해서 일본은 러·일 전쟁에서의 승리를 계기로 식민지 국가를 소유하게 된 완전한 제국주의 국가로 전환해 나오게 됐던

253■ 한상일, 《日本帝國主義의 한 硏究》(까치, 1980), 62면.

254■ 위의 책, 63면.

것이다. 이와 같이 삼국 간섭 이전까지의 국권주의자들은 일본이 삼국 간섭과 러·일 전쟁을 통해 제국주의 국가로 전환되는 과정에서 국가주의자들로 바뀌었던 것이다.

2) 국가주의자와 사회주의자

(1) '국가주의자'의 의미

'국가주의자'란 말은 '국가주의'의 실현 주체를 일컫는 말이다. '국가주의'는 'nationalism'의 역어이다. 그것은 "국가를 인간사회 최고의 조직체로 생각해 국가 권력이 사회생활의 모든 영역에 걸쳐 통제력을 발휘하는 것을 인정하는 입장"(《일본국어대사전》)으로서 19세기 말경부터 쓰이기 시작해 러·일 전쟁 후에 일반화되었다.[255] 일본에서의 'nationalism'은 사상 단체 '정교사'의 기관지《일본인》에서 '국수보존지의国粹保存旨義'로 번역되기 시작해, 그 후 '국민주의'·'민족주의'·'국가주의' 등으로 정착된 것으로 고찰된다.

서구에서의 'nationalism'은 우선 18, 19세기 서유럽에 출현한 국민 국가의 형식을 구축해 가는 과정에서 취해진 '국민주의'의 의미로 쓰였고, 그 특징은 자유주의였다. 그러나 19세기 후반 독일제국의 통일(1871) 이후 영국과 프랑스의 해외 진출 경향이 강화되는 과정에서 서구 열강은 국민주의를 기초로 대외적으로는 민족주의, 대내적으로는 국가주의적 입장을 취해 나갔다. 이 경우 19세기 후반 서구 열강들에서의 민족주의적 입장이란 그들이 해외식민지를 경쟁적으로 개척하는 과정에서 형성된 것이고, 국가주의적 입장이란 국내의 사회주의적 입장에 대립해 해외 식민지 개척을 통해 국내의 자본주의의 부작용을 해소하려는 입장이었다. 그러다가 19세기 말 20세기 초로 들어와서 서구

---

255 ▪ 《日本国語大辞典》(小学館, 1981年版), '国家主義' 項目.

열강들의 그러한 국가주의적 입장은 대외팽창 정책의 강화로 식민지 지배가 확대되어 나감에 따라 제국주의 단계로 접어들었다.

일본이 서구 열강들의 그러한 민족주의적 · 국가주의적 입장들과의 처음 접촉한 것은 1858년 서구 열강들과의 〈5개국 조약〉을 통해서였는데, 그 첫 접촉을 통해 그들과의 불평등 조약이 맺어졌던 것이다. 그 후 일본은 그들로부터의 민족적 독립을 위해 부단히 노력했다. 그러한 과정에서 일본은 19세기 말로 접어들어 삼국 간섭을 통해 서구 열강들의 제국주의적 입장들을 접하게 됐던 것이다. 그것을 계기로 그동안 일본의 국권주의자 등과 같은 민족주의자들은 일본국내에서도 출현한 사회주의 세력들에 대항해 국가주의자들로 전환했다.

(2) 일본에서의 사회주의자들의 출현

일본에 사회주의 세력들이 등장한 것은 동아시아에 서구의 제국주의 세력들이 진출한 것과 깊게 연관되어 있다. 앞장에서 고찰한 바와 같이 일본에서의 최초의 사회주의 단체는 1898년 가타야마 센, 아베 이소오, 고토쿠 슈스이 등이 창립한 '사회주의연구회'였다. 가타야마 센은 1884년 샌프란시스코로 건너가 접시 닦는 일 등을 하면서 기독교에 입문하게 되고 메리빌대학에 들어가 사회학과 신학을 공부하고 1896년 청 · 일 전쟁 직후 귀국한다. 그래서 그는 1897년 6월 도쿄에서 노동 운동가들과 '노동조합기성회'를 조직하고 그해 12월 일본에서의 최초의 노동 운동과 사회주의 운동 기관지 《노동세계》(1903년 3월부터 '사회주의'로 개칭)를 창간해 노동조합 운동과 사회주의 운동을 전개한다. 아베 이소오는 미국 유학 중 학우들과 함께 자신이 사회주의자임을 선언했던 자로서 1897년에 귀국해 곧바로 모교 도쿄의 도지샤同志社대학의 교단에 서게 됐던 자이다. 그는 1899년부터 현재의 와세다대학의 전신 도쿄전문학교로 자리를 옮긴 후 전년 창립한 '사회주의연구회'를 전신으로 해서1900년 '사회주의협회'를 발족시켜 회장 직을 맡았다.

일본에서의 사회주의자들의 출현은 바로 이러한 인물들을 통해 이루어졌다. 그 후 그들에 의해 전개된 사회주의 운동은 러·일 전쟁에 대한 반전 운동으로도 구체화되어 나갔었는데, 사회주의 운동의 일환으로서의 반전 운동은 사회주의자들이 러·일 전쟁을 제국주의 전쟁으로 규정했었기 때문이다. 가타야마 센은 1901년 아소 등과 일본에서의 최초의 사회주의 정당이라 할 수 있는 '사회민주당'을 결성했으나 즉시 금지되자 러·일 전쟁이 일어나기 전년인 1903년 미국으로 건너가 그곳에서 미국의 사회주의자들로부터 도움을 받아 그 다음해 유럽의 암스테르담에서 개최된 '만국사회당 제6회 대회'에 참석했다. 그때 그는 프레하노프와 함께 부회장이 되어 반전 연설을 행한 후 단상에서 러시아 대표와 악수를 했다.

제국주의 전쟁이란 자본가들이 군부와 결탁해 전쟁을 일으켜 식민지 국가를 만들어서 해외시장을 개척하여 자본을 축적해 독점 자본주의로 전환해 나가기 위해 일으키는 전쟁을 의미한다. 서구에서의 제국주의 국가는 서구의 독일제국의 성립 이후 대내적으로는 사회주의 세력들과 대결하고 대외적으로는 다른 자본주의 국가들과 아프리카, 서남아시아, 동남아시아 등에서의 다른 자본주의 국가들과의 전쟁 등을 통해 식민지와 해외 시장 등을 개척해 갔다. 그러다가 서구의 제국주의 국가들은 19세기 말에 와서 청·일 전쟁 후 1895년 러시아 등의 삼국 간섭, 1898년 미국의 하와이 병합, 필리핀 병합 등을 통한 태평양 진출 등을 계기로 동아시아로 몰려들었던 것이다.

20세기로 들어와서는 1900년 의화단의 난 등을 통해 서구의 제국주의 국가들의 관심이 중국 분할에 집중되어 있었는데 그러한 상황에서 러시아가 만주를 독점하게 되었던 것이다. 이렇게 봤을 때 러·일 전쟁이란 한마디로 만주를 자신들의 식민지로 만들 목적으로 일본과 러시아가 일으킨 전쟁이라고 말할 수 있을 것이다.

그런데 여기에서 필자가 강조하고자 하는 것은 국권 확장 운동의 일환으로 청·일 전쟁 발발에 일조했던 국권주의자들이 삼국 간섭 이후부터는 국권 확장은 물론 메이지유신 이후 자신들이 취하고 있던 자본주의 체제의 수호 그 자체를 위해서도 러·일 전쟁 등과 같은 전쟁 발발 운동을 전개했다는 것이다. 그와 같이 그들의 그러한 입장은 국권 확장만을 위한 것이 아니라 국가가 취하고 있는 정치경제 체제의 수호에 그 목표가 주어진 것이라 할 수 있는데 우리는 그러한 입장을 취하는 인간을 사회주의자에 대립되는 의미로서의 국가주의자라 말할 수 있다. 구체적으로 말해 국가주의자들이란 일본의 국권뿐만이 아니라 메이지 정부가 취한 천황제, 자본주의, 제국주의 등의 국가 체제를 수호하려는 주체들이라고 말할 수 있다.

(3) 국가주의자와 우익

일본은 1889년 〈대일본제국 헌법〉의 공포를 통해 입헌군주제 국민주의 국가 체제를, 청·일 전쟁, 러·일 전쟁, 제1차 세계대전 등을 통해서는 자본주의 국가라고 하는 정치적·경제적 체제를 확립시켜 나갔다. 다시 말해 청·일 전쟁 이후 일본 정부가 지향한 것은 천황제 자본주의 국가였다. 일본은 삼국 간섭 이후 해외의 식민지 개척을 통한 자본 축적을 시도하는 제국주의 단계의 서구 자본주의 국가들과 대결함으로써 제국주의 단계의 자본주의 국가의 체제를 확립시켜 나갔던 것이다. 이렇게 봤을 때 당시 국가주의자들이 추구했던 이념은 천황주의, 자본주의, 침략주의 등이었다고 말할 수 있다. 그래서 국가주의자들은 천황제와 자본주의를 반대하는 국내의 사회주의 세력들을 자신들의 적으로 생각했고, 대륙 침략을 통해 국권을 확장하려는 자신들의 입장을 저지하는 서구 제국주의 국가들에 대해서는 배타적 입장을 취했다.

삼국 간섭 이후 국가주의자들의 그러한 입장들에 대항해 국내에 새로운 정치 세력들이 형성되었는데 그들이 바로 다름 아닌 천황제와 자본주의 체제에 대해서뿐만 아니라 러·일 전쟁과 같은 제국구주의 전쟁에 대해서도 반기를 들었던 사회주의 세력들이었던 것이다.

한편 서구의 제국주의 세력들이 청·일 전쟁과 러·일 전쟁이 행해지는 과정에서 동아시아에 몰려들자 그동안 일본 내의 사회 운동 및 노동 운동의 세력들은 사회주의 세력으로 전환해, 대외적으로는 서구의 제국주의 세력들에 대항해 나갔고 대내적으로는 제국주의 국가로 전환해 나가는 자국의 한벌 정부와 그 지지 세력들에 대항했다. 그동안 국권주의 단계에 머물러 있던 자들도 국가주의자들로 전환해 나와, 대외적으로는 서구의 제국주의 세력들에, 대내적으로는 사회주의 세력들에 대항했다. 이 경우 국가주의자들은 인맥상으로 말할 것 같으면 그동안 대외 강경 정책을 주장해 왔던 정치 운동 세력 계열의 인간들이었다. 그렇지만 일본 정부의 외교는 관계국들과의 우호를 앞세워 점진주의적 내지 우회적 수법을 써 나가지 않을 수 없었다. 정부의 그러한 입장에 대해 대외강경파들은 실력 행사라든가 배외주의적 입장을 강조했던 것이다.

청·일 전쟁 직전(1893)과 청·일 전쟁 중(1894) 일본의 정계에는 '대외경 6파対外硬六派'라고 불리는 정치 운동 세력들이 존재했다. '동양자유당東洋自由党', '동맹구락부同盟倶楽部', '입헌개진당立憲改進党', '국민협회国民協会', '대일본협회', '정무조사회政務調査会'가 바로 그들이었다.[256] 그들의 주장은 조약려행条約励

256▪ 당시 일본에서의 정당 정치 활동은 다음과 같이 행해졌다.

이토 히로부미(1841-1909)가 '메이지 14년 정변'(1881)을 일으켜 사쓰·초·토·히의 4 한藩 중심의 한벌 정치를 사쓰·초 중심의 한벌 정치로 전환시키자 정한론으로 야기된 '메이지 6년 정변'으로 하야했던 이타가키 다이스케 등은 시코쿠四国 도사한土佐藩을 중심으로의 '자유당自由党'(1881.10-1884.10)을 결성했고, '메이지 14년 정변'으로 실각한 오쿠마 시게노부 등은 규슈 서북 지방의 히젠肥前·사가한佐賀藩 등을 중심으로 '입헌개진당'(1882-1884)을 결성하였다. 이토 히로부미가 1885년 내각 제도를 창설해 초대 총리가 되어 메이지 정부의 실권을 장악해 사쓰·초 중심의 한벌 정치를 하자, 그들은 정당 활동을 통해 한벌 정부에 대항해 민권운동을 전개했다. 그러나 1882년 6월에 집회조례법이 개정되면서 정당들의 정당 정치 활동이 불가능해져 정당들은 해당 위기에 처했다. 그러한 상황에서 국회 개설이 가까워 오자 정당 재건의 움직임이 일어나 1890년 11월 개진당을 제외한

行, 자주외교自主外交, 대청강경対清強硬 등이었다. 또 이들은 1894년 10월 '대일본협회'라는 명칭으로 연합 조직을 결성해(이 경우 입헌개진당은 포함되지 않았음) '내지잡거상조内地雑居尚早', '굴욕적 조약 개정 반대' 등의 운동을 전개했다.

그들은 청·일 전쟁 후에도 연합 행동을 했는데, 1900년대로 들어와서 그러한 정치 운동 단체들을 배경으로 해서 '국민동맹회国民同盟会', '대러동지회' 등이 결성해 대외강경 정책 운동을 전개했다. 필자가 여기에서 말하고자 하는 것은 청·일 전쟁 이후의 국가주의자들이 바로 이러한 대외강경 정책 운동을 추진하는 단체들을 배경으로 해서 출현해, 좌익이라 불리게 된 사회주의 세력이 형성되어 나오는 과정에서 그것에 대항해 우익 세력으로 정착되었다는 것이다.

3) 청·일 전쟁 이후의 국가주의 단체

일본에서는 〈대일본제국 헌법〉(1889)과 〈교육칙어〉(1890)의 공포 이후 국권주의자들에 의한 국권신장 운동 등의 결과로 청·일 전쟁, 명성황후 시해 사건 등이 일어나게 되었고, 또 청·일 전쟁 강화 조약 직후의 삼국 간섭을 계기로 국권주의 운동이 강화되어 나가는 과정에서 군권주의자들과 국가주의자들에 의해 많은 국권주의·국가주의 단체들이 결성되었다. 그 대표적 단체들이 바로 '대일본협회', '동아동문회', '흑룡회', '국민동맹회', '유린회', '낭인회', '대지연

각 정치결사들이 결합되어 '입헌자유당'이 결성되었고, 1896년 개진당을 주축으로 해서 입헌자유당에 대항해 '진보당'이 결성되었다. 1898년에 가서는 진보당이 '헌정본당'으로 전환해 나왔는데, 농촌을 지지기반으로 하고 있던 입헌자유당의 정비가 요청되자 산업기반 정책을 입안할 강력한 리더가 요구되어 원로 이토 히로부미에게 접근해 그를 총재로 결성된 '입헌정우회'에 합류했다. 정우회의 결성으로부터 '다이쇼정변'(1912-1913)까지 십수 년간은 군부, 문관 등에 영향력을 가진 원로 야마가타 아리토모가 이끄는 관료벌과 정우회에 의해 정치가 행해짐에 따라 개진당의 후신인 헌정본당은 만년 야당으로 전락했다.

구회' 등과 같은 것들이다. 그러면 이와 같은 단체들이 어떤 인사들에 의해 어떻게 형성되어 나왔는지에 관해 논하기로 한다.

(1) 대일본협회

1897년 5월 철학자 이노우에 데쓰지로井上哲次郎(1855-1944), 심리학자 모토라 유지로元良勇次郎(1858-1912), 교육학자 유모토 다케히코湯本武比古(1857-1925), 평론가 기무라 다카타로木村鷹太郎(1870-1931) 등이 결성한 국가주의 사상 단체이다. 이것은 청·일 전쟁 이전 1892년에 결성된 국권주의 정치결사 단체와는 다른 조직이다. 국권주의자들이 국권주의 운동의 일환으로서 〈대일본제국 헌법〉과 〈교육칙어〉의 정신과 내용을 민간 시민 단체의 차원에서 일반화시켜 나가기 위해 결성한 단체이다. 대일본협회는 '일본주의'라고 하는 사상 운동을 전개하기 위해 기관지 《일본주의日本主義》(1897.5-1901.5)를 발간했다.

다카야마 조규高山樗牛(1871-1902)도 동년 6월 《태양》에 논문 〈일본주의를 찬양한다〉를 게재했다. 그도 기관지 2호부터 대일본협회에 참가했고 주로 《태양》을 통해 '일본주의'를 주장했다.

대일본협회의 최고의 연장자였던 이노우에 데쓰로는 일생 일관해서 천황제 국가에서의 국민도덕의 존재 방식을 연구했던 자이다. 그를 중심으로 한 본 단체의 멤버들은 청·일 전쟁 승리 후 형성되어 나온 국가적 기운을 타고 일본이 제국주의적 입장을 취해 해외로 진출해야 한다고 주장했다. 또 그들은 군민일가君民一家, 국조숭배国祖崇拝, 건국의 포부, 국민단결 등도 주장했다. 그들은 본 단체의 지도이념으로서 '건국의 정신'을 이끌어내 그것에 기초한 '일본주의'가 일본 국민의 도덕적 원리가 되어야 한다는 입장을 취했다. 그러한 입장에서 그들은 특히 기독교를 강하게 배격하기도 했다.

(2) 동아동문회

동아동문회東亜東文会는 초대회장인 당시의 귀족원 의장 고노에 아쓰마로近衛篤磨(1863-1904)가 아라오 세이荒尾精의 청 · 일 무역연구소(1890년 상해에서 건립)의 문하門下를 주축으로 해서 이끌어 나갔다.

고노에 아쓰마로는 1884년 화족령 제정에 따라 공작公爵이 되어 오스트리아, 독일에 유학한 자로서 1890년 귀족원 의원이 되어 이토 내각 등을 비판했고 1896년에는 귀족원 의장이 되었고, 1903년 사임 후에는 추밀원 고문이 된 자였다. 대륙 경영에 관심이 많아 청 · 일 전쟁 후에는 '청 · 일 동맹론'을 간행했고, 대아시아주의의 입장에서 '동문동종同文同種 · 제방친선諸邦親善'을 강조해 동양제국東洋諸國의 대동단결을 불러일으켰다. 그는 그러한 과정에서 1897년 '동문회', 1898년 '동아동문회', 1900년 '국민동맹회' 등의 회장직을 맡았다. 그는 중국, 조선에 대해서와는 달리 러시아에 대해서는 강경외교를 주창해 배외주의적 세론을 환기시켜 나가다 러 · 일 전쟁 직전 41세로 사망한다.

'동아동문회'는 1898년 '동아회'와 '동문회'가 합류해 성립된 단체로, 고노에 아쓰마로가 초대회장이었다. '동아동문회'는 1900년에는 '아시아협회亜細亜協会'(1883년 결성)도 흡수했다. 1897년 봄에 결성된 '동아회'는 정치적으로 중국에 관심을 갖기 위해 결성된 단체로서 중국의 변법파와 혁명파를 원조한다는 입장을 가지고 있었다. 한편 '동문회'도 '동아회'와 같은 해 6월 귀족원의장 고노에 아쓰마로를 회장으로 해서 경제 · 교육 · 문화 활동에 의해 중 · 일 유지中日有志의 제휴를 기도할 목적으로 설립된 것이었다. 이들 회원들인 민간인들은 당시 오쿠마 내각(1898.6-11)의 적극적 대중對中 자세를 보고서 정부로부터 자신들의 활동자금을 보조받기 위해 합동을 결정했다. 합동 이전 '동아회'계는 중국의 자강自強과 혁명을 지원한다는 입장을 취했었다. 그러나 동문회의 회장 고노에가 '중국의 보전'을 목적으로 하는 것을 제창함에 따라 의견 일치를 보게 되어 합동이 이루어졌다.

'동아동문회'의 결성 목적은 중국·조선의 개선 조성改善助成, 그 실행 준비를 위한 중국·조선의 시사時事 연구, 국론환기国論喚起였다. 그 다음 해부터 '동아동문회'는 정부로부터 보조금을 얻어내 청조清朝와 양무파洋務派에 접근해 '동아동문서원'이라든가, '도쿄동문서원' 등의 교육사업, 《동아시론東亜時論》 등의 출판 사업을 했다.

4) 흑룡회

(1) '흑룡회'의 창립자

'흑룡회黒龍会'는 청·일 전쟁 이후부터 제1차 세계대전 사이에 활동한 최대의 국가주의 운동 단체로 평가되고 있다. '흑룡회'는 '현양사'의 주요 멤버 중 한 사람인 우치다 료헤이에 의해 1901년 2월 도쿄에서 창립되었다.

'현양사'는 1879년(메이지 12년) 구후쿠오카旧福岡藩의 불평사족不平士族들이 후쿠오카에 설립한 정치결사 단체이다. 하코다 로쿠스케箱田六輔, 히라오카 고타로, 도야마 미쓰루頭山満 등이 중심이 되어 결성하였고, 창설 당시의 이름은 '향양사'였는데 1881년(메이지 14년) 히라오카 고타로가 사장으로 취임하면서 명칭이 '현양사'로 개칭되었다. 창설 초기의 '현양사'의 역할은 국회 개설청원 운동 등을 통한 민권 운동을 하는 것이었는데 1886년(메이지 19년) 탄광을 소유하고서부터는 민권 운동에서는 손을 떼고 국권신장과 그것을 위한 군비 확장을 주장했다.

조선에 동학혁명이 일어나자, '현양사'는 '천우협天佑侠'이라는 비밀결사대를 조직해 조선에 파견해서 동학혁명을 청·일 전쟁으로 확대시키는 데 일익을 담당했다. '천우협'에는 '현양사' 사장의 조카 우치다 료헤이(당시 20세)도 끼어 있었는데, '흑룡회'가 이듬해 그에 의해 결성된다.

우치다 료헤이는 1874년 후쿠오카시福岡市에서 구구로다한黒田藩의 무사 집안에서 태어났다. 부친이 세이난西南 전쟁에 참가했다. 우치다 료헤이는 11세에 소학교를 졸업하고 군사무소 급사로 취직했다가, 숙부 히라오카 고타로 댁으로 옮겨 '현양사'의 체육관에서 문무文武를 수양했다. 17세 때 그는 후쿠오카 겐 중부 아카이케赤池 탄광 판매장 감독으로 나갔다가 그 이듬해 숙부를 따라 상경해 1892년부터 도쿄의 동양어학교에서 유도와 러시아어를 배운다. 1894년 20세 때는 청·일 전쟁이 일어나기 직전인 6월(8월에 청·일 전쟁 발발) 부산으로 건너가 8월까지 '천우협'에 참가한다. 그는 그해 9월 초에 일본으로 돌아와 도쿄의 숙부에게 3개월간의 활동을 보고한다.

그 다음 해 4월에 전쟁이 일본의 승리로 끝나고 청·일 강화가 이루어졌는데, 강화 조약 체결 직후 러시아·프랑스·독일에 의한 삼국 간섭이 행해졌다. 삼국 간섭이 러시아의 주도로 행해졌다는 것이 알려지자, 우치다는 한국에서의 활동 경험을 살려 그해 8월 나가사키항長崎港에서 블라디보스토크로 건너간다. 그는 그곳에서 유도 도장을 열어 조사 활동을 행했다. 그러다가 그는 그 다음 8월에 시베리아 횡단 조사를 시작했고, 그 다음 해 2월에는 페테르부르크에 도착해 1개월간 머문 후 그해 7월 블라디보스토크에 귀착한다. 그해 여름 조선을 통해 일본에 귀국해, 그때부터 "대對 러시아 개전에서의 필승론을 주장"한다.[257] 그는 그 과정에서 구마모토熊本 출신으로 중국혁명을 원조했던 미야자키 도텐宮崎滔天, 쑨원孫文 등도 만난다. 그 다음 1899년 3월부터 그 이듬해까지 중국에서 의화단義和團 봉기가 있었는데, 그해 6, 7월에 필리핀 독립 운동지원을 공작하다가, 8월에 다시 블라디보스토크로 향한다. 그 다음 해 1월 쑨원 원조를 위해 귀국했다가 결혼한다. 그해 6, 7월에는 홍콩, 싱가포르 등에서 쑨원파 원조를 공작하다가 8월에 상해에서 총독 암살 계획을 놓고 쑨원과 대립한다. 그 다음 2월에 '흑룡회'를 결성하고, 3월에는 기관지 《흑룡》을 발간했다. 9월에 그 잡지에 〈러시아 망국론〉을 발표했다가, 그것이 '발금 처분'을 받게 되자 그해

257 ▪ 初瀬竜平, 《伝統的右翼 内田良平の研究》(九州大学出版会, 1980), 375頁.

11월에는 〈러시아론〉을 발표한다. 그 다음 1903년에는 대러시아 개전 준비에 착수해 참모본부에 철도 파괴 공작을 주문했으나 거절당한다. 그 다음 2월에 러·일 전쟁이 시작됨에 따라 전쟁협력 체제를 구축했다. 그 다음 해 8월에 가서는 러시아 강화론을 주장하면서 '중국 혁명동지회' 결성에 협력한다. 9월에 강화 조약이 체결되었는데, 국민들은 체결 반대 입장을 취했지만 그는 국민들의 반대 운동에 대해서는 소극적 입장을 취했다.

1906년 2월 한국 통감부가 설치되자, 3월 한국 통감부 촉탁으로 서울에 부임해, 9월부터 '일진회'와 접촉을 개시해 이용구李容九(1868-1912)와 만나고, 10월에는 송병준宋秉畯(1858-1925)과 만난다. 숙부 히라오카 고타로가 사망하자, '흑룡회'를 재흥시켜 그 다음 해 3월에는 육군대장 데라우치 마사타케寺內正毅(1852-1919), 러·일 전쟁 시 참모총장이었던 야마가타 아리토모 등과 접촉을 하면서 '일진회'를 완전히 장악한다. 그해 6월에는 대만 총독이 가쓰라 다로桂太郎(1847-1913)와 접촉한다. 7월에는 헤이그 밀사 사건을 기해 '일진회'의 대권 위임 공작에 나선다. 1908년 4월에는 《흑룡》을 정간하고 《동아월보東亞月報》를 발간한다. 1909년 2월에는 총감 이토 히로부미(1841-1909)와 대립해 총감부를 사직한다. 그해 12월에는 '일진회'를 통해 '한·일 합방'을 제의한다. 그 다음 1910년 8월 한·일 합방이 이루어지고 9월에 '일진회'가 해산된다. 그 다음 1911년 10월에 신해혁명이 일어나자, 그 후 중국 혁명파 원조로 공작을 행해 간다. 1912년 2월 청이 멸망하자, 그 다음 해 6월 '흑룡회'는 〈대지책단안対支策断案〉을, 그 다음 해는 〈조선통치제도안〉도 발표한다.

이상과 같이 우치다 료헤이는 청·일 전쟁 종결 직후의 삼국 간섭을 계기로 러시아 탐방을 행하게 되었고 그 탐방을 통해 얻은 러시아에 대한 지식을 바탕으로 '흑룡회'를 결성해 그것을 발판으로 해서 러·일 전쟁의 개전을 주장했고, 일본이 전쟁에서 승리하자, 그것을 계기로 일진회를 조직해 한·일 합방 공작을 꾸며 나갔다. 그는 그것이 실현되자, 그다음 단계로 중국 혁명 원조 등을 공작해 갔던 것이다.

(2) 흑룡회의 결성 배경

1901년 2월 우치다 료헤이에 의한 '흑룡회'의 결성은 청·일 전쟁(1894-1995)과 삼국 간섭(1895)과 결코 무관치 않다.

산업혁명과 시민혁명을 통해 부상한 서구 열강들의 세계 분할은 19세기 후반 그 기초가 형성되었고, 1871년 독일제국의 성립을 계기로 아프리카와 아시아 지역에서부터 본격화되어 시작했다. 서구 유럽의 선진 산업 자본주의 국가들에서는 K. 마르크스(1818-1883)의 《공산당선언》(1848)의 발표 등에 힘입어 노동자층의 폭력적인 혁명과 국제적 단결의 분위기가 형성되었다. 그 결과 그들 나라들의 노동자층이 기초가 되어 '제1인터내셔널'(국제노동자협회, 1864)이 형성되어, '파리코뮌Commune de Paris'(1871), '사회민주주의연맹'(영국, 1880), '사회민주당'(독일, 1890), '노동총동맹'(GT, 프랑스, 1864) 등과 같은 노동자 정부라든가 사회주의 정당이 성립되었다.

이와 같이 선진 산업 자본주의 국가들에서 노동자들이 국내외적으로 단결해 정치적 세력으로 성장해 나감에 따라 그들과 대립적 관계에 있었던 자본가들이 정부의 정치적 권력과 결탁해, 판매시장의 확장을 통한 노동자들의 불만을 해소시키기 위한 한 방안으로 해외식민지 개척을 적극적으로 추진하게 된다. 그 과정에서 각국의 정부들은 국제적 차원에서의 노동자들의 단결에 대항해, 예컨대 독일·오스트리아·이탈리아 동맹(1882), 러시아·프랑스 동맹(1891) 등을 행해 나갔다.

이처럼 보불 전쟁 이후의 독일제국 성립을 계기로 서유럽의 선진 자본주의 국가들이 제국주의 국가 시대로 접어들면서, 한층 더 적극적으로 아시아, 아프리카, 태평양 등으로 나가, 해외시장 확장을 위한 식민지 개척에 나서게 되었던 것이다. 즉 그것은 1881년 프랑스의 튀니지 점령, 영국의 이집트 침략(1882),

독일의 뉴기니 점령(1884) 등으로부터 시작되었던 것이다.

한편, 서유럽이 제국주의 시대로 접어들기 이전 영국·프랑스 등의 서구 세력들은 제1차 아편 전쟁의 패배로 맺어진 〈남경 조약〉(1842), 제2차 아편 전쟁의 패배로 맺어진 〈천진 조약〉(1858) 등을 통해 배상금을 비롯한 각종 이권을 획득하였다. 특히, 러시아는 19세기 중엽 이후 동부아시아 방면으로 진출해 〈애혼愛琿 조약〉(1858), 〈북경 조약〉(1860) 등을 통해 청으로부터 흑룡강 이북땅과 연해주를 빼앗아, 블라디보스토크를 경영해 감으로써 동부아시아 진출의 근거지를 마련하는 과정에 있었다.

이와 같이 러시아가 극동 지역에서 청으로부터 땅을 빼앗아 세력을 넓혀 나가자, 일본은 청·일 전쟁을 일으켜 청을 굴복시킨 후 청의 속국 상태에 있던 조선을 청으로부터 '독립'시켜 이를 발판으로 해서 대륙 진출을 시도했다. 그렇게 해서 일본은 제국주의 국가로 전환해 나갔으나, 이미 중국 대륙에 진입해 있던 서구 세력들의 삼국 간섭 등으로 결국 뜻을 이루지 못했던 것이다.

삼국 간섭은 러시아의 주도로 이루어졌다. 당시 러시아는 1891년에 착공한 시베리아 철도의 완성을 위해 이르쿠츠크와 하바로프스크 간의 철도를 만주 지역에 가설하는 중이었고, 또 극동 지역에서의 부동항不凍港 획득을 염원하고 있었다. 그러한 상황이었던 러시아가 당시 중국 대륙에서 청을 공략하고 있던 영국·프랑스·독일에 공동 간섭을 제안함으로써 결국 러시아·프랑스·독일의 삼국 간섭이 이루어졌던 것이다. 우치다 료헤이는 그러한 삼국 간섭에 충격을 받아 그로부터 3개월 만에 블라디보스토크로 떠났다. 러시아에서 만 3년간의 조사 활동을 끝내고 돌아온 후 그로부터 2년간의 준비 기간을 거쳐 1901년 2월에 '흑룡회'를 결성하였다. 이렇게 봤을 때 '흑룡회'의 결성은 일본이 극동 지역을 공략하는 서구의 제국주의 세력들과의 충돌을 통해 제국주의 국가로 전환해 나오는 과정에서 행해진 것이라 할 수 있다.

중국 대륙에 들어가 있던 서구 제국주의 국가들이 일본이 청·일 전쟁에서 청으로부터 취한 남만주의 요동반도를 등을 청에 되돌려 줄 것과 조선의 독립을 일본에 요구함에 따라 일본으로서는 그들의 요구를 받아들이지 않을 수 없었다. 일본이 청으로부터 취한 것을 되돌려 주자, 그 후 서구 제국주의 국가들, 보다 구체적으로 말해 독일은 1897년 천진 지역의 교주만을 점령했고, 러시아는 청으로부터 1898년 여순과 대련을, 영국은 위해위威海衛와 구룡을, 프랑스는 1899년 광주만을 조차했던 것이다.

(3) 흑룡회의 결성 목적과 창립 멤버

'흑룡회'의 명칭은 '흑룡회'의 창립자 우치다 료헤이에 의해 붙여진 것으로서 그의 흑룡강 체험으로부터 취해진 것이다. 우치다 료헤이는 흑룡강 하류의 하바로프스크로 가는 배 안에서 흑룡 강변에 펼쳐져 있는 아름다운 경치에 완전히 매혹되어 "아시아의 전 사회를 이처럼 아름다운 꽃밭으로 가꾸는 것이 일본의 사명"이라고 생각한 적이 있었다는 기록이 있다.[258] 또 그는 러시아와 중국의 국경을 바라보면서 '흑룡강'과 연결시켜 "누가 이 광활한 황야를 러시아의 침략으로부터 지킬 것인가? 그 일은 우리 일본이 해야 하며, 그러려면 일본의 국력을 이곳 흑룡강까지 뻗게 해야 하고, 그러기에는 지금이 가장 적절한 시기"라고 생각한 적도 있었다는 기록도 존재한다.

우치다 료헤이의 연구자 한상일은 우치다가 "대륙팽창주의를 내건 국권주의 단체를 만들 때 그 이름을 흑룡회라 했는데 그것은 잊을 수 없는 흑룡 강변의 아름다운 풍경을 회상하는 의미도 담겨 있겠지만 궁극적으로는 일본이 국력을 흑룡강까지 확장해야 한다는 것을 뜻하는 것이었다"라고 말하고 있다.[259] '흑룡회'의 '흑룡黑龍'이 한상일의 지적대로 "일본의 국력을 흑룡강까지 확장해야 한다는 것을 뜻"하는 의미라는 것은 두말할 나위가 없다. 필자는 여기에서

258▪ 한상일, 《日本帝國主義 의 한 硏究 — 大陸浪人과 大陸膨脹》(까치, 1980), 68면.
259▪ 같은 곳.

한상일이 지적하는 그러한 뜻에 다음과 같은 '흑룡'의 이미지를 첨가시키고자 한다.

'흑룡회'는 일본에서 '대아시아주의'를 표방한 최초의 국권주의 단체 '현양사玄洋社(1879)의 직계 단체이다. '현양사'의 명칭은 초대 사주 히라오카 고타로가 민권결사 단체 '향양사'(1878년 결성)를 개칭해 붙인 것이다. '현양사'의 '현양玄洋'은 히라오카와 그 조카 우치다가 태어나 성장한 후쿠오카에서 부산 쪽으로 바라보면 눈앞에 전개되는 바다, '현해탄玄海灘'의 '玄海'를 가리키는 말이다. 히라오카가 '향양사'를 '현양사'로 개칭한 것은 일본의 국권주의자들이 '현해탄'을 지나 그 너머의 한반도로 국권을 확장시켜 나가야 한다는 생각을 상념常念화시킬 표상이 그들에게 필요했기 때문이었을 것이다. '현해'를 '현양'으로 표상화시켜 국권을 확장시켜 나가려 했던 국권주의자 히라오카 고타로의 조카가 그의 국가주의 단체의 명칭을 '흑룡'으로 이름 붙였던 것은 그러한 '현양사'의 명칭을 배경으로 해서 행해진 것이라는 것이다.

이러한 점을 고려해 볼 때, '흑룡강'으로부터 취해진 '흑룡회'라고 하는 명칭은 우치다에 있어서는 일본으로부터 유라시아 대륙을 바라봤을 때 일본의 눈앞에 펼쳐져 있는 유라시아와 대륙에서의 서구의 러시아와 중국의 국경을 이루고 있는 '흑룡강'까지는 일본의 국권이 확장되어 나가야 한다는 생각을 불러일으킬 표상이었던 것으로 생각된다.

우치다 료헤이가 '흑룡회'를 결성한 목적은 무엇이었는가? 그것은 우치다 료헤이의 또 다른 연구자 강창일도 지적하고 있듯이 첫째 "삼국 간섭을 통해 일본이 청·일 전쟁에서 청국으로부터 취한 전리품을 빼앗아 간 서구의 제국주의 국가들의 기세를 동아시아에서 약화시키는 것"이고, 둘째 "동아시아에서 국력을 확장시켜 나가는 러시아를 격퇴시키는 것"이고, 셋째 "만주·몽골·시베리아를 한 덩어리로 묶기 위한 '대륙 경영'의 기초를 구축하는 것"이었다고 볼 수 있다.[260] ■

'흑룡회' 결성 당시 주요 멤버들은 우치다가 조선과 러시아에서 첩보 활동 생활을 했을 때 뜻을 같이 했던 조선·중국 낭인들과 시베리아 낭인들이 주류를 이루고 있었다. 그들의 이름과 행적은 주注를 통해 밝혀 둔다.[261]

(4) 국민동맹회와 대러동지회

국민동맹회는 1900년 9월 '동아동문회'의 의장 고노에 아쓰마로가 '동아동문회'를 모체로 해서 결성한 정치 단체로서 당시 국가주의 단체들이 대륙 침략

---

260 ▪ 강창일, 《근대 일본의 조선 침략과 대아시아주의 — 우익 낭인의 행동과 사상을 중심으로》(역사비평사, 2002), 178면.

261 ▪ ·이토 마사모토伊東正基(1873년생) : 청·일 전쟁 시 《26신보》 기자로 종군. 시베리아에서 첩보 활동.

·요시쿠라 오세吉倉汪聖(1868년생) : 기타무라 도코쿠北村透谷와 친교가 있었던 자로서 1891년 조선에 들어가 그 다음 해 오자키마사요시大崎正吉 등과 부산에서 '천우협'을 결성한 자이다.

·다카다 산로쿠高田三六(1867년생) : 1893년부터 조선에서 낭인생활을 하다가 1898년부터 3년간 시베리아에서 낭인생활을 했다.

·이노우에 마사지井上雅二(1877년생) : 1895년 대만으로 들어가 그 후 상해 등에서 활동. 1897년 '동아회' 간사. 동년 가와카미 소로쿠川上操六(1848-1899) 육군참모차장 등과 조선·중국·시베리아·흑룡강 여행. 1898년에는 '동아동문회' 간사. 1903년 '동아동문회' 조선특파원.

·나카니시 마시키中西正樹(1855년생) : 중국 유학중 청·일 전쟁이 일어나자 조선으로 건너와 1899년까지 활동.

·구즈오 요사히사葛生能久(1874년생): 1893년 조선으로 건너가 '천우협'에 관계. 1894년 귀국해 1899년 다시 조선으로 건너가 낭인 활동을 했다.

·혼마 규스케本間九介(1869년생) : 《26신보》 기자. '천우협'. 명성황후 시해 사건 등에 관여했던 인물이다.

·다케다 한시武田範之(1863년생) : 승려 생활을 하다가 '천우협', 명성황후 시해 사건에 관여(이상 강창일, 《근대 일본의 조선 침략과 대아시아주의 — 우익 낭인의 행동과 사상을 중심으로》, 역사비평사, 2002, 163-165면 참고).

사상의 일환으로 주장했던 대아시아주의에 입각한 국가주의 단체의 하나로 규정된다. 이 단체의 구성원들은 '동아동문회'에 참가했었던 헌정본당憲政本党 · 제국당帝国党 등의 당원, 귀족원 의원, 현양사의 수령 도야마 미쓰루를 중심으로 형성된 청년국민동맹회, 전국동지기자동맹회 소속의 신문잡지기자, 고노에 측근에 있던 도쿄대학 교수 가나이 노보루金井延(1865-1933) 등으로 이루어졌다. 회의 조직의 목적은 1899년 의화단 운동 진압과정에서 러시아의 손에 들어간 만주의 문제를 해결하기 위해 대러 강경〔対露強硬〕의 국민 세론을 환기시키고 그것을 통해 국민 운동을 전개시켜 정부로 하여금 대러 강경 정책을 취해 나가도록 하는 것이다. 국민동맹회는 1902년 1월 영 · 일 동맹(1902-1923)의 성립, 동년 10월 청 · 러 간의 〈만주환부 조약滿洲還付条約〉 체결이 행해진 것을 계기로 해산되었다.

그런데 러시아가 만주를 청에 돌려주겠다는 약속을 했음에도 불구하고 약속을 지키지 않고 오히려 시베리아 철도를 보호한다는 명목으로 군대를 증파했다. 그러자 일본에서는 대러 강경을 주장하는 목소리들이 나와 전년에 해산된 국민동맹회 회원들을 주축으로 하여, 현양사의 수령인 도야마 미쓰루 등의 후원하에서 대러동지회가 1903년 8월에 결성되었다. 본 회는 일본 정부가 러시아에 대해 〈만주환부 조약〉의 실행을 강하게 추궁해야 하며 외교 교섭으로 결착이 나지 않을 경우 대러전도 불사해야 한다고 주장했다. 본 회의 수뇌부는 국민동맹회의 회원이었던 고무치 도모쓰네神鞭知常(1848-1905), 국민동맹회 회원으로서 당시 제국당 위원장이었던 삿사 도모후사佐々友房(1854-1906) 등으로 구성되었다. 그들은 정부각료들을 방문해 자신들의 주장을 실현시켜 나가도록 압력을 가했다.

(5) 일진회

일진회一進會는 동학당의 일파에 의해 결성된 진보회의 회장 이용구, 독립협회 회원 일부에 의해 결성된 유신회와 회장 윤시병 등이 1904년 12월 결성한 친일 단체로 알려져 있다. 그러나 일진회의 결성 경위를 면밀히 검토해 보면 러·일 전쟁의 주전론자로 당시 헌정본당 소속의 중의원 의원이었고 일본의 국가주의 단체 대러동지회의 위원장이었던 고무치 도모쓰네의 지도하에서 결성되었던 것으로 고찰된다.

그는 1904년 2월 10일 러·일 전쟁이 발발하고 그로부터 13일 만에 일본이 한국에 대해 군사 지배·내정 지배를 행할 단서가 된 〈한일의정서韓日議定書〉가 체결되자 "5월 초에 십수 명의 수행원을 대동하고" 조선으로 건너왔다. 그는 고종 황제를 비롯하여 많은 조선 정치가들을 만나게 된다. 그때 그는 사세 구마테쓰佐瀨熊鉄(1886-1929)라는 자를 통해 송병준을 접하게 된다. 사세 구마테쓰는 명성황후 시해 사건에 연루되어 조선에서 추방되었다가 후쿠시마福島에서 중의원에 당선되어 헌정본장에 소속해 고무치와 함께 대외강경론을 주장했던 자로 러·일 전쟁이 발발하자 조선에 건너와 있었다.

송병준宋秉畯(1858-1925)은 함경남도 출신으로 서울에 올라와 당시 세도가 민영환의 식객으로 있다가 무과에 급제, 사헌부 감찰을 지냈다. 그는 갑신정변 후 밀령을 받고 김옥균을 암살하러 일본에 건너갔다가 도리어 그의 정신에 감화되어 동지가 되었다. 그는 귀국 후 구속되었으나 민영환의 주선으로 풀려나 여러 관직을 역임하다 조정의 요주의 인물로 주목받아 다시 일본으로 망명했다. 야마쿠치겐山口県에서 살다가 러·일 전쟁 발발 후 일본군의 통역으로 귀국해 있었을 때 고무치에게 "일본에 의지하여 한국의 독립을 보존하는 기관으로 일종의 정당 같은 것을 조직하자"는 제안을 했고, 그 조직의 자문과 조력을 부탁했다.

그 후 고무치는 몇 차례 송병준과 만났고 진보회 회장 이용구와도 만나게 된다. 그러고 나서 송병준은 당시 공사관의 하기와라萩原 서기관, 사이토 주한 참모 등의 종용으로 그해 12월 2일 유신회와 진보회를 모체로 해서 일진회를 결성시킨 후 고무치에게 통지한다. 일진회가 결성되자 고무치의 대러동지회 멤버 모치즈키 류타로望月龍太郎·가미야 다쿠오神谷卓男(1872-1929)·사세 구마테쓰 등이 일진회의 고문역을 담당하게 된다. 한국 정부는 그렇게 해서 결성된 일진회가 반정부 단체라는 사실은 알고는 있었지만 사령부 출입이 가능한 송병준과 같은 인물에 의해 결성되었기 때문에 그 단체의 배후에 일본군이 있다고 생각한 나머지 단속할 수가 없었다.262■

262■ 그러면 여기에서 1904년 12월 2일에 결성된 일진회의 모체였던 유신회와 진보회가 어떻게 결성되었으며 그것이 어떻게 합쳐졌는지에 관해 고찰해 보기로 한다. 유신회의 조직은 1904년 8월 18일 유학주兪鶴柱라는 사람에 의해서였는데, 그것은 이틀 뒤 독립협회 계열의 윤시병尹始炳이 흑룡회의 후원을 얻은 송병준과 함께 만들었던 일민회一民會와 합쳐져 일진회로 개칭되었다.

당시 진보회와 합치기 전의 일진회('전 일진회'라 칭해 볼 수 있다)는 친러의 입장을 취하는 정부에 대해 비판적 입장을 취했고, 결성 단체의 중심인물 중에는 일본군의 배후 조정을 받는 송병준이 있었다. '전 일진회'의 회장은 독립협회 계열의 윤시병이었지만, 사실상 이 단체의 실제적 설립자는 당시 주한 일본군 사령부의 통역을 담당했던 송병준이었다. 그는 "러·일 전쟁 때 한국인을 일본군에 협력시키기 위해 전 독립협회 회원에게 접근하여 윤시병을 전면에 내세워 '전 일진회'를 만들었던" 것이다.

일진회의 또 하나의 모체 진보회는 동학 계열로부터 나온 단체이다. 동학은 동학혁명 이후 반정부적 종교 조직으로 친러 정부로부터 심한 탄압을 받던 단체였다. 그러한 정치적 상황에서 러·일 전쟁이 일어났을 당시 동학교주 손병희는 일본에 망명해 있었는데, 그는 1904년 2월 교토부京都府를 통해 일본에 군사비 1만 엔을 기부하는 한편, "3월에는 이용구를 비롯한 동학지도자 40여 명을 도쿄로 불러 친일적 정치결사인 민회民會의 설립을 도모"하게 된다. 이용구 등은 귀국해 "친일의 상징으로 단발을 단행하고", "3월 하순에서부터 평안도를 중심으로 대동회를 조직해" 갔다. 그러다가 그해 9월에 대동회를 진보회로 개칭해서 동학조직을 이용해 전국 각지에서 친일노선의 진보회를 결성하였다가, 송병준의 권고로 그해 12월 2일 윤시병이 회장 직을 맡고 있는 '전 일진회'와 일진회란 이름으로 합동하게 됐었던 것이다(강창일, 《근대 일본의 조선 침략과 대아시아주의 — 우익 낭인의 행동과 사상을 중심으로》, 역사비평사, 2002, 204-205, 215면).

(6) 유린회

도야마 미쓰루, 오가와 헤이키치小川平吉(1869-1942), 이누카이 쓰요시犬養毅 등이 신해혁명(1911)의 준비과정에서 1905년 조직한 단체이다. 도야마는 러·일 전쟁 시 대러동지회에 참가해 대외강경 입장을 취해 현양사 사원을 만주 의용군에 파견하는 등 일본의 아시아 팽창 정책을 재야에서 추진시켰다. 한편 그는 조선·중국·인도 등의 독립 내지 혁명파의 정치가들을 지원·보호했다. 특히 그는 쑨원, 김옥균, 비하리 보스와 친교를 맺어, 쑨원에 대해서는 쑨원의 중화동맹회 설립 시(1905) 동지들과 유린회를 조직해 재정 원조를 해 주었고 다수의 일본인 낭인들을 중국 혁명에 투입시키는 것을 도왔다. 혁명이 발발하자 혁명당 원조를 위해 이누카이와 함께 상해로 건너가 귀국한 쑨원을 영접했고, 쑨원이 최후로 일본을 방문했을 때는 고베神戸까지 나갔다. 그의 그러한 행동은 메이지 일본의 국가주의와 그것의 기초를 이루는 아시아주의의 차원에서 이해될 수 있다.

오가와 헤이키치도 러·일 전쟁 중에 송병준, 이용구 등과 친교를 맺어 한일합병에 전력을 쏟았다. 1905년 〈러·일 강화 조약〉 체결 시에는 그 강화 조약에 불만을 표시해 강화문제동지회를 조직해 히비야 화공日比谷火攻 사건의 발단을 일으켰다. 그는 중국 동지와 유린회를 조직해 남방 혁명파를 원조했다. 이누카이도 러·일 전쟁 시 아시아주의에 기초해 대외강경対外強硬의 입장을 취했던 자로서 유린회에 참석해 중국 혁명을 도왔다.

(7) 낭인회

낭인회浪人会는 1908년 다나카 히로유키田中弘之가 제창해 도야마 미쓰루, 미우라 고로三浦梧楼, 사사키 야스고로佐々木安五郎 등을 중심으로 창립되었다. 그것은 현양사의 별동대別動隊이기도 했다. 낭인회는 처음에는 일종의 클럽이었는데, 1918년 우치다 료헤이가 실행 단체로서 재발족시켰다. 다이쇼大正 초기의 데모크라시 풍속에 반발해 국가주의적 세론을 환기시킬 목적으로 '오사카아사히신문 응징 운동'을 일으켰고, 동회의 행동을 비난한 잡지《일본 및 일본인》에도 공격을 가했다. 이런 동회의 행동을 요시노 사쿠조吉野作造가 동년 11월호의《중앙공론中央公論》지면상에서 철저하게 공격하자, 낭인회 측은 요시노에게 입회연설회의 개최를 요구해 요시노 대낭인회의 입회 연설회가 행해졌다. 청중의 지지가 요시노 쪽으로 몰림에 따라 낭인회는 회로서의 현저한 행동을 더 이상 보이지 못하고 쇠퇴의 길을 걷게 된다.

(8) 대지연구회와 대지연합회

우치다 료헤이가 1913년 7월 간다神田에서 오에 다쿠大江卓(1847-1921), 오타케 간이치大竹貫一(1860-1944), 다가와 다이키치로田川大吉郎(1869-1947) 등 300여 명을 규합해 결성했다. 그들의 결성 목적은 '만주 문제의 해결'을 호소하기 위한 것이었다. 그런데 대지연구회対支研究会는 2개월 이내에 만주에서 활동했던 가와시마 나니와川島浪速(1866-1949)를 비롯한 12개 단체가 참가하여 대지연합회対支連合会로 발전해 나와 '만주 문제의 근본적 해결'을 촉구하는 등 정부를 압박했다.

그들이 말하는 해결이란 만몽滿蒙 경영의 실권을 장악하는 것으로서 정작 일본이 러·일 전쟁에서 승리했음에도 불구하고 손에 넣어야 할 것도 넣지 못한 채 전승의 의의를 몰각시키고 말았다는 것이다. 그들은 그러한 입장에서의 세론 환기를 위해 각지에서 연설회를 개최했다.

3. 국가주의 단체들의 국가주의 운동

1) '대일본협회'의 '일본주의' 사상 운동

일본은 청·일 전쟁에서의 승리를 계기로 해서 제국주의적 입장을 취해 해외 진출을 추진해 나갔다. 일본의 그러한 해외 진출의 추진은 삼국 간섭을 계기로 한층 더 구체화되었다. 그러한 구체화 과정에서 일본이 제국주의 국가로서 정립될 수 있는 사상이 창출되었는데, 그것이 다름 아닌 '일본주의'라고 하는 사상이다. '일본주의'라고 하는 말은 도쿄 제국대학 철학과 출신으로 도쿄대의 문과대학 출신자들의 회합 '제국문학회'의 기관지《제국문학》의 편집위원이었던 다카야마 조규가 1897년 6월에 종합잡지《태양太陽》(1895.1- 1928.2)에 발표한 논문〈일본주의를 찬양한다日本主義を賛す〉에 처음 등장했고 같은 달 결성된 '대일본협회'의 기관지《일본주의》를 통해 일반화되었다.

'일본주의'는 일본이 청·일 전쟁 후 제국주의로 전환해 나가는 과정에서 형성된 사상으로서 한마디로 일본의 황조皇祖를 시조로 하는 일본의 건국정신을 중핵으로 하여 일본을 제국주의 국가로 정립하고자 하는 지도이념으로 이해될 수 있다. 이 일본주의는 일본의 건국 신화를 기초로 해서 성립되었다는 점에서 1880년대 말과 1890년대 초〈대일본제국 헌법〉과〈교육칙어〉가 공포됐을 당시 일반화되어 있었던 '국수 보존주의国粋保存主義'와 구별된다.

당시 일반화되었던 '국수 보존주의'는 정치적으로 '불평등 조약 반대'의 운동이 행해지면서 구미와 대등한 독립국 실현의 주장들이 의식화, 사상화된 것이다. 그것은 특히, 1882년부터 행해진 이노우에 가오루의 조약 개정 교섭 과정에서 국권주의자들이 서양 문화에 대한 맹목적 숭배를 배격하고 일본 문화의 순수성을 보존해야 한다고 주장한, 일종의 사상 운동이었다. 그러한 사상 운동을 한 인물들과 기관들은 '정교사政教社'(1888년 결성)의 기관지《일본인日本人》

(1888-1906)의 멤버들, 즉 미야케 세쓰레이, 도쿄대 전신 개성학교 출신 시가 시게타카 등을 비롯하여 구가 가쓰난과 그의 주재신문《일본》(1889-1914) 등이었다. 만일 이들의 사상 운동이 '국권주의' 운동으로 일컬어질 경우 '일본주의' 사상 운동은 '국가주의' 운동으로 일컬어질 수 있고, 또 전자가 '국가주의' 운동으로 일컬어질 경우 후자는 '국가 지상주의' 운동으로 일컬어질 수 있다.

'일본주의' 사상 운동은 다카야마의 논저들과 대일본협회의 주요 멤버 기무라 다카타로(도쿄제국대학 철학과 졸업)의《일본주의 국교론》(1898) 등을 통해 전개되었다. 1901년 이후 대외강경파가 대두해 사회적 분위기를 전쟁 분위기로 전환시켜 나가는 한편 사회주의 운동이 형성됨에 따라 지식 청년들의 사상적 관심이 국가로부터 떨어져 나오게 되어, 결국 일본주의 사상 운동은 국가주의적 국민교화 정책이라든가 국민교육으로 실천되었다.

2) 동아동문회의 동문동종 운동

'동아동문회東亜同文会'는 동문동종맹론, 청·일 동맹론을 주창하던 고노에 아쓰마로를 회장으로 추대하여 1897년 봄에 결성되었던 '동문회'에 구가 가쓰난, 후쿠모토 마코토福本誠 등이 아시아의 부흥을 목적으로 하여 그 다음 해 6월에 결성한 '동아회' 등이 모체가 되어 '동문회'가 결성된 그해 11월에 결성되었다.

중국의 문제에 대해 관심을 집중했던 최초의 단체는 '흥아회興亜会'란 단체이다. 그것은 태정관太政官의 대서기관을 거쳐 학습원 원장이 되었고 그 후 제국대학의 창립과 함께 총장에 취임했던 와타나베 고키渡辺洪其(1847-1901) 등에 의해 1880년 3월 도쿄에서 결성되었다. 흥아회의 창립 목적은 "아시아를 부흥시키기" 위한 한 방안으로 "흥아주의 사상을 고취하"는 것이었는데, 후에 동문회 창립 시 흥아회가 합병됨에 따라 이 "회의 정신은 동문회에 계승"되었다.[263] 흥아회의 발기인 와타나베 고키가 당시 '흥아주의 사상'을 주창했던 것은 "구미 숭배 사상이 성행"함에 따라 "동양인의 자굴自屈적 태도를 경계"하기 위해서였던 것으로 그의 '흥아회' 창립은 "동아시아 문제에 대한 일종의 정신 운동"의 기점으로 평가되고 있다.[264]

흥아회의 사업은 일본 최초의 중국어학교라 할 수 있는 '흥아학교'를 설립해 학생들에게 중국어를 가르치는 것이었다. 그런데 그 학교는 중국 문제의 선각자들, 가와시마 나니와, 미야지마 에이시宮島詠士(1867-1943) 등을 비롯한 많은 중국 낭인들을 배출했다. 그 후 흥아회는 1883년 1월에 와서 '아시아협회亜細亜協会'로 개칭되었다. 1890년 1월에는 1870년대 중반에 중국에서 최초로 낭인 단체를 결성했던 오자와 가쓰로小沢豁郎, 시라이 신타로白井新太郎 등이 귀국해 아시아협회를 기초로 해서 '동방협회'를 결성했다. 그들은 1873년 정권대사로 청국에 갔다가 귀국후 정한론을 제창하고 1888년 이후 추밀원 고문관이 된 소에지마 다네오미를 감리자로 하여, 고노에 아쓰마로, 오이 겐타로, 시가 시게타카 등을 창립멤버로 받아들였다. 동방협회는 처음에는 동아시아 및 남양 각지에 관한 지리, 상황商況, 병제兵制, 국제 사정, 역사 등을 조사 연구할 목적으로 결성되었다. 협회는 1891년에 동회로부터 회원 한 명을 조선에 파견하였는데, 회원들이 해외에서 그러한 것들을 조사 연구하기 위해서는 우선 탐방해야 하고 또 그 탐방 지역의 언어를 배워야 하기 때문에 1892년 1월에 간다神田에 러시아 학교를 창립했다.

고노에 아쓰마로의 '동아동문회'의 창립 정신은 그의 학습원장 선배인 와타나베 고키의 '흥아주의 사상'과 대륙 낭인들의 '동방협회'의 창립 정신 등을 기초로 해서 성립되었다고 볼 수 있다. 그는 "청·일 전쟁 전부터 동아시아의 대국大局을 깊이 우려해 연구를 게을리 하지 않았는데, 전쟁 후 삼국 간섭을 접하고, 또 서구 열강이 중국 분할에 야심을 가지고 동방을 침략하는 것을 보고 이것에

263■ 黒竜会 編『東亜先覚志士記伝(上巻)』(原書房, 1966), 416頁.

264■ 黒竜会 編『東亜先覚志士記伝(下巻)』(原書房, 1966), 206頁.

깊게 분개해 그 후 그것에 대한 대책에 고심하다가 결국 동아시아의 보전을 동아시아 각국의 제휴 협력에 의해 서구 침략의 힘에 대항해 갈 수밖에 없다는 생각"에서 '동아동문회'를 창립시키고 기관지《동아시론》등을 통해 '청 · 일 동맹론'을 주창함으로써 동문동종 운동을 전개시켜 나갔던 것이다.[265]

'동아동문회'가 결성됐던 1897년 11월은 당시 중국에서는 열강들이 조차지租借地를 획득해 가고 있을 때였다. 일본은 1895년 러시아가 주도한 삼국 간섭으로, 청 · 일 전쟁의 승리 대가로 취한 요동반도를 중국에 돌려주었다. 그 대가로 러시아는 1896년 6월 "일본이 러시아를 침략하면 중국은 러시아에 육 · 해군을 지원한다. 중국은 흑룡강과 길림성을 거쳐 블라디보스토크로 통하는 철도 부설권을 러시아에 허락한다"는 등의 '중 · 러 밀약'을 체결하고, 1897년 독일은 교주만을 강제로 점령해 99년간 조차하게 되었고, 러시아도 여순과 대련을 점거해 25년간 조차하게 되고, 그 다음 1898년 6월에는 영국이 홍콩의 구룡九龍반도를 99년간 조차하게 된다. 이러한 상황에서 '동아동문회'가 결성되었던 것이다.

'동아동문회'는 경제 · 교육 · 문화 활동을 통해 중 · 일 유지의 제휴를 기도했고, 또 '중국의 자강', '혁명 지원', '청조 지원'을 위한 한 방안으로 '중국 · 조선의 개선 조성'을 위해 중국 · 조선의 시사연구 등을 행했다. 한편 '동아동문회'는 '동아동문서원'이라든가 '도쿄동문서원' 등과 같은 교육사업이라든가《동아시론》등과 같은 출판사업을 행해 나갔다.

'동아동문서원'은 1900년 5월 '남경동문서원'으로 남경에서 개설되었는데, 의화단 사건의 영향을 받아 상해로 이전해 1901년 5월부터 동아동문서원으로서 본격적으로 출발하였다. 개설 취지는 중국을 부강시키고, 중 · 일 간의 우호협력의 기초를 확고히 하는 데 필요한 중 · 일의 인재를 양성해 '동아동문회'의

265 ■ 위의 책, 562頁.

목적 '지나보전支那保全'을 실현하는 것이었다. 본교는 전문학교의 형태를 취하고 있었으며, 일본 정부의 보조금에 의해 운영되고, 학생은 각 후겐府県으로부터 파견되었다. 본교는 1902년부터는 도쿄 간다의 '도쿄동문서원'을 개설해 그곳에서 청국 유학생을 받아들였다. 1920년부터 상해의 동아동문서원에서 중국인 학생의 교육도 하게 되었고, 1939년에는 대학으로 승격되었다가 패전과 함께 현지에서 자연 폐지되었다.

3) 국민동맹회의 대외 강경 운동과 대러동지회의 대러 개전 운동

대외강경 운동이란 정부가 대외강경 정책을 취해야 한다는 정치 운동을 가리킨다. 1900년대로 접어들어 대외강경 운동을 주도했던 세력은 국가주의자들을 주축으로 결성된 국민동맹회였다고 할 수 있다. 국민동맹회는 앞에서도 언급했듯이 1900년 9월 '동아동문회'를 모체로 해서 결성된 재야 정치 단체이다. 국민동맹회는 의화단 사건(북청 사건)을 계기로 러시아 제국주의자가 대병大兵을 이끌고 만주로 진출해 만주의 각지를 점령하자 이에 분개해 '지나보전'을 주창했던 '동아동문회'가 사회 각계의 인사들을 결집시켜 결성한 단체이다. 국민동맹회는 지방유세를 통해 '지나보전'의 대의를 피력해 가면서 대외 세력, 특히 러시아 제국주의에 대해 정부가 강경 정책을 취할 것을 주창했던 것이다.

그러한 상황에서 이토 히로부미 등의 '한만교환론韓滿交換論' 등과 같은 러·일 협상론이 움직이기 시작하였고 만주에 관한 청·러 밀약설도 흘러나왔다. 그러한 상황에서 영국과 일본이 러시아의 중국 진출에 대항해 1901년 1월부터 교섭이 시작되어 1902년 1월에 영·일 동맹이 결성되었다. 러시아는 청과 1902년 10월 〈만주환부 조약〉을 체결하여 청에게 동북삼성을 돌려준다는 약속을 하였다. 상황이 그렇게 되자 국민동맹회는 1903년 4월에 해산하였다. 그러나 러시아는 청과 맺은 〈만주환부 조약〉을 이행하지 않았다. 기간 내에

철군하지 않을 뿐 아니라, 시베리아 철도의 동쪽과 서쪽이 연결되자 오히려 철도를 보호한다는 명목으로 군대를 증파했고, 한술 더 떠서 청에게 "동북삼성은 러시아 감독하에 두며 다른 나라의 간섭을 허락하지 않는다" 등의 7개항을 요구했다.[266] 그러한 소식이 일본에 알려지자 대외강경파들은 러시아의 만주파견군의 철수 기간의 만료시점인 1903년 4월 8일 대외동지회 대회를 개최했고, 같은 해 8월에는 대러동지회를 결성해 전국 각지에서 연설회를 열었다. 대러동지회가 주창했던 것은 러시아군의 중국 동북부로부터의 철퇴, 개전도 불사할 각오하에서의 대러 강경 외교, '지나보전' 등으로서, 그러한 주창을 통해 대러개전세론 환기 운동을 전개했던 것이다.

4) 현양사의 국가주의 운동과 명성황후 시해 사건

일본은 1894년 7월 청·일 전쟁을 일으키기 직전 조선 정부에 내정개혁안을 제출하면서 같은 해 8월 친일파를 움직여, 청을 배경으로 세를 과시하고 있던 민씨 일파를 몰아내고, 대원군을 섭정으로 하고 김홍집을 수반으로 하는 친일파 혁신 내각을 조직하도록 했다. 그 후 일본은 전쟁이 일본 쪽에 유리해 지자 학습원장 출신의 오도리 게이스케大鳥圭介(1832-1911) 공사를 외상·내상 출신의 이노우에 가오루로 교체한다. 우선 이노우에 공사는 같은 해 10월, 동학당을 선동하고 청나라와도 기맥이 통해 있다는 혐의를 씌워 대원군을 몰아내고, 그해 12월에 갑신정변으로 일본에 망명해 있던 박영효, 서광범을 귀국시켜 입각하게 해서 정부의 친일적 성격을 강화시켜 나갔다. 청·일 전쟁은 일본의 승리로 1895년 3월에 끝나 4월 17일에 〈시모노세키 조약〉이 체결되었는데, 동월 23일에 러시아 주도하에 '삼국 간섭'이 행해졌다. 일본이 러시아가 주도한

---

266 ■ 辛勝夏,《中国近代史》(大明出版社, 1993), 270頁.

삼국 간섭에 응함에 따라 결국 그해 5월 일본에서 요동반도 반환의 칙소가 내려지자 조선의 조정 내에 새로운 변화가 일어났다.

친청반일적 입장을 취했던 왕실의 민씨 세력이 러시아를 끌어들여 일본 세력을 몰아내려 했던 것이 그 일례였다. 그 결과 동월 친일파의 거두 군부대신 조희열이 파면되고, 명성황후가 러시아공사 웨베르를 불러들여 국정을 상담하는 일 등이 있어났다. 그러한 과정에서 이노우에 공사가 강력 추천해 김홍집 내각에 내무대신으로 입각했던 박영효朴泳孝가 조선의 일본으로부터의 자주독립 노선을 분명히 함에 따라 이노우에 공사와 대립하다가, 결국 그해 7월 6일 고종 폐위 음모의 혐의로 축출되어 그 다음 날 일본으로 망명하게 된다. 조선에서 박영효에게 그러한 사건이 일어나기 직전 이노우에 공사는 일본으로 건너가 7월 2일 일본의 각의에 '장래의 대한對韓 방책', 구체적으로 말해 "차관이라고 하는 미끼로 매수하여 왕비를 위시한 왕실의 러시아 접근을 차단"할 것을 제시하였다.[267]

그러나 그의 그러한 '대한 방책'은 받아들어지지 않았고, 그가 일본에 체류하는 동안 그의 후임에 미우라 고로(1846-1926)의 내정이 이루어진다. 그것은 첫째, 이노우에가 각의에서 제시한 '장래의 대한 방책'이 받아들여지지 않았다는 의미이고, 둘째, 이노우에 공사의 후임에 미우라 고로라고 하는 예비역 육군중장이 내정되었다는 것은 조선 조정에서의 명성황후 제거를 통해 문제를 해결하겠다는 계획이 세워졌다는 의미이기도 했다. 당시 일본의 정부는 제2차 이토 히로부미 내각(1892.8-1896.8)하에 있었는데, 당시의 내각 총리 이토 히로부미는 이노우에 가오루 공사가 태어난 조슈 하기한長州萩藩 출신으로 1863년 하기한 유학생으로, 이노우에 가오루와 함께 도영渡英했던 자이다. 그는 1885년 내각 제도를 창설해 초대 총리가 되어 메이지 정부의 실권을 장악했는데, 그때

267■ 강창일, 앞의 책, 112면.

이노우에는 외상으로 그 내각에 참여하였고 제2차 이토 히로부미 내각 때는 내상을 하다가, 일시 총리까지 지냈다. 따라서 당시 일본 정부의 주도권은 사실상 이토와 이노우에의 손에 있었다. 이런 점을 감안해 봤을 때, 이노우에의 공사 후임에 미우라 고로가 내정된 것은 이토와 이노우에와의 합의에 의한 것임에 틀림없다고 말할 수 있다.

미우라 고로는 어떠한 인물이었던가? 그는 조슈한 출신으로 세이난 전쟁 등에 종군해 공을 세워 육군 중장이 되었으나, 도구渡歐 후 급격한 군부 개혁을 주장했다. 그러다가 예비역으로 편입되어 1890년 귀족원 의원에 칙선된 자였다. 그러면 여기에서 그해 7월 2일 이노우에가 각의에서 '장래의 대한 방책'을 제의한 후 동월 22일 미우라가 주한 일본 전권 공사로 내정되기까지 한국과 일본의 정계에서는 어떠한 일들이 벌어졌었는지를 고찰해 볼 필요가 있다.

우선 7월 6일에는 친일파 박영효 내무대신이 조선에서 실각되는 사태가 벌어졌고, 또 당시 러시아가 대청 차관 협정에서 독일을 배격함에 따라 사실상 삼국협력이 붕괴된다.

동월 8일 일본에서는, 당시 현역 육군 대장으로서 이토 내각하의 법상法相이었고 한때 육군상을 겸했었던 야마가타 아리토모가 그해 6월 5일부터 폐병으로 도쿄 인근의 오이소大磯에서 요양 중이던 당시 외상 무쓰 무네미쓰陸奧宗光(1844-1997)에게 "각의에서 결정되는 대로 단행하시기를 희망한다"는 내용의 편지를 보냈다.[268] 무쓰 외상은 1890년 야마가타 내각 때 농상무상農商務相을 지냈던 자였다. 그들 간에 있었던 그 편지의 내용으로 짐작해 보면 당시 무쓰 외상이 각의에서 '대한 방책'에 대해 어떠한 입장을 제시했는지는 한마디로 말할 수 없다. 그러나 야마가타가 외상 무쓰에게 "각의에서 결정되는 대로 단행하시기를 희망한다"는 입장을 표명했다고 한 것은 틀림없다. 그렇다면 그 '단

---

268 ▪ 《동아일보》 문화 · 생활면(2006. 6. 5).

행'이란 어떤 것이었는가? 그러한 편지가 오고간 지 14일 만에 이노우에 공사 후임으로 미우라가 내정되었던 것이다. 그래서 9월 1일 미우라는 주한 일본공사로 부임하게 되었고 부임한 지 1개월 7일 만에 명성황후가 일본군과 일본 낭인에 의해 살해되었다.

그렇다면 당시 일본의 정계에서의 이노우에의 명성황후의 회유라고 하는 대한 방책을 그의 제거라고 하는 강경책으로 전환시킨 세력이 바로 당시 야마가타 육상陸相임을 파악할 수 있다. 그는 이토, 이노우에 등과 같은 조슈한 출신으로 1869년 도구渡歐해서 군제軍制를 정찰해 귀국하여 군제 개편을 담당했다. 1874년에는 사가의 난을 진압해 참의가 되어 메이지 정계의 중추를 차지하게 된 자였다. 이토가 1885년 태정관제太政官制를 버리고 내각제를 창설해 제1차 이토 내각을 조직했을 때 현역 육군 중장으로 내무상內務相 자리를 차지한 후 〈보안조례법〉을 공포해 민권 운동을 탄압했던 자이기도 했다. 그 후에는 법상, 추밀원의 장을 역임했다. 청·일 전쟁 때는 제1군을 이끌고 출정하기도 했다. 그는 제1차 이토 내각 다음의 구로다 기요타카 내각의 뒤를 이어 야마가타 아리토모 내각(1889.12-1891.4)을 성립시켜 〈교육칙어〉 등 천황제 확립의 강화에 노력했던 인물이었다. 그는 육군의 최장로最長老로서 군뿐만 아니라 정관계에 막강한 세력을 휘어잡고 있던 자이기도 했다. 한마디로 정리해 보건대, 이노우에가 제시한 명성황후의 회유책이라고 하는 대한 방책을 그의 제거라고 하는 대한 강경책으로 전환시켜 놓은 자가 다름 아닌 이토 내각의 야마가타 리토모 육군대장이라는 것이다.

그렇다면 이 명성황후의 시해 사건은 당시의 국권주의자들의 국권 운동과 어떻게 관련되어 있었던 것인가? 이노우에 공사가 자신의 후임으로 무인 출신 미우라 고로를 천거한 것은 7월 10, 11일이고, 그가 정식으로 이노우에 후임에 내정된 것은 동월 22일이었다. 그는 8월 17일 정식 임명을 받아 9월 1일 서울에 부임했다. 그가 이노우에 후임으로 천거된 시점에서부터 "정식 임명을 받은 후 조선으로 출발하기 직전까지 아타미熱海의 별장에 머물면서 많은 조선 문제 전문가들과 회합을 갖고 나름대로 치밀한 계획을 준비했다. 그런데 문제는 이들 문제 전문가들 중에 '열렬한 대륙 침략자들로서 현양사나 국권당国權党 회원들이 있었'는데, 그중에는 다니 간죠谷干城나 시바 시로柴四郎 같은 정치가들이 있었다"269■ 는 것이다. 현양사는 1881년 정변을 계기로 후쿠오카 지역에서 민권 단체에서 국권주의 단체로 전환해 나온 정치 단체였고, 국권당도 동년에 구마모토熊本에서 민권 단체 '상애사相愛社'로부터 분리해 나와 국권주의 단체로 전환해 나온 정치 단체였다. 이들 두 정치 단체의 인사들은 대외강경파의 입장을 취해 조선 낭인들을 배출해 왔고 청·일 전쟁 때에는 '천우협天佑俠' 등과 같은 단체들을 통해 암약했던 자들이었다.

다니 간죠谷干城(1837-1911)는 육군 군인 정치가로서 육군사관학교 교장(1880), 학습원 원장(1884) 등을 역임했던 자로서 미우라 고로 등과 월요회를 조직해 육군 주류파의 야마가타 아리토모와 대립적 입장에 있다가 육군을 떠났던 자로서 1885년 제1차 이토 내각에 농상무상農商務相으로 입각했다가 유럽 시찰 후인 1886년 이노우에 외상의 조약 개정안과 서구화주의에 반대해 사직한 후 줄곧 국수주의 입장을 취해 갔던 자였다.

시바 시로(1852-1922, 東海散士)는 하버드대, 펜실베니아대 등에서 경제학을 연구해 1885년 귀국해서 정치소설《가인의 기우佳人之奇遇》(1886-1897)를 저술했던 자로서 당시 정부의 서구화주의를 비난하고 국권신장을 주장했다. 그는 1892년 이후 헌정본당의 중의원 의원으로 활약했던 자이기도 했다. 당시 전권공사로 내정된 미우라는 "조선 낭인들과 친교가 깊었던 시바를 참모로 활동시켜" 조선 문제 해결을 위한 치밀한 계획을 세웠었는데, 당시 시바가 조선 문제 해결을 위해 상의했던 자들은 동학 혁명 당시 '천우협'를 통해 민씨 정권을 타도

269■ 강창일, 앞의 책, 119면.

하기 위해 농민들과 접촉했었던 다케다 한시武田範之(1863-1911), 현양사에 들어가 1889년 당시 외무대신 오쿠마 시게노부에게 폭탄을 던진 사건과 관련해 형과 함께 투옥된 바 있던 가지카와 히카루梶川光(1862-1910) 등이었다. 다케다는 명성황후 시해 사건과 관련해 체포되었다가 풀려나, 흑룡회 결성에 참가했고, 그 후 한·일 합방 운동을 일으켜 갔던 자다. 가지카와는 출옥 후 현양사의 도야마 미쓰루로부터 가르침을 받아 1895년 조선으로 건너가 명성황후 시해 사건에 관여해 재차 투옥됐었는데 무죄로 풀려나 러·일 전쟁부터는 탄광을 경영했다.

이와 같이 명성황후 시해 사건은 청·일 전쟁 직전부터 조선에서 암약했던 국권주의 단체 현양사 출신의 국가주의 운동자들이 조선 문제의 해결 방법으로 제시한 아이디어를 군인 출신의 정치가들과 현양사 출신의 국가주의자들이 협작해 일으킨 사건으로서 삼국 간섭 이전 국권주의 운동권 세력들이 삼국 간섭을 계기로 국가주의 운동권 세력들로 전환해 나와 일으켰던 최초의 국가주의 운동의 한 예라 말할 수 있다.

5) 대러동지회의 대외강경 운동과 러·일 전쟁

러시아는 1902년 4월 중국과 〈만주환부 조약〉을 체결해 그동안 러시아가 중국 동북 지방에 투입시킨 병력을 두 차례에 걸쳐 철병시키기로 했다. 그러나 러시아가 그 약속을 지키지 않자, 국권주의 단체 '현양사'의 도야마 미쓰루, 국가주의 단체 '흑룡회'의 우치다 료헤이 등을 주축으로 한 일본의 대외 강경론자들이 제2기 철병 기한인 1903년 4월 8일 대외 동지회 대회를 개최하여, 일본 정부가 러시아에 대해 〈만주환부 조약〉의 실행을 강하게 압박해야 하고 만약 외교 교섭으로 결착이 나지 않을 경우 '대러 개전(対露開戦)'도 불사해야 한다고 주장했다.

동년 7월에 가서는 대외 동지회 대회가 '대외강경파 연합위원회'로 발전되어 갔고, 또 그다음 8월에는 '대러동지회'란 명칭으로 불리게 되었다. 4월 '대러동지회 대회'의 단계에서는 정당 세력들은 참가하지 않았으나 7월의 '대외강경파 연합위원회'의 단계에서는 입헌정우회立憲政友会 소속의 정당·정파를 제외한 대부분의 정당·정파들이 참가하였다. '대러동지회'란 명칭으로 불린 이후부터는 그것이 '대러개전세론'을 환기시켜 나가는 일에 대외강경 운동의 초점이 맞추어지자 헌정본당, 신문《일본》파는 대러동지회의 운동에 대해 비판적 입장을 취했고, 동년 9월 '히비야 화공' 사건 이후, 대러동지회의 대외강경 운동은 자연 소멸되었다. 그러나 그 운동의 분위기를 타고 동년 6월에 원로·주요 각료의 어전회의에서 정부가 개전 각오의 대러 교섭 방침을 결정하게 되었는데, 결국 그 타결점이 보이지 않자 그 다음 해 2월 8일 인천 앞바다와 여순항 기습을 시발로 러·일 전쟁을 일으켰던 것이다.

6) 흑룡회의 한·일 합방 운동

러·일 전쟁은 개전으로부터 1년 6개월 만인 1905년 8월 미국의 포츠머스에서 러·일 강화회의가 개최되어 그 다음달 9월에 그 조약이 조인됨으로써 끝났다. 앞에서 고찰한 바와 같이, 러·일 전쟁이 행해지는 상황에서 한국에서는 '일진회'라고 하는 친일 정치 단체가 결성되어 일본에 협력했다. 전쟁이 끝나자 일진회는 일본의 보호국화를 지지하는 성명서를 발표하는 등의 일들을 통해 한·일 합방 운동을 전개시켜 나갔다. 그런데, 필자가 여기에서 말하고자 하는 것은 일진회의 그러한 역할을 배후에서 조종했던 자들이 흑룡회 관련자들이었다는 것이다. 원래부터 "흑룡회의 대외론은 대륙 침략 그 자체였는데"[270] 대륙

---

270 ■ 위의 책, 183면.

에서의 흑룡회의 활동은 앞에서 고찰한 바와 같이 대륙에서 정보를 수집하는 정도였고, 그러한 활동은 "1902년부터는 조선을 중심으로 본격적으로 행해"졌다.[271] 그러다가 1903년 가을부터 대러시아전에 대한 분위기가 조성되자, 흑룡회의 창설자 우치다는 러시아 철도 파괴 공작 등의 계획 등을 통해 러·일 전쟁 발발 분위기를 조장시켰고, 전쟁 발발 후부터는《여름의 만주》등과 같은 전쟁용 출판물 간행에 전력했다. 그러한 과정에서 전쟁에서의 승리가 예측되자, 부산에서 일간《조선일보》를 발행하여 전후의 대한 정책을 논했다.[272]

〈러·일 강화 조약〉이 체결되고 그 이듬해 2월에 서울에 통감부가 설치되어 초대 통감으로 이토 히로부미가 부임할 때 그간 이토를 도와 러·일 강화 여론을 환기시켰던 흑룡회의 주간 우치다가 '한국 국상조사 촉탁韓国国状調査嘱託'이라고 하는 직함으로 동행했다. 그는 그때부터 당시 주둔군으로부터 버림받은 처지에 있던 친일 단체 일진회를 통해 한·일 합방 운동을 전개했다.[273] 이는 1909년 12월 4일 '일진 회원 100만 명'의 이름으로 제출한 〈한·일 합방 청원서〉로 가시화되었다.

7) 유린회의 중국 혁명 운동과 낭인회의 반데모크라시 운동

유린회有隣会가 조직된 것은 쑨원孫文의 '중국동맹회中国同盟会'가 결성된 해와 동일한 1905년으로 그것은 현양사의 거두 도야마 미쓰루, 흑룡회의 우치다 료헤이 등이 중국 혁명 운동가 미야자키 도텐 등에 의해 조직되었다. '중국동맹회'는 도쿄의 아카사카구赤坂区에서 결성되었는데 1901년 이후 급증했던 중국의 일본 유학생들을 기반으로 해서 그동안 중국에서 혁명 운동을 전개시켜

271 ▪ 위의 책, 191면.

272 ▪ 위의 책, 193면.

273 ▪ 内田良平「韓日合邦」(竹内好編『アジア主義』筑摩書房, 1971), 205-253頁.

왔던 쑨원이 도텐 등의 알선으로 결성한 것이다. 결성 목적은 청조清朝 타도, 공화국 건설이었다. 중국에서의 혁명 운동이 시작된 것은 청·일 전쟁 패배 이후부터로, 쑨원이 이끌고 갔던 '흥중회興中會' 등도 1895년 전쟁 패배의 분위기 속에서 혁명 운동을 시작했다. 그러나 그 세력들은 미미하기 그지없었는데, 1903년 이후 러시아의 중국의 동북 지역 점령에 대한 반대 운동이 전개되는 과정에서 '화흥회華興會', '광복회光復會' 등과 같은 혁명 단체들이 결성되었다. 1905년 도쿄에서 결성된 쑨원의 '중국동맹회'는 바로 그러한 혁명회들의 결집체의 성격을 띤 것이라 할 수 있다.

미야자키 도텐이 그러한 '중국동맹회'의 결성을 알선했던 이유는 무엇이었던가? 미야자키는 구마모토한熊本藩 출신으로, 구마모토 중학교를 졸업하고 상경해 도쿄전문학교(와세다대학 전신) 영학부에 들어가 수학했다. 그는 1887년 봄 기독교에 입신했고, 그해 봄 귀향해 구마모토영학교熊本英学校 등에서 종교에 의한 구도의 길을 모색한다. 그러한 과정에서 형 다미조民蔵(1865-1928)의 사회 사상의 영향 등으로 종교의 무력함을 느껴 곧 종교를 버리고 또 다른 형 야조弥蔵가 품고 있던 중국 혁명주의에 경도되어 일본의 국적을 버리고 혁명적 아시아주의자가 될 것을 결의한다. 그의 형 야조의 중국 혁명주의는 중국에 아시아 민중의 이상 국가를 세워서 그것을 세계 혁명의 근거지로 삼겠다는 사상이었다.

그는 그러한 사상에 입각해 김옥균과 제휴했고 전쟁 후에는 이민移民을 이끌고 타이에 도항했는데, 과정에서 형이 병사한다. 그 후 그는 1897년 가을 드디어 쑨원을 알게 되어 이후 쑨원의 혁명 운동의 절대적 지지자로 활동하게 된다. 신해혁명이 성공하자 그는 대륙으로 건너가 쑨원의 사업을 도왔다.

그렇다면 도야마, 우치다 등의 국가주의자들이 미야자키 도텐과 같이 '유린회'를 결성해 중국 혁명을 도왔던 이유는 어디에 있었는가? 두 가지 이유에서였던 것으로 분석된다. 첫째는 중국 혁명을 통해 중국의 국력을 강화시킨 후 그 중국과 제휴해 중국의 동북 지역을 점령하려는 러시아를 막아내고 동진하는 서구의 제국주의 세력들과 대결해야 한다는 생각에서였다 할 수 있다. 둘째는 자신들이 도움을 준 쑨원 일당이 중국 혁명에 성공해 중국의 정권을 장악하게 되면 그 정권을 이용해 중국을 요리할 수 있다는 생각에서였다 할 수 있다. 이렇게 봤을 때, 일본의 국가주의자들이 중국의 혁명 운동에 적극 가담한 것은 그들이 한국의 동학농민 운동에 가담해 그 운동의 결과를 통해 조선과 청국의 정계에 파고들어 일본의 대륙 공략의 첨병 역할을 행하려 했던 것과 동일한 목적하에서 이루어졌다고 말할 수 있다.

국가주의자들에 의해 결성된 낭인회의 반데모크라시 운동이 행해졌던 이유는 무엇이었던가? '낭인회'는 '현양사', '흑룡회'의 계통을 이어받아 1908년 결성된 국가주의 단체였는데, 정면에 나서서 '다이쇼 데모크라시' 운동에 반대 운동을 전개시켜 나갔다. 러·일 전쟁 이후 일본이 한국을 점령하게 됨에 따라 국제적 긴장 관계가 완화되었고, 전 세계는 제1차 세계대전 후의 베르사유 체제의 성립에 따른 국제적 협조 분위기가 되었다. 또 그동안의 자본주의의 급속한 발전으로 인한 도시 중간층 및 무산 계급의 정치적, 시민적 자각이 싹트기 시작함에 따라 일본의 국내도 그러한 분위기를 타고 '데모크라시' 운동이 형성되었다. 그 운동의 중심에 있었던 것이 바로 메이지 헌법 체제의 개혁을 목표한 정치 운동이었고, 또 그 정치 운동의 중심에 언론, 집회, 결사 자유의 제도적 보장 운동이 박혀 있었다. 정부는 그러한 운동을 억압해 나갔는데, 정부 편에 서서 '데모크라시' 운동을 저지하려 했던 단체들이 바로 '낭인회'와 같은 국가주의 단체였고, 그들이 일으킨 대표적 사건이 소위 '핫코 사건白虹事件'(1918)이라고 하는 것이었다.

《오사카아사히신문大阪朝日新聞》은 다이쇼 데모크라시 시대로 들어와서 데라우치 마사타케 내각(1916.10-1918.9)을 비입헌 내각으로 비판하고 헌정 옹호 운동을 지지했던, 자유주의 평론가 하세가와 뇨제칸長谷川女是閑(1875-1969)이

라든가 당시 《오사카아사히신문》 논설기자였던 오야마 이쿠오大山郁夫(1880-1955) 등을 옹호하면서 '다이쇼 데모크라시' 운동을 주도했다. 정부는 《오사카아사히신문》이 '시베리아 출병', '쌀 소동' 등과 관련해 데라우치 내각을 비난하고 있을 때, 바로 이때를 탄압의 기회라 생각한 나머지, 1918년 8월 25일에 개최된 '간사이關西신문사·통신사대회'의 보도기사 속의 문구, "흰 무지개가 태양을 가로질러 걸려 있다"(白虹日を貫けり)가 "병란이 일어날 징조를 나타내는 고사성어"라 하여, 그것이 〈신문지법新聞紙法〉의 '조헌문란朝憲紊乱'에 해당한다는 이유로 《간사이신문》을 발행 금지시키려 했다. 그러자 '낭인회'가 《아사히신문朝日新聞》을 공격했고, 회원들이 신문사 사장 무라야마 류헤이村山龍平(1850-1933)에게 폭행을 가한 사건이 발생했다. 이것이 바로 '흰 무지개 사건'이라고 불리고 있는데, 당시 민중 운동과 관련된 신문저널리즘의 전환을 보여 준 상징적 사건이었다.

'낭인회'는 다이쇼 데모크라시 시기 이와 같은 '흰 무지개 사건'에서의 경우처럼 정부의 권력에 편승해 반데모크라시 운동을 행해 감으로써 국가주의적 세론을 환기시켜 나갔던 것이다.

8) 대지연구회와 대지연합회의 만몽 독립 운동

'만몽滿蒙'이란 현재 중국의 동북삼성 지역과 내몽골 지방을 가리키는 일본 측 호칭이다. 일본은 러·일 전쟁에서의 승리 대가로 러시아로부터 남만주에서의 지금의 요녕성遼寧省의 요동遼東반도인 간토슈関東州의 조차권租借權, 남만주철도(満鉄, 장춘長春-여순旅順)의 경영권 등의 권익을 획득했다. 그 후 신해혁명辛亥革命 등에 대응해 1912년 제3차 러·일 협정에서 일본의 세력 범위가 동부 내몽골로 확장됨에 따라 일본에서 '만몽'이라고 하는 말이 일반적으로 쓰이게 되었다. 그러한 시점에서 중국에서의 일본인들 사이에서는 군부와 대륙 낭인을 중심으로 '만몽 독립'이라는 음모가 계획되었다.

그러한 계획은 1-2차에 걸쳐 행해졌다. 러시아로부터 그러한 권익을 획득한 후부터 남만주와 내몽골의 독립적 지배를 목표로 해 오던 군부의 참모 본부와 대륙 낭인들은 청조가 멸망하자 종사당宗社党에 참가해 혁명에 반기를 들었던 숙친왕肅親王(1866-1922)을 옹호해 만주에서 독립 정권을 만들고, 또 몽골왕에게 자금과 무기를 부여하여 중국으로부터 몽골을 독립시킨다는 계획을 세워 실행해 갔다. 그러나 그 실행 단계에서 일본 외무성의 반대와 만주의 군벌 장쭤린張作霖과의 대립적 관계가 형성됨에 따라 그 실행을 위한 거병擧兵이 중지되었다.

제1차 세계대전이 일어나자 일본 정부는 새로운 차원에서 중국 침략 정책을 추진하는 과정에서 1915년 중국에서의 위안스카이袁世凱의 제제帝制에 반대하는 제3혁명 발발 분위기 속에서 반원反袁 정책을 강화했다. 그러한 상황 속에서 1916년 1월 참모차장 다나카 기이치와 외무성 정무국장政務局長 고이케 조조小池張造 등 육·해·외무삼성의 중견 간부가 다시 숙친왕의 종사당이라든가 파프찻프의 몽골군을 이용해 만몽 독립 계획을 획책했다. 당시의 오쿠마 시게노부 내각도 그것을 묵인했는데, 그 작전상에서의 외무성과 군부와의 입장이 달랐고, 또 위안스카이의 급사로 인해 그 계획 실행은 중지되고 말았다. 그러나 현지의 군인들이라든가 가와시마 나니와 등은 그 계획 중지에 반대해 파프찻프군과 행동을 일으켰지만 결국 그해 9월 중지 방침으로 결착되었다.

이와 같이 2차에 걸친 만몽 독립 운동이 행해지는 과정에서 가장 큰 역할을 했던 자는 대륙 낭인 가와시마 나니와였다. 그는 1882년 도쿄의 한 외국어학교 중국어과에 입학했으나 동교가 도쿄상업학교로 개편되는 바람에 퇴학 후 상해로 건너가 중국 각지를 여행하면서 낭인 생활을 했다. 청·일 전쟁 때는 육군통역관으로 종군해, 대만에서 제2사단장 노기 마레스케乃木希典를 알게 되어 그를 통해 1896년에 대만 총독부의 관리가 된다. 1900년 의화단 사건 때에도 육군

통역관으로서 활약하다가 군정사무관을 겸임했다. 당시 그는 청조의 숙친왕이라든가 몽골왕과 친교를 맺게 되어 신해혁명 발발 시 숙친왕의 북경 탈출을 돕게 된다.

이와 같이 신해혁명을 기해 중국 대륙에서 현지의 군부와 가와시마와 같은 대륙 낭인들이 획책해 만몽 독립 운동을 전개시켜 가다가 중지되자 흑룡회의 우치다가 그 운동에 뛰어들었다. 그는 러·일 전쟁 후 한국의 한·일 합방 추진 단체였던 일진회를 통해 한일병합 실현에 힘썼고, 미야자키 도텐 등과 유림회 등을 조직해 중국 혁명을 도왔다. 그러한 과정에서 그가 대륙의 군부와 낭인들에 의해 행해졌던 국가주의 운동으로서의 만몽 독립 운동이 중지되는 것을 보고서 그 운동에 뛰어들었던 것이다. 앞에서도 언급했듯이, 그는 1913년 7월 만몽 문제의 해결을 염원하는 인사들을 끌어내서 '대지연구회'를 결성했고, 그것을 기초로 해서 그 후 2개월 만에 대륙 낭인 나가시마 등을 끌어들여 '대지연합회'로 확대시켜 만몽 독립 운동을 전개시켜 나갔던 것이다. '대지연합회'의 그러한 운동의 결실은 제1차 세계대전 중 제2차 만몽 독립 운동으로 이어져 나갔다. 그 만몽 독립 운동은 그 당시는 결실을 보지 못했지만 그로부터 15년 후 그것이 '만주국' 건설이라는 형태로 나타나게 된다.

4. 국가주의 단체들의 국가주의 사상

1) 국가주의 사상의 성립과 그 성립 배경

《전전의 국가주의 운동사戦前の国家主義運動史》의 저자 호리 유키오堀幸雄는 용어 '국수주의国粹主義'에 대한 해설에서 그것이 "민족적 자랑을 주장하고 타국이 모방할 수 없는 일본 국민 고유의 특질을 발휘한다고 하는 의미로 사용"되었는데 "청 · 일 전쟁을 통해서 국가주의로의 경도가 높아짐에 따라 반동적, 전통주의, 배외주의"가 되었다고 말하고 있다.[274]

그도 그렇게 지적하고 있듯이 일본에서의 '국권주의 운동'은 청 · 일 전쟁과 그 직후의 '삼국 간섭'을 통해서 '국가주의 운동'으로 전환해 나왔다. '삼국 간섭' 이전까지의 국가주의 운동은 국권주의 운동 차원에서 행해졌었고, 그 차원의 운동 주체는 '현양사'가 그 중심에 있었다. '현양사'의 국권주의 운동은 한마디로 말하면 서구의 제국주의 세력들이 동아시아로 진출해 있는 상황에서 그들과 대결하기 위한 한 방책으로서 동아시아 내의 청국으로부터 한국을 독립시켜 자기의 식민지국으로 삼고자 했던 운동, 다시 말해 같은 동아시아 국가들 내의 한 국가였던 청국과의 한국 쟁탈전의 성격을 띤 운동이었다 할 수 있다. 일본은 청 · 일 전쟁을 통해 청국으로부터 한국을 빼어 낼 발판을 마련했으나 러시아를 중심으로 한 서구의 제국주의 국가들의 간섭으로 인해 그 발판을 상실하게 되었다. 그뿐만 아니라 일본은 같은 동아시아 지역에 있는 중국과 한국이 서구의 제국주의 국가인 러시아 쪽으로 접근하는 것을 알아차리고 러시아가 손에 넣은 중국의 동북 지역과 한국을 놓고 서구의 제국주의 국가와의 결전이 불가피하다는 생각을 하게 됐다. 보다 구체적으로 말해, 일본은 삼국 간섭 이후 서구의 제국주의 국가들과의 결전을 위한 전쟁 준비를 하게 되었던 것이다. 일본이 서구의 제국주의 국가들과의 결전을 위한 일차적 준비는 사상적 차원에서의 준비이다. 첫째는 일본이 서구의 제국주의 국가들의 제국주의 사상을 적극적으로 수용하는 것이고, 둘째는 그것을 기초로 하여 서구의 제국주의 사상에 대응될 수 있는 어떤 사상을 구축하는 것이었다.

이상과 같이 일본의 국가주의 사상이란 일본이 서구의 제국주의 국가들과 대항해 가기 위해 그의 제국주의 사상을 적극적으로 받아들이고, 또 그것을

---

274 ▪ 堀幸雄『右翼辞典』(三嶺書房, 1991), 207頁.

통해 서구의 제국주의 사상에 대응될 수 있는 사상을 구축하는 과정에서 출현한 사상이라 할 수 있다.

2) 제국주의와 자본주의

'제국주의'란 용어는 'imperialism'의 번역어로서 서구에서의 'imperialism'은 로마의 '황제 국가', 'imperium'으로부터 유래되었는데, 19세기로 들어와 나폴레옹(1769-1821)이 로마의 황제 국가를 기획해 가던 과정에서 프랑스에서 사용되기 시작해 1870년대 중반부터 영국에서 정치적 · 경제적 자유주의에 대립되는 경제적 팽창주의 내지 식민주의의 의미로 쓰이게 되었다. 1880년대 이후는 서구 열강들에 의한 아프리카 분할이 행해지고 1890년대 말로 들어와서 미 · 서美西 전쟁(1898)과 보어 전쟁Boer War(1899-1902)이 행해지는 과정에서 새로운 팽창주의를 목표로 한 열강들 간의 대립 · 분쟁을 가리키는 말로 일반화되었다.

동아시아 쪽에서는 일본이 청 · 일 전쟁을 일으켜 중국의 동북 지역과 조선을 장악하려는 움직임을 보임에 따라 서국의 열강들이 삼국 간섭을 통해 이를 저지한 다음 일본으로 넘어가려던 땅을 자신들의 영지들로 만들어 가는 과정에서 '제국주의'라고 하는 말이 일반적으로 쓰이게 되었고, 종합잡지 《태양太陽》 등을 통해 제국주의를 찬양하는 논조가 형성되어 나왔다.

레닌은 그의 저서 《제국주의》(1917)에서 자본주의의 최고의 단계를 제국주의로 파악했는데, 그 단계에서의 자본주의는 국제적 독점자본가 단체에 의한 세계 분할의 개시를 가져오게 된다고 말하고 있다. 서구에서의 자본주의가 제국주의 단계로 전환된 것은 보다 구체적으로 말해 독일 제국의 성립(1871)을 계기로 해서부터라 할 수 있다. 그 후 서구의 열강은 해외에서의 상품시장의 확장을 위한 자본과 영토팽창주의 내지 식민주의로 전환해 나가, 그 다음 단계로 1880년대부터의 아프리카의 영토 분할, 1890년대 후반부터의 동아시아에서의 영토 분할 분쟁을 전개시켜 나갔던 것이다. 그러한 과정을 거쳐 "1890년에서 1900년 사이에 제국주의 세계 체제가 성립"되어 나왔다.[275]

서구의 제국주의 국가들이 동아시아에서 상품 시장의 확장 정책을 취했던 것은 1891년 5월 제정 러시아의 시베리아 철도 건설 착수를 계기로 해서였고, 그들의 영토 확장 정책은 그들이 삼국 간섭(1895)을 통해 일본으로부터 청국의 영토를 뺏고, 1898년부터는 러시아가 요동반도를, 독일이 청도와 교주만을, 프랑스가 중국 남부의 광주만을, 영국이 산동 반도의 위해위威海衛·홍콩·구룡九龍반도를 조차租借의 형식을 취해 중국으로부터 빼앗는 것으로 구체화되었다. 서구의 열강들의 그러한 침략주의에 대항해 중국 민중들은 1900년 의화단이라고 하는 종교결사단을 결성해 대규모의 반제 투쟁을 벌였다. 서구의 열강들은 본국들로부터 지원받은 군대들로 연합군을 형성해 의화단을 진압했다. 러시아는 삼국 간섭을 주도한 공과로 1896년 만주를 경유해 블라디보스토크에 이르는 동청철도 부설권을 확보했고, 1898년에는 요동반도의 조차에도 성공했다. 1900년 7월 의화단 운동이 만주에까지 퍼져 부설 중이던 동청 철도가 민중에 의해 파괴되자, 러시아는 15만의 대군을 파견해 그것을 진압하고 만주를 점령해 버렸다. 그러자 러시아에 대한 영·미·일의 적개심이 격앙되었다.

그러한 상황에서 1900년경부터 열강의 자본가들이 차관 경쟁의 양상을 취해 한국에서의 이권 획득 경쟁을 본격화시켜 나갔다. 조선을 독점적으로 지배하겠다는 일본으로서는 이러한 움직임을 저지하는 것이 대한 정책의 주요한 과제라고 생각은 했지만 일제의 자본력이 워낙 미약해 효과적 대응책을 강구하지 못했다. 일본은 러시아가 동북 지방을 점령하고 있는 상태에서 어떻게 하면 조선을 확실히 지배해 갈 수 있을까 하는 문제에 골몰했다. 그 과정에서 일본 정계에서 러·일 협상론이 제기되었는데, 그들은 러·일 간의 협상을 통해 러시아

275 ▪ 강동진, 《일본근대사》(한길사, 1985), 104면.

의 만주 지배를 인정하는 대신 러시아로 하여금 일본의 조선 지배를 인정하게 하자는 만한교환론을 주창했다. 이러한 러·일 협상론자들에 대해 반대 입장을 취했던 영·일 동맹론자들이 존재했었다. 영·일 동맹론자들은 러시아의 만주 지배를 그대로 두고서는 일본의 조선 지배는 실현될 수 없기 때문에 영국과 동맹하는 것만이 러시아에 대항할 수 있는 동시에 중국에 대한 경제적 이익도 취할 수 있는 방법이라는 입장을 제시했던 것이다.

그러한 입장들이 양존하는 상황에서 당시의 가쓰라 내각은 결국 1902년 1월 영·일 동맹론에 조인했다. 영·일 동맹의 체결에서의 제1조의 규정은 조선의 농민 전쟁, 즉 청국의 의화단과 같은 민족 운동이 일어나면 영·일 양국은 공동으로 진압에 참가하자는 약속 조항으로서 그것은 바로 영국이 일본의 한국 강점을 승인했다는 것을 의미한다. 당시 미국도 '영·일 동맹에 대해 호의적 지원'을 취해 갔다.[276] 일본은 그러한 영·일 동맹 체결을 계기로 대러전을 적극적으로 준비한 결과 결국 한국과 중국 동북부 지방의 지배를 둘러싼 러·일 전쟁을 일으켰다. 그러한 러·일 전쟁의 배후에는 제국주의 열강의 대립이 있었는데, 러시아의 배후에는 프랑스가, 일본의 뒤에는 영미가 있었다. 또 일제는 "러·일 전쟁 과정에서 미국의 필리핀 강점을 승인하는 대가로 한국의 단독 지배를 승인받았고(가쓰라·태프트 밀약, 1905.7.29), 이어 8월에는 영국과 제2차 영·일 동맹을 체결하여 영국의 인도 지배를 승인하는 대가로 일본의 한국 지배를 승인받았다. 또 프랑스의 인도차이나 지배를 승인하는 대가로 프랑스로부터도 한국 지배를 인정받았다".[277] 그것뿐만이 아니라, 일제는 그 후 열강과 결탁해 중국 분할 및 그 식민지화에도 적극적으로 참가하였던 것이다.

이상과 같이 일본은 청·일 전쟁 후의 삼국 간섭을 통해 영토확장주의 단계에 처해 있던 서구 제국주의 세력들과의 충돌을 계기로 하여 서구의 제국주의

276▪ 위의 책, 201면.

277▪ 위의 책, 213면.

단계라 할 수 있는 국가 독점 자본주의를 적극적으로 받아들여 그것을 발판으로 해서 러·일 전쟁을 일으켰으며, 그것을 통해 영토 확장주의 단계의 제국주의로 전환해 나왔던 것이다.

그렇게 해서 일본은 청·일 전쟁(1894-1995)을 통해 동아시아에서 최초로 식민지 대만을 영유했고, 러·일 전쟁을 계기로 조선을 '보호국'으로 만들어(1910년에 식민지국으로 만듦), 가라후토樺太 남반부·요동반도 조차지·북청 철도 남부선(후에 남만주철도)와 부속 권익들을 획득해 아시아 유일의 식민지 제국이 되었다. 그러나 이 시기의 일본 자본주의는 선진 자본국으로부터 자본 수입의 단계였었고 자본 수출은 개시 단계에 지나지 않았다. 그러한 상황에서의 일본 자본주의는 자본의 수입과 수출의 면에서의 국가 독점 자본주의의 형태를 취하고 있었다. 또 그러한 국가 주도에 의한 일본 자본주의는 천황제라는 점에서 대외 정책에 대해서 군사적·봉건적 제국주의의 형태를 취하고 있고, 또 그것은 선진국에 대해서는 경제적 종속성과 후진국에 대해서는 군사적 침략성을 결합한 형태를 취했던 것이다.

이상과 같이 일본은 청·일 전쟁의 결과로 나타난 삼국 간섭을 계기로 서구의 제국주의 단계의 독점 자본주의를 적극적으로 받아들여 제국주의 국가로 전환해 나갔던 것이다.

3) 일본주의와 일본 국체 사상

일본의 민권론이 국권론으로 전환해 나간 것은 1882년 조선에서 일본군 13명이 살해되고 일본공사가 조선으로부터 쫓겨났던, 임오군란이라는 사건에 대해 '현양사'의 회원들이 관심을 갖게 됨으로써 시작되었다 할 수 있다. 그 후 현양사의 회원들은 1886년 정여창丁汝昌이 이끄는 청국 북양함대가 나가사키에서 한 경찰서에 난입해 소동을 부린 소위 '나가사키 사건'을 계기로 현양사의 활동을 국권주의 운동 단계로 전환시켜 나간다.[278] 그러한 국권주의 운동이 재야 정치 단체들에 의해 행해지는 상황에서 정계에서는 당시 최대의 국가 목표였던 조약 개정의 방안의 하나로 로쿠메이칸의 개관(1883) 등과 같은 지나친 서구화주의 정책을 취했고, 그러한 상황에서 외상 이노우에 가오루가 그 전해부터 1889년 사이에 행한 조약 개정 교섭에 대해 비판을 받게 되었다. 그러한 상황에서 국수주의 사상 단체 '정교사'가 결성되어, 기관지《일본인》을 통해 정부의 서구화주의 정책과 조약 개정 교섭안을 비판했다.《일본인》의 기본적 입장은 "지금까지처럼 선진국에 따라다니는 정치라든가 사상으로는 조약 개정과 같은 대외 문제의 근본적 해결은 있을 수 없다고 하고, 이것을 해결하기 위해서는 일본의 '국수'를 존중하고 정치·사상·문화·경제의 각 분야에서 민족 독립의 존재 방식을 창조해야 하고, 선진 서구 제국에 대한 열등감을 버리고 국민 각자가 민족적 자부심을 가져야 한다"고 하는 입장이었다.[279] 그것보다 1년 늦게 나온 구가 가쓰난 주필의 신문《일본日本》(1889.2-1914.12.3)도 정교사의 그러한 주장에 대하여 호의적 입장을 취했다. 이렇게 서구화주의 운동에 대항해 일본의 '국수国粋/ nationality' 보존의 운동이 전개되는 상황에서 〈대일본제국 헌법〉(1889.2)이 공포되고 그 다음 해 〈교육칙어教育勅語〉가 발표되는 한편, '제1제국회의'가 소집되었다. 이렇게 해서 일본은 〈대일본제국 헌법〉과 〈교육칙어〉를 근간으로 하여 천황제가 확립되어 나옴으로써 국수주의 운동은 천황제를 기초로 해서 형성된 국체 사상을 형성시켜 나갔다. 그러다가 그것은 청·일 전쟁을 치르고 삼국 간섭을 접해 가는 과정에서 국체 사상을 정착화시켜 나갔고 군사적 팽창주의를 조장시켜 나갔다. 그러한 상황에서 '대일본협회大日本協会'(1891.6)가 결성되어 국체 사상을 기초로 하는 '일본주의'를 형성시켜 그 기관지《일본주의》를 통해 그것을 주창했다.

---

278 ■ 堀幸雄『戦前の国家主義運動史』(三嶺書房, 1997), 12頁.

279 ■ 本山幸彦「政教社」(『新潮日本文学辞典』新潮社, 1996), 771頁.

'우익문제연구회右翼問題研究会'는 "우익 사상의 원점이라 말할 수 있는 것은 일본주의다"라고 말하고 있으며, 또 그것은 '황도주의'라고 말할 수 있다는 입장을 취하고 있는데, 그 근거로 '동회同会'는 "기본적으로는《고사기古事記》,《일본서기日本書紀》등의 일본 신화에 근거해, 일본은 신의 나라이고 천황은 신의 아드님이고 현인신現人神이라는 것을 원점으로 해서 이것에 기초하는 사회관·인생관 등을 구축하려고 하는 사상이라고 말할 수 있을 것이다"라고 말하고 있다. 또, 그것은 "인간이 갖는 세계관·인생관 등의 의문의 해결책을《고사기》,《일본서기》등의 고전, 사적事跡에서 구하고 있다"라고 지적하고 있다.[280]

이와 같이 서구화 운동 과정에서 형성되어 나왔던 '국수주의'라든가,〈대일본제국 헌법〉및〈교육칙어〉를 기초로 해서 출현한《일본주의》는 '천부인권론'을 배격하는 입장이었다. 그것이 '천부인권론'을 배격하는 논리적 근거는 그것이〈대일본제국 헌법〉과〈교육칙어〉의 천황제를 근간으로 하고 있기 때문이다. 일본의 국민이 지닌 법적 권리는 하늘(혹은 자연)이 인간에게 공평하게 부여한 것이 아니라 일본을 지배해 왔던 진무 천황을 비롯한 일본의 천황들이나 천황가가 부여한 것이라는 것이다. 따라서 일본의 국민들은 그들에 의해 만들어진 법 앞에 평등한 존재가 아니라 천황이나 천황가의 신민臣民이라고 하는 것이다.

〈대일본제국 헌법〉이 일본 국민들에게 제시하는 법은 천황의 신민으로서 지켜야 할 법이고〈교육칙어〉는 일본 국민이 천황의 신민으로서 배워야 할 교육을 제시한〈교육 헌장〉의 일종이라 할 수 있다. 일본의 국민들은 천황가의 신민이기 때문에 주권이 국민들에게 있는 것이 아니라 당연히 천황에게 있는 것이다. 따라서 천황이 국가를 통치하는 것은 정당한 처사이다. 이러한 입장이 바로 국체 사상이다. 1890년대 말 천부인권론에 입각해 사회주의 사상들이

---

280 ■ 右翼研究会 編『右翼の潮流』(立花書房, 1998), 3-4頁.

형성되었는데, 그것에 대항해 그러한 국체 사상에 입각해 일본주의가 형성되었던 것이다. 이러한 일본주의는 그 후 1900년대로 들어와서 '흑룡회' 등의 국가주의 단체가 '대아시아주의'를 '아시아 침략주의'로 전환되는 과정에서 절대적 영향을 끼쳤던 사상이었다 할 수 있다.

4) 대아시아주의와 대륙 침략주의

대아시아주의가 형성된 것은 1880년대로 들어와 국권주의 운동이 행해지는 상황에서였다. 그 후 그것은 청·일 전쟁과 삼국 간섭을 계기로 대륙 침략주의로 전환해 나왔다. 일본의 국권주의자들에 의해 주창되었던 대아시아주의가 대륙 침략주의로 전환해 나오는 과정을 면밀히 고찰해 보면, 일본의 국권주의 운동 단체 현양사가 조선에 파견한 낭인들에 의해 결성된 '천우협'과 조선의 동학당과의 접촉이 대아시아주의를 대륙 침략주의로 전환시켜 나가는 데 절대적 역할을 했다고 볼 수 있다.

당시 '천우협'의 목적은 동학당의 동학 운동을 격화시켜 청·일 전쟁을 도발하는 것이었는데, 그 음모의 중심인물은 우치다 료헤이 외에 명성황후 시해 사건에 가담한 다케다 한시, 스즈키 덴간鈴木天眼 등이었다. 현양사는 일본의 대아시아주의 운동 '지사志士' 14명으로 하여금 '천우협'이라는 비밀결사를 결성하게 해서 그들로 하여금 동학대군의 동학혁명에 참여하게 해 동학혁명을 격화시켜 나갔다.

동학당은 유교·불교·도교를 통합시켜 세운 종교 단체였는데, 그것이 동학이라 칭해지게 된 것은 서양에 대한 동양학의 의미에서였다. 동학의 창시자 최제우崔濟愚(1824-1864)는 1855년부터 경상남도 양산군의 한 암자에서 수도생활을 시작해 1860년 천주天主 강림의 도를 깨닫고 동학을 창설하였다. 당시 중국에서는 태평천국太平天國의 난과 영국·프랑스 연합군의 북경 침입 사건이 있었고,

그 여파로 조선에 대한 열강 세력들의 침투가 시작되어 민족적 위기가 조성되었다. 특히 서학西學 즉 천주교天主教가 사회적 불안을 조성시킨다는 생각에서 서학에 대한 민족 고유의 신앙으로 새 종교를 창설하기에 이르렀던 것이다.

그 후 그것이 충청·전라·경상도에 급속히 전파되어 나감에 따라 정부는 1863년부터 사회개혁과 외국 세력의 배척을 주요 목표로 하는 동학을 사학邪學으로 규정하여 최제우를 체포해 그 이듬해 3월 대구에서 사형에 처했다. 그 후 1892년경부터 제2대 교주 최시형은 전라도 삼례에 모여 동학의 탄압을 반박해 가면서 진정서를 작성해 교조신원宗祖伸寃 운동을 전개시켜, 그 이듬해 그 진정서를 정부에 보냈다. 그러나 정부가 그것을 받아들이지 않자 그들은 20만여 명의 군중을 충청도 보은報恩에 집결시켜 '척왜양창의斥倭洋倡義'의 깃발을 날렸다.

그러한 과정에서 최시형의 문하에 들어가 접장接長이 된 전북 고부古阜 사람 전봉준全琫準(1854-1895)의 활약으로 동학 운동이 격화됨에 따라 동학당이 점차 민심을 얻게 되었다. 그러나 최시형은 전봉준 등의 무력 운동에 반대해 그의 제자 손병희孫秉熙(1861-1921)를 보내 그의 무력 운동을 만류했다. 그러나 그러한 상황에서 전봉준은 운현궁雲峴宮에 은퇴 중이던 대원군을 알게 되어 1년여간 운현궁을 출입하면서 자신들과 적대 관계에 있던 귀족 계급들의 내정을 정탐하는 한편 정권을 다시 잡으려는 대원군과 내통해 볼 계획하에서 고향 고부에 돌아가 비밀리 거사의 기회를 노리고 있었다. 바로 그러한 시점에서 고부 군수 조병갑趙秉甲이 만석보萬石洑 문제로 농부들과 알력이 생겨 소란해 지자, 전봉준은 1894년 2월 15일 농민들을 데리고 군청을 습격해 병기를 약탈해 결국 총대장이 되어 관군을 격퇴하고 탐관오리를 추방해 5월 31일 전주를 점령하였다. 그러자 6월에 들어 조정이 청한 청나라 원군이 아산만에 들어오고, 이에 맞서 곧 일본군이 출병하게 되었다. 그 결과 조정은 12개 조항에 관해 동학군과의 강화에 성공했다. 그러나 그 개혁이 이루어지지 않게 되자, 결국 전봉준 등의 강경파가 전국적 반란을 기도해 결국 전봉준 10만 호남군과 손병희의 10만 호서군은 공주에서 관군과 일본군의 연합군과 대결했다. 그러나 그들은 근대식 훈련과 장비를 갖춘 일본군에 패배해 퇴각했다. 그 후 전봉준은 재기를 기도했으나, 배반자의 밀고로 실패해 이듬해 서울에서 처형되었다.[281■] 이상과 같이 동학 운동이 성립·전개되는 과정에서 결국은 정부가 청군과 일본군을 끌어들여 동학당의 동학 운동을 진압시켜 나갔던 것이다.

1880년대로 들어와 일본에서는 민권 운동이 국권 운동으로 전환해 나왔는데, 그 배경에는 메이지 초년대에서부터 일본을 중심으로 '대아시아주의'에 대한 생각들이 여기저기에서 싹트기 시작하고 있었기 때문이었던 것으로 고찰된다. 그러한 생각들은 1880년대 이후 국권주의를 주도했던 '현양사'의 회원들에 의해 적극적으로 주창되었는데, 조선에 동학 운동이 일어나자, 그들은 자신들이 주창하던 '대아시아주의'와 조선의 동학당 사상으로부터 일치점을 찾아내 그것을 발판으로 해서, 대아시아주의의 구축이라는 미명하에서 조선인들의 동학 운동에 뛰어들어 자신들의 국권 운동을 전개시켜 나갔다. 또 그들의 국권신장 운동은 그 다음 단계로 조선·일본이 청국과 연대해서 서구 열강과 대항해 갈 수 있다는 명목하에서 행해졌다. 그러나 사실은 그렇지 않았다. 그들의 속내는 한국과 중국의 침략에 있었던 것이다.

우선 일차적으로 '천우협'의 회원들은 동학당을 도와 동학 운동을 격화시켜 나갔다. 그 격화 방법은 그 동학 운동을 제압시키기 위해 조선 정부가 청조를 끌어들이게 하는 것이다. 그렇게 되면 그에 대항해 일본군도 조선에 출입해 청군과 싸우게 될 것이라는 각본이 이미 짜여 있었다. '천우협'은 그러한 각본하에서 동학 운동에 뛰어들었고, 그것이 진행되는 과정에서 1893년 8월 조선에 들어와 활동을 개시했다. 처음 '천우협'은 동학 운동을 정탐하다가 1893년 6월

281■ 李弘稙編, 〈전봉준〉, 《國史大事典》(三榮出版社, 1984), 1326면.

청·일 양국의 출병이 보도되자 동학과 제휴하여 청국을 배척하고 민씨 정권을 타도해야 한다는 입장을 취했다. '천우협' 14명은 1894년 7월 순창에 도착해 그곳에서 숙사를 정하여, 그중 '천우협' 4명이 전봉준을 만나 필담으로 의견 교환을 하게 된다.[282]

이와 같이 '대아시아주의'를 주창하던 '현양사'의 첩보 부대 '천우협'이 동학 혁명을 도왔던 목적이 그들이 주창하는 '대아시아주의'와 동학당의 '동학 사상'과의 공통점을 끌어내 그것을 기초로 해서 서구 열강의 동아시아 침투를 막아내자는 데 목적에 있었던 것이 아니었다. '천우협'의 동학 운동 참가의 일차적 목적은 동학 운동을 격화시켜 조선 정부로 하여금 청군을 조선에 끌어들인 다음 일본군을 조선에 출병시켜 양군의 출동을 통해 청·일 전쟁을 유발하는 것이었다 할 수 있다. 이와 같이 현양사의 '대아시아주의'는 '현양사'가 청·일 전쟁과 삼국 간섭을 계기로 국권주의에서 국가주의 단체로 전환되는 과정에서 대륙 침략주의로 전환해 나와, '흑룡회'를 결성하게 된 이후부터는 러·일 전쟁 개전 운동, 만몽 독립 운동, 한·일 합방 운동, 중국 혁명 운동 등을 전개시켜 나갔던 것이다.

282 ▪ 강창일, 앞의 책, 76면.

나오면서

본 연구는 현재 우리에게 우익이라 불리는 세력들이 청·일 전쟁(1894-1895)에서 제1차 세계대전 사이에 어떤 단체들로 존재해 있었으며, 어떤 사회적 운동을 전개시켜 나갔는지, 또 그들이 그러한 운동을 전개시켜 나갔던 사상적 배경은 어떠했는지에 관한 문제들을 고찰한 것이다.

본 연구는 그러한 고찰들을 통해 그 결과를 다음과 같이 정리해 볼 수 있다. 현재 우리에게 '우익'이라 불리는 세력들이 일본에서 '우익'으로 불리기 시작한 것은 1920년대 후반부터였던 것으로 고찰된다. 그들이 당시 '우익'으로 불리게 된 것은 다음과 같은 역사적 배경하에서였다. 19세기 말에서 20세기 초에 일본에서 성립된 사회주의 세력들은 1910년대로 들어와 본격적으로 사회주의 운동을 전개시켜 나갔다. 그 사회주의 운동 세력들이 1920년대의 초·중반경에서부터는 '좌익'으로 불리게 되었는데, 그 '좌익' 세력들에 의해 행해진 사회주의 운동, 예컨대 노동 운동 등에 대해 대립적 입장을 취해 그들의 그러한 운동을 방해했던 세력들이 1920년대 말경서부터 출현하게 되었다. 당시 그러한 '좌익' 세력들에 대항했던 세력들이 바로 '우익'으로 불렸던 것이다.

'우익'으로 불리기 이전 그들은 '국가주의' 세력들로 불렸다. 사회주의 운동을 방해하는 국가주의 세력이 형성되었던 것은 일본이 청·일 전쟁, 삼국 간섭, 러·일 전쟁, 한·일 합방 등과 같은 대륙 침략과 관련된 역사적 사건들을 일으키는 과정에서였다.

일본이 그러한 대륙 침략과 관련된 역사적 사건을 일으키기 이전, 보다 구체적으로 말해 청·일 전쟁을 일으키기 이전까지만 해도 그 세력들은 국권주의자들로 불렸다. 그런데, 국권주의자들이라 불리던 그들이 국가주의자들로 불리게 된 것은 일본이 청·일 전쟁 이후 서구의 제국주의 세력들과 대항해 가는 과정에서 일으켰던 대륙 침략과 관련된 역사적 사건들을 체험함으로써였다. 그들은 서구의 제국주의 세력들과 대항해 가면서 일본이라고 하는 국가가 자신들의 최고의 생존수단이라고 하는 사상을 갖게 됐던 것이다.

그 결과 그들은 일본이 서구의 제국주의 세력들과의 투쟁을 통해 생존하기 위해서는 일본 자신도 서구의 제국주의 세력들의 경우처럼 식민지를 소유하지 않으면 안 된다는 생각을 갖게 되었고, 식민지를 소유하기 위해서는 러시아 등과 같은 서구의 제국주의 국가들과의 전쟁을 통해 한국·중국 등을 소유할 수밖에 없다는 생각을 하게 되었다. 그래서 그들은 러시아와 대결해야 할 상황에 처하게 되자 주전론主戰論의 입장을 취하게 된다. 그러나 '국가'보다는 '사회'가 더 중요하다는 사상을 가지고 있던 사회주의 세력들은 비전론非戰論의 입장을 취해 국가주의자들의 '주전론'에 대항했다.

청·일 전쟁에서 제1차 세계대전 사이 이상과 같이 국권주의, 국가주의자, 우익 등으로 이어진 길을 걸어갔던 인사들은 지역적으로는 주로 규슈의 서북 지역 출신들이고, 일본의 대륙 침략의 첨병尖兵 역할을 했던 대륙 낭인 출신들이었다. 그들의 대부분은 현양사, 흑룡회, 낭인회 등으로 이어지는 국가주의 단체에 소속되어 있었고, 또 그들은 일본주의 운동, 동문동종 운동, 대외강경 운동, 대러 개전 운동, 한·일 합방 운동, 중국 혁명 운동, 만몽 독립 운동 등을 통해 국가주의 운동을 전개했다.

당시 일본은 천황제라고 하는 정치 형태를 취하고 있었기 때문에 일본이 천황의 국가이지 국민들의 국가가 아니라고 하는 황도주의 사상이 존재했었다. 국가주의자들은 일본이 천황의 나라이고 일본인들이 천황의 신민이라고 하는 바로 그러한 황도주의 사상을 받아들였던 자들이었다. 그러나 '국가'보다는 '사회'가 더 중요하다는 입장을 취하는 사회주의자들은 국가주의자들의 그러한 사상에 대해 반대 입장을 취했던 사람들이었다. 따라서 그들은 천황제에 대해 서로 대립적 입장을 취하지 않을 수 없었다. 천황제를 지탱시켜 나가는 사상이라 할 수 있는 황도주의 사상을 받아들여 그것을 실천해 가는 국가주의자들은 황도주의 사상을 받아들이지 않는 사회주의 세력들, 즉 좌익 세력에 대해 반대 입장을 취하지 않을 수 없었던 것이다.

일본은 대외적으로 청·일 전쟁에서, 러·일 전쟁을 통해 제1차 세계대전으로 나오는 과정에서 서구의 제국주의 세력들과 대립하지 않을 수 없었다. 그런데 바로 그 대립과정에서 탄생한 존재들이 국가주의자들과 사회주의자들이었다. 그들은 일본이 대륙 침략을 통해 제국주의 국가로 전환해 나가는 과정에서 우익과 좌익으로 전환해 나갔던 것이다. 그런데, 그들 간의 근본적 차이는 그들이 천황제를 지탱하는 황도주의 사상에 대해 어떠한 입장을 취하느냐에 있었다. 국가주의자들은 황도주의 사상을 철저히 받아들임으로써 우익으로 전환해 나갔고, 사회주의자들은 그 사상을 철저히 받아들이지 않음으로써 좌익으로 전환해 나갔다고 말할 수 있다.

제6장
아시아주의 시대(1870-1895년)와 민권 운동 출신들의 국권 운동

들어가면서

*

이제 전 세계는 좌·우의 대립에 의거했던 냉전 체제가 해체되고 글로벌 체제가 형성되어 나가고 있는 상황에 처해 있다. 그러나 일본의 정부 여당은 가일층 냉전 체제하에서의 우익 세력들과 우익적 성향의 인사들을 지지기반으로 해서 새로운 차원의 우경화를 주도해 나가고 있다.

본 연구는 글로벌 시대 이후의 일본의 그러한 우경화 현상에 대한 본질적 이해를 위한 한 방안으로 일본 우익들의 사상적 근저를 규명해 내고, 그것을 통해 글로벌 시대에 동아시아 연대의 가능성과 그 실천방안의 이론적 근거 구축을 목적으로 한다.

일본은 19세기에서 20세기로 접어드는 과정에서 청·일, 러·일 전쟁에서의 승리를 통해 제국주의 국가로 전환해 나왔고, 또 그러한 승리를 통해 취한 전쟁 보상금 등으로 산업화를 추진해 나갔다. 그 과정에서 국가주의 세력들과 그들에 대립적 입장을 취했던 세력들을 기반으로 좌익과 우익이라고 하는 대립을 형성시켜 나갔다.

좌·우의 대립 성립 이후 우익의 대항 세력은 국외의 차원에서는 서구의 제국주의였고, 국내적 차원에서는 사회주의 세력이었다. 그러나 좌·우의 대립이 형성되었을 당시 우익 세력의 기반이 되었던 국가주의자들은 그들의 대항 세력인 사회주의 세력들이 형성되기 이전까지만 해도, 보다 구체적으로 말하면 청·일 전쟁 이전까지만 해도 국권주의를 주장했던 단계의 국가주의자들 단계에 머물러 있었다. 또 그 단계에서의 그들의 대항 세력은 국외 차원에서는 서구의 제국주의 세력들이었지만, 국내적 차원에서는 다름 아닌 바로 한벌 정부로 보지 않을 수 없었다.

국가주의 세력들의 전신이라 할 수 있는 국권주의자들의 과업은 국권 확장으로, 그들에서의 국권 확장의 구체적 실현 방법이란 일본이 동아시아를 침략해 그것을 자원으로 해서 서구의 제국주의 세력들과 대결하는 것이었다. 그들은 자신들의 그러한 생각을 구체화시키기 위한 방안으로 소위 아시아주의라고 하는 것을 정립시켜 자신들의 국권주의 운동의 실천 사상으로 받아들였다.

본 연구는 이상과 같은 점들을 고려하여 국권주의자들의 국권확장 운동의 실상과 그 기반을 이루었던 '아시아주의'에 대한 고찰을 통해 우익 사상의 한 기조를 규명해 내려는 것을 목적으로 하는 것이다.

**

일본에서의 '일본의 우익과 아시아주의'에 관한 연구는 기노시타 한지木下半治를 비롯하여 아시즈 우즈히코葦津珍彦, 하쓰세 류헤이初瀬龍平, 마쓰모토 겐이치松本健一 등에 의해서 행해졌고,[283] 한국에서는 한상일, 강재언, 함동주, 강창

---

283 ■ 木下半治『国家主義運動史』(慶応書房, 1939) ; 葦津珍彦『大アジア主義と頭山満』(日本教文社, 1965) ; 初瀬竜平『伝統的右翼内田良平の研究』(九州大学出版会, 1980) ; 松本健一『アジア主義の原象 — 中野正剛(新潮45)』(新潮社, 1996).

일 등에 의해서 행해졌다.[284] '아시아주의'에 관해서만은 일본의 경우 전전에는 고데라 겐키치小寺謙吉(1877-1949), 히라노 요시타로平野義太郎(1897-1980), 전후에는 다케우치 요시미竹内好 등에 의해 행해졌다. 중국의 경우는 전전에는 리다자오李大釗, 쑨원 등에 의해, 전후에는 조군趙軍 등에 의해 행해져 왔다.[285]

일본에서의 우익에 대한 연구는 일본 우익의 원류가 메이지 초의 사이고 다카모리西郷隆盛 등과 같은 정한론자들이라는 시각에 입각해 행해졌고, 또 메이지 초의 정한론자들의 제2세대로서의 일본 우익의 시조始祖로 받아들여지고 있는 도야마 미쓰루頭山滿 등과 같은 국권주의자들이 '아시아주의'를 자신들의 실천 사상으로 삼았다는 사실들이 감안되어 일본 초창기의 우익 사상에 대한 적잖은 논의와 연구가 '아시아주의'와 관련해 행해졌다.

'아시아주의'와 관련되어 행해진 일본의 초창기의 우익 사상에 대한 연구는, 보다 구체적으로 말하자면 국권 확장 운동을 일으켜 갔던 국권주의자들의 기본적 사상이 바로 '아시아주의'라는 시각에서 행해졌다. 이 경우 '아시아주의'란 "일본을 맹주로 한 아시아 여러 민족의 단결과 구미 열강의 아시아 침략에 대한 대항 사상"이란 의미로 파악되어,[286] 연구자들에 따라 그것이 첫째, "아시아 연대에 의한 구미 지배로부터의 해방을 목표로 한" 사상으로 파악되기도 했고,

---

284 ▪ 한상일,《日本帝國主義의 한 研究 — 大陸浪人과 大陸膨張》(까치, 1980) ; 강재언,〈아시아主義와 一進會〉,《한국사회연구 제2집》(1984) ; 함동주,〈明治期 일본의 아시아주의와 國權意識〉,《일본 역사연구 제2집》(1995) ; 강창일,《근대 일본의 조선 침략과 대아시아주의》(역사비평사, 2002).

285 ▪ 小寺謙吉『大亜細亜主義論』(東京宝文館, 1916) ; 平野義太郎『大アジア主義の歴史的基礎』(河出書房, 1945) ; 竹内好「アジア主義の展望」(竹内好 編集・解説『現代日本思想大系 9 アジア主義』筑波書房, 1963) ; 李大釗「大亜細亜主義与新亜細亜主義」(『国民雑誌 1巻2号』1919) ; 孫文「吾人之大亜細亜主義」(神戸高等女学校の講堂にての講演, 1924.11.28) ; 趙軍『大アジア主義と中国』(亜紀書房, 1997).

286 ▪ 野原四郎「だいアジアしゅぎ」(下中邦彦編『アジア歴史事典 第6巻』平凡社, 1960), 6-7頁 ; 橋川文三「アジア主義」(下中弘編『日本史大事典 第1巻』平凡社, 1993), 4頁 等.

둘째 "아시아주의란 명목하에 아시아 침략을 위장한" 사상으로도 파악되기도 했다. 일본의 초창기 우익이 '아시아주의'와 관련되어 논의될 경우, 일본의 우익은 '아시아주의'라고 하는 사상 창출의 주체라기보다는 그러한 사상의 실천적 주체로 파악되는 것이 더 합당할 것으로 생각된다. 메이지유신 이후 적잖은 언론인, 사상가, 정치가 등이 '아시아주의'를 주창했었다. 그러나 일본 우익들은 그 주창만으로 끝낸 것이 아니고 직접 행동으로까지 옮겼기 때문이다.

'일본의 우익과 아시아주의'에 관한 일본인들의 연구는 상기의 첫째의 시각을 세워 보려는 목표하에서 행해져 왔다. 즉 그것은 국권주의 운동, 국가주의 운동 등을 통해 아시아 침략주의 운동을 행해 갔던 당시의 우익 활동의 목적이 서구 제국주의 세력의 아시아 침략에 대한 대항 방안으로 형성된 것으로 이해됐던 바로 그 아시아주의 사상에 입각해 행해졌다는 것을 주장하려는 데 있었던 것으로 고찰된다.

전후 일본에서의 '아시아주의'에 대한 논의는 '아시아주의'를 주창했던 인사들의 대다수가 우익 내지 우익 계열의 인사들이었기 때문에 '아시아주의'에 대한 논의 및 연구는 '우익'에 대한 논의 및 연구의 일부로 받아들여진다. 또, 그것은 주로 다케우치 요시미의 《아시아주의アジア主義》(1963)를 텍스트로 해서 행해져 왔다. 그의 '아시아주의'의 해설 '아시아주의 전망'에서 다케우치는, 히라노 요시타로가 "이들 미국 · 영국 · 러시아에 굴복하는 자들에 의해 행해지는 일본의 대동아 건설은 아시아인에 의한 아시아인을 위한 아시아 해방이다. 따라서 앵글로색슨의 동양 침략 및 러시아의 음모를 소탕하지 않으면 안 된다" (서문)라면서, 그의 저서 《대아시아주의의 역사적 기초》에서 행한 말을 근거로 그의 '비소화卑小化된' 아시아주의를 비판한다.[287]

사실상 히라노는 그의 저서에서 다음과 같은 입장을 표명하고 있다. "일본이

---

287 ▪ 竹内好 編集 · 解說, 前揭書, 16-18頁.

유신 개혁의 추진선推進線에 상향上向해 동양 평화 확보의 사명에 입각해서 동아시아를 경륜해 감에 있어서는, 일본의 자위 및 발전흥륭의 필요에서뿐만 아니라 동아시아연맹 각 민족의 맹주로서 동아시아 전 민족의 독립을 확보해 그 행복을 증진하고 세계문명에 공헌하게 하는 것이야말로 일본의 민간지사民間志士들에게서는 메이지 10년대부터의 근본적 사상이었고, 또 청·일 전쟁 후의 삼국 간섭에 있어서도 러·일 전쟁에 있어서도 자유민권·국권의 어느 당파에 관계없이, 비록 그 중점의 어디에 놓이느냐에 따라 차이는 있었지만, 대체로 민간지사뿐만 아니라 조야朝野의 일치된 사상동향이었다".

그의 이러한 입장에 대해 다케우치는 다음과 같은 입장을 보이고 있다. "만일 조야가 일치해서 인방隣邦의 독립을 도왔다고 하는 사관이 정확하다고 한다면, 그것은 일본 민족의 수치이다. 만일 그것이 아시아주의라고 한다면 일본인은 얼마나 바보 같은 놈일까라고 남들이 생각할 것임에 틀림없다. 사실 일본인은 그 정도로 무사상이지 않았다. 독립은 다른 사람으로부터 주어지는 것이 아니라는 것을 메이지의 일본인은 뼈저리게 느끼고 있었다."

필자가 여기에서 지적하고자 하는 것은 다케우치의 이와 같은 입장은 전전戰前 아시아주의를 주창했던 인사들의 사상이 구미 열강의 아시아 침략에 대한 대항 방안으로서 일본을 맹주로 한 아시아 여러 민족의 단결을 목표로 한 사상이었다는 생각을 기초로 하고 있는 것이다. 그의 그러한 입장에는 전전 일본의 아시아 침략은 불가피했다는 생각이 깃들어 있고, 그러한 아시아주의는 아직도 유효한데 그 전망은 결코 밝지만은 않다는 사고가 내재되어 있는 것으로 고찰된다. 그의 '아시아주의'에 대한 논의가 전후 '아시아주의'에 대한 논의의 텍스트가 되어 온 것은 일본을 맹주로 한 아시아주의는 지금도 유효하다는 사고가 그 텍스트의 주축을 이루고 있기 때문이라고 하는 것이다.

일본인들이 그러한 입장을 취해 왔음에 반해 그것에 대한 한국인들과 중국인들의 연구는 일본의 우익들이 주장했던 아시아주의야말로 일본의 아시아

침략을 위한 위장된 사상이었다고 하는 사실을 규명하는 데 그 목적이 있는 것이다. 한국에서는 1980년대에서부터 "일본의 민족주의는 서구화가 성공적으로 구체화되기 시작했던 19세기 말부터 점차 주변 아시아 국가들을 향해 세력을 팽창하려는 팽창주의의 성격을 띠기 시작했다. 일본 국력의 대륙 팽창 정책은 '아시아 연대'라는 미명으로 위장되었고, '대아시아주의'라는 이름으로 진행되었다"라는 입장에서 아시아주의가 연구되기 시작했다.[288] 한국에서의 이 분야에 대한 연구는 재일 한국인 역사가 강재언이 다케우치 요시미의 《아시아주의》가 출판된 그 다음 해인 1964년부터 일본에서 '조선 문제와 우치다 료헤이朝鮮問題と內田良平'를 시발로 이루어진 연구를 이어받아 행해지기 시작했던 것으로 보인다.[289] 중국에서도 1980년대로 들어와서 "대아시아주의만큼 여러 형태로 선전되어 결국 수억의 민중을 살육과 자위, 침략과 반침략의 대규모의 전쟁으로 끌어들인 사상은 아마 없을 것이다"라는 입장에서 그 연구는 출발했다.[290]

필자가 여기에서 말하고자 하는 것은 현재 '아시아주의자'로 불리는 자들에게서의 실천 운동 '아시아주의'가 무엇을 의미했든지 간에 결국 그들의 아시아주의 실천 운동은 일본의 아시아 침략으로 구체화되어 나왔고 종국에는 일본의 아시아 파멸행위로 귀결될 수밖에 없었다고 하는 것이다. 지금까지의 우익에 대한 연구는 일본의 초창기 우익들이 그러한 아시아 침략과 아시아 파괴 행위를 자행할 수 있었던 사상적 근저로서의 아시아주의가 어떻게 형성되어 나왔으며, 또 그것이 어떤 형태로 실천되어 갔었는지에 대한 관점으로부터 행해진 것들은 그다지 눈에 띄지 않는다.

---

288 ▪ 한상일, 앞의 책, 1면.

289 ▪ 강재언, 앞의 논문, 230면.

290 ▪ 趙軍, 前揭書, 377頁.

***

본 연구는 청·일 전쟁 이전의 국가주의자 내지 국권주의자, 더 거슬러 올라가서는 자유민권 운동가, 정한론자 등과 같은 일본의 초창기 우익 계열의 인사들의 사상들이 '아시아주의'와 어떻게 관련되어 있으며, 그들의 그러한 사상들이 어떤 식으로 '아시아주의'를 형성해 나갔는지, 더 나아가서 그들에게서의 '아시아주의'가 그들의 우익정신의 실천적 에너지원이 될 수 있었던 이유는 과연 무엇이었는지 등에 대한 문제 해결을 주축으로 해서 행해진다. 그러한 문제들에 대한 파악은, (1) 아시아주의의 성립과 그 전개 양태에 대한 고찰, (2) 아시아주의를 성립시킨 인물들 및 단체와 그들의 대아시아주의 실천 운동, (3) 아시아주의 사상에 대한 고찰 등을 통해서 행해진다.

(1) 아시아주의의 성립과 그 전개양태에 대한 고찰은 편의상 맹아기, 성립기, 확립기, 변질기라고 하는 4단계를 통해 행해질 수 있다. 여기에서는 아시아주의의 성립과 확립 과정이 중점적으로 고찰된다. (2) 아시아주의를 성립시킨 인물들과 단체들에 관한 고찰은 아시아주의의 맹아기, 성립기, 확립기에 활약했던 인물들과 단체들을 파악하고 그들의 아시아주의와 관련된 활동들을 고찰한다. (3) 아시아주의 사상에 대한 고찰은 그 성립기와 확립기에 활약했던, 가장 전형적인 아시아주의자라 할 수 있는 인물 다루이 도키치樽井藤吉의 아시아주의 이론《대동합방론》에 대한 분석을 통해 아시아주의 사상의 본질을 도출해 내는 작업 등을 통해 행해진다.

본 연구는 정한론자들의 하야를 계기로 일어난 자유민권 운동이 야기된 1874년(메이지 7년)을 전후해서부터 청·일 전쟁 발발(1894)경까지의 20년간 일본 내외에서 행해졌던 사건을 자료로 해서 '아시아주의'의 본질과 그 실천 운동의 실체를 규명해 낸다는 입장에서 행해진다.

1. 아시아주의 성립과 그 전개 양태

1) '아시아주의'의 명칭과 아시아주의 성립 배경

(1) '아시아주의'라고 하는 명칭에 관해

현재 일본의 우익 연구자들 사이에서의 '아시아주의'는 '대아시아주의' 혹은 '아시아주의' 등과 같은 말로 쓰여 왔었다. 그런데, 최근에는 '아시아주의' 쪽으로의 사용이 대세를 이루는 것으로 고찰된다.[291] 따라서 필자도 그 대세에 따르기로 한다. 패전 전에는 '아시아주의'보다는 '대아시아주의'가 대세를 이루었던 것이 사실이었고, 원래는 그것들이 'PanAsianism'의 일본어 번역, '범아시아주의汎亞細亞主義'로부터 유래된 것으로 고찰된다. '범아시아주의'란 명칭은 'PanSlavism'(1840-50년대에 성립), 'PanGermanism'(1880년대에 성립) 등을 모델로 해서 성립되어 나온 것이라 말할 수 있다.[292] 한국인들에서의 'Pan-ism'의 의미는 중국인들에게서의 경우처럼 '침략주의', '확장주의' 등으로 파악될 수 있다.[293]

(2) 일본에서의 아시아주의의 성립 배경

일본에서의 아시아주의는 용어 '아시아주의'의 유래를 검토해 볼 때 그 근원을 19세기 중반 러시아의 발칸 진출로부터 찾아볼 수 있다.

15세기 중반부터 오스만 터키제국의 지배하에 있었던 그리스가 터키로부터

---

291 ▪ 예컨대, 헤본샤平凡社 발행『アジア歴史事典　第6巻』에는 "だいアジアしゅぎ"로 되어 있었다. 그러나 1993년 헤본샤 발행『日本史大事典』에는 "アジア主義"로 되어 있다. 이것도 한 예가 될 수 있다.

292 ▪ *The Random House Dictionary of the English Language*, 1987, "PanSlavism" and "PanGermanism".

293 ▪ 趙軍, 前掲書, 377頁.

독립해 나온 것은 1830년이었다. 그리스인들의 종교는 기독교의 일파인 정교正敎였던 반면, 터키의 종교는 이슬람교였다. 따라서 그리스는 발칸 방면의 진출을 원했던 러시아, 그 방면에 이해관계가 깊었던 영국과 프랑스 등의 도움을 받아 터키로부터 독립해 나왔던 것이다. 그 후 러시아는 발칸 지역에서 터키의 지배하에 있던 슬라브 민족들을 자극해 범슬라브주의의 물결을 일으켜 그들과의 연대를 구축한다는 정책을 취했다. 그러나 러시아의 발칸 방면으로의 남하 정책은, 그 방면에 이해관계가 깊었던 영국·프랑스 등과 부딪히게 됨으로써, 결국 터키와 동맹 관계를 맺은 영국과 프랑스와 크림 전쟁(1853-1856)으로 이어졌다. 그 전쟁에서 패한 러시아는 발칸으로의 남하 정책을 포기하고 동방경략에 나서게 된다.

러시아의 동진은 사실, 발칸으로의 남하 2세기 전인 16세기 중반부터 시작되었다. 그래서 17세기 말에는 그 세력이 흑룡강에 달해 청나라와 충돌을 빚자 결국 청과 〈네르친스크 조약〉(1689)을 체결하였다. 그 조약을 통해 남하를 저지당한 러시아는 동으로 더 나아가 18세기 초에는 캄차카를 정복하고 18세기 후반에는 베링해협을 넘어 알래스카를 점령하였다.

크림 전쟁에서의 패배 이후 러시아의 동방 진출은 중국에 제2차 아편 전쟁(1856-1860)이 일어난 시기에 행해졌는데, 당시 동시베리아 총독 무라비에프 N. N. Muraviev가 아이훈 지역까지 진출해 청과의 〈아이훈 조약璦琿條約〉(1858.5)을 맺어 흑룡강 일대를 차지하였고, 또 영국·프랑스 연합군을 물러나게 했다는 대가로 연이어 〈천진 조약天津條約〉(1858.6)을 맺어 러시아인이 상해, 광주廣州 등에서 무역할 수 있는 권한을 갖게 되었다. 1860년 11월에는 〈북경 조약〉을 맺어 우수리강 이동의 연해주 지역을 중국으로부터 받아내 블라디보스토크를 건설하게 된다.[294]

294▪ 신승하, 《中國近代史》(대명출판사, 1990), 116면.

이와 같이 동아시아 진출 이전 발칸 지역으로의 남하를 위해 슬라브 민족들과의 범슬라브주의의 주창을 통해 슬라브 민족들의 연대를 도모했던 러시아가 동아시아 지역으로 진출해 중국 영토의 일부를 빼앗고 일본의 코앞에 나타나자 일본으로서는 긴장하지 않을 수 없었다. 당시 일본은 그러한 국제적 긴장 관계를 타결하기 위한 방안으로 러시아가 연해주를 점령한 시점으로부터 7년 만에 메이지유신을 단행한다. 일본은 그것을 통해 국력을 집결시켜 메이지유신을 단행한 지 6년 만인 1873년 조선 정벌을 획책한다. 그러나 일본의 그러한 획책은 국내의 정치적 주도권 쟁탈전에 휘말려 결국 조선정벌 대신 1874년 대만 정벌과 1876년 조선의 문호개방의 선에서 끝나고 말았다.

한편, 그가 손에 넣은 연해주를 근거지로 해서 동부아시아 경륜에 나선 러시아는 1875년 일본과 사할린 · 지시마千島 교환 조약을 맺어 일본에 지시마를 넘겨주는 대신 사할린 남부를 손에 넣었는데, 당시 크림 전쟁에서 터키를 도왔던 영국 · 프랑스와 터키와의 사이에 불화가 생기자 그것을 틈타 노토露土(러시아·터키) 전쟁(1877-1878)을 일으켰다. 그러나 영국 · 프랑스 · 독일 등은 러시아의 발칸 반도 지배를 염려한 나머지 비스마르크의 중재로 베를린회의(1878)를 열어 러시아의 남하 정책을 차단시키고 말았다. 그러자, 러시아는 1884년 조선과 통상 조약을 맺어 극동에서의 남하 정책을 추진하게 되었다. 실제로 많은 학자들이 "러시아의 서쪽에서의 고립 또는 좌절과 동쪽으로의 진출 사이에는 확실히 상관 관계가 있다"고 주장하고 있다.[295■] 조선은 청의 지나친 내정 간섭을 받던 상황에서 1876년 일본과의 강화도 조약 체결 이후 한반도에 발을 들여놓은 일본으로부터도 내정간섭을 받게 되는 상황에 처하게 되었다. 그러자 조선은 제3의 러시아 세력을 끌어들여 임오군란(1882)과 갑신정변(1884)을 계기로

295■ 니콜라스 V. 랴자노프스키, 《러시아의 역사 II—1801-1976》, 김현택 옮김(까치, 1982), 116면.

청과 일본의 세력을 배척해 간다는 입장을 취했다. 이렇게 해서 조선에서 러시아 세력이 자리를 잡아 남하 정책을 추진해 나가게 되자, 그동안 세계 각지에서 러시아와 대립하던 영국이 1885년 조선에 함대를 파견해 전라도의 거문도를 불법으로 점령하여 극동에서의 러시아의 남하 정책을 차단하고자 했다.

한반도에서 이러한 상황이 벌어지자, 극동에서의 러시아의 남하에 위협을 느끼고 있던 일본의 여론은 갑신정변을 기해 민권신장론이 국권신장론으로 전환해 나왔다. 필자가 여기에서 말하고자 하는 것은 민권신장론이 국권신장론으로 전환해 나오게 됐던 것은 조선에서의 갑신정변과 러시아 세력의 등장을 계기로 해서였다는 것이고, 그러한 전환을 통해 아시아주의가 성립기에서 정립기로 발전해 나왔다는 것이다. 보다 단순화시켜 말하자면, 발칸 방면에서의 범슬라브주의의 물결을 일으켜 남하 정책을 성공시켜 보려던 러시아가 서유럽 세력들의 방해로 남하 정책이 좌절된 후 극동으로 진출해 남하 정책을 추진하게 되자 일본은 러시아가 발칸 반도에서 취했던 범슬라브주의로부터 아이디어를 얻어 동아시아에서 아시아주의의 물결을 일으켜 남하 진출을 차단해 간다는 입장을 취하게 되는데 이로써 아시아주의라고 하는 것이 확실한 형태를 갖추게 됐다는 것이다. 한마디로 말해, 일본에서의 아시아주의는 그러한 역사적 상황하에서 정립되어 나왔던 것이다.

일본에서의 아시아주의의 형성이 러시아의 범슬라브주의에 대항해 가려는 상황에서 이루어졌다고만은 말할 수 없다. 당시 극동에서의 그러한 남하 정책을 취해 가던 러시아와 협력 관계를 형성했던 나라가 다름 아닌 바로 독일이었는데, 당시 독일은 독일 통일이라는 과업을 완수시켜 가는 과정에서 범게르만주의의 물결을 일으키고 있었다. 범게르만주의는 이념적으로는 이미 19세기 전반의 독일 통일 운동 과정에서부터 성립되어 나왔지만, 그 사상적 실현의 운동체는 1880년대 이후에 성립되어 나왔다. 이 사상은 두 계열로부터 나타났는데, 하나는 합스부르크제국(오스트리아, 헝가리)하에서 독일계 주민을 통해서 형성되어 나와, 슬라브 제 민족의 대두, 유태인의 진출 등에 반대해 독일 민족의 우위를 주창했던 것이다. 다른 하나는 1890년경에 나타나 1894년에 형태를 갖춘 '전 독일 연맹Alldeutsher Verband'을 중심으로 한 독일의 식민지 확장 운동이었다. 작은 의미로의 범게르만주의는 후자를 가리킨다. 전자의 경우 독일에서는 "1859년을 전후해서 독일 문제 해결의 여러 가능성을 두고 열띤 논쟁이 벌어졌다. 그중 하나가 오스트리아를 주축으로 해서 보헤미아와 북부 이탈리아 지방을 포함하는 대大독일을 건설하자는 대독일주의였다".[296] 전자는 바로 그러한 주창을 배경으로 해서 형성되어 나왔던 것이다. 후자의 경우는 제국주의 시대의 서막을 연 독일 통일(1871)을 배경으로 해서 형성되어 나온 것이라 할 수 있다. 일본이 그러한 독일과의 직접적인 충돌은 삼국 간섭(1895)을 통해서였는데, 독일로 하여금 삼국 간섭을 행하게 했던 것은 후자에 해당되는 범게르만주의였던 것이다. 일본은 그러한 독일의 식민지 확장 운동의 사상적 배경을 이루고 있었던 범게르만주의로 무장한 독일과의 충돌을 계기로 제국주의 국가로서의 대륙 침략의 기초를 다져 나가게 되었는데, 그러한 과정에서 확립되어 나왔던 것이 다름 아닌 바로 대륙 침략의 첨병 역할을 담당했던 우치다 료헤이内田良平의 '흑룡회'를 통한 아시아주의였다.

메이지유신 이후 대륙 진출을 꾀하던 일본이 조선에서의 갑신정변을 통해 범슬라브주의를 주창하면서 극동에서 남하 정책을 펴고 있던 러시아와의 충돌을 계기로 국론을 민권신장에서 국권신장으로 전환시켜 아시아주의를 표방하게 됐던 것은 1870년대 이후 러시아에 유포되어 있었던 '황화론黃禍論', 즉 일본·중국 등의 민족의 '대연합'이랄 수 있는 '황화'에 대항하기 위해 범슬라브주의의 물결을 일으키고 있었던 것도 한 원인으로 지적할 수 있다.[297] 일본이

---

296 ▪ 하게슐체, 《새로 쓴 독일역사》, 반성환 옮김(知와사랑, 2000), 163면.

297 ▪ 橋川文三「黃禍論史」(神島二郎·鶴見俊輔·吉本隆明編集『橋川文三著作集10』筑摩書房, 2001), 14-18頁 参考.

삼국 간섭을 통해 범게르만주의의 독일과의 충돌을 계기로 연대론 차원의 아시아주의에서 침략주의 차원의 아시아주의로 전환해 나왔던 것도 당시 독일황제 빌헬름 2세Wilhelm II(1859-1941)의 "유럽 열강은 이 '황화'에 일치해서 저항해야 한다"라는 주장, 특히 러시아가 지리적으로 '황화' 저지의 전위적 역할을 해야 한다는 주장 때문이었다고도 말할 수 있을 것이다.[298] 당시 독일황제 빌헬름 2세는 제국주의적 세계 정책을 일관되게 추진해 나가는 과정에서 범게르만주의의 깃발을 들고 군비 확장을 강행, 3B 정책을 단행하여 제1차 세계대전의 원인을 만들었던 자로 유명하다. 그랬던 그가 황색 인종 억압론을 주장한 이유는 무엇이었던가? 이 물음에 대해 1892-1899년에 독일공사로서 당시 현지에 있었던 아오키 슈조青木周藏(1844-1914)는 그의 자서전을 통해 다음과 같이 빌헬름 2세의 생각을 기술하고 있다.[299] "일본과 청국 사이에서 '아시아는 아시아인이 속해야 한다고 하는 주의'에 기초한 협의가 서로 정리되어 있어, 공격에서도 수비에서도 서로 응원·옹호할 수 있다는 공수 조약을 체결하면 황인의 세력이 점점 왕성해져 백인 사회는 반드시 위해를 받게 될 것이다. 따라서 지금이라도 한편에서는 일본을 견제해 그 세력의 발전을 견제하고, 다른 한편에서는 청나라인을 개명開明의 구역으로 나가지 못하게 하는 것이다."

필자가 여기에서 말하고자 하는 점은 빌헬름 2세가 황색 인종에 대해 분열 정책을 취해 게르만 민족을 주축으로 한 백인들이 아시아인들의 사회를 지배해야 한다고 주창한 사상에 대항할 수 있는 하나의 사상을 구축해 간다는 목적하에서 일본이 타 아시아 국가들에 대해 그러한 침략주의 차원의 아시아주의를 주창하게 됐다는 것이다. '아시아주의'의 연구자, 조균趙軍은 '아시아주의'에 대해 다음과 같이 말하고 있다. "대아시아주의란, 가장 간단한 말로 총괄하면 아시아 여러 나라의 단결과 연합을 기도하려는 사상이라 말할 수 있다. 19세기

298▪ 上掲書, 18頁 參照.

299▪ 上掲書, 20頁.

중엽 이후, 구미 여러 나라의 동아시아 진출 활동이 진전됨에 따라 중국이라든가 일본 등은 영국이라든가 미국의 강요에 의해 '쇄국' 정책을 방기하지 않을 수 없었다. 그로 인해 구미 자본주의국의 식민지가 될 위기감이 생겨, 아시아 여러 민족의 단결을 기도해 구미 세력을 아시아로부터 추방하려는 사조가 생겼던 것이다. 다만 당시 일본의 경우, 대아시아주의적 사상 속에는 팽창주의적 경향이 최초부터 있었던 것은 주의해야 할 것이다".[300]

여기에서 조군이 말하고 있는 '팽창주의적 경향'이란 필자가 말하는 '침략주의적 경향'을 가리키는 것으로서 그는 그것이 아시아주의의 성립 초창기부터 있었다고 하는 것이다. 그러나 필자는 여기서 아시아주의 속의 '팽창주의적 경향'을 '국권신장주의'의 단계와 '대륙 침략주의'의 단계로 양분해 아시아주의 본질을 보다 명확히 파악한다는 입장이다. 그러한 측면에서의 접근을 위해 우선 아시아주의의 성립 기반부터 고찰해 본다.

2) 일본에서의 아시아주의의 성립 기반

'아시아주의'를 구미 열강의 아시아 침략에 대한 대항의 한 방안으로서의 아시아 여러 민족의 연대를 목표로 한 사상으로 정의해 본다면, 그러한 차원에서의 아시아 민족들의 '연대'를 구체적으로 거론했던 최초의 인물들 중의 한 사람으로 자유민권파의 최대의 이론가로 알려진 우에키 에모리植木枝盛(1857-1892)을 들 수 있다.

그가 아시아 민족들의 '연대'를 거론한 것은《무상정법론無上政法論》(絵入自由出版社, 1883.12)에서였다. 우에키가 1880년에 자유민권 운동을 주도했던 이타가키 다시스케板垣退助의 구술에 편자 우에키가 1883년 12월에 자신의 의견을

300 ▪ 趙軍, 前揭書, 25頁.

많이 첨가해 새로 출판한 것이다. 우에키가 말하는 '무상정법'이란 각국 간의 사전私戰을 금할 수 있는 '국제공법国際公法'을 가리키는 것으로서, 이 서물의 주된 내용은 각국이 '만국공의 정부万国公議政府'를 설립해 그 정부로 하여금 '무상정법'이라 칭할 수 있는 '국제공법'을 만들어 국제 간의 평화를 유지해야 하는데 그러기 위해서는 우선 무엇보다도 군비軍備를 전폐全廢시켜야 한다는 것이다. 그는 바로 이 서물에서 "서구의 아시아 압도 세력을 방지할 길이란 아시아 연합책을 세우는 것"인데, 이것은 사실상 임시 방편책에 지나지 않는 것으로서 '무상정법'이라고 하는 방법에 의해야 한다는 것이다.[301] 이 서물에서 그가 거론한 '아시아 연대'란 그로부터 8년 전인 1875년《우편보지신문郵便報知新聞》(10.29)에 투고했던 글에서의 그의 '정한론征韓論'에 대한 입장 표명을 주축으로 해서 나온 것이라 할 수 있다. 그는 그 투고문에서 '정한론'에 대해 다음과 같은 입장을 피력한 바 있었다. "서구에 대해" 동아시아의 국민들은 "같은 동아시아의 동포"가 되지 않을 수 없는데, "이상하게도" "당시 우리 일본인이 조선정벌을 주장"했다는 것이다.[302] 1875년 당시 그의 그러한 입장은 설혹 그가 그 투고문에서 '아시아 연대'라는 말을 직접 쓰지는 않았지만 서구의 동아시아 침략에 대한 대항책이란 아시아 국가들이 '동아시아의 동포東亞ノ同胞'란 의식을 가지고 서로 협조해 '서구'에 대항해 가야 한다는 것이었다. 이렇게 봤을 때, 그의 '아시아 연대'론은 그 전년 1874년 1월 '민선의원설립건백民選議院設立建白'을 계기로 발생한 자유민권 운동의 분위기를 타고 형성되어 나온 것이라 할 수 있다. 그해 1월 '건백'의 주도 세력으로서 최초의 민권 운동 단체였던 '애국공당愛国公党'이 결성되었고 연이어 그해 4월에 우에키의 활동무대였던 '입지사立志社'가 결성되었다. 당시 우에키의 그러한 '아시아 연대론'은 1873년의 '정한론' 논쟁

---

301 ▪ 藤間生大,《東アジア世界の形成 第3巻 — 壬午軍亂と近代東アジア世界の成立》(春秋社, 1987), 106頁.

302 ▪ 上揭書, 78頁.

에 대한 그 자신의 입장에 기초한 것이라 할 수 있는데, 그의 그러한 입장의 핵심은 일본이 서구의 침략으로부터 자유롭기 위해서는 일본이 정한征韓할 것이 아니라 한국과 연대해 가야 한다는 것이었다. 당시 '정한'에 대한 그의 그러한 입장은 자유민권 운동가들의 입장이기도 했었다. 자유민권 운동이 출발했던 1874년에 창간된《아사노신문朝野新聞》,《도쿄일일신문東京日日新聞》등과 함께 '정한 반대'의 입장을 취했던《우편보지신문》도 10월 7일호의 사설란에 후쿠자와 유키치福沢諭吉의 "아시아 제국과의 우리나라의 싸움은 우리의 영욕에 위한 것이 아님이라는 설"을 내세워, "우리의 독립은 구미에 대립해 감으로써 비로소 만족할 수 있는 것"이고, "아시아 제국과 우리나라와의 싸움은 하나도 소득될 것이 없다는 것을 알아야 한다"는 입장을 취해 갔다.[303■]

이와 같이 우에키의 그러한 동아시아 연대 사상은 당시의 민권 운동의 분위기를 타고 형성된 여론의 일부가 구체화되어 나왔던 것이다. 이렇게 봤을 때 우에키의 그러한 동아시아 연대론은 자유민권론을 기반으로 해서 형성되어 나왔다고 말할 수 있는데, 당시 그를 비롯한 자유민권론자들의 기본적 생각은 서구로부터의 일본의 독립과 서구 열강들과 일본의 대등한 관계 정립 없이는 일본인들의 자유와 민권은 있을 수 없다는 사상을 기초로 해서 성립되어 나왔다고 하는 것이다.

이와 같이 자유민권 운동의 분위기를 타고 1880년(메이지 13년) 3월 '아시아를 일으키자'라고 하는 사상을 기조로 해서 도쿄에서 창립된 단체가 있었는데 그것이 바로 '흥아회'였다. 창립과 함께 흥아회는 "우리나라 최초의 중국어 학생을 양성"했는데, 그 "흥아학교에서는 흥아주의의 사상을 고무"시킨 결과, "당시의 학생들로부터 중국 문제의 선각자였던 가와시마 나니와", 화가 미야지마 에이시宮島詠士 등과 같은 자들이 배출되었다.[304■] 흥아회는 영미 유학을 하고

303■ 上同所.

304■ 黑龍会 編『東亜先覚志士記伝(上巻)』(原書房, 1966), 416頁.

그해 네덜란드공사로 취임한 나가오카 모리요시長岡護美(1842-1906)를 회장으로 했는데, 흥아회 발기인으로는 소네 도시토라, 와타나베 고키, 하여장何如璋 등 41명이 참여했다. 소네 도시토라曾根俊虎(1828-1905)는 1871년 해군에 입대해 1873년 당시 외무경外務卿으로서 마리아 루즈호 사건의 해결을 위한 특명전권 대사로 임명되어 청국으로 건너간 소에지마 다네오미를 따라서 상해에서 주재했던 자이다. 와타나베 고키渡辺洪基는 제국대학 초대총장 등을 역임했던 자이고, 하여장은 당시 청국의 주일 공사였다.

마리아 루즈호 사건이란 다음과 같은 것이었다. 1872년 요코하마항에 체류 중이던 남미 페루의 상선 마리아 루즈호의 선내에 "약 230여 명의 중국인 노예가 감금"되어 있었다.[305] 감금 중의 노예 한 명이 배 안에서의 학대를 못 이겨 탈출했다. 이때 일본 정부의 외무경이 소에지마였는데, 그는 그 노예선의 선장을 재판에 회부해 중국인 노예들을 해방시켰다. 당시 중국에서는 마카오를 중심으로 공공연히 노예무역이 횡행하여 수천수만의 노예가 매매되고 있었다. 일본의 소에지마는 동종同種 의식에 입각해 동양에서의 서구인들의 노예무역을 금지시키기 위해 청과의 보조를 맞춘다는 입장을 취했던 것이다.

소에지마는 일본의 외무경으로서 1872년에서 1873년에 걸쳐 동아시아 연안에서의 서구인들의 노예무역 금지를 위해 노력하다가 1873년 10월 정한론 사건으로 다른 세 참의들과 함께 하야하게 된다. 그러나 그는 그 후 이타가키板垣 등의 경우처럼 자유민권 운동을 일으키지는 않았다.

따라서 당시 일본의 자유민권 운동가들의 일파는 자신들의 자유민권 운동의 근본적 목적을 해결하기 위한 한 방안으로 일본이 서구 열강들과의 불평등 조약 등과 같은 문제들의 해결을 통해 서구 열강으로부터 독립해 나오고 또 그들과의 평등한 관계를 유지시켜 나가기 위한 방책으로서 동아시아 연대의

305 ■ 葦津珍彦, 前掲書, 7頁.

필요성을 제기했던 것이다. 그러한 상황에서 결성되었던 입지사가 중심이 되어 우에키 에모리 등의 노력으로 1875년 일본에서의 최초의 전국적 정치결사, '애국사愛国社'가 결성되었다. 그 당시 합의서의 전문前文에 다음과 같은 문장이 들어 있다. "각기 자주의 권리를 신장하고, 인간 본분의 의무를 다하고, 작게는 일신일가一身一家를 보전하고 크게는 천하 국가를 유지하려는 길로부터 시작해, 끝에 가서는 천황폐하의 존영尊榮과 복지를 증진시키고 우리 제국으로 하여금 구미 열강과 대치해 가려면…."306■ 이 문장은 당시의 민권 운동가들의 자명한 공통의식을 나타내 주고 있다고 말할 수 있다. 필자는 그들의 그러한 생각들을 근거로 해서 민권 운동이야말로 서구 열강에 대항하기 위한 국권신장의 확실한 방안이었다고 말할 수 있는 것이다.

그들의 그러한 제기는 메이지유신의 추진 과정에서 야기된 정한론과의 관련 속에서 행해졌는데, 사실상 당시 자유민권론자들에게서의 메이지유신이란 우선 일차적으로 서구의 열강들로부터 독립을 쟁취하고 그들로부터의 안전을 확보해 가면서 그들과의 평등을 유지하기 위한 방안으로 행해졌던 것으로 받아들여졌었다. 《우편보지신문》(1875.10.7)이 "우리의 독립은 구미에 대립해 가는 것으로 만족해야"지, "아시아 여러 나라와의 싸움까지 해서 우리의 영욕을 채우는 일"은 아니라고 지적하고 있듯이 그들이 메이지유신을 일으킨 궁극적 목적이 아시아 여러 나라를 침략해 그들을 일본의 손아귀에 넣기 위한 것까지는 아니었다고 하는 것이다.

필자가 여기에서 말하고자 하는 것은 당시의 메이지유신의 주도자들 중에는 아편 전쟁 이후 청국이 서구 열강의 반半식민지 상태로 전락하는 것을 목격하면서 서구의 열강들의 침략을 아시아 국가들이 막아내기 위해서는 일본이 맹주가 될 수밖에 없다는 생각을 한 나머지, 언젠가는 일본이 동아시아를 지배해야

306■ 頭山統一『筑前玄洋社』(葦書房, 1977), 13頁.

한다는 생각까지도 한 자들이 있었다는 것이다.

메이지유신의 주도자들로 말할 것 같으면 메이지유신은 동아시아의 '화이華夷 체제'를 붕괴시키고 황국 중심의 새로운 동아시아 체제를 확립시키기 위한 혁명이었던 것이다.[307]

메이지유신의 3걸의 한 사람으로 알려진 기도 다카요시木戸孝允(1833-1877)는 아시아 여러 나라를 "황국보전지기초皇国保全之基礎로 해서 후에 만국萬國을 경략해 나갈 기본"으로 삼겠다는 입장을 취한 바 있는데, 그의 그러한 입장은 일본이 서구 열강들의 침략에 대항해 황국 중심의 세계를 건설해 가는 데 있어서 기반이 될 수 있는 나라라는 생각을 기초로 해서 성립됐던 것이라 할 수 있다. 그들의 그러한 사상은 1882년에 발포된 〈군인칙유軍人勅諭〉 속의 "밖은 우리나라 국기로 하여금 더욱 더 광휘를 발휘하게 할" 것이라는 문장에도 잘 나타나 있다. 다시 말해 메이지유신의 주도자들에게는 서구의 열강들의 자기들 중심의 세계 경략에 대항하기 위한 방안으로 중국의 황제皇帝 중심의 동아시아 세계로부터 벗어나 메이지유신을 통해 왕정복고王政復古한 천황天皇 중심으로 세계를 경략하겠다는 의식이 분명 있었다는 것이다. 그러한 입장을 취해 봤을 때 서구의 동침에 대항하기 위한 방안으로 일본인들이 동아시아에서 최초로 시민혁명으로서 일으킨 "메이지유신은 아시아 부흥의 제1보"로 이해되고, 또 "아시아주의는 구미가 식민 지배를 계속해 가고 있던 사이에 계속 살아 있다가, 제2차 세계대전이 끝나 식민지가 독립되자 소멸했다"라는 말이 나올 수 있다.[308] 그러한 점들을 고려해 조군趙軍은 아시아주의 성립 기반에 관해 다음과 같이 말하고 있다. "대아시아주의의 최초의 출발점은, '서력동점西力東漸'이라고 하는 세계의 정세이다. 아시아는 구미인의 포학한 침략을 받았다. 아시아는 구미인의 침략에 의해, 공전空前의 식민지화의 위기에 직면했다. 구미인의

---

307 ■ 加藤祐三『近代日本と東アジア』(筑摩書房, 1995), vi頁.

308 ■ 岡本幸治編『近代日本のアジア観』(ミネルヴァ書房, 1998), 83頁.

침략과 대항하기 위해 아시아도 일치단결하지 않으면 안 된다. 이와 같은 생각이 당시의 아시아주의자들의 세계정세의 인식이고 아시아주의가 성립될 수 있는 전제이다"라고.[309]

이상과 같이 고찰해 봤을 때 일본에서의 자유민권 운동의 출발을 기점으로 해서 형성되어 나온 아시아주의는 자유민권론자들의 민권 신장 방안으로서의 동아시아 연합과 그 배후를 이루는 메이지유신의 주도자들의 일본 중심의 세계 경략 방안을 기반으로 하고 있다고 말할 수 있다. 한마디로 말해, 자유민권론자들의 아시아주의는 국권 우위의 민권론을 기반으로 해서 성립해 나왔다는 것이다.

3) 아시아주의의 성립 과정

(1) 자유민권 운동과 아시아주의

이상에서 고찰한 바와 같이, 우에키 에모리 등의 '서구 대對 아시아' 사상, '동아시아'인들은 같은 '동포'라고 하는 사상 등이 형성되어 나온 것은 자유민권 운동을 통해서였는데, 그렇다면 아시아주의는 어떻게 자유민권 운동을 통해 형성되어 나오게 됐던 것인가?

앞에서도 지적했듯이 일본의 최초의 근대민주주의 혁명으로 평가되는 자유민권 운동은 '민선의원설립건백'(1874.1)을 계기로 해서 발생하게 되었는데, '건백' 사건을 주도했던 세력들이란 바로 전년인 1873년(메이지 6년)에 '정한론'이 관철되지 않아 하야한 이타가키 다이스케板垣退助 등을 중심으로 한 그룹이었다. 그렇다면 정한론이 관철되지 않아 하야한 그들이 '민선의원설립건백' 사건을 일으켰던 이유는 무엇인가?

309 ▪ 趙軍, 前揭書, 27頁.

1873년 8월 정원正院 회의에서 정한론에 대한 메이지 정부의 입장은 "유신 정부에서의 최고 참의參議이고 유신의 최대 공로자인 사이고 다카모리가 전권全權으로서 조선에 건너가도 조선 정부가 메이지유신 정부와 교섭에 응하지 않으면 일본의 조선 출병 구실이 충분하다는 입장으로" 정리되어 있었고, 또 그러한 입장에 대해 천황의 재가가 있었는데도 불구하고 견외 사절단의 귀국 후 정한론에 대한 정부의 입장이 번복되자, 이에 반발해 정한론을 주장해 왔던 참의들이 하야를 선언하고 말았던 것이다. 그들은 자신들의 정한론이 메이지 유신의 공로자들인 사족士族의 의사와 민의民意가 반영된 것으로 생각하고 있었다. 당시 사이고는 서간書簡을 통해 이타가키에게 정한론이 "내란을 바라는 마음을 밖으로 돌려 나라를 흥하게 할 원략遠略"이라 말했던 것이다. 정원 회의에서 이미 결정되었는데도 불구하고 천황의 측근에 있는 한두 인사들에 의해 번복되는 것은 메이지유신의 공로자들인 사족과 백성들의 의사를 송두리째 무시해 버리는 것이라는 입장을 취해 사족의 의사들을 포함한 모든 민의가 반영될 수 있는 민선의원 설립의 필요성을 주장하고 나서게 되었던 것이다.[310■]

'건백' 사건의 주도자들은 '건백' 제출 수일 전 '애국공당'을 결성하고 서구의 계몽주의자들의 '자연권natural right'에 해당되는 천부인권설에 입각해 민권의 신장을 주창했다. 그런데, 하늘이 인간 개개인들에 부여한 인간의 기본적 권력이란 당시 서구 열강들에 짓눌려 있는 아시아 국가들의 국민들에 있어서는 국가적 권력이 보장되어 있을 때만이 그것이 보장될 수 있다고 하는 생각이 당시의 메이지유신을 일으켰던 인사들의 머릿속을 채우고 있었다. 일국의 민권이 모든 인간은 신 앞에서 평등하다는 사상에 기초해서 성립될 수 있듯이 일국의 국권도 국제적 평등을 통해서만이 성립될 수 있다는 사상이 당시의 자유민권론자들에게 있었던 것이다.

310■ 一又正雄『杉山茂丸 — 明治大陸政策の源流』(原書房, 1975), 19頁.

그런데, 당시 일본의 서구 열강들과의 관계는 1858년에 맺어진 불평등 조약 등으로 인해 평등한 관계가 아니었다. 따라서 어떠한 식으로든지 서구 열강들과의 불평등 관계를 평등 관계로 전환시키는 것이 일본의 최대 국가적 과업이었는데, 당시 일본의 민권론자들을 비롯한 많은 지식인들이 생각했던 그 국가적 과업수행은 아시아 국가들의 인종적 연합을 통해서 행해질 수 있다는 생각이 존재했다고 하는 것이다. 당시 이타가키, 우에키 등 자유민권론자들이 '무상정법'이라 칭할 유효한 국제공법을 만들어 각국 간의 사사로운 전쟁을 금하고 만국공의 정부에 의해 국제 간의 평화를 유지해야 한다고 주창해 갔던 것도 국제적 평등 없이는 민권이 신장될 수 없다는 생각을 갖고 있었기 때문이다.

이와 같이 당시의 자유민권 운동은 그것이 국권신장의 한 방안으로 일어난 메이지유신의 실현 과정에서 형성된 것이기 때문에 당연히 국권론에 입각해 성립되어 나왔던 것이다.

이와 같은 차원에서 생각해 봤을 때 자유민권론자들에게서의 아시아주의란 국권 신장을 전제로 한 민권 운동을 통해 성립되어 나온 사상이라는 것은 두말할 필요가 없다. 또 그것이 자유민권 운동을 통해 전개되어 나갔다고 하는 것도 두말할 필요가 없다.

(2) 갑신정변과 아시아주의 확립

당시 일본의 민권론자들의 그러한 민권 신장 방법으로서의 '동아시아 연대' 사상은 조선에서의 임오군란 및 갑신정변을 계기로 다른 형태로 변모되어 나왔다. 다시 말해서 아시아주의의 구체적 추구방안으로서의 '동아시아 연대'라고 하는 사상이 변화를 겪었다는 것이다. 그것은 "민권론자들이 그간 그들의 대항 세력으로 보았던 한벌 정부를 동지로 받아들이고", 구미 세력, 특히 러시아를 그들의 대항 세력으로 설정했기 때문이다.[311]

당시 조선에서 임오군란이 일어난 것은 1882년 7월이었고 갑신정변은 그로부터 2년 후인 1884년 12월에 발생했다. 일본 민권론자들의 아시아주의 실현 방안의 첫 변모 증상은 우에키가 임오군란과 갑신정변 사이의 1883년 12월에 새로 발행한《무상정법론》으로부터 발견된다.

그는 그 서물에서 "메이지 15년 당시의 동아시아 상태를 보면 '아시아 연합'의 기대는 공허하다"는 입장을 밝히고 있다. 보다 구체적으로 말해, 그는 "서구가 아시아를 압도하는 그 세를 방어할 방도는 아시아 연합의 방책을 세우는" 것인데, 사실상 그것은 "일시의 고식姑息적 조치에 불과하다"는 입장을 취하고 있다.[312] 그의 그러한 입장은 1875년에 취했던 '동아시아의 동포東亞ノ同胞'의 표현을 통해 동아시아 연합의 당위성을 피력했던 입장을 부정하는 입장이었다. 그가 그러한 입장을 취하게 된 배경에는 같은 인종 의식을 기반으로 한 민족적 연합보다는 민족들이 지닌 "군비를 축소 내지 전면 폐지시키는" 방안이 더 바람직하다는 입장을 세우기 위해서였던 것이다. 그러나 그의 그러한 생각은 그 전년에 조선에서 있었던 '임오군란'을 목격하고 그러한 생각을 했다고 하는 것이다.

임오군란이란 1882년 7월 조선의 서울에서 일어난 병제兵制 개혁에 따른 병사들의 반란에 민중이 합류해서 일본공사관 등을 습격한 사변이다. 이 사변은 개국과 근대화를 주장했던 명성황후 일족과 이에 대항해 양이론을 주창했던 국왕의 생부 대원군 일파와의 대립이 표면화된 것으로서, 명성황후 일족은 일본과의 강화도 수호 조약 이후 청국에 대항해 친일 정책을 진행시켜 일본인 장교를 군사고문으로 받아들이고 일본의 병기를 구입해 신식 군대의 조직 훈련에 착수했다. 그 과정에서 신식 군대가 후대厚待되자 구군대의 불만이 폭발하여 구군대와 그에 합세한 민중이 명성황후 일족과 일본공사관 등을 습격했다. 이 과정에서 일본인 군사고문이 살해되고, 일본공사가 반란군에 포위되었다

---

311 ▪ 堀幸雄,《戦前の国家主義運動史》(三嶺書房, 1997), 序文 ii.

312 ▪ 上揭書, 106頁.

가 탈출해 인천에서 영국군함에 탑승해 귀국했다. 이 사변을 중시한 일본과 청국 정부는 즉각 자국의 군대를 조선에 급파시켰다. 양국은 〈제물포 조약〉을 체결해 일본과 청국은 조선 서울에서의 주병권駐兵權을 획득하게 된다.

이 사변을 계기로 조선은 청·일 양국에 한층 더 예속되었고, 조선에는 개화파가 대두했다. 또 이 사변을 계기로 서울에 청·일군이 주둔하게 됨에 따라 일본인들의 조선에 대한 관심이 높아졌고, 또, 그 사변은 그것으로 끝나지 않고 그 후 갑신정변으로 이어졌던 것이다.

우에키는 임오군란을 목격하고 "동아시아 연합으로 유럽 열강의 침략을 막을 수 있다는 생각이 착각"이었음을 깨달았던 것이다. 임오군란 시 조선이 청국을 위해서 했던 것처럼 조선이 "또 러시아를 위해서 무언가 조금이라도 움직이게 되면" 러시아에 곧 "잠식 병합되어 버릴 가능성"이 얼마든지 있다고 생각했기 때문이다.

우에키의 그러한 예상은 그 다음 갑신정변을 전후해 현실로 드러났다. 1884년 월남 문제를 둘러싸고 청나라·프랑스 전쟁이 일어나자 〈제물포 조약〉 이후 조선에 남아 있던 청국 군대의 반수 이상이 이 전쟁에 투입되었다. 그 틈을 타서 일본공사가 개화파에 접근해 개화파로 하여금 그해 12월 4일 수구파 정부를 타도하게 해서, 청국과의 봉건적 사대 관계를 청산하고 조선의 자주독립과 국정개혁을 기도하게 했다. 그러한 기도는 일단 성공해 국왕의 전교傳敎로 신정부의 정강까지 발표했는데, 정변 후 3일째에 명성황후와 내통한 수구파가 위안스카이에 청군의 출동을 요구하는 바람에 결국 왕궁을 호위하고 있던 일본군이 서울에 잔류해 있던 청국군의 공격에 밀려 후퇴함에 따라 개화파의 대부분이 청군에 처단되고 김옥균 등 몇 명만이 일본 내지 미국으로 망명하게 됨으로써 그 정변은 실패로 끝나고 말았다.

이렇게 해서 갑신정변을 통해 일본의 원조하에서 움직이던 개화파 세력이 청국의 지원하에 움직이던 수구파에 의해 타도되면서 청국과의 경쟁에서 불리한 처지에 서게 된 일본의 이토 히로부미는 청국을 방문해 이 총장과의 담판으로 그 다음 해의 〈천진 조약〉을 맺게 된다. 그 조약으로 일본은 양국 군의 조선에서의 철수, 어느 한쪽이 재차 파견할 경우 그 사실을 상대방에게 알릴 것 등의 주장을 청국에 관철시킴으로써 청국과 동등한 파병권을 얻게 된다. 그렇게 됨으로써 일본인들의 조선에 대한 관심은 한층 더 고조되었다.

당시 일본의 관심은 조선에만 한정되어 있었던 것이 아니다. 갑신정변이 일어난 1884년에서 그 다음의 1885년까지라고 하는 기간은 프랑스가 월남을 침략해 청나라·프랑스 전쟁을 일으키고(1884) 영국이 거문도를 점령한 시기와 맞물린다. 또 1884년 11월부터 그 다음 해 2월에 걸쳐 미국을 포함한 유럽 열강이 참석한 베를린회의에서는 아프리카 분할을 끝내고, 곧바로 오세아니아주 분할에 착수했다. 그야말로 구미 제국에 의한 "세계 분할 과정의 폭발적 개시의 기간"이었다.[313]

일본의 조선에 대한 관심이 고조된 것은 〈천진 조약〉을 통해서만은 아니었다. 그것은 앞에서도 언급했듯이 갑신정변이 일어났던 해 조선과 러시아와의 사이에 맺어진 통상 조약을 계기로 조선에서의 러시아 세력이 부상함에 따라 우에키의 걱정이 가시화되고 있었기 때문이다.[314] 그러자, 일본의 자유민권론자들은 조선의 러시아와의 관계를 차단시키고 조선의 일본과의 관계를 구축하기 위한 방안으로 아시아주의를 제시했던 것이다. 그러한 과정에서 일본의 자유민권론자들은 조선에서의 러시아 등장과 갑신정변을 계기로 결국에는 민권신장을 통한 국권신장의 입장에서 국권신장을 통한 민권신장의 입장으로 전환해 나왔던 것이다.

그들의 그러한 입장은 자유당의 공식 견해로서 《자유신문》을 통해 4회에 걸쳐 표명되었다(1884.9.30-10.4). "서구 강국이 아직 아시아 동양에 그들의 국

---

313 ▪ 松尾章一『近代天皇制国家と民衆・アジア(上)』(法政大学出版局, 1997), 132頁.

314 ▪ 이기백, 《한국사신론》, 개정판(일조각, 1988), 332면.

권을 확장해 가고 있지 않을 때 우리가 먼저 나가 우리의 국권 확장 수단을 행해야 한다"고 주장하면서 그 방법으로서 "아시아의 선진인 우리나라가" 맹주가 되어 아시아의 안녕을 가져올 행동을 일으켜 가야 하고, 그러기 위해서는 관민官民이 조화해, "장년壯年과 유지有志 등이 열심히 내사內事로부터 외사外事로 전환해 나오고, 정부는 이것을 선용해 크게 국권 확장의 방법을 계획해야" 한다고 하는 것이었다. 그 직후 갑신정변이 일어나자 이타가키 다이스케, 고토 쇼지로後藤象二郎 등의 자유단 우파 간부는 김옥균 등의 독립당 지원을 위해 프랑스 공사에게 자금 원조를 신청했고, 고치高知에서 천 명의 용병을 모집할 계획까지 세우고, 좌파 간부인 오이 겐타로大井憲太郎 등도 조선에 건너갈 계획을 세우고 있었던 것이다.

입헌개진당도 대청개전론対清開戦論을 주장하고 정부의 행동에 전적으로 협력할 자세를 보였다. 이렇게 해서 민권파는 국권확장의 구체적 방안으로서 조선·중국에 대한 제패론制覇論이 정부와 같은 논리의 차원에서 세워지게 됐던 것이다.

조선에서의 갑신정변을 계기로 해서 정립된 아시아주의는 자유민권 운동이 절정에 달했던 1878년(메이지 17년)에 민권 운동 단체로 창립된 '현양사玄洋社'(창립 당시의 명칭은 향양사) 등의 활동을 통해 전개되어 나갔는데, 현양사가 민권 단체에서 국권 단체로 전향해 나온 것은 갑신정변으로부터 2년 후인 1886년의 일이었다. 흑룡회의 《동아선각지사기전東亜先覚志士記伝》(상권, 1933)에서는 현양사의 그러한 전향이 나가사키에서의 청국의 북양함대의 난동에 대한 현양사의 사원 등의 비분강개로부터 비롯된 것이라고 지적하고 있다.[315]

현양사는 국권신장 운동의 일환으로 갑신정변으로 망명한 한국의 독립당의 김옥균을 적극 지원한다는 취지에서 부산에 '선린관善隣館'이란 어학교를 세워

---

315 ▪ 竹內好 編集·解說, 前揭書, 24頁.

청년을 모집해 의용군을 조직할 것이라는 계획까지 세웠다. 그 어학교의 설립 취지서는 나카에 조민에 의해 집필되었다.[316] 현양사의 그러한 국권 운동은 사장 히라오카 고타로平岡浩太郎의 아시아주의 사상에 입각해 일본을 맹주로 한 아시아주의를 성립시켜 나가는 데 절대적 역할을 했다.

그러한 과정에서 다루이 도키치의 《대동합방론》이 나온다. 그것은 1885년에 일본어로 씌어졌는데, 다루이가 '오사카 사건'(1885)에 연루되어 입옥入獄되는 과정에서 분실되었다가 그 후 한국인들이 읽을 수 있도록 한문으로 옮겨 청·일 전쟁 발발 전년인 1893년에 다시 출판되었다. 또 그것은 한·일 합방의 해인 1910년에 일본어로 재판되었다. 결국 《대동합방론》은 조선에서 러시아 세력의 출현과 갑신정변이 일본의 아시아주의자들에게 가져다준 것이라 할 수 있는데, 그것이 제시한 아시아주의 실현 방안은 일본과 한국이 대등합방對等合邦하고 일본과 중국과는 제휴·합작을 통한 연맹의 형태를 취해야 한다는 것이었다.

그러한 형태로서의 아시아주의는 메이지 정부의 〈대일본제국 헌법〉(1889)과 〈교육칙어〉(1890)의 발포를 통해 발전되어 나왔다.

(3) 청·일 전쟁과 일본을 맹주로 한 아시아주의의 확립

1894년 6월에 조선에 동학혁명이 일어났다. 조선 정부가 청국에 동학혁명을 제압할 군대를 요청하자, 청군 3천 명이 즉각 조선에 들어왔다. 그런데 청국과 일본은 갑신정변 때 "조선에 변란이 생겨 군대를 파견할 경우에는 미리 통보하고 사후에는 즉시 철병한다"는 내용의 〈천진 조약〉을 맺었었다. 그런데 청군이 일본에 통보하지 않고 조선에 군대를 파견했던 것이다. 그래서 일본은 청국에 항의서를 제출하고 공사관과 거류민을 보호한다는 이유로 조선에 군대를 파견

316 葦津珍彦, 前掲書, 45頁.

했다. 6월 10일경 청·일 양군의 출병이 보도된 후 양군은 조선의 아산만 풍도豊島 앞바다에서 대치하다가 7월 23일 일본군이 청군에 대해 사격을 가하는 바람에 교전에 돌입했다. 8월 1일 일본이 청군에 대해 선전포고를 하게 됨으로써 청·일 전쟁이 발발하였다.

이렇게 청·일 전쟁은 동학혁명이 직접적 원인이었는데, 필자가 여기에서 주장하려는 요점은 일본 국권론자들의 일본을 맹주로 하는 아시아주의 사상이 그 동학혁명과 깊게 연관되어 있었다는 것이다. 조선에서는 서학西學(天主敎)의 전래가 사회적 물의를 일으키자, 최제우에 의해 그것에 대항해 갈 민족 고유의 신앙 동학이 창설되었다.

문호개방(1876) 이후 외국 세력의 침투 등으로 인해 농민들의 세금이 과중해지자, 농민들 사이에는 외국 세력을 물리치고 정부의 개혁을 요구하는 풍조가 싹트게 되었다. 그러한 정세를 타고 정부가 일찍이 동학을 사교邪敎로 몰아 교주를 혹세무민惑世誣民의 죄로 처형시켰음에도 불구하고 신흥종교인 동학은 사회개혁, 외국 세력의 배척을 요구하는 정치적 세력으로 삼남 지방을 중심으로 급속히 전파되어 나갔다.

1890년대로 들어와서 제2대 교주 최시형崔時亨은 교주의 신원 운동(오명을 벗기는 운동)을 전개시켜 나갔는데, 그것이 받아들여지지 않자, 1893년 4월에는 '척왜양창의斥倭洋倡義'의 다섯 자를 새긴 깃발을 날리면서 2만여 명의 군중을 집결시켰다. 그 후 전봉준을 선두로 한 1천여 명의 승민들은 1894년 2월에는 관청을 습격했고 5월 11일에는 전주로 몰려가 30일에 전주성을 함락시켰다.

이렇게 동학혁명이 조선에서 진행되어 나가자, 일본에서는 갑신정변 이후 일본에 망명한 조선의 독립당의 일원 김옥균 등을 원조했던 현양사, 국권 운동파 등이 독립당을 축출한 조선의 수구파 정부에 대항해 동학혁명을 일으킨 농민들을 원조하자는 움직임이 일기 시작했다. 그 대표적 단체가 다름 아닌 바로 아시아주의를 주도해 나갔던 현양사였고, 그 주동 인물이 바로 현양사

사장 히라오카 고타로였다.

조선에서 동학군이 전주로 진격하던 당시 히라오카 등과 같은 일본의 아시아주의자들은 상해에서의 조선 정부의 김옥균 살해 소식을 접하고 비분강개하고 있었다. 김옥균이 상해에 갔던 것은 망명 10여 년간 오가사와라小笠原섬, 홋카이도北海道, 도쿄東京 등을 전전하다가 당시 청국의 재상 이홍장을 만나 청국의 조선 간섭 등 조선 문제에 관해 의견을 나누고 직접 담판을 지어 보기 위해서였던 것으로 그가 상해에 도착한 것은 청·일 전쟁이 일어나기 5개월 전의 시점인 3월 27일로 한국에서는 동학 운동이 기세를 올리고 있었다. 그 다음 날 그는 투숙한 호텔에서 조선 정부에서 파견한 홍종우에 의해 살해된다. 김옥균은 이홍장을 만날 계획으로 고베를 떠날 때 당시 현양사의 사장으로 아시아주의자의 대표적 인물이었던 도야마 미쓰루의 환송을 받았었다. 그때 도야마는 김옥균의 상해행에 대해 "중국 가는 것은 위험하기 때문에 가지 말라고 극구 말렸으나 듣지 않았다"고 한다.[317] 대신 김옥균은 자신을 환송하러 고베에 나온 도야마에게 "꼭 오사카까지 환송해 주었으면 좋겠다고 간청하는 바람에 도야마는 오사카까지 동행했었다"고 한다.[318] 그랬던 그가 상해에 도착한 지 하루 만에 살해되었다는 보도가 일본에 전해지자 도야마를 비롯한 아시아주의자들은 물론 일본의 국민들에게까지도 "청한清韓의 폭정을 타도하자는 국민적 감정이 격렬히 타올랐"던 것이다.[319] 조선에서 청·일 전쟁이 발발하기 2개월 전인 5월 20일 도쿄 아사쿠사 부근의 혼간지本願寺에서 김옥균의 장의가 현양사의 회원들을 비롯하여 야당의 정치가들은 물론 많은 시민들에 의해 행해졌다. 그러한 분위기를 이용해 히라오카 고타로 등의 현양사 회원들을 비롯하여 가타오카 겐키치片岡健吉(1843-1903), 고노 히로나카河野廣

317 ■ 上掲書, 51頁.

318 ■ 上掲書, 47頁.

319 ■ 上掲書, 48頁.

中(1849-1923), 하야시 유조林有造(1842- 1921) 등 민권 운동을 주도해 온 자유당계의 지도자들이 무쓰 무네미쓰陸奧宗光 외상에 대해 맹렬히 대청개전을 주문해 감에 따라, 7월 25일부터 청·일 양 함대가 사실상 교전 상태로 들어가게 됐던 것이다.

이와 같이 아시아주의를 표방해 오던 현양사는 김옥균의 암살과 동학 운동을 통해 청·일 군의 대치를 전쟁으로 확대시켜 가려는 음모를 꾸몄다.

조선에서 1893년 봄 동학 운동이 발발하자, "가련한 동양의 쇠운을 다시 되돌릴 만한 일개의 대정치가가 되든가 아니면 일개의 대철학자가 되어 유럽에 유행하는 우승열패의 신철학을 깨야 한다는 대망을 품고" 2년 전에 조선에 다녀왔던 도쿄법학교東京法学校(현 법정대학 전신) 출신 요시쿠라 오세吉倉汪聖(1868-1930)가 도쿄에서 대학 친구 오자키 마사요시大崎正吉, 오자키의 동향 친구 지바 구노스케千葉久之助 등을 만나 조선행을 상담했다.[320] 그들 세 사람은 그해 8월 조선으로 건너가 일본인이 경영하는 부산의 유마有馬 여관에 투숙한다. '양산박梁山泊'으로 알려지게 되는 그곳에는 이미 그해 봄부터 낭인 다케다 한시武田範之, 다니가키 가이치谷垣嘉一, 혼마 규스케本間九介 등이 이미 투숙하고 있었다. 그 후 유마여관에는, 니시무라 기사부로西村儀三郎, 오쿠보 하지메大久保肇, 구즈우 요시히사葛生能久, 간사바라 가니시치菅佐原勘七, 시라미즈 겐키치白水健吉, 시바다 고마지로柴田駒次郎, 다나카 지로田中侍郎의 낭인들이 투숙하게 된다.

그러한 상황에서 일본 내에서는 현양사의 마토노 한스케的野半助(1858-1917)가 도쿄에서 김옥균의 장의가 행해진 그 다음 날, 5월 21일 무쓰 무네미쓰 외상(재직 : 1892.8-1896.8)을 찾아가 개전을 종용했고, 또 그를 통해 가와카미 소로쿠川上操六(1848-1899) 참모차장을 만나 열렬한 청국 응징론을 토로했는데, 가와카미 참모는 그때 "'무엇보다도 이토 수상이 비전론의 중심인물이니까 어떠한

320 ▪ 강창일, 앞의 책, 65면.

이유가 있어도 전쟁 같은 것은 생각하고 있지 않다'라고 말한 후, '그대는 현양사의 일원이라고 하는 데 원래 동사同社는 많은 장정들이 모여 성황을 이루어온 원정당遠征党의 본산으로 듣고 있다. 시국을 급속히 해결하려고 생각하고 있다면 누군가 한 사람 불을 붙일 사람은 없을까, 불이 붙기만 하면 불을 끄는 것은 우리들의 업무이기 때문에 나가 본분에 임하면 된다. 그렇지만 정부의 실권이 비전론자의 수중에 있는 한 어찌 하겠는가'라고 의미심장한 말을 던지고 암암리에 지사志士의 궐기를 재촉했다"고 하는 것이다.[321]

마토노와 가와카미 참모의 그 말에 급히 동학당 원조를 모의하는 과정에서 '천우협' 조직이 발단되었다. 마토노가 가와카미의 말을 히라오카에게 전하자 히라오카는 가와카미를 직접 만나 그에게 "동방경영론이라든가 주전론을 술述했"다.

청 · 일 전쟁은 이처럼 아시아주의를 지향하던, 군권주의, 국권 단체, 한벌 정부 등의 합작으로 그해 8월에 야기되어, 결국 다음 해 4월 일본의 승리로 끝났다. 그 결과는 1895년 4월 17일 〈시모노세키下関 조약〉으로 정리되었다. 그래서 일본은 청 · 일 전쟁을 계기로 조선을 청국으로부터 독립시켜 조선의 내정을 일본식으로 개혁해 나가게 되었고, 또 청국으로 하여금 일본을 본받아 변법유신(1898) 등을 일으켜 가게 함으로써 명실 공히 일본을 맹주로 한 아시아주의를 확립하게 되었던 것이다.

4) 아시아주의의 변모 양태

(1) 삼국 간섭과 아시아 침략주의로의 전환

자유민권 운동과 국권 운동을 통해 성립된 아시아주의는 청 · 일 전쟁 후 청 ·

---

321 ▪ 黑龍会, 前掲書, 144頁.

일 간에 맺어진 〈시모노세키 조약〉 체결(1895.4.17)로부터 일주일 만인 4월 23일에 삼국 간섭에 발목을 잡힘으로써 결국 일본은 5월 5일 그들의 간섭에 굴복한다는 의사를 전달하지 않을 수 없었다. 즉, 일본 정부는 청·일 전쟁의 결과 중국으로부터 빼앗은 요동반도를 중국에 되돌려 준다는 요동반도 환부 회담서를 러시아·독일·프랑스 3국에 전달하지 않을 수 없었던 것이다.

삼국 간섭의 주도자는 갑신정변 직전 조선에 나타나 일본인들의 아시아주의를 성립시켰던 러시아 세력이었다. 일본이 청국과의 전쟁에서의 승리를 통해 그동안 청국하에 있던 조선을 관리해 나가게 되고, 또 일본이 요동반도를 손에 넣게 됨에 따라 러시아가 극동에서의 남하 정책을 더 이상 펼쳐나가지 못하게 되자 러시아는 독일과 프랑스를 동원해 삼국 간섭을 행하게 됐던 것이다. 러시아가 삼국 간섭을 통해 일본으로 하여금 요동반도를 중국에 되돌려 주도록 하자, 조선에서는 청·일 전쟁에서의 일본의 승리를 통해 성립되었던 조선의 친일파 정부가 해체되고 명성황후의 도움으로 친러파 정부가 수립되었다. 그러자 삼국 간섭으로 요동반도를 잃은 일본은 격분해 1895년 10월 8일 친러파의 핵심 세력인 명성황후를 살해해 버린다. 그러자, 조선의 친러파 중심의 정부는 명성황후 살해 사건으로 일본에 대한 국제적 여론이 악화된 것을 틈타 그 다음 2월 국내의 러시아 세력과 결탁해 국왕을 러시아 공관으로 연행해 두고 친러파 일색으로 구성된 정부를 세웠다.

한편, 청·일 전쟁에 패배해 곤궁한 처지에 놓여 있던 청국은 러시아 덕분에 일본에 빼앗긴 요동반도를 되찾게 됨에 따라 러시아와 협조 관계를 맺는다. 1896년 5월에 체결된 중·러 밀약이 그 한 예였다. 이 중·러 밀약은 청·일 전쟁 이후 연러제일聯俄制日의 기류를 타고 맺어진 것으로, (1) 일본이 러시아를 침략하면 중·러 양국은 육해군을 서로 지원하고 전시에는 러시아 함대가 중국의 모든 항구에 진입할 수 있고, (2) 중국은 '중·러 은행the Russo-Chinese Bank'에게 흑룡강과 길림의 2성을 거쳐 블라디보스토크로 통하는 철도부설권을 허락

한다는 내용을 골자로 한 밀약이었다.

이와 같이 삼국 간섭을 계기로 러시아 세력이 청국을 대신해 조선에 자리를 잡게 되고, 또 그 분위기를 타고 조선에 친러파 정부가 수립되고, 게다가 중국 대륙에서는 중국과 러시아가 대일본 연합 작전을 행하게 되자, 동북아시아로의 일본의 진출로가 완전 차단됨으로써 그동안 일본이 조선과 청국에 대해 취해 왔던 전략, 즉 서구 세력에 대한 동아시아 국가들의 연대를 더 이상 기대할 수 없게 됐던 것이다.

일본이 러시아의 동아시아 출현으로 인해 그동안의 대서구전을 위한 일본 중심의 동아시아 연대의 실패에 대한 좌절감에 빠져 있을 때, 조선에서는 명성황후 살해 사건 이후 각지에서 의병들에 의해 반일反日 무력항쟁이 전개되었다. 중국에서는 러시아가 중국을 보호하고, 산동의 교주만을 강점한 독일의 중국 침략을 방지한다는 명목으로 여순旅順과 대련大連을 점거하여 1898년 3월 청과의 25년간의 〈여대조지旅大租地 조약〉을 체결했다. 또 그해 6월 일본의 대중국 아시아주의 정책을 통해 나왔던 강유위 · 양계초를 중심으로 한 유신 변법파가 간신히 청 정부에 등용됐었으나, 그해 10월 수구파 서태후 일파의 반격으로 그들마저 타도되고 만다.

극동에서의 상황이 이렇게 전개되어 나가자, 삼국 간섭 이전까지 일본을 맹주로 한 아시아주의를 주창해 오던 국권주의자들과 국권주의 단체들은 국가주의자와 국가주의 단체로 전환해 나와 그들의 일부는 일본주의를 주창했고, 또 그들 중 다른 일부는 아시아 침략주의를 표방했다.

그러한 상황에서, 국권주의 단체인 현양사玄洋社로부터 국가주의 단체인 흑룡회가 출현해 나왔던 것이다.

(2) 러 · 일 전쟁과 아시아 침략주의의 확립

흑룡회의 창립은 현양사 출신의 우치다 료헤이의 주도로 1901년 2월 도쿄에서 이루어졌다. 우치다는 삼국 간섭을 주도한 러시아를 연구해 복수를 한다는 마음을 먹고 삼국 간섭이 행해진 지 3개월 만인 1895년 8월에 블라디보스토크로 향했다.[322] 그는 그곳을 거점으로 연해주 등을 돌아보고 그 다음 해 1월에 후쿠오카로 돌아왔다가 다시 그해 봄 블라디보스토크로 들어가 그곳에서 유도장을 차리고 대러전을 일으키기 위한 정탐 활동을 시작했다. 그 다음 해 1897년 8월에서 그 다음 해 7월까지 1년간은 블라디보스토크에서 러시아 수도 페테르부르크까지 시베리아 횡단 여행을 하고 부산을 거쳐 나가사키로 돌아온다. 귀국 후 곧바로 그는 '보청척러保淸斥露'의 입장에서 작성한 '동아동문회'의 기관지 《동아시론》에 〈흥청책興淸策〉(제1 · 2호, 1898. 12), 〈러시아 이면의 대결〉(제3 · 4호, 1899. 1) 등을 발표한다. 1899년 8월에 다시 시베리아로 향해 러시아 정탐 활동을 행한다. 그러한 상황에서 그해 12월 중국의 혁명 운동을 도와 달라는 쑨원의 편지를 받고 쑨원의 중국 혁명을 지원하기 위해 1900년 1월 귀국한다. 우치다는 1898년 8월 도쿄에서 미야자키 도텐宮崎滔天의 소개로 쑨원을 만난 적이 있었다.

쑨원이 우치다에게 중국의 혁명을 도와 달라 했던 것은, 1897년 말경부터 산동 지역에서 '부청멸양扶淸滅洋'이란 구호를 앞세워 일어난 의화단 운동이 인근 지역으로 퍼져나가자 그 세력을 중국의 혁명에 이용해 보기 위해서였다. 쑨원은 우치다에게 그 세력을 이용할 수 있는 금전적 지원과 지원부대를 구성할 청년들의 파견을 요청했던 것이다.

우치다는 쑨원으로부터 "중국 혁명의 목적을 어디까지나 멸만흥한滅滿興漢에 있기 때문에 혁명이 성공할 경우 만주와 몽골, 시베리아를 모두 일본에 부여하겠다는 약속"을 받아 놓고 그 중국 혁명 운동의 지원 요청에 응했다.[323] 그는 그 과정에서 쑨원의 대리인으로 당시 중국 광동 총독 이홍장을 만났고

---

322 ▪ 강창일, 앞의 책, 166면.

323 ▪ 위의 책, 169면.

1900년 3월 쑨원의 상해 동행 요청에도 응했다. 상해에 도착한 그는 남중국의 실력자 이홍장과 남경 총독 유곤일劉坤一을 암살한 후 쑨원을 일으켜 세울 계획을 세웠는데 쑨원이 그 계획을 알아채고 중지시켰다. 쑨원이 일본에 만주, 몽골, 시베리아 모두를 넘겨주겠다는 약속을 이행할 전망이 보이지 않아 그 사건을 계기로 중국 문제에서 손을 떼게 된다.

그는 상해에서 후쿠오카로 돌아와 "중국 혁명의 호기는 불행히도 놓치고 말았다"고 말하면서 "우리는 이제 만주에 나가 러시아와 맞서는 것이 적절한 행동일 것이다"로 정리하고 그 후부터는 '오로지 조선 문제와 대對러시아 문제'에만 자신의 활동을 한정시켰다.[324] 이렇게 봤을 때 그에게서의 중국 문제는 민권주의자나 국권주의자들이 생각해 왔던 중국 혁명에 대한 것이 아니었다. 그에게서의 중국 문제는 만주 문제를 해결하기 위한 수단에 불과했던 것이다. 그는 상해에서 쑨원과 결별 이후 대륙 경략을 위한 첫 사업으로 바로 1901년 1월 도쿄에서 '흑룡회'를 창립했다. 흑룡회의 창립 목적은 극동아시아에서 러시아 세력을 축출한 후 서구에 대항해 갈 수 있는 일본을 맹주로 하는 아시아 세계를 건설하는 것이었다. 그러기 위해서는 우선 일차적으로 대러전에서의 필승을 통해 극동에서의 러시아를 축출시키고 러시아가 점령하고 있는 지역과 러시아에 기대 있는 조선을 손아귀에 넣어서 만몽 지역과 조선을 하나로 묶어 대아시아 제국을 건설하고자 했다.

흑룡회 창립은 그러한 대아시아 제국 건설을 실현시켜 나가기 위한 수단으로 행해진 것이다. 그러한 취지에서 창립된 흑룡회를 비롯하여, 그것과 뜻을 같이 하는 아시아 침략주의 세력들은 '지나보전支那保全'·'조선부식朝鮮扶植'이란 기치를 올리고 대러 개전 운동을 전개시켜 러·일 전쟁을 일으켰고, 러·일 전쟁을 통한 일본의 한국 침략과 한일합병을 주도해 갔다.

324▪ 위의 책, 170면.

(3) 아시아 침략주의와 대동아 공영권 건설

흑룡회의 설립자 우치다 등과 같은 아시아주의를 표방한 아시아 침략주의자들은 일본 정부가 러·일 전쟁에서의 승리를 통해 조선을 일본의 보호국으로 만들고, 러시아로부터 요동반도와 남만주철도를 넘겨받는가 하면, 러시아 영토인 사할린 남반부를 할양받자 적극적으로 활동을 펼쳤다. 특히 흑룡회의 우치다와 그의 동조자들은 조선에서 동학 운동을 주도했던 이용구 등과 같은 인물들로 하여금 일진회를 창립하게 해서 한·일 합방 운동을 배후에서 조정한다. 결국 일본은 중국에서의 신해혁명이 일어나기 전해인 1910년에 한·일 합방을 완성시킨다.

쑨원의 중국 혁명이 진행되어 나가자 현양사의 도야마 미쓰루 등과 같은 일본의 아시아 침략주의자들은 그의 중국 혁명을 통해 만몽 문제를 해결해야겠다는 생각에서 현양사의 별동대로 '낭인회浪人会'(1908)를 조직한다. 그러나 그것은 중국 혁명에 투입되지 않고 1918년 우치다의 재건으로 다이쇼 데모크라시 운동의 저지수단으로 사용된다. 한편 흑룡회의 우치다 등은 중국의 혁명파들을 원조하기 위해 '유린회有隣会(1911.11)를 결성하여 낭인들을 중국 각처에 파견한다. 일본의 아시아 침략주의자들과 일본 정부는 신해혁명을 통해 만몽 문제를 해결해 보려 했지만 쑨원과 위안스카이와의 대립으로 인해 그것이 그들의 뜻대로 되지 않아 고심하던 차에 1914년 6월 영·일 동맹을 맺어 온 영국이 독일에 대해 선전포고를 하는 바람에 일본은 이 기회에 독일의 근거지를 동양으로부터 일소해 버리겠다는 생각으로 그해 8월 독일에 선전포고를 하게 된다. 그러고 나서 일본 정부는 그 다음 1915년 1월 대총통 위안스카이에게 〈산동 21개조〉 요구를 들이대고 그에 대한 승인을 강요했다. 그 골자는 (1) 산동성에서의 독일의 이권과 산동성의 철도부설권을 일본에게 넘길 것, (2) 대련·여순의 조차권과 남만주철도의 권리를 99년간 더 연장해 주고, 동부 내몽골을 일본의 세력권으로 할양할 것 등으로서, 사실상 〈산동 21개조〉 요구란, 간단히 말해

(1) 만몽 지방을 일본 영토로 만들고, (2) 전 중국을 장차 일본의 지배 아래 두려는 아시아주의 침략 정책의 노골적 표현이었다. 동년 5월 위안스카이는 일본의 협박에 못 이겨 〈산동 21개조〉 요구를 들어주고 만다.

그러나 제1차 세계대전을 승리로 이끈 미국은 영국으로 하여금 영·일 동맹을 파기하게 한 다음, '워싱턴 회의'를 통해 일본의 해군력을 제한시켜 버리고 일본이 중국으로부터 〈산동 21개조〉 요구를 통해 취한 것들도 무효화시켜 버렸다. 그러한 상황에서 일본 중의원 고테라 겐키치小寺謙吉가 서구에서의 황화론이라든가, 동양인 차별 등에 대한 소개를 통해 황인종 대 백인종의 인종적 대립이라고 하는 입장에서 1916년에 저술한 《대아시아주의》에 많은 독자들이 감홍을 받았다. 그러한 과정에서 황국 의식을 중핵으로 하는 황인종 의식이 고조되어 나옴에 따라 일본은 그 분위기를 타고 1931년 9월 만주사변을 일으켜 만주에 괴뢰 정부를 세우고, 그 다음 해는 서구 세력들 중심의 국제연맹으로부터 탈퇴한다.

1937년 7월에 와서는 중·일 전쟁을 일으켜 남중국까지를 포함한 대동아공영권을 건설해 서구 세력에 대항하겠다는 입장을 취한다. 그러나 그들의 그러한 아시아 침략주의는 태평양전쟁에서 패전하면서 결국 해체되고 말았다.

2. 아시아주의자들과 아시아주의의 실천 활동 양태

1) 아시아주의와 아시아 침략주의

제1장에서 아시아주의의 성립 배경과 그 성립 과정뿐만 아니라, 그 변모 과정까지를 고찰해 본 바와 같이 여기에서 우리가 논하고 있는 아시아주의는 성립,

확립기의 아시아주의와 변질기의 아시아주의로 대별될 수 있다. 앞에서 아시아주의에 대한 일반을 고찰한 바와 같이 아시아주의는 1874년(메이지 7년) 1월 '애국공당'이 결성된 시점에서부터 1895년 4월 '삼국 간섭'까지 20년간 행해졌던 자유민권 운동과 국권 운동을 통해 성립, 확립되어 나왔다.

그 다음 그것은 삼국 간섭을 기점으로 해서 아시아 침략주의로 변모해 나왔다. 후자의 아시아 침략주의에 대립되는 전자의 아시아주의는 '애국공당'의 결성(1874) 시점에서 조선에서의 '갑신정변'의 발발(1884)시점까지의 자유민권 운동을 통해 성립되어 나왔고, 그 후 그것은 갑신정변의 발발 시점에서 '삼국 간섭'까지의 국권 운동을 통해 확립되어 나왔던 것으로 고찰된다. 그런데, 필자가 여기에서 주장하고자 하는 것은 '삼국 간섭' 이후의 '아시아주의'는 그 기본적 정신이 서구에 대한 대항 세력의 구축에 있었던 것이 아니라 아시아 침략에 있었기 때문에 '삼국 간섭' 이후의 '아시아주의'를 아시아주의로 볼 수 없다는 것이다. 우리는 '삼국 간섭' 이후 그것을 그 이전의 아시아주의와 구분해 '아시아 침략주의'로 보아야 한다.

일본의 근대화 과정에서 '아시아주의'가 만연했던 시기는 삼국 간섭 시점에서부터 러·일 전쟁의 종료 시점까지라 할 수 있다. 강동진은 그의 저서에서 당시의 아시아주의에 대해, "아시아주의라고 부르는 사상도 청·일 전쟁 후에 크게 만연되었다. 이것은 일본의 지도 아래 아시아 각 민족이 단결해야 한다는 것인데, 19세기 말에서 20세기 초에 걸쳐 일본 신문의 중심 사상이 되었다"고 언급하고 있다.[325]

그렇다면, '19세기 말에서 20세기 초'에 '아시아주의'가 만연했던 이유는 무엇이었던 것인가? 우리는 강동진의 '아시아주의'에 대한 다음과 같은 언급을 통해 그 이유를 밝혀 볼 수 있다.[326]

---

325 ▪ 강동진, 《일본근대사》(한길사, 1985), 188면.

326 ▪ 위의 책, 195면.

일본의 지배층은 열강과는 다른 방법의 침략 준비를 추진하고 있다. 그중 하나가 문화적 침략과 정치적 회유 정책으로서 동문동종同文同種을 운운하며, 일본이 주도권을 가지는 '대아시아' 건설 계획을 선전하기 시작하였다. 일본의 배외주의적인 침략 세력이 이를 추진하여 중국어로 된 신문·잡지를 복주福州(1897)와 상해(1898)에서 발행했다. 또한 1898년에는 고노에 아쓰마로를 회장으로 한 청·일 양국의 '친선' 단체인 동아동문회東亜同文会를 결성하였다.

강동진은 당시 '아시아주의'를 만연시킨 당시의 신문들에 대해 그것들은 "정부의 특정인물이나 시책에 대해서는 때로는 신랄한 비판을 가했으나, 지배층의 침략적 대외 정책에 대해서는 전면을 통해 지지했다"고 언급하고 있다.[327] 이러한 것들을 고려해 볼 때, 당시 신문지상에 만연했던 '아시아주의'는 "지배층의 침략적 대외 정책"이었고, 당시 "청·일 양국 간의 '친선' 단체였던 동아동문회의 결성"이라든가 "일본이 주도권을 가지는 '대아시아' 건설 계획'에 대한 선전도 사실은 '정치적 회유책'의 일환"이었다는 것이다. 이상과 같은 지적들이 말해 주고 있듯이, '삼국 간섭' 이후의 '아시아주의', 예컨대 '삼국 간섭'으로부터 충격을 받아 러시아로 떠난 우치다 료헤이의 '아시아주의'를 비롯하여 그를 중심으로 창립된 '흑룡회'의 '아시아주의'는 우리가 여기에서 논하려는 '아시아주의'의 본질이 변질된 아시아주의로서 한마디로 '아시아 침략주의'에 지나지 않았다는 것이다.

그러면 우리가 여기에서 논하려는 '아시아주의자'는 어떠한 것들인가? 그것은 '아시아 침략주의'로 변질되기 이전의 아시아주의를 추구했던 주체를 가리킨다 할 수 있다. 다시 말해서 그것은 성립·확립기의 아시아주의를 가리키는 것으로 자유민권 운동과 국권 운동을 통해 나온 아시아주의를 말하는 것이다.

327▪ 위의 책, 188면.

2) 아시아주의의 성립 기반을 구축한 인물들과 그들의 활동 양태

아시아주의가 자유민권 운동을 통해 성립되어 나왔다면 아시아주의의 성립기는 앞에서도 지적한 바와 같이 최초의 자유민권 운동 단체가 '애국공당'이 성립된 1874년 1월부터 자유민권 운동이 국권확장 운동으로 전환해 나온 1884년 12월 서울에서 갑신정변이 일어났던 시점까지의 10년간으로 볼 수 있다. 이 시기를 대표하는 아시아주의자들은 정한론에 밀려 정계로부터 하야한 정한론자의 제1인자 사이고 다카모리를 비롯한 소에지마 다네오미副島種臣, 이타가키 다이스케(1837-1919), 고토 쇼지로後藤象二郎(1838-1897), 에토 신페이江藤新平(1834- 1874) 등의 정치적 사상을 배경으로 해서 나온 자들이다. 그 대표적 인물들이 바로 우에키 에모리, 히라오카 고타로, 도야마 미쓰루, 나카에 조민 등이다.

정한론에 대해 강경한 입장을 취했던 사이고 다카모리와 그의 동조자들의 기본적 생각은 정한론을 놓고 그들과 대립했던 다른 정치가들과 다음과 같은 점에서 현격한 차이를 보였다. 《대아시아주의와 도야마 미쓰루》의 저자 아시즈 우즈히코의 지적대로 "사이고는 일본의 국권을 유지해 독립을 확보해 가려면 끝없이 구미 열강들의 압력에 대한 저항의 결의가 중요하다고 믿고 있다". 사이고의 동조자들이 그렇게 믿고 있었던 것에 반해 "이와쿠라岩倉, 오쿠보大久保는 한국이라든가 청국의 문제를 생각할 때에도 끝없이 구미 열강을 보고, 구미 열강의 간섭을 두려워하지 않으면 안 된다고 믿고 있다. 구미의 간섭이 없으면 무단 정책도 좋은 것이다. 그런데 사이고로서는 이 구미를 두려워하는 외교 정책이 아무래도 받아들이기 어렵다고 생각되었던 것이다.[328] 일본이 구미 열강에 대항해 가기 위해서는 일본이 동아시아 민족들과 어떠한 식으로든

328 ▪ 葦津珍彦, 前揭書, 12-13頁.

지 예를 들면 대등한 차원에서의 연대나 혹은 연합 형태를 취해서라든가, 아니면 그들을 정벌해서라든가 하여튼 어떠한 형태로든지 간에 그들과 한패가 되지 않으면 안 된다. 사이고와 그의 동조자들은 바로 그러한 생각을 하고 있었던 것이다. 그러나 그들의 그러한 생각이 관철되지 않았다. 그러자 그들은 그들의 그러한 생각이 관철될 수 있는 일본의 정치적 제도를 만들어야 한다고 생각해, 그 정치적 제도를 만들기 위해 자유민권 운동과 같은 것을 일으키게 됐던 것이다. 그러면 여기에서 그들의 그러한 사상들과 실천의지들이 어떠했는지를 보다 구체적으로 고찰해 보겠다.

사이고는 가고시마겐鹿児島県의 사쓰마한薩摩藩 출신으로 한주藩主 시마즈 나리아키라島津齊彬의 주도 아래 오쿠보 도시미치大久保利通(1830-1878) 등과 함께 사쓰마의 한론藩論을 공무합체公武合体로부터 존왕토막尊王討幕으로 전환시켜, 1866년 사쓰마의 대표로서 조슈長州의 기도 다카요시木戸孝允와 사쓰·초 동맹을 맺어, 결국 1868년 왕정복고에 성공한다. 그는 그러나 그 후 귀한歸藩해 한정藩政 개혁을 추진하여 하급무사 중심의 군사독재체재를 구축하는 과정에서 1870년 정부의 초청으로 상경해 그 다음 해 참의가 되어 폐한치겐廃藩置県에 협력하게 된다. 1873년 정한론을 주장해 오쿠보와 대립해 하야한 후 귀향. 그는 '경천애인敬天愛人'을 신조로 했고 개인적 야망을 갖지 않았지만, 당시의 불평사족으로부터 옹호되어, 결국 1877년 세이난西南 전쟁을 일으켰다가 실패해 자인自刃했다.

소에지마는 규슈 북부의 사가한佐賀藩 출신이다. 그는 한학藩學의 지도자였던 형으로부터 감화를 받아 존왕양이尊王攘夷 운동의 선두에 섰다가 1863년 형이 사망하자 한학의 지도자가 된다. 1868년에는 메이지 정부의 참여제도사무국의 판사判事가 됐다가 그 다음에 참의가 된다. 1871-73년 외무경 재임 중에도 마리아 루즈호 사건 해결을 위한 특명 전권 대사로 청에 건너가 대만 문제 등의 교섭에 노력했다. 귀국 후 정한론을 주장하다 하야했고 1874년에는 이타가키 등과 〈민선의원설립건백서〉에 서명했다. 그러나 그는 그 후의 자유민권 운동에는 참가하지 않고 일단 정계를 떠났다가 1879년 궁내성宮內省 어용御用으로 있다 그 후 추밀원樞密院 부의장까지 지내게 된다.

이타가키는 도사한土佐藩의 무사 집안 출신으로 막말 토막파에 투신해 공적을 남겨 참여參與 대열에 올랐다. 그는 사이고의 경우처럼 귀향해 한정개혁을 단행하였고 그 다음 해 사이고의 천거로 메이지 정부의 참여가 된다. 그러나 정한론에 밀려 하야한다. 하야 직후 1874년 1월 '애국공당'을 창립해 소에지마 등과 〈민선의원설립건백서〉를 정부에 제출한다. 그는 고치에 돌아와 그해 4월 입지사를 설립해 자유민권 운동에 불을 붙였다. 그 다음 1875년 2월 '오사카 회의'의 결과, 참의로 복귀했다가 직후 다시 사임한다. 그는 국회개설 운동에 힘을 쏟아 동년 2월에 '애국사'를 설립한다. 1881년 말 정부의 국회개설의 약속과 함께 '자유당'을 결성해 총리에 취임한다. 그러나 그는 조선에서 1884년 갑신정변이 일어나 일본에서 자유민권 운동이 국권시장 운동으로 전환해 나가는 분위기 속에서 자유당을 해산시키고 고향으로 돌아간다. 그러나 그곳의 정치적 분위기는 그를 그냥 놔두지 않는다. 대동단결 운동이 고조되어 있어, 결국 그는 그 운동에 연계된다. 1890년에 와서는 '애국공당'을 일으켜 그것을 '입헌자유당'에 합류시키고 그 다음 해는 '자유당'으로 개조해 총재가 된다. 그러나 그는 결국 1896년 제2차 이토 내각의 내상이 되고 1898년에는 '자유당', '개진당'이 합류해 '헌정당'을 조직하자, 오쿠마 시게노부大隈重信와 함께 동당의 당수가 되어 일본 최초의 정당 내각이라 불리는 제1차 오쿠마 내각의 내상에 취임한다. 그러나 그의 정치적 생명은 1900년 입헌정우회 결성 시 '헌정당'을 해산시켜 그것에 합류시킴으로써 끝나게 된다.

고토는 도사한의 무사 집안 출신으로 1864년 한주에 등용되어 한정藩政의 중심적 인물이 된다. 그 후 그는 사카모토 류마坂本龍馬(1835-1867)의 영향으로 도사한으로 하여금 막부에 대정봉환大政奉還을 건백하게 해 그것을 실현시킨다. 유신 후 참의 등을 역임하게 되는데 정한론으로 사직하고 그 다음 해 이타가키 등과 '애국공당'을 조직하고 〈민선의원설립건백서〉를 정부에 올린다. 그러나 1875년 '오사카 회의' 후 원로원의 의관議官으로 정부에 들어갔다가 그 다음 해 사직한다. 1881년에는 자유당 결성에 참가해 민권 운동을 일으켰다. 갑신정변으로 망명한 조선 독립당의 김옥균의 원조 등에 뛰어들기도 했으나 실패, 1887년에는 정부의 조약 개정 방침에 반대해 반정부 운동의 통일을 위한 대동단결 운동을 주창했다. 그러다가 결국 그는 동지들을 배반하고 1889년 구로다 내각의 우상郵相이 된다. 만년에는 비밀리에 한국고문을 역임했다.

에토는 사가한 하급무사 집안 출신으로 1862년 탈한脱藩해 교토에 올라와 공경公卿에 접근했다는 이유로 한청藩庁으로부터 '영구칩거'의 명령을 받았으나 1867년 왕정복고로 풀려나 토막군에 가담하게 된다. 유신 후는 '태정관太政官'에서 법제 관계의 관직을 역임하게 되어 프랑스법을 직역한 《민법초안》을 편찬한다. 1872년에는 사법경司法卿(사법대신司法大臣)이 되어 사법권의 독립을 꾀해 가다, 그 다음 해 참의가 되었다. 그 직후 그는 정한론에 동조해 사직, 1874년 이타가키 등의 〈민선의원설립건백서〉에 서명하고, 사가佐賀의 정한주장파라든가 서구화 정책 반대의 반동사족反動士族에 추대되어 '사가의 난'의 수령이 된다. 동년 2월 거병했다가 그 난은 정부군에 의해 진압되고 그는 밀행 도중 체포되어 사형당했다.

이상과 같이 정한론을 주장해 가다가 그것이 관철되지 않자 참의직을 사임하고 나와서 자유민권 운동을 일으키거나 귀향한 인사들의 행적을 고찰해 보면, 다음과 같은 공통점들을 파악할 수 있다. 첫째, 그들은 존왕양이 운동, 토막운동, 왕정복고 등에 대한 적극적 참여를 통해 메이지 정부의 참의에 오른 자들이라는 것이다. 둘째, 그들은, 자인이나 사형당한 자들을 제외하고는, 다들 대륙 침략을 행하는 정부의 정책에 동조한 자들이었다. 셋째, 그들이 4개국 함대의 시모노세키下関의 공격(1863.7)에서의 경우처럼 서구 열강들이 연합 작전을 써서 일본을 공격하는 것을 체험했고, 또 사쓰·초 동맹(1866)이 토막 운동을 성공시켰다는 것을 깨달은 자들이다. 넷째, 그들은 서구 세력에 대해서는 적대적 입장을 취해 갔고, 아시아에 대해서는 동조同調적 입장을 취했다. 다섯째, 그들은 천황을 주축으로 한 국가의 정치 체제를 구축해 가야 한다는 입장에 찬동한 자들이었다.

필자가 여기에서 주장하고자 하는 것은 아시아주의를 성립시킨 대표적 인물들이라 할 수 있는 우에키, 나카에, 히라오카, 도야마 등의 사상이 바로 이상과 같은 인물들의 정치적 사상을 배경으로 해서 성립되어 나왔다고 하는 것이다. 〈민선의원설립건백서〉 이후 그들의 자유민권 운동의 방식은 크게 둘로 나뉘었다. 사이고 등의 방식과 이타가키 등의 방식이라 할 수 있는데, 전자는 '제2의 유신 혁명'을 통해 메이지 정부를 전복시킨 다음 정한征韓을 실현시켜 문제를 타결해 가려는 것이었다. 후자의 경우는 헌법의 제정, 국민 참정권의 확충, 자유민권의 신장 등의 주장을 통한 자유민권 운동을 일으켜 감으로써였던 것이다. "정한론은 도사土佐 자유파에 무시되었던" 것이다.[329] 이 경우, 전자는 아시아주의의 실천 운동의 측면에서 후자는 그것의 이론 구축의 측면에서 관계지어졌다고 말할 수 있다.

그런데 여기에서 필자가 강조하고자 하는 것은 '정한'을 통해 아시아주의를 실천해 간다고 하는 사상이 황국 사상에 입각한 것이라는 것이다. "황대어국皇大御国인 일본은 대지의 최초에 성립된 나라로서 세계만국의 근본"이기 때문에 국토를 확장시켜 나가야 하고, 과거 천황이 다스리던 중국의 당나라가 이웃나라들로부터 조공을 받았듯이 이제 천황이 친정親政하게 된 일본이 이웃나라를 정벌해 조공을 받아낸다는 것은 당연하다. 이러한 사상을 갖고 있는 자들에 의해 정한론이 제기되어 나왔다고 하는 것이다.[330]

---

329 ■ E. ハアバアド・ノオマン, 「日本帝国の一源流」(『世界評論 第1号』 1946. 3), 61頁.

330 ■ 吉野誠 『明治維新と征韓論 — 吉田松陰から西郷隆盛へ』(明石書店, 2002), 14-38頁.

3) 아시아주의를 형성시킨 인물들과 그들의 활동 상황

앞에서도 지적했듯이 기본적으로 아시아주의는 정한론의 철회를 계기로 형성된 자유민권 운동을 통해서 성립되었고 조선에서의 갑신정변을 계기로 해서 형성된 국권신장 운동을 통해서 확립되었다고 할 수 있다. 그런데 아시아주의는 한편으로 정한론이 철회된 후 귀향해 지방의 불평무사들과 자신의 지지세력들을 관리해 갔던 사이고와 에토의 추동자들의 활동을 통해 성립되어 나왔고, 다른 한편으로는 도쿄에서 자유민권 운동 단체를 결성해 그것을 통해 자유민권 운동이 행해지는 과정에서 성립되어 나왔다. 전자를 기반으로 해서 나온 자들이 우에키, 나카에, 다루이, 오이 등이고, 후자를 배경으로 해서 나온 자들이 히라오카, 도야마, 다케다 한시 등과 같은 대륙 낭인들 등이다. 그러면, 그들이 어떤 식으로 아시아주의를 성립, 확립시켜 나갔는지 그들의 사회적 활동을 고찰해 보기로 한다.

우에키는 이타가키, 고토 등과 동향인 도사한의 무사 집안 출신이다. 그는 한교藩校를 다니다가 1873년 17세에 상경해 가이나시가쿠海南私学에 입학한다. 그때부터 그는 메이로쿠샤明六社라든가 후쿠자와 유키치 등의 계몽 사상에 계발된다. 그 결과 그는 앞에서 고찰한 바와 같이 1875년 10월에 《우편보지신문》 등에 '아시아 연합'의 필요성을 주창하는 입장에서 쓴 '원인 정부猿人政府'에서 "동아시아 제국민東アジア諸國民들은 같은 동포가 되지 않을 수 없는데 당시 일본인이 조선 정벌을 주창했다는 것은 정말 이상하다"는 내용의 글을 투고한다. 그는 그 글로 필화를 입어 투옥된다. 1877년에는 고치에 이타가키가 세운 입지사에 참가한다. 그때부터 이타가키의 브레인으로 활동하게 된다. 그는 그때부터 각지의 민권파 단체들을 전국적 단일 정당으로 집결시켜 1881년에는 이타가키를 총재로 하는 전국 정당 '자유당'을 결성한다. 그는 각지의 민권파를 규합해 '자유당'이라고 하는 하나의 정당을 만드는 과정에서 이타가키와의 토론을

통해 세운 '국제 정치론'의 일종이라 할 수 있는《무상정법론》을 1884년 12월에 발행한다. 그는 '아시아 연합'의 공허성을 지적한 후 '아시아 연합'의 대안으로 각국의 '군비전폐軍備全廢'를 제시했다. 세계의 각국이 군비를 전폐시킬 때만이 일본의 자유민권이 신장될 수 있다고 하는 것이다.

그는 1882년《자유신문》의 편집을 맡은 이후《민권자유론》,《언론자유론》,《천부인권론》 등을 간행해 민권 사상의 보급에 노력했던 1890년 제1회 중의원 의원선거에 고지3구에서 당선되었다. 1892년 중의원 총선에 임했다가 사망한다. 그는 그러한 정치적 활동을 해 가면서 저서와 논문을 남겼는데 그것들을 통해서 그가 주장하려 했던 것은 천부인권론, 저항 정신, 보통선거, 세계 평화, 부인 해방 등과 같은 것들이었다. 그런데 필자가 여기에서 말하고자 하는 것은 자유민권 운동을 실현해 갔던 그가 20대 초에 한때 가졌던, 서구에 대항해 가기 위한 아시아 연합을 통한 아시아주의의 구상은 다름 아닌 바로 천부인권론을 기반으로 한 개인적, 민족적 평등 사상에 입각해 행해진 것으로 고찰된다는 것이다. 다시 말해서 일본인들의 민권신장 운동을 일으켜 갔던 그가 아시아주의의 입장을 취해 아시아주의를 논했던 것은 일본인들의 민권을 신장시켜 나가야 할 그 근본적 이유가 다름 아닌 바로 서구로부터의 일본의 안전과 서구와의 대등한 관계 정립이라고 생각했기 때문이었던 것으로 고찰된다는 것이다. 여기에는 일본인들의 민권신장이 바로 일본인들이 서구에 대항할 수 있는 한 방안이라 할 수 있는 아시아주의를 구축해 간다는 생각이 내재되어 있었다고 말할 수 있다. 그의 '아시아주의'에 대한 관심은 임오군란, 갑신정변 이후 민권운동파가 국권신장 운동을 통해 민론을 신장시켜 갈 수밖에 없다는 입장을 취해 국권파로 전환해 나가는 과정에서 해소되었다는 것이다. 그의 그러한 입장에 대해서 도마 세이타藤間生大는 그의 저서《임오군란과 근대동아 세계의 성립》에서 "명민하다고 했던 우에키가 임오군란과 그 후의 아시아 정세에 대해 이렇다 할 관심을 보이지 않았던 것을 유감으로 생각한다"고 말하고 있다.[331]

그렇다면 나카에의 경우는 어떠한 방식으로 아시아주의와 관련되어 있는가? 우선 그의 사회적 활동부터 짚어 보기로 하자. 나카에는 도사한 출신으로 도사에서 한학을 공부하다가 나가사키, 에도에서 프랑스학을 공부하고, 1871-74년에 프랑스에 유학한 자이다. 귀국 후 그는 '불란서학사仏蘭西学舎'를 열어 프랑스류의 민권 사상을 가르쳤다. 1881년에서 프랑스 유학 친구 사이온지 긴모치西園寺公望와 함께 《동양자유신문》을 창간해 전제 정부를 공격, 인민의 저항권, 혁명권을 주장해 민권좌파의 이론적 지도자로 부상한다. 1882년에는 루소의 《사회계약론》을 한역·해설한 《민약역해民約訳解》를 간행해 인민주권을 설說해 큰 반향을 불러일으켰다. 1887년에는 《3취인경륜문답三醉人經綸問答》에서 '회복적 민권回復的民權'을 주장해, 동년 보안조례로 도쿄로부터 추방당한다. 오사카에서 《시노노메신문東雲新聞》을 발행, 1890년 중의원에 당선됐으나, 그 다음 해 사임한다. 그 후 일시 홋가이도에서 실업實業에 손을 댔으나 실패했다. 1900년 고노에 아쓰마로近衛篤麿(1863-1904) 등의 국가주의 '국민동맹회'에 가입했다가 그 다음 해 후두암으로 여명 1년을 선고받아 《일여 년 반》 등을 저술해 "민권이야말로 이理이다"(民權之理也)를 부르짖다가 사망한다. 이렇게 봤을 때, 그가 3년간의 프랑스 유학을 통해서 취했던 것은 '민권'으로 그의 모든 것은 민권 사상을 기반으로 하고 있었다고 말할 수 있다. 그의 국권에 대한 기본적 생각은 국권신장은 민권신장을 통해서만이 가능하다는 확고한 신념을 가지고 있었다.

그의 '아시아주의'에 대한 기본적 입장도 민권신장을 기반으로 하고 있다. 그러한 점에 있어서는 우에키의 경우와 별로 다를 것이 없다. 그는 조선에서 '임오군란'(1882.7)이 발발한 그 다음 날 《동양자유신문》(15일호)의 '논외교論外交'에서 구주 제국歐洲諸國은 "아시아 지방의 인민을 볼 때는 야만비루蛮野鄙陋한

---

331 ■ 藤間生大, 《壬午軍乱と近代アジア世界の成立》(春秋社, 1987), 106頁.

것으로 보고 그들을 경멸한다"는 말을 하고 있다. 또 그는 '17일호'에서 '인민'이 정신을 차리고 있으면 '군주'가 자기 마음대로 할 수 없다는 내용의 말을 하고 있으며, 끝으로 "영국·프랑스·러시아는 강국이다", 소국인 일본은 그 강국들의 "흉내만을 내지 말고 소국 스스로를 믿어야" 한다, 소국이 "독립을 지켜 가는 길은 그것밖에 없다", "인접국에 내홍內訌이 있어도 함부로 거병해 정복하려 하지 말아야 한다. 하물며 그것이 약소국이라면 더욱 더 그 약소국을 받아들이고 사랑해 가야" 한다, 그래야 그 약소국이 "서서히 진보의 길을 향해 나가게 될 것이다. 외교의 길은 이것밖에 없다"라는 내용의 말도 했다. 그러나 그의 '아시아주의'에 대한 입장의 직접적 표명은 민권파가 국권파로 전환해 나온 이후였다 할 수 있다. 그는 조선에서 일어난 임오군란을 접하고 서구의 국가들은 강하지만 일본을 포함한 중국, 조선 등의 아시아 지방의 국가들은 약하다면서 약소국들인 아시아 지방의 국가들이 서구의 국가들처럼 강국이 되기 위해서 약한 인접국들을 받아들이고 사랑해 가는 수밖에 없다는 입장을 취했다. 또, 그는 국민들이 정신을 차리고 있으면 일본 정부가 자기 마음대로 할 수 없듯이 아시아 지역의 국가들이 정신을 차리고 자기 할 일을 제대로 해 가면 서구의 강대국들이 자기들 마음대로 해 갈 수 없다는 생각을 하고 있었던 것으로 고찰되는데, 그의 그러한 생각은 당시 자유민권 운동을 통해 성립되어 나왔던 아시아주의를 기반으로 해서 행해졌던 것으로 요점은 아시아 지역의 국가들의 국민들의 민권 신장만이 서구의 강국들의 아시아 침략으로부터 아시아를 구할 수 있다고 생각했다.

그런데 그의 그러한 '아시아주의'는 그 후 국권 운동의 분위기를 타고 다음과 같이 전환해 나왔다. 다케우치 요시미는 그가 편집·해설한《아시아주의》에서 '아시아주의'의 이해를 위한 한 자료로 나카에의《3취인경륜문답》(1887)에 관한 소설가 홋타 요시에堀田善衛(1918-1998)의 감상문을 제시하고 있다. 이 글은 '양학신사洋学紳士'와 '호걸豪傑', '남해선생南海先生'의 3인의 문답으로 되어 있다.

이들의 이야기는 영국·프랑스·러시아·독일의 아시아 침략을 일본이 어떻게 대응해 갈 것인가에 대해 '남해선생'이 '과로'하지 말고 '실태'와 '허세'를 구별해서 조선을 놓고 신경전을 벌이는 중국과 협조를 취해야 한다는 내용으로 엮여 있다. 그는《3취인경륜문답》이 씌어진 해와 그 다음 해《동양자유신문》(1887.10.13)과《동아신문》(1888.1.24)에〈반명반야의 세대半明半蛮ノ世代〉라는 논설을 실어, 유럽 열강을 비판했다. 그뿐만 아니라 그는 1888년 10월 동양자유신문사의 객원 기자 직을 그만둔 후, '동양저역출판사東洋著訳出版社'의 설립을 위해 노력했다. 메이지 정부는 1880년대로 들어와 서구화주의의 바람을 불러일으키면서 내지 개방, 외국인 판사 임용 등의 조건을 내세워 불평등 조약의 핵심이었던 치외법권을 철회해 보겠다는 노력을 한다. 그 과정에서 1886-87년경에 와서 굴욕적 외교 중지 운동과 함께 서구화주의 반대 운동이 거세게 일어난다.

나카에가《문답》을 발표하고 서구 열강을 비판하며 서구 열강으로부터의 피해를 극복하기 위한 방안으로 일본이 조선을 놓고 중국과 신경전만을 치르지 말고 중국과 협조적 관계를 맺어야 한다는 아시아주의적 입장을 제시했던 것이 바로 그 무렵이었다.

다루이의 경우는 어떠했는가? 그는 나라겐奈良県에서 출생했다. 1868년, 히라타 아쓰타네平田篤胤를 스승으로 받들었던 국학자 이노우에 요리쿠니井上頼圀(1839-1914)에게 배우고 세이난 전쟁 때는 사이고 편에 섰다. 자유민권 운동에도 참가해 좌파에 속해 있었고, 1882년에는 나가사키겐長崎県에서 몰락한 농민층을 기반으로 해 동양사회당을 결성했다가 다시 투옥된다. 출옥 후는《사가일보佐賀日報》의 편집에 종사하면서, 나카에, 히라오카 등과 '동양학관'을 설립한다. 조선독립당 김옥균과 친교를 맺고 1885년《대동합병론》을 일본어로 집필한다. 그해 그는 오사카 사건에 연좌되어 투옥된다. 1892년에는 중원의원이 되고 오이 겐타로 등과 '동양자유당'을 결성한다. 그 다음 해에는 8년 전 일본어로 썼다가 투옥되는 과정에서 분실한《대동합방론》의 내용을 기초로 해서 한국인이 읽을 수 있도록 한문으로 집필한 《대동합방론》을 출판해 아시아주의를 주창했다.

이렇게 봤을 때 그는 국학자 출신으로 자유민권 운동에 뛰어들었다는 점에서 특기할 만한 존재라 할 수 있다. 또 그는 자유민권 운동의 좌파에 속해 있으면서도 일찍이 자유민권파에서 국권신장파로 전환해 나왔던 히라오카 등과 같은 길을 걸어갔다는 점에서도 특기할 만한 존재이다.

그러나 그러한 점들보다도 아시아주의와 관련시켜 주지할 만한 사실은 소위 아시아주의자라고 불리는 인물들 중에서 오로지 그 인물만이 《대동합방론》을 통해 아시아주의의 구축에 대한 구체적 방안 내지 이론을 제시했다고 하는 것이다.

그의 《대동합방론》이 처음 집필된 것은 1885년으로서, 조선에서 '갑신정변'이 발발해 그것을 계기로 일본에서의 민권파가 국권파로 전환해 나와 민권파의 좌파의 경우 '오사카 사건' 등을 일으켰던 상황에서였다. 이렇게 봤을 때 그의 《대동합방론》은 국권 운동의 방안과 이론을 제시한 서물書物로 평가될 수 있었다. 그러나, 그것이 분실되는 바람에 당시의 국권파들에게까지는 읽히지 못했다. 그러다가 그것이 다시 1893년 한문으로 출판됨에 따라 청 · 일 전쟁 당시 일본의 국권 신장을 위해 조선에서 활약했던 '천우협' 등의 아시아주의 구축을 위한 행동지침서가 되었다. 또 일본 국권파들에게 아시아주의의 구축 방안을 제시함으로써 아시아주의가 삼국 간섭을 계기로 확립됐던 것이다.

자유민권 운동의 좌파 수령으로 알려졌던 오이의 경우는 어떠했는가? 규슈의 북동쪽의 부젠한豊前藩 출신으로 유년 시절에 한학漢學을 배웠고 20세에는 나가사키에 나가 양학을 배우다가 에도로 나와서는 양학관 개성소開成所에서 프랑스의 정치 · 법률 · 사상을 배웠다. 메이지유신 후에는 프랑스 혁명 사상에 기초해 자유민권 운동의 선봉이 되었다. 1874년 민선의원 설립에 반대한 가토 히로유키加藤弘之(1836-1916)와 논쟁을 일으켜 국회 개설의 계몽적 역할을 담당했다. 1882년에는 자유당에 참가했고, 1884년에는 토지세 경감, 징병령 개정 등을 주장한 지치부千失父의 곤민당困民党, 차금당借金党 등을 정치적으로 지도했다. 이어서 그는 한벌 정부를 타도하기 위한 방안으로, 조선의 독립당과 협력해 사대당의 정부를 타도하고 자유민권을 동아시아에 심어 가면서 일본의 내정 개혁을 도모하려 했다. 소위 오사카 사건의 수령이 되었다가 결국 포박되어 금고 9년의 형을 받게 된다. 그러나 그는 1889년 〈대일본제국 헌법〉 발포 시의 대사면으로 출옥한다. 그 후 그는 자유당을 탈당해 '동양자유당'을 결성, 보통선거, 완전 평등 조약 등을 주장해 감으로써, 당시 사회 운동의 선구적 역할을 수행했다.

그의 그러한 민권 운동과 사회 운동은 아시아주의와 어떤 식으로 관련되어 있었는가? 그가 오사카 사건으로 체포되어 법정에 섰을 때 그가 '조선 사건'을 기획했던 것은 "현시점에서" 조선의 "국민에게 안전과 행복을 가져다주려 했던" 것이 주된 목적이기는 했지만, 또 그것에는 "일본과 중국, 즉 아시아를 개량해야겠다는 목적"도 내포되어 있었다고 말했다. 그런데 그는 그 기획이 "동양과 구주欧洲와 상치하는 정략에 속하지 않을 수 없는" 것이라는 말도 하고 있다.[332] 그의 그러한 말은 그가 1889년 출옥 후 오쿠마 시게노부 외상의 비굴한 조약 개정에 반대해 그 자신이 준비한 폭탄을 현양사 사원에게 건네주어 그로 하여금 그것을 오쿠마에게 던지도록 했다는 사실을 상기해 본다면 그의 '조선 사건'의 기획이 '구주'와의 대립을 통해 성립된 아시아주의에 입각해 행해졌다는 것으로 해석될 수 있다. 그러나 그는 아시아에서의 일본의 국권신장을 통해 아시아주의를 구축해 보려는 입장만을 취했던 것이 아니고, 아시아의 일부를 구성하는 일본의 민권신장을 통해 아시아주의를 구축해야 한다는 입장도 취했다고 하는 것이다. 이렇게 봤을 때, 오이는 갑신정변에서 정권을 상실한 조선의

---

332 ▪ 竹内好 編集・解説, 前掲書, 29頁.

독립당을 원조하기 위해 오사카 사건을 일으켜 당시의 민권 운동을 국권 운동으로 전환시켜 감으로써 민권 운동을 통해 성립된 아시아주의를 국권 운동을 통해 확립시켜 나갔던 인물이었다고 말할 수 있다.

그렇다면 사이고의 직계라 할 수 있는 히라오카와 도야마는 아시아주의와 어떻게 관련되어 있는가. 히라오카는 후쿠오카한福岡藩의 무사였다. 1869년 보신戊辰 전쟁 때 오우奧羽 지방에 관군으로 종군하였다. 세이난 전쟁 때는 거병을 계획했지만 실패해 1년 징역에 처해졌다. 그는 출옥 후 후쿠오카로 돌아와 도야마 미쓰루, 하코다 로쿠스케箱田六輔(1850-1885) 등과 1879년에 향양사向陽社를 조직했다. 향양사의 초대 사장은 하코다 로쿠스케였는데, 그것이 1881년 그의 어렸을 때 이름이었던 '현양玄洋'으로 개칭되면서 히라오카가 사장을 맡게 됐는데, 그 후 사장 직은 하코다에게로 넘겨졌다.

한편, 그는 동지들과 지쿠젠공애회筑前共愛会를 조직해 국회 개설 운동에 참가했고, 조약 개정에는 이노우에, 오쿠마 안에 대해 반대 입장을 취했다. 그는 1882년 조선 경성에서 임오군란이 일어나자 대륙 경영 방책을 취할 기회가 왔다고 생각한 나머지 의용군을 조직해 그 선발대를 조선에 보낼 계획이었는데 한·일 간에 문제가 급히 해결되는 바람에 그 계획을 실행하지 못하고 말았다. 그 다음 해부터는 부젠豊前에 있는 광산을 운영하게 되고, 1884년에는 동아시아 경륜의 일환으로 동료들과 상해로 건너가 동양학관을 설립하고, 1887년에는 상해로 건너가 구두점을 개설한다. 1894년에는 조선에 동학혁명이 일어나고 상해에서 현양사에 원조하던 조선 독립당의 거물 김옥균이 암살되자 천우협天佑俠을 조직해 조선에 투입시킨다. 동년 그는 중원의원이 되어 그의 활동무대를 중앙정계로 넓혀 나갔다. 그는 처음에는 진보당에 소속되어 있었으나 1898년 자유·진보 양상을 헌정당으로 합당시켰다. 1899년에는 미국을 다녀왔고, 1901년에는 조선에 건너와 국왕 및 황태자 등을 만난다. 그 후 러시아의 만주 침략이 현실화되자 대러 문제에 빠져들었다가, 1903년 대러동지회에 참가했고 러·일 전쟁 시에는 중국에 건너가 장지동張之洞 등과 같은 요인들에게 대러 전쟁을 설명, 일관해서 대륙팽창주의를 주창했다. 1906년 심장병으로 사망한다. 우치다 료헤이의 삼촌이다.

그보다 4년 연하였던 도야마의 활동은 어떠했는가? 그는 후쿠오카한의 무사 집안 출신이다. 그는 사이고의 대륙 정책에 공명해 1875년 교지사矯志社를 결성했고 그 다음 해 야마구치겐山口県의 하기에서 일어난 '하기의 난萩の乱'에 참가해 투옥된다. 1879년에는 하코다, 히라오카 등과 향양사를 조직해 국회 개설 운동을 추진했고, 1881년에는 히라오카 등과 향양사를 현양사로 개칭해 대륙 진출을 통한 아시아주의를 주창했다. 또 그는 이노우에, 오쿠마의 조약 개정 반대 운동을 전개하기도 했다. 그 과정에서 그는 현양사의 사원들을 도쿄로 상경시켜 구루시마 쓰루키來島恒喜(1859-1889)로 하여금 굴욕 조약을 체결하려는 오쿠마 외무경에게 가스미가세키霞ヶ関 외무성 문전에서 폭탄을 던지게 했다. 그 결과 오쿠마는 다리에 중상을 입고 불구가 되었고 구루시마는 황거皇居를 향해 일례를 올린 다음 현장에서 자신의 목을 찔러 자살했다. 청·일 전쟁 전에는 천우협에 자금을 원조했고, 우치다의 '흑룡강' 결성 시에 뒤에서 도와주었다. 그는 러·일 전쟁 직전에는 대러동지회에 가담해 대외강경외교를 주장했고 김옥균, 쑨원 등의 망명객들을 원조했다.

도야마가 김옥균을 만나게 된 것은 1885년의 일로서 당시 김옥균은 그 전년에 조선에서 일으킨 갑신정변이 실패로 끝나자 동지들과 일본에 망명했었다. 김옥균은 1880년 이래 자주 일본에 건너와 일본의 국정을 시찰하고 게이오대학이 후쿠자와 유키치를 방문한 후 그를 통해 고토 쇼지로 등 당시 힘 있는 정치가들을 만나게 된다. 그러한 과정에서 한국 정치를 진보적으로 개혁하고, 또 청국으로부터 조선을 독립시켜 볼 목적으로 갑신정변을 일으켰으나 결국 청의 간섭으로 실패해 망명길에 올랐던 것이다. 그가 일본으로 망명하자 조선 정부는 일본 정부에 그를 돌려보내 달라고 요구했다. 일본 정부는 국제법의 관례에 의거해 그 요구를 거절하기는 했지만, 그들이 조선 정부의 요인들에게는 위험인물로 적시敵視됨에 따라 그들을 냉대했다. 일본의 반정부의 재야인사들 중에는 그 망명자들에게 관심을 가진 자들이 있었는데 그들이 바로 도쿄에서 활동하고 있었던 현양사의 사원들, 구루시마 쓰루키, 마토노 한스케 등이다. 그들은 김옥균을 도와 조선에 의용군을 조직해 사건을 일으키겠다는 계획을 후쿠오카에 체제하고 있는 도야마와 상의한 끝에 그로부터 계획을 실천하라는 허락을 받는다.

도야마는 김옥균의 독립당을 도울 의용군 조직의 건으로 상경하게 되는데 그때 고베神戶에 체재 중인 김옥균을 찾아가 만나게 된다. 1885년의 일로 그때부터 그가 상해로 떠난 1894년까지 10년간 그를 도왔던 것이다.

도야마의 쑨원과의 교우交友는 어떻게 이루어졌던 것인가? 쑨원은 청·일전쟁 직후 청 정부에 반항해 거병했다가 실패해 영국으로 망명했다가 미국을 거쳐 일본의 요코하마橫浜에 도착했는데, 그때가 1898년이었다. 그는 그곳에서 세이난 전쟁 때 사이고의 편에 가담해 싸우다가 전사한 미야자키 하치로宮崎八朗(1851-1877)의 동생 미야자키 도텐을 만나게 된다. 도텐이 외무성 촉탁으로 중국 혁명 운동 조사를 위해 중국에 건너갔다가 귀국한 직후의 일이었다.

도야마가 쑨원을 만난 것은 1898년 당시 민권·국권 운동가였던 이누카이 다케시犬養毅(1855-1932)를 통해서였다. 당시 이누카이와 쑨원과의 만남은 도텐을 통해서였는데, 이누카이는 쑨원의 일본 체류 허가도 정부로부터 받아주었다. 도텐의 쑨원과의 만남은 그의 망형亡兄 하치로八朗의 친구 소네 도시토라曾根俊虎의 소개에 의해서였던 것이다. 도야마는 그때부터 쑨원의 요청을 받아들여 자금조달 등을 통해 그의 중국 혁명 공작을 원조했던 것이다. 후세에 사람들은 "도야마 옹이 시종일관, 황도 정신의 앙양구현에 노력해 왔다는 것은 경복敬服할 만한 일이다"라는 말을 하고 있다. 이러한 점을 고려해 봤을 때 아시아주의가 황도주의와 깊게 관계되어 있음을 짐작해 볼 수 있다.[333] ■

이들 외에도 아시아주의의 형성에 기여했던 자들이 있다. 다케다 한시 등과 같은 많은 대륙 낭인들이 있다. 그들의 대부분은 민권·국권 운동이 행해지던 분위기 속에서 10대의 청소년기를 보냈고, 20대에 〈대일본제국 헌법〉 발포와 국회 개원 등을 통해 국권 확립 의식에 사로잡히게 된다. 그들 중에는 '청운의 의지'를 '대륙웅비大陸雄飛'로 구체화시켜 '대륙의 지사大陸的志士 — 낭인浪人'으로 나서게 된다.[334] 다케다는 30세에 부산에 건너갔다. 그는 그곳에서 조선인들의 강한 항일의식을 접하고서 '아시아 혁명'론을 논의한다. 그에게서의 '아시아 혁명'론이란 '아시아(한·중·일) 연합'을 의미하는 것이다.[335] 그는 그때부터 '아시아 연합'을 구상하고 청·일 전쟁 시 '천우협단'에 가담하고, 삼국 간섭 직후의 '명성황후 살해'에도 가담했던 것이다. 이와 같이 당시의 많은 대륙 낭인들은 다케다의 경우처럼 '아시아 연합', '아시아 통일'이라고 하는 관념에 사로잡혀, 한벌 정부의 대륙 침략에 가담했던 것이다.

3. 아시아주의의 단체들과 그들의 활동 양태

1) 아시아주의를 실천했던 단체들

여기까지 우리의 아시아주의에 대한 고찰은 그것이 메이지유신과 자유민권 운동을 배경으로 해서 형성되어 나왔다는 것을 말해 주고 있다. 우리는 우선 이 점을 고려해 아시아주의의 실천 단체들의 파악에 관한 문제들을 다루지 않을 수 없고, 또 그 점을 고려해 아시아주의의 실천 단체들을 파악해 볼 때,

---

333 ▪ 吉田鞆明,《巨人頭山満翁は語る》(感山荘, 1939), 1頁.

334 ▪ 渡辺龍策,《大陸浪人》(番町書房, 1967), 1頁.

335 ▪ 松沢哲成,《アジア主義とファシズム》(れんが書房新社, 1979), 48頁.

우선 그들 중의 하나로 메이지유신의 주체였다 할 수 있는 메이지 정부를 꼽지 않을 수 없다.

메이지유신의 주체들이 메이지 혁명을 일으켰던 첫 번째 이유는 동침해 오는 서구의 열강들로부터 일본을 지키기 위해서였다고 할 수 있다. 그들은 일본을 서구 열강들의 동침으로부터 구제하기 위해서는 천황이 막부에 일임했던 정권을 환수해 천황 중심의 정치 체제를 정립시켜야 한다고 생각했던 나머지 메이지 혁명을 통해 그들의 그러한 생각을 실천에 옮겨 메이지 정부를 출범시켰던 것이다. 그러나 그것이 출범한 지 6년 만에 메이지유신의 주체들은 서구 열강들로부터의 안전과 그들과의 평등한 관계를 유지하기 위한 방안으로 서구 중심의 정책을 취해 가야 한다는 입장과 일본의 천황을 중핵으로 한 아시아 중심의 정책을 취해 가야 한다는 입장이 정한론을 놓고 양분되어 나왔다. 그 결과 서구 중심의 정책을 취하기를 원했던 자들은 메이지 정부에 남아 메이지 정부의 정권을 통해 메이지유신의 이념을 실현해 갔고 일본의 천황을 중핵으로 한 아시아 중심의 정책을 취해 가야 한다는 자들은 정부로부터 뛰쳐나와 자유민권 운동을 일으켜 천황을 중핵으로 한 아시아 중심의 정책을 실현시켜 나가기 위한 발판을 만들었던 것이다.

1873년 정한론자들이 빠짐으로써 결국 사쓰薩·조長·토土·히肥의 이익을 대변하게 된 격이 되어 버린 메이지 정부, 혹은 '1881년 정변' 이후 토土·히肥가 빠지고 사쓰·초 중심으로 형성된 메이지 정부를 한벌藩閥 정부라 할 때, 그 한벌 정부가 서구의 열강들과 타협을 통해 대내외 정책을 취했다면 자유민권 운동의 주체 세력들은 서구의 열강들과는 대립적 입장을, 아시아 국가들에 대해서는 타협 아니면 정복이라는 입장을 취했던 자들이다.

자유민권파들의 아시아주의는 바로 이러한 입장을 통해 성립되어 나왔던 것이라 할 수 있다. 이렇게 봤을 때, 한벌 정부는 아시아주의의 실천 주체들 중의 하나일 수 없다는 입장은 곤란할지 모른다. 왜냐하면 메이지 한벌 정부는 우선 무엇보다도 서구의 열강들에 대해 타협적 입장을 취해 자신의 부족한 것을 메워 간다는 입장을 취했다고 말할 수 있기 때문이다.

그렇다고 해서 메이지 한벌 정부가 아시아주의와는 관계가 없다고 하는 말은 합당치 않다. 왜냐하면 메이지 한벌 정부도, 당시 그것과 정치적으로 대립적 입장을 취했던 민권·국권론자들도 메이지유신을 일으켰던 주체 세력들로서 그들의 기본적 입장은 화혼양재를 실현시켜 아시아의 맹주로 부상해 서구 열강에 대항해 간다는 것이었다. 이렇게 봤을 때 아시아주의는 메이지유신 정신을 기반으로 해서 나온 것이라 말할 수 있다. 메이지 한벌 정부와 민권론자들과의 정치적 대립은 정한론을 통해 야기되었다. 그러나 당시 그들의 대립은 윤대원도 지적하고 있듯이 '권력 투쟁'으로부터 나왔던 것이지 그들이 메이지유신에서 취했던 아시아주의의 실현 그 자체에 대한 '의견 차이'로부터 나온 것이 아니라는 것이다.[336■] 이렇게 생각해 볼 때 우리는 메이지유신을 통해서 형성된 아시아주의의 실천 단체의 하나로 메이지 정부를 들지 않을 수 없다. 그러나 우리가 여기에서 논하려는 것은 자유민권 운동을 통해 성립되어 나온 아시아주의로서 그 아시아주의가 어떤 단체들에 의해 어떠한 식으로 실천되어 나갔는가에 대한 문제를 중심으로 하고 있다.

아시아주의란 하나의 사상이자 그 사상 실현의 운동이라 할 수 있다. 그것은 일종의 정치 사상이자 문화 사상이다. 따라서 아시아주의는 정치 단체나 문화 단체들에 의해 실천되었다 할 수 있다. 일본의 정치 단체는 제도권 내의 정당 단체와 제도권 밖의 재야 정치결사 단체로 양분되어 있다. 또, 아시아주의가 문화 사상이나 철학 사상의 일종으로 취급될 경우, 사회 문화 운동 단체나 사상 단체들에 의해 실천될 수 있다. 아시아주의가 성립·확립되어 나왔던 1875년에

336■ 윤대원, 〈일본 우익의 연원과 역사교과서 왜곡에 대한 우리의 성찰〉, 《동아시아연구》, 제11집(2001), 170면.

서 1894년 사이의 20년간 일본의 정치결사 단체들과 정당 단체들로는 다음과 같은 것들이 존재했다. 일본에서의 정당은 '메이지 14년의 정변'의 결과로 1881년 이타가키板垣 등의 '자유당', 그 이듬해 오쿠마大隈 등의 입헌개진당立憲改進黨이 각각 결성되었다. 이러한 정당들은 그 이전 정치결사 단체의 형태로 존재하던 단체들을 기반으로 해서 결성되었는데, 자유당은 정한론으로 하야한 이타가키가 귀향한 1874년에 결성된 고치의 정치결사 '입지사'를 기반으로 해서 결성되었고, 입헌개진당은 '메이지 14년 정변'으로 정부로부터 추방된 오쿠마와 그 일파가 주축이 되어 결성한 것이다.

자유당이 정한론에 패배해 재야로 나와 자유민권 운동을 일으켰던 각 지역의 정치결사 단체를 지지기반으로 해서 결성되었던 급진적 정당이라 한다면, 입헌개진당의 경우는 전 관료, 신문기자, 변호사, 교원, 게이오대학, 도쿄전문대(와세다대 전신), 도쿄대 등의 학맥을 중심으로 한 지식인 호농층豪農層, 도시의 상공업층을 지지기반으로 결성된 점진적 개량을 내건 정당이라 할 수 있다. 자유당이 서구, 특히 프랑스의 계몽 사상으로부터 나온 천부인권론을 기반으로 해 자유민권 운동을 전개했던 정당이라면, 입헌개진당의 경우는 영국의 입헌군주제와 의회 정치제도에 입각해 '왕실의 존영王室の尊榮'과 '인민의 행복'을 목표로 하는 정당이었다. 이들 양대 정당은 서구와의 타협을 통해 아시아주의를 취하는 한벌 정부에 대항해 일본을 중심으로 한 아시아주의를 실천했는데, 〈대일본제국 헌법〉 발포가 이루어지자 1889년에 와서는 1884년 이후 해당解黨되었던 구자유당이 합동해서 '입헌자유당'으로 재정비해 한벌 정부와 대결해 나갔다. 그러다가 청·일 전쟁을 기해 양당은 정부와의 정쟁을 일시 중단하고 정부 지원의 태도를 취하다가 1898년에 와서 양당 계열의 2대 세력인 자유당과 진보당(개진당의 후신)이 합동해 헌정당憲政党을 결성해 제1차 오쿠마 내각을 성립시켰다. 그러나 여당 헌정당은 권력 다툼으로 인해 헌정당과 헌정본당憲政本党으로 재분열되어 결국 이토 히로부미의 주도로 1900년 이토계의 관료와 헌정당을 주체로 한 입헌정우회가 결성되었던 것이다. 그 결과 구진보당 계열의 헌정 본당은 1912년의 다이쇼정변大正政變까지 만년야당으로 전락한다. 이들 정당은 한벌 정부의 과도한 서구화 정책과 비겁한 조약 개정 방안에 대해 반대 운동을 일으키거나 조선 · 중국 · 필리핀 등의 비민주화된 상태에 처해 있는 아시아 국가들의 민주화 운동을 원조하고, 일본의 민권신장 운동을 전개시켜 나감으로써 아시아주의를 실현시켜 갔던 것이다.

이 양대 정당 외에도 소수정당들이 존재했는데, 그것들 중 아시아주의를 실천해 보려 했던 것이 바로 오이 겐타로에 의해 1892년에 결성된 '동양자유당'이었다. 자유당과 개진당이 그 이전의 정치결사 단체들을 배경으로 해서 결성해 나온 후에도 적잖은 정치결사 단체들은 자유당이나 개진당 등에 편승해 들어가지 않고 정치 단체로서의 독자적 역할을 행해 갔다. 아시아주의를 실천하기 위해 노력했던 그 대표적 정치 결사 단체들로는 후쿠오카의 '향양사向陽社'(1879년 결성, 1881년 현양사로 개칭), '대일본협회'(1893년 결성), '천우협'(1894년 결성) 등이 있었다. 아시아주의를 실천했던 대표적 문화 단체로는 '아시아협회亜細亜協会'(1883)가 있었다.

2) 한벌 정부와 정당 단체의 아시아주의 실천 양태

(1) 한벌 정부와 그의 아시아주의 실천 양태

메이지 신정부의 정치 체제는 왕정복고를 통해 취한 천황 친정 체제였다. 천황 친정 체제란 천황이 제3자에게 정권을 위임해 그로 하여금 천황을 대신해 정치를 행하게 하는 정치 체제가 아니고 천황이 직접 관료를 등용해 정치를 행해 가는 정치 체제를 말한다. 메이지 신정부의 경우 천황이 직접 등용해 썼던 관료들은 왕정복고를 실현시켰던 자들이었다 할 수 있다. 메이지유신의 추진자들은 메이지유신을 일으키는 과정에서 천황을 끌어내서 그를 정치판의 중심에 앉혀 놓지 않고서는 당시 '존왕尊王·양이攘夷·공무합체' 등으로 분열된 국론을 결코 통일시켜 나갈 수가 없었던 것이었다.[337] 그 왕정복고의 주도 세력들은 서남의 사쓰·초·토·히 등의 도자마한外樣藩 출신의 양학파洋学派, 교토京都의 조정朝廷 지지 세력 출신의 국학파国学派, 에도막부江戸幕府의 신판親藩 출신의 미토학파水戸学派 등으로 이루어졌다. 이들 세력들에게서의 메이지유신이란 양 학파를 중심으로 한 서구화西歐化와 국학·미토학파를 중심으로 한 복고화復古化였다. 이 경우 서구화란 서구 열강들을 모델로 하여 부국강병 정책을 추진하는 것이었다. 부국강병책의 핵심은 산업화와 군사대국화에 있었다. 복고화는 왕정복고 정신에 입각해 천황 중심의 정치·사회 체제와 천황 중심의 역사 및 종교 등을 확립시켜 나가기 위한 정책들을 추진하는 것이었다. 서구화와 복고화를 동시에 추진해 나갔던 이들 세력들은 신정부 출범인 1869년 3월 한적봉환版籍奉還을 주도했던 사쓰·초·토·히의 서남웅번西南雄藩들을 기반으로 해서 형성되어 나왔다. 그러나 4대 웅번 중심의 메이지 신정부는 '메이지 6년의 정변'과 '메이지 14년의 정변'을 통해 사쓰·초 중심의 한벌 정부로 전환해 나왔던 것이다.

메이지 한벌 정부는 우선 일차적으로 대륙으로부터 받아들였던 불교, 유교 사상과 일정한 거리를 둠으로써 '탈아脫亞'의 입장을 취했고, 대륙으로부터 일본에 들어온 근대 서구의 계몽 사상을 적극적으로 받아들임으로써 '입구入歐'의 입장을 취했다.[338] 한벌 정부는 바로 '탈아 입구'라고 하는 입장을 취해 아시아 국가들을 대했던 것이다. 한벌 정부는 아편 전쟁 후의 중국을 목격한 일본의 우국지사들의 "아시아가 구미 열강의 식민지가 되어 가고 있다"는 아시아인의

---

337 ▪ 頭山統一, 前揭書, 11頁.

338 ▪ 메이지 신정부는 중국 중심의 아시아로부터 벗어나 일본 중심의 세계를 구축하기 위한 방안으로 1868년 신불분리神仏分離와 폐불훼석廃仏毀釈 정책을 취한다(야스마루 요시오, 《천황 제국가의 성립과 신흥종교》, 이원범 옮김, 소화, 2002, 19-21면 참조).

하나로서의 '자기인식'을 기반으로 하고 있었다고 말할 수 있다.[339] 한벌 정부에서의 그러한 대對아시아 정책이란 서구의 동아시아 침략에 대항하기 위한 한 방안으로서의 일본 중심의 아시아주의의 입장 확립 정책일 수밖에 없었던 것이다.

(2) 정당 단체들과 그들의 아시아주의 실천 양태

이상과 같은 정치적 과정을 통해 형성된 한벌 정부가 서구화와 복고화를 통해 '아시아주의'를 추진해 갔다면, 정당 단체들은 민권·국권신장 운동을 통해 '아시아주의'를 실천해 갔다고 말할 수 있다. 그 대표적 정당 단체들로는 앞에서 파악한 바와 같이 자유당과 개진당이다. 이들 정당들이 결성된 것은 1881년 10월 '메이지 14년의 정변'을 통해서 나왔던 "1890년에 국회 개설을 약속하는 조칙 발표"를 계기로 해서였다. 자유당이 결성된 것은 1881년 10월로서, 10년 후 국회 개설을 약속하는 소칙 발포가 행해진 직후였다. 개진당(입헌개진당)은 그 이듬해 1882년 3월에 결성되었다.

이들 정당들은 1873년 '메이지 6년의 정변'이 일어난 그 이듬해부터 일어나기 시작했던 자유민권 운동의 바람을 타고 결성된 정치결사의 단체들을 기반으로 해서 결성되었다고 말할 수 있다.

자유당의 경우는 1874년 1월 도쿄에서 이타가키, 고토 등이 결성한 애국공당, 동년 4월 이타가키, 가타오카 겐키치 등이 고치에서 결성한 입지사, 1875년 2월 이타가키 등에 의해 일본에서 최초로 결성된 전국적 정치결사인 애국사 등의 계열의 민권 운동을 행하던 정치결사 등이 중심이 되어 1880년 1월 '국회기성 동맹 제2회 대회'에서 정당 결성 문제를 제기해 그 다음 해 1881년 10월 결성되었다. 창립 당시의 주요 멤버는 이타가키를 총재로 하여, 스에히로 시게

339 ▪ 松本健一『近代アジア精神史の試み』(中央公論社, 1994), 48頁.

야스末廣重恭(1849-1896), 고토 등이었다. 맹약盟約은 "자유를 확충하고 사회의 개량을 꾀할 것과 선량한 입헌정체의 확립에 전력할 것"을 주요골자로 하고 있다. 그러나 그렇게 결성된 자유당은 그 후 당내 갈등이 야기되어 1884년 해당되었다. 그 후 구자유당계는 1887년 고토가 제창한 '대동단결 운동'으로 재결집되었는데, 1889년에 와서는 그 '운동'이 오이 등의 '대동협화회'와 고노 히로나카 등의 '대동구락부大同俱樂部'로 분열되었다가, 동년 1890년 5월 이타가키가 애국공당을 결성하는 바람에 결국 자유당계는 3파로 병립하게 되었다. 그러다가 그해 9월에 와서 입헌자유당을 결성해 개진당과의 민당 연합 형태를 취해 한벌 정부와 대결해 갔던 것이다.

자유당보다 6개월 늦게 창립된 개진당의 경우는 '메이지 14년의 정변'으로 메이지 정부로부터 추방당한 오쿠마 시게노부大限重信를 총리로 해 결성된 정당이다. 개진당은 이와사키 야타로岩崎弥太郎의 미쓰비시三菱로부터 경제적 원조를 받아, 누마 모리가즈沼間守一 등의 오메이샤嚶鳴社, 도쿄 요코하마 마이니치 신문파, 야노 후미오矢野文雄 등 게이오慶応 관계의 동양의정회東洋議政会, 《우편보지신문》을 중심으로 한 우편보지신문파, 오노 아즈사小野梓 등의 오토회파鴎渡会派의 3 계열을 주축으로 해서 창립되었다. 강령은 "내치개량内治改良과 국권신장, 지방자치의 기반 확립, 선거권 확대, 대외통상 관계의 발전" 등으로 되어 있다. 개진당은 1890년 이후 자유당과의 민당 연합 전선을 취하는 과정에서 자유당이 군비 확장을 중심으로 한 정비 절감을 주장하자 조약개정 반대 운동에 당력을 집중해, 국민협회 등의 대외 강경파들과 제휴했다.

이처럼 정당 단체들은 혁명이나 개혁을 통해 한벌 정부의 비민주적 정치 형태를 문제시했다는 점에 있어서 공통점을 갖지만, 자유당은 민권신장을 통해 국권을 신장시켜 갔고, 개진당은 국권신장을 통해 민권을 신장시켜 가려 했다는 점에서 대해서는 차이점을 보였다. 이렇게 봤을 때 자유당은 민권신장을 통해 아시아주의를 실현시켜 보려 했고 개진당은 국권신장을 통해 그것을 실천해 보려 했다는 말이 성립될 수 있다.

(3) 정치결사 단체와 문화 단체의 아시아주의 실천 양태

아시아주의를 실천했던 단체들은 정당들 외에도 정당들의 기초를 이루었던 정치결사 단체들과 문화 단체들이 있었는데, 정치결사 단체의 대표적 존재들이 다름 아닌 현양사玄洋社, 천우협, 대일본협회大日本協会 등이다.

(가) 현양사와 그 아시아주의 실천 활동

현양사는 일본에서 최초로 아시아주의를 표방한 정치결사 단체로 알려져 있다. 현양사의 결성은 1879년 자유민권 운동이 절정에 달했던 시점에서 이루어졌다. 메이지유신으로 몰락한 후쿠오카한의 무사들 중의 불만분자들이 전제정부의 타도를 외치고, 각지의 불평사족의 무력봉기에 동조하다가 이타가키의 입지사로부터 아이디어를 얻어 민권신장을 논하기 시작했다. 그러한 상황에서 1876년 '하기의 난'이 일어나 그것에 참가할 계획이었으나 그것이 실패로 돌아갔다. 그 다음 해 세이난 전쟁에 응한 거병도 진압되자, 그들 중 '지쿠젠근황당筑前勤皇党' 출신들을 중심으로 한 하코다 로쿠스케, 히라오카, 도야마 등이 1879년 후쿠오카에서 향양사를 설립했다. 그들은 '존왕양이'의 입장을 취해 "유신 운동을 해 가다가 사막파佐幕派의 쿠데타로 순직한 지사들"의 후예들이었다. 그 쿠데타는 현재 '을축의 난乙丑の乱'이라 불리고 있는데, 그 쿠데타로 희생당한 자들은 당시 후쿠오카 지역 등에서 히라노 구니오미(1828-1864) 등과 같은 근황가勤皇家들을 결집시켜 존왕양이 운동을 일으켜 갔던 지쿠젠근황당의 중진, 가토 시쇼加藤司書를 비롯한 37명이었다. 그중 7명은 할복자살하였고, 14명은 참수斬首, 14명은 유형流刑에 처해졌다.[340] '애국사'와 그 후의 '국회기성동맹国会期成同盟'의 일원으로서 한벌 정부를 공격해 국회개설청원 운동을 전개시

340 ▪ 右翼問題研究会『右翼の潮流』(立花書房, 1998), 58頁.

켜 나갔던 것이다. 당시 그것은 고치의 입지사와 나란히 자유민권 운동에서 지도적 역할을 하였다. 입지사의 사원들은 무사들이었지만, 향양사의 사원에는 시중의 호농상豪農商도 받아들여짐으로써 입지사와 차이를 보이게 됐다. 그들은 1881년에 가서 '향양사'를 '현양사'로 개칭하는 한편, 그와 동시에 히라오카를 사장으로 앉히고, "황실을 높이 받들고 본국本国을 애중愛重하고 인민의 권리를 고수固守해야 한다"는 '헌칙憲則'을 제정했다.

1886년경을 기해 현양사는 민권론에서 국권론으로 전환해 나와 대외강경책과 군비 확장 등을 주장하기 시작했다. 현양사는 조약 개정 문제에서는 이노우에와 오쿠마 안에 반대해 현양사의 사원이 1889년 10월 오쿠마를 습격해 중상을 입히고 자신은 자인하는 사건을 일으켰다. 조선에 동학 혁명이 일어나자 현양사는 청·일 전쟁을 일으키기 위해 1894년 '천우협'을 조선에 잠입시킨다. 삼국 간섭 이후 러·일 전쟁 직전에는 '국민동맹회'라든가 '대러동지회'에 참가해 대러 강경외교를 주창하는 한편 '만주의군滿洲義軍'을 파견해 러·일 전쟁의 후방공작을 행했던 것이다.

현양사의 주요멤버에는 소위 '현양3걸玄洋三傑'로 불렸던 하코다, 도야마, 히라오카 외에, 신토 기헤이타進藤喜平太(1851-1925), 마토노 한스케, 야스나가 도노스케安永東之助, 우치다 료헤이, 스기야마 시게마루杉山茂丸(1864-1935) 등이 있었다. 신토는 향양사 결성에 참가했고, 그것이 현양사로 간판을 바꾼 후에는 현양사에서 히라오카, 하코다의 뒤를 이어 제3대 사장이 되어 장기간 그 위치에 있었다. 마토노는 히라오카의 의제義弟로 현양사가 천우협을 조직하게 된 계기를 만든 인물로 전해진다. 야스나가는 러·일 전쟁 때 만주의군을 조직했고, 우치다는 히라오카의 조카로, 후에 흑룡회를 창립한 인물이다. 스기야마는 도야마의 오른팔로 알려진 인물로 정계의 거두들과 은연한 교제가 많았던 인물이다.

현양사의 본령은 현해탄玄海灘을 넘어서 아시아 대륙으로 진출할 의사를 나타냈다고 하는 사명社名대로, 동아시아 각지에서의 대륙 진출론의 실천 행동에 있었다.

그 대표적 예가 청·일 전쟁 직전 조선반도에서의 천우협단, 러·일 전쟁 시 만주의군 등이 있다. 이러한 활동들은 히라오카, 도야마 등이 1868년부터 시작한 규슈의 탄광 경영으로부터 얻은 돈이 정치자금으로 쓰임으로써 행해졌던 것이다.

(나) 천우협과 아시아주의 실천 활동

1894년 봄 조선에 동학 혁명이 일어나자, 자유당좌파, 현양사계 등의 국권주의자들이 그 혁명을 청·일 전쟁으로 확대시키기 위해 조선에 건너가 동학군과 접촉했던 청년 일단一団이 있었다. 그들이 청·일 전쟁을 일으키려 했던 목적은 청국에 접근한 조선의 명성황후 정권을 쓰러트리고, 친일 정부를 세워 그것을 발판으로 해서 대륙에서의 일본의 국권을 확장하는 데 있었다. 그것은 '천우협'이라 불렸던 일종의 비밀결사였는데, 당시 부산, 서울 등에서 살고 있던 요시쿠라 오세, 오자키 마사요시, 다케다 한시武田範之, 다나카 지로田中侍郎, 혼마 규스케 등의 낭인들, 여기에 첨가된 현양사의 우치다 료헤이와 오하라 요시쓰요大原義剛(1867-1945), 《26신보二六新報》의 스즈키 덴칸鈴木天眼(1867-1926)으로 결성되었다.

그것은 《26신보》의 주필 스즈키가 자유당 좌파의 수령 오이 겐타로의 문하와 히라오카의 현양사 사원의 양대 인맥을 결합시켜 만든 단체라 할 수 있다. 동학농민 운동이 격화되자 부산에 있던 오자키가 도쿄에 와서 덴칸과 상의했고 덴칸이 도야마를 찾아가 "오자키 일파의 계획에 관한 원조를 부탁했다. 도야마는 그동안 히라오카, 마토노 등과 동학당 응원의 방법을 협의 중이였었기 때문에 여기에서 양자의 결합이 즉시 이루어졌던 것이다".[341] 도야마는 '천우협'의

341 ▪ 黒竜倶楽部『国士内田良平伝』(原書房, 1967), 51頁.

조직을 위한 비용을 마련해 오하라 요시타케大原義剛, 우치다 료헤이 등의 현양사 회원을 오자키 등에 연결시켜 부산 양산박의 낭인들과 규합시켜 동학당을 원조하게 한다.[342]

현양사의 회원들의 경우, 그들이 부산에 도착한 것은 6월 25일경이었고, 그들이 양산박의 낭인들과 규합해 '천우협'이란 명칭을 사용해 당시 순창에 모여 있던 동학당의 농민군 속에 뛰어들었던 것은 7월 7일이었다. 당시 청·일 양군은 출병 이후 6월 10일경부터 아산만에서 교착 상태에 빠져 있었기 때문에 천우협은 조선 동학당의 동학 운동에 불을 질러 그 교착 상태를 타개하겠다는 목적을 가지고 있었다.

그러한 과정에서 일본군이 7월 23일 아산만 풍도 앞바다에서 청군에게 사격을 가함에 따라 그동안의 교착 상태가 타개되었고 8월 1일에 일본군이 청군에 선전을 포고함에 따라 청·일 전쟁이 발발하게 되었던 것이다.

일단 전쟁이 발발하자 청국 군대가 일본군에 패해 북으로 도주하는 상황에서 국내에서는 동학 농민군과 관군과의 전투가 전국 각지에서 벌어졌다. 10월 12일 동학군의 삼례회의 이후 전봉준 등의 과격파들이 최시형, 이용구 등의 온건파와의 타협을 거부하고 북상했다. 동학군은 그 과정에서 관군과 일본군의 연합군에 패배했고, 동학군에 가담했던 천우협에서도 10월 이후 반일 투쟁을 목적으로 농민군이 무장봉기하는 과정에서 동학 운동에 가담했다는 이유로 관군에 체포되어 부산 영사관에 구속된 자가 있었는가 하면, 교착 상태가 타개되어 전쟁이 발발하자 일본군에 가담해 퇴각하는 청군을 공격하는 자가 나오기도 했다.

이렇게 봤을 때 이 비밀결사의 구성원들은 이미 갑신정변 이후부터 친청親清 조선 정부를 타도해 보겠다는 의지를 갖고 있었던 자들이었다 할 수 있다. 현양

342 ▪ 黒竜会, 前掲書, 173-174頁.

사는 갑신정변에 실패해 일본에 망명한 독립당의 김옥균을 원조하기 위해 1885년 한국에 의용군을 조직해 보내 사건을 일으켜 볼 계획을 세운 바 있었고, 또 당시 오이 겐타로, 고바야시 구스오小林樟雄, 아라이 쇼고新井章吾 등의 급진 민권론자 일당은 장성들을 모집해 한국에 무력 진출하여 조선의 전제 정부를 무너트리려는 계획을 세웠다가 메이지 한벌 정부에 발각되기도 했다. 그런데, 10년 후 바로 그 인맥들이 조선에 동학농민 운동이 일어나자 이 비밀결사를 결성해 동학농민 운동을 청·일 전쟁으로 확대시켜 친청의 조선 정부를 타도해, 조선에 친일 정부를 수립시켜 보려 했던 것이다.

(다) 대일본협회와 그의 아시아주의 실현 양태

대일본협회는 1893년 10월 대외강경 운동을 위해 결성된 정치결사 단체이다. 본 협회는 '국민협회', '구마모토 국권당熊本国権党', '후쿠오카 현양사福岡玄洋社' 등이 전년에 조직된 '내지잡거강구회内地雑居講究会'를 해소解消해 결성한 단체이다. '내지잡거'란 말은 외국인의 거주·여행 지역을 개시장開市場이라든가 개항장開港場의 거류지居留地만으로 한정시키지 않고 일본 내지에서 자유롭게 여행하고 거주할 수 있게 하고, 또는 상공업 운영이라든가 부동산 소유를 인정하는 일을 가리킨다.

〈안세이 5개국 조약安政五カ国条約〉 체결 시(1858) 미국은 내지잡거를 요구했다. 그러나 상호분쟁을 걱정한 막부는 외국인 격리 방침을 취해 거류지를 설정했다. 그러나 그 후 한벌 정부는 조약 개정에서 평등 조약이 실현된다면 상호호예의 원칙에 입각해 조약 국민에게 일본 내지를 개방하는 것은 당연하다는 입장을 취해, 이노우에와 오쿠마 외상은 내지 개방을 교섭 조건으로 해서 조약 개정 교섭에 임했다. 그러나 〈대일본제국 헌법〉의 발포 등을 기해 국수주의적 기운이 고조되어 내지잡거 불가론이 제기되었다. 내지잡거로 인해 일본 경제를 장악할 위험은 물론 토지 점유, 고유의 풍속이나 종교까지 혼란하게 만들 수 있다는 것이다. 그러한 반대의 분위기를 타고 '내지잡거강구회'가 조직되었

는데, 그 후 조약 개정 교섭이 진척되어 나가자 동회가 상기의 정치결사 단체들을 끌어들여 1893년 10월 '대일본협회'로 발전했다.

대일본협회는 진정한 대등 조약의 체결과 내지잡거의 시기상조를 주장하며 내지 개방을 조약 개정의 교섭조건 방침으로 취한 한벌 정부를 압박했다.

대일본협회 측은 현행 불평등 조약을 개정해 대등 조약으로 만들어 가려면 현행의 거류지제도를 폐지하고 외국인에게 내지를 개방해야 한다는 정부의 주장은 '대외연對外軟 · 대외자굴對外自屈'에 지나지 않다고 비난했다. 그들은 치외법권의 철폐, 관세자주권의 회복은 대등 조약의 절대조건이지만 거류지제를 폐지해 국내를 외국인에게 개방하는 것은 일본의 자주적 판단에 맡겨야 한다고 주장했던 것이다. 그들의 그러한 주장은 입헌개진당을 포함한 '대외강경6파'를 성립시켜 나갔다. 그러나 당시 영국과의 조약 개정 교섭을 진행시켜 나가던 정부 내지잡거의 시기상조 운동은 배외주의라고 보고 또 그 운동이 진행되는 과정에서 실제 거류 외국인에게 폭행이 가해지는 일들이 일어나자, 1893년 12월에 해산 명령을 내린다.

이처럼 대일본협회는 대등 조약의 체결과 내지잡거 시기상조를 주장했는데, 이 경우 외국과의 대등 조약의 체결 시의 '외국'이란 조선이나 청국 등의 아시아 국가들이 아니고, 서구의 열강국들을 가리킨다. 내지잡거 시기상조의 입장에서도 아시아 국가들의 내지잡거가 아니다. 서구 열강국들의 국민들의 내지잡거를 의미하는 것이었다. 이렇게 봤을 때 대일본협회는 우선 불평등 조약을 개정해 서구 열강들과 대등한 관계를 형성하고, 두 번째 '내지잡거' 반대 입장을 취해 일본주의와 반서구주의 입장을 정립시켜, 세 번째로 서구의 열강들에 대해서는 강경한 방위적 차원의 외교 정책을, 아시아의 국가들에 대해서는 강력한 공격적 정책을 취해 일본을 맹주로 하는 아시아 세계를 구축하겠다는 운동을 전개시켜 나갔던 것이다.

(라) 아시아협회

당시 아시아주의를 실천했던 가장 대표적 문화 단체는 일본에서 진화론에 입각해 인종주의가 형성되어 나왔던 시점에서 결성된 아시아협회였다 할 수 있다. 그것은 1883년 '흥아회興亜会'가 개칭된 것인데, '흥아회'는 중·일 제휴를 목적으로 한 양국 인사를 회원으로 1880년 3월 도쿄에서 와타나베 고키 등이 발기하여 성립된 단체였다. 그것은 당시 청국주일공사 하여장何如璋과 친분이 있었던, 미야지마 세이이치로宮島誠一郎와 소네 도시토라曾根俊虎가 주창해 창립되었다. 그것은 "아시아 전 지역의 국세가 날로 위축되어 가는 것을 슬피 여겨", "중·일의 양대 국가가 서로 연결해 간다면 대국大局을 유지시켜 가지 않을 수 없지 않은가"라고 하는 취지로 창립되었다. 그런 취지로 창립된 '흥아회'는 '아시아협회'로 개명된 후 중·일 양국의 청년들에게 쌍방의 국어를 가르칠 목적으로 어학교를 세우고, 유학생 교환 등을 행해 갔다.

회장은 초기 단기간 천황을 수장首長으로 한 연합 국가를 구상했던 다테 무네나리伊達宗城(1818-1892), 1882년 이토 히로부미를 도와 〈천진 조약〉(임오군란 처리를 위한 중·일 간의 조약)을 체결했던 에노모토 다케아키榎本武揚(1836-1908) 등이 돌아가면서 맡았다. 창립부터 해소까지 귀족원의원 나가오카 모리요시, 부회장은 제국대 총장 와타나베 고키, 회원에는 외무경 재임 중 마리아 루즈호 사건 해결을 위해 청국에 특명대사로 갔던 소에지마 다네오미, 1870-71년 〈청·일 수호 조약〉 체결 시 부사副使로 청에 파견됐던 야나기하라 사키미쓰柳原前光(1850-1894), 역대 청국공사, 외교관, 문명개화의 풍조를 반발했던 문인 나루시마 류호쿠成島柳北(1837-1884), 《대일본편년사》의 편집을 주재한 학자 시게노 야스쓰구重野安繹(1827-1910) 등이 있었다. 그것은 중·일 외교의 긴장과 함께 점차 성격이 변경되어 1900년 1월에 가서는 '동아동문회'에 병합되어 해소되었다. '아시아협회'가 아시아주의를 실천했던 당시 가장 대표적 문화 단체로 손꼽히는 것은 아시아주의와 관련된 사상 운동 단체로서의 문화 단체가 그 시기에는 존재하지 않았기 때문이라고 말할 수 있다.

4. 아시아주의 사상과 그 실천이론

1) 사상으로서의 아시아주의와 그 기반 사상

앞에서 고찰한 바와 같이, 아시아주의는 근대서구의 산업 자본주의 세력들의 동아시아 침략주의에 대항해서 성립되어 나온 사상이다. 따라서 아시아주의는 근대서구의 산업 자본주의 세력들이 동아시아 지역을 침략하는 과정에서 일본이 그들의 그러한 침략주의에 대항해 자신의 생존 전략의 한 방안으로 성립시켜 나간 사상이라 할 수 있다. 그러면, 일본의 지식인들은 어째서 근대서구의 산업 자본주의 세력들의 동아시아 침략주의에 대항해 자신들의 생존 전략의 한 방안으로 아시아주의라고 하는 입장을 내세우게 됐던 것인가? 그 이유는 다음과 같은 몇 가지 측면에서 고찰될 수 있다. 첫째는 아시아주의가 동아시아라고 하는 동일한 지역적 특성을 기반으로 해서 성립된 문화적 측면에서 고찰될 수 있다. 둘째는 서구 열강들의 동아시아 침략주의에 대항해 자신들의 생존 전략을 강구해 가던 시점에서 그것을 가장 적합한 방법으로 받아들일 수밖에 없었던 당시의 상황론적 측면에서 고찰될 수 있다.

자유민권 운동을 통해 아시아주의를 성립시켜 갔었던 대표적 인물들, 예컨대 오이 겐타로, 나카에 조민, 다루이 도키치, 히라오카 고타로, 도야마 미쓰루, 우에키 에모리 등의 기본적 사고는 그들이 청소년 시절 향리에서 접했던 한학漢学이나 국학国学을 통해 성립해 나왔다고 말할 수 있다. 그들은 한학을 통해서 형성된 사고를 가지고 나가사키, 교토, 도쿄 등에 나가 서구로부터 전래된 민권사상을 받아들여 갔던 것이다.

그들의 그러한 사상에 민권 운동의 불을 붙였던, 그들보다 한 세대 더 빨랐던, 사이고 다카모리, 소에지마 다네오미, 에도 신페이, 고토 쇼지로 등의 정한론자들의 경우는 한학, 즉 유학儒學을 통해 그들의 사상 체계를 형성시켰던 자들이었다. 사이고보다 3년 늦게 출생한 요시다 쇼인吉田松陰(1830-1859)이 〈미·일 화친 조약〉이 체결된 1858년 3월 미국 함대에 올라타 밀항을 기도했다가 체포되었을 때의 나이는 28세였다. 〈미·일 화친 조약〉으로부터 4년만인 1858년에 일본은 서구의 열강들과 〈안세이 5개국 조약〉을 체결하는데 그것을 계기로, 영어·프랑스어·독어 등에 대한 관심이 고조되어 이들 언어 중심의 양학洋学이 성립되어 나왔다. 그때까지 서양에 대한 연구는 네덜란드어를 통해 이루어졌기 때문에 난학蘭学이라 불렸다.

이와 같이 고찰해 볼 때, 메이지유신과 정한론을 일으키고 민권 운동에 불을 질렀던 자들의 사상 체계는 유학을 통해서 형성되어 나왔다고 말할 수 있다. 그렇다면, 그들에게서의 유학이란 무엇인가? 당시 일본의 지식인들은 일본이 유학을 통해 한국, 중국의 동아시아 국가들과의 공통된 인간관과 세계관을 만들어 왔다는 사상을 지니고 있었다. 그들은 그러한 사상에 입각해 일본을 동아시아의 일부로 인식하고 있었다. 다시 말해서, 당시 일본의 지식인들은 동아시아인들이 유교 사상을 기초로 해서 자신들의 삶을 실현시켜 나가고 있다는 생각을 하고 있었다. 한학이란 그러한 유교 내지 유교 사상을 연구하는 학문으로서 유학이라고도 불렸다. 〈안세이 5개국 조약〉 체결을 전후해 성립되어 나왔던 양학은 서구인들의 사회와 그들의 정신세계를 연구하는 학문으로서 당시의 유학과는 대립되는 학문으로 인식되었다. 그런데, 당시 양학자들의 경우도 한학을 통해 습득한 유교 사상을 기반으로 하여 양학을 배웠던 자들이었다. 이러한 점들을 감안해 볼 때, 당시 메이지유신과 민권 운동을 일으켰던 자들은 물론 서구문물을 연구하던 양학자들까지도 동아시아인들이 공유하고 있었던 유교 사상에 입각해 동침하는 서구의 세력들을 인식하고 있었다는 것이다.

일본이 한국·중국으로부터 일본에 전래된 유교 사상에 입각해 일본의 문제를 동아시아의 차원에서 인식하고, 또 한국이나 중국의 문제도 동아시아의 차원에서 인식했었던 것은 당시 일본이 유교 사상을 다른 동아시아의 국가들과 공유하고 있었기 때문이다. 그것뿐만 아니라 당시 일본이 서구의 열강들을 자신들의 대항 세력들로 인식하기 이전에 그들을 아시아의 대항 세력으로 인식했었던 것도 바로 그러한 이유 때문이라 할 수 있다. 일본의 양학자들이 유학을 통해 동아시아삼국의 사정에 대해서 알고 있고 양학을 통해 서구의 열강에 대해서도 알고 있었다고 한다면, 그들로서는 서구의 열강들로부터 일본을 지키기 위한 한 방안으로 자신들이 서구 열강들로부터 동아시아의 조선이나 청국보다 먼저 취한 근대문명을 가지고 동아시아 국가들을 침략해서 그들을 복속시켜 대아시아 국가들을 건설한 다음 그것으로 서구 열강들의 일본 침략을 막겠다는 생각을 하지 않을 수 없을 것이다. 일찍이 그러한 생각을 했던 자들이 바로 19세기 초 "북방에 식민지를 만들어라"라고 주창했던 혼다 도시아키本田利明(1743-1820), "중국을 정복하자"라고 말했던 19세기 전반 사토 노부히로佐藤信淵(1769-1850)와 그 주변 인물들, 정한론이 나오기 이전에 이미 조선 침략을 주장했던 요시다 쇼인 등과 같은 자들이었다. 반면, 일본의 그러한 아시아 침략적 입장들에 대하여 "후세에 화환禍患을 가져온다" 하여 반대했던 자들도 있었다.[343] 요코이 쇼난橫井小楠(1809-1869)이 그 대표적 인물이다. 그런데 필자가 여기에서 말하고자 하는 것은 메이지유신 이후의 아시아주의는 이 두 계열을 기반으로 해서 성립되어 나왔는데, 전자의 경우가 대세를 이루었다는 것이다. 여기에서 필자가 강조하고자 하는 것은 한학에서 출발한 이들 양학자들이 후년에 국학 내지 미토학과의 접촉을 계기로 전자의 계열로 들어서게 되었다는

343 ▪ 吉川万太郎『近代日本の大陸政策』(東京書籍, 1991), 13-54頁 参考.

것이다. 예컨대, 요시다 쇼인은 "천하는 한 사람의 천하이다"(《講孟余話》)라는 말을 하고 있다. 그의 그러한 생각은 국학 사상에 기초한 것으로서 그의 조선 침략에 대한 역설은 그의 그러한 세계관에 입각한 것이라 할 수 있다.344■

일본의 지식인들이 아시아주의를 주창했던 이유를 상황논리의 측면에서 고찰해 보면 다음과 같다. 이타가키 등의 참의 등이 애국공당을 결성해 자유민권 운동을 일으켰던 것은 1874년의 일이었다. 그때부터 메이지 혁명 정신을 토양으로 해 자라 올라오던 아시아주의가 자유민권 운동을 통해 이론적 배경을 구축해 가다가 자유민권 운동이 조선에서의 갑신정변 발발을 계기로 국권 운동으로 전환해 나옴으로써 그 후 국권 운동을 통해 확립되어 나갔던 것이다. 이와 같이 유교라고 하는 공통 사상 체계를 바탕으로 해서 형성되어 나갔던 아시아주의가 자유민권 운동을 통해 그 이론적 기반을 구축해 가고 있던 상황에서 서구로부터 생물진화론이 전래되었다.

일본에 다윈의 생물진화론이 전래된 것은 자유민권 운동이 절정에 달했던 1877년 미국의 생물학자 모스Edward S. Morse(1838-1925)의 도일을 계기로 해서였다. 모스가 일본에 도착한 것은 그해 6월이었는데, 그를 통해 생물진화론을 받아들여 일본의 학계와 사회에 전파시켰던 대표적 인물은 당시 도쿄대학 가토 히로유키加藤弘之(1836-1910)였다. 가토 히로유키는 모스가 일본에 도착한 그해 그를 제국대학 교수로 임명했다. 모스는 임명된 그해 10월 도쿄 제국대학의 넓은 광장에 모여든 500여 명 이상의 청중들을 상대로 진화론을 강의했다.345■ 가토 히로유키도 모스의 생물진화론을 받아들여 《인종개량의 변人種改良の辨》(1887), 《동양의 일대 문제東洋の一大問題》(1888), 《강자의 권리 경쟁强者の權利の競爭》(1893) 등을 저술했다. 이렇게 아시아주의가 민권·국권 운동을 통해 성립, 정립되어 나가는 과정에 서구로부터 들어온 진화 사상이 일본학계에 파급되어

344■ 朴埈相『天皇制国家形成と朝鮮植民地支配』(人間の科学新社, 2003), 34頁.

345■ 斎藤正二『日本的自然観の変遷過程』(電機大学出版局, 1989), 630頁.

제국주의의 윤리적 기초로 정착되자, 아시아주의는 인종론에 의해 그 존립기반을 재정비하게 된다.

"인종이라고 하는 개념에 의해 세계 그리고 그 속의 아시아주의를 인식하는 일이 일반에 보급된 것은 역시 메이지유신 이후의 일이다. 그러나 인종 구별에 관해서는 반드시 일정했던 것은 아니다.[346] 그러나, 지리적 분포를 기준으로 한 분류가 일찍이 후쿠자와 유키치의 《수중만국일람手中万国一覧》(1869)을 통해 소개되었다. 그것은 유럽인들의 인종관에 입각해 성립된 것으로서 지구를 5대주大州로 분리시켜 그 각 지역의 인간을 "백색 민족 즉 유럽 인종, 황색 인종 즉 아시아 인종, 적색 인종 아메리카 인종, 흑색 인종 즉 아프리카 인종, 갈색 인종 제도諸島 인종"으로 분류한 것이었다.[347]

메이지 시대로 들어와 그러한 인종론이 파급되자, 아시아 민족 사이에 민족은 다르지만 인종은 같다는 유대가 형성되어 구미에 대항해 갈 수 있다는 사고가 싹트기 시작했다. 같은 황인종이라는 인식이 아시아주의의 기축基軸으로 작용하게 됐던 것이다. 그러한 상황에서 메이지 10-20년대로 들어와 서구로부터 진화 사상이 들어와 강한 인종이 약한 인종을 지배하는 것은 지극히 당연한 자연의 생물학적 법칙이라는 사회진화론이 국민교육에까지 침투했다. 그 결과 일본인들의 아시아 인식은 국권 운동을 통해 아시아 민족들의 동일 인종 의식과 우열 인종 의식으로 형성되어 나와 아시아주의로 정착되었다.

이와 같이 일본인들의 아시아 인식은 유교 사상을 기반으로 한 동일 문화 사상, 사회진화론에 기초한 동일 인종 의식 등을 기축으로 해서 정착되었다고 말할 수 있다.

---

346 ▪ 山室信一「アジア認識の基軸」(古屋哲夫編『近代日本のアジア認識』京都大学人文科学研究所, 1994), 23頁.

347 ▪ 上掲書, 23-24頁.

2) 아시아주의 사상과 다루이 도키치의《대동합방론》

앞에서도 언급했듯이, 아시아주의라 말할 때 아시아주의 사상을 말하는 경우도 있고 아시아주의 운동을 말하는 경우도 있다. 아시아주의 사상이란 당면한 문제들을 해결해 가는 데 있어서 '아시아'를 중심으로 혹은 '아시아'를 최우선으로 생각해야 한다는 확고한 입장 내지 신념을 가리킨다. 이에 대해 아시아주의 운동이란 아시아주의자들이 그러한 아시아주의 사상을 제3자들에게 전파하고 그들과 함께 그 사상을 실천하기 위한 노력들을 가리킨다. 한 인간이 어떠한 생각을 사상화시켜 그것을 통해 자신이나 자기 시대의 문제를 해결해 가려는 입장을 세우기까지는 우선 무엇보다도 자신이나 자기 시대의 문제를 고민하고 그것의 해결방법 모색을 위한 많은 노력을 수반하게 된다. 그러한 노력들의 한 결과물이 논문이고 저서들이다. 따라서 우리는 한 인간의 논문이나 저서들을 통해 그의 사상과 문제해결의 방법을 도출해 낼 수 있다.

일본에는 '아시아주의'에 대해 체계적 연구를 행했던 소위 '아시아주의' 연구자들이 적지 않았다.《대아시아주의의 역사적 기초》(1945)의 저자, 전전의 히라노 요시타로平野義太郎(1897-1980),《아시아주의》(1963)의 편자, 다케우치 요시미 등이 예가 될 수 있다. '아시아주의' 운동가들도 많았다. 현양사의 도야마 미쓰루, 흑룡회의 우치다 료헤이 등이 대표적 인물들이다. 그러나 아시아주의자로는 이렇다 할 만한 인물이 없다. 한두 사람을 꼭 골라 보라 한다면 다루이 도키치 정도가 아닌가 한다. 다케우치 요시미는 그의《아시아주의》의 '해설'에서 오카쿠라 덴신岡倉天心(1862-1913)을 '아시아주의자'로 파악해 다루이 도키치와 병렬시켜 놓고 있다. 그러나 필자는 오카쿠라가 문화적 차원의 것들을 문제시하는 '동양주의자'라고는 할 수 있을지 몰라도 정치적·사회적·인종적 차원의 것들을 문제시하는 '아시아주의자'라고는 할 수 없다고 본다.

다루이 도키치는 한평생 '아시아'나 그것과 관련된 문제에 관심을 기울였다.

앞에서도 언급했듯이 그는 히라타 가네타네平田鉄胤(1799-1880)의 제자 이노우에 요리쿠니로부터 국학을 배웠고, 세이난 전쟁 때에는 정한론을 주장했던 사이고 편에 가담했다. 자유민권 운동에도 참가했는데, 그 좌파에 속해 1882년에는 나가노겐에서 몰락 농민층을 기반으로 동양사회당을 결성했고, 조선에서 갑신정변으로 친일파가 와해되자 민병대를 조직, 조선에 파견시켜 조선의 수구 정권을 전복하려 했던 오사카 사건에도 관계했다. 또, 그는 히라오카 고타로 등과 '동양학관'을 설립하기도 했고, 조선 독립당의 김옥균과 친교를 맺기도 했으며 1892년에는 중원의원이 되어 오사카 사건을 일으킨 오이 겐타로 등과 동양자유당을 결성하기도 했다.

이와 같이 그의 '아시아'에 대한 지속적 관심은 그의 행적을 통해서도 알 수 있지만, 그가 1893년 출판한《대동합방론》의 집필 과정을 통해서도 알 수 있다. 앞에서도 논한 바와 같이 그가 그것을 집필했던 것은 1885년으로 그때는 일본어로 집필했었다. 그러나 그는 오사카 사건에 연루되어 완성된 원고를 분실했다(뺏겼다는 설도 있음). 그로부터 8년 후에 다시 집필했는데, 이번에는 일본어를 모르는 조선인들도 읽을 수 있도록 한문으로 출판했던 것이다. 그의《대동합방론》은 아시아주의 사상의 실천방안의 하나로, 그것이 출판된 지 1년 만에 일어난 청 · 일 전쟁을 비롯하여 그로부터 10년 후 발발한 러 · 일 전쟁과 그 후의 한 · 일 합방 등은《대동합방론》의 구체적 실천 단계들이라 할 수 있다.

그가《대동합방론》을 통해 주장하고자 했던 그의 아시아주의의 실천 방안은 대략 다음과 같은 것이었다. 동아시아 황인종 민족들이 구미의 백인 민족들의 침략으로부터 살아남을 수 있는 길은 일본과 한국은 동등한 레벨에서 일국一國으로 합방合邦하고, 일본과 중국은 일대一大로 연방連邦하여야 한다는 것이다. 그는 양국이 공화의 형태를 취해, '입헌공화국'으로 해야 한다고 말하고 있다. 이와 같이 동등한 레벨에서 양국이 합방할 경우 사실상 일본으로서는 막대한 '손해'를 보는 것이고 한국으로서는 막대한 '이익'을 보는 것이라고 말하고 있다. 일본으로 말할 것 같으면 사실상 한·일 합방은 "부자가 빈자와 재산을 함께 하는 것"과 같은데 그런 손해를 보면서까지 우리가 한국과 합방하려 하는 것은 일본이 한국, 중국 등과 같은 '황인종'으로 '아시아'라고 하는 같은 지역에서 살고 있음으로 인해 "같은 배를 타고 있는 같은 운명공동체"이기 때문이라는 것이다. 예컨대, 보다 구체적으로 말해, "일본이 가장 두려워하는 나라는 러시아이다. 러시아는 벌써 가라후토樺太에 잠입해 들어와 있다. 중국이 두려워하는 나라도 러시아이다. 자주 북방을 침입해 그것을 먹겠다는 욕심을 보이고 있다. 지금, 중국이 러시아 국경과 서로 접해 있는 지역이 많아 벌써 그 독이빨에 씹혀 가고 있다. 이때에 한국과 일본이 한 나라가 되고 중국이 일본과 합종合縱한다면 러시아의 동양함대도 대마해협을 지나 중국해로 들어갈 수 없는 것이 아닌가?"라고 하는 것이다.[348]

3) 다루이 도키치의 《대동합방론》과 아시아주의 사상의 본질

다루이 도키치의 《대동합방론》은 '아시아주의의 속성'으로 지적되고 있는 "아시아 여러 나라의 연대(침략을 수단으로 하든 그렇지 않든 간에)의 지향"을 핵심으로 하여 아시아주의가 성립되어 나오게 된 경위, 그것의 기축을 이루는 사상, 그 사상의 실천방안 등을 잘 드러내 보이고 있다.[349] 그것뿐만이 아니다. 그것이 출판된 이후 아시아주의자들, 그들의 주장들을 실천하는 정치가, 언론인, 군인, 경제인 들은 그것이 제시한 실천방안에 입각해 대한국對韓國 전략, 대중국 전략, 대對아시아 전략을 착착 추진시켰다. 이러한 점을 감안해 볼 때, 우리는 그의 《대동합방론》을 통해 아시아주의 사상의 본질을 파악해 볼 수 있다고 생각한다.

---

348 竹内好 編集·解説, 前揭書, 298頁.

349 初瀨龍平『内田良平の研究』(九州大学出版会, 1980), 20頁.

필자는《대동합방론》의 기조를 이루고 있는 입장을 3가지로 파악한다. 우선 하나는 서구 열강들과의 대립적 관계 속에서 취해진 인종주의적 입장이다. 《대동합방론》은 "나, 본고를 씀에 있어, 동종인同種人 내에서 서로 화합하여 이종인과 밖에서 경쟁하려 하는 것도, 또한 세계 운세의 자연이다. 독자여 이것을 살펴 달라"라는 문장으로 끝났다. 이것은 그가 한국과 일본과의 대동합방에 대한 필요성의 논리적 근거를 인종적 측면, 보다 구체적으로 말해, 한국과 일본이 같은 황인종이라고 하는 점, 한국과 일본의 경쟁상대가 황인종과는 다른 백인종이라고 하는 점 등에서 찾았다는 것이다.

다른 하나는 아시아의 다른 국가들과의 관계 속에서 취해진 일본 민족의 우월주의 입장이다. 다루이는 일본이 한국과 합방하면 절대적으로 일본이 불리하다는 입장을 피력하고 있다. 그 불리한 점을 우선 7가지로 나누어 열거하고 있다. 첫째는 "조선은 빈약한 국가이다", 둘째는 조선은 "문화는 넉넉지 않고 모든 기술은 흥하지 않고, 지혜와 견해가 아직 진보되지 않다", 셋째 조선은 "청 · 러에 접촉해 있어 많은 국방비가 낭비된다", 넷째 조선은 "개명開明이 안 된 나라이다", 다섯째 조선은 "기후가 불순해 흉작이 들 가능성이 많다", 여섯째 조선은 " 정치적 기강이 문란해 있다", 일곱째 조선은 "자주적 기상이 결핍되어 있다"라는 이 7가지 외에도 그는 "천기天氣 땅의 비옥, 풍경의 우미優美, 국토의 지리적 위치" 등에서 일본이 조선에 비교할 수 없을 정도로 우수하다고 말하고 있다. 그는 한국이 일본과 합방하면, 이상과 같은 점들로 인해 일본이 불리한 반면, 한국은 그만큼 유리하다는 점을 강조하면서, 한국의 유리한 점을 하나 더 들고 있는데, 그것은 다음과 같은 것이었다.[350]

> 국정國政이 좋고 좋지 않은 점에 관해서 말할 것 같으면 그 현격한 차이란 말할 것이 없다. 따라서 합동하면 그 국민의 행복은 하나하나 다 열거해 말할 수 없다.

350 ■ 竹内好 編集 · 解說, 前揭書, 118-119頁.

그래서 조선왕이 영세永世의 존경과 영화를 확보하려 한다면, 또 일본과 합동할 수밖에 없다. 일본의 황통皇統은 원래 만세일계万世一系이다. 따라서 국민의 충성이 어떠할지 실로 상상해 볼 수 있다. 지금 그러한 일본의 황통과 형제의 우의를 맺어, 그것과 병립한다면, 그 왕통은 일본 국민의 옹호 대상이 될 것이다. 더 나가 그것을 만세萬世에 전할 수 있고, 더욱이 삼麻 밭의 쑥과 같다.

여기에서 필자가 짚고자 하는 것은 국정을 행하는 조선왕이 국민들로부터 "영세의 존경과 영화를 확보하려면 일본과 합동해야 한다". 왜냐하면 일본의 황통은 '만세일계'이고 한국의 왕통은 그렇지 않기 때문이라고 다루이가 생각하고 있었다고 하는 것이다. 특히, 그는 조선의 왕통이 일본의 '황통'과 합치는 것이 '삼밭 속의 쑥'과 같은 것으로 생각하고 있었다는 것이다. '삼밭 속의 쑥'이란 말은 곧게 자라는 삼밭 속에서는 구부러지기 쉬운 쑥도 곧게 자라듯, 착한 사람과 사귀면 감화되어 착해짐을 비유하는 말이다.[351] 또, 일본의 황통은 착하고 조선의 왕통은 악하다는 말이기도 하다.

필자가 여기에서 말하고자 하는 것은 그의 이와 같은 생각은 일본 민족이 같은 황인종 중에서도 '만세일계'의 천황가의 신민으로서 한국 민족보다 우월하다고 하는 황국 사상 내지 황국신민 사상에 입각한 것이라고 하는 것이다. 그는 앞에서 합방할 경우 일본이 불리한 점 '7가지' 이외에도 일본이 불리한 점들로 "땅의 비옥, 풍경의 우미, 국토의 지리적 위치" 등을 들고 있다. 그의 그러한 생각도 일본은 만세일계의 천황가의 나라 즉 신국이라고 하는 '황국사상'에 입각한 것이라고 하는 것이다. 그의 이와 같은 황국 사상과 황국신민 사상은 1889년에 발표한 〈대일본제국 헌법〉과 그 다음 해 1890년에 공포한 〈교육칙어〉에 근거한 것이라 할 수 있다. 헌법의 '제1장'은 '천황'에 관한 것으로 그 제1조는 "대일본제국은 만세일계의 천황이 이것을 통치한다"로 되어 있고,

---

351■ '麻の中の蓬'는 荀子(勧学)의 '蓬生麻中, 不扶而直'에서 나온 말.

그 제3조는 "천황은 신성神聖해서 침범할 수 없다"로 되어 있다. 제2장은 '신민권리의무'에 관한 것으로서 일본국에서의 인민을 국민으로 하지 않고 천황의 '신민'으로 규정하고 있다. 그 다음의 〈교육칙어〉는 〈대일본제국 헌법〉과 그것이 명기된 천황의 절대성을 확립하기 위한 방안으로 공포된 것이다. 다루이의 '한·일 합방론'은 바로 그것들에 근거해 성립된 것이라 할 수 있다. 이렇게 봤을 때 아시아 국가들과의 관계 속에서 일본인들이 취한 민족적 우월주의는 그들의 황국 사상을 기초로 해서 나왔던 것이라 할 수 있다. 그러한 일본인, 특히 다루이의 경우처럼 국학자 출신의 일본인들에게는 "신국이라고 하는 말이 신이 부여한 나라라고 하는 의미를 넘어, 신이 기초를 세우고, 신의 혈통이 지속되는 천황에 의해 계승되어 온 나라"라는 의미로 주장되고 있다.[352]

나머지 하나는 근대인권 사상이다. 그는 "국정의 본本 실로 생존의 필수를 보호하는 것"에 있는데, 그 경우 생존의 필수는 '생명·자유·명예·재산'이라고 말하고 있다. 그런데, 일본과 한국의 인민은 서구로부터 불어온 '일대풍조一大風潮'에 휩쓸려 빈궁으로부터 고통을 받고 있다. 또 두 나라는 국력이 약해 서구의 강대국들로부터 국가적 굴욕을 면치 못하고 있다. 두 나라의 인민이 빈궁으로부터 벗어나고 양국이 국가적 굴욕으로부터 벗어나려면 양국이 합방해 입헌공화제를 취해 가야 한다. 다행히도 "현재 일본은 만국역사万国歷史를 거울삼아, 군민동치君民同治의 주헌정체主憲政体를 수립하고 있다". 그러나 "조선의 경우는 그 정치가 더욱 군주전제의 길로 돌아섬으로 인해 국력이 약화되고, 그 국민이 고통을 느끼고" 있다. 양국이 합방해 입헌공화제를 취해 가게 되면 양국의 한·일 일국의 인민들은 서구 열강국의 인민들의 경우처럼 국가로부터 '생명·자유·명예·재산'의 권리, 즉 인권을 보호받게 될 것이다. 그런, 한·일 합방이 이루어지지 않는다면, 한국과 일본은 연합의 형태를 취해 아시아를

352■ 岩井忠態『近代天皇制のイデオロギー』(新日本出版社, 1998), 44頁.

침략해 오는 서구 열강들을 막아내지 못해 인민들의 빈궁과 국가적 굴욕은 더욱 심해질 것이다. 다루이는 바로 그의《대동합방론》을 통해 이러한 생각들을 주장하고 있었던 것이다.

이러한 점을 감안해 볼 때 그의 아시아주의 사상의 일면에는 인권 사상을 기저로 하고 있음을 알 수 있다. 우리는 여기에서 다루이의 '한·일 합방론'을 통해 아시아주의의 실체가 어떤 것인가를 접해 볼 수 있다. 아시아주의는 '아시아 연대'의 실현을 통해 실현될 수밖에 없다. 그러나, '아시아주의' 연구자들의 지적대로 당시 일본의 아시아주의자들이 추구했던 "아시아 연대론은 기본적으로 실태로서는 존재하지 않았다"라고 하는 것이다.[353]

이광래는 다루이의《대동합방론》을 자료로 해서 "일본의 아시아주의 속에서의 한국인식"을 논하면서, "일본은 '탈아시아주의로서 아시아주의'를 선택했다"는 말을 하고 있다.[354] 즉 탈아입구脫亞入歐의 입장에서 아시아를 대했다고 하는 것이다. "유럽이 선택한 방식 그대로 일본도 문명을 지배 권력의 정당화 구실로 삼아 지배 이데올로기로서 '아시아주의'를 선택"했기 때문이라는 다루이의 경우에서의 '문명'은 신장된 민권을 말하는 것으로서 그의 민족적 우월주의도 바로 일본의 한국보다 신장된 민권을 근거로 하고 있다는 것이다.

---

353 加藤之雄「日清戦前の中国·朝鮮認識の形成と外交論」(古屋哲夫 編『近代日本のアジア認識』京都大学人文科学研究所, 1994), 120頁.

354 이광래, 〈일본의 '아시아주의' 속에서의 한국인식〉, 한일 관계사학회 편,《한일양국의 상호인식》(국학자료원, 1998), 206면.

나오면서

필자는 아시아주의의 성립과 전개 양상, 그것을 성립·확립시킨 인물들과 단체들, 그것들의 활동 실태, 기축을 이루는 사상 등을 고찰하였다. 필자는 여기에서 일본 우익 사상의 기저의 문제와 관련시켜 아시아주의를 다음과 같이 정리해 볼 수 있다.

일본 우익 사상의 한 기저로서의 아시아주의는 자유민권 운동을 통해 성립되어 조선에서의 갑신정변을 계기로 해서 성립된 국권신장을 통해 확립되어 나왔다. 그래서 그것은 청·일 전쟁과 삼국 간섭을 통해 대륙 침략주의로 변질되어 나갔다. 아시아주의의 성립과 확립을 주도했던 주체들은 자유민권 운동과 국권신장 운동을 주도했던 세력들이었다. 그 세력들은 사이고西鄕의 정한론을 찬성했고 또 그가 일으킨 세이난 전쟁을 지지했던 자들이었다.

그 세력들 중에서 아시아주의의 성립·확립에 가장 기여했던 인물들은 사이고 다카모리, 도야마 미쓰루, 다루이 도키치 등이고, 단체들의 경우는 현양사, 천우협단, 아시아협회 등이었다. 그들이 행했던 대표적 운동들로는 조선독립당 원조 운동, 청·일 전쟁 발발 분위기 조성 운동 등을 통한 자유민권 운동과 국권신장 운동 등이다. 그들은 서구의 열강들에 대해서 적대적 관계를 취했고, 아시아 국가들에 대해서는 협력적 관계 아니면 지배적 관계를 형성하겠다는 입장을 가지고 있었다.

이에 반해 그들과 대립적 관계에 있었던 메이지 한벌 정부 세력들은 서구의 열강들에 대해서는 타협적인 입장이었고 아시아 국가들에 대해서는 적대적 관계를 취했다. 따라서, 사이고 계열의 인간들에게서의 자유민권 운동이란 일본의 인민들의 인권 신장을 통해 서구 열강들과는 적대적 관계를, 아시아 국가들과는 협력적 관계, 아니면 지배적 관계를 확립시켜 나가는 것이었다 할 수 있다. 아시아주의란 바로 그들이 그러한 관계들을 확립시켜 나가는 과정에서 성립·확립되어 나온 것이다. 자유민권 운동을 일으킨 사이고의 추종 세력들이 아시아 국가들과 협조적 아니면 지배적 관계를 맺은 것은, 서구 열강들과 적대적 관계를 유지하기 위해서였다. 보다 구체적으로 말해, 정한론파들은 서구의 열강들과 대항하기 위해서는 한국과 중국 등의 아시아 국가들과 협조적 관계를 맺어 가든가 아니면 그들을 정복해 하나의 아시아 세력을 만들어야 한다는 것이었다. 따라서 그들의 그러한 입장들을 통해서 성립되어 나왔던 아시아주의란 기본적으로 3가지 의미가 함축되어 있다. 하나는 대서구對西歐적 입장, 다른 하나는 아시아 연합적 입장, 나머지 하나는 일본 중심의 아시아적 입장이었다.

그러한 의미들이 내포된 아시아주의는 조선에서의 갑신정변을 계기로 자유민권 운동이 국권 운동으로 전환되는 과정에서 성립단계에서 정립 단계에 이르렀다. 그래서 그것은 아시아 연대적 입장에서 일본 중심의 아시아적 입장의 아시아주의로 전개되어 나갔는데, 청·일 전쟁 직후의 삼국 간섭을 계기로 해서는 서구 제국주의 세력들의 아시아 침략에 대항해 가는 과정에서 대륙 침략주의로 변질되어 나갔던 것이다. 이렇게 정리해 봤을 때, 아시아주의는 19세기 이후 근대 서구의 산업 자본주의 세력들의 동아시아 침략에 대항해 동아시아 삼국 중에서 근대화가 가장 빨랐던 일본이 자신들의 민족적 생존방안의 하나로 동아시아 삼국의 유교 사상을 기반으로 해서 아시아주의를 성립시켰고, 또 서구로부터 전래된 진화론에 입각해 나온 인종주의를 통해 그것을 확립시켰음을 알 수 있다. 그래서 그것은 20세기 초의 러·일 전쟁을 통해 출현한 사회주의자들의 대항 세력으로 부상한 우익 인사들과 우익 단체들의 사상적 기반을 이루게 됐던 것이다.

이렇게 볼 때, 아시아주의를 사상적 기반의 하나로 하는 일본의 우익은 대륙 침략, 일본을 중심으로 하는 동아시아 세계의 구축을 목표로 아시아 대륙을 침략하거나 아시아 국가들과의 우호 관계 아니면 적대적 관계를 맺는 존재로 규정될 수 있는 것이다.

제7장
메이지유신과 우익 사상

들어가면서

*

본 연구는 일본의 우익들에게 메이지유신이란 무엇인가라는 문제를 가지고 일본의 우익의 본질을 파악하는 것을 목적으로 한다.

쇼와昭和 천황이 1989년 1월에 사망하자, 곧 아키히토明仁 천황이 즉위하여, '헤이세이平成'라는 연호를 사용하기 시작했다. 그러자 신문, 잡지 등은 '헤이세이유신'이라고 하는 말을 사용하기 시작했고, 6개월 후에는 오마에 겐이치大前研一의 《헤이세이유신》(講談社, 1989)이라는 책까지 나왔다. 그 책의 내용에 대한 소개에는 "일본 정부 해체론! 어설픈 개혁으로는 아무것도 해결할 수 없다. 정부와 가스미가 세키霞ヶ関를 해체하고, 모든 것을 제로에서 시작하자. 진실로 국민을 위한 정부를 만들 새로운 일본의 그랜드 비전 〔…〕" 등과 같은 문구들이 들어 있다. 그러면, '헤이세이유신'이라고 하는 말은 어떤 의미인가?

다이쇼大正 천황이 사망했을 때에도 그러한 현상이 일어났었다. 그때는 '쇼와유신'이라고 하는 단어가 만연했었다. 당시 '쇼와유신'이라고 하 는 말은 주로 우익 운동을 하는 세력에 의해 '쇼와유신 운동'이라고 하는 형태로 많이 사용되고 있었다. 1926년 12월 연호가 바뀌면서 사용되기 시작한 '쇼와'라고 하는 연호가 우익 운동 세력 안에서 '유신'이라고 하는 말과 합쳐져 '쇼와유신'이라고 하는 형태가 취해지게 됐던 것이다. 그러한 표현은 1925년 2월, 당시 우익 운동의 중심적 역할을 했던 인물들 중 한 사람이었던 오가와 슈메이大川周明가 '행지사行地社'를 결성하여 그 강령의 첫 번째를 '유신 일본의 건설'이라고 한 것과 전혀 관계가 없다고 할 수 없을 것이다. 왜냐하면 "쇼와유신 운동이 30년대로 접어들어 '혈맹단 사건'(1932), '5 · 15 사건'(1932), '2 · 26 사건'(1936) 등과 같은 소위 '국가 혁신 운동'"으로서 실천되었기 때문인 것이다.

우익 세력들에 의해 '유신'이라고 하는 말이 사용되게 됐던 것은 메이지 천황(1852-1912)이 사망한 이후부터였다. 당시 그것은 '제2유신', '다이쇼유신' 등의 형태로 사용되었다. 그러다가 다이쇼大正 6년에 가서는《다이쇼유신에 대하여大正維新に就いて》라는 책의 제목으로까지 쓰이게 되었다. 이 경우 '다이쇼유신'과 '제2유신'은 같은 의미로 쓰였었다. 그 당시 '제2유신'이란 마쓰모토 겐이치가 그의 저서에서 말한 바와 같이 "왕정복고를 주창한 메이지유신을 완성시키는 것"이라는 의미였다.[355] 그런 의미에서 사실상 우익 세력의 계열에게는 '세이난西南 전쟁'(1877)도 '제2유신'이었던 것이다.

우익 세력들에 의해 '유신'이라고 하는 단어가 사용된 사례는 이상과 같이 고찰된다. 이러한 고찰을 통해 봤을 때, 일본의 우익인사들이 사용했던 '유신'이라는 것은, 메이지유신 정신, 바로 그것을 가리키고 있음을 알 수 있다.

그러면 우익이 생각하는 메이지유신의 정신이란 무엇인가? 우익은 메이지유신의 어떤 정신과 관련되어 있는 것인가? 그들은 메이지유신의 정신에 대해 왜 그렇게 강한 관심을 갖고 있었던 것일까? 우리는 그러한 것들에 대한 규명들

---

355 ▪ 松本健一,《思想としての右翼》(論創社, 2000), 51頁.

을 통해 우익의 본질을 파악할 수 있을 것이다.

**

일본의 우익 세력들에게 메이지유신은 어떤 의미를 지닌 사건이었던가? 우익으로 말할 것 같으면, 메이지유신이란 어떤 사건이었던가? 우선 일본의 학계가 이 문제를 어떻게 다루어 왔는지에 관해서부터 논하기로 한다.

일본에서 메이지유신이 학술적으로 다루어지기 시작한 것은 후지이 신타로藤井甚太郎의 《메이지유신사 강화明治維新史講話》(1926), 도쿠주 《메이지유신 정신사 연구明治維新精神史研究》(1934) 등에서부터 고찰된다. 그것이 학문적 차원에서 본격적으로 이루어졌던 것은 전후에서부터로 도야마 시게키遠山茂樹의 《메이지유신明治維新》(1951) 등이 그 일례가 될 것이다.

앞장에서도 밝힌 바와 같이, 일본에서의 '우익右翼'에 대한 학술적 차원의 본격적 연구는 기노시타 한지木下半治의 《일본 우익의 연구日本右翼の研究》(1977) 등으로부터였다. 기노시타 한지의 《일본 우익의 연구》가 출판될 당시, 일본에서의 '메이지유신'은 후지타 쇼조藤田省三의 《유신의 정신維新の精神》(1975) 등이 말해 주듯이 사상적 차원에서의 접근이 주류를 이루고 있었다. 그런데 일본의 우익들의 메이지유신에 대한 관심은 '메이지 천황'에 대한 관심을 통해서였다. 그런데, 일본에서의 '메이지 천황'에 대한 학술적 차원에서의 본격적 연구는 기노시타 한지의 우익 연구의 결과물이 나오기 이전 와타나베 기지로渡辺幾治郎의 《메이지 천황》(전 2권, 1967) 등을 통해 이미 시작되어 있었다. 이렇게 봤을 때, 일본인들의 우익에 대한 학술적 차원의 관심은 메이지 천황에 대한 학술적 차원의 관심으로부터 출발되었다고 할 수 있다.

일본에서 '메이지유신'이 우익 사상의 측면에서 본격적으로 접근되기 시작된 것은 2000년대로 들어와서부터였다. 일본은 1990년대로 접어들어 자본주의 진영과 공산주의 진영과의 대립적 구도가 해체되는 과정에서 10여 간

의 장기적 경기 불황의 늪 속으로 빠져들었다. 일본의 학계에서는 2000년대로 들어와 그러한 경제적 침체로부터 벗어나기 위한 방안의 하나로 메이지유신을 모델로 한 새로운 차원의 정신적 도약 방안을 제시했다. 그러한 과정에서 그들에 의해 '메이지유신'에 대한 재검토가 적극적으로 행해지게 되어, 그 결과 2000년대로 들어와 5년 사이에 '메이지유신'에 대한 연구 서적들이 수백 권 쏟아져 나왔다. 하가 노보루芳賀登의 《메이지 천황의 일신과 메이지 정신明治御一新と明治精神》(2000), 도야마 시게키의 《메이지유신明治維新》(2000), 요시노 마코토吉野言成의 《메이지유신과 정한론—요시다 쇼인에서 사이고 다카모리로明治維新と征韓論 : 吉田松陰から西維郷降盛へ》(2002) 등을 예로 들 수 있다. 그러한 지적 분위기 속에서 계간지 《간環》이 2003년 봄 특집호로 《지금, 메이지유신을 묻는다今,'明治維新'を問う》를 발행하기도 했다.

21세기 들어와서의 이와 같은 '메이지유신'에 대한 연구는 이에지카 요시키家近良樹 편의 《또 하나의 메이지유신—바쿠마쓰 역사의 재검토もうひとつの明治維新: 幕末史の再検討》(2006), 사카노 준지坂野潤治의 《미완의 메이지유신未完の明治維新》(2007), 쓰루미 요시스케鶴見俊輔 편저 《천황 일신의 폭풍御一新の嵐》(2007) 등이 명백히 말해 주고 있듯이 메이지유신 정신을 부활시켜 침체된 경제를 재건해 보려는 목적하에서 행해졌던 것이다. 일본의 지식인들의 그러한 입장이야말로 지금까지 일본 우익들이 메이지유신에 대해 취해 온 자세, 바로 그것이었다고 말할 수 있다.

이러한 연구들의 결과는 이제 "메이지유신은 우익 혁명이다"라는 인식에까지 이르게 되었다. 2005년도 이후부터 일본의 경기가 서서히 풀리기 시작했다. 그것은 아마도 일본의 지식인들이 '메이지유신'에 대한 연구를 통해 일본인들의 우익정신을 불러일으켰기 때문은 아닐까 한다.

***

본 연구가 일본의 우익 세력들에게 메이지유신이란 어떤 의미를 지니는 것인가에 대한 문제 해결을 목적으로 하고 있는 한, 그 문제 해결 방법이란 다음과 같은 것이 되지 않을 수 없다.

우선 무엇보다도 우리는 우익 세력들에게 '유신'이라고 하는 말이 어떻게 쓰여 왔는지를 검토할 필요가 있다. 그 검토 과정에서 '메이지유신'이라고 하는 말의 출전은 물론, '메이지明治'와 '유신維新'의 의미가 고찰하지 않을 수 없다. 그 다음은 메이지유신의 발단 경위, 그것의 기초를 이루는 왕정복고, 그것의 추진 세력, 메이지유신의 전개 양상, 메이지유신과 천황과의 관계 등을 고찰해야 한다. 끝으로 우리는 그러한 고찰을 통해 메이지유신의 기본 사상이 국체 사상, 배외 사상, 혁명 사상, 문명 사상 등과 같은 사상들로 이루어졌고, 바로 그러한 사상들이 우익 사상의 기반을 이루고 있다는 것을 규명해 내지 않을 수 없다.

1. 우익계에서의 '유신'이라고 하는 말

1) '메이지유신'이라고 하는 말의 출전

우익계에서의 '유신'이라고 하는 말은 일차적으로는 '메이지 유신'을 가리킨다. 그들에게서의 보다 본질적 차원에서의 '유신'의 의미는 메이지유신을 일으켰던 인간들의 정신, 즉 '메이지 정신'을 가리키는 말로서도 쓰여 왔다. 그러면 우선, '메이지유신'의 정신을 파악하기 위한 한 방안으로 '메이지유신'이라고 하는 말이 어떻게 사용되기 시작했는지를 고찰해 보기로 하겠다.

'메이지 유신'이라고 하는 말의 출전은 《역경易經》과 《시경詩經》 및 《서경書經》이다. '메이지'는 《역경》의 "성인남면이 청천하, 향명이치聖人南面而聽天下, 嚮明而治"(성인이 남쪽을 향해 앉으면 천하의 인간들의 말에 귀를 기울이고, 빛을 향해 세상을 다스린다)에서 취해졌고,[356] '유신'은 《시경》의 "주수구방, 기명유신周雖舊邦其命維新"(주周는 늙고 오래된 나라이지만 그 생명만은 새롭다)나,[357] 아니면 《서경》의 "구염오, 함여유신舊染汚俗咸與維新"(옛것이 더러운 속세를 물들이니 모두가 다 한결같이 새로워진다)로부터 취해진 것이라 할 수 있다.[358]

'메이지'라는 말은 1868년(慶応 4年) 9월 7일 밤 무쓰히토陸仁 천황이 궁중의 가시코도코로賢所[359]에서 연호 개정을 위해 마련된 연호元号 후보들 중에서 제비뽑기의 형태를 취해 선택된 것이다. 이것은 다음 날 8일 개원改元과 일세일원一世一元제의 조칙이 내려져 무쓰히토 천황 시대의 연호가 되었다. 일세일원

356 ▪ 《易經》, 〈說卦傳〉.

357 ▪ 《詩經》, 〈大雅 · 文王之什 · 文王〉.

358 ▪ 《書經》, 〈胤征〉.

359 ▪ 궁중에 "3종의 신기神器의 하나인 거울八咫(やた)の鏡을 안치한 곳"(프라임 일한사전 참고).

제란 한 천황이 하나의 연호만을 사용한다는 제도이다. 일본은 고대 율령제국가 이래 당시 중국의 당唐이 그러했던 것처럼 일세다원제一世多元制를 택해 왔다. 그러나 중국이 명·청대 이후 일세일원제를 채택함에 따라 일본도 무쓰히토 천황, 게이오慶応 4년 9월 8일에 내려진 일세일원제의 조칙에 입각해 그날부터 메이지란 연호를 사용하기 시작했다.

그런데 그 '메이지'와 '유신'은 1870년 1월 3일 〈다이쿄 선포大教宣布〉의 칙서가 내려짐에 따라 신도神道 이데올로기와 접합된다. 〈다이쿄 선포〉의 칙서에는 "백번 유신, 모름지기 치교를 분명히 하여 그것으로 신도를 선양해야 한다"(百度維新, 宜明治教以宣揚惟神之道也)라는 말이 있다. 당시 일본에서는 그러한 다이쿄 선포의 칙서가 내려지자 천황 숭배 사상을 중핵으로 하는 신도교의神道教義의 포교를 목적으로 국민교화 운동이 일어났고, 1872년에 교부성教部省이 설치됨에 따라 그것이 한층 더 조직적으로 추진되었다.

2) '메이지'와 '유신'이라고 하는 말의 의미

《역경》의 "성인남면이 청천하, 향명이치聖人南面而聽天下, 嚮明而治"라는 문장에서 '메이지'라고 하는 말이 취해졌다고 해 보자. '메이지'라는 말이 내포된 문장의 의미는 "남쪽을 향하여 앉으면"의 의미가 '권좌에 오르면'의 뜻이라는 점을 감안한다면 성인이 제위帝位에 오르면 천하의 모든 사람들의 말에 귀를 기울이고, 또 눈으로 그들의 삶의 모습을 확인해 가면서 세상을 다스린다는 의미라 할 수 있다. 특히 '메이지'란 의미는 "빛을 향해 다스린다"(明を嚮いて治める)라는 의미인데, 좀더 구체적으로 말하면, '빛'(明)을 받아서 눈으로 세상을 낱낱이 확인해 가면서 천하를 '통치한다'(治)라고 하는 의미이다. 이 경우 '메이지'의 주체는 어디까지나 제위에 오른 '성인'이고, 통치되는 대상은 천하의 백성들이다. 이와 같이 '메이지'의 의미에는 우선 '주체와 대상'의 의미, 보다 구체적으로

말해, '군주'와 '신하'라는 관계를 나타내는 의미 등이 내포되어 있는 것이다.

또한 '유신'이라고 하는 말이 《시경》의 "주수구방, 기명유신周雖舊邦, 其命維新"에서 왔다고 한다면, '유신'의 주체는 당시 '메이지 유신'을 일으킨 세력들이었던바, 그들에게서의 '구'란 무엇이었던가? 또 그 '구방舊邦'의 '명命'에 해당하는 것은 무엇인가 등과 같은 문제가 제기된다. 그것은 천황의 가계, 또는 그것을 주축으로 한 일본 이외에는 없지 않겠는가? 이렇게 봤을 때, '구'로서의 '유신'의 주체란 고대 일본의 천황제 국가를 모델로 해서 새롭게 정치적 개혁을 단행하려는 세력이라 할 수 있다. 이와 같이 고찰해 보면, '메이지'와 '유신'이라는 말에는 '천황' 또는 '천황가'라고 하는 의미가 내포되어 있다고 볼 수 있는 것이다.

3) 우익계에서의 '유신'이라고 하는 말의 의미

메이지 유신이 일어나기 전, 바쿠후 말기(1853-1867)의 사람들 사이에서 '유신'이라고 하는 말이 이미 사용되고 있었다. 또, '유신'의 의미로 통했던 '일신一新'이라는 말도 바쿠후 말기의 바쿠후 측의 문서에 산견散見된다. 특히 게이오기慶応期(1865-1867) 조슈한長州藩의 여러 부대 중 피차별 부락민의 부대명에 '일신조一新組', '유신단維新団' 등의 호칭이 붙여져 있었는데, '일신'이라든가 '유신'에는 민중의 세상 바로잡기(世直し)나 피차별 부락민의 해방에 대한 원망願望이 내포되어 있었던 것은 당연했을 것이다.[360] 유신 정부는 이 '일신'을 '어일신御一新'이라고 표현해서 천황에 의한 위로부터의 '어일신'을 강조하고 있었던 것이다.

이와 같은 사례들을 가지고 생각해 봤을 때, 자신들은 '어일신'을 원하여 '메이지 유신'에 적극적으로 참여했으나 그 결실은 한벌 정치가들에게 도둑맞고 말았다는 의식에 빠져 있던 사람들의 후예라고 말할 수 있다. 우익에게 '유신'이

---

360 ▪ 朴埈相『天皇制国家と朝鮮植民地支配』(人間の科学新社, 2003), 55頁.

라고 하는 말은 "천황에 의한 위로부터의 일신"이라든가 "천황에 의한 위로부터의 일신이어야 한다"라고 하는 의미로 읽혀졌던 것은 아니었을까? 그들에게 '유신'의 의미가 그와 같이 받아들여졌던 이상, 그들에게서의 정치의 최대 주체는 천황이라고 생각하지 않을 수 없었던 것이다.

2. 우익과 메이지유신

1) 우익의 성립 기반과 천황

1920년대 이후 우익이라고 불리는 정치 세력은 천황제를 반대했던 정치적 세력이었던 좌익에 대해 대립적 입장을 취하고 있었던 세력을 가리킨다. 그 이전에 그 계열의 정치적 세력은 대내적으로는 한벌 정치를 타도하고자 했고 대외적으로는 천황 중심의 세계를 구축하기 위해 일본의 국권을 확장시키려고 노력했다. 그들이 한벌 정부와 그 한벌 정치를 혐오했던 것은 그것들이 천황의 신민을 위한 정치적 권력 행사를 방해하고 있다고 생각했기 때문이다. 이와 같이 우익이라고 하는 존재는 우선 무엇보다도 '천황'을 기반으로 하여 성립되어 있던 존재라고 하는 것을 알 수 있다. 일본의 한 우익 연구자는 메이지 유신을 천황과 관련시켜 다음과 같이 말하고 있다.

"도바쿠파倒幕派이다 사바쿠파佐幕派이다를 묻지 않고, 유신사의 공통의식이었던 것은 존왕尊王·양이攘夷·공의공론公議公論의 삼위일체를 이루는 이론이라 할 수 있다. 양이·공의공론은 양이의 일체를 부정하고, '신들이 모여서 신들이 도모하는' 상대의 제정祭政으로 돌아가려고 하는 복고파에서부터, 서양의 근대적 문명제제도文明諸制度를 받아들이는 일 없이는 서구의 물리력 앞에 일본 일국의 독립을 확보하기 어렵다 하여 입헌의 체제를 지향하는 개명파開明派에 이르기까지의 각종의 사상 조류를 포함한 큰 테두리의 합의였는데, 사실상 강력한 독립 국가에 불가결한 국론 통일이란 천황을 중심에 놓지 않고서는 도저히 도모하기 어렵다고 하는 점에서는 모든 사상 조류가 전적으로 일치되어 있었다.[361]

그의 이러한 지적은 메이지유신이 천황을 기초로 해서 성립되었다는 말이다. 이러한 점을 고려해 볼 때, 우리는 천황을 기초로 해서 성립된 메이지 유신이 우익 세력들에게 어떠한 의미를 지니는 것인지에 대한 이해가 가능해진다.

2) 천황과 메이지유신

(1) 메이지유신과 왕정복고

메이지 유신이란 한마디로 말하면 19세기 후반 일본이 바쿠한 체제에서 근대 천황제로 이행되는 전환점이 된 일대 변혁을 말한다. 그것은 19세기의 50-70년대 세계 자본주의가 동아시아 세계에 몰고 왔던 바쿠한 체제의 내부모순과 결합하여 2세기 이상 계속된 에도 바쿠후의 지배 체제를 붕괴시키고, 근대 천황제의 창출과 형성 및 일본 자본주의의 생성, 전개의 출발점이 된 정치적·경제적·군사적·사회적·문화적인 변혁을 가리킨다.

이러한 일대변혁은 '왕정복고王政復古'라고 하는 정치적 사건을 중심으로 한 다음과 같은 정치적 변화 과정을 통해서 행해졌다.

19세기 전반 일본은 기반이 흔들리고 있던 바쿠한 체제를 강화하려는 의도 하에서 '미토학水戸学'의 학자를 중심으로 하여 제창된 '존왕양이'를 기초로 하여 '국체国体'의 관념을 형성시켜 나갔다. 그래서 그것은 당시의 정치적 이론으로 정착되어 하급무사들과 호농豪農들 사이로 널리 퍼져나갔다. 그 후 국체

361 ■ 頭山統一『筑前玄洋社』(葦書房, 1977), 11頁.

사상을 바탕으로 1854년 〈미·일 화친 조약〉과 1858년 〈미·일 통상 조약〉 체결 등을 기해 존왕양이 운동이 일어났다. 그 과정에서 존왕양이 운동의 세력은 그들을 타도해 가던 다이로大老(将軍을 보좌하는 최고의 벼슬) 이이 나오스케井伊直弼(1815-1860)를 암살시켰다. 그러자 바쿠후는 조정 권력과 협조해 국정을 운영하는 소위 공무합체책公武合体策을 내놓았다. 그 과정에서 동북 지방의 아이즈한, 서남의 사쓰마 가고시마한 등이 공무합체 운동을 일으켜 1863년 8월 교토에서 조슈 하기한을 주축으로 한 존양파 세력들을 추방시켜 버렸다. 그러한 공무합체 운동이 전개되는 과정에서 1863년 7-11월에 가고시마한과 영국 함대와의 사이에 행해졌던 사쓰에이薩英 전쟁이 일어났다. 그 전쟁을 계기로 서구의 근대적 군사력의 위력을 알게 되면서 양이론에서 적극적 개국론으로 한론이 전환되었다. 그 다음 해 8월에는 영국·미국·프랑스·네덜란드의 4개국 함대가 시모노세키 해협으로부터 조슈 하기한을 공격, 해협 연안의 포대砲台를 전멸시킨 소위 바칸馬関 전쟁을 일으켰다. 그 전쟁은 하기한의 존양 세력들을 분해시켜 버리는 것이 목적이었다. 그 전쟁을 계기로 하여 조슈 하기한 내의 존양파도 양이를 버리고 개국으로 전환해 나갔다. 존왕양이파는 그러한 사쓰에이 전쟁, 바칸 전쟁을 거쳐 배외주의를 버리고 부국강병에 의한 중앙집권 국가를 지향하는 세력으로 전환했고, 1866년 1월 존양파들을 주축으로 사쓰·초 동맹이 행해지는 과정에서 도바쿠倒幕 운동이 본격화되었다.

도쿠가와 바쿠한 체제하에서의 도자마한外様藩으로서의 조슈한은 국정 참여가 불가능했다. 그러한 이유로 인해 바쿠말 조슈한에는 공공연히 존왕 운동을 했던 몇몇의 하급무사들이 있었다. 그들은 세습적 병학교사의 양자였던 요시다 쇼인吉田松陰의 문하로부터 나왔다. 요시다의 존왕 사상은 그가 1851년 '병학실지兵学実地' 연구를 위해 에도, 미토한 등을 방문하는 과정에서 만났던 미토학파의 존왕양이주의자들의 영향하에서 형성되었다. 그는 페리호의 내항을 계기로 해서 "바쿠후를 타도하고 천황 영도하에 일본을 강대 제국으로 발전시켜야

한다는 과격한 생각을 갖게 되었다".[362] 그의 그러한 생각은 결국은 '안세이노다이고쿠安定の大獄'(1859)에서의 사형이라는 결과를 초래했다. 그의 그러한 죽음을 계기로 조슈한, 후쿠오카한 등에 존양의식이 고조되어 존양지사가 속출해 그들에 의해 공무합체론(1864), 도바쿠 운동, '을축의 옥乙丑の獄'과 지쿠젠근황당의 붕괴(1865), 사쓰·초의 연합(1867), 왕정복고 등으로 이어졌다.[363] 도바쿠론은 당초에는 이상과 같이 '근왕勤王의 지사志士'라고 칭하는 민간의 무사들 사이에서 주장되었는데, 조슈나 사쓰마와 같은 큰 한이 조정과 연대해 바쿠후에 대항하게 됨으로써 거대한 정치 운동으로 전환되었던 것이다.

한편, 제2차 조슈 정벌에 실패한 바쿠후는 1867년(慶応 3) 10월 14일(음력, 이하 동일), 도쿠가와 요시노부德川慶喜 쇼군을 통해 형식적으로 조정에 정권 반환을 행했다. 대정봉환大政奉還이 행해졌던 것이다. 조슈·사쓰마 측의 오쿠보 도시미치大久保利通, 사이고 다카모리西郷隆盛, 기도 다카요시木戸孝允(1833-1877)와 이와쿠라 도모미岩倉具視 등은 도사土佐가 제시한 공의정체론公議政体論을 무시해 버렸다. 공의정체론이란 쇼군将軍이 그의 정치적 권위를 천황에게 돌려주는 대신 천황 아래 조직된 다이묘회의(의사원)의 수장首長이 된다는 것이었다. 1867년 11월 8일 요시노부는 도사한의 제의를 받아들여 다시 한 번 조정으로부터 국정의 위임을 받게 되었다. 그러나 요시노부가 대한大藩의 다이묘들에게 교토의 다이묘 의회에 참가토록 연락을 취했으나, 그는 다이묘들로부터 참석 여부에 대한 아무런 연락을 받지 못했던 것이다. 그 대신, 도바쿠 세력들은 조정 측으로 하여금 도쿠가와가의 무력화를 도모하여 1867년 12월 9일, (1) 도쿠가와 요시노부의 대정大政 반환 및 장군직 사퇴의 허용, (2) 섭정 · 관백 및 바쿠후의 폐절廢絶, 총제 · 의정 · 참여직의 설치, (3) 모든 일을 진무 천황의 창업 시에 근거하여 지당한 공의公議를 다할 것 등의 내용이 포함된 〈왕정복고

362 존 K. 페어뱅크 외, 《동양문화사(下)》, 전해종 외 옮김(을유문화사, 1984), 249면.
363 頭山統一『筑前玄洋社』(葦書房, 1977), 17-19頁.

의 대호령王政復古ノ大号令〉을 발표하게 했다. 게다가 같은 날 이와쿠라, 오쿠보 등은 '소어전회의小御所会議'[364] 를 열어, 요시노부의 '사관辞官 · 납지納地' 명령을 결정했다. 여기에서의 '관官'이란 쇼군이라고 하는 직위를 가리키는 것이고, '지地'란 바쿠후 직할영지를 말하는 것이었다. 요시노부에게서의 이러한 직위와 영지는 그의 '힘의 근원'이 되는 것들로서 도바쿠 세력들이 그로부터 그의 힘의 원천을 내놓으라는 명령이었던 것이다.[365] 때문에 조정 측과 바쿠후 측 간에 무력충돌이 일어났다. 보신 전쟁이란 1868년 1월 도바鳥羽 · 후시미伏見 전으로 시작되는 구바쿠후舊幕府 · 사바쿠파 제한군佐幕派諸藩軍과 왕정복고에 의한 신정부의 도바쿠군官軍과의 내전을 말한다. 그 전쟁은 그해 4월 에도성江戸城이 열린 후 각지에서 항전抗戰의 형태로 진행되다가, 그 다음 해 1869년 5월 하코다테箱館에서의 에노모토 다케아키榎元武揚의 항복으로 끝났다. 그 결과 전쟁은 조정 측의 승리로 끝났다.

그사이, 조정 측의 신정부는 1868년(메이지 1년) 1월 15일 각 국의 공사公使에게 왕정복고를 통고하고, 중앙 정부기구를 정비해, 같은 해 3월에는 〈5개조 서약문〉을 발표하여 신 국가 건설의 방침을 내외에 분명히 했다. 한편 신정부는 '진무창업神武創業', 즉 고대천황제로의 복귀를 이상으로 한 '제정일치祭政一致'를 내걸고, 진기칸神祇官의 설치, 신도 사상의 흥륭興隆에 노력했다. '제정일치'란 천신지신天神地神의 제사와 정치가 결합된 정치 내지 국가의 형태를 가리키는 말로서 한마디로 정교일치政教一致라고도 말한다.

우리는 신이 국가의 최고 권력의 상징으로서 위치 지어지는 정치 형태 내지 국가 형태를 신권 정치라고도 부른다. 메이지 신정부는 천황을 '신'의 위치에 올려놓고 그러한 신권 정치를 행해 가기 위해 진기칸神祇官과 같은 행정부서를

364 ▪ 신 정부의 총제総裁 · 의정議定 · 참여参与 들에 의해 교토의 어소御所(궁궐, 상황 · 황태후 · 장군의 처소)에서 열린 어전회의.

365 ▪ 존 K. 페어뱅크 외, 앞의 책, 261면.

설치하였다. 진기칸이란 천황 친정이 행해지던 고대 율령제 정치 체제하에서의 최고의 행정부서였던 다조칸太政官 위에 설치되었던 행정부서로부터 취해진 명칭이다. 메이지 신정부는 〈왕정복고의 대호령〉을 선포하고 천황 친정이 행해졌던 고대 율령제 국가 시대의 행정기관을 모델로 하여 메이지 원년 1월에 최고의 행정기관으로 다조칸을 설치하고 그 안에 진기칸을 두었다. 그랬다가 고대 율령제 국가 시대에서와 같이 그 다음 해 7월 진기칸을 다조칸으로부터 빼내서 다조칸의 상위에 특립特立시켰다. (그러나 그 후 진기칸은 1871년 8월 관제개혁 시 다조칸 산하의 진기쇼神祇省로 개조된다.)

이렇게 봤을 때, 왕정복고는 '대정봉환'에 근거하여 행해졌고, 그사이에 도쿠가와 바쿠후에 위임했던 천황의 정권이 조정에 반환됨으로써 '왕정복고'의 법적 기초가 이루어졌다. 또 그것은 메이지 신정부의 행정기관이 천황 친정이 행해졌던 고대 율령제 국가기관을 모델로 하여 조직됨으로써 전 국민적 차원에서의 천황의 통치권 행사의 윤리적 기초를 마련해 주었던 것이다.

(2) 왕정복고의 추진 세력

(가) 도자마한

바쿠후의 정치적 기반은 신반親藩 및 후다이한譜代藩과 도자마한을 기초로 하여 이루어져 있다. 신반이란 에도 시대의 다이묘 중, 도쿠가와가德川家의 방계친족을 가리킨다. 그들은 도쿠가와 정부에 직접 참여할 수는 없었지만, 넓은 영지를 가지고 있었으며 고산케後三家의 경우처럼 에도의 동쪽 미토水戸(水戸藩), 오사카의 남쪽 와카야마和歌山(紀伊藩), 그 중간의 나고야名古屋(尾張) 등 전략적 요지에 배치되어 있었다. 후다이한이란 도쿠가와가 1600년 전국의 지배권을 장악하기 전에 이미 도쿠가와가를 주군으로 삼고 있던 자들의 후손들이 차지한 한들이다. 교토 근방의 히코네彦根의 이이 씨만을 제외하고는 그들은 전부 1만석 내외의 소한小藩들이다. 그렇지만, 그들은 하타모토旗本, 고케닌御家人이라는 하위의 직속무사와 함께 바쿠후의 관료를 공급하여 도쿠가와 정부에서 중요한 역할을 했었다. 그러했지만, 그것이 어디까지나 바쿠후 안에서의 어떤 정치적 힘을 발휘하는 관료로서의 지위에 의지해 있었지, 정치적으로 어떤 독자적 권위의 근원까지는 되지 못했다.[366] 도자마한은 1600년 이후에 도쿠가와 씨의 지배권을 승인한 자들의 후손들의 한이다. 그들은 북부 혼슈나 서남 지역의 넓은 영지를 가지고 있고, 또 에도로부터 멀리 떨어져 있기 때문에 바쿠후에 대해 어느 정도 독자성을 확보하고 있었다. 다이묘들 중 최대의 영지를 소유한 자는 교토 북부의 서부해안 지대의 가나자와金沢에 위치한 102만여 석의 마에다 씨였다. 마에다 씨는 도쿠가와 씨에 대해 처음부터 우호적이었다. 그러나, 서부 혼슈 지방 조슈한의 모리 씨와 남부 규슈 지방 사쓰마의 시마즈 씨의 경우는 바쿠후에 대해 처음부터 줄곧 적개심을 가졌었다.

이들 세 그룹의 제후諸侯들 중 바쿠후가 행했던 정치에 직접 참여했던 자들은 후다이한의 다이묘들이었는데, 다른 두 그룹의 제후들은 그렇지 못했다. 그들은 중앙 정치로부터 배제되고 또 소외되어 있었던 것이다. 바쿠후와 후다이 제후들이 서구 세력들의 극동 진출에 대해 슬기롭게 대처하지 못하자, 신반 제후들의 경우, 천황을 정신적 지주로 하고 쇼군을 실질적 차원의 정치적 중심으로 한 사회적 위계질서를 강조했다. 이에 대해 도자마한은 바쿠후 중심의 정치 체제를 버리고 천황 친정을 통해 정치적·사회적 질서를 확립시켜 나가야 한다는 입장을 취했던 것이다. 이와 같이 신반과 도자마한이 정치적 측면에서 바쿠후 쪽보다는 조정 편에 기울어 있었던 것은 사실이지만, 같은 조정 편에서 있었다 하더라도 그들의 목표는 서로 달랐던 것이다.

(나) 양학파

일본에서의 '양학洋学'이란 에도 시대에 이식·연구된 서양학문을 가리킨다.

---

366 ▪ 존 K. 페어뱅크 외, 앞의 책, 214면.

그것은 '남만학南蛮学'과 난학蘭学의 단계를 거쳐 '양학'으로 정착되었다. '남만학'이란 '만학'으로도 불렸었는데, 일본은 포르투갈인이 철포를 가지고 다네시마種子島에 도착한 1543년부터 쇄국이 완성된 1639년의 시점까지의 1세기간 주로 포르투갈, 스페인인들을 통해 서구 문물을 받아들였다. '남만학'이란 포르투갈, 스페인 등으로부터 들어온 학술을 의미한다. 쇄국이 완성된 이후부터는 일본이 나가사키長崎의 네덜란드 통역원들을 통해 네덜란드계의 서양학술을 받아들였다. 그 학술은 18세기로 접어들어 난학으로 성립되었다. 그 후 그것은 페리호의 내항을 계기로 문호개방이 행해졌던 1854년부터는 네덜란드보다는 영어, 프랑스어, 독일어 등을 통해 서양의 지식을 받아들이게 되면서 난학이라는 말 대신에 양학이라는 말이 사용되기 시작했다.

그런데, 교호기享保期(1716-1736)의 쇼군, 도쿠가와 요시무네德川吉宗는 봉건적 지배가 동요해 감에 따라 실학을 장려해, 다시 말해 자연과학을 정치적으로 이용해 사회적 문제를 타결해 간다는 정책을 세웠다. 그러한 상황에서 금서禁書 제도가 완화되고 한적漢籍계의 서양 과학서의 수입이 용이해짐에 따라 한학자들과 네덜란드어 학습자들에 의해 서양과학 연구가 한층 더 활발해졌다. 그러한 서양과학 연구는 의학醫學을 중심으로 출발하여, 한적을 통한 천문학 등으로 넓혀져 가다가, 18세기 말 19세기 초 러시아 세력의 남하 등으로 인해 일본을 둘러싼 국제적 환경에 변화가 나타나자, 세계지리 · 서양지리 연구, 군사과학 · 기술 쪽으로 전환해 나갔다. 그 후 아편 전쟁 이후의 대외적 위기의식과 함께 바쿠후의 위기가 한층 더 고조되자, 우선 서양 군사과학의 이식 · 연구가 활발해졌고, 군사과학의 습득을 목표로 하여 무사층도 양학에 전념하게 되었다. 개항을 기점으로 해서 양학은 인문과학 · 사회과학 계통의 서양 학술 · 문화, 예컨대 법률 · 경제 · 역사 · 철학 등과 같은 학문으로 펼쳐져 나갔던 것이다. 이와 같이 바쿠말의 양학은 그 내용과 수준이 확대되었고, 실용적 · 기술적 분야들뿐만 아니라 서양과학의 전반에 걸쳐 행해졌으며 그 기초에 있는 근대사회의 정신에까지 미쳤던 것이다. 양학파들은 바로 이러한 서양의 군사과학·기술을 비롯한 서구인들의 정신까지를 연구했던 자들 내지 그들의 서구문물 연구의 정신을 받아들여 그것을 실천했던 정치가들을 가리킨다. 그들의 서양의 군사과학·기술 등을 비롯한 서양의 인문·사회과학들에 대한 연구는 서구의 극동 진출로 인한 국가적 위기의식으로부터 출발하였으며, 그 위기의 극복 방안으로 서구의 과학문명을 적극적으로 받아들여 그것을 연구해 감으로써 서구 세력의 극동 진출에 적극적으로 대처하는 것에 그 목적이 있었던 것이다.

양학파들은 일본이 근대과학 문명으로 무장된 서구 세력들의 동진에 대처하기 위해서는 서구 국가들의 경우처럼 하루빨리 봉건주의 국가 체제로부터 근대국민 국가 체제로 전환해 나가야 한다고 생각했었고, 그러기 위해서는 바쿠후를 타도하고 천황을 끌어내서 그의 정치적 권력을 이용하여 근대화를 추진시켜 나갈 수밖에 없다는 입장을 취했던 것이다.

(다) 미토학과 히라타학 계열의 인간들

미토학이란 미토한이 《대일본사大日本史》(1657-1906)를 편찬하는 과정에서 성립된 학문을 가리킨다. 미토한의 학문이 미토학으로 불리게 된 것은 메이지유신 이후의 일이고, 그것이 미토한 밖으로부터 주목을 받게 됐던 것은 덴보天保연간(1830-1844) 이후였다. 협의로서의 미토학은 덴보연간 이후의 미토학을 가리키는데, 그때 이후의 미토학은 아편 전쟁(1840-1842) 이후 중국이 반식민상태로 떨어짐에 따라 일본에 민족적 위기감이 팽배해지자, 그 대처방안의 하나로 전기에 《대일본사》의 신대사神代史 부분을 기술하는 과정에서 확립시켜 두었던 황도사관에 입각해 국가의 정치적 체제를 확립시키려는 입장이었던 것이다. 그 과정에서 미토학은 황도사관에 입각한 국체 사상을 정립시켜 나갔고, 존왕론과 양이론을 결합하여 존양 사상을 정립시켰다. 그러자 한외藩外의 우국지사들은 미토학의 존양 사상을 받아들여 존양 운동을 일으키는 상황이 벌어졌다. 그러한 존양 운동은 1858년 〈일·미 통상 조약〉 조인을 기해 새로운 국면으로 접어들어 1863년부터는 국학 중의 히라타학파 계열로부터 덴추구미天誅組 등을 비롯한 소모굴기草莽崛起가 행해짐으로써 그동안의 존양 운동이 도바쿠 운동으로 전환해 나가는 상황이 벌어졌다.

그러면 국학 계열의 세력이 어떤 식으로 메이지 유신에 가담했는지에 관해서부터 논하기로 한다. 메이지 혁명을 일으켰던 세력 중에는 국학 계열의 인간들이 포함되어 있다. 그들은 바쿠 말기(1853-1867) 바쿠한제 사회에 대해 불만이 많았던 민중들을 바쿠후 타도에 동원하는 데 절대적 역할을 했던 자들이었다. 국학 계열의 인간들이란 국학 사상을 신봉하거나 그러한 사상을 실현시켜 가려는 자들을 가리킨다. 그들은 "바쿠후나 한주藩主들은 정치를 천황으로부터 위임받아 행해 가고 있다고 생각"했던 자들이었고, "바쿠후가 조정에 권력을 헌상해야 한다, 다시 말해 위임받은 것이니까 정치를 잘하지 않으면 정권도 천황에 되돌려주어야 한다"는 생각이 강했던 자들이었다.[367] 특히, 바쿠 말기의 국학은 히라타학파, 즉 히라타 아쓰타네平田篤胤(1776-1843)에 의해 재정리된 국학이었다. 히라타학파의 국학은 국학을 '히라타 신도平田神道'로 종교화시켰다는 점에서 이전의 국학과 구별된다고 볼 수 있다. '히라타 신도'는 "천황의 조상에 해당하는 신들이 만물을 창조"했고, "천황의 조상은 절대신이며, 또한 그 계승자가 천황"이라고 보는 신도이다.[368] 천황에 대해 그러한 입장을 취하는 히라타학파는 지방의 호농층·신관神官들에 널리 퍼져나가 존왕, 존왕양이, 도바쿠 등의 운동에 절대적 영향을 끼쳤던 것이다.

우리는 "농촌의 관리층이나 지역 지도층에 의해 받아들여졌던" 히라타학파의 국학을 '소모국학草莽国学'이라 말하고 있다.[369] 히라타학파의 메이지 혁명

---

367 ▪ 야스마루 요시오安丸良夫, 〈일본의 근대천황제와 민중의식〉, 《일본학지 제11지》(계명대학교 일본 문화연구소, 1991), 160, 161면.

368 ▪ 위의 책, 160면.

369 ▪ 같은 곳.

에 대한 참여는 다음과 같은 3가지 형태로 이루어졌다. 하나는 유신의 프로그램, 유신강령維新綱領 등의 작성에 대한 참여였고, 다른 하나는 소모제대草莽諸隊로서의 참여였고, 나머지 하나는 국학의 근대과학으로서의 성립 추진 작업에 대한 참여였었다.

첫 번째 형태의 참여는 다음과 같은 경위를 통해서 이루어졌다. 히라타 아쓰타네의 사망을 기해 히라타파의 세력이 엄청 확대되었다. 그 과정에서 히라타 계열이기는 했지만 이론적으로는 모토오리本居의 국학 이론에 가까웠던 스즈키 시게타네鈴木重胤(1812-1863)가 히라타학파의 세력들에 의해 암살된 사건 등이 일어났다. 그러한 사건들을 계기로 히라타학의 지사들은 한층 더 과격한 행동파들로 전환해 나가 교토로 진출해서 교선教宣, 출판 등의 활동을 하면서 정치적 결전 입장을 취해 갔다. 그러한 과정에서 당시 국가의 이론적 지도자였던 오쿠니 다카마사大国降正(1792-1871)에 의해 부국대양이론富国大攘夷論이 제기되었고, 그것에 기초해 조슈한 존양파 중심의 대연합 이론이 성립되었다. 히라타학파의 또 다른 이론가 야노 하루미치矢野玄道(1823-1887)는 공경 이와쿠라 도모미(1825-1883), 오쿠보 도시미치 등과 왕정복고를 획책했던 복고강령을 작성해 유신 프로그램을 제시했다.

오쿠니 다카마사로부터 국학을 배운 다마마쓰 미사오玉松操(1810-1872)도 1867년 야노 하루미치와 함께 이와쿠라 모도미를 알아 그와 의기투합하여 그 심복으로 왕정복고를 모의해 참획했다.

두 번째의 소모제대로의 참여는 다음과 같이 이루어졌다. '소모草莽'란 어원적으로 '풀숲'을 의미하는 말이다. 그것은 그러한 의미를 바탕으로 해서 관직에 오르지 않고 민간에 있는 자이기는 하지만 항상 정치적 처신을 행하는 자를 가리킨다. 원래 소모는 제후라든가 그 체제하의 신하라고 하는 신분으로서 그 체제에 대한 충성을 맹세한 재야의 협력자로서 그 체제가 위기에 처하게 되면 무엇보다도 충성을 다 바쳐 행동에 나서는 자들이었다. 결코 권력을 지향하지 않고 정치적 활동이 끝난 후에는 다시 재야로 돌아가는 자들이었다. 일본에서 그들이 출현한 것은 18세기 후반부터의 존왕론의 부상을 통해서였다. 19세기로 들어와 국가적 사회적 위기의식이 팽배해지자, 지방의 농촌에 사는 호농층에도 소모의 의식이 퍼져나가서 바쿠말의 안세이기安政期(1854-1860)에는 '소모굴기'론이 제기되었다. 그것은 '안세이노다이고쿠' 때 처형된 요시다 쇼인을 전형으로 해서 제창되었고, 그 결과 1860년대의 지사志士 배출의 요인이 되었다. '소모굴기'론에 입각한 운동은 탈한낭사脱藩浪士와 호농상 출신의 지사를 중심으로 해서 우선 신분 제약을 넘어서 국사를 논하고 정국政局에 관여하려고 했던 소위 '처사횡의処士横議'(민간인들이 함부로 논함)로부터 시작해 '덴추天誅' 등으로, 더 나가 집단적 봉기 등으로 발전해 나갔다. 이 경우 집단적 봉기는 농민 동원을 통해 행하였다.

'덴추'란 '덴추구미'의 경우를 가리킨다. 그것은 1863년 8월 야마토大和에서 거병한 존양과격파尊攘過激派 그룹을 가리킨다.

세 번째의 참여 형태는 도쿄대학이 1877년에 설립되자, 히라타학파가 도쿄대학에 국학을 근대과학의 한 학문 분야로 끌어들여 그것을 그 대학의 문학부에 '일한문학과和漢文学科'라고 하는 명칭으로 설치함으로써였던 것이다. 그 당시 국학으로서의 '일한문학과'는 그것이 그동안 포괄하고 있던 정치 · 재정 · 법제사 등을 다른 학문 분야에 양보하고 일한문 연구를 중심으로 편성되었고, 당시의 교관은 고나카무라 기요노리小中村清矩(1821-1894), 이다 다케사토食田武郷(1827-1900), 모즈메 다카미物集高見(1847-1928) 등 10여 명이었다. 그 후 고나카무라는 1882년(메이지 15년)에 가서는 '일한문학과'에서 '고전강습과'를 만들어 그것을 1889년에 '국문학과'로 전환시켰고, 제국대학의 '일한문학과'에서 행해지던 일본사는 '국사학과'로 독립, 신설되었다.[370]

370 ▪ 鈴木貞美『日本の'文学'概念』(作品社, 1998), 185頁.

(라) 민중들의 메이지 혁명 참여

소모굴기론에 입각한 1863년 덴추구미의 거병 이후, 요나오시잇키世直し一揆(세상 바로잡기 봉기), 우치코와시打毁(약탈 폭동), 오카게마이리お蔭参り(은공참배), 에자나이카ええじゃないか(아무렴 어때) 등을 통해 민중들이 메이지 혁명의 분위기를 조성했고, 또 그것에 직접 참가했다.

요나오시란 '엔기나오시縁起直し'(유래 바로잡기)로부터 나온 것으로서, 즉 지진이나 낙뢰 등을 통한 저주의 의미가 내포된 말이다. 그것은 일본에서 대개 17세기 말경부터 도시인들 사이에서 쓰여 왔었다. 그 당시 그 말이 나오게 된 경위는 다음과 같다.

쇼군의 직속무사였던 사노 마사코토佐野政言가 1784년 3월 당시 에도에서 최고의 권력가의 아들 다누마 오키토모田沼意知(1749-1784)를 칼로 찔러 상처를 입혔다. 또 그것이 치유되지 않아, 결국 그가 사망하게 됐다. 또 당시 바쿠후에서 정무를 담당했던 최고의 책임자, 즉 로주老中였던 그의 부친 다누마 오기쓰구田沼意次도 그 후 급속히 권세를 잃게 되고 로주를 면직당한데다 감봉까지 당하게 됐다. 당시 사노 마사코토의 상해는 지극히 사적 감정에 의한 것이기는 했지만, 당시 에도시민은 다누마 뇌물 정치에 강한 불만을 가지고 있었기 때문에 바쿠후가 로주의 아들 오키토모를 어떻게 처리할 것인지에 대해 강한 관심을 가지고 있었다.

그런데 바쿠후는 그해 4월 사노 마사코토에게 할복자살을 명했던 것이다. 그의 시신이 아사쿠사浅草의 도쿠혼지徳本寺에 매장됐는데, 당시 그 사건을 기해 쌀값이 하락하는 바람에 에도 시민은 그를 '요나오시 다이묘진世直大明神'(세상 바로잡기 대명신)으로 부르게 됐던 것이다.

일본에서는 18세기 후반부터 하쿠쇼 잇키百姓一揆라 불리는 농민폭동이라든가, 상인, 고리대, 지주 등의 부정을 규탄하기 위한 방안으로 행해지는 우치코와시打毁(약탈 폭동) 등이 행해졌다. 민중들은 자신들이 그러한 행동들을 정당화하기 위해 '요나오시 다이묘진'을 끌어들였다. 그 결과 1863년경부터는 하쿠쇼 잇키라든가 우치코와시 등의 논거가 되었던 '요나오시 다이묘진'이 각지에서 대규모의 요나오시 소동을 불러일으킨, '요나오시 의식'으로 전환되어 나갔다.

그런데, 근세의 하쿠쇼 잇키는 중세의 경우와는 달리 지배 계급이라든가 억압 계급에 대해 항의하는 사회적 세력으로 나타났었다. 보다 구체적으로 말하면, 그것은 바쿠한 영주에 대한 대항으로서의 요나오시 잇키였던 것이다. 민중은 덴보의 기근, 개항, 내란이라고 하는 사회적 변동 속에서 더 이상 바쿠한 영주의 자치 능력에 기대를 걸지 않고, 스스로의 힘으로 지역사회의 부를 독점하려는 자에 대해서 제재를 가하는 요나오시 투쟁이 행해졌다.

한편 17세기 후반부터는 시행施行, 신이神異 등을 통한 신의 덕분으로 이세진구伊勢神宮에 참배할 수 있다는 의식이 민중들 사이에 퍼져나가 많은 민중들이 이세진구 참배를 행하게 됐다. 이세진구란 황조신皇祖神 아마테라스 오카미天照大神를 제사지내는 현재의 미에겐三重県에 있는 진구이다. 개항 이후부터는 오카게마이리가 각지에 급속히 전파되어 이세진구 참배자가 427만여 명 이상에 이르렀고, 그해에는 가와치河内, 야마토 등의 기내畿内 지역에서는 마을마다 의복을 통일해 차려입고 추는 오카게 춤이 유행했다. 그 춤은 마을에서 마을로 퍼져 1867년 '에자나이카'의 전제前提의 하나가 되었던 것이다.

'에자나이카'란 1867년 8월부터 그 다음 해 4월경에 걸쳐 이세진구의 신부神符, 즉 부적符籍 등이 민중에게 하달되었다고 하는 소문이 퍼져나가 기내, 도카이東海 지구를 중심으로 광란의 민중 운동이 일어났다. 민중이 춤을 추면서 주창했던 문구에 '에자나이카ええじゃないか' 등의 말이 들어 있어 그 말로부터 '에자나이카'라는 명칭이 나왔다. 부적류의 하달을 발단으로 해서 그것들을 한곳에 던져 산처럼 쌓아놓고, 매일 신분의 고하를 가리지 않고 어울려 술자리를 갖고 그곳에 참가하는 남자들은 여장을 하고 또 여자들은 남장을 하며 일상적 규범을 부정하는 형식을 취했다. 또 그것이 행해지는 과정에서 민중은 '에자나이카'

의 문구를 반복하는 노래와 춤을 추었던 것이다. 그것을 행해 가는 민중의 의식에는 왕정복고 등과 같은 정치적 사회적 개혁의식과 그것들에 대한 기대, 은공참배에 대한 기억들의 회상, 일상으로부터의 일탈, 성적 규범의 무시 등의 특징이 내포되어 있다고 볼 수 있는데, 당시의 도바쿠파는 그들에 의해서 만들어진 그러한 사회적 분위기를 최대한 이용했다. 한편 바쿠후는 그들의 그러한 민중운동을 통해 대세가 천황의 조정 쪽으로 기울었다는 것을 읽고서 대정봉환 등과 같은 정치적 행위를 하기도 했다. 그러한 민중 운동이 "바쿠후타도에 가장 큰 기여를 하였음은 일본 역사가들의 일치된 견해"였던 것이다.[371]

3) 메이지유신의 전개와 우익

(1) 정한론과 세이난 전쟁

메이지 정부는, 왕정복고를 통고하는 공식문서를 1869년 1월 쓰시마한対馬藩의 한주 소씨宗氏를 통해서 조선 정부에 보냈다. 그러나 조선 정부는 부산에서의 소씨의 가신家臣을 통해 그 문서를 접하고, 소씨에 의해 작성된 이 문서 중에 '황皇'이나 '칙勅'의 문자가 쓰여 있는 것을 발견했다. 그래서 조선 정부는 그것이 종래의 일본 조선 간의 외교문서 교환의 구례舊例에 반하는 것이고, 일본이 '중화中華'의 입장을 취해 조선을 대하는 것이라고 하여 그 수리를 거부했다. 그동안 일본은 일본의 외교권을 대표하는 쇼군将軍이 쓰시마 한주를 통해서 조선왕과 대등한 예를 취해 관계를 맺어 갔었고, 또 당시 조선은 청국과 사대 관계를 통해 관계를 맺어 가고 있었다. 그 결과 조선은 천황제 정치 체제를 취한 자국을 황제국으로 대접해 달라는 일본의 요구를 거절했었던 것이었다.[372]

메이지 정부는 72년에 다시 조선에 사절을 파견했으나 조선 정부는 사절이

---

371 강동진, 《일본근대사》(한길사, 1985), 44면.

372 吉野誠『明治維新と征韓論 ― 吉田松陰から西郷隆盛へ』(明石書店, 2002), 43頁.

서양식 기선을 타고 왔다고 하는 것에 반발하여 회견을 거절했다. 그 배일적排日的 게시揭示가 일본 국내에 전해졌던 1873년 6월 전후는, 이와쿠라 사절단이 구미 시찰 중이었던 때로서 메이지 혁명의 주역들이 부재중이던 당시의 정부가 내정·외교의 양면에서 궁지에 몰린 시기였다.[373] 동년 6월부터 7월에 걸쳐서는 징병령에 반대하는 농민봉기가 간사이関西 지방 이서以西에서 빈발했다. 정부 측에서 보면, 징병령은 사족士族의 병역 특권을 빼앗아 널리 농·공·상 삼민에게 개방한 것이었다고 말할 수 있었지만, 농민 측에서 보면 일손을 외국 정벌에 빼앗긴 것에 지나지 않았던 것이다. 그 농민봉기를 보고 사족들은 국가를 지킬 기개를 가진 사람은 자신들밖에는 없다고 생각한 나머지, 자신들이 나서 외국을 정벌할 수밖에 없다는 입장들을 취해 갔다. 그들의 그러한 입장들의 대두가 바로 정한론 대두의 한 원인이 되었다. 동년 6월에는 구사쓰마한 출신의 최대의 실력자인 구한주 층의 리더 격이기도 했던 시마쓰 히사미쓰島津久光(1817-1887)가 정부의 서구화 정책을 비판하고 국가적 차원의 절약을 요구하는 건의서를 태정대신太政大臣 산조 사네토미三条実美에게 제출하였다. 그러한 상황에서 같은 사쓰마한 출신으로 부재중 정부의 중핵에 있으면서 전국 사족의 기대를 한 몸에 받고 있던 사이고 다카모리로서는, 급격한 서구화 정책에 대한 그들의 불만을 해소하기 위해서라도 "내란을 바라는 마음을 밖으로 돌려 국가를 흥하게 하는 전략"을 생각해 내지 않을 수 없었다.[374]

---

373 ▪ 이와쿠라 사절단이란 메이지 정부가 1871년 7월 폐한치겐을 단행하고 그해 10월에 구미에 보낸 대규모 사절단을 가리킨다. 이와쿠라 도모미를 전권대사全權大使로 하여 오쿠보 도시미치, 기도 다카요시木戸孝允, 이토 히로부미 등을 부사副使로 하는 48명의 사절단이었다. 이 일행은 1년 10개월간 미국을 위시해 영국, 프랑스, 벨기에, 네덜란드, 독일, 러시아, 덴마크, 스웨덴, 이탈리아, 오스트리아, 스위스 등을 둘러보고 1873년 7월 마르세유를 출발해 지중해, 홍해, 스리랑가, 싱가포르, 사이곤, 홍콩, 상해를 거쳐 9월에 요코하마로 돌아왔다(강동진, 《일본근대사》, 한길사, 1985, 51면 참고).

374 ▪ 강동진, 《일본근대사》(한길사, 1985), 52면.

정한론의 대두가 이와 같이 사족층들의 불만을 외정外征을 통해서 해소시키려 했던 정치가들에 의해서만 이루어졌다고는 할 수 없다. 당시 메이지 혁명을 추진하던 세력들 중에는 히라타 국학파와 후기 미토학파 계열의 인간들이 있었다. 그들의 공통된 관심사는 일본 중심주의였는데, 그것의 특색은 "중국을 중심으로 하는 '화이 질서華夷秩序'(즉 儒學과 中華思想)에 반발하여 그것을 부정하면서 실제로는 중화 사상을 그대로 받아들여 광신적 국가주의라 할 수 있었던 '일본류의 화이 질서'를 구축하고 있다"고 하는 것이었다. 왕정복고를 성취한 유신 세력들은 그러한 '일본류의 화이 질서'를 세워 가려는 의도하에서 정한론을 제시했던 것이다.[375]

그러한 정한론은 중앙 정부군의 창설과 때를 같이해서 대두했다. 중앙 정부군의 창설은 1873년 1월 징병령이 공포됨으로써 확립되었다. 일본의 징병령은 프랑스의 징병제를 받아들여 행해진 것인데, 프랑스의 그것은 프랑스 대혁명 후 나폴레옹이 국민병을 조직해 전 유럽을 휩쓸던 과정에서 형성된 것이다. 일본은 징병령을 통해 조직한 새로운 신식 군대를 동원해 프랑스의 경우처럼 인접국 조선을 정벌하겠다는 생각을 하게 됐던 것이다.[376]

사이고는 그러한 시국 타결의 한 방안으로 정한론을 내세웠다. 그러나 메이지 혁명 주역 부재 상태의 정부는 해외 파견 사절단과의 사이에, 부재중에는 큰 정책 변경을 행하지 않겠다는 서약을 교환하고 있었던 데다가, 사절단의 일부는 이미 귀국해 있었고, 이와쿠라 대사 자신의 귀국도 목전에 두고 있었다. 마침 그와 같은 시점에서 앞에서 언급했던 조선 정부에 의한 배일게시排日掲示의 소식이 일본에 전해졌다. 그 결과 그러한 주역들의 부재 상태에서 정부는 정부의 첫 번째 참의参議로 유신의 최대 공로자인 사이고 다카모리가 전권全権으로서 조선에 건너가도 조선 정부가 교섭에 응하지 않으면 출병의 충분한

375 ▪ 古川万太郎 『近代日本の大陸政策』(東京書籍, 1991), 77頁.

376 ▪ 위의 책, 77면.

구실이 되기 때문에 조선 정부가 교섭에 불응할 경우 조선 정벌을 감행해야 한다고 하는 것을 이 73년 8월 17일 정원 회의에서 결정하였다. 9월 13일 귀국한 이와쿠라 도모미는 먼저 귀국해 있던 오쿠보 도시미치 · 기도 다카요시 등과 협력하여 이 대한사절對韓使節 파견의 결정을 뒤집으려고 노력했으나, 그들의 부재 당시 정권을 행사했던 사이고 등의 결속은 견실했고, 10월 15일의 각의閣議에서는 사이고의 사절 파견이 재차 확인되었다. 이 결정에 불만을 가지고 있었던 오쿠보, 기도, 오쿠마 시게노부大隈重信, 오키 다카도大木喬任(1832-1899) 등 네 참의는 사표를 제출하고, 우대신右大臣인 이와쿠라도 태정대신 산조 사네토미에게 사의를 표명했다. 메이지의 태정관제하에서 참의는 1871년부터 태정대신 · 나곤納言과 함께 정원正院을 구성했고, 1873년 정원 강화 이후부터는 태정대신 · 좌우대신 · 참의가 삼직三職이라 칭해졌다. 대신이 천황 보필 임무를 했다면, 참의는 내각을 구성해 국정 심의 · 정책 결정의 중심적 역할을 하는 직책이었다. 메이지 정부 중핵의 대분열에 직면한 산조는 결국에는 정신착란 상태에까지 빠지게 되었다. 그러자 10월 20일에 천황은 이와쿠라 우대신에게 태정대신 사무를 겸행토록 명했다. 이와쿠라는 천황에게 대한사절 파견의 불가를 상주上奏하여 성단聖斷을 앙망했다. 이미 정원正院에서 결정되어 천황의 내재內裁도 얻은 결정이 태정대신 사무의 섭행攝行에 의해 뒤집히게 되자, 사이고, 이타가키 등 다섯 참의는 사표를 제출했고, 이에 맞섰던 이와쿠라는 10월 24일 성단을 얻어냈다. 정원이란 태정관에 좌원左院 · 우원右院과 함께 설치된 당시 정부의 최고 결정 기관이었다. 그것은 태정대신 · 나곤 · 참으로 구성되어 입법 · 행정 · 사법에 관해 좌원 · 우원으로부터 올라온 것들을 마지막으로 결재하는 기관이었다. 사절 파견론에서 패한 사이고는 현역 육군대장인 채로 부하 장병을 이끌고 가고시마鹿児島로 돌아가고, 이타가키 배속하의 고치高知의 장병도 사직하고 고향으로 돌아갔다.

이와 같이 사이고 등의 정한론으로 메이지 유신 정부는 1873년 '메이지 6년 정변'이라고 불리는 그 사건을 통해 최초의 수뇌부 대분열을 겪게 됐던 것이다.

이때 하야한 네 참의, 이타가키 다이스케板垣退助·고토 쇼지로後藤象二郎·에토 신페이江藤新平·소에지마 다네오미副島種臣 등은, 다음 해 74년 1월, 민선의원 설립 건백을 행하고, 자유민권 운동의 도화선에 불을 당겼다.

정한론에 패해 하야한 사람들에 의해 일어난 자유민권 운동은 1877년(메이지 10년) 세이난 전쟁으로 확대되어 갔다. 그것은 가고시마 사족이 사이고 다카모리를 옹립하여 봉기한 반정부 반란이었다.

사이고의 경우는 가고시마에 사학교를 설립했다. 당시 가고시마 무사 계급은 정부의 구舊체제의 해체화 정책에 반대하고, 겐령県令 오야마 쓰나요시大山綱良도 사학교를 적극적으로 지지하여, 일종의 독립적 사족 지배 체제가 계속되고 있었다. 그러한 상황에서 1876년 신푸렌神風連의 난, 하기萩의 난, 슈케쓰秋月의 난 등이 일어났다. 신푸렌의 난이란 게이신도敬神党의 난이라고도 하는데, 불평사족이 일으킨 반란들 중의 하나였다. 전부터 구마모토熊本의 근왕당勤王党의 국학자 하야시 오엔林桜園(1798-1870)의 고제高弟, 오타구로 도모오大田黒伴雄(1835-1876) 등의 구사족들이 중심이 되어 신푸렌, 즉 게이신도에 집결해 복고적 양이주의를 주장했다. 1876년 10월 24일에는 170여 명의 사족들이 결집해 정부의 개명開明 정책, 특히 폐도령廢刀令에 반발해 봉기를 일으켰던 것이다. 그런데 그 봉기는 그 후 하기의 난, 슈케쓰의 난 등으로 이어지는 사족 반란의 발단이 되었던 것이다.[377] 정부는 그러한 난들을 진압한 후 가고시마의 정세를 경계하고, 그 다음 해 1877년 2월 가고시마의 화약방·조선소의 폭약·병기 등을 오사카로 이전하려고 하였다. 그것에 대해 사족의 불만이 폭발하고, 사이고를 추대한 사학교 학생과 규슈 각지의 사족 약 2만 5천이 구마모토熊本의 병영을 공격했다. 그러나 정부지원군의 총공격에 의해 사이고 이하 기리노

377 ▪ 頭山統一, 前揭書, 34-35頁.

도시아키桐野利秋(1838-1877), 무라타 신파치村田新八(1836-1877) 등은 전사 또는 자결했다. 세이난 전쟁으로 불리는 이 사건은 보수적 불평사족의 최대, 최후의 반정부적 반란이었다.

그 자유민권 운동은 세이난 전쟁(1876-1877)부터 1881년까지 급속하게 정치화되어 갔다. 그러나, 그것은 '메이지 14년 정변'라고 불리는 하나의 커다란 정치적 사건을 계기로 국권 운동이라고 하는 형태로 전환되어 갔다. '메이지 14년 정변'이란 1881년 참의 오쿠마 시게노부와 그 일파가 정부에서 추방된 사건이다. 1880년 민권파의 국회 개설 청원 운동이 정점에 달하여, 정부는 헌법 제정과 국회 개설을 결의했지만, 개설 기간에 관하여 오쿠마는 즉시 개설이란 입장을 취했고, 이토 히로부미, 이와쿠라 도모미, 이노우에 고와시井上毅 등은 점진적 의견을 취해 서로 대립했다. 1881년 3월 오쿠마는 이토와 상의하지 않고 급진적인 의견을 좌대신 아리스 가와노미야有栖川宮를 거쳐 상주上奏했었다. 이토가 6월 말 그것을 알게 되어 오쿠마와의 대립이 격화되었다. 마침 그때 개척사 관유물 불하 사건이 일어나, 민권파의 정부 공격이 고조되었다. 반反오쿠마파는 이것을 오쿠마가 후쿠자와 유키치福沢諭吉 등과 결탁하여 행한 반정부 음모라고 하여, 10월 오쿠마와 그 일파를 파면했다. 이토 등은 동시에 1890년을 기하여 국회를 개설하고, 그 전에 헌법 제정을 행한다고 하는 칙서를 공표하고, 프로이센의 그것을 기초로 한 〈흠정헌법欽定憲法〉의 제정에 착수함과 동시에 개척사 관유물 불하 사건을 중지하고, 이토와 이노우에 가오루井上馨를 중심으로 한 사쓰·초 한벌藩閥 정권을 확립시켜 나갔다.

(2) 사쓰·초 한벌 정부와 우익의 국권 운동

메이지 유신 정부는 바쿠후 시대에 도자마한, 그중에도 사쓰마薩摩·조슈長州·도사土佐·히젠肥前이라고 하는 서남 4대 한이 주축이 되어 출발했다. 그들이 메이지유신의 주도권을 잡게 된 것은 우선 1차적으로 1869년 그 네 한주의 주창에 의해 전국의 각 한주가 판(版図=土地)과 적(戸籍=人民)을 조정에 반환했던 소위 '판적봉환版籍奉還'이라고 하는 것이 이루어졌었기 때문이다. 그들은 그해 1월에, 다른 한藩은 그해 6월에 그것을 실행했다. 그 이후 메이지 정부의 개혁은 1871년 '폐한치겐廃藩置県'이라고 하는 한 체제의 해체 정책에 실질적으로 착수했다. 하지만 '폐한치겐' 후 그들 네 한주에 대하여 다른 한사藩士들의 불만은 대단히 컸다. 그것은 그 네 한의 지도자 층이 각 출신 한에 대하여 배타적 입장을 취해 정치를 했던 것을 의미한다. 즉 네 한의 지도자층이 한벌 정치를 했던 것이다. 메이지 정부에서의 한벌 정치는 그와 같이 성립됐는데, 정한론 이후부터는 오쿠보 도시미치(사쓰마), 이토 히로부미(조슈)를 대표로 하는 사쓰·초 한벌이 세력을 확대하여, 메이지 14년 정변을 기해 오쿠마 시게노부(히젠)를 추방하고 자유민권 운동 세력과 대결했다. 1885년 이토의 초대 내각 조직과 함께 사쓰·초 한벌은 실권을 장악하고, 군부·경찰·재계에도 파벌을 형성하여, 특히 사쓰·초 출신 원로가 정권 교체의 실권을 잡고, 호헌삼파護憲三派 내각, 즉 가토 다카아키加藤高明 내각의 성립까지 한벌 정치가 계속되었던 것이다.

우익의 원조는 그 원인이 정한론이었던 '메이지 6년의 정변'을 통하여 출현했다고들 말한다. 그런데 그 우익은 그 정변(1873)에서부터, '메이지 14년 정변'(1881)까지 자유민권 운동 등의 형태를 취해 반정부적 입장을 취해 나갔다. 그러다가 '메이지 14년 정변'부터는 국권 운동의 형태를 취해 메이지 정부에 대항했다. 그러나 정한론자들을 주축으로 한 정치적 세력들은 청·일 전쟁 이후부터 오히려 한벌 정권을 이용하여 국가주의 운동을 전개해 나갔고, 러·일 전쟁에는 비전론을 주장했던 사회주의 세력에 대항함으로써 국가사회주의 운동 등을 전개했던 것이다.

3. 메이지유신의 기본 사상과 우익 사상

1) 메이지유신에서의 '왕정복고'의 의미

이상의 고찰을 통해서 알 수 있듯이, 메이지유신은 '왕정복고'를 기반으로 하여 행해졌다고 말할 수 있다. 그렇다면, 그 '왕정복고'가 갖고 있는 의미는 무엇일까. 우선 이 문제를 고찰하고 그것을 통해 메이지 유신의 기본적 정신이 어디에 있는지에 대한 문제를 다루기로 한다.

'왕정복고'라는 말은 메이지유신이 행해지는 과정에서 근대서구의 정치적 상황과의 관련 속에서 쓰이게 되었다. 서구의 경우, 영국의 정치가 크롬웰O. Cromwell(1599-1658)의 공화 정치 붕괴 후 스튜어트 시대의 찰스 2세Charles II (1630-1685, 재위 : 1660-1685)의 즉위를 통해 구舊체제였던 군주정체를 회복했고, 프랑스의 정치가 나폴레옹 1세(1769-1821, 재위 : 1804- 1814, 1815) 몰락 후 부르봉조의 루이 18세(1755-1824, 재위 : 1814-1824)의 즉위로 이전의 군주정체를 회복했다. 그와 같이 일본의 정치도 도쿠가와 바쿠후 정권이 1867년 10월 14일 조정에 정권을 반환함에 따라 그해 12월 9일 조정 측이 〈왕정복고의 대호령〉를 발표함으로써 이전의 군주정체를 회복했다고 하는 것이다.

그러면 여기에서 과연 도쿠가와 바쿠후 정권이 영국의 크롬웰, 프랑스의 나폴레옹 1세 등의 정권에 대응되어질 수 있는 것인가 등이 문제시될 수 있다. 영국의 크롬웰이나 프랑스의 나폴레옹 1세의 정권은 공화 정치 체제를 취한 정권이었다. 서구의 경우에서의 왕정복고란 공화정에서 군주제로의 정치 체제의 복고를 의미하는 것이었다. 따라서 그것이 봉건 정치 체제를 취하고 있었던 일본의 바쿠후 정치 체제에 대응될 수는 없다. 일본에서의 왕정복고는 봉건 정치 체제에서 군주 정치 체제로의 복구를 의미하는 것이었다. 그렇다면, 일본에 도쿠가와 바쿠후 정권 이전에 군주정체가 존재하고 있었는가? 일본의 정치 체제를 논할 때 사용되는 '군주'란 '천황'을 가리킨다. 일본에서 '군주'의 지위에 있는 자가 '천황'이라고 불리게 된 것은 덴무조天武朝(672-684) 이후, 정확하게 말하면 674년(덴무 3년) 이후로 고찰된다. 그것은 당의 황제의 칭호가 671년 이후 '천황'이라고 사용되었던 것에 의한 것으로 추정된다. 중국에서는 원래 천황이라는 말은 하늘의 최고의 신의 뜻으로 사용되었었는데, 671년 이후 지상地上의 군주의 뜻으로 사용되게 됐던 것이다.

일본의 역사에서 '천황'이라고 불리기 이전 군주의 칭호는 '오미大王'였다. 그 오미의 지위는 645년부터 시작되는 다이카大化(645-650년간의 고토쿠孝德 천황의 연호)의 신정新政에 의해 한층 높아졌고, 오미(왕)와 그 태자를 중심으로 한 정치 체제가 형성되었다. 그 정치 체제는 진신의 난壬申の乱(672) 이후 덴무 천황의 즉위로 황친皇親 정치라고 불리는 천황 중심의 정치 체제로 발전되어 천황의 권한 강화, 중앙집권적 율령제가 급속하게 진행됐다.

그 천황을 중심으로 한 정치 체제인 율령제는 〈다이호율령大宝律令〉(702)의 제정 · 시행에 의해 거의 그 완성을 보고, 이후 그것은 10세기경까지 계속되었다. 그 이후 일본의 정치 체제는 섭관摂関 정치 등의 형태를 취해 도쿠가와 정부 체제까지 전개되어 갔지만, 섭관 정치 이후의 일본의 정치는 천황가가 직접 자신의 정치적 권한을 행사했던 것이 아니라 그것을 제3자에게 위임하였다. 도쿠가와 바쿠후의 정권도 실은 천황으로부터 위임된 것이라고 할 수 있다. 왕정복고란 도쿠가와 바쿠후가 천황가의 조정에 되돌린 정권을 그 조정이 받아들이는 것을 의미함과 동시에 천황가가 도쿠가와가에게 그것을 위임하기 이전의 율령제라고 하는 정치 형태를 취해 천황 자신이 정치적 권한을 행해 간다고 하는 것을 의미하는 것이었다.

그러면 일본의 정치적 주체가 '왕정복고'를 단행하게 된 이유는 어디에 있는가? 일본에서는 19세기 전반, 서구 여러 나라의 아시아 진출에 의해 대외적 위기감이 증대되고, 상품 경제의 침투에 따른 바쿠후 체제의 동요가 일어났다.

그래서 일본의 지도층으로부터 외국의 위협에 대항하기 위한 국내의 결속, 바쿠한 체제의 강화 등의 필요성을 느끼게 되었다. 특히 미토학자를 중심으로 일본이 '만세일계'의 천황이 군림하는, 다른 모든 나라들보다 우월한 나라라고 하는 천황 중심주의적 사고가 주장되었다. 그 결과 그러한 관념은 1854년의 개국 이후, 개국에 반대하는 조정과 바쿠후와의 대립이 점차 깊어짐에 따라, '존왕양이尊王攘夷', '존왕도바쿠尊王倒幕' 등으로 발전되어, 그것을 주창하는 세력에 의해 '왕정복고'가 행해졌던 것이다.

이와 같이 살펴봤을 때, '왕정복고'라고 하는 말에는 무엇보다도 우선 '천황 친정'의 의미가 내포되어 있다. 또는 그 천황 친정이 실현되기 위해서는 '도바쿠'가 행해지지 않으면 안 된다라고 하는 의식이 왕정복고를 주도하는 사람들에게 있었던 것이다. 이와 같이 생각해 봤을 때, 그 왕정복고를 주도한 사람들에 의한 '왕정복고'의 의미에는 '양이'의 관념도 포함되어 있고, 또 그것에는 '도바쿠' 즉 '혁명'이라고 하는 의미도 포함되어 있었던 것이다. 또한 그 천황 친정이 행해져야 하는 견지에서 '왕정복고'의 의미를 파악해 봤을 때, 그것은 모든 외국에 대항하기 위한 방안으로서의 강력한 국가의 건설이라고 하는 바람이 내포되어 있고, 게다가 그것에는 일본인이 그와 같은 강력한 국가의 건설을 이루기 위해서는 무엇보다도 '문명개화'를 통한 '부국강병'이 필요하다고 하는 관념도 내포되어 있었던 것이다.

2) '존왕'과 국체 사상

메이지 유신이 행해질 때 주창되었던 '존왕'이란 당시 정권을 잡고 있던 바쿠후의 쇼군將軍에 대한 국민의 감정을 표현한 것이라 할 수 있다. 그러한 의미에서 그것은 천황 친정을 의미하는 것이었다. 천황 친정이란 섭정이라든가 바쿠정幕政의 경우처럼 천황이 자신의 정권을 제3자에게 위임해서 그 제3자를 통해서 국정을 행하는 것이 아니고, 율령 국가 시대의 경우처럼 천황 자신이 직접 국정에 참여해서 자신의 정치적 권한을 행사하는 것을 말한다.

율령 국가 시대와 같이 천황 친정이 이루어지기 위해서는 천황에게 주권이 있어야 한다고 하는 대전제가 필요하다. 메이지유신 때 천황이 '왕정복고'를 통하여 친정하게 된 것은 바쿠후 말기 미토학자들이 주장한 '국체 사상'에 근거해서였다. 미토학파는 도쿠가와 바쿠후 시대 초기부터 《대일본사》 저술 작업을 행해 왔다. 그들은 주로 송의 주자학, 즉 신유학 계열의 유학자였지만 그들이 취급한 사료는 고대 한학의 영향하에서 성립된 고대 일본의 《고사기古事記》(712) 등과 같은 것이었다.

그들의 《대일본사》의 저술 작업에서의 '고대사' 부분의 기술은 《고사기》, 《일본서기日本書紀》(720) 등을 통해서 행해졌으나, 그것들이 천황 친정이 행해진 율령 국가 시대에 만들어진 것이었기 때문에 황국사관의 입장에서 저술하지 않을 수 없었다. 황국사관이란 천황가의 성립과 전개를 주축으로 하여 일본국의 역사의 성립과 전개양상을 기술하는 관점을 말한다.

그 황국사관에 근거하여 기술된 그 2권의 책에는 천손강림 신화에 근거하여 천황가의 유래가 다루어져 있다. 《대일본사》의 저술 작업을 행했던 미토학의 유학자들은 일본이 '만세일계'의 천황이 군림하는 나라이고 다른 여러 외국들보다 우월한 나라라고 하는 황국사관에 입각해 일본이 천황의 나라이고, 일본인이 천황의 신민이라고 하는, 천황을 주축으로 한 국체 사상을 확립시켰다. 그들의 그와 같은 국체 사상은 메이지 유신 때에 행해진 '왕정복고'의 이론적 근거가 되었고, 또 그것은 메이지유신의 전개 과정에서 더욱 관념화되어, 1889년 공포된 〈대일본제국 헌법大日本帝国憲法〉의 법적 기초가 되었고, 또한 그 다음 해 발포된 〈교육칙어教育勅語〉의 윤리적 근거가 되었던 것이다.

3) '양이'와 배외주의

메이지 유신이 성립되는 과정에서 취해진 '양이攘夷'의 '이夷'는 당시 서구의 열강을 가리킨다. 그 사상적 기반은 미토학파에 의해 이루어졌던 것으로 알려져 있다. 일본은 17세기 이후 2세기 반 이상 평화를 유지해 왔다. 그러나 19세기 초에 이르러 근대 서구의 자본주의 세력이 동진해 나와서 개항과 통상을 요구함에 따라, 국가의 기강이 흔들리기 시작했다. 19세기 중반에 들어와서는 그들의 일방적인 강요에 의해 일본으로서는 개항하지 않을 수 없었고, 개항과 함께 일본은 그들과 불평등 조약을 맺지 않을 수 없었다. 그렇게 함으로써, 일본의 경제는 세계의 자본주의 경제 체제에 휘말려, 얼마 되지 않아 붕괴하는 상태에 처하게 되었다. 그래서 일본인은 바쿠후의 개항을 강요하고 불평등 조약을 강요한 서양의 열강 세력에 대하여 배외주의적 입장을 취하게 되었다. 그 후 서구의 열강에 대한 일본인의 그와 같은 입장은 그 불평등 조약을 없애는 과정에서 더욱 강해졌다. 또한 그것은 일본이 중국 대륙을 점령해 가는 과정에서 서구의 열강과 대결하면서 대륙 침략주의로 전환했던 것이다.

4) '도바쿠'와 혁명 사상

바쿠후 말기의 격동은 존왕양이 운동에서 도사한土佐藩으로부터 제기된 공무합체公武合体 운동을 거쳐 도바쿠 운동으로 전개 되어 갔다. 교토 조정을 옹립하여 새로운 정치 체제를 창출하려고 하는 정치 세력이 존재하고 있고, 도쿠가와 바쿠후 체제를 재편하여 쇼군을 중심으로 한 지배 체제를 온존温存시키려는 세력도 존재하고 있었다. 그들의 대립적인 움직임은 바쿠후 타도 운동으로 전환해 갔던 것이다. 그것은 도시의 '약탈'(打壊し)이라든가 '세상 바로잡기'(世直し)등을 지향하는 농민 봉기가 고조되어, 전국 각지의 신시대 도래를 기대하는 호농豪農 · 호상층豪商層과 '아무렴 어때'(ええじゃないか)의 광란에 의한 일반 서민의 바람 등을 통해서 행해졌던 것이다.

바쿠후 말기의 그러한 격동이 도바쿠 운동으로 전환해 온 것은 그 운동의 주체에 혁명 사상이 있었기 때문이라고 생각된다. 그 혁명 사상은 중국 고래의 정치 사상인 역성 혁명 사상, 즉 천자天子가 천명天命을 받아 천하를 다스려가는데 만일 그 집(家, 혹은 姓)에 부도덕한 자가 나오면 다른 유덕자가 천명을 받아 새로운 왕조를 열 수 있다고 하는 사상에 입각한 것으로 요시다 쇼인 등을 통해 도바쿠의 이론으로 받아들여져 '메이지 유신의 정신적 원동력'이 되었던 사상이다. 메이지유신의 주체들은 메이지 유신을 실천하는 과정에서 세이난 전쟁(1877), 2 · 26 사건(1936) 등과 같은 사건들을 일으켰다. 그것들은 메이지유신을 일으킨 주체와 그 계열의 사람들이 일본의 민족명동을 개혁하려고 했던 사건이었다. 그와 같이 혁명 사상은 개인이 소속되어 있는 민족이라든가 단체의 운명을 좌우한 개혁을 목적으로 하는 사상일 뿐만 아니라, 개인적 운명의 개혁을 목적으로 하는 사상이기도 했다. 그래서 그것은 살상의 사상이 되기도 했다.

5) '메이지'와 문명 사상

무쓰히토 천황이 자신의 일세일원一世一元의 연호로 '메이지'를 쓰게 된 이유는 무엇인가? 다시 말해 메이지유신을 일으킨 자들이 무쓰히토 천황으로 하여금 '메이지'라고 하는 연호를 쓰게 했던 이유는 무엇이었던 것인가?

우선 앞에서도 고찰한 바와 같이, '메이지明治'란 '명明'으로 세상을 다스린다는 뜻일 수 있다. 우선 일차적으로는 '메이지'란 태양이 '햇볕'으로 만물을 다스려 가듯이 태양신의 후손인 천황도 그런 식으로 천하를 다스릴 것이라는 의미가 내포되어 있다고 볼 수 있다. 따라서 연호 '메이지'에는 천황이 태양신의 후손이라는 정치적 · 종교적 권위가 내포되어 있다고 할 수 있다. 두 번째는 명明으로 세상을 다스린다는 '메이지'의 의미에는 '문명개화文明開化'의 의미가 내포되어 있다는 것으로 이해된다. '명'을 '지혜' 또는 '문명文明'으로 이해해도 좋을 것이다. 1854년 개항 이후 일본에는 근대 서양의 '문명'이 흘러들어 갔다. 당시 후쿠자와 유키치와 같은 일본의 지식인은 그 현상을 '문명개화'로 보았다. 당시 메이지유신의 주체적 세력은 '메이지유신'과 문명개화를 위해 일대一大 조치를 취했다. "서양식으로 짧게 자른 머리(단발머리)를 두드려 보면 문명개화의 소리가 난다"라고 하는 표현도 보인다.[378]

그와 같이 일본은 메이지 유신을 단행하여 서양의 문명을 적극적으로 도입해, 급속히 근대화 · 서구화를 행했던 것이다.

그 메이지유신이 실행되는 과정에서 일본인은 '메이지明治'의 '명明'을 '서양문명'으로 이해했다고도 생각된다. 설혹 그것이 '메이지'가 유학자에 의해 유교의 경전에서 취해졌다고 해도 메이지 유신의 과정에서는 '서양문명'의 의미로 이해되어졌던 것이다.

앞에서도 고찰한 바로 같이, 메이지유신에서의 '유신維新'은 '만사일신百事一新'이라든가 '구폐일신旧弊一新'이라고 하는 의미이지만, 메이지 유신 이후 문명개화가 행해지는 과정에서 그것이 그 문명개화를 통한 '만사일신'으로 읽혀지게 되었던 것이다. 일본인에게서의 '유신'이란 문명개화에 대한 적극적 수용태도의 의미가 포함되어 있다고도 할 수 있다. 그래서 메이지유신 당시 천황에게 부여된 역할이란 정부의 서양 정책의 계몽선전 활동밖에 없었다고 지적하는 사람들이 적지 않다. 그것도 양복을 입고 지방사람 앞에 모습을 드러낸다고 하는 '오카欧化'(즉 서구화)야말로 '오카王化'(즉 왕권화)라고 하는 단순한 도식의 연출에 따른 것이었다고 말해지고 있다.

---

378 ▪ 山県篤蔵 編集『新聞雑誌』'第二号'(日新堂, 1871. 5)

나오면서

우익들에게서의 메이지 유신이란 무엇인가? 또 그 메이지유신의 정신을 살려, 그것을 실천했고 또 계발해 갔던 우익은 도대체 어떠한 존재들인가?

메이지유신은 본론에서 고찰한 바와 같이 일본이 동진해 오는 근대 서구의 열강에 대응하기 위해서, 일본이 다른 나라들과는 달리 만세일계의 천황에 의해 통치되는 나라라고 하는 미토학의 유학자나 국학자 등에 의해 주창된 국체 사상에 근거하여 국가의 정치적 체제를 일신一新시킨 일대 정치적 변혁을 가리킨다.

우익 계열의 인사들은 바쿠후 말기 이후, 정치적 실권을 잡고 있던 바쿠후의 쇼군 측이 아닌, 그 쇼군에게 정권을 위임했던 조정의 천황 측에 서서 천황의 사상을 실현시켜 가려고 했던 자 내지 그 단체를 말한다. 바쿠후 말기의 확실한 우익은 학자 중에서는 국학자이고 그 반대쪽은 유학자였다. 그러나《대일본사》의 서술 작업을 행했던 미토한의 유학자들은 쇼군 쪽이 아니라 천황 측에 서 있었다. 또한 한사藩士가 쇼군 쪽에 서 있었다고 한다면, 서민은 천황 쪽에 서 있었고, 한의 정치에서 축출된 낭인들도 천황 측에 서 있었다.

메이지유신이 행해져, 정권이 쇼군으로부터 천황에게 반환되지만, 그 이후 한벌 정부가 형성되어 천황의 정치적 실권은 한벌 정치가들에게로 넘어갔다. 그러자, 조정과 한벌 정부의 대립적 양상이 일반국민들 사이에 인지되어 갔다. 그러한 상황에서 우익 계열 인사들은 한벌 정치를 행하는 정치가들과 대립적 입장을 취해 가면서 천황의 입장에 서서 국권론을 부르짖었다. 청·일 전쟁과 러·일 전쟁 사이에 사회주의 세력이 형성되어 천황제에 대하여 반대의 입장을 세워 가자, 또 그들은 천황 측의 입장에 서서 그들의 그러한 입장을 반대했던 것이다.

이상과 같이 고찰해 봤을 때, 우익에게서의 메이지 유신이란 자신들의 정치적 사상적·종교적 지지자가 정치적 실권을 잡게 된 계기가 됐던 사건으로 인식되어 있었다고 말할 수 있다. 그런 의미에서 우익들에게서의 메이지 유신은 그들의 존립 근거로 인식되었다고 하는 것이다.

그러면 메이지유신을 자신의 존립 근거로 하는 우익이란 도대체 어떠한 존재인가? 이 문제는 앞에서 고찰한 메이지유신의 기본정신에 대한 규명을 통해 풀지 않을 수 없다. 메이지 유신을 자신들의 정치적 존립 근거로 하는 우익이란 일본이 '만세일계'의 천황이 군림하는 나라로서 다른 어떠한 나라보다 우월한 나라라고 하는 사상에 근거하여 확립된 배외주의 사상이라든가, 인간은 자신과 자신의 국가의 운명을 개혁하지 않을 수 없다고 하는 혁명 사상이라든가, 서구로부터의 새로운 문명을 받아들여 더욱 우수한 일본의 문명을 창조해 간다고 하는 문명 사상 등을 토대로 해서 성립해 나온 정치 단체로 규정되지 않을 수 없다는 입장이 취해진다.

제8장
근세 일본에서의 국체 사상의 성립과 유교의 역할

들어가면서

*

일본의 메이지 유신은 그것이 근대사회의 건설을 위한 혁명적 차원의 정치적·사회적 개혁들이 단행되었다는 점에서 동아시아 지역에서의 '근대'의 기점으로 받아들여지고 있다. 반면, 또 그것은 일본을 비롯한 동아시아 국가들이 취해 나왔던 '전근대前近代'적 정치 체제와 사회제도를 양성화시켜 갈 수 있었던 계기를 마련한 사건으로도 받아들여지고 있다. 그러한 의미에서 메이지유신을 통해 되살아난 천황제 국가의 정치 체제를 연구해 온 일본의 학자들은 "일본에서의 절대군제의 본질과 특질을 이해하기 위해서는 우선 메이지유신의 본질과 특질을 규명하지 않으면 안 된다"라는 입장을 취하고 있다.[379]

메이지 유신이 전근대적 가치 체계를 되살려 나갈 수 있었던 것은 그것 속에 '국체 사상'이라고 하는 것이 내재되어 있었기 때문이었다. 그렇다면 '국체 사

379 神山茂夫『天皇制に関する理論的諸問題』(こぶし書房, 2003), 73頁.

상'이란 무엇인가? 그것은 어떻게 성립되어 나왔는가? 만약 그것이 일본의 토속 신앙·전통 사상 등을 기초로 해서 형성되어 나왔다고 한다면 그것이 성립되어 나오는 과정에서 대륙에서 전래된 신유교는 어떠한 역할을 하였는가? 본 연구는 이러한 점들을 규명해 내려 한다.

일본 학계에서의 국체 사상이란 "천황 통치의 정당성 또는 일본국의 우수성을 주창하는 사상"으로 일반화되어 있다.[380] 즉, 그것은 일본의 국토가 천신에 의해 생성되었고 일본의 국가가 천신의 뜻으로 세워진 나라이기 때문에 일본이 천신의 후손인 만세일계의 천황에 의해 통치되는 것은 당연하며, 또 일본이 천신의 후손인 만세일계의 천황에 의해 통치되는 신국이기 때문에 다른 나라보다 우수한 나라라고 주창하는 사상으로 개념화되어 있는 것이다.

이러한 의미를 지닌 '국체 사상'이란 말은 근래에 와서 국가가 천황을 중심으로 하는 정치 체제를 취해야 한다는 사상이 한층 더 개념화되어 나옴에 따라 '천황제 국가 사상'이라고 하는 말로 대체되어 쓰이고 있다. 간단히 말해, 필자가 문제시하는 '국체 사상'이란 말이 근래에 와서는 '천황제 국가 사상'이라는 말로도 쓰이고 있다는 것이다. 그런데 필자가 여기에서 '천황제 국가 사상'이란 말 대신에 '국체 사상'을 쓰게 된 것은 본고가 '천황제 국가 사상'을 논함에 있어서 '고대 천황제'까지는 논외로 한다는 입장을 취했기 때문이다. 필자가 본고의 타이틀에서 '국체 사상'이란 말 대신에 '천황제 국가 사상'이란 말을 사용하게 될 경우 응당 본고에서는 '고대 천황제'까지를 다루어야 한다. 그러나 본고는 근세를 중심으로 천황제 국가 사상의 성립 과정을 고찰한다는 입장을 취했기 때문에 '국체 사상'이란 말을 사용하기로 했다.

일본에서의 천황제 국가 사상 구축에 대한 본격적 작업은 메이지유신 이후의 근대 국가의 형성 과정을 통해서였다고 할 수 있다. 그러한 작업은 대정봉환

---

380 ▪ 下中弘編「国体思想」(『日本史大事典(全七巻)』(平凡社, 1992).

大政奉還(1867.11), 〈왕정복고 대호령王政復古大号令〉(1868.1), 판적봉환版籍奉還(版図=土地, 戸籍=人民) 등과 같은 정치적 사건들을 통해 행해 이루어졌다.

이러한 대정봉환과 왕정복고의 추진 세력들은 존왕도바쿠尊王倒幕 운동을 주도했던 세력들이었고, 그러한 세력들의 핵심은 소위 양학파洋学派, 국학파国学派, 미토학파水戸学派라 불리던, 바쿠후 말의 학문 · 사상가군들의 사상들을 실천하던 세력들이었다. 그런데 필자가 본고를 통해서 논하고자 하는 것은 그러한 학자 · 사상가군들이 국체 사상의 기초를 구축한 자들이었고, 그들의 그러한 사상적 기초가 대륙의 유교 사상으로부터의 절대적 영향하에서 이루어졌던 것으로 이해되고 있는데, 과연 그것들이 어떻게 그러한 사상적 기초를 구축했으며, 그것이 구축되는 과정에서의 유교는 어떠한 역할을 수행했는가에 대한 문제이다.

근대 이후 일본은 천황제 국가로 전환해 나와 한국을 침략했다. 그 사실을 감안해 볼 때, 한국인들이 일본 문화의 주축을 이루는 천황제 이데올로기의 형성 과정을 유교와 관련시켜 파악해서 일본 문화의 본질을 이해해 보려는 것은 지극히 당연한 일이 아닐 수 없다.

유교 사상이란 중국의 천자 중심의 인간세계를 구축하려는 사상이고 국체 사상이란 일본의 천황 중심의 세계를 확립시키려는 사상이다. 근세 일본은 근세 서구 세력의 극동 진출을 계기로 중국의 천자 중심의 세계로부터 탈퇴해 나와 일본의 천황 중심의 세계를 확립시켜 나갔다. 그 경우 중세 말 근세 초 일본에 유입된 신유교는 천황 중심의 세계가 구축되어 나가는 과정에서 어떠한 역할을 행해 갔었는지에 대한 고찰이 요청되는 것이다.

**

'근세일본' · '국체 사상' · '유교'라고 하는 3키워드가 내포된 연구는 일본과 한국에서 아직 행해지지 않았다. 그 이유는 '유교'와 관련시켜 '근세일본'의 '국체 사상'을 파악해 보려는 시각이 취해지지 않았기 때문인 것으로 고찰된다. 그러면 왜 그러한 시각은 아직까지 취해지지 않은 것인가? 본 연구의 목적이 천황제 국가 사상에 대한 총체적 이해라는 점을 감안해 볼 때, 본 연구는 당연 천황제 국가 사상에 대한 연구의 일환으로 간주될 수 있다. 다시 말해, 본 연구는 천황제 국가 사상의 중핵을 이루는 국체 사상이 형성되는 과정에서의 유교의 역할에 대한 규명을 통해 천황제 국가 사상을 이해한다고 하는 입장하에서 행해진다는 의미에서 천황제 국가 사상에 대한 연구의 일환으로 간주될 수 있다는 것이다.

일본에서의 천황제 국가 사상에 대한 연구는 '근대 천황제 이데올로기'에 대한 연구 차원에서 행해졌다. 그러한 연구는 전후 이노우에 기요시井上清의 《천황제의 역사天皇制の歴史》(1946) 등을 시작으로 해서 야마자키 단쇼山崎丹照의 《천황제의 연구天皇制の研究》(1959)를 계기로 본격적 궤도에 오르기 시작하였다. 최근까지의 그것에 대한 연구는 기본적으로 두 방향에서 행해졌다. 하나는 천황제 이데올로기가 어떤 식으로 일본 근대를 지배했는지를 규명한다는 차원에서였고, 다른 하나는 일본에서 근대 천황제 이데올로기가 어떻게 형성되어 나왔는지를 규명해 내는 목적하에서였다고 할 수 있다.

전자의 경우에서의 대표적 선행연구들 중의 하나가 후지타 쇼조藤田省三의 《천황제 국가의 지배원리天皇制国家の支配原理》(1966)이다. 이 연구는 연구자 자신이 '서장'에서 밝히고 있듯이 근대 일본의 천황제 국가에서의 국민이 "일군만민一君万民의 정치 국가를 형성하려는 원리적 도식"하에서 다루어졌다는 자신의 확신을 입증시켜 보인다는 차원에서 행해진 것이라 할 수 있다.[381] 후자의 경우에서의 대표적 선행연구들 중의 하나는 이와이 다다쿠마岩井忠熊의 《근대 천황제 이데올로기近代天皇制のイデオロギー》(1998)이다. 그는 그 연구 목적의 서론 부분에서 "근대 천황제 이데올로기는 다름 아닌 일본 내셔널리즘인 것이

---

381 ▪ 藤田省三『天皇制国家の支配原理』(東京 : 未来社, 1966), 11頁.

다. 그러나 고대 이래의 계보를 갖는 천황제의 이데올로기가 근대의 국민에게 뿌리를 내리기 위해서는 역사 · 전승의 개변改變 · 왜곡歪曲을 피할 수 없었다. 이것이 연구의 중요한 테마이다"라는 말을 하고 있다.[382]

그의 '근대 천황제 이데올로기'에 대한 연구가 일본의 근대화 과정에서 근대 천황제 이데올로기가 일본의 '역사 · 전승의 개변 · 왜곡'을 통해서 형성되어 나왔다는 것을 규명해 내는 작업이라면, 본 연구는 근대 이전 에도 시대에서의 천황제 이데올로기의 기초가 어떻게 형성되었고, 그것이 형성되는 과정에서 '일본의 역사 · 전승의 개변 · 왜곡'이 어떻게 이루어졌으며, 또 그러한 '개변 · 왜곡'의 과정에서 유교가 어떤 역할을 했는지에 관한 문제를 규명해 내는 것이라 할 수 있다.

그런데 일본에서는 천황제 국가 사상이 근세 단계에서는 바쿠한제 국가를 지탱해 갈 수 있는 정치 사상으로서는 구상되지 않았다는 점이 감안되어, 천황제 국가 사상 연구의 일환으로는 근세의 일본 사상에 대한 연구가 이루어지지 않은 것으로 고찰된다. 필자가 본고를 통해 논하려는 천황제 국가 사상의 기초를 이루는 근세 일본의 국체 사상에 대한 연구는 어디까지나 그것이 바쿠한제 국가 사상의 일환으로 취급되어 접근되어 왔던 것이다. 그래서 그것은 바쿠한제 국가 체제하에서의 '미토학파의 국체 사상'이라든가 '안사이 학통의 국체 사상'등의 입장에서 연구되어 왔던 것이다.

한국에서의 '천황제'에 대한 연구는 1970년대 중반부터 정치학자 최상용의 '전후 일본의 천황제 연구' 등으로 시작되어, 1990년대에 들어와 민속학자 최길성의《일본 천황제와 근대화의 연구》(1991) 등으로 본격화되어 나왔다. 그것은 2000년대로 들어와서는 일본 사상 연구자 이원범, 박진우 등에 의해 주도되고 있다. 그들 학자들의 대부분의 '천황제' 연구는 '근대'에 한정되어 있다.

---

382 ▪ 岩井忠熊『近代天皇制のイデオロギー』(東京 : 新日本出版社, 1998), 2頁.

본 연구와 유사한 주제의 연구로는 일본에는 고토 사부로後藤三郎의《안사이 학통의 국체 사상闇斎学統の国体思想》(1941), 다카시마 모토히로高島元洋의《야마자키 안사이—일본 주자학과 스이카신도山崎闇斎一日本朱子学と垂加神道》(1992) 등이 있고, 한국에서는 이희복의《신유일치와 국체 사상》(2003) 등이 있다. 이들 연구의 논지는 불교로 시작해 유교를 거쳐 신도로 대성한 야마자키 안사이山崎闇斎(1618-1682)와 유사 보쿠사이遊佐木斎(1658-1734) 등과 같은 그의 문하생들에 의해 신유일치론神儒一致論이 주창되어, 그것이 근세를 통해 국체 사상으로 발전되어 나와 메이지 유신의 기초를 이루 왕정복고에 지대한 영향을 끼쳤다는 것으로 요약된다. 이들의 선행연구들은 야마자키 안사이와 그의 문하생들에 한정시켜 유교(유학)와 신도(국학)와의 관련성을 파악하여 국체 사상의 형성 과정을 파악하려는 입장을 취하고 있다. 그러나 본 연구는 미토학, 국학, 양학 등의 고찰을 통해 국체 사상의 성립과 그 전개 양상들을 파악하여 그것이 성립·전개되어 나가는 과정 속에서 유교의 역할을 이해한다는 입장에서 행해진다. 바로 이러한 점이 선행연구와 차별된다고 말할 수 있다.

***

필자는 앞에서 본 연구가 근대 천황제 국가 사상에 대한 본질적 이해를 위한 한 방안으로 천황제 국가 사상의 근간을 이루는 국체 사상이 형성되어 나오는 과정에서의 대륙으로부터 유입된 유교 사상이 어떠한 역할을 행했는가를 규명해 내는 것을 목적으로 한다는 입장을 밝혔다. 따라서 우리가 본 연구의 목적을 착실히 실현시키기 위해서는 무엇보다도 우리가 논하려는 국체 사상의 성립기인 일본 근세뿐만 아니라 근대 천황제 국가 사상의 초석이라 할 수 있는 '왕정복고'가 행해졌던 근대 초는 물론 국체 사상의 기초를 제시한《기기記紀》신화와 유교 경전 등이 형성되었던 일본과 중국의 고대까지를 시야에 넣지 않을 수 없다. 다시 말해, 본고가 근대 천황제는 물론 고대 천황제까지를 다루어야 한다는 것이 아니라 그것들까지를 염두에 두고 근세일본의 국체 사상을 다루어야 한다는 것이다.

둘째, 본 연구는 본 연구의 키워드들인 '근세 일본'·'국체 사상'·'유교' 등을 주축으로 구성되는 관념 체계를 도출해 내서 그것들의 관련성들을 규명해 냄으로써 본 연구의 목적을 실현시킨다는 입장을 취한다. 셋째, 본 연구는 다음과 같은 수순을 취해 연구의 목적을 실현시켜 나간다. 우선 국체 사상의 실체 확인 작업의 일환으로서의 왕정복고의 추진 세력들과 그들의 사상적 배경을 고찰한다. 그 다음으로 근세 일본에서의 유학과 존왕양이 사상의 성립 과정을 파악하고 그것들의 관련성을 고찰한다. 여기에서 존왕양이 사상이 유학과 관련되어 논의되어야 할 이유가 무엇인지에 대한 물음이 제기되지 않을 수 없다.

끝으로 근세 일본에서의 국체 사상이 유교로부터의 영향하에서 형성되어 나왔다면 그것이 유교의 어떤 부분으로부터의 영향하에서 이루어졌는가에 대한 고찰이 요구된다.

1. 왕정복고의 추진과 그 사상적 배경

1) 대정봉환과 왕정복고

'근세 일본에서의 국체 사상의 성립 과정'이 고찰될 때 우선 일차적으로 제기될 수 있는 문제는 과연 근대 이전 일본에 국체 사상이 존재했던가에 대한 문제라 할 수 있다. 따라서 본고는 근세 일본에 국체 사상이 존재했다는 증거 제시의 일환으로 우선 바쿠 말 메이지 초 국체 사상의 실천 주체들로 볼 수 있는 왕정복고의 추진 세력들에 관한 고찰로 시작될 필요가 있다고 생각된다. 그러면 우선 '왕정복고'가 무엇인지에서부터 논하기로 한다.

일본에서는 메이지 유신으로부터 1,200여 년 전에 행해졌던 다이카 개신大化改新(645)을 기점으로 해서 그 후 〈다이호율령〉 제정(701) 등에 이르기까지 근 60여 년간의 정치적 개혁이 행해졌다. 그러한 정치개혁은 호족 출신의 오미大臣를 중심으로 한 정치 체제를 해체시키고 천황 중심의 정치 체제를 구축해 내는 것이었다. 그 후 일본은 나라奈良 시대(710-794)로 들어와서 천황 중심의 정치가 행해지다가 9세기 중반 이후의 중기 헤이안平安 시대(857-1185)로 들어가 귀족층의 최고 우두머리를 중심으로 한 정치 체제가 형성되어 나왔고, 12세기 말 이후의 가마쿠라鎌倉(1185-1333)·무로마치室町(1333-1573)·도쿠가와德川(1603-1868) 시대에 와서는 무사 계급을 주축으로 형성된 바쿠후의 최고의 우두머리인 쇼군 중심의 정치가 행해졌던 것이다. 중기 헤이안 시대 이후의 이상과 같은 정치 체제는 일본의 국토와 국민의 원 소유자로 인식된 천황이 그것들을 관리할 수 있는 권리를 귀족층이나 혹은 무사 층의 최고의 우두머리에게 위임한 형태의 정치 체제였다. 대정봉환大政奉還과 왕정복고란 다이카 개신 때의 경우와 마찬가지로 천황이 최고의 실력자로 인정되었던 자에게 위임했었던 정권을 그로부터 환수하여 자신이 친정親政을 행하게 됐던 것을 의미한다.

근대 일본의 기점이라 할 수 있는 메이지 유신은 1868년 1월 3일 궁정을 점령한 사쓰長·초薩의 군대가 '왕정복고'를 선언함으로써 발화되었다. 도자마한外様藩과 조정을 중심으로 한 정치 세력들의 그러한 선언을 기점으로 해서 발단된 메이지유신은 〈5개조의 서문五箇条の誓文〉 공포(1686.3), 〈신불분리령神仏分離令〉(1868.3), 판적봉환(1869.6), 징병령徴兵令 공포(1873.1), 폐한치겐廃藩置県(1871.7), 대교원大教院의 설치(1873.2), 〈군인칙유軍人勅諭〉(1882.1), 〈제국대학령帝国大学令〉 공포(1886.3), 〈대일본제국 헌법大日本国憲法〉의 공포(1889.2), 〈교육칙어教育勅語〉의 공포(1890.10) 등을 통한 20여 년간의 정치적 개혁을 통해 행해졌다.

이렇게 정치 체제의 개혁이란 측면에서 볼 때, 쇼군 중심의 바쿠한제 국가의 정치 체제를 천황제 국가의 정치 체제로 전환시켜 나갔던 작업이었다라고 할 수 있다. 그러한 정치 체제의 전환은 "바쿠 말 유신기의 정치과정에 참획参画한 조정朝廷·제후諸侯·지사志士·재야층의 대다수가 어떠한 형태로든지 간에 경신敬神 관념·신국神国 의식을 가지고 있었기" 때문에 가능했던 것이다.[383]

2) 왕정복고의 추진 세력

그러면 이제 대정봉환과 왕정복고를 위시한 메이지유신의 추진 주체는 어떠한 세력들이었는가의 문제를 논하기로 하자. 그 추진 세력은 세 그룹으로 나뉘어 고찰되어질 수 있다.

첫째는 양학파이다. 1867년 10월 14일, 사쓰·초한을 주축으로 한 도바쿠倒幕 세력의 주도로 조정으로부터 바쿠후에 위임됐던 정권이 다시 반환되는 사건이 일어났다. 1868년 1월 3일에는 사쓰·초 군대가 궁정을 점령하고 천황으로 하여금 왕정복고를 선언하게 했다. 이들 군대는 도자마한의 구축을 이루는

---

383 ▪ 阪本是丸『明治維新と国学者』(東京：大明堂, 1993), 2頁.

군대였는데, 도자마한이란 근대 서구의 문물이 일본으로 들어가는 관문인 일본의 서남西南 지역에 위치해 있는 한들로서 중농 정책을 취하던 도쿠가와 바쿠후德川幕府로부터는 소외를 당하던 세력들이기는 했지만, 그러나 당시 쇄국 정책을 취하던 일본으로 밀려드는 서구 세력들을 막는 과정에서 서구의 문물에 대한 지식을 축적해 소위 난학蘭学 내지 양학이란 학문을 성립시킨 나간 한藩들이었다.

서구에 대한 연구는 서구로부터의 르네상스기의 문물이 일본에 도래하기 시작했던 16세기 중반부터의 '만학蛮学', 네덜란드 해부서의 역서《해체신서解体新書》(1774) 이후의 '난학' 등의 형태를 취해 성립해 나와, 1853년 미국 페리호 내항 이후부터는 양학洋学으로 발전되어 나왔다. 일본에서의《해체신서》출판 이후 서구에 대한 연구는 의학을 비롯한 물리학, 천문역학, 지리학 등과 같은 기초과학 등을 도입하다가 아편 전쟁(1840-1842)을 기점으로 해서 서양의 군사과학의 도입이, 페리호 내항 이후부터는 사회과학을 포함한 근대 과학기술의 도입이 본격화되면서 수행되었다. 그들의 근대 서구학문의 도입 목적은 서구로부터 일본을 지켜 가기 위해서는 자기들을 소외시켜 온 바쿠후 중심의 정치체제를 해체시키고 조정 중심의 정치 체제를 성립시켜서 서구의 경우처럼 중상重商·중산주의重産主義 정책을 취해 서구의 기술을 적극적으로 받아들여 그들처럼 부국강병의 길을 모색하기 위해서였다.

이러한 입장을 취한 자들은 도자마한 출신의 인사들뿐만은 아니었다. 바쿠후하에서 국방의 책임을 맡고 있던, 나가노겐長野県에 위치했던 마쓰시로한松代藩의 무사 사쿠마 쇼잔佐久間 象山(1811-1864) 등과 같은 자들도 그러한 입장을 취했다. 1853년 페리호 내항 이후부터 그들의 그러한 공통된 입장은 학문·사상 분야에서 소위 양학파라고 하는 학문·사상 집단을 창출시켰다. 그들의 서구에 대한 입장은 1840년대 이후 서서히 성립되어 나왔던 존왕양이 운동을 사쓰에이 전쟁(1863.7)을 계기로 도바쿠 운동으로 전환되었다. 그들의 타도

대상을 바쿠후로 삼아 곤경에 처한 도자마한과 일본의 운명을 타개해 나간다는 입장을 취했던 것이다. 그들이 다름 아닌 도바쿠 운동의 추진 세력이었던 것이다. 필자가 여기에서 말하고자 하는 것은 도바쿠 운동의 추진 세력들의 사상이 양학파들로부터 나왔다고 하는 것이다. 양학자들의 최대의 관심은 서양의 군사과학 기술의 도입이었고, 또 그 목적은 '양이攘夷'에 있었다. 그 대표적 존재가 바로 조슈한 병학사범兵学師範 요시다 다이스케吉田大助의 양자가 된 요시다 쇼인吉田松陰이었다.

도바쿠 운동의 대표자들은 메이지 유신의 3걸三傑이라 불리는 사이고 다카모리西郷隆盛, 기도 다카요시木戸孝允, 오쿠보 도시미치大久保利通 등으로 이야기되고 있다. 사이고 다카모리는 사쓰마의 참모로 사쓰·초 동맹을 통해 반바쿠 세력을 결집시켜서 도바쿠에 뛰어들어 왕정복고의 쿠데타를 성공시켰던 자이다. 그러나 그는 1873년(메이지 6년) '정한론征韓論' 관철에 실패하자 하야해 고향 가고시마에 내려가 교육 사업에 전념하다가 '세이난西南 전쟁'(1877)을 일으켰다 실패한 후, 결국 자인했다. 그는 메이지 혁명 후 메이지 혁명에 참가했던 자들이 신정부에 갖고 있는 불만을 해소시켜 주기 위한 방안으로 정한론을 주장했었으나 그것이 받아들여지지 않아 하야함으로써 우익의 원조元祖를 받아들이게 됐던 것이다. 우리가 여기에서 그를 양학파와 관련시켜 논하고 있는 것은 그가 양학파들이 출현한 일본의 서남 지역의 출신으로서 양학파 사상이 형성되어 나왔던 분위기 속에서 성장했으며 청년기 10여 년간 농정農政을 지도해 가는 과정에서 개혁의 필요성을 통감하고, 또 양학파들의 사상을 행동으로 실현시켜 나갔던 인물이기 때문이다.

기도 다카요시는 조슈한 출신으로 1849년에 요시다 쇼인의 문하가 되었고, 1852년에는 에도로 나가 서양병학자 사이토 야쿠로斎藤弥九郎(1798-1871)의 문하에 들어가 검술 등을 배우면서 존왕양이 운동에 참가했다. 그는 1860년 존왕양이 운동의 융성기에 조슈한을 대표해 활동하다가 1866년에는 사이고 다카모리와 사쓰·초 동맹을 맺어 도바쿠 운동에 뛰어들어 왕정복고 쿠데타에 성공했다. 그는 사실상 "쇼인을 스승으로 존경하고 있었지만, 그의 스승이었던 쇼카손쥬쿠 시대에는 크게 영향을 받지 않았고", 그 후 쇼인이 "실천을 통해, 한 발짝 더 나가서 죽음을 통해 행한 쇼인의 교육이 모든 사람을 감홍시켰"을 때 쇼인으로부터 깊은 영향을 받았던 것이다.[384] 오쿠보 도시미치는 사쓰마한의 한주藩主 시마즈 나리아키라島津斉彰가 바쿠정幕政 개혁 운동을 일으키자 동년배 사이고 다카모리 등과 거기에 참가했고 그 후 그러한 정치 운동과정에서의 사쓰마한 존왕양이 그룹의 리더가 되어 결국 반바쿠 정치 활동을 전개시켜 조정의 이와쿠라 도모미岩倉具視와 제휴해 왕정복고 쿠데타를 감행함으로써 신정부를 출범시켰던 인물이다. 이와 같이 '메이지 유신의 3걸'이라 불린 이들은 왕정복고의 쿠데타 감행을 통해 존왕양이라고 하는 양학파들의 사생을 정치적 차원에서 실천에 옮긴 자들이었던 것이다.

둘째, 왕정복고를 실현시켰던 또 하나의 세력은 국학파와 복고신도주의자들이었다. 그 대표적 존재들은 야노 하루미치矢野玄道, 후쿠바 비세이福羽美静(1831-1907), 오쿠니 다카마사大国降正, 오카쿠마 오미岡熊臣(1783-1851) 등이다. 이들은 에도 중기 모토오리 노리나가本居宣長(1730-1801)의 국학 사상에 기초해 복고신도復古神道를 정립시킨 에도 후기의 국학자 히라타 아쓰타네平田篤胤의 문하생들이었다. 히라타 아쓰타네는 아키다한秋田藩 무사의 아들로 태어나 20세에 에도에 나가 독학으로 국학을 배워 자신이 모토오리 노리나가의 학설을 가장 잘 받아들인 문하생이라고 자인했던 자였다. 그러나 그는 노리나가의 문헌학적 측면은 받아들이지 않고 오직 고도론古道論만을 주장하다가 1811년에는 노리나가의 학문에 의문을 품어 노리나가 설과는 완전히 다른 아쓰타네학의 형성을 위해 노력했다. 그 결과 그는 히라타 신도라고도 불리는 신도적 신학

384■ 田中惣五郎『木戸孝允』(東京：千倉書店, 1941), 54頁.

체계를 창출해 내서 그것을 문하생들에게 주입시켜 나가다가 바쿠후로부터 에도 퇴거와 저술 금지의 명령을 받고 고향 향리로 돌아가 68세의 나이로 사망했다. 히라타 쥬크平田塾 등을 나온 아쓰타네 문하생은 1876년까지 약 4,200여 명에 이르렀다. 생전에 그가 성립시킨 복고신도가《기기》신화 등과 결합되어 페리호 내항 이후 행해졌던 존왕양이 운동에 커다란 영향을 끼쳤다. 또 그들은 예컨대 오쿠니 다카마사의 경우처럼 왕정복고 후 제정일치를 목적으로 행해졌던 진기神祇(天神)과 지신地神 행정의 중추를 담당하는 세력을 구축했고, 또 신불 분리의 운동도 주도했다. 야노 하루미치는 애히메겐愛媛県에 위치했던 구 오즈한大洲藩의 무사로 히라타 아쓰타네 문의 고제高第라 할 수 있는 자였다. 그는 교토에 상경해 당시 오쿠니 다카마사로부터 국학을 배우고 있던 다마마쓰 미사오玉松操 등을 알게 되어 존왕양이 사상을 받아들여 존왕 운동에 참여한다. 후쿠바 비세이는 1853년 교토의 오쿠니 다카마사에 입문했다가 1858년에는 에도에 나가 히라타 가네타네平田金胤의 문하생이 된다. 오쿠니 다카마사는 에도에서 태어나 히라타 아쓰타네로부터 국학을 사사받으며 쇼헤이코平昌学에서 유학을 공부하고 1818년에는 나가사키로 가서 난학·법학을 배운다. 그 후 그는 교토로 돌아가서 국학을 강의하며 바쿠후 말 문하생들에게 제정일치와 천황 중심의 이데올로기를 주입시켰다. 오카 구마오에는 시마네겐島根県의 이와미岩見 신관神官의 아들로 태어났다. 국학자 센게 기요누시千家清主에게서 배워 히라타 아쓰타네의 학풍을 숭상해 문하생들에게 숭신경조崇神敬祖·존왕 사상을 고취시켰다. 이와 같이 국학 사상을 기초로 해서 출현한 복고신도주의자들은 바쿠후 말에 와서는 왕정복고를 실현시킨 존왕양이 운동과 도바쿠 운동을 일으켰던 세력들 중의 하나였고, 그들의 국학·신도 사상은 그러한 운동들의 사상적 배경을 이루었다.

셋째, 왕정복고를 실현시킨 또 하나의 세력으로 미토학파가 거론될 수 있다. 미토학파는 양학파 계열의 인물들에 의해 주도되었던 도바쿠 운동의 모체였다고 할 수 있는 존왕양이 운동(1840-1863)을 주도했던 세력들이다.

미토학의 기본적 사상은 존왕尊王과 양이攘夷 사상이었다. 그러한 사상이 정치 운동으로 전환되어 나가게 됐던 것은 그로부터 20년 만인 1858년 〈미·일 수호통상 조약〉이 행해지는 과정에서부터였다. 그러한 정치 운동은 1858년 13대 쇼군 도쿠가와 이에사다德川家定(1824-1858) 후계자 선정의 정쟁 문제, 〈미·일 통상 조약〉 시의 위칙 조인 문제 등의 야기를 계기로 해서 행해지게 되었다. 이에사다는 1853년 쇼군이 됐으나 병약하여 로쥬老中 아베 마사히로阿部正弘(1819-1857)가 대부분의 정무를 맡았다. 그러나 아베 마사히로가 사망함에 따라 1858년 4월에 이이 나오스케井伊直弼가 다이로大老로 임명되어 정무를 행하게 됨에 따라 그는 그동안 미루어 왔던 쇼군 후계자 선정 작업에 착수해 히토쓰바시 요시노부一橋慶喜를 쇼군으로 밀고 있는 미토파에 대항해 기이한紀伊藩의 한주 도쿠가와 요시토미德川蘆福=家歲(1846-1866)를 후계자로 그해 6월에 선정했다. 그해 7월에 이에사다가 사망하자 요시토미가 제 14대 쇼군이 되었다. 그러나 요시노부는 미토한의 한주 도쿠가와 나리아키德川斉昭(1800-1860)의 아들로서 미토한을 비롯하여 도자마外様의 여러 웅한雄藩이 지지했던 자였다. 필자가 여기에서 역설하고자 하는 것은 당시 도쿠가와의 방계傍系의 한들과 도자마의 웅한들은 조정의 천황 편이었고 후다이한譜代藩은 바쿠후의 쇼군 편에 서 있었다고 하는 것이다. 미토한은 방계였고 방계 중에서도 쇼군의 정계正系가 끊기면 후사後嗣를 댈 수 있는 고산케後三家 중의 하나였고, 요시노부가 미토한 한주의 아들로 태어나 양자로 갔던 히토쓰바시가도 고산케 중의 하나였다. 이이 나오스케는 후다이한인 히코네한彦根藩의 한주였다.

이와 같이 쇼군의 후사 문제로 조정지지 한과 바쿠후지지 한이 양분되어 정치적 역학 관계를 형성하고 있는 상황에서 이이 나오스케가 천황의 승인을 받지 않고 그해 6월에 미국과 불평등 조약으로 명명되는 〈미·일 수호통상 조약〉을 맺게 되었다. 그러자 이이 나오스케의 반대편에서 위칙조인 문제를 들고 나와 이이 나오스케 쪽을 공격하자 이이 나오스케는 조정 쪽의 도쿠가와 나리아키 등을 근신에 처했다. 그러자 미토한 등의 히토쓰바시파의 한의 무사藩士, 반바쿠후의 소모草莽라든가 로닌浪人 등을 위시한 재야 운동가들이 움직이기 시작하였고 천황도 반바쿠후의 입장을 취해 무오밀칙戊午の密勅을 미토한에 내려 양이를 종용했다. 일이 그렇게 되어 나가자 이이 나오스케는 반대파들을 탄압했고 요시다 쇼인 등을 사형에 처했다. 그러자, 소위 천황을 지지하는 방계한, 사쓰마·초 등의 도자마한, 반바쿠후의 소모들 등이 존왕양이 운동을 일으키게 됐던 것이다. 그러나 그 운동 세력들은 1864년 8월 영국·미국·프랑스·네덜란드 연합함대 시모노세키 포격 사건을 계기로 양이가 불가하다는 것을 깨닫고 존양 운동을 도바쿠 운동으로 전환시켜 나감으로써 결국 왕정복고를 이룩하게 된다. 그들이 존왕양이 운동에서 도바쿠 운동으로 몰고 갈 수 있었던 것은 '소모국학草莽国学' 사상이 민중에 퍼져나가면서 민중과 바쿠후가 갈라지고 민중과 천황이 합치되어 가는 사회적 분위기가 조성되었기 때문이다.385▪

일찍이 도코는 자신이 《홍도간기》를 통해서 주장했던 '충애의 정성忠愛の誠'을 그의 자서전풍의 저작 《회천시사回天詩史》(1844)를 통해 기술해 냈다. 그는 한주 도쿠가와 나리아키를 도와 미토한 차원의 덴포 개혁(1841-1843)을 추진하다가 1844년 나리아키가 바쿠후로부터 한주 나리아키와 함께 근신 명령을 받고서 에도의 미토한의 저택 내 오두막에 유폐되자 《회천시사》의 집필을 통해 그때의 심정을 기술했는데, 그것 속의 '고시古詩'와 자작시 '정기가正気歌' 등이 그 후 바쿠후 존양지사들에게 널리 애송되어 존왕양이 운동과 도바쿠 운동의 에너지원이 되었다.

미토한교水戸藩校의 '홍도간' 출신으로 존왕양이 운동과 도바쿠 운동, 왕정복

385▪ 야스마루 요시오, 〈일본의 근대 천황제와 민중의식〉, 계명대학교 일본 문화 연구소, 《일본학지》 제11집(1991), 160-161면.

고, 메이지 유신의 실행 등의 과정에서 활약했던 대표적 인물들로는 스가 마사토모菅政友(1824-1897), 구리타 히로시栗田寛(1835-1899) 등을 들 수 있다. 스가 마사토모는 후지타 도코, 아이자와 세이시사이의 문하에 들어가 미토한 개혁파의 무사와 교류했다. 1858년 한주 도쿠가와 나리아키가 근신에 처해지자 상서上書해 면죄를 호소했다. 그 후 그는 쇼코칸 직원이 되어 문고文庫를 담당했고《대일본사》의 '지志 · 표表' 편찬을 담당했다. 그 후 그는 한동안 나라奈良의 이소노카미진구石上神宮의 구지宮司(우두머리 신관)로 있다가 1877년 태정관太政官의 편사국編史局에 들어갔는데, 1888년에는 도쿄대학 수사국修史局으로 옮기게 된다. 이와 같이 그는 천황제 국가 체제의 확립을 위해 일본의 황국역사관의 확립에 한평생 종사했던 자이다.

구리타 히로시도 후지타 도코藤田東湖, 아이자와 세이시사이를 통해 쇼코칸에 들어가 평생을《대일본사》편찬 사업에 종사했다. 유신 후에는 교부성教部省의 수사관捜査官으로 옮겼다가 1892년에는 도쿄 제국대학 문과대학 교수가 되어 국어학, 국문학, 국사 제1강좌를 담당해 황국사관을 확립시키려 했던 미토학파의 사학가로서 활약했다.

3) 왕정복고의 사상적 배경

그러면, 이상과 같은 왕정복고의 추진 세력들의 사상적 배경은 어떠했었는가? 근세 서구 세력의 동진과 쇄국 정책의 시행, 바쿠한 정치 체제의 구축과 유교사상에 입각한 윤리 체제 확립, 왕조 국가의식의 자각과 존왕양이 사상의 성립 등에 대한 고찰을 통해 왕정복고의 사상적 배경을 파악해 보기로 한다.

르네상스 운동의 분위기를 타고 근세 서구 세력의 선두주자였던 포르투갈인들이 아프리카 남단의 희망봉(1498), 인도의 고아(1510), 중국(1514) 등을 통해 일본에 도착했던 것은 1543년의 일이었다. 일본은 그때 이후부터 1639년 일본의 바쿠후가 포르투갈인들의 내항을 금지하기까지의 1세기간 정치적 격변을 겪게 된다. 우선 아시카가 바쿠후足利幕府(1333-1573)가 오다 노부나가織田信長(1534-1582)에 의해 타도되었고, 오다와 그의 부하 도요토미 히데요시豊臣秀吉(1536-1598)에 의해 각각 수립된 아즈치安土와 모모야마桃山의 정부가 붕괴되었고, 또 그의 부하 도쿠가와 이에야스徳川家康(1542-1616)에 의해 에도 바쿠후가 설립되는 등 3차례에 걸쳐 정부가 교체되었다. 그 과정에서 1천 년에 걸쳐 구축된 불교 교단의 군사력이 오다 노부나가에 의해 해체되었고,[386] 40년에 걸쳐 형성되어 왔던 교회조직이 도요토미 히데요시에 의해 해체되었다. 그 불교와 기독교 신자들을 앞세워 두 차례에 걸친 조선 침략이 감행되기도 했다.

도쿠가와 바쿠후는 그러한 정치적 · 사회적 혼란이 대륙으로부터 들어온 불교라든가 서구로부터 유입된 기독교 등과 같은 종교적 문제로부터 기인되었다고 생각하여 배불 정책과 기독교 탄압 정책을 펼치게 된다. 이렇듯 기독교 세력을 박해하는 과정에서 도쿠가와 바쿠후의 쇄국 정책이 이루어졌다.

동진한 서구의 세력들의 주된 목적은 한마디로 선교와 무역이었다. 도쿠가와 바쿠후는 일본에서의 그들의 활동을 방임하면 서구 세력의 유입 지역에 위치해 있는 도자마한들과 내륙에 위치해 있는 신반親藩 및 후다이한들 간에 빈부 격차가 생기게 되고 또 서로 다른 세계관을 갖는 자들 간의 충돌이 생겨 결국 정치적, 사회적 혼란이 야기될 가능성이 있다고 판단한 나머지 내국인과 외국인들의 출입국을 차단했다.

그 대신 바쿠후는 중농주의 정책을 취하며 임진왜란을 통해 조선에서 도입한 신유교로부터 치정治政 이론을 취했다. 도쿠가와 바쿠후의 쇄국은 1633년에서 시작되어 1639년에 완성되었다. 무역뿐만 아니라 선교 활동까지 하던 포르

---

386 ▪ 노부나가는 1571년 교토의 북쪽 히에이 산比叡山에 있는 천태종의 총본산 엔랴쿠지延暦寺의 건물 3천여 개를 파괴하고 그곳의 승려 대부분을 학살하였다(에드윈 O. 라이샤워, 《동양문화사(상)》, 전해종 외 옮김, 을유문화사, 1984, 754면).

투갈인들은 1639년에 추방되었다. 그 결과 오로지 무역 활동만 하는 네덜란드인과 중국인들만이 나가사키항만을 출입하게 되었다. 그 외의 조선과의 무역은 쓰시마対馬島의 다이묘 소지宗氏를 통해서 이루어졌다.

바쿠후는 그러한 식으로 쇄국을 단행한 후 정치적 측면에서는 바쿠한 정치 체제를, 경제적으로는 중농주의 정책을, 문화적으로는 배불숭유排仏崇儒와 문무불기文武不岐주의 등의 정책을 취해 나갔다. 바쿠한 정치 체제란 바쿠후의 쇼군과 한藩의 다이묘를 기축으로 한 정치 체제를 말한다. 그것은 쇼군이 다이묘에게 영지를 할당해 주고 다이묘는 쇼군에게 봉사한다고 하는 봉건적 주종제를 기본으로 한 정치 체제이다. 이러한 주종적 정치 체제는 무사를 지배신분, 햐큐쇼百姓, 조닌町人, 천민賎民을 피지배 신분으로 하는 신분제를 만들어 냈다.

필자가 여기에서 말하고자 하는 것은 바쿠후가 바쿠한 정치 체제와 그러한 사회 계급 체제를 유교의 장려를 통해 확립시켜 나갔고 그 사회 체제의 사상적 기반을 유교로부터 취했다는 것이다. 특히, 바쿠후는 그간 무예만을 연마하던 무사들에게 학문까지를 권장했다. 바쿠후는 무사들로 하여금 무예의 연마를 통한 무사도 정신의 함양뿐만 아니라 한학 즉, 유학 교육을 통한 한문의 학습과 유교 사상을 습득케 하여 사회적 윤리 체제를 확립시켜 나갔다. 바쿠후는 특히 무사 계급에게 유교 사상에 기초한 엄격한 윤리의식을 주입시켜 정치사회 체제를 유지하기 위한 기본적 바탕을 만들었다. 그런데 유교의 윤리 도덕의 기초는 군君과 신臣과의 관계, 주군主君에 대한 신하의 충성이었다. 그 결과 무사 계급의 그러한 윤리의식은 그들의 일상생활 속에서까지도 충실·복종·근엄·질박質朴·계급차별의 준행遵行 등으로 표출되었던 것이다.

17세기 전반부터 에도를 중심으로 상류층으로부터는 무가武家 귀족 문화가 형성되어 나왔고 17세기 후반부터는 서민층으로부터 조닌 문화가 형성되어 나왔다. 그 결과 무가 귀족 문화와 조닌 문화가 공존하게 되었다. 이러한 문화들이 형성된 것은 바쿠후의 문화 정책에 의한 것이라 할 수 있는데 바쿠후의 문화 정책의 핵심은 한마디로 한문의 장려였다. 근세 이전의 경우 학문이란 귀족이나 상류층 무사 혹은 승려 등 특수한 신분에 속해 있던 인간들의 교양으로 중시되어 왔었다. 그러나 근세로 들어와 많은 학자들이 민간에서 나타나 이전의 권위에 사로잡히지 않는 자유로운 입장으로 학문이 행함에 따라 각종의 학문이 분화되고 체계적 연구가 행해지게 되었다. 그러한 과정에서 학문 층이 두터워지고 다양화됨에 따라 무사, 조닌, 민간 층들의 사고가 합리화되었던 것이다.

이 시대의 대표적 학문은 유교를 중심으로 한 중국의 고전에 관한 학문인 한학, 일본의 고전에 관한 학문인 국학, 의학·천문학 등과 같은 각종 경험과학을 총칭했던 난학·양학 등이었다 할 수 있다. 그런데 국학, 난학·양학 등은 실은 한학을 기반으로 해서 성립되어 나왔다는 사실에 주목할 필요가 있다. 원래 한학이란 중국 한나라 시대에 행해졌던 학문을 가리키는데 공자에 의해 정리·편찬되고 또 그에 의해 행해진 언행 등이 제자들에 의해 기록되었다고 한 오경五経을 중심으로 성립된 학문 즉, 유학을 가리킨다.

춘추 시대(BC 772-BC 481)에 공자가 그러한 작업을 행했던 것은 당시 봉건 국가들의 사회적 질서가 문란해져 그것을 회복시키는 방안으로 주나라(BC 1122-BC 256)를 세우고 그 나라의 국가 체제인 봉건 국가 체제를 성립시켰던 주의 태조 문왕文王, 그의 아들 무왕武王, 그의 동생 주공周公 등과 같은 선왕先王들의 도道를 역설해 가기 위해서였던 것이다.

도쿠가와 바쿠후가 취한 바쿠한 정치 체제는 주 왕실이 택했던 봉건 정치 체제였다. 봉건 정치 체제란 군주와 제후 사이의 주종 관계를 바탕으로 하여 확립된 정치제도로서 주나라를 군주국으로 하고 주의 인접국들을 제후국으로 하는 봉건 국가 체제였었다. 이 경우 문왕과 무왕 등은 은나라(BC 1766경- BC 1122경)의 토지를 그들의 친척들과 은의 공격에 공적이 컸던 자들에게 나누어 주어 그 지역을 관리하게 했었던 것이다.

이와 같이 공자의 유교는 그렇게 출발한 봉건 국가들의 사회적 질서를 재건해 보려는 방안을 강구해 가는 과정에서 형성되었기 때문에 도쿠가와 바쿠후로서는 주의 봉건제도를 모델로 해서 성립되었던 바쿠한의 봉건 정치 체제를 확립시켜 나가고 또, 그것을 유지하기 위한 방안으로 우선 무엇보다도 유교의 장려가 필요하다고 생각했던 것이다.

주의 봉건제도가 주 왕실과 그와의 친척 내지 친지 관계를 기초로 해서 확립되어 나왔기 때문에 시간이 지남에 따라 그 기초가 붕괴되어 사회적 무질서가 야기되었던 것은 당연한 일이다. 공자(BC 551-BC 479)는 주의 문란해진 사회질서를 바로잡기 위한 방안으로 군신 관계에서의 충과 부자 관계에서의 효를 주축으로 한 도덕적 인간관계를 강조했다. 도쿠가와 바쿠후의 경우도 주 왕실의 토지분배 방식을 참조해서 바쿠후가 설립될 당시 공이 많았던 자들, 친척, 바쿠후 설립을 인정한 자들로 분류시켜 그들에게 토지를 분배했던 것이다. 그러한 점들이 고려되어 바쿠후는 바쿠한 봉건 국가 체제를 확립 유지시켜 가기 위한 방안으로 공자의 유교 사상을 치정이론으로 받아들였다.

이와 같이 바쿠후는 주 초의 정치가들이 확립시켰던 봉건 정치 체제를 모델로 해서 바쿠한 봉건 정치 체제를 구축해 나갔는데 그러한 바쿠한 체제를 확립 유지시켜 나가기 위한 방안으로 유교를 도입, 장려하면서 그 유교 사상에 입각하여 정치, 경제, 문화 정책을 취해 나갔던 것이다.

유교가 장려되어 그것이 연구되고 일반화되어 가는 과정에서 군주의 개념이 명확해져 나옴에 따라 천황과 쇼군과의 관계도 명확해졌다. 그 결과 각국에는 군주로서의 천황과 천황의 신으로서의 쇼군 의식이 형성되어 나왔고 또, 고대 천황제 국가 때의 경우처럼 천황을 정점으로 한 국가의식이 자각되어 나왔던 것이다. 특히 19세기로 접어들어 근대 서구 세력들이 동진해 바쿠후가 대국大国으로 의식해 오던 중국이 서구 열강들과의 아편 전쟁 등을 통해 반식민지 상태로 떨어지는 상황이 전개되자 일본에서는 국가적 위기의식이 고조되었다. 그러자 유학을 통해 유교 사상으로 의식화된 식자층들은 천황을 주군으로 한 군신 관계의 확립을 통해 무너져 가는 정치적·사회적 질서를 회복해 국가적 위기를 극복할 수 있다는 입장을 취하게 되었다. 그러한 입장들은 앞에서도 언급한 바와 같이 신반 즉, 미토한을 비롯한 도쿠가와德川의 방계신반傍系親藩, 도자마한 즉, 사쓰·초 등과 같은 서남의 웅대한 한들에 의해 취해졌던 것으로서 양이攘夷를 위해서는 바쿠후의 쇼군을 정점으로 바쿠한 정치 체제가 아니라 쇼군에게 정권을 위임한 천황을 정점으로 한 천황제 정치 체제여야 한다고 주창해 나갔던 것이다.

그런데 필자가 여기서 주목하고자 하는 것은 바쿠후의 쇼군이 아니라 조정의 천황이 정치의 중심이 되어야 한다는 그들의 그러한 입장들은 국체 사상을 배경으로 해서 형성되어 나왔다는 것이다.

2. 유학과 존왕양이 사상의 성립

1) 근세 일본 유학의 성립

그러면 존왕양이 사상의 성립 과정에서의 유학은 어떠한 역할을 수임했는가? 이 문제는 우선 근세 일본유학의 성립 과정에 대한 고찰로 시작될 수밖에 없는데 그러한 고찰은 오산五山문학과 후지와라 세이카藤原惺窩, 남학파南学派와 기몬崎門학파, 청清의 한학파漢学派와 일본의 고학파古学派 등의 관계들의 파악을 통해 행해질 수 있다.

일본에서는 13세기 후반에서 16세기 후반까지의 3세기간 교토京都·가마쿠라鎌倉의 오산선림五山禪林을 중심으로 한문학이 행해져 왔었는데 현재 우리는 그것을 오산문학이라 한다. 그 오산문학은 신유교의 이학파理學派에 대립되는 심학파心學派로부터 나온 양명학파陽明學派의 영향하에서 성립된 것이었다. 정명도程明道(1032-1085), 정이천程伊川, 주자朱子(1130-1200) 등으로 시작되는 학문을 이학理學으로 부르는 것에 대해 육상산陸象山(1139-1192), 왕양명王陽明(1472-1528) 등으로 이어지는 사상적 경향을 심학心學이라 한다. 양명학파는 '심즉리心卽理'와 '지행합일知行合一'을 강조하는 것으로 특징지어진다.

한국에서의 유학이 이학을 끌어들여 신유학인 성리학으로 발전되었다면, 일본에서의 유학은 이상에서와 같이 심학으로부터 나온 양명학을 받아들여 출발한다. 그 후 그것은 오산승을 통해 임진왜란 이후 한국의 성리학과의 접촉을 계기로 후지와라 세이카(1561-1619) 등에 의해 근세 일본 유학으로 확립되었다.

후지와라 세이카도 원래는 승려로서 오산문학자의 한 사람이었다가 환속還俗했던 자이다. 그는 임진왜란 때 포로로 잡혀 왔던 조선의 유학자 강항姜沆과 친교를 맺게 되었는데 후지와라 세이카는 그의 도움으로 조선 이퇴계李退溪(1501-1570)의 성리학의 입장에서 경서주해서經書注解書인 《사서오경왜훈四書五経倭訓》을 완성시킨다. 그는 인륜일용人倫日用의 실천학으로서 유학을 파악해 하야시 라잔林羅山(1583-1657) 등을 위시한 교학파京学派로 총칭되는 많은 유학자들을 양성해 냈다. 도쿠가와 이에야스가 주자학을 접하게 된 것은 다름 아닌 바로 후지와라 세이카를 통해서였다.

오산 출신으로 후지와라 세이카의 제자 하야시 라잔은 교토인으로 1604년 후지와라 세이카에 입문해 바쿠후에 들어가 1608년에는 이에야스의 자문관이 되어 네 사람의 쇼군을 모시며 바쿠후의 정치적 · 윤리적 체제의 추진자로서 중요한 역할을 했다. 그는 유교 학설의 중요한 부분이 역사라는 것을 감안하여 주희朱熹(1130-1200)의 《통감강목通鑑綱目》을 본받아 일본의 역사서 《본조통감本朝通鑑》(전 310권, 1670년 성립)의 편찬에 착수했고 그의 후계자들에 의해 완성되었다. 그 역사서에서 라잔은 중화 사상에 입각해 일본의 황통皇統이 중국의 주나라의 왕가로부터 유래되었다는 입장을 취하고 있다. 후지와라 세이카의 주자학은 교토를 중심으로 보급되어 나가 마쓰나가 세키고松永尺五(1592-1657)

등을 중심으로 교학파京学派를 형성시켰다. 교토 이외의 지역에서도 오산승려들이 선유일치禅儒一致의 입장을 취해 유학이 사쓰남학파薩南学派(薩摩), 남학파, 도사土佐 등을 형성시켜 나갔다.

남학파 출신의 야마자키 안사이는 일본의 주자학을 확립한 자로서 기몬학파로 불리는 그의 학류學流는 일본에서의 '도학道学'이라고 하는 독점적 계보를 형성했다. 교토에서 출생해 12세에 히에산比叡山에 들어가 소승小僧이 되었다가 19세에 도사로 내려가 도사남학파라 칭하는 주자학계의 학자와 접하게 된다. 그는 그 접촉을 계기로 불교로부터 유교로 전향해 25세에 교토로 돌아와 환속한다. 그 후 그는 이퇴계의 《자성록自省録》으로 학문 사상을 형성시켜 30세였던 1647년에 주자의 문집, 어류語類 등으로부터 배불排佛의 말들을 빼내 그것을 편집해 《벽이闢異》를 저술한다. 그는 교학파와의 접촉을 통해 이퇴계의 성리학으로부터의 절대적 영향하에서 《벽이》를 비롯한 많은 저술을 했는데, 그 경우 그는 주자가 성학聖學의 도통道統을 재발견해 정통의 유학을 재구축했다고 생각한 나머지 주자의 학을 '조술祖述'로 해서 자신이 그것을 체인體認해 간다는 입장을 취해 주자학에 관한 저서를 내가는 과정에서 일본의 주자학을 확립시켰던 것이다. 그렇게 출발한 안사이 주자학은 스이카 신도垂加神道라고 하는 새로운 유가신도적 세계를 확립시켜 나갔다. '스이카'란 그가 신도가로서 수여받은 신호神号로서 '스이카 신도'라고 하는 것은 일본이 황통을 영속시켜 온 나라로서 사람들에게 황통을 수호할 신하로서의 자각을 가르치려는 사상을 기초로 해서 성립된 신도이다. 안사이는 유교로부터 '천인합일天人合一'을 끌어내서 '천인유일天人唯一'을 주창했고 일본 역사에 대한 관심을 환기시켜 존왕 사상을 고취시켜 나갔다.

이퇴계와 안사이 등의 주자학은 북송北宋에서 유행했던 신유교의 일파라 볼 수 있는 도학道學 계열의 것이라 할 수 있다. 도학이란 유학에서뿐만 아니라 불교·도교에서도 사용했었던 말로서 원래 도학에서의 '도道'란 상고上古의 선왕

先王이라든가 성인聖人에 의해 발견되어 공자, 맹자에 전수되었고 그 후 송대에 재발견되었다고 하는 자기수양의 도, 인륜의 근원, 덕치德治에 의한 통치의 요체 등으로 요약될 수 있다. 그런데 그것이 남송에 와서 주자에 의해 주자학으로 집대성되었던 것이다.

안사이는 이퇴계의 성리학으로부터 '경敬' 즉, 경건敬虔한 자세로 사물을 대해야 한다는 사상을 받아들여 그것을 그의 학문의 근저로 삼아 일본의 주자학을 확립시켜서 기몬학파라고 불리는 학류를 성립시켰던 것이다. '경'이란 경건한 마음가짐을 타나내는 말인데 우선 일차적으로 종교적 기도의 장소에서 취해지는 마음가짐을 말하고 윗사람을 받들 때의 마음가짐을 나타내는 말이기도 하다. 일본인에게의 '경'이란 본심本心을 항상 확실히 유지하려는 자세라 할 수 있는데 기몬학파에서의 '경'이란 천지의 시작과 함께 존재했던 이념이었고 그것은 성학을 통해 계승되었다. 그런데 필자가 강조하고자 하는 것은 안사이 주자학이 바로 이 '경'을 기저로 한 형이상학으로서 성립되었다고 하는 것이다.

안사이와 그의 기몬학파는 인간관계를 자타自他 관계로 파악하고 또 그것을 내외본말內外本末로 구분해서 자국에 대한 충성으로부터 '대의명분大義名分'을 찾는다는 입장을 취했다. 대의명분이란 인간으로서 응당 지켜야 할 도리나 본분을 가리킨다. 그의 그러한 사상은 바쿠 말 존왕론尊王論에 커다란 영향을 끼쳤을 뿐만 아니라 근대 천황제 국가의 성립 과정에서는 국민들의 천황제 국가에 대한 충성심의 사상적 배경으로 작용했다. 이처럼 근세 일본인들에게는 기몬학파를 통해 '자국自国'에 대한 의식이 시작되었던 것이다.

이와 같이 조선의 성리학으로부터의 절대적 영향하에서 형성된 근세일본의 유교는 청대의 '한학파漢學派'로부터도 지대한 영향을 받았다. 청의 복명학자復明學者 황종의黃宗義(1610-1695)는 전제군주에 대한 비판서《명이대방록明夷待訪錄》의 저술을 통해 중국 고전들로부터 모범적인 유교적 군주로서 알아야 할 정치적 지혜를 끌어냈다. 같은 복명학자의 입장에서 고염무顧炎武(1613-1682)

는 명(1368-1644)의 붕괴 원인을 "성리학 가운데서도 명대의 유명한 철학자 왕양명王陽明의 양명학 등에 의해 발전된 형이상학파들"의 탓으로 파악하였다.[387] 그는 왕양명의 양명학이 유교 고전의 영향보다는 선불교의 영향을 더 많이 받아 형이상학파로 발전했다는 입장을 취했다. 그래서 그는 귀납적 방법으로 다시 유교 고전을 연구해야 한다고 주창했던 것이다. 청대의 '한학파'의 주창자들의 한 사람으로서의 그는 "한대 학자들은 시대적으로도 성현聖賢에 더 가깝고 송학이 가진 형이상학적 선입관념에 젖어 있지도 않기" 때문에 송 이전의 서적으로 돌아가 고전의 전승을 재연구해야 한다는 입장을 취했다.[388]

하야시 라잔의 주자학으로부터 출발해 병학兵学의 대가가 되었던 야마가 소코山鹿素行(1622-1685)도 양명학파의 영향을 받아 성립되었던 일본의 주자학의 정통성에 대항해 《성교요록聖教要録》(1665)의 저술을 통해 공자에 대한 후대인들의 재해석을 배척하고 《논어》와 《맹자》로 복귀할 것을 주창했다. 그는 그 차원에서 그치지 않고 《고사기》 등과 같은 일본의 고전의 내용들을 무비판적으로 받아들여 그것들을 자료로 해서 《중조사실中朝事実》(1669)을 저술했다. 그는 일본의 황통의 만세일계성万世一系性과 무위武威를 논거로 해서 일본의 우월성을 주장했고, 하야시 라잔계의 주자학에 의한 중국 숭배를 비판했다. 구마모토한熊本藩의 무사의 아들로 태어나 에도로 나가 후지타 도코 등과 어울렸던 요코이 쇼난横井小楠은 그의 동향으로 메이지 유신 이후 〈교육칙어〉의 기초를 작성한 모토다 나가자네元田永字의 영향하에서 유학자가 되었고 또, 모토다 나가자네의 유학은 이퇴계의 《자성록》과의 접촉을 계기로 유학자로 대성한 오쓰카 다이야大塚退野(1677-1750)로부터 출발했다. 그런데 필자가 여기에서 강조하고자 하는 것은 그들의 학문적 특질이 황도 사상에 경도되어 있다고 하는 것이다.

야마가 소코와 같은 입장을 취했던 유학자들은 교학파로부터 출발해 후에

387 ▪ 에드윈 O. 라이샤워, 《동양문화사(상)》, 전해종 외 옮김(을유문화사, 1984), 481면.
388 ▪ 위의 책, 481면.

고의학古義学을 제창한 이토 진사이伊藤仁斎(1627-1705)라든가 에도 출신으로 주자학에서 출발해 주자학은 물론 고의학까지도 비판하면서 고문사학古文辞学을 제창한 오규 소라이荻生徂徠(1666-1728) 등과 같은 자였다. 야마가 소코의 그러한 입장은 성학을 확립시켜 보겠다는 취지에서 취해졌었는데 사실은 이토 진사이도《논어》와《맹자》등의 경서에 내재된 공자와 맹자가 가르치려 했던 본래의 의의 즉, 고의古義를 제대로 파악하려는 입장에서 취해졌었다. 오규 소라이의 경우는 '6경六經'에 근거해 그것 속에 내재된 '선왕의 길先王の道'을 찾아내 그것을 지표로 해서 새로운 고학 사상을 확립시켜 보려 했다. 그의 그러한 입장은 "근세 일본 사회에 부적절한 주자학을 비판하면서 현실사회에 적합한 학문인 고학古学을 탄생시켰던 것인데 그것이 바로 일본적인 유학"이라는 지적이 있다.[389] 그의 그러한 '일본적 유학'은《변도弁道》(1卷, 1717) 등을 통해 확립되어 나왔는데 그것은 후세 모토오리 노리나가의 국학 사상의 형성에도 영향을 주었다.

바쿠 말의 병학 사상가, 요시다 쇼인은 조슈한의 하기萩에서 태어나 대대로 야마가류山鹿流 병학사범이었던 요시다가吉田家를 계승한 자이다. 야마가 류의 병학이란 에도 전기의 유학자 야마가 소코에 의해 창시된 병학兵学을 가리킨다. 야마가 소코는 6세에 아이즈한会津藩에서 에도로 나와 하야시 라잔의 문하에 들어가 주자학을 배우고 병학자兵学者들로부터 병학을 배웠다. 또 그는 신도가神道家들로부터 신도를 배워 40세경에는 주자학의 관념성과 비실용성을 비판하면서 그것이 무사사회에서의 일상생활에 유용될 수 있는 실용학이 되어야 한다는 입장을 피력했다. 한편, 그는 중화 사상을 배척하고 일본의 풍토와 역사의 우수성을 주장한 자이기도 하다. 1851년 에도로 유학遊學을 나가 사쿠마 쇼잔에 입문한다. 당시 사쿠마 쇼잔은 주자학·양명학을 겸비한 자로서 유학자의 입장에서 양학 특히, 서양의 병학에 접근한 인물이다. 그는 사회적 현상을

---

389 ▪ 이희복, 〈일본적 유학의 창출〉, 한국일본학회, 《일본학보》 제64집(2005), 402면.

비롯해 '천지 만물의 이'를 규명해 내기 위해 '이理'의 보편성을 확인해 가면서 전통적인 '이적관夷狄観'을 극복해 구미를 사師로 해서 그 장점長点을 적극적으로 배워야 한다는 입장의 소유자였다. '동양도덕 · 서양예술'은 그가 그의 옥중 저서《성건록省諐録》에서 서양의 과학기술의 수용이론으로 제창한 말이다. 요시다 쇼인은 당시 미토학파의 존왕양이주의자들과도 접촉을 가졌다. 그는 1853년 페리호 내항 시 해외 사정을 알아보기 위해 나가사키로 나가 서구의 군함을 타고 일본을 나가 보려 했으나 실패해 투옥되었고, 그로 인해 옛 스승 사쿠마가 투옥당하는 일이 벌어졌다. 그는 바쿠후를 타도하고 천황 영도하에 일본을 강대국으로 발전시켜야 한다는 사상에 빠져 1859년 교토에 있던 이이井伊의 대리인을 암살할 계획을 꾸몄다가 발각되어 처형당하게 된다. 그의 그러한 사상은 조슈한의 쇼카손쥬쿠松下村塾에서 가르쳤던 제자들을 통해 존왕 운동으로 발전되어 나왔고 또, 그것은 도바쿠 운동으로 전개되어 나갔다.

2) 미토학과 국학의 성립

존왕양이 사상의 성립 과정에서의 유학의 역할은 미토학과 국학 등의 성립 과정에서의 유학의 역할에 대한 고찰을 통해서 파악될 수 있다. 그러한 고찰은 도쿠가와 미쓰쿠니徳川光圀(1628-1700)의《대일본사》편찬 착수, 국학의 성립과 전개 등에 대한 파악을 통해 행해질 수 있다. 도쿠가와 이에야스의 11남 요리후사頼房(1603-1661)는 미토 도쿠가와가水戸徳川家의 시조始祖로서 하야시 라잔을 통해 '신유일치神儒一致'와 신도 정신에 관한 입장을 확립시켰다.[390] 그의 그러한 입장은 그의 3남 미쓰쿠니에게 전달되어 그로 하여금《대일본사》편찬을 착수하게 하였다.

---

390 ▪ 高須芳次郎『水戸学派の尊皇及び経綸』(東京: 雄山閣, 1936), 25頁.

이에야스의 손자이자 미토한水戶藩의 제2대 한주였던 도쿠가와 미쓰쿠니는 정통 주자학의 보급에 힘써 가는 과정에서 유학의 중요영역의 하나인 역사에 관심을 갖게 된 나머지 사마천司馬遷의 《사기史記》(BC 100년경)를 본받아 1657년 한문으로 《대일본사》를 편찬하기 시작했다. 사마천의 《사기》는 중국을 중심으로 해서 세계를 바라보려는 입장을 취해 구축된 중화 사상의 기초를 창출하는 데 절대적 역할을 행한 중국의 최초의 정사正史이다. 사마천의 생존 시기는 한무제漢武帝(재위 : BC 141-BC 87)의 재위 시기에 해당된다. 전한의 성립 이후 그때까지 소극적이었던 전한의 정치는 무제의 등장에 의해 적극적 정책으로 돌아섰다. 국내적으로는 유학의 채용, 과거科擧의 개시, 제도의 정비 등이 행해졌고, 대외적으로는 북방의 위협적 존재였던 흉노를 비롯한 고조선, 서역, 인도차이나 등으로 출병해 한의 영토를 확장시켜 나갔다.

《사기》는 신화 시대인 황제黃帝의 시대부터 사마천이 살았던 시대까지의 통사通史이다. 지역은 중국 특히, 황하 지역을 중심으로 해서 당시 무제가 확장시킨 동은 조선, 서는 신장과 동터키스탄, 남은 인도차이나, 북은 만주까지를 기술 대상으로 하고 있는 것이다. 이렇게 봤을 때 《사기》는 중국을 중심으로 한 '세계사'라 할 수 있다.

에도 바쿠후는 하야시 라잔 등을 통해 일본의 역사를 기술하게 했는데 하야시 라잔은 중화 사상에 입각해 주자의 《통감강목》을 본받아 그의 아들 하야시 가호林鵞峯(1618-1680) 등과 함께 《혼초쓰간》을 편찬하였다. 그에 대해 도쿠가와의 방계한傍系藩인 미토한의 미쓰쿠니는 《사기》를 본받아 《대일본사》(402卷, 1657-1906) 편집에 착수했던 것이다. 《대일본사》는 《사기》가 한漢을 중심으로 세계를 본다는 중화 사상의 입장에서 쓰인 것에 착목해 일본을 중심으로 세계를 본다는 입장에서 기술된 것이라 할 수 있다.

1665년에는 미쓰쿠니가 만주족을 피해 일본으로 망명한 명의 충신 주순수朱舜水로 하여금 그것을 감찬하게 했는데 미쓰쿠니를 비롯한 《대일본사》 편찬자들은 일본의 상고사上古史의 저술 과정에서 《기기》 신화를 접하게 되었고 그것을 사료로 해서 일본의 상고사를 집필해 가는 과정에서 현재 미토학파로 불리는 학문 단체를 형성해 황도사관을 정립시켰다. 청대에서의 '한학漢學'이란 한마디로 '송학宋學'에 대한 한학이었다. 송학은 주자의 이기이원론理氣二元論과 육상산의 심즉리心卽理설 등이 중심이 되어 성립된 유학이다. 청의 고염무는 고증학적 입장을 취해 송의 주자학이나 송의 육상산 계열에서 나간 명의 양명학이 선불교의 영향하에서 형성되어 나왔다는 사실들을 규명하면서 그것들의 형이상학적 요소들을 비판했다. 고염무의 학문은 그러한 과정에서 언어학, 어원학, 문헌학 등의 분야로 확대되어 결국 '송학'에 대해 '한학'을 성립시켰다. 그의 '한학'은 이전 명대의 왕양명이나 송대의 주자의 주석들을 통해서보다는 한대학자들의 주석註釈을 통해 고전에 접근해 가는 것이 성인들의 사상을 파악해 낼 수 있는 더 적절한 방법이라는 입장에서 성립된 것이다.

청대의 그러한 한학에 대응시켜 일본에서 국학을 일으키기 시작한 자가 바로 게이추契沖(1640-1701)였다. 그는 효고겐兵庫県 아마가사키尼崎에서 태어나 11세에 불교에 입문했는데, 1662년경에 국학자 시모코베 나가루下河長流(1624-1686)와 친교를 맺게 됐다. 그런데 그는 엔보延宝 연간(1673-1680)에 그로부터 《만요슈万葉集》의 주역註訳을 의뢰받는다. 시모코베는 그 주역의 건을 미토한주水戸藩主 도쿠가와 미쓰쿠니로부터 의뢰받았었으나 자신은 그것을 거절하고 대신 게이추를 소개했던 것이다. 당시 미토한에서는 《대일본사》 편찬에 따른 《만요슈》의 교정이 기획되었기 때문에 평생 그에게 식대를 보내 도움을 주었던 것이다. 게이추의 《만요대장기万葉代匠記》(1690)가 그 작업의 결실이었고 게이추는 그 후 오직 고전의 연구에만 몰두했다. 그의 학문은 당시 일본에 전래된 청의 고염무의 고증학적 방법론에 입각해 일본에서의 과학적 실증적 연구 방법을 확립시켜 국학기흥国学起興의 선구적 역할을 행하게 됐던 것이다.

국학이란 대륙으로부터 유입된 신유교가 일반화되어 나가자 이것에 대립해

성립된 학문이다. 그것은 대륙으로부터 유교·불교가 들어오기 이전의 일본 특유의 사상이야말로 고금古今을 통해 일본인이 취해 가야 할 기본적 사상이라고 하는 입장을 취해 고대 일본의《고사기》(712)라든가《만요슈》(759년경) 등과 같은 문헌들을 자료로 해서 문헌학적으로 그것들을 연구해 나가는 학문이다. 그 대표적 학자들은 게이추를 비롯하여 가다노 아즈마로荷田春滿(1669-1736), 가모노 마부치賀茂真淵(1697-1769), 모토오리 노리나가, 히라다 아쓰다네平田篤胤(1776-1843) 등이라 할 수 있는데 그들에 의해 일본의 고전들이 연구되는 과정에서 국학이 일본의 신학神學으로 전파돼 나왔던 것이다. 가다노 아즈마로, 가모노 마부치 등과 같은 자들은《고사기》·《일본서기》·《만요슈》등에 대한 연구를 통해 고대 일본 정신을 해명하기 위해 노력했다. 그 다음의 모토오리 노리나가에 가서는《고사기》를 신전神典으로 취급하게 되었으며 히라다 아쓰마로에 와서는 모토오리의 국학 사상을 기초로 해서 복고신도를 창시되었다. 이상과 같이 대륙으로부터 전래되어 일반화되어 가는 신유교에 대립해 형성된 국학은《기기》신화라든가 신대神代부터 전해져 내려오는 신의 생각 그대로의 상태 즉, 인위를 가미하지 않은 일본 고유의 길을 의미하는 '가무나가라의 미치かむながらのみち'라고 하는 신도神道 등을 연구해 나갔고, 그것을 주축으로 일본의 역사를 본다고 하는 황도사관을 확립시켜 나갔으며, 이와 더불어 천황을 현인신現人神으로 인식해 볼 수 있는 시각을 형성시켜 나갔던 것이다.[391]

3) 화이 관념과 양이 사상의 성립과 전개

존왕양이 사상의 성립 과정에서의 유교의 역할에 대한 고찰은 화이華夷 관념과 양이攘夷 사상의 성립 과정과 전개양상에 대한 파악을 통해서도 행해지지 않을

391■ 折口信夫『折口信夫全集』第20巻(東京: 中央公論社, 1971), 183頁.

수 없다. 일본에 근세 서구의 문물이 유입된 것은 16세기 중반 이후이다. 서구문물의 관문인 일본의 서남 지역의 한들에서는 그때 이래 중상주의 정책이 취해지고 기독교화가 행해져 나갔다. 그 결과 그간의 아시카가 바쿠후의 바쿠후의 쇼군과 한의 다이묘의 군신 관계를 주축으로 한 봉건제도의 기반이 붕괴되기 시작했다. 그러다 세 사람의 호걸이 나타나 그 붕괴되어 가는 봉건제 국가 체제를 재확립하게 되는데 그 첫 번째 인사였던 오다 노부나가는 중상주의와 친기독교의 입장을 취하는 서남한의 세력들을 등에 업고 교토의 불교 사원의 세력들을 타도해 새로운 차원에서의 정치적·사회적 질서를 확립시켜 보려 했었다.

이에 대해 그의 뒤를 이은 도요토미 히데요시豊臣秀吉(1536-1598)는 불교 세력뿐만 아니라 기독교 세력들에 대한 축출을 통해 사회질서를 확립시켜 보려는 입장을 취했다. 그는 일본 내의 불교 세력과 기독교 세력들을 투입해 임진·정유재란까지 일으켰다. 마지막의 장수 도쿠가와 이에야스는 기독교 세력들을 비롯한 모든 외세들의 추방과 쇄국 정책 단행을 통해 정치와 사회질서를 확립시킨다는 입장을 취했다. 도쿠가와 바쿠후의 쇄국 정책은 1635-1639년 사이에 완성되었는데 우선 일차적으로 서구의 기독교 세력들의 일본 침투의 차단, 도쿠가와 바쿠후의 중농주의 정책과 대립되는 서남 지역 한들의 해외무역의 차단 등으로 볼 수 있다. 바쿠후가 서구 세력과 서무문물의 유입에 대해서뿐만 아니라 대륙의 중국과 조선에 대해서까지도 쇄국 정책을 취하게 됐던 것은 당시 대륙에서 만주족의 누루하치奴児哈赤(1559-1626)가 1616년 만주국을 설립한 후 한족漢族의 명明(1368-1662)을 무너뜨리고 있었기 때문이라고 할 수 있다. 동이족東夷族인 만주족이 중국 대륙을 지배하게 될 경우 유교를 장려하던 일본으로서는 중국 대륙으로부터 더 이상 문화적으로 취할 것이 없다고 생각했었기 때문이었다.

화이 관념은 중국에서 주가 봉건제도를 취해서 정치를 해 가는 과정에서 형성되어 나왔던 것으로서 한대漢代 이후 유학을 관학으로 취해 왔던 중국의 한족이 중국을 중심으로 한 주변의 여러 국가들과의 관계를 문화적 우월의식을 가지고 질서화시키려는 중화주의적 관념을 가리킨다. 이 화이 관념은《논어》,《맹자》,《순자》등과 같은 유교 경전으로부터도 찾을 수 있는데 그것에 의하면 세계는 주周의 선왕先王이었던 문文·무武·주공周公이 정한 예절과 음악 즉, 예락禮楽으로 국가를 통치하는 주 왕조, 그 주변을 이루는 제후국들인 화하華夏, 그 화하 밖의 비례락非禮樂적 부족인 이융적만夷戎狄蛮으로 이루어져 있다는 것이다. 이 화이 관념 속에는 주의 제후국인 화하가 문화적으로 중국中国인 주보다는 못하지만 미개야만의 이적夷狄보다는 절대 우위에 있어 화하은 그들을 교화시킬 수 있지만 이적은 화하를 교화시키지는 못한다는 유가관념이 현저히 나타나 있다. 후한 말의 하휴지何休之도《공양해고公羊解詁》에서 왕이 정한 예교禮教가 우선 중국에 실현되고 그 다음으로는 제하諸夏, 더 나가서는 이적에게까지 확대되어 전 세계로 퍼지게 되면 태평천하가 실현될 수 있다는 견해를 보이고 있다.

근세 이후 중국은 남경에서 1368년 명을 건국한 홍무제洪武帝(1328-1398)를 통해 조공 제도를 확립시켜 중국 중심의 세계 질서를 세워나갔다. 그는 중국 내에서 유지하려는 유교적 사회질서를 외부 세계로 확장시켜 나가려는 입장을 취했던 것이다. 그의 그러한 사고는 화이 관념에 기초한 '천자天子' 사상에 입각한 것이라 할 수 있다. 중국에서의 '천자'는 그의 광대무변한 기능을 발휘해 가는 데 있어서 하늘의 보이지 않는 도덕적 힘을 대표하는 존재로 받들어져 왔다. '천자'는 "조공 국가의 정부에 종주宗主로서 이해利害를 주관하고, 새로운 통치자의 즉위를 확인하고, 때로는 침략에 대한 군사적 보호를 제공하고, 항상 대対중국 교역의 혜택을 주는가 하면 어떠한 경우에나 유교주의적 입장에서의 도덕적 훈계를 내려가는" 위치에 있는 존재였다.[392] 명대 이후의 일본은 근세 서구 문물이 일본에 도래했던 16세기 중반까지의 1세기간 중국과 그러한 종속

---

392 ▪ 에드윈 O. 라이샤워, 앞의 책, 402면.

관계를 지속했던 것이다. 그러나 일본은 근세 서구와의 접촉을 계기로 중국과의 그러한 관계로부터 탈피해서 서서히 명의 중화주의를 본받아 고대 천황제 국가 시대에 구축했던 일본류의 화이 관념을 확대시켜 나갔던 것이다.

일본에서의 화이 관념은 대륙으로부터 수입한 유교 사상에 기초해 고대 천황제 국가가 세워지는 과정에서 성립되었다. 당시 일본의 화이 관념은 천황을 중심으로 한 국가 체제의 외연에 신라를 비롯한 복속국이 존재한다고 하는 사고였는데 일본에서의 그러한 화이 관념은 그 후 지배층을 통해 근세까지 전승되어 국학 사상, 국체 사상 등의 형성에 밑거름이 되었다.

도요토미 히데요시가 임진왜란을 일으킨 대의명분은 조선을 복속시키고 명明을 정벌하는 것이었다. 히데요시의 그러한 대의명분은 명이 추진하던 중화주의를 본받아 고대 천황제 국가가 형성될 당시 성립되었던 일본의 화이적 관념을 토대로 해서 나온 것이라 할 수 있다. 임진왜란(1592)과 정유재란(1598) 사이에 행해졌던 중·일 강화교섭에서 일본의 주된 강화 조건은 명 황제의 딸을 일본의 천황비天皇妃로 바칠 것, 조선 영토의 할양 등이었다. 그러한 조건도 일본의 화이적 관념에서부터 나온 것이라 할 수 있다.

일본은 16세기 중반 철포, 기독교 등과 같은 근세 서구문물을 받아들여 그것들로 대륙 침략을 시도해 봤다. 그러나 뜻대로 되지 않아 결국 그것을 중단하고 조선으로부터 신유교, 인쇄술 등과 같은 문물을 수입한다. 다시 한 번 일본은 그러한 문물들을 받아들이는 과정에서 자신들이 극동에 위치한 작은 섬나라의 야만인들에 지나지 않는다는 '동이東夷' 의식에 사로잡히게 되는데 일본인들은 그러한 의식을 극복해 보려는 방안의 일환으로 '일본 신국관日本神国観'을 형성한다. 다지리 유이치로田尻祐一郎는 〈근세 일본의 '신국'론〉에서 "근세 일본의 국가는, 에미시蝦夷라든가 류큐琉球를 복속시키고, 조선을 입공국入貢国으로 취급하고, 화란 상관장의 에도 참근江戸参勤을 감시"했다고 서술하였다. 이와 같은 자국·자민족을 중심으로 하는 국제질서는 국가론의 시점으로부터 '일본형 화이 질서'로서 취급되어 그 이데올로기는 '일본형 화이 의식'으로서 정식화되어 결국 "'신국'의 말이 사람들에게 깊게 침투하기 시작"한 것이다.[393]

일본은 왕권 교체가 없었고 또 타국으로부터 침략을 받아 본 적이 없다는 생각을 가지고 그것을 형성시켰던 것이다. 또 일본은 근세로 들어와 유교를 받아들여 유교의 일본화를 추진하고 있었고 국학 운동도 전개하고 있었다. 그러한 상황 속에서 일본인들은 일본 신국관을 성립시켜 나갔던 것이다. 바쿠말 요시다 쇼인은 그러한 일본류의 화이 사상에 입각해 "바쿠후를 타도하고 천황 영도하에 일본을 강대국으로 발전시켜 나가" 해외 진출 정책을 취해 나가야 한다는 입장을 가졌고 그가 제시했던 바쿠후의 '해외 진출 정책'의 구체적 방안은 조선 정벌이었다.[394] 요시다 쇼인은《기기》신화에 나오는 "진구神功황후의 삼한 토벌 신화를 연구해" "조선을 정복하고 재빨리 진취의 기세를 보여" 열강이 일본을 침략하려는 생각을 포기시켜야 한다고 주장했다.[395] 그의 그러한 조선 침략론은 유학과의 접촉을 계기로 병학자들로 전환해 나왔던 무사들이 서구 열강들로부터 일본을 방위하는 과정에서 주장했던 것으로서 메이지 유신 이후 '정한론'의 저본이 되었다. 그러한 계열은 야마가 소코로부터 출발하여 쇼인의 스승 사쿠마 쇼잔으로 이어졌다. 심학 중심의 주자학이 일본에 알려졌던 오산문학 시대에만 해도 무사들의 스승은 승려였었다. 그러나 이학 중심의 주자학이 하야시 라잔 등에 의해 알려지자 무사의 정신적 교사는 유학자가 되었다. 그러한 계열들은 바로 이러한 시대적 변천을 타고 형성되어 나왔던 것이다.[396]

---

393 ▪ 田尻祐一郎「近世日本の'神国'論」(片野達郎 編『正統と異端 — 天皇·天·神』角川書店, 1991), 110頁.

394 ▪ 레드윈 O. 라이샤워, 앞의 책, 251면.

395 ▪ 호사카 유지, 〈요시다 쇼인吉田松陰과 메이지 정부의 대한対韓 정책〉, 김양희, 김채수, 호사카 유지, 홍현길, 《일본 우익 사상의 기저연구》(보고사, 2007). 201-202면,

396 ▪ 相良享『日本の儒教 I — 根良享著作集』1(ぺりかん社, 1992), 18頁.

3. 유교의 천자 사상과 유가신도

1) 유가신도와 안사이학파의 신유일치론

근세 일본에서의 국체 사상의 성립 과정에서의 유교의 역할에 대한 규명은 유교의 천자 사상과 유가신도와의 관계에 대한 고찰을 통해서 행해지지 않을 수 없는데 그것들의 관계에 대한 고찰은 유가신도와 안사이학파闇斎学派의 신유일치론, 미토학파水戸学派의 대표적 학자 아이자와 세이시사이会沢正志斎의 국체론과 후지타 도코의 황도사관, 유교의 천자天子 사상과 신도의 천손天孫 사상 등에 대한 접근을 통해서 행해질 수 있다.

"일본의 신유교는 반주자학적 경향으로 전개되었다"고 말하는 학자가 있다.[397] 그의 그러한 언설이 그가 지적하고 있는 "일본에서는 주자학, 양명학, 고학古学 등의 신유교적 흐름이 있었다"는 말에 근거한 것이라면 일본의 신유교의 그러한 전개양상을 중국에서의 송·명·청대를 통해서 전개되었던 중국의 신유교의 그것에 의거한 것이라 할 수 있다. 필자가 여기서 지적하고자 하는 일본의 신유교의 특징은 그것이 일본에 들어가 신도와 결합해 '유가신도'로 변질되어 나갔다고 하는 점이다. 따라서 결국 일본의 신유교는 '유가신도'라고 명명될 수 있다는 것이다. 그것의 그러한 변질은 다음과 같이 이루어졌다고 할 수 있다.

일반적으로 유가신도란 근세 초 유학자가 일본 고유의 신도 사상에 관심을 가지고 유교의 입장에서 신유神儒 관계를 논해 그 공통성을 찾아내서 그것을 기초로 해서 성립시킨 신도를 가리킨다. 그 대표적 존재가 바로 하야시 라잔이 세운 유가신도이다. 도쿠가와 미쓰쿠니의 경우도 《대일본사》의 편찬 과정에서 《신도집성神道集成》(1670)을 편집했고 그 후 미토한도 많은 학자를 동원해

397 ■ 최재목, 〈일본 사상(특히 유교)의 기저는 무엇인가?〉, 《철학회지》 제23, 24집(2001), 54면.

바쿠후 말까지《대일본사》의 '진기시神祇志' 편집에 노력했다. 그들의 그러한 노력은 체계화된 유교 사상을 통해서 신도 사상을 체계화시켜 보려는 것이라 할 수 있다. 따라서 유가신도란 유학자가 유교 사상을 가지고 체계화시킨 신도를 가리킨다. 유학자들의 그러한 노력은《기기記紀》를 경전으로 삼고 있는 신도가 사실은 고대 일본에 도입된 한대漢代의 유교 사상을 통해 성립되어 나온 것이라는 사실을 알고 있었기 때문이다. 일본 유학자들의 그러한 노력이 행해지는 과정에서 근세 일본 유학은 사실상 유가신도로 전환되어 나갔던 것이다.

안사이는《나카토미노 하라에 후스이소中臣祓風水草》,《진단이노마키 후요슈神代巻風葉集》등의 저술을 통해 '스이카 신도'라고 하는 신유병행의 학풍을 제창했다. 그가 주창했던 '스이카 신도'는 "신하가 군주에게 바쳐야 하는 절대 숭경과 절대공손을 신앙 차원에 심화시킨" 것으로 파악되고 있다.[398■] 그의 신유일치론은 '신대사神代史'의 합리적 서술과정에서 주창되었다. 안사이학파는 유교의 '경敬'을 중시했고 그것을 '성학'으로 발전시켰다. 안사이학파의 '경'이란 자연, 신, 절대적 존재, 군주와 같은 상위자上位者를 대할 때 갖게 되는 마음가짐으로서 천지의 시작과 함께 인간에게 존재하게 된 이념으로 이해되었다. 그래서 그 학파는 거경궁리居敬窮理를 강조했고 그들의 대의명분을 군신 관계, 자국에 대한 충성 등으로부터 찾는다는 입장을 취해 갔다.

안사이학파 이외의 유학자들은 예컨대 하야시 라잔도 만년에 주자학 연구를 더욱 추진하는 과정에서 신유일치를 시도했고 그의 아들 가호도《본조통감》을 저술하는 과정에서 '신대사'의 합리적 서술을 시도해 신유일치론을 제기했다.

2) 후기 미토학 아이자와 세이시사이의 국체론과 후지타 도코의 황국사관

아이자와 세이시사이会沢正志斎(1782-1863)는 미토한水戸藩의 무사 출신의 유학

398■ 이희복,〈신유일치와 국체 사상〉, 일본 사상학회,《일본 사상》제5호(2002), 104면.

자이다. 그는 미토한의 《대일본사》 편찬 사업을 행해 가던 쇼코칸彰考館 총재로서 《정명론正明論》을 쓴 후지타 유코쿠藤田幽谷(1774-1826)로부터 유학을 배워 장고관, 미토한의 한교藩校 홍도간 등의 총재가 되었다. 그의 저서 《신론新論》(1825)을 통해 국가의 통일과 강화를 강조, 그 구체적 방안으로 민심 규합의 필요성과 존왕양이의 중요성을 역설했다. 그는 존왕론과 양이론을 규합하는 과정에서 일본 국가의 건국 원리와 그것에 의거한 국가 체제라고 하는 의미로 '국체'라고 하는 개념을 제시했다.

《신론》은 일본이 태양신(아마테라스 오미카미)의 직계인 천황가에 의해 다스려지는 나라이기 때문에 가장 으뜸가는 나라가 되어야 한다는 것은 당연하다는 것을 강조한 책이고 또 민심 규합의 한 방안으로 '존왕'과 '양이'의 중요성을 역설한 책이다. 그것은 "삼가 이리저리 살펴보면 신국 일본은 태양이 출현하는 곳 즉, 원기元気가 시작되는 곳으로서 하늘의 황위, 세상의 천자를 모시고 시종 변함없이 원래부터 세상의 원수로 만국의 기강을 세워 왔다. 우주 내에서 국토와 백성을 참으로 잘 통치해 황화皇化가 미치는 곳 멀고 가까운 곳 있을 리 없도다"라고 시작된다.[399] 이처럼 본서는 일본의 천황을 세상을 비추어 만물을 다스려 가는 하늘의 태양에 대비시켜 당시의 국내외의 정세를 논하고 있다. 중국이 천자天子를 중심으로 세상을 파악하려는 입장에 대해 그는 일본의 천황을 중심으로 해서 세계를 파악하려는 일본류의 화이 관념에 입각해 저술한 것이다. 바로 이 책이 후기 미토학의 사상적 기초를 제시했다는 점을 감안한다면 미토학이 어떠한 학문이었다는 것을 쉽게 짐작할 수 있다.

이렇게 봤을 때 중국의 유학이 '천자'를 세계의 중심으로 설정해 천자 중심의 유교적 사회를 구축해 나가기 위한 학문이었다면 미토학은 《기기》 신화의 내용을 역사적 사실로 받아들여 천황을 세계의 중심으로 설정해 천황 중심의 유교

399 ▪ 会沢正志斎「新論」(『水戸学 日本思想大系』53, 岩波書店, 1973), 50頁.

적 사회 체제를 구축해 나가기 위한 학문이었다고 할 수 있다. 본서에서 저자는 하늘의 태양이 햇볕으로 세상을 다스려 가듯이 태양신의 후손인 천황이 다스려 가는 일본이 세상의 중심이 되는 나라라 하여 "불법이 일본에 들어오자마자"(仏法が中国に入ったやいなや), "일본 및 해서 제국 · 남해제도"(中国及び海西諸国 · 南海諸島) 등에서의 경우처럼 '일본'을 '중국中国'으로 표현하고 있다.[400]

《신론》은 국체国体에 대한 기술을 뼈대로 하고 있는데, 여기서의 '국체'라는 말은 "첫째, 국체 즉 신성과 충효로 나라를 세우신 것을 논하고" 등에서의 경우처럼 "신성과 충효로 세워진 나라의 형태"를 의미한다고 볼 수 있다.[401] 이 경우 '신성神聖'이란 《기기》 신화에서 일본의 국가를 창시했다고 전해지는 신神들을 의미하며 '충효'는 인민들이 자신들의 군주로서 그러한 신들에게 바치는 충성과 자신들의 부모로서 그들에게 바치는 효도를 의미한다. 이렇게 일본의 국체는 국가를 창시한 천황과 그에게 군주로서의 충성과 부모로서의 효도를 다하는 인민으로 이루어진 것으로서 일본의 국체 사상이란 일본이라는 나라는 국가를 창시한 천황과 그와 충효로 맺어진 인민으로 이루어진 나라라고 믿는 입장을 기초로 해서 성립된 사상이라 할 수 있다.

후지타 도코는 유코쿠의 둘째 아들로 미토한주 도쿠가와 나리아키의 두터운 신임을 받아 미토한의 덴포 개혁을 추진했던 유학자였다. 그는 덴포(1830-1844) 이후 존왕양이 운동의 거점이었던 미토한의 한교 홍도간의 건학 취지를 기술한 문서 《홍도간기弘道館記》(1838)의 초안을 작성했다. 《홍도간기》는 덴포기의 한정藩政 개혁을 실시하고 한교 홍도간을 건설한 취지를 비롯하여 그 한교의 교육 이념, 신유일치, 문무불기, 존왕양이의 사상 등을 명시한 책자였다. 그 문서의 주된 내용은 앞에서도 언급한 바와 같이 '신유일치', '문무불기', '존왕양이' 등으로 되어 있다. '弘道'는 《논어》의 〈위령공衛靈公〉에 "공자 왈, 사람이 길을 넓히지

---

400 ▪ 上揭書, 65, 88頁.

401 ▪ 上揭書, 51頁.

길이 사람을 넓히지 않는다"라는 문구에서 취해진 말이다.[402] 이 말은 길은 인력人力에 의해 세상에 만들어진다는 뜻이다. 즉 인간에게는 길을 만들고 넓힐 수 있는 힘이 갖추어져 있다는 말이기도 하다. 이 문서에는 "신도神道를 존중해야 한다"는 문장도 들어 있고, '무비武備'를 행해 가야 한다는 말도 있다.[403] '존왕론'·'양이론'은 유교의 고전에 그 근거를 두고 있는 것으로서 본래 봉건적 사상이다. 존왕론은 신분제의 정점에 있는 천황을 존경하고 숭배해야 한다는 사상이고 양이론은 자국을 중화中華로 하고 타국을 이적夷狄으로 해서 배격해야 한다는 입장이다. 이 두 사상이 '존왕양이'로 합쳐져서 하나의 말로 사용되기 시작된 것은 세이시사이가 작성한 문서《홍도간기》에서부터였고, '존왕양이'는 내존외비内尊外卑를 표현하는 사상이었다. 그는《홍도간기》의 해설서로《홍도간기술의弘道館記述義》(1852)를 저술했는데 그것을 통해 그의 역사관과 윤리관을 유감없이 발휘했다. 홍도간의 교육이념인 '신유일치'의 입장에서 "일본 사회에 살고 있는 사람들의 '길' 즉, 일본인들의 도덕의 문제를《기기》의 건국 신화로 시작되는 일본 역사의 전개를 통해 찾아내서 그것을 기초로 해서 일본 고유의 도덕을 규명"해 내려 했던 것이다. 후기 미토학의 사상은 유교적 도덕과 신도 사상에 기초해 성립된 것이었는데 그것은 군신의 대의가 신대神代부터 행해져 왔다는 사상을 통해 구축된 천황의 전통적 권위를 배경으로 해서 바쿠후를 중심으로 하는 국가 체제의 강화를 통해 일본의 독립과 안전을 확보하려는 입장에 의거해 있었다고 볼 수 있다.

미토한의 미토학파의 경우가 그러했듯이 "도쿠가와 바쿠후는 주자학을 강요하게 되면서 천황의 권위를 높여" 갔다. "유교가 중국의 황제 제도를 강조하였고 역사의 연구를 강조해 가던 과정에서 과거에 봉건영주 아닌 천황이 일본의 정당한 지배자였다는 것을 밝혀냈던" 것이다.[404] 이렇게 봤을 때 도쿠가와

---

402 ▪ "子曰, 人能弘道, 非道弘人也",〈衛霊公〉,《論語》.

403 ▪ 徳川斉昭「弘道館記」(『水戸学 日本思想大系』53, 岩波書店, 1973), 230頁.

바쿠후에 반감을 가졌던 방계한 미토한의 학자들은 미토한의 《대일본사》 편찬 사업을 통해 황국사관을 확립시켜 후지타 도코의 《홍도간기술의》 등을 통해 그것을 일반화시켜 나갔다고 말할 수 있다.

3) 유교의 천자 사상과 신도의 천손 사상

중국에서의 통일 정권의 군주의 정식 명칭은 은대에는 '왕王'이었고, 진한 이후부터는 황제皇帝였는데, 그러한 제왕帝王은 주대 이후부터 도덕적 의미가 가미되어 '천자天子'로 불리기도 했다.[405] 천자란 말은 제왕권신수설帝王權神授說에 의한 것이라 할 수 있는데, 그것은 주대로 들어와서 '천'의 개념이 최고의 신의 의미를 갖게 됨으로써였다 할 수 있다. 은대에서의 '천'은 '크다'(大)의 의미였고 또 그것에는 자연현상을 지배하는 '제帝' 또는 '상제上帝'라는 의미도 내포되어 있었다. 그런데 주대로 들어와 '천'이 그러한 의미를 갖게 됨에 따라 은대의 '제'나 '상제'는 '천제天帝'로 전환해 나왔다. 그래서 주대로 들어와 생겨난 '천제'라는 말은 "사후 하늘에서 거처하는 선왕들"을 지칭하는 말로 쓰이게 된다.[406] 주대의 '왕'의 뜻으로 쓰였던 '천자'는 "최상신의 아들"의 의미로서 하늘을 지배하고 있는 자인 천제로부터 왕권을 부여받은 자로 받아들여졌다. 삼라만상의 지배자, 최고신으로서의 '천天'의 개념은 유교의 '예禮'를 세웠다고 하는 서주西周 초의 주공이 만들어 낸 것으로 알려져 있다. 주공은 아버지(文王)와 형(武王)을 도와 당시 악덕惡德했다고 하는 은 왕조를 멸망시키고 주 왕조를 세운 일등 공신이었다.

은에서는 왕이 제사장祭祀長이라고 하는 제정일치 체제를 취하고 있었는데

---

404 ▪ 에드윈 O. 라이샤워, 앞의 책, 225면.

405 ▪ H. G. 크릴, 《孔子—인간과 신화》, 이성규 옮김(지식산업사, 1994), 132면.

406 ▪ 위의 책, 132면.

주공이 그 제사장을 쓰러트리고 주를 세웠던 것이다. 그는 인간이란 덕을 공경하고 그것을 행함으로써만이 '천'과 통할 수 있다는 입장을 제시했다. 또 그는 천명天命이란 혁신될 수 있는 것이며 덕이야말로 천명을 동여맬 수 있는 자격이라는 입장을 취해 주왕의 도덕적 권위의 발판을 마련했던 것이다. 유학자들에게는 주왕의 천하 통치 권한이 그의 덕을 통해 발견한 최고신인 천이나 혹은 천제로부터의 명령 즉, 천명에 의한 것으로 인식되었다. 주왕은 천으로부터 받은 명령 즉, 권한을 더욱 작게 나누어 신하들에게 주어 그들로 하여금 실제적 통치를 행하도록 했던 봉건 정치 체제를 취했던 것이다. 한대로 들어와 무제武帝에게 이학금제異學禁制의 의견을 올린 동중서(BC 176- BC 104)에 의해 유교가 중국의 국교가 되는 기초가 세워지게 되었고 또 그에 의해 유교에 음양가의 음양오행설이 도입되어 유교 사상이 음양오행설과 융합되어 체계화되어 나오기도 했다. 그런데 그에게서의 '천'도 '무인격적 자연으로서의 천'보다는 '인격적 · 종교적 주제자로서의 '천'의 개념으로 쓰였던 것이다.[407]

일본의 《기기》 신화는 천손강림 신화에 기초해 성립되었다. 그런데 그 신화는 고대 일본이 중국의 도교 · 유교 문화를 받아들이는 과정에서 중국의 천자 내지 천제 사상 혹은 천 사상을 기초로 해서 성립된 도교 · 유교 경전이나 혹은 그것에 입각해 쓰인 중국의 역사서 등을 통해 일본에 전파되어 일본의 토속신앙과 융화되어 형성되었던 것이라 할 수 있다. 유교의 '천자' 사상으로부터 받은 영향은 인간을 신으로 인식하고 또 신을 인간으로 인식할 수 있는 인신人神 사상이었다 할 수 있다. 다시 말해, 국체 사상의 기초를 제시한 《기기》의 '천손강림 신화'는 중국의 유교 사상에 내재된 '천인상관天人相関' 사상의 영향하에서 성립된 '신인즉일神人即一' 사상에 의거해 있는 것이라 할 수 있다.[408]

---

407 ■ 池田知久「中国古代の天人相関論 — 董仲舒の場会」(溝口雄三 他 編『世界像の形成』東京大学出版, 1994), 33頁.

408 ■ 加藤玄智『加藤玄智集 シリーズ 日本の宗教学③』(クレス出版, 1937), 102頁.

나오면서

국체 사상의 성립 과정에서의 유교의 역할은 다음과 같은 측면에서 논해질 수 있다. 일본의 국체 사상은 국가의 정치가 바쿠후의 쇼군이나 국민을 정점으로 해서 행해져야 한다는 사상이 아니라 일본의 국토와 국민의 원소유자라 할 수 있는 천황을 정점으로 해서 행해져야 한다는 사상을 의미한다.

일본은 16세기 중반 이후의 근세 서구의 문물과의 접촉, 임진왜란 이후의 조선의 신유교와의 접촉 등을 계기로 유교의 경제론에 입각해 서구문물의 입구인 서남 지역의 한藩들이 취해 갔던 중상주의 정책을 폐기하고 중농주의 정책을 취해 일본 중심의 세계관을 구축해 나가는 과정에서 그러한 국체 사상을 성립시켜 나갔다. 그러한 일본 중심의 세계관 구축은 중국의 유교 사상에 기초한 화이華夷 관념을 모델로 해서 이루어졌다. 그러한 일본 중심의 세계관은《기기》의 천손강림 신화를 기초로 해서 성립되었는데, 그 신화는 일본이 대륙으로부터 유교를 받아들이는 과정에서 유교 경전들 속의 천자 사상에 기초해 확립되어 나왔다고 말할 수 있다.

근세 일본에서는 유교 사상이 승려 계급과 무사 계급을 통해 일반 서민들에게까지 전파되는 과정에서 군주 중심의 정치 체제와 사회적 윤리 체계가 형성되어 나왔다. 그 과정에서 승려들은 유교 사상과의 접촉을 계기로 신불습합神仏習合에서 신유일치의 입장을 취하게 되었고 무사들에게는 학문의식이 자각되어 사물에 대한 체계적 사고가 형성되면서 그들에 의해 서구의 문물과 자국 역사에 대한 연구가 행해졌다. 국학, 양학, 미토학 등이 성립되어 나왔던 것이다. 또 유교 사상은 서민들에게까지 전파되어 지배층에 대한 '민중'이라고 하는 계급적 의식을 불러일으키게 되었다. 그 결과 야스마루 요시오安丸良夫가 지적하고 있듯이 자신들의 계급의식에 자각된 서민들은 "유학을 중심으로 한 봉건적 이데올로기에 대항해" 바쿠한 체제 그 자체에 대해서 비판적 입장을 취하여 "요순 아마테라스 오카미尭舜天照皇太神의 시대로 복구하는 것을 이상理想으로"

생각한 나머지 존왕 사상을 받아들였던 것이다.409■

국학은 승려들이 신유교를 받아들이는 과정에서 성립시킨 학문으로서 청의 고증학이나 한학파의 유교 사상을 모델로 해서 발전되어 나왔다. 양학도 유학이 무사층에 침투되어 그들을 통해 형성되어 나가던 과정에서 성립되었다. 따라서 그것은 유교 사상을 기초로 해서 성립되었다고 할 수 있다. 미토학도 유학의 중요한 영역 중의 하나인 역사 연구가 행해지는 과정에서 성립되어 나왔다. 이와 같이 유학은 국체 사상을 확립시킨 국학, 양학, 미토학 등을 성립시켰던 것이다.

19세기 이후 동진해 온 근대 서구 세력들이 일본을 위협하고, 또 근대 서구문물이 일본에 침투해 정치 · 경제 · 사회가 무질서해짐에 따라 양학파, 국학파, 미토학파 등이 중심이 되어 국가의 정치가 천황을 정점으로 행해져야 한다는 국체 사상을 형성시켜 나갔다. 그 결과 바쿠후 말 일본에서는 그 사상이 기초가 되어 존왕양이 운동, 도바쿠 운동 등이 전개되어 근대 천황제 국가 사상의 초석이 된 왕정복고가 이루어졌던 것이다.

409■ 安丸良夫「民衆運動の思想」(『民衆運動の思想 日本思想大系 58』岩波書店, 1970), 416頁.

제9장
고대 일본의《기기》신화와 우익 사상의 기저

들어가면서

*

본 연구는 고대 일본에서 천황제 국가가 어떻게 형성되어 나왔으며, 그 형성 과정에서《기기記紀》신화가 어떤 경위로 성립되었는가를 규명해 내는 것을 목적으로 한다.

일본에서의 '고대'란 고분古墳, 나라奈良 시대를 가리킨다. 고분 시대란 야요이弥生 시대에 이어, 전방후원분前方後円墳이 출현하는 3세기 후반에서부터 그것이 소멸하는 8세기 초두까지를 가리킨다. 나라 시대란 현재 나라 지역의 헤이조쿄平城京에 수도가 놓이게 되는, 헤이조 천도 시기(710-794)를 가리킨다. 이와 같이 고대 일본은 3세기 후반에서부터 8세기 말까지의 일본을 가리킨다고 볼 수 있다. 바로 이 시기에 대륙으로부터 청동기, 철기 등 금속기 문화와 문자가 전래되어 일본은 고대의 왕조 국가 형태를 갖추었다.

'천황제'란 '천황'을 정점으로 하는 국가의 정치 체제이다. '천황'을 '왕'으로 대치시켜 생각해 볼 때, '천황제'란 결국 왕을 정점으로 한 정치 체제를 가리키는 말로 받아들일 수 있다. 따라서 본 연구는 고대 일본에서 최고의 정치적 우두머리가 '천황'으로 명명되는 과정과, 또 그것을 정점으로 하는 국가의 정치적 체제가 형성되어 나온 경위, 《기기》 신화의 성립 등을 고찰한 것이다.

일본의 우익들에게서의 《기기》는 성전聖典과도 같은 것으로 받아들여지고 있고, 그들의 황도사관은 《기기》를 기초로 해서 형성되어 나왔다고 말할 수 있다. 금후 한국과 일본이 동아시아 지역의 번영과 세계평화를 위해 공존 관계를 취해 가야 한다는 것은 자명한 일이다. 그런데, 한·일의 공존을 가장 저해하는 세력은 일본의 우익이고 일본의 황도사관이다. 따라서 그러한 일본의 우익이 '성전'으로 받드는 《기기》가 어떻게 형성되어 나왔으며, 그것들의 성립을 가능케 했던 고대 일본의 천황제 국가의 정치 체제는 어떻게 형성되어 나왔는지를 고찰할 필요성이 제기되는 것이다. 우리는 그러한 고찰을 통해 일본에서의 '우익'이나 '황도사관'이 어떻게 형성되어 나왔으며, 그 본질이 어떠한 것이었는가를 이해해 봄으로써 '우익 사상'과 '황도사관'에 빠져 있는 일본인들을 어떻게 대해 갈 것인가에 대한 지적 전략을 세울 필요가 있기 때문이다.

**

지금까지 본 '고대 천황제 국가와 《기기》 신화의 성립경위에 대한 연구'는 '고대 천황제 국가의 형성'과 《기기》 연구라고 하는 두 가지 측면에서 연구되어 왔다.

'고대 천황제 국가의 형성에 관한 연구'는 1949년에 발표된 미즈노 유水野祐의 〈삼왕조 교체론三王朝交替論〉과 에카미 나미오江上波夫의 〈기마 민족 일본 정복론騎馬民族日本征服論〉을 기초로 진행되어, 최근에 와서는 다카세 히로이高瀬広居의 《천황가의 역사天皇家の歴史》(2005), 이노우에 다쓰오井上辰雄의 《천황가의 탄생—제와 여제의 계보天皇家の誕生：帝と女帝の系譜》(2006) 등으로 구체화되고 있다.

미즈노 유는 〈삼왕조 교체론〉을 발표해 전전까지의 황도사관의 기초를 이루어 왔던 '만세일계万世一系'라고 하는 사고의 틀에서 벗어나 일본에서 왕조가 세 번 교체되었다는 학설을 제시했다. 그는 3세기 후반에서 8세기 말까지의 일본 고대의 왕조 국가가 형성되어 나오는 과정을 면밀히 검토하여 그러한 학설을 제시하였다. 그의 학설에 의하면, 현재의 천황가에 연결되는 혈통은 6세기 초의 게이타이継体 천황에서부터 시작된다는 것이다. 일본에서의 최초의 고대 왕조 국가는 3세기 말 제10대 스진崇神 천황을 시조로 해서 출발해 4세기 말까지 지속되다가 멸망하고, 그 다음의 두 번째 왕조는 15대 오진応神 천황 내지 16대 닌토쿠仁徳 천황을 시조로 해서 출발하여 6세기 초두까지 지속되다가 멸망하고, 세 번째로 현재까지 이어지는 왕조가 탄생했다는 것이다.

에카미의 〈기마 민족 일본 정복론〉은 미즈노 유의 〈삼왕조 교체론〉을 받아들여 "역사상 실재했던 최초의 천황이 제10대 스진 천황"이라는 입장을 취해, "일본 국가의 기원이 동북아시아의 기마 민족의 일본 정복"을 계기로 해서 출발됐다는 학설을 제시했다.[410] 당시 상기의 학설들은 일본 고대의 왕조 국가의 형성 과정에 대한 연구에 "커다란 충격을 가져다주어" 전후 일본 고대사 연구에 "획기적 발전을 가져다" 주었다. '일본 고대의 왕조 국가의 형성 과정에 대한 연구'는 그러한 학설들을 바탕으로 해서 '일본 고대의 천황제 국가의 형성 과정에 대한 연구'로 전환해 나와, 최근에는 상기와 같이 '천황가 연구'로 구체화된 것이다. 위에서 언급한 '천황가 연구'의 일환으로서의 《천황가의 탄생—제와 여제의 계보》는 한반도에서 거주했던 기마 민족과 관련시켜 '천황가의 탄생'을 파악해 보려는 입장으로부터도 벗어나서, 그것을 '백제로부터 도래한 중국 유민집단'과 연결시켜 파악해 보려는 입장에서 연구된 것이라 할 수 있다.

다카세 히로이는 자신의 저서에서 "오진 천황 시대 전후에 '아야우지漢氏'라든가 '하타우지秦氏' 등이 일본에 도래해, 그 후 문화적인 면뿐만 아니라 정치

---

410 ■ 高瀬広居『天皇家の歴史』(河出書房, 2005) 42頁.

적인 면에서도 커다란 영향을 주었던 것은 주목해야 할 사실이다. 왜냐하면 국가가 크게 비약할 시기에 대량의 중국 유민이 도래한다고 하는 현상이 일어나고 있기 때문이다. 그 커다란 물결의 하나가 오진 · 닌토쿠조였다"[411] 고 말하고 있다. 그의 그러한 입장은 "백제의 고도는 한성漢城이라 칭했고, 서울을 흐르는 강을 '한강漢江'으로 불렀기 때문에, 나는 이 지역도 백제의 중심지의 한 구역은 아니었을까라고 상상하고 있다. 이 지역에는 중국 유민이 적잖게 거주해, 백제의 건국에도 커다란 영향을 주지 않았을까 한다"[412] 라는 생각에 의거한 것으로서, 요는 일본 고대 천황가의 탄생이 반드시 한반도에서 거주하고 있던 기마 민족으로부터 이루어졌다고는 볼 수 없다는 것이다.

일본에서의《기기》신화에 대한 학문적 차원의 연구는 쓰다 소키치津田左右吉에 의해 이루어졌다. 그의 성과는《일본 고전의 연구(상 · 하)》(1948, 50)를 통해 정리되었는데, 그것은 그동안 근대 천황제 국가하에서《기기》신화가 역사적 사실로 받아들여져 가는 것에 대한 반발로 출발하였다. 그는 문헌학적 입장으로부터 엄밀한 사료 비판을 행해《기기》신화의 정치성과 허구성을 폭로했다. 그 후 역사적 기반과의 관련을 통해 신화를 이해하려는 그의 그러한 방법은 그의 그러한 합리주의적 한계를 극복하려는 방향으로 전개되어, 서구의 문화인류학적 방법에 의한 신화 연구의 방향으로 전환되었다. 그 결과 사이고 노부쓰나西鄕信綱 등에 의해 '작품'으로서의《고사기》에 대한 연구가 행해져《고사기의 연구古事記の研究》(1967),《고사기 연구古事記研究》(1973) 등과 같은 성과물들이 나오게 되었다. 그 후의《기기》신화 연구는 그의 성립론적 입장과 작품론적 입장을 동시에 취해 '일본문학연구자료총서'인《고사기 · 일본서기 I · II》(有精堂, 1975) 등과 같은 성과물을 내게 되었다

한국에서의 본 연구 테마와 관련된 연구는 두 방향에서 행해져 왔다. 우선

411 ▪ 井上辰雄『天皇家の誕生 — 帝と女帝の系譜』(遊子館, 2006) 101頁.

412 ▪ 上掲書, 12頁.

하나는 역사학자와 사회학자들에 의해 고대 한반도와 관련시켜 고대 일본에서의 왕조 국가의 성립 과정에 대한 연구이고 다른 하나는 주로 일본 민속학자와 문학자들에 의한《고사기》·《일본서기》의 번역이었다. 김현구의《임나일본정부 연구任那日本政府研究》(일조각, 1993), 최재석의《고대 한·일 관계와 일본서기》(2001) 등이 그러한 것들이고,《고사기》의 번역은 노성환의《고사기(상·중·하)》(예전사, 1999)와 권오엽의《고사기(상·중·하)》(충남대학교출판부, 2000), 전용신의《완역 일본서기》(일지사, 1989) 등이 있다.《기기》 신화의 성립론과 작품론의 입장에서 행해진 것으로는 김현구 외의《일본서기 — 한국 관계사연구》(일지사, 2002) 등이 있다.

***

본 연구는 일본 고대의 천황제 국가의 성립 과정과 관련시켜《기기》 신화의 성립경위를 규명해 내는 작업으로서 '일본 고대 국가의 형성 과정에 대한 연구'와 '《기기》 신화에 대한 연구'와의 관계 파악을 통해 고대 일본 천황제의 성립과 확립 과정에서의《기기》 신화의 성립경위와 그 역할을 규명해 내는 데 그 목적이 있다고 할 수 있다.

본 연구는 첫째로 두 방향에서 행해온 연구의 성과를 종합하여 그 두 영역을 일관하는 하나의 질서를 파악한다고 하는 점에서 이전의 연구와 구별된다. 둘째로, 본 연구는《기기》 신화가 고대 중국의 한대漢代에 확립된 유학의 천자天子 사상을 기초로 해서 성립되어 나왔다는 입장에서,《기기》 신화와《사기》와의 관련성,《기기》 신화와《사기》와의 공통성에 관한 문제 등을 규명한다는 시각에서 행해졌다.

이상과 같은 문제들을 효과적으로 해결해 나가기 위해, 우선 고대 천황제 국가의 형성에 관한 문제를 고찰하고, 그 다음으로《기기》 신화의 형성 과정,《기기》 신화와《사기》 등의 수순을 통해 본 연구 테마에 접근해 가기로 한다.

1. 고대 천황제 국가의 형성 과정

1) 고대 율령제 국가와 그 성립 경위

율령제律令制란 율령법에 기초한 고대 통일 국가의 통치제도를 가리킨다. 율령이란 '율령격식律令格式'의 성문법 체계를 의미한다. 율律은 형법刑法, 령令은 행정법, 격格은 이상의 두 범주에 속하는 법들의 수정·보완, 식式은 이들의 시행세칙에 해당된다. 이들의 연원은 중국이었는데, 율은 진·한대(BC 221- AD 222)에, 령은 남북조 시대(317-589)에 출현했고, 수·당대(589-907)에 이르러 그것들이 절정에 달했던 것으로 고찰된다.

일본에서의 율령제는, 당대(618-907)로부터 배워서, 7세기 후반에서 8세기 전반에 행해졌는데, 〈오미령近江令〉, 〈아스카 기요미하라령飛鳥浄御原令〉, 〈다이호율령大宝律令〉 등을 통해 이루어졌다.

〈오미령〉이란 덴지天智 천황(626-671)이 정한 일본 최초의 체계적 법전으로 천황의 명령에 의해 후지와라 가마타리藤原鎌足(614-669) 등이 668년 편찬한 것으로 되어 있다. 670년에 비로소 전국적으로 만들어진 호적인 《경오년적庚午年籍》은 바로 이 령에 근거해 작성된 것으로 되어 있다. 덴지 천황은 어떤 인물이었던가? 그는 조메이舒明 천황(593-641)의 아들로 이름은 나카노 오에中大兄였다. 645년 나카토미노 가마타리中臣鎌足(후에 藤原鎌足, 614-669) 등과 공모해 6세기 전반부터 야마토大和 지역의 최고의 유력한 호족으로 당시 오미大臣였던 소가 에미시蘇我蝦夷 등을 무너뜨리고 신정부를 수립한 인물이다.

그는 645년에 황위에 오른 조메이 천황의 동생 고토쿠孝德 천황(597-654)과 함께 아스카飛鳥로부터 나니와難波로 천도한 후 그 다음 해 1월 고토쿠 천황으로 하여금 〈다이카 개신의 조칙〉을 발포하게 한 후 고토쿠 천황의 황태자가 되어 내정개혁을 수행해 갔다. 654년 고토쿠 천황이 사망하자 그의 어머니 고교쿠皇

極 천황(재위 : 642-645)이 사이메이斉明 천황(594-661, 재위 : 655- 661)으로 재집권하게 되는데 사이메이 천황 때도 황태자로서 정권을 장악했다. 어머니 사이메이 천황이 사망한 후 667년 수도를 오미近江로 옮긴 후 그 이듬해 황위에 오른 직후 〈오미령〉을 제정해 《경오년적》 등을 작성해 갔던 것이다. 그는 671년 장자 오토모大友 황자를 태정대신太政大臣으로 임명하고 황태자였던 동생 오아마大海人 황자(631-686)의 움직임을 우려하다 사망했다.

〈아스카 기요미하라령〉은 덴무天武 천황(사망 : 686)의 명령으로 681년에 편찬 개시해, 지토持統 천황(645-702)이 689년에 실시했다고 전해지는 법전이다. 내용은 701년에 시행된 〈다이호율령〉과 거의 같은 것으로 추정되는데, 호적 작성이라든가 국가가 백성들에게 땅을 분배하고 거두어들이는 반전수수班田収受도 그때부터 6년마다 행해졌던 것으로 보인다. 이 법전 편찬을 명했던 덴무 천황은 어떤 인물인가? 그의 이름은 오아마 황자로 조메이 천황의 아들이고 덴지 천황의 동모제同母弟였다. 덴지 천황 즉위 때는 황태자의 직위에 있었지만, 671년 덴지 천황 사망 시, 후계가 덴지 천황의 아들 오토모 황자에게로 넘어갈 조짐이 보이자 요시노산吉野山으로 들어가, 672년 진신의 난壬申の乱을 일으켜 오토모 황자를 타도하고 673년 아스카 기요미하라 궁에서 즉위해 686년까지 재위했던 자였다. 그는 재위 중 〈아스카 기요미하라령〉의 편찬을 명했고, 국사國史 편수를 개시했고, 팔색성八色姓을 제정하는 등 율령 제도를 강화 확립시켰다.

〈다이호율령〉이란 지토 천황과 몬무文武 천황(683-707)의 명령으로 《제기帝紀》의 편찬을 맡았던 덴무 천황의 제9황자, 오사가베 신노刑部親王, 후지와라 가문의 시조 후지와라 가마타리의 아들, 후지와라노 후히토藤原不比等(659-720), 학자, 도래인渡来人 등이 701년에 완성시킨 법전으로, 천황의 권력을 절대적인 것으로 해서 중앙집권적 통치를 관철시키려 했던 당 고종高宗의 《영휘율령永徽律令》(650)의 기본적 이념을 본받아 성립된 것으로 고찰된다.

고대 일본의 율령제 국가는 7세기 후반의 이러한 율령들을 기초로 해서 형성되어 그 이후 나라 시대를 거쳐 확립되었다. 그래서 우리는 나라 시대를 율령 시대라 말하고 그 시기의 일본국을 율령 국가라고 말하고 있다. 율령 국가란 성문법전, 죄형 법정주의, 관료기구에 의한 직접통치, 그 수단으로서의 문서文書주의, 관아官衙와 사택私宅의 분리 등으로 특징 지어진다. 당시 일본은 그러한 율령제 도입을 통해 중앙집권 체제를 확립시켜 나갔는데 일본에서의 그러한 율령제 도입을 통한 중앙집권 체제의 확립은 다이카 개신大化改新을 통해 그 기초가 형성되어 나왔다. 다이카 개신이란 한마디로 668년 황위에 오르게 되어 〈오미령〉 등을 내렸던 나카노 오에 황자, 즉 덴지 천황이 중심이 되어 나카도미 가마타리中臣鎌足 등이 대륙 문화를 배경으로 해서 등장한 혁신적 호족이었던 소가 오미가蘇我大臣家를 무너뜨리고 행했던 대개혁을 말한다.

당시 그러한 대개혁이 행해지게 되었던 정치적 배경은 대강 다음과 같다. 당시 중국 대륙에서는 618년 수가 망하고 당이 세워졌다. 당은 6조 시대의 북위北魏가 토지의 국유화에 입각해 발전된 균전제均田制를 받아들여 균전제와 조용조제租庸調制를 중심으로 한 율령제에 기초해 중앙집권제적 국가 체제를 확립시켜 나갔다.[413]

중국 대륙에서의 그러한 움직임은 한반도의 고구려·백제·신라에도 커다란 영향을 끼쳤다. 그 결과 각국에서는 중앙집권화를 강화시켜 나가면서 한반도에서의 정치적 주도권을 장악해 보려는 움직임이 일기 시작했다. 그 일례가 백제 멸망(660), 고구려 멸망(668) 등을 통한 신라의 한반도 통일(676)이었다. 일본에서의 그러한 영향은 다이카 개신으로 나타났다. 당시 야마토 지역에는 백제로부터의 불교 문화 유입(538), 가야伽倻의 멸망(562)으로 인한 가야 유민의 일본 유입 등을 계기로 부상한 호족들이 있었다. 그 대표적 호족이 소가우지蘇我氏였다. 소가 우마코蘇我馬子(사망 : 628)에 이어 소가 에미시蘇我蝦夷(사망 : 645)가

413■ 에드윈 O. 라이샤워 외, 《동양 문화사(上)》, 전해종 외 옮김(을유문화사, 1984) 199면.

오미大臣가 되고, 고교쿠 천황이 즉위한 이후부터는 에미시의 아들 이루카入鹿(사망 : 645)가 권력을 손에 넣기 위해, 643년 당시 유력한 황위 계승자의 한 사람을 습격해 자살하게 했다. 그러한 상황에서 당으로부터 귀국한 유학생이라든가 승려 등으로부터 한반도와 중국 대륙의 움직임이 정계에 알려지자 조정에서는 호족이 조정의 직무를 세습했고, 또 사지私地·사민私民을 소유하는 등의 정치 체제를 개정해, 당의 경우처럼 사지·사민을 국유화하고 관료적 중앙집권 국가의 정치 체제를 정립시켜 가는 입장을 취하게 되었다.

조정의 그러한 기초 작업이 바로 다이카 개신이었다 할 수 있다. 645년 나카노 오에 황자는 다이카 개신을 일으켜 나카토미노 가마타리中臣鎌足(614-669) 등과 함께 소가 에미시·이루카 부자를 제거하고 신정부를 만들어 국정을 개혁했다. 이때 나카노 오에는 구호족 출신을 좌우대신으로 하고 혁신 세력을 내신內臣을 해서 신정부를 수립했는데, 그때 나카노 오에는 607년 견수사遣隋使에 따라갔던 학승 등이 당으로부터 귀국하자 그들 중 민旻(653), 다카무쿠노 구로마로高向玄理(사망 : 654) 등을 정치고문으로 받아들여 정책을 입안했다. 그는 중국으로부터 배워 처음으로 연호도 사용하게 됐는데 그 첫 연호가 '다이카大化'였다. 신정부는 우선 수도를 야마토에서 나니와難波로 옮긴 후 그 이듬해인 646년 정월에 4개조로 된 〈개신의 조칙〉을 발포하였다.

그것은 다음과 같았다. (1) 황족 또는 호족이 개별적으로 토지·인민을 지배하는 체제를 버리고, 국가가 그것들을 소유하고 대신 호적에게는 식봉食封 등을 지급한다. (2) 지방의 행정구역을 정해 중앙집권적 정치 체제를 만들어 간다. (3) 호적戸籍·계장計帳(調·庸을 징수하기 위한 台帳)을 만들어 반전수수를 행해 간다. (4) 새로 통일된 세제稅制를 시행한다.

정부가 발포한 이 조칙은 새로운 중앙집권 국가의 존재 방식을 정립시키기 위한 것으로서 정부는 이 방침에 따라 개혁을 진행시켜 나갔는데, 우리는 특히 고토쿠 천황 시대에 행해진 일련의 개혁을 다이카 개신이라 말하고 있다.[414] ▪

2) 고대 율령제 국가와 고대 천황제

천황제란 일반적으로 천황을 군주君主로 하는 정치 체제를 가리키는데, 협의로는 메이지 유신부터 패전까지의 근대 천황제를 가리킨다. 그런데, 그 근대 천황제는 〈왕정복고의 대호령王政復古の大号令〉을 발판으로 해서 형성되었다고 말할 수 있는데, 이 경우의 왕정복고란 고대 율령제 국가 체제하에서 형성되었던 천황제를 복고시킨다는 정치적 입장을 의미한다.

메이지유신의 주체 세력은 그 이듬해인 1868년 4월 6일 천황으로 하여금 〈5개조 서문五個条御誓文〉을 발포하게 한다. 그해 6월에 가서는 고대 율령 국가 체제하의 천황제를 모방해 최고의 정부기관으로 '태정관'을 두었고, 천황가와 신도神道와의 특수 관계를 고려하여 '태정관'보다 더 높은 서열에 고대 천황제하의 '신기관神祇官'에 해당되는 '신도청神道庁'을 두었던 것이다. 그 다음 해 1869년에 가서는 고대 율령제 국가 체제하에서 토지가 천황의 것이었던 점이 인정되어 한주藩主가 각자의 영지領地를 천황에게 반환하게 했고, 1871년에 가서는 태정관을 개혁해 고대 율령제 국가 체제하의 태정관 내의 태정대신, 좌대신, 우대신, 내신과 그 태정관하의 8성八省 등을 모델로 하여 정관政官, 좌관左官, 우관右官과 태정관 산하의 6성六省을 두었다. 이와 같이 〈왕정복고 대호령〉 후의 정치 체제는 다이카 개신이 행해지는 과정에서 형성되었던 고대 천황제를 모델로 해서 형성되었던 것이다. 다시 말하건대, 천황제란 천황을 군주로 하는 정치 체제를 가리킨다.

그렇다면 근대 천황제의 모델이었던 고대 천황제는 어떻게 형성되어 나왔던 것인가? 이 물음은 7세기 초를 전후해 일본에서 율령제 국가 체계가 어떻게 형성되어 나왔는가의 문제와 깊게 관련되어 있다. 앞에서도 언급했듯이, 중국

---

414 ■ 井上光貞他『改訂版 新詳説 日本史』(山川出版社, 1992), 37頁.

대륙에서는 수가 출현해 전 중국 대륙을 통일했고, 이어서 당이 그것을 이어받아 전 중국 대륙을 통치할 수 있는 정치 체제를 확립시켜 나갔다. 중국 대륙에서의 그러한 정치력 변화와 맞물려 한반도에서는 신라가 가야를 시발로 백제, 고구려 등을 차례차례로 멸망시키고 한반도를 통일시켜 나갔다. 그러자, 일본에는 당이나 신라에 대응할 수 있는 강력한 중앙집권 국가의 설립이 필요하다는 분위기가 형성되었다. 그러한 상황에서 천황가가 당의 율령제 국가 체제를 받아들여 토지와 인민의 국유화를 위해 〈개신의 조칙〉 등의 발포를 시발로 하여 천황가 중심의 강력한 중앙집권 체제를 정립시켜 나갔던 것이다.

그렇다면 당시 일본에서 천황가가 정치적 주도권을 장악하게 된 경위는 어떠했는가? 천황가의 선조에 관해서 사료를 가지고 정확히 고고학적으로 문헌학적으로 추정해 볼 수 있는 것은 4세기 말에서 5세기에 걸쳐서라 할 수 있다.[415■] 남조송南朝宋의 정사正史, 《송서宋書》(462-488)의 '왜국왕倭國王'에 5세기 초부터 왜국의 '왕'들이 사신을 파견했다는 것이 기록되어 있고, 또 그 왕들의 이름들까지도 기록되어 있다. 당시의 일본은 고분 시대로 '삼왕조 교체론'을 주장한 미즈노 유의 설에 의하면 제15대 오진 천황 내지 제16대 닌토쿠 천황을 시조로 하는 4세기 말에서 6세기 초두의 중中 왕조, 즉 가와치河内 왕조의 시대였다. 오사카후大阪府 하비키노시羽曳野市의 곤다산誉田山에 있는 일본에서 두 번째로 큰 전장全長 415미터의 전방후원前方後円의 대형 고분이 오진 천황의 능으로 추정되고 있다. 그의 아들 닌토쿠 천황의 능은 오사카후의 사카이시堺市 다이센마치大仙町에 있는 전장 486미터의 전방후원의 일본 최대의 대형 고분으로 추정되고 있다.

오진 천황대에 백제로부터 하타우지의 조祖로 알려진 유즈키노 기미弓月君, 아야우지의 조로 알려진 아지키阿直岐, 가와치노 후미우지河内書氏의 조로 알려

415■ 井上辰雄, 前揭書, 82頁.

진 왕인王仁 등이 도일渡日했다고《일본서기》에 기록되어 있는데, 이것은 한반도로부터의 귀화인에 대한 첫 기록으로 주목되어진다. 그런데 이노우에 기요시井上清는 고대 천황제의 형성과 관련해서 2-5세기의 정치적 상황을 다음과 같이 말하고 있다.416■

> 기원전 100년 전후에는 이미 지배자와 노예가 있는 작은 국가의 시초 같은 것이 일본 각지에 형성된 것 같고 북큐슈北九州의 추장의 한 사람으로 생각되는 자가 기원 107년에 후한 안제安帝에게 노예 160명을 헌납했다고 중국의 옛 역사에 기록되어 있다. 3세기가 되면 북큐슈의 지쿠시築紫, 산인山陰의 이즈모出雲 등의 대륙과 가까운 지역, 긴키近畿의 야마토 평야 등과 같은 지역 세 곳에 국가라 말할 수 있는 것이 생겨, 왕이라든가 귀족이라든가 자유민이라든가 노예 등이 있었던 것이 중국의 역사서, 일본 각지의 고문에 대한 고고학연구의 결과로 추측되고 있다. 그중에서 야마토 지역에 있었던 세력이 가장 발달해 4세기 반경부터 5세기 경에는 지쿠시도 이즈모도 야마토의 세력 범위 내에 들어갔었던 것 같다. 그 무렵부터 천황에 관해 다소 사실 같은 것이 알려지기 시작하는데, 야마토 지역의 국가에서도 아직 천황이 유일 최고의 지배자로서 고정되어졌던 것은 아니고 천황에 필적할 수 있는 세력을 갖는 씨족이 적지 않았다.

위에서 이노우에 기요시가 지적한 4세기 반부터 5세기경 지쿠시와 이즈모가 야마토의 세력 범위 내에 들어가게 되는 경위를 다카세 히로이는 에카미의 〈기마 민족 일본 정복론〉을 받아들여 다음과 같이 말하고 있다. "에카미씨의 기마 민족설은 역사상 실재한 최초의 천황은 제10대 스진 천황인데, 그는 원래 대륙계의 반도 기마 민족의 수장으로 남한의 임나가라任那加羅의 수도로부터 북큐슈에 건너와, 그곳에서 긴키 지방으로 들어가, 그 지방의 야마토 지역(현재 나라겐 사쿠라이시)에 부족 국가를 창시했다고 한다. 스진제崇神帝를《고사기》에

416■ 井上清『天皇制』(東京大学出版会, 1953), 76頁.

서는 '최초로 국가를 알게 한(所知初国)' 천황〔《일본서기》에서는 '최초 국가의 천황(御肇国天皇)'〕으로 불러 '일본국을 창건한 천황'으로 하고 있다. 덧붙여 다이조제大嘗祭(천황이 즉위해 처음으로 행하는 니나메제新嘗祭[417]■)의 의식이 유라시아 대륙의 기마 민족 풍습과 완전 닮아 있고, 또 마구馬具라든가 무기가 한반도의 그것과 공통점을 지닌다는 등이 그 근거가 되었다", "미와야마三輪山의 기슭에 있는 거대한 스진 천황릉은 고대 산릉山陵 중에서 가장 축조 연대가 오래된 전방후원의 고분이다. 이 산능의 존재로부터 생각해 볼 때 미와야마의 세력가를 신으로 받드는 유력 부족 국가가 3세기부터 4세기에 걸쳐 활약한 것은 틀림없이 이 '미와 왕조'가 스진 천황에서부터 주아이仲哀 천황까지 5대째 지속했다가, 제15대 오진 천황에 이르러 황통의 계보가 새로운 장식을 보이고 있다. 소위 가와치 왕조의 탄생이다".[418]■

이렇게 일본의 천황가는 3세기에 한반도의 가야 지방으로부터 일본의 북큐슈에 건너가 그곳에서 긴키의 야마토 지역으로 들어가 부족 국가를 세웠던 한 집단의 수장首長으로부터 출발했고, 그 집단의 수장가首長家가 4세기 말경까지 야마토 지역을 근거지로 해서 긴키 지방에서 정치적 주도권을 행사했던 것으로 추정되고 있다. 현재 긴키 지방이란 교토京都를 중심으로 한, 오사카大阪·시가滋賀·미에三重·나라奈良·와카야마和歌山·효고兵庫 지역을 가리킨다.

그러나, 미즈노의 〈삼왕조 교체론〉에 의하면 주아이 천황에서 '미와三輪 왕조'의 혈통은 끝나고, 제15대 오진 천황에서부터 '가와치'라는 새로운 왕조로 교체됐다고 하는 것이다. "주아이 천황이 규슈정벌을 떠났는데 그 규슈의 휴가日向의 부족 국가의 수장이었던 오진제応神帝가 주아이 군대를 격파시키고 휴가로부터 긴키의 야마토 동정東征을 감행해 야마토의 미와 왕조를 무너트리고

417■ 니나메제는 11월 23일에 행하는 궁중宮中 행사로, 천황이 햇곡식을 천지의 여러 신들에게 바치고, 차려 먹기도 하는 궁중의 제사.

418■ 高瀨廣居, 前掲書, 42-43頁.

긴키 지방의 가와치(현재 오사카 동부) 지역에서 그곳의 호적들과 연합해 새로운 왕조를 출범시켰다"는 것이다.[419] 4세기 말 오진제가 출범시킨 가와치 왕조는 6세기 초두 제25대 부레쓰武烈 천황까지 지속되는데, 그 왕조의 존재는 앞에서 언급한 중국의《송서》등에 '왜5왕倭五王', 즉 '찬讃 · 진珍 · 제濟 · 흥興 · 무武'로 기재되어 있다. 당시 일본에는 지방에 많은 부족 국가들이 존재했었던 것으로 고찰되고 있는데, 그 '5왕'은 그 부족들의 수장들로부터 '오키미大王'으로 불렸고, 외교권은 물론 국내의 " 정치 · 군사 · 제사의 일체를 장악하는 최고 권력자"였다.[420]

그렇게 왕권이 강화되자 황위 찬탈이 극심해져서 황족 간의 치열한 살상전이 계속되었다. 그 결과 가와치 왕조는 부레쓰 천황에 와서 후계자가 없어 결국은 황위 계승이 끊기고 말았다. 그로 인해 6세기 초두에 게이타이 천황의 등극을 시발로 '게이타이 왕조'가 출범했다. 이에 대해 다카세 히로이는 "게이타이 천황은 전 왕조와는 혈연적 관계를 갖지 않는 지방호족 출신의 대왕이었음에 틀림없고, 오미近江(현재의 시가겐滋賀県) · 에치젠越前(현재 후쿠이겐福井県 북부)을 기반으로 하는 지방 세력이 후계자 부재의 야마토 조정의 혼란한 틈을 타서 왕위를 탈취했"을 것으로 보고 있다.[421]

게이타이 천황이 즉위한 것은 가와치 지역에서였는데, 그는 그 후 미와 왕조의 수도 야마토 지역으로 526년 옮겨 가게 된다. 당시 야마토 지역은 오토모大伴, 모노노베物部, 소가蘇我라고 하는 3대 호족에 의해 지배되고 있었는데, 538년 백제로부터 불교가 전래되자 당시 제사祭祀와 재정을 장악하고 있었던 '도미臣' 출신의 소가우지蘇我氏가 불교 전래를 배경으로 부상해, 572년에 가서는 소가우마코가 제사와 재정 분야의 최고의 집행자라 할 수 있는 오미가 되었고, 연이

419 ▪ 上揭書, 44頁.

420 ▪ 上同所.

421 ▪ 上揭書, 48頁.

어 쇼토쿠聖德 태자와 함께 군사 분야의 최고의 집정자라 할 수 있는 오우라지大連였던 모노노베 모리야物部守屋(사망 : 587)를 제거하고 패권을 장악했다. 6세기 말에 가서는 불교의 국교화에 반대 입장을 취한 자신의 조카 스슌崇峻 천황까지 살해한다. 그러고 나서 우마코는 질녀를 천황으로 등극시키고 19세의 쇼토쿠 태자를 대신해 섭정하게 됨으로써 정치적 실권을 장악한다. 622년 49세로 쇼토쿠 태자가 사망하자, 정치적 실권은 완전히 그에게로 넘어간다. 그러나 그도 쇼토쿠 태자 사망 후 4년 만에 사망하게 되지만 오미 자리는 그의 아들 에미시蝦夷에게 넘어갔다. 에미시는 628년 스이코 천황이 사망하자 쇼토쿠 태자의 아들 야마시로노 오에山背大兄를 천황으로 옹립하려는 파들을 제거하고 조메이 천황을 세워 전횡을 일삼았다. 그러다가, 그는 자신의 오미 자리를 넘겨받을 그의 아들 이루카入鹿와 함께 643년 자기 쪽의 사람을 황위에 앉히기 위해 야마시로노 오에를 습격해 자살하게 한다. 그 결과 정치적 실권이 이루카에게로 넘어가자, 645년 나카노 오에 황자가 나카토미노 가마타리 등과 함께 소가에미시 · 이루카 부자를 타도하고 다이카 개신을 일으켰던 것이다.

이상과 같은 점들을 고려해 봤을 때, 고대 천황가를 중심으로 한 정치 체제, 즉 고대 천황제는 3세기부터 시작되는 고분 시대, 즉 야마토 시대를 통해서 형성되어 나왔던 것으로 파악된다. 천황가는 그 시대를 통해 전 일본을 주도해 갈 정치 체제를 장악해 나가는 데 있어서 다른 호족들과 경쟁 관계에 놓이기도 하고, 또 그들 중의 몇몇과 연합해 자신의 정치적 권력에 대항하는 호족들을 타도하기도 하다가, 당으로부터 율령제를 받아들여 다이카 개신을 일으켜 그것을 통해 그동안 호족들의 사유물이었던 토지와 인민을 그들로부터 빼앗아 그것들을 국유화시켰던 것이다. 다시 말해서, 천황가가 자신과 경쟁 관계에 있었던 세력을 타도하고 그들로부터 토지와 인민을 빼앗아 그것들을 자기 것으로 만들어 갔다는 것이다. 천황가는 호족들로부터 빼앗은 토지와 인민을 영구히 자기의 것으로 만들어 가기 위한 한 방안으로 여러 율령들을 제정해 그것들을 통해 영구히 토지와 인민을 관리할 수 있는 소위 율령 국가 체제와 천황 중심의 정치 체제를 확립시켜 나가게 되었던 것이다.

3) 고대 천황제 국가와 명칭 '천황'의 형성 과정

다카세 히로이는《천황가의 역사天皇家の歴史》에서 '천황'의 명칭에 대해 다음과 같이 말하고 있다. "제40대 덴무 천황은 구사카베草壁 황자에게 명해《제기帝記》,《구사旧辞》를 교정함 수사修史 사업을 정력적으로 진행시키고, 아스카 기요미하라에서 즉위했을 때는 율령을 발포해 처음으로 '천황'의 칭호를 제도화했고, 황실 신화와 천황가의 계보(만세일계의 황통보의 역사)를 만들어 제정했다.[422] 덴무 천황이 즉위한 것은 673년의 일이었는데, 그 덴무 천황의 즉위를 기해 '천황'의 칭호가 제도화되었다는 것이다. 이러한 다카세 히로이의 설에 의하면, 673년 덴무 천황 즉위 때부터 '천황'이란 칭호가 공식화되었다고 하는 것인데 이것에 대해서는 좀더 논의할 수 있는 여지가 있다. 아스카 기요미하라의 율령이 편찬되기 시작된 것은 덴무 천황 즉위로부터 8년 이후인 681년이고 그것이 시행된 것은 689년부터이다. 따라서 다카세 히로이의 주장처럼 덴무 천황의 즉위를 기해서 '천황'의 칭호가 공식화됐던 것이 아니라 그 율령이 편찬되는 과정에서 그렇게 기록되었을 가능성도 배제할 수 없다. 이 점에 대해 다른 학자의 견해는 다음과 같다.

신카와 도키오新川登亀男는 그의 논문〈천황의 성립天皇の成り立ち〉에서 일본에서의 '천황' 내지 '천황' 칭호의 성립 경위는 7세기의 일본과 수·당과의 접촉뿐만 아니라 한반도와의 관계까지의 고찰을 통해 파악되어야 한다는 입장을 제시하면서 "일본에서의 '천황' 내지 '천황' 칭호의 성립은 대략 7세기의 100년간"으

422▪ 上掲書, 30-31頁.

로 보는 것이 적절하다는 입장을 취하고 있다.[423]

이노우에 다쓰오는《천황가의 탄생—제왕과 여제의 계보》에서 "천황의 정식적 명칭은 몬무 천황의 '다이호령大宝令'의 시대에는 확립되어 있었다"라고 말하고 있다.[424] 몬무 천황의 〈다이호율령〉의 시대란 그것이 완성된 700년부터 그 실시가 종료된 757년까지로 보고 있다. 이렇게 봤을 때, '천황'의 정식적 명칭이 확립된 것은 8세기 전반이라고 하는 입장이다. '천황가' 연구자들의 이러한 두 입장을 종합해 보면, 천황의 명칭이 확립된 것은 8세기 전반 초에 편찬된《고사기》·《일본서기》의 출현을 전후한 시점임을 알 수 있다.

그렇다면, '천황'이라고 하는 명칭이 성립되어 나오기까지는 어떠한 과정이 있었던 것인가?

이노우에 다쓰오는《일본서기》의 '긴메이키欽明紀'에 기재되어 있는 '천황'이라는 표현들을 근거로 해서 "문헌상에서의 '천황'의 칭호가 나타나는 것은 긴메이조欽明朝에서 스이코조推古朝에 걸쳐서"라고 말하면서,《일본서기》의 유랴쿠키雄略紀 천황이 천왕으로 기재되어 있다는 사실을 근거로 해서, "그 이전의 5세기 후반 유랴쿠조에 '천왕天王'이라는 명칭이 보이는 것도 주목할 필요가 있다"는 지적도 하고 있다.[425]

미즈노의 〈삼왕조 교체론〉에 의거해 말한다면 29대 긴메이 천황조는 6세기 초두에서부터 시작된 26대 게이타이 왕조의 세 번째 천황으로서 538년 일본에 전래된 불교를 적극적으로 받아들인다는 입장을 취했던 소가우지가 번성해 나와 국정을 장악하기 시작했던 시기였다. 이렇게 봤을 때, 일본에서의 '천황'이라고 하는 칭호는 한반도로부터 전래된 불교 문화가 일본에 전파되어 나가는

423 新川登亀男 「'天皇'の成り立ち」(『グローバリズムと韓日文化』 高麗大学校日本学研究所, 2000), 325頁.

424 井上辰雄, 前掲書, 208頁.

425 上掲書, 206頁.

과정에서 성립되었다고도 볼 수 있다.

그러한 시각은 607년 쇼토쿠 태자가 창건한 호류지法隆寺의 금당金堂에 안치된 금동제金銅制의 야쿠시뇨라이상薬師如来像의 광배명문光背銘文에 "치천하대왕 천황治天下大王天皇"(천하를 다스리시는 대왕 천황) 등과 같은 문구가 새겨져 있고, 견수사(607·608·614년 3회)가 수의 황제에게 건너기 위해 지참했던 국서国書에도 "동쪽의 천황이 삼가 서쪽의 황제에게 아룁니다"(東天皇敬白西皇帝)로 되어 있다. 또 620년에 쇼토쿠 태자가 우마코와 논의해 《천황기 및 국기天皇記及び国記》를 편찬했다는 기록이 《일본서기》에 나와 있다. 이것도 그때까지 '오키미'로 불리던 자가 '천황'으로 불리게 된 증거들 중의 하나로 이야기 되고 있다. 이와 같이 일본은 긴메이조 이후 대륙으로부터 불교 문화 등을 수용하고 스이코조 때 견수사 등의 파견을 위시한 대륙과의 외교 관계를 맺는 과정에서 일본국의 수장을 천황으로 명명해가게 되었다고 볼 수 있다.

이와 같이 야마토 조정의 '오키미', 즉 '대왕'이 대륙과 관계를 맺는 과정에서 '천황'으로 불리자, '야마토국'이라고 하는 명칭도 '일본日本'으로 변경되었던 것이다. 그런데 이 '천황'이란 칭호는 4세기 말에서 6세기 초두의 오진 천황·닌토쿠 천황을 시조로 하는 가와치 왕조에서 군주의 의미로 사용되었던 '오키미'라고 하는 칭호가 5세기 후반에 가서는 앞에서 지적했듯이 《일본서기》의 유랴쿠조에 관한 기록에서 발견되는 '천왕'이라는 칭호 등을 배경으로 해서 성립되었다는 입장도 있다.

이와 같이 일본이 대륙과의 본격적 접촉을 계기로 해서 그 이전 자신들이 사용했던, 그들의 최고의 수장을 의미하는 '오키미'라는 명칭을 버리고, 역시 그들의 최고의 수장을 의미하는 '천황'이라고 하는 명칭을 사용하게 됐다고 볼 수 있는데, 그 이유는 과연 어디에 있었던 것일까?

우선은 자신들의 정치적 개혁의 모델로 받아들인 중국이 그들의 최고의 수장을 '천황'으로 부르고 있었기 때문에, 중국의 경우를 모방해 '오키미' 대신

'천황'을 사용하게 됐다고 볼 수 있다. 이것은 두 가지 측면에서 논해질 수 있다. 우선 하나는 중국으로부터 전래된 서적들 속으로부터 국가의 최고의 통치자가 '천황'으로 불렸다는 사실을 발견하고, 일본도 중국의 경우처럼 최고의 통치자를 '천황'으로 명명하게 됐다는 것이다. 다른 하나는 당시 외교 관계를 맺는 중국의 수나 당이 그들의 최고 통치자를 공식, 비공식적으로 '천황'으로 부르고 있었기 때문에 일본이 그것을 받아들여 일본의 최고의 통치자를 '천황'으로 부르게 됐다는 것이다. 그렇다면 일본이 최고의 통치자를 '천황'으로 부르게 된 경위는 어느 쪽에 해당된다고 볼 수 있을 것인가?

사실상으로 일본과 외교 관계를 유지했던 중국이 자국의 최고 통치자를 '천황'으로 공식 명명했던 것은 당의 고종高宗(재위 : 605-683), 중종中宗(재위 : 684-710), 예종睿宗(재위 : 710-713), 현종玄宗(재위 : 713-756) 바로 이 4황제 정도였다. 고종이 '천황'으로 공식 명명되었던 것은 그가 즉위한 지 20년 만인 674년부터였다.[426] 당시 일본에서는 오아마 황자가 672년 진신의 난을 일으켜 그 다음 해 덴무 천황으로 황위에 올라 〈아스카 기요미하라령〉의 일부를 발표했고, 그 후 681-689년에 〈아스카 기요미하라 율령〉이 편찬 · 시행되었으며, 《제기》 · 《구사》의 편수編修 등을 통해 율령 제도를 강화, 확립시켜 나갔던 것이다. 그 결과, 그 다음의 지토 천황조(686-697)를 거쳐 몬무 천황조(697- 707)에 이르러, 〈다이호율령〉이 702년 공포되었는데, 앞에서도 언급했듯이 〈다이호율령〉의 공포를 통해 '천황'의 정식 명칭이 확립되었던 것이다. 일본은 수대의 약 30여 년 사이에 세 번 견수사를 파견했고, 당대의 약 300여 년 사이에는 12회에 걸쳐 견당사를 파견했다. 그런데 그것은 다이카 개신(645) 이후부터 《일본서기》의 편찬 사이의 75년간에 걸쳐 가장 빈번히 이루어졌었다. 다이카 개신 이전인 630년에 첫 번째 파견이 이루어졌었고, 마지막인 제12회째가 804년 구카이空海

426 ▪ 新川登亀男, 前掲書, 322頁.

가 입당했을 때였다. 그런데 견당사 파견은 다이카 개신 이후였던 653년에서 669년 사이의 16년 사이에는 무려 5회나 이루어져 평균 2년에 한 번씩 이루어졌었다. 그러한 점을 감안해 본다면 견당사 파견이 그토록 빈번히 이루어졌던 7세기 중반에서부터 그 이후의 얼마 동안 일본이 당으로부터 어느 정도로 크나큰 영향을 받았을 것인지 능히 짐작해 볼 수 있다.

당이 일본의 그러한 빈번한 견당사 파견이 이루어진 직후였던 674년부터 군주인 고종의 정식 명칭이 '황제'에서 '천황'으로 바뀌었다는 것을 감안해 보면, 일본의 〈다이호율령〉을 통한 '천황' 명칭의 법문화는 당의 그러한 황제 명칭의 변경으로부터의 직접적 영향하에서 이루어졌을 것이라는 입장이 취해진다.

그렇다면, 스이코조 이후 '오키미', 천왕 등과 더불어 비공식적으로 사용되었던 '천황'이란 명칭은 어떻게 성립된 것인가? 그것은 한반도, 중국 대륙으로부터 일본에 전래된 문헌들이나 혹은 한반도에서 일본으로 도래한 인간들의 말로부터 취해져 사용되었다고 전해진다.

이미 스이코조 이전부터 한반도와 중국 대륙으로부터 인간들과 문헌들이 건너갔다는 사실은 지금까지의 연구업적들을 통해서 확실히 말해질 수 있다. 그러한 인간들 중에는 이미 5세기 전반의 오진 천황조부터 《천자문千字文》과 《논어論語》를 가지고 도일했던 지식인들도 있었다. 6세기 전반에 가서는 백제로부터 불상과 경론經論 등이 전달되었고, 그 중반부터는 한반도에서의 가야 멸망(562) 등을 계기로 한반도로부터 일본 쪽으로 집단적 귀화가 행해져 그들을 통해서 한자 문화가 형성되어, 결국 "6세기 중반에 조정에서는 《제기》(大王의 계보)와 《구사》(조정의 설화·전승)가 정리되었다고 생각된다".[427] 그런데, 이들 《제기》와 《구사》는 681년 텐무 천황이 국사 편찬 작업 착수 시 기본 자료가 되었으며, 그 후 그것들에 기초해 집필된 것이 바로 《고사기》였다. 그런데, 불행

427 ▪ 井上光貞他, 前揭書, 27頁.

히도《제기》와《구사》가 소실되어 버렸기 때문에 그들이 어떤 내용을 지닌 것들인지 알 길이 없다. 따라서 우리는《고사기》의 검토를 통해 6세기 중반 그것들이 어떠한 문헌들을 통해 성립되었는지에 추측할 수 있다. 만약《고사기》의 주된 내용이 6세기의 그것들에 기초해 이루어졌다고 한다면, 6세기의 그것들은《고사기》의 개국 신화에 그 기본 틀을 제시한 서적들의 내용도 포함되었을 것이다. 그렇다면 그것들은 어떠한 것들이었을까? 중국의 개국 신화는 삼황오제三皇五帝 전설이다. 그 전설을 담고 있는 중국의 문헌은《역전易傳》(易說을 서술한 책), 《시경詩經》,《상서尙書》,《사기史記》 등이다. 이것들 중 개국 신화가 내재된 역사서는《사기》이다. 따라서 우리는 '천황'이라고 하는 명칭과 관련해서《사기》를 주목해 볼 필요가 있다.

《사기》는 전한前漢의 사마천司馬遷(BC 145-BC 87경)에 의해 편찬된 역사서인데, 여기에는 '오제본기五帝本紀'에서 '오제'만이 다루어져 있다. 그런데, 당의 현종대玄宗代(713-756) 사람인 사마정司馬貞이《사기》의 '오제본기'에 '삼황三皇'을 보충해 넣음으로써 비로소 '삼황오제'로 일반화되었다.

이렇게 볼 때,《사기》의 '삼황오제'가 일본에서 '천황' 명칭이 비공식적으로 사용되는 데 어떤 영향을 주었는지에 대해서는 한마디로 말할 수 없다. 그렇다면, 사마천의《사기》에 '천황天皇 · 지황地皇 · 태황泰皇'이란 문구가 나오는데, 바로 그 문구가 들어 있는 '진시황본기秦始皇本紀'의 영향하에서 이루어졌을 가능성은 배제할 수 없다.[428] 그 문구가 들어 있는 문장은 다음과 같다.

> 진왕秦王이 막 천하를 통일하고 신하들에게 "육국六國의 왕들이 모두 처벌당해 천하가 크게 안정됐으니, 이제 호칭을 바꾸지 않는다면 그동안 이루어 놓은 공적이 드러날 수 없고 후세에 전달될 수도 없을 것이다. 그대들은 황제의 호칭을 논의하도록 하라"라고 하자, 승상 왕관王綰, 정위廷尉, 이사李斯 등이 모두 이렇게

428▪ 司馬遷,《司馬遷 史記 1—史記本紀》, 丁範鎭 외 옮김(까치, 1994), 159-160頁.

아뢰었다. "옛날에 오제五帝 때에는 땅이 사방 천리에 지나지 않았고, 그 바깥에는 후복侯服, 이복夷服 등의 제후가 있었는데, 그들이 어떤 때에는 조현하고 어떤 때에는 조현하지 않아 천자는 그들을 제압할 수 없었습니다. 이제 폐하께서 의로운 군사를 일으켜 잔적殘敵을 토벌하시고 천하를 평정하여 전국에 군현을 설치하고 법령을 하나로 통일시켰으니, 상고上古 이래로 일찍이 없었던 일로서 오제라고 할지라도 미치지 못할 것입니다. 신들이 삼가 박사博士들과 함께 논의하기를 '고대에는 천황 · 지황 · 태황이 있었는데, 그중에서 태황이 가장 존귀했다'라고 하였습니다. 신들이 황공하옵게도 존호尊號를 올리나니, 왕을 '태황泰皇'이라고 하고, 명命을 '제制' 라고 하고, 영令을 '조詔' 라고 하며, 천자가 스스로를 칭할 때는 '짐朕'이라고 하십시오." 그러자 진왕은 "태泰자를 없애고 황皇자를 취하고, 상고 시대의 제帝라는 호칭을 채택하여 '황제皇帝'라고 칭할 것이며, 다른 것은 그대들이 논의한 대로 하라"라 말하였다.

이렇게 해서 그 후 진왕은 '황제'라 불리게 되었고, 그가 최초로 '황제'로 불리게 되었다고 하여 '시황제始皇帝'라고도 불렸다. 그러다가 당대로 들어와 음양오행, 천문성좌天文星座, 도교 등이 성행해 도교의 노자老子도 신격화되고, 또 천제天帝도 신격화되는 과정에서 당의 고종高宗도 '천황'으로 불리게 되었다. 그 후 현종玄宗까지 황제가 '천황'으로 불리다가 그 다음의 숙종肅宗(756-762)에서부터 다시 '황제'로 불리게 되었다. 그러나 일본에서는 앞에서 고찰한 바와 같이 6세기 말경부터 '천황'이란 칭호가 더러 쓰이다가 7세기 말에서 8세기 초에 와서 공식화된 이후 현재에 이르고 있는 것이다.

그러나, 문제는 상기의 '천황'과 관련된 내용이 내포된 사마천의 《사기》나 수의 요장겸姚長謙 등이 585년에 편찬한 《연력제기年曆帝紀》의 내용이 어떠한 경로를 통해 7세기 초경에 일본에 전래되었는지에 관해서는 결코 말할 수 없다고 하는 것이다. 《사기》 이외에서 오吳의 서정徐整이 저술한 《삼오력기三五歷紀》에도, '천황 · 지황 · 인황'과 관련된 문장들이 나오고, 수隋의 소길蕭吉이 음양오행설을 논한《오행대의五行大義》속에도 그것에 관한 기사들이 많이 나오고 있고, 또 당 초의 승려 법림法琳(572-640)이 불교를 옹호하려는 입장에서 저술한《파사론破邪論》·《변정론弁正論》등에도 그것에 논설들이 나오고 있다.[429]

그런데, 중국에서 수대와 당대 초에 '천황·지황·인황'에 관한 담론이 성행했던 것은 중국이 수의 전국 통일을 통해 6조六朝라고 하는 분단 시대로부터 통일 시대로 전환해 나오는 과정에서 통치 방법이 문제가 되었고, 그 문제가 전통적 제왕帝王 통치의 차원에서 접근되는 과정에서 '천황·지황·인황'의 관계가 활발히 논의되었기 때문이었다 할 수 있다. 이렇게 봤을 때 수·당 초에 중국에서 활발했었던 '삼황'에 대한 담론이 6세기 말 7세기 전반에 일본에 전래되어 일본의 정계에 '천황'이라고 하는 용어가 사용되었을 가능성을 결코 배제할 수 없다. 그 경우 일본에서의 '삼황'에 대한 관심은 당 초의 승려 법림이 중국에서의 불교의 확립과 그 우선적 보호 유지를 위해 열렬한 논쟁을 전개하는 과정에서《파사론》·《변정론》을 산출시켜 갔듯이, 소가우지가 쇼토쿠 태자와 함께 6세기 말 배불파排佛派의 모노노베노 모리야를 타도하고 숭불崇佛 정책을 취해 불교를 적극적으로 도입하는 과정에서 법림의 서적들을 적극적으로 받아들이면서 일반화되었을 것으로 추측된다.

2.《기기》신화의 형성 과정

1) 고대 천황제와《기기》신화의 성립 배경

앞에서도 언급했듯이, '천황제'란 천황을 주군主君으로 하는 국가 정치 체제를 가리킨다. 이 경우 천황제는 사실상 율령제하의 고대 천황제와 입헌제하의

429 ■ 新川登亀男, 前掲書, 320-321頁.

근대 천황제를 가리키고 있으나, 친정親政을 통한 천황의 정치적 실권 장악을 핵심으로 하는 이들 천황제와는 달리 천황이 정치적 실권을 상실하고 지배의 정당성을 부여하는 권위로서만의 기능을 행하는 중세적 천황제까지도 포함할 수 있다. 그렇다면 천황의 정치적 실권 행사를 가능하게 했던 정치적 체제가 형성되어 나온 경위는 어떠했는가?

현재 나라겐奈良県이라 불리는 야마토 지역을 중심으로 한 긴키 지역 내의 호족들이 4세기 중반에서 5세기경에 야마토 정권을 세워서, 그 정권의 수장을 '오키미'라 불렀다. 앞에서도 언급했듯이, 그 '오키미'의 권좌는 야마토 정권이 대륙과의 관계를 맺는 과정에서 '천황'의 권좌로 전환되어 나왔다. '만세일계'라고 하는 현재의 천황가가 그 천황의 권좌를 차지하게 됐던 것은 미즈노 유의 〈삼왕조 교체론〉에 의하면 6세기 초두부터 시작되는 게이타이 천황 이후부터로 되어 있다. 그때 이후 '오키미'의 권좌를 차지했던 천황가는 당시의 유력한 호족들과 함께 정권을 행사하다가 6세기 말에 이르러서는 소가우지 등과 같이 현재의 국무총리 직에 해당되는 '오미'의 자리를 차지했던 호족들이 '오키미'까지를 암살하는 지경에 이르게 되자, 결국 다이카개신을 일으켜 정치적 실권을 장악했다.

천황가의 그러한 정치적 실권 장악 작업은 이미 604년 쇼토쿠 태자의 〈헌법 17조憲法十七条〉의 제정을 통해 호족을 야마토 조정의 관료로 편입시켜 그것을 제도화하는 일로부터 착수되었다. 다이카 개신을 일으킨 천황가는 그 이듬해인 646년에 〈개신의 조칙〉을 발포해 그동안 호족들이 보유해 왔던 토지와 인민을 그들로부터 빼앗아 그것들을 천황가의 것으로 만든 후 그들에게 봉록俸禄으로 지급했다. 그러한 천황가 중심의 정치 체제는 그 후 8세기 초에 이르기까지 《경오년적》의 작성(670), 〈오미령〉의 실시(671), 〈아스카 기요미하라령〉의 편찬·시행(681-689), 〈다이호율령〉의 공포(702) 등을 통해 확립되어 나갔다. 우리는 이상의 일련의 율령들을 통해 정치를 행하는 국가를 율령제 국가라 말하고 있는데, 이 경우의 율령이란 천황가 중심의 정치 체제를 확립시키는 과정에서 행해진 율령들로서 그러한 율령에 입각해 정치가 행해졌던 고대 일본의 천황제 국가를 율령제 국가라 말하고 있다.

2) 《기기》 신화의 성립 과정

천황가는 이상과 같은 율령 제정을 통해 천황가 중심의 정치 체제를 확립하는 한편, 국사의 편찬 등을 통해서 그러한 작업을 추진했다. 그러한 면에서의 첫 작업이 〈헌법 17조〉의 제정 이후 620년 쇼토쿠 태자가 오미大臣 소가 우마코와 함께 《천황기天皇記》·《국기国記》(두 책 모두 소실되어 현재는 남아 있지 않음)의 편찬이었던 것이다.

이 경우의 《천황기》는 역대 천황의 세계世系와 그들의 사적事績 등을 기록한 것으로 추측되고 있다. 《국기》의 내용은 국가 성립의 연혁을 서술한 것이라고 하는 설이 있다. 《국기》는 5세기 중반경 백제 등의 한반도로부터 한자라든가 학술이 전래되자 그것을 배경으로 해서 야마토 조정에서 조정의 설화·전승 등에 관한 것들을 필록한 것으로 여겨져 왔다. 근래에 와서는 그러한 입장이 철회되고 있기는 하지만,[430] 만일 그러한 입장이 철회되지 않는다면 《천황기》·《국기》가 7세기 후반부터 찬정 작업이 이루어졌다고 하는 《제기》·《구사》(이들 두 책도 소실되어 현재는 남아 있지 않음)가 편찬되는 과정에서 기초자료가 되었을 것이라는 입장이 취해진다. 그런데 《천황기》·《국기》가 《고사기》(712)·《일본서기》(720)의 기초자료가 되었던 《제기》·《구사》와 같은 계열의 것들로 파악되고 있다는 점을 감안한다면, 《천황기》·《국기》의 성립 기점이야말로 《고사기》·《일본서기》의 편찬 기점으로도 파악할 수 있다는 입장을 취할 수

430 ■ 遠山美都男, 『古代王権と大化改新』(雄山閣, 2005), 293頁.

있다.[431]

그런데, 《제기》·《구사》는 덴무 천황이 681년 〈아스카 기요미하라령〉의 편찬 착수 시 찬정撰定케 한 것으로 이야기되고 있고, 《고사기》·《일본서기》는 긴메이欽明 천황이 오노 야스마로太安万侶에게 덴무 천황이 명했던 《제기》·《구사》의 찬정 작업을 완성시키도록 명함으로써 행해졌던 것이다. 오노 야스마로는 덴무 천황의 칙명을 받아 《제기》·《구사》의 찬정 작업을 행하던 히에다노 아레稗田阿礼로 하여금 그때까지 정리해 온 《제기》·《구사》를 송독케 해서 자신이 필록해 찬정해 냈던 것이다. 이렇게 봤을 때 《고사기》의 기본적 틀은 620년의 《천황기》·《국기》와 681년에 찬정 작업이 시작됐던 《제기》·《구사》의 기본적 틀을 통해 성립되었다고 할 수 있다.

그렇다면 당시 쇼토쿠 태자가 《천황기》·《국기》를 편찬했던 이유는 무엇이었는가? 쇼토쿠 태자는 31대 요메이用明 천황의 황자로 15세였던 587년에 소가노 우마코의 군대에 가담해 우마코와 함께 배불파 모노노베노 모리야를 타도했다. 그 후 오미 우마코가 592년에 32대 스슌崇峻 천황을 암살하자, 그 이듬해 스이코推古 천황의 황태자가 되어 섭정하였다.

이처럼 그의 정치 입문은 587년 숭불 정책을 취했던 소가노 우마코의 군에 가담해 배불파 모노노베노 모리야를 타도했던 시점이었다. 따라서 그가 정치에 임했던 것은 622년 그의 사망까지의 35년간이라 할 수 있다. 그 기간은 대외적으로는 중국 대륙에서 수의 전국 통일이 이루어졌고, 3세기간 지속될 당이 건설되는 시점이었다.

메이지 유신의 기본정신은 한마디로 화혼양재和魂洋才였다 할 수 있는데, 일본이 근대 서구 열강들의 동아시아 침략으로부터 살아남기 위해서는 일본 정신을 확립시켜 가면서 서양의 문명을 적극 받아들이고 이용하여 서구 열강들보다

---

431 ▪ 上揭書, 294頁.

더 훌륭한 문화를 창조해야 한다는 것을 의미한다. 필자가 여기에서 말하고자 하는 것은 메이지유신을 일으킨 자들의 그러한 정신이 바로 다이카 개신을 모델로 해서 나왔다고 하는 것이다. 쇼토쿠 태자는 다이카 개신이 일어나기 23년 전인 622년에 사망했다. 그러나 그는 다이카 개신의 기초를 구축한 인물이었다. 그는 우선 대륙으로부터 유교·불교 문화를 적극적으로 받아들여 그것을 통해 천황가를 중심으로 한 중앙집권의 정치 체제를 강화시켰다. 그는 일본 최초의 관위 제도라 할 수 있는 〈관위12계冠位十二計〉의 제정(603), 〈헌법 17조〉의 작성(604), 견수사의 파견(608), 《천황기》·《국기》의 편찬(620), 소가우지 권력의 부정 등을 통해 다이카 개신의 기초를 닦았다.

622년 쇼토쿠 태자가 사망하고 628년 스이코 천황이 사망하자, 부친 우마코의 사망(626) 후 오미가 된 소가 에미시가 쇼토쿠 태자의 아들 야마시로노 오에를 살해하고 천황옹립파들을 물리치고 조메이 천황을 세워 권력을 전횡했다. 그러다가 에미시가 그의 아들 이루카入鹿에게 오미 자리를 위임하려 하자, 조메이 천황의 황자 나카노 오에가 나카토미노 가마타리 등과 소가 부자를 살해, 자살하게 신정부를 수립해 다이카 개신을 일으켰던 것이다. 이렇게 봤을 때, 다이카 개신은 쇼토쿠 태자가 소가우지 권력을 부정하던 과정의 연장선상에서 발단되었고 조메이 천황의 황자 나카노 오에 일당이 소가우지로부터 권력을 빼앗은 후 그를 대신해 그의 대외·대내 정책을 지속적으로 추진해 가는 과정에서 행해졌던 것이라 할 수 있다.

다이카 개신의 기초를 세운 쇼토쿠 태자와 그것을 실현시켰던 나카노 오에 일당은 대내적으로 천황가를 중심으로 한 중앙집권적 체제를 구축해 간다는 입장을 취했고, 대외적으로는 야마토 민족과 수·당의 대등 관계 정립을 통해 민족적 정체성을 구축하려 했다. 필자가 여기에서 말하고자 하는 요점은 그의 《천황기》·《국기》의 편찬이 바로 그러한 입장에서 행해졌다고 하는 것이다.

《천황기》·《국기》의 내용은 672년 진신의 난을 일으켜 그 이듬해 황위에 올랐던 덴무 천황이 681년 찬정하게 했던《제기》·《구사》를 통해 파악될 수 있는데, 그것들이 그로부터 30년 후 출간된《고사기》등의 기본 자료로 사용된 후 불행히도 현존하지 않아 결국은《고사기》·《일본서기》를 통해서만 그것들의 내용을 추측할 수밖에 없다. 그렇다면 그것들을 찬정하게 한 덴무 천황은 어떠한 인물이었던가? 그는 당과 신라가 고구려를 멸망시킨 668년에 동모형同母兄 덴지 천황이 42세에 황위에 오르자 황태자의 지위에 오른다. 30세에 그는 나당 연합군에 멸망한 백제의 원군援軍으로 파견된 야마토군이 661년 백촌강에서 패배해 돌아오는 것을 목격했던 자이기도 했다. 그는 이와 같이 국제적 정세가 긴박했던 시기의 인물이다. 그는 황위에 오른 후 우선 유력 호족의 세력을 배제하고 천황에 권력을 집중시켜 율령 체제를 강화시켰다. 그는 천황 중심의 정치 체제를 강화시켜 나가기 위한 방안의 하나로《제기》·《구사》를 찬정한 인물이었던 것이다.

3)《기기》신화의 기초자료

그렇다면《고사기》·《일본서기》의 기초자료가 되었던 이들 역사물들의 내용은 어떻게 성립되어 나왔던 것인가? 그러면《고사기》·《일본서기》의 출현에서부터 보다 구체적으로 논해 보기로 한다.

《고사기》가 완성된 712년 정월 오노 야스마로가 긴메이 천황에게《고사기》의 '상표문上表文'('序'라고도 불린다)을 제출했다. 그것에는 다음과 같은 내용이 기술되어 있다. 천황의 계보라 할 수 있는《제기》라든가 예부터 전해 내려오는 그것과 관련된 이야기라 할 수 있는《구사》에 갖가지 이전異傳이 발생해 왔다. 그래서 덴무 천황이 정확한 역사가 전달되지 않게 된 사태를 우려해 정확한 국사를 편찬하고자 황자들과 신하들에게 명령해 히에다노 아레라고 하는 총명한 자를 골라내서 여러 이전들을 검토할 것을 지시했다. 그러나 덴무 천황이 그 생전에 그 완성을 보지 못하고 사망함에 따라, 긴메이 천황이 덴무 천황의 뜻을 받들어 관인官人 오노 야스마로에게 명해 그 작업을 마무리하도록 했다. 그래서 711년 오노 야스마로는 《제기》·《구사》의 찬정 작업을 해 오던 히에다노 아레로 하여금 그것들을 송독하게 하여 한자의 음과 훈을 병용해 일본어로 필록해 그 다음 해 《고사기》를 완성시켰다.

그로부터 8년 뒤에 출현한 《일본서기》는 긴메이 천황의 다음 천황인 겐쇼元定 천황(재위 : 715-724)이 그것의 편찬을 국가적 사업으로 생각해 조정의 문인관료들을 동원해 《제기》·《구사》뿐만 아니라 그 외의 여러 문헌들을 이용해 한문으로 써낸 역사서라 할 수 있다. 이렇게 《고사기》·《일본서기》의 기초 자료는 《제기》·《구사》였고, 또 그 《제기》·《구사》에서 620년경에 쇼토쿠 태자와 우마코 등이 그간 구승되어 오던 역대 천황들과 그것에 관련된 여러 씨족들의 이야기를 필록해 편찬했다고 하는 《천황기》·《국기》라든가, 그 이후 그것들에 관해 이전된 이야기들 등이 망라되어 있다.

그런데, 필자가 여기에서 말하고자 하는 것은 쇼토쿠 태자 등이 그것들을 필록했을 당시에 사용했던 자료들은 어떤 것들이었을까라는 것이다. 《천황기》의 경우는 예부터 구승되어 오다가 5세기 말경부터 필록됐던 것으로 추측된 역대 천황들의 황위 계승의 차례, 즉 현재 일본사학자들에 의해 '원찬제기原撰帝記'로 불리는 것이 자료가 되었을 것으로 추정되고 있다. 《국기》는 국가 성립의 연혁을 서술한 것으로서 681년 찬정되기 시작한 《구사》 속에 편입된 것으로 보이는데, 예부터 구전되어 오다가 6세기 중반의 긴메이조경에 필록되었던 '선대구사先代旧辞'(《고사기》)나 '상고제사上古諸事'(《일본서기》)가 자료가 되었을 것으로 추정되고 있다.

그렇다면, 그러한 '원찬제기'·'선대구사' 등의 내용은 어떻게 형성되어 나왔는가. 《일본서기》에는 진구神功·오진応神·유랴쿠雄略기紀가 《백제기百済記》로부터, 유랴쿠·부레쓰기가 《백제신찬百済新撰》으로부터, 게이타이·조메이기紀

가《백제본기百済本紀》 등으로부터 인용되어 이루어졌다고 기록되어 있다. 그런데 이들의 문헌들은 소실되어 현존하지 않지만, 7세기 후반에 백제에서 일본으로 망명해 온 자들에 의해 편찬되어 황실에 바쳐진 것들로 추정된다. 이들 문헌들에는 백제의 근초고왕近肖古王(346-375)경에서부터 위덕왕威德王(554-598)에 이르기까지의 백제와 일본 사이의 대외 관계가 기록되어 있었던 것으로 고찰되는데, 그러한 것을 근거로 해 봤을 때, 7세기 후반에 백제에서 일본으로 망명해 온 자들이 일본에서 5세기 말경에서부터 필록되었던 것들이나 자신들이 백제로부터 가지고 갔던 문헌 등을 자료로 해서 편찬했던 것으로 추정된다. 히라타 도시아키平田俊春는 그의 논문 〈제기의 원형과 기기帝紀の原型と記紀〉에서 "《일본서기》 속에 인용되어 있는 이상의 문헌들의 문장 속에 보이는 일본인들의 이름이 모두 다 자음가나字音仮名(한자음을 표시한 가나)로 기록되어 있는 것을 근거로 해서 그 문헌들의 편자들이 그대로 일본의 《제기》·《구사》의 편찬 작업에 끼어들었다"고 말하고 있다.

그의 그러한 입장을 받아들인다면 황실의 계보를 중심으로 한 문헌이라 할 수 있는 《제기》나 황실이나 호족들과 관련된 전설·설화·가요 등을 중심으로 한 《구사》가 《백제기》, 《백제신찬》, 《백제본기》 등을 모델로 해서 성립되어 나왔을 가능성이 짙다.[432]

쇼토쿠 태자는 593년 도일한 고구려의 승려 혜자慧慈를 스승으로 받아들여 그로부터 불전佛典을 배웠고, 6세기 초두의 게이타이 천황 이후 교대제로 백제로부터 파견된 오경박사五経博士의 한 사람 각가覚哿로부터는 유학 등의 전적典籍을 배웠다. 이러한 점들을 고려해 봤을 때, 말년에 가서 《천황기》·《국기》를 편찬했던 쇼토쿠 태자는 6세기 중엽 이후 한반도와 중국 대륙으로부터 일본에 건너간 승려들, 견수사, 견당사, 유학생, 귀화인 등을 통해 전래된 불교·유교

432 ▪ 日本文学研究資料刊行会 編, 《古事記 · 日本書紀 I》(有精堂, 1986), 124頁.

등의 경전들, 역사서적, 예컨대 일본에서 '삼사三史'로 알려져 온 사마천의《사기史記》(BC 100년경 완성), 반고班固의《한서漢書》(76-83), 남조송南朝宋 범여范曄의《후한서後漢書》(432년경 완성) 등과 같은 것들을 접했을 가능성이 크다 할 수 있다. 이들 문헌들 중에는 중국의 개국 신화인 '삼황오제 전설'이 기록된 문헌들, 예컨대,《역전》,《시경》,《상서》,《사기》 등과 같은 서적들이 있었을 가능성이 크다.

《고사기》·《일본서기》의 신화의 형성에 그 기틀이 되었다고 추측되는 중국의 '삼황오제 전설'이 들어 있는 역사 서적들로는 오의 서정이 저술한《삼오력기》, 585년 수의 요장겸이 편찬한《연력제기》 등이 있다. 그러한 서적들 중에는 그것들이 내포되었을 가능성도 있고, 또 고구려 국초에 씌어졌다고 하는《유기留記》, 600년에 씌어진 고구려 이문진의《신집新集》, 375년 백제의 고흥이 썼다고 하는《서기書紀》, 545년 신라 거칠부가 썼다고 하는《국사国史》 등도 끼어 있었을 가능성이 있다.

그 이유는 다음과 같은 두 가지 측면에서 이야기될 수 있다. 우선 하나는 중국의 '삼황오제 전설'이 내포된 사마천의《사기》(BC 100년경에 완성) 등과 같은 중국의 역사서들이 고구려 국초에 쓰여졌다고 하는《유기》 등과 같은 한반도 삼국 시대 역사서의 성립에 기초를 제시했을 가능성은 말할 것도 없다. 또 중국의 그러한 역사서들과 그것들로부터의 절대적 영향하에 성립된 한반도의 역사서들이 당시《천황기》·《국기》 등과 같은 일본의 역사서 형성에 기초를 제시했을 가능성이 크다고 생각되기 때문이다. 다른 하나는 중국·한반도의 그러한 역사서들을 기초자료로 해서 형성된《고사기》·《일본서기》의 개국 신화가 중국의 그러한 역사서들을 기초자료로 해서 씌어진 한반도 고려 시대의《삼국사기》(1145)·《삼국유사》(1285)의 개국 신화와 유사점을 지니고 있기 때문이다.

3.《기기》 신화와《사기》

1)《기기》 신화와 중국의 삼황오제 전설

《고사기》는 '서'·'상'·'중'·'하'의 4부분으로 되어 있다. '서'는《고사기》의 전체 내용 요약과 그것의 편찬 경위를 기술하고 있다. '상권'에는 신대神代의 이야기, 즉 천신7대天神七代와 지신5대地神五代의 이야기를 기술하고 있다. 구체적으로 말해 천지개벽의 이야기, 천지개벽 시 다카마노하라高天原에 출현한 신(天神)들이 지상地上의 나라를 만들어 가는 이야기, 천상天上에서 지상을 다스려 갈 지신들의 탄생과 그들의 히무카日向의 다카치호高千穗에 강림한 이야기 등이 기술되어 있다. '중권'에는 다카치호에 강림한 지신의 4대 손이 히무카로부터 야마토로 쳐들어가 진무神武라고 하는 초대 천황이 된 이야기, 제2대 이후 15대까지의 천황들의 영토 확장과 지배 체제 확립의 이야기 등을 기술되어 있다. '하권'은 제16대 닌토쿠仁德에서 제33대 스이코推古까지의 천황·황족들의 구혼담, 황위 계승 투쟁 등과 함께 그들의《제기帝紀》를 기술하고 있다.

한편,《일본서기》의 경우는 제30권으로 되어 있다. 제1권과 제2권은 '신대'를 상하로 나누어 기술하고 있는데, 제1권 '신대상神代上'은 천신7대를, 제2권 '신대하神代下'는 '지신5대'를 각각 기술하고 있다. 제3권은 제1세 진무 천황, 이하 각권은 1대 또는 수대의 천황별로 정리, 기술했다. 제4권부터는 편년체로, 즉 기사記事를 연월일 순으로 배열해 기술했다.

이렇게 봤을 때,《기기》의 구조상의 공통점은 천지개벽, 신대神代, 인대人代로 분리하고, 신대를 다시 천신7대와 지신5대로 세분화시켜 기술하고 있다는 점이다. 이 경우 '천신天神'이란 천상天上에서 천상세계를 다스리는 신神을, '지신地神'이란 천상에서 태어나 지상으로 내려와 지상에서 지상세계를 다스리는 신을 가리킨다.

이러한 천신·지신에 대해 '인신人神'이란 말이 있는데 이것은 천황들의 경우처럼 인간세상에서 인간들을 다스리는 신을 가리킨다. 그렇다면 이들의 이러한 기술상의 특징은 어디로부터 취해진 것인가? 이 물음은 다음과 같이 두 가지 측면에서 논의될 수 있다. 우선 하나는 이들 두 역사서가 어떤 하나의 모델에 입각해 기술되었다고 하는 것이다. 이것은 이들 두 문헌들 속에 기술된 신화들이 어떠한 하나의 신화를 모델로 해서 기술되었다는 말이기도 하다. 다른 하나는 이들 두 서적의 편찬 의도가 같은 목적하에서 이루어졌기 때문이라는 것이다.

우선 첫 번째 문제부터 논해 보기로 한다. 이들《기기》의 기본구조는 중국의 '천지개벽 신화'와 '삼황오제 전설'에 입각해 이루어진 것으로 파악된다.《고사기》의 '서' 및 '상권'의 초두와《일본서기》의 '제1권' 제1단段 초두는 '천지개벽'에 관한 기술로 중국의 '천지개벽 신화'에 입각해 이루어졌다.《기기》 신화에서의 '천지개벽'은 처음에는 만물의 분간이 확연치 않은 '혼돈混沌'된 상태로 존재해 있던 것이 '천지天地'(乾坤)로 나뉘자, 그곳에서 신들이 생겨났는데, 그것들이 나라를 이루는 모든 것들을 만들어 나갔다는 내용을 기초로 해서 이루어졌다. 또《기기》 신화는 하늘과 땅이 분리되자 7명의 천상 통치 신들이 나타나고, 연이어 5명의 지상 통치 신들과 인간 통치 신들이 출현했다는 것을 말하고 있다.

《기기》 신화에 기술된 이와 같은 개벽설화가 기술되어 있는 중국 측의 최고最古의 문헌은 오의 서정이 편찬한《삼오력기》로 알려져 있다.《일본서기》의 제1권 초두에는 천지가 비문화되었던 혼돈 상태가 '계란과 같은' 상태로 비유되어 기술되어 있는데,《삼오력기》에서도 그러한 혼돈 상태를 '계란과 같은'(如鷄子) 상태로 비유한다. 이러한 사실은《기기》의 신화가《삼오력기》 등과 같은 문헌들 속에 기술된 중국의 개벽 신화에 근거해 기술되었다는 것을 입증해 준다. 또《삼오력기》에 기술된 천지개벽의 신화에 "아직 천지가 존재하지 않던 혼돈 상태 속에서 반고盤古라고 하는 천지개벽의 신이 태어났다"라고 기술되어 있다. 이렇게 봤을 때 혼돈 상태 속에서 신이 태어나 그가 세계를 창조해 간다고 하는 점에 있어서도《기기》의 개벽 신화가《삼오력기》의 그것과 공통점을 갖고 있다는 것이다.《고사기》에는 천상을 다스려온 7대신, 지상을 통치할 5대신이 출현하고 그들에 이어 인간을 다스려 갈 인간신들이 차례로 출현한다. 중국의《삼오력기》에 기술된 '삼황오제 전설'에는 창조신 반고에 이어 12명의 천상 통치자, 11명의 지상 통치자, 9명의 인간 통치자가 출현한 것으로 되어 있다. 그렇다면《삼오력기》에 기술된 '삼황오제 전설' 속의 창조신 반고에 해당되는 신이 '천신7대'의 초대신 '아메노 미나카누시노 가미天御中主神'에 해당되고《일본서기》에는 '구니노 고토타치노 미코토国常立尊'에 해당된다고 볼 수 있다.

《기기》의 초두 그 다음의 기술은 앞에서 논한 바와 같이 천·지·인신설에 입각해 기술된 것으로 고찰되는데, 그것은《사기》등에 기술된 중국의 '삼황오제 전설'에 입각해 나온 것으로 고찰된다. 중국의 '삼황오제 전설'이란 중국 상고上古에 존재했다고 하는 8명의 제왕帝王에 대한 전설로서, 특히 '삼황'이란 인류문명의 기원과 관련된 인물에 대한 전설이고, '오제'는 중국 민족의 국가기원에 관한 전설이라고 할 수 있다. '천·지·인'의 '삼황'에서의 '천황'은 천지개벽 이후 세계를 창조한 반고에 이어 12명의 천상의 통치자들로, '지황'은 지상에서의 11명의 문화 창시의 영웅들로, '인황'은 국가의 기초를 만든 9명의 인간 통치자들로도 각각 파악될 수 있는 존재들이라 할 수 있다. 이 경우 '천·지·인'이라고 하는 관념에서의 '천'은《기기》의 신화에서의 '다카아마노하라高天原'로 되어 있다. 그런데, 오쿠보 다타시大久保正는〈기기풍토기記紀風土記의 성립과 구조〉에서 "다카아마노하라는 중국의 천天의 관념을 차용해서 만든 새로운 세계이고, 아메노 미나카누시노 가미도 또 중국의 참위讖緯 사상의 우주근원에 있는 부동不動의 존재, 천황대제天皇大帝, 북극성北極星을 차용해 만든 신이다. 이것들의 설정은 그때까지 우리나라에 없었던 관념을 가치의 최상단에 놓음으로써 황조皇祖 존엄의 절대화를 꾀한 구상에 기초한다"라고 말하고 있다.[433]

《기기》에서의 그러한 설정들은《기기》편찬의 의도에 기초해 이루어졌다고도 말할 수 있는데, 오쿠보 다타시는 당시의《고사기》의 편찬 의도가 "천황이 전 세계의 주인인 다카아마노하라의 아메노 미나카누시노 가미의 자손으로서 지상의 지배를 위임받은 신이고 그 통치가 끊임없이 일계로 지속되어 왔다고 하는 주제를 성립"시켰다 말하고 있다.[434]

이렇게 봤을 때 우리는 여기에서《기기》의 편찬 목적 및《기기》신화 성립 등과 관련해서 다음과 같은 입장이 취해진다. 당시《기기》의 편찬 주체들이《기기》의 신화를 이용해 천황이 천지개벽과 함께 최초로 세상에 출현해 전 세계의 주인이 된 신의 후손이고, 또 그 신으로부터 지상의 지배를 위임받은 자라고 하는 것을 지상의 인간들에게 주입시켜 천황 중심의 정치 체제를 확립시키는 것이《기기》의 편찬 목적이라는 것이다. 그런데 우선 우리가 여기에서 짚어야 할 것은《기기》의 편찬 주체들이 취한 그러한 천황 중심의 정치 체제의 확립 방법이 중국에서 통일 국가를 수립했었던 진秦, 한漢, 수隋, 당唐 등으로부터 취해졌다는 것이다. 그런데, 중국의 그러한 통일 국가들은 진시황秦始皇 이후 중국뿐만 아니라 전 세계의 인류를 지배하는 단 하나의 주권자로 규정된 황제를 정점으로 한 정치 체제를 취하고 있었다. 중국인들에게서의 그것은 한반도의 국가들은 물론 일본까지도 자신들의 정치적 영향권 내의 국가들로 취급하기 위한 정치 체제였다. 이는 '삼황오제 전설'을 기반으로 중국이 전 세계의 중심 국가라고 하는 중화 사상에 입각한 것이었다.

그렇다면 일본이 중화 사상에 입각해 성립된 중국 중심의 정치 체제를 받아들여 그것을 모델로 해서 자신들의 정치 체제를 확립시켜 나갔다는 것은 무엇을 의미하는 것인가? 그것은 다음과 같은 두 가지 측면에서 논해질 수 있다. 우선 하나는 일본이 중국 중심의 동아시아 정치 체계를 받아들였다는 말이

433 ▪ 市古貞次他『日本文学全史1—上代』(学灯社, 1988), 89頁.

434 ▪ 上掲書, 88頁.

된다. 일본이 그것을 받아들여 그 정치 체제 내에서의 일본 지역에서 천황 내지 천황가 중심의 정치 체제를 구축해 갔다고 볼 수 있다. 다른 하나는 일본이 중국으로부터 중앙집권의 정치 체제를 받아들인 목적이 자신들의 정치 체제와 그것을 접목시켜 중국의 그것보다 더 훌륭한 정치 체제를 만들어서 중국에 대적하려 했던 것으로 상정해 볼 수 있다. 당시 일본이 한반도와 중국 대륙으로부터 유교·불교·도교 등의 문물을 받아들이는 처지에 있었다는 점을 감안해 본다면 일본의 위정자들의 그러한 생각은 그들 차원의 것에 지나지 않았던 것이라 할 수 있다.

일본의 위정자들이 중국으로부터 '삼황오제 전설'을 기반으로 형성된 천天 중심의 문화를 수용해 가면서 전통적 통치이념의 핵심이었던 천 사상을 받아들여 그것을 모델로 해서 개국 신화를 만들어 백성들에게 주입시켜 갔다고 하는 것은 결국은 천 사상을 기초로 해서 확립된 중국 중심의 정치 체제 속으로 함몰되어 갔다는 것을 의미하는 것이라 할 수 있다.

2) 《사기》와 중화 사상

일본이 천황 중심의 중앙집권 체제를 확립시켜 가기 위해 도입한 중국의 중앙집권 체제는 어떻게 형성되어 나왔는가?

중국의 중앙집권 체제는 진시황(BC 259-BC 210)에 의해 BC 221년 전국이 통일되는 과정에서 그 기초가 형성되었고, 한대漢代(BC 221-AD 220)에 확립되었다. 진이 전국을 통일하기 이전의 춘추전국春秋戰國 시대(BC 722- BC 221)에 진은 주周(BC 1122-BC 249)의 제후국諸侯國의 하나에 지나지 않았는데, 결국은 주를 비롯해 초楚, 위魏, 한漢, 조趙, 연燕, 제齊 등을 멸망시키고 전국을 통일시켰던 것이다.

진왕秦王은 전국을 통일시킨 후 자신이 제후국의 왕王들보다 한 단계 더 높다는 것을 천하에 인식시키기 위한 한 방안으로 자신을 황제皇帝라 칭하도록 했다. 그때까지만 해도 '황皇'이나 '제帝'는 '삼황오제'의 경우처럼 '신神'이나 혹은 신과 같은 신성한 존재를 칭하는 말이었다. 천하에는 여러 나라들이 있고 그 나라들에는 한 명씩의 왕들이 있는데, 바로 그러한 왕들을 다스리는 존재가 바로 자기 자신이라는 의미에서 자신을 '황제'로 부르도록 했던 것이다. 그렇게 해서 진왕은 전국 통일 후 '황제'로 불렸고, 그의 사후에는 통일 국가의 왕이 '황제'로 불리면서 시황제始皇帝로 불리게 되었던 것이다.

진시황은 '황제'란 칭호 사용을 통해 자신을 천하에서 하나밖에 없는 존재로 인식시켜 가면서, 무력에 의해 통일된 전국을 다스려 가기 위한 제도적 통일의 한 방안으로 우선 한자漢字를 통일시켜 전 백성의 표현 방법을 통일시켜 나갔다. 시황제의 통일 국가 체제의 기초 구축은 그것으로 끝나지 않았다. 그는 만리장성을 축조해 남방의 농경민과 북방의 유목민을 분리시켜 북방의 유목민을 자신들의 적으로 삼았다.

통일된 중국을 이어받아 한 제국을 건설해 황제의 자리에 오른 한의 고조高祖는 도로, 운하 등의 건설과 관료조직의 정비를 통해 중앙집권 체제를 강화시켜 나갔다. 그 결과, 한의 국세는 무제武帝(BC 141-BC 87)에 와서 전성기를 맞게 되는데, 그의 그러한 업적은 북방의 흉노 정벌(BC 127-BC 119), 고조선 정벌(BC 108), 중앙아시아 정복(BC 104-BC 102) 등과 같은 영토 확장사업을 통해서 시작되었다. 무제는 진시황의 경우처럼 철저한 법치주의 입장을 취해 기존의 영토에 편입시켜 철저한 중앙집권주의의 정치 체제를 확립시켜 나갔다.

그는 자연 숭배 사상에 기초한 음양오행설陰陽五行說,《도덕경道德經》·《장자莊子》등과 같은 도가적 사상을 멀리하고, 인간사회 중심 사상에 기초한 유가 사상을 가까이 해 유교주의와 법치주의를 실현시켜 나갔다. 그의 그러한 사상적 실천은 유학자들을 관리로 등용하고, 유학을 관학官學으로 받아들여 조정에 '대학大學'을 설립해 유학자들을 양성하는 일 등을 통해서였다. 중국은 그의 그러한 유교주의 실천을 통해 유교 국가로서 정립되어 나오게 되었던 것이다.

그의 그러한 업적은 그 정도에서 끝나지 않았다. 무제는 사관史官 사마천으로 하여금 상고대上古代에서부터 당대當代까지의 중국사를 저술하게 하였다. 그 결과는 130권으로 이루어진 《사기》로 정리되어 나왔다. 《사기》는 중국에서의 '정사正史'를 발단시킨 역사서로서 상고의 황제에서부터 한대의 무제에 이르기까지를 다룬 통사인바, 그것은 무제에 의해 통일된 국가를 확립시켜 나가기 위해 씌어진 것으로서, 그 후 중국의 정사正史는 반고班固(AD 32-92)의 《한서》로 이어졌는데, 《사기》가 왕조사였던 반면, 《한서》의 경우는 전한 왕조를 다룬 왕조사였다.

다시 말해 전한의 《사기》는 당대의 전한 왕조의 역사적 전통성을 확립시키기 위해 전한까지의 중국 역사를 서술한 통사였고, 그것을 이어 나타난 《한서》는 전한이라고 하는 한 왕조를 기술한 단대사斷代史였다. 그런데, 필자가 여기에서 말하고자 하는 것은 《사기》가 그 후 중국에서의 역사 기술의 모델이 되었던 역사서였다고 한다면 《한서》의 경우는 《한서》 이후에 쓰여졌던 중국의 정사 기술의 모델이 되었던 역사서가 되었다.

이상과 같이 고찰해 봤을 때, 현재 중국인들이 취하고 있는 중국 중심의 세계관의 기초를 이루는 중화 사상은 한무제의 그러한 업적들을 토대로 해서 형성되어 나왔다는 입장이 취해지는데, 한의 황제를 떠받드는 한무제의 그러한 업적들이 중화 사상의 기초가 될 수 있었던 것은 《사기》가 제시한 역사관 때문이었다 할 수 있다.

《사기》가 제시한 역사관이란 한민족이 삼황오제의 업적들을 이어 받아 발전해 나온 민족이고, 자신들의 그러한 선조들이 인간들의 문화들을 창출해 내고, 또 자신들이 그것들을 이어 받아 발전시켰기 때문에 당연히 자신들이 세계의 주인으로 군림해야 한다는 역사관이다. 《사기》의 그러한 한민족 중심의 역사관은 무제 때 한민족이 북방의 유목민인 흉노를 정복하고 그동안 황하 유역의 농민들이었던 한나라의 백성들을 끊임없이 괴롭혀 왔던 흉노에 대해 비로소 군사적 우월감을 갖게 됨으로써 성립되어 나왔다고 하는 것이다.[435]

미우라 슈몬三浦朱門은 《천황 = 일본의 체질》에서 사마천의 《사기》가 '중화적 역사의 이론'을 정착시켰다면서 한의 전성기에 《사기》가 출현한 이유에 대해 다음과 같이 입장을 표명하고 있다. 당시 사마천은 한이 "장년長年에 걸쳐 한의 백성들을 괴롭혀 왔던 흉노에 비로소 군사적으로 우위에 서게 되"자, 한의 그러한 "전성 시대가 도래한 이유라든가 의미를 기록 속에서 찾아보려 했었는데, 그것이 그에게는 바로 《사기》의 기술이었다"라고 하는 것이다. 다시 말해서 《사기》는 황제 무제와 그의 사관 사마천이 "중화문명中華文明이라고 하는 것을 전통과 그 발전 속에서 찾아보려 했다고 하는" 것이었다.[436] 이와 같이 무제의 업적과 사마천의 《사기》는 황하 유역의 농경민을 백성으로 해 건설된 한이 북방의 기마유목 민족 정복을 계기로 한족 중심의 세계관과 역사관 즉 중화사관의 기반을 구축했던 것이다.

그런데, 필자가 여기에서 말하고자 하는 것은 사마천의 《사기》가 다름 아닌 바로 그 이전의 《시경》, 《상서》, 《역경》, 《춘추春秋》 등과 같은 유교의 경전을 배경으로 해서 성립되었다고 하는 것이다. 예컨대 《사기》의 기초를 이루는 것으로서의 '개국開國 신화'의 일종으로 읽혀지는 '삼황오제'는 상기의 유교 경전들로부터 취해진 것이고, 그것의 집필 목적도 자연 중심보다는 인간 중심의 사회를 구축하려는 유교주의에 입각한 것이라 할 수 있는데, 이 경우의 인간 사회란 황하 유역의 농경민들의 사회를 의미했던 것이다. 농경민들이란 사시 사철 서로 간의 일손들을 주고받으며 살아가는 인간들로서 인간관계를 가장 중요시하는 인간들이라 할 수 있고, 그 인간관계를 중시하는 사상이 바로 유교 사상이다.

---

435 ▪ 三浦朱門『天皇=日本の体質』(海竜社, 2000), 32頁.

436 ▪ 上同所.

유교에서의 인간관계란 농경사회 속의 인간관계를 모델로 한 것으로서 자기보다 더 경험이 많은 인간들과 자기에게 일손을 빌려 줄 수 있는 이웃들을 중요시하는 과정에서 형성된 인간관계라 할 수 있다. 자기보다 더 경험이 많은 인간들을 중시한다는 것은 자기보다 나이가 더 많은 어른들, 노인들, 선조들, 원조元祖들을 중시하고 또 자기 옆의 친구나 자기 집 옆의 이웃, 혹은 자기 나라의 이웃나라 등을 중시하는 사상에 근거한 것이라 할 수 있다. 그러한 농경사회에서 지상에서 행해지는 농사를 가능하게 하는 것은 하늘로부터 내리는 비와 눈 등과 같은 존재들이라 할 수 있다. 따라서 농경사회에서의 농사가 행해지는 지상세계를 주관하는 것은 하늘이다. 지상세계를 주관하는 하늘은 절대적 존재로 인식되거나, 혹은 그러한 존재가 임해 있는 장소로 인식된다.

필자가 여기에서 말하고자 하는 것은 그러한 농경사회의 인간들에게는 태초에 처음 그러한 사회나 국가를 열었던 존재들이 임해 있는 장소가 바로 하늘이라고 인식되어 왔다는 것이다. 따라서 농경사회의 인간들은 자신들의 조상이 태초에 하늘로부터 내려와 지상에 살게 되었다는 생각을 하게 되었다. 중국의 황하 유역의 인간들은 그들의 그러한 생각을 통해 '삼황오제 전설'을 형성시켜 나왔던 것이다. 이렇게 봤을 때, 농경사회를 기반으로 형성되어 나왔던 유교적 이미지 체계는 '천손강림天孫降臨 신화'를 기반으로 해서 성립된 것으로서 '삼황오제 전설'이 바로 그 구체적 일례가 될 수 있다.

그런데, 그 유교적 이미지 체계를 확립시켰던 수단이 다름 아닌 바로 한자漢字와 한문漢文이었고 그것들을 통해 행해지는 유학儒學이라고 하는 것이었다. 한무제 이후 북방의 기마 유목민들의 사회가 무武에 의해 지배되는 사회라면, 황하 유역의 농경민들의 사회는 문文이 지배하는 사회로서 우리는 바로 그러한 사회를 유교사회라 부르고 있다.

이와 같이 중국 대륙에서는 황하 유역을 중심으로 해서 한대 이후 유목생활보다는 농경생활을 하였고, 무력보다는 문文을 중시했고, 자연보다는 인간 사회를 중시하는 집단이 형성되어 나왔는데, 바로 이러한 인간집단이 중국의 한민족으로 발전되어 나왔고, 바로 그 한족에 의해 자신들이 세계의 중심이 되어야 한다고 하는 중화 사상이 형성되어 나왔던 것이다. 이와 같이 유교는 중화 사상 형성의 핵심적 역할을 행했던 것이다.

3) 삼황오제의 원형

이렇게 봤을 때, 한민족의 성립 기반은 진시황의 만리장성 축조, 한무제의 흉노 정벌 등을 통해 황하 유역의 농경민족을 북방의 기마 유목 민족으로부터 분리시켜 냄으로써 이루어졌던 것이다.

그러나 진시황의 만리장성 축조를 통한 황하 유역의 농경민들과 북방의 유목민들과의 구분이라든가 혹은 한무제의 북방 흉노족의 정벌 등은 당시로 말할 것 같으면 인위적이고 일시적인 정치적 행위에 불과한 것이었다. '삼황오제'에서의 '오제'의 한 사람인 '황제'에서부터 당대의 한무제대까지의 중국 역사를 통사적 측면에서 기술해 낸 사마천으로서는 민족적 측면에서 중원 지역의 농경민과 만리장성 이북의 유목민을 분리시킨다는 것이 일시적인 정치적 행위에 지나지 않은 것으로 인식되지 않을 수 없었다. 그러한 인식이 있었기 때문에 그는 BC 99년에 흉노에 어쩔 수 없이 항복할 수밖에 없었던 중국의 유명한 장군 이능李陵을 변호했었고, 그로 인해 결국 한무제로부터 궁형宮刑(거세 처벌) 처벌을 받았던 것이다.

사마천의 《사기》에 의하면 흉노의 선조가 하夏나라의 순유淳維라고 하는 인물이었다는 것을 알 수 있다. 그런데 하나라는 우禹의 아들 계啓가 세운 나라이고, 우의 아버지는 순舜 임금이었다. 사마천은 《사기》의 '흉노전匈奴傳'에서 요순 이전에는 흉노의 선조가 북쪽에서 유목 생활을 하고 있었다고 기술하고 있다.[437] 이렇게 봤을 때 하의 설립자는 남하한 북방의 유목민으로 추정되고,

하나라는 BC 2050-BC 1550년 사이의 중원中原 지역에 최초로 존재했었던 나라로 알려져 있다. 그렇다면, 그것은 동부의 중원 지역을 중심으로 해서 남북으로 분포된 용산龍山 문화(BC 2300-BC 1800)를 배경으로 해서 출현한 왕조라 할 수 있다. 황하 중·상류 지역에 분포되어 있는 앙소仰韶 문화(BC 5000 -BC 2500)가 남방의 채도彩陶 문화를 통해 발전되어 나왔다고 한다면, 용산 문화의 경우는 북방의 흑도黑陶 문화를 배경으로 해서 발전되어 나온 것으로 고찰되는데, 이것은 바로 하의 설립자들이나 하의 백성들이 북방으로부터 중원 지역으로 이주해 들어와 그곳에 정착해 살고 있었던 자들이라는 사실을 뒷받침해 준다.

현재 중국 상고사 연구자들의 태반은 하 왕조를 배경으로 해서 출현한 은 왕조(BC 1766-BC 1122, 혹은 BC 1523-BC 1027)가 유목 민족인 동이족계東夷族系의 일족에 의해 설립되었다는 입장을 취하고 있다. 이러한 시각도 하 왕조가 북방 출신에 의해 설립되었다는 입장을 갖게 해 준다.

요와 순은 '삼황오제'의 '오제'에서의 마지막 두 제帝를 가리킨다. 이렇게 봤을 때 사마천이 생각하고 있었던 '삼황오제'는 전부 북방의 유목민 출신들이었다고 하는 것이다. 이것은 중국의 개국 신화인 '삼황오제 전설'이 알타이 신화를 배경으로 해서 성립되어 나왔고, 그 전설 속의 '삼황오제'가 BC 2000년 이전 알타이 지역에 서방으로부터 청동기 문화가 유입되어 고대 국가가 건설되어 나올 때 출현했었던 정치적 지도자들이 모델이 되었을 것으로 추정되지 않을 수 없다.

이상과 같이 고찰해 봤을 때 한대 이전의 진秦, 주周(BC 722-BC 256) 이전의 은殷과 하夏, 그 이전의 '삼황오제' 시대의 부족 연맹 내지 부족 국가들이 북방의 유목 민족, 즉 알타이 민족 출신들에 의해 세워졌다는 입장이 취해진다. 여기에서 우리가 전설상의 국가로 취급되고 있는 하 왕조의 판도가 현재 중원 지역의

---

437 ▪ 司馬遷, 《司馬遷 史記 6 — 史記列傳(중)》, 丁範鎭 외 옮김(까치, 1995), 795면.

일부인 산서성山西省 남부, 하남성河南省 서변, 협서성陝西省 남부 등의 지역으로 파악되고 있고, 그 다음 은의 판도가 하 왕조의 그것을 중심으로 해서 좀더 황하 하류 쪽으로 확장되었다는 사실을 감안해 본다면, 우리는 북방의 알타이 유목민들이 중원 지방으로 침입해 들어가 하와 은 왕조를 세웠고, 그 후 그들의 지배하에 있었던 황하 유역의 농경민들이 자신들을 다스렸던 북방의 유목민들의 하·은 왕조를 무너트리고 주를 건설하였다는 것을 알 수 있다. 그렇다면, 남방 및 중원 지역의 농경민들이 앙소 문화를 배경으로 해서 뒤늦게 정치적 세력으로 부상해 그들이 북방의 유목 민족에 의한 용산 문화를 배경으로 해서 설립되었던 하 · 은 왕조를 타도했다는 입장도 취할 수 있다.

그런데 필자가 여기에서 말하고자 하는 요점은 한 왕조가 하, 은, 진 등과 같은 북방계 왕조의 전통을 배제하고 남방 및 중원의 농경민 문화를 배경으로 해서 나왔던 주 왕조의 전통을 이어받아 건설되었다고 하는 시각을 가질 수도 있다는 것이다.

《사기》의 저자 사마천은 한 왕조 사관이긴 했지만 부친대에서부터 한 왕조와 대립적 관계를 유지했었다. 그 이유는 과연 무엇이었을까? 그것은 두 가지 측면에서 논의될 수 있다. 우선 하나는 사마천의 선조가 하·은 왕조나 혹은 진 왕조 계열의 북방의 유목민계였기 때문이든가, 아니면 사마천으로서는 한대 이전의 왕조들이 북방의 유목 민족들에 의해 세워졌기 때문에 남방 및 중원 지역의 농경민을 주축으로 한제국을 확립시켜 나간다는 것은 부당하다는 생각을 갖고 있었기 때문이라는 것이다. 사마천은 주 왕조를 기초로 하여 한 왕조의 전통성을 정립시킴에 있어서 주를 북방 민족에 의해 설립되었다고 생각되는 은 왕조나 혹은 하 왕조 등과 동일 계열의 왕조로 기술하였다. 또 그는 '삼황오제'의 '오제'를 하 왕조 위에 올려놓았고, 한에 의해 멸망한 진 왕조의 선조先祖를 '오제' 중의 한 사람인 '전욱제顓頊帝의 후예'로 기술해 놓았다.[438]

그렇다면, 사마천이 중원 지역의 농경민족을 주축으로 해서 설립된 주 왕조

위에 북방계의 은·하 왕조를 올려놓고, 또 진의 선조를 '오제'의 후예로 기술해 놓은 이유는 무엇이었을까? 그것은 당시 북방계의 유목 민족과 차별을 내세워 남방 및 중원 지역의 농경민족을 기반으로 건설된 한제국의 선조도 원래는 북방계의 출신이었다고 하는 생각이 그에게 있었기 때문이었다고 할 수 있다.

그렇다면 그가 북방의 유목 민족과의 차별을 통해 한제국의 정체성을 확립시키기 위해 저술했던《사기》를 '삼황오제'의 '오제'에서부터 기술한 이유는 무엇일까? 다시 말해서 그가 '삼황오제'의 '삼황'에서부터 기술하지 않고 '오제'에서부터 쓰기 시작한 이유는 과연 무엇이었을까의 문제이다. 그것은 사마천이 중원 지역을 중심으로 해서 한·진·주·은·하 등의 왕조를 건설했던 민족의 역사를 기술해 보겠다는 의도하에서 그것을 썼기 때문이었던 것은 아니었을까 한다. 그는 설혹 황하 유역의 농경민족의 선조가 북방계의 유목 민족이었다 하더라도 '오제'가 다스리던 시기는 그의 선조가 중원 지역에 들어온 이후라 생각했고, '삼황'의 시대는 그의 선조가 중원 지역에 들어오기 이전으로 파악했었기 때문은 아니었을까 한다. 다시 말해, '삼황'은 한민족이 중원에 들어가기 이전 북방에서 유목생활을 하고 있을 때 받들었던 황제들이라고 생각했다는 것이다. '삼황'이란 '천황天皇·지황地皇·인황人皇(혹은 태황太皇)'을 말한다. 이것은 북방의 알타이족의 '천손강림 신화'를 창출해 낸 인식 체계로부터 나왔다고 볼 수 있다.

그러한 이유에서였는지, 사마천은 '삼황오제'에서의 '삼황'을《사기》의 '본기 권6 진시황본기'에서 다루고 있다. 그는 그곳에서 '황제'의 명칭이 삼황 중에서 '가장 존귀했다'고 하는 '태황'으로부터 취해졌다는 내용을 가지고 진시황제를 '삼황'과 연결시키고 있는 것이다.[439]

그렇다면, 사마천이 '삼황' 중의 첫 번째 황인 '천황'의 조상으로 알려져 있는

---

438 ▪ 위의 책, 109면.

439 ▪ 위의 책, 160-161면.

천지개벽의 신 '반고'를 '삼황' 위에 올려놓지 않았던 이유는 무엇이었는가? 당의 구양순歐陽詢(557-641) 등의 봉칙찬奉勅撰《예문류취藝文類聚》(100권, 624)의 '권 11', 송의 이방李昉 등의 봉칙찬《태평어람太平御覽》(1,000권, 977)의 '권 78' 등에 의하면, 반고盤古 다음에 '삼황'이 나타나는 것으로 되어 있다.[440]

그런데 "반고는 혼돈 속에서 생긴 원시元始의 신이고 그 후에 삼황이 나타난다"라고 하는 계보가 중국의 문헌에 처음 나타난 것은 앞에서 언급한 바와 같이 삼국 오吳의 서정이 편찬한《삼오력기》로 알려져 있다.[441] 그런데, 현재 그것은 소실되어 그 내용 확인이 불가능하고 대신 그 내용의 일부가《예문류취》,《태평어람》등에 수록되어 전해지고 있다. 이렇게 봤을 때, 사마천이《사기》에서 '삼황' 위에 천지개벽신 '반고'를 올려놓지 않았던 이유가 이해된다. 그것은 전한의 사마천 시대에는 아직 천지개벽신 반고가 출현하지 않았던가, 아니면 출현했다 하더라도 남방인들에게나 출현했지 당시 황하 유역으로 이주해 살고 있었던 북방 출신의 후예들에게는 알려지지 않았었다고 하는 것이다. '반고가 남방계 설화' 속의 신이라는 사실을 감안해 보면 그 이유가 더욱 확실해진다.[442]

---

440 "未有天地之時, 混沌狀如雞子, 盤古生其中, 一万八千天地開闢, 清陽為天, 濁陰為地, 盤古在其中, 一日神於天, 聖於地, 天高一丈, 地厚一丈, 盤古日長一丈, 如此一万八千歲, 天数極高, 地極深, 盤古極長, 後乃有三皇."

441 広畑輔雄「盤古説話と記紀神話」(『漢文学会会報 二十四号』東京教育大学漢文学会, 1965), 26頁.

442 上揭書, 24頁.

나오면서

일본 고대 국가가 취했던 천황제 정치 체제는 당으로부터 율령제를 받아들여 율령제 국가로 전환해 나오는 과정에서 형성된 것이다. 고대 일본 국가의 그러한 전환의 계기는 대륙에서의 정치적 변화 때문이었다. 우선 6세기 말 수隋가 그 이전 4세기 동안 남북으로 갈라져 있었던 중국 대륙을 통일시켰고, 또 수를 이어받은 당唐이 율령 정치를 통해 강력한 중앙집권의 정치 체제를 확립시켜 나갔다.

중국 대륙에서의 당의 그러한 정치적 움직임은 한반도의 국가들에게도 커다란 영향을 끼쳤다. 그 결과 신라가 당의 도움을 받아 660년 백제를, 668년 고구려를 각각 멸망시키고, 676년에는 삼국 통일을 이루게 되는 상황이 벌어졌던 것이다. 중국 대륙과 한반도에서의 그러한 움직임은 일본의 조정으로 하여금 국가적 위기의식을 느끼게 했다. 일본은 중국 대륙에서의 그러한 정치적 변화를 타고 일찌감치 다이카 개신이라고 하는 정치적 개혁을 단행한 후 그것을 시발로 하여 〈오미령〉, 〈아스카 기요미하라령〉, 〈다이호율령〉 등의 시행을 통해 천황 중심의 강력한 중앙집권적 정치 체제를 확립시켜 나가지 않을 수 없었던 것이다.

《고사기》·《일본서기》의 성립은 일본이 바로 그러한 율령들을 통해 천황을 중심으로 한 강력한 중앙집권의 정치 체제를 확립시켜 나가는 과정에서 이루어진 것이라 할 수 있다. 일본 조정이 당으로부터 율령제를 받아들여 그것을 일본에 적용시켰던 것은 그동안 호족들의 사유물이었던 토지와 인민을 국유화시키기 위해서였다. 한마디로 말하자면 천황가가 호족들로부터 그것들을 빼앗아 천황가 자신의 소유물로 만들기 위해서였던 것이다. 일본의 조정이 그러한 과정에서 《기기》 신화를 창출해 그것을 서문화書文化시켰던 것은 일본의 토지와 인민이 원래 천황가의 소유물이었다는 것을 사상화시키기 위해서였던 것으로 파악된다. 원래 일본의 토지와 인민이 천황가의 것이라는 사상을 일반화시키기 위해서는 천황가를 다른 호족들과 구별시켜 그것을 신적 존재로 인식시켜야 했다. 그 방안의 하나로 일본의 조정은 당시 당에서 황제가 신격화되어 '천황天皇'으로 불리고 있던 것을 받아들여, 당시 일본에서 최고의 정치적 지도자의 명칭이었던 '오키미'란 명칭을 버렸던 것이다.

이와 같이 일본에서 최고의 정치적 지도자가 '천황'으로 불리게 됨으로써 그가 신적 존재로 인식되기 시작한 것은 우선 일차적으로 중국의 유교적 세계관에 입각해 성립된 천자天子 사상이 유교 경전들이나, 그것들에 입각해 쓰인 《사기》 등과 같은 역사서들이 일본에 전래되어 그것들이 읽혀지고, 정치적으로 이용됨으로써였다고 할 수 있다.

그런데 여기서 필자가 하나 더 덧붙이고자 하는 것은 바로 그 천자 사상의 기원을 유교를 일으킨 중국 남방계의 농경민족으로부터가 아니라 일찍이 중국의 중원 지방으로 침입해 들어가 그곳을 점령해 살고 있던 북방계의 유목 민족으로부터 찾을 수 있다고 하는 것이다. 다시 말해 일본 고대 천황제 국가와 《기기》 신화의 성립은 중국의 한대를 통해 확립된 유교의 경전들이나 《사기》 등과 같은 중국의 역사서들이 제시하는 유교적 세계관이 일본에 전래되어 그것이 정치적으로 이용되는 과정에서 이루어졌다고 볼 수 있는데, 중국에서의 천자 사상 그 자체는 남방계의 농경민족인 한족보다는 북방계의 유목 민족인 알타이족으로부터 그 기원을 찾을 수 있다는 시각이 제기될 수 있다.

현재 한·일 양국의 공존을 저해하는 사상은 일본의 우익 사상이다. 그것은 일본의 국토와 인민이 태양신의 직계 후손이라고 하는 천황의 소유물이라는 사상을 중핵으로 한 사상이다. 그러한 우익 사상의 근저가 근대 이전에는 대륙과의 관련 속에서 형성되었고, 또 게다가 일본의 《기기》 신화의 근간을 이루는 천손天孫 사상이 중국의 북방계 유목민들을 통해 형성된 《사기》의 천 사상으로부터의 영향하에서 형성된 것이라는 사실 등을 감안해 본다면, 우리가 금후 일본의 우익 세력에 대해 어떠한 입장을 취해 가야 할지가 명확해진다.

중국의 북방 계열의 유목민들이 형성시킨 '천' 사상이 중국의 남방계의 한족으로부터의 유교적 영향하에서 확립되어, 한반도의 북방 유목민을 통해 북방의 유목 민족 출신의 일본 민족에 전달되어, 일본 민족의 '천손강림' 사상으로 전환해 나와, 현대 일본인들의 우익 사상의 중핵을 이루고 있다고 한다면, 일본 민족과 같은 북방의 알타이인인 한국 민족은 일본의 우익들에 대해 어떤 입장을 취해야 할 것인가? 여기에서 필자는 일본의 우익들이 《기기》에 기술된 천손강림 신화에 근거해 한국 민족에 대해 끝없이 비우호적 입장을 취해 가려 하거나 민족적 우월감을 취해 가려는 입장에 대해 다음과 같은 입장을 취하지 않을 수 없다. 다시 말해 중국의 천자天子 사상이니 일본의 천손 사상은 아시아의 북방 유목민들이었던 알타이인들의 천天 사상으로부터 출현한 것이다. 따라서 같은 알타이인들로서의 한국인과 일본인은 같은 '천손'으로서 두 민족 간에는 어떤 열등의식이나 우월의식 같은 것이 결코 존재할 수 없다.

결 문

필자는 이상과 같이 9장을 통해 일본 우익의 활동과 그 사상적 배경을 고찰하였다. 그 결과 다음과 같이 그 활동과 사상상의 특징을 정리해 볼 수 있다.

우선 일본 우익의 활동상의 특징부터 정리한다. 첫째, 일본에서의 우익 활동의 주체는 사회주의 운동 주체의 성립을 계기로 해서 형성되어 나왔다. 일본에서의 사회주의 세력이 형성되어 나온 것은 청·일 전쟁과 러·일 전쟁 사이의 일본 산업혁명기를 통해서였다. 그 운동의 주체들은 고토쿠 슈스이幸德秋水 등에 의한 '사회주의연구회'(1898년 11월 결성), '사회민주당' (1901년 5월 결성, 즉일금지), 고토쿠, 사카이 도시히코堺利彦 등에 의한 '평민사平民社'(1903년 11월 설립), 고토쿠, 사카이, 가타야마 센片山潜(1859-1933) 등의 '일본 사회당'(1906년 2월 결성, 그 이듬해 해산) 등과 같은 것들이었다. 그 후 그 운동 주체들은 당시 일본 정부를 부정했던 사건으로 알려진 '아카하타赤旗 사건'(1908.6), 천황 암살을 계획했던 사건으로 알려진 '대역大逆 사건'(1910- 1911) 등과 같은 사건들을 일으켜 갔다.

자본주의 체제를 부정하는 사회주의 세력들에 의해 그러한 사건들이 야기되자, 메이지 유신을 통해 근대 서구의 자본주의 체제를 받아들여 출발한 메이지 정부와 그 정점을 점유하고 있던 천황에 대해 적극적 지지를 표명하던 세력들은 소규모의 정치결사를 조직해 메이지 정부의 대내외 정책들의 시정을 요구하는 한편, 사회주의 세력들의 그러한 운동에 대해 적극적으로 대항하게 되었던 것이다.

둘째, 일본 우익의 그러한 활동은 '국체호지国体護持'와 '적화방지赤化防止'라고 하는 목표하에 '국가 혁신 운동' 등과 같은 형태로 나타났었고, 그 활동의 주체는 제1차 세계대전 종료를 전후한 시점에 결성된 '노장회老壮会'(1917년 결성), '유존사猶存社'(1919년 결성), '대일본국수회大日本国粋会'(1919년 결성) 등을 통해 시작되었던 것이다.

일본은 1920년대로 들어와 제1차 세계대전을 승리로 이끈 영미국의 주도하의 워싱턴 회의를 통해 〈해군 군축 조약〉이 행해진 국제적 분위기를 타고 군국주의 시대를 맞이하게 된다. 그 시대에서의 우익 활동의 기본적 노선은 '니·니로쿠 사건二·二六事件'(1936.2.26)에서 취했던 황도파 청년장교들의 주장에서 고찰되는 바와 같이, 천황과 국민 사이에 끼어 있는 '천황 측근의 간신'을 일소하고 천황 친정을 통한 '쇼와유신'의 실현을 통해 국가 개조를 실천해 나가는 것이었다.

패전 이후 1960년대까지의 전환기에서는 그 활동 양상이 두 가지 형태로 나타났다. 하나는 패전 시점에서 1960년대 중반까지는 천황주의 중심의 국가주의에 입각한 친미반공親美反共 운동의 형태로 나타났다. 다른 하나는 1950년대 후반 이후의 안보 투쟁 과정에서 형성된 신좌익 세력의 대항 세력으로 1960년대 중반에 출현해 나온 민족파 우익 세력을 통한 활동이었다. 그들의 주된 활동은 일본의 패전을 통해 형성된 미국 중심의 일본 정치 체제를 해체시키고 일본 민족 중심의 정치 체제를 구축해 가는 것이었다.

그 다음의 신보수주의 시대(1970-1990)의 우익 활동은 〈미·일 안보 조약〉을 전후해 형성된 기성 우익 세력과 1970년 '미시마 사건'을 계기로 확립된 신우익 세력을 통해 행해져 나갔다. 기성 우익들의 우익 활동은 반공 세력 활동의 저지, 천황제 부활, 역사 교과서 개정, 헌법 개정 등에 그 초점이 맞추어져 있었고, 신우익의 경우는 일본의 전후 체제 타도, 환경파괴 반대, 유신 정신 부활, 대언론사 항의 등 활동을 하였다.

1990년대 이후의 글로벌 시대로 들어가서 일본은 미국과의 공동방위 전략 정책을 취해 소위 '유엔 중심주의'를 표방해 나갔다. 그러한 상황에서 기존의 우익 세력들은 신보수주의 시대에 신우익들이 주창했던 것들을 이어받아 실천한다는 입장을 취했다. 즉 그들은 메이지 혁명 정신, 그 기초를 이루는 사무라이 정신 등의 회복 운동을 통해 장기불황의 늪으로부터 벗어나 보려는 입장을 취했고 패전을 통해 형성된 미국 중심의 '자학사관自虐史觀'으로부터 벗어나 보려는 입장을 취해 역사교과서 개정 운동과 같은 활동을 전개시켜 나갔다. 그리고 그들은 서구 문화나 미국 문화에 대해서는 배타적 입장이었지만 미·일 공동방위 전략에 대해서는 그 필요성을 강조했다.

한편 1990년대 초의 걸프전과 냉전 체제의 해체를 계기로 '신우익'에서 '신민족파'로 전환해 나온 우익 세력은 미국 중심의 글로벌리즘에 반기를 들고, 이라크나 북한과 같은 약소민족들을 미국과 같은 대국으로부터 보호해 보려는 입장을 취해 나갔다. 그들은 각각의 민족들이 처해 있는 자연, 그것을 기반으로 해서 형성되는 민족 문화나 민족성 그 자체가 지닌 존엄성 쪽으로 관심을 가졌다.

이상과 같이 일본의 우익 세력들은 1900초 년대에 형성되어 나왔던 사회주의 세력의 대항 세력으로 1910년대 말에서 20년대 초에 형성되어 나와, 각 시대의 대내외적 정치적 상황과 맞물려 그 시대가 필요로 하는 정치적 활동을 전개시켜 나갔던 것이다.

셋째, 그렇다면 일본에 사회주의 세력이 형성되어 나오기 이전에는 사회주의 세력 출현 이후의 우익 세력의 정치적 역할을 행했던 세력들은 없었던 것인가? 그렇지 않다. 우리는 제1차 세계대전의 종료 시점에서 그 이전의 청·일 전쟁까지의 20년간을 일본의 제국주의 시대로 규정해 볼 수 있다. 일본은 청·일 전쟁에서의 승리를 통해 취한 요동반도 등을 놓고 동아시아로 진출한 서구의 제국주의 세력들과 대립하지 않을 수 없었다. 그러한 대립적 분위기 속에서 국권론자들은 〈대일본제국 헌법〉과 〈교육칙어〉의 기초 사상을 이루고 있던 황도주의 사상을 한층 더 굳건히 받아들여 국가주의자들로 전환해 나오게 된다. 그래서 그들은 '흑룡회', '낭인회' 등과 같은 국가주의 단체를 결성해 일본주의 운동, 동문동종 운동, 대외강경 운동, 대러 개전 운동, 한·일 합방 운동, 중국 혁명 운동, 만몽 독립 운동 등과 같은 국가주의 운동을 전개시켜 나갔던 것이다. 일본의 그러한 제국주의 시대에서는 국가주의자들과 그들로 구성된 국가주의 단체가 그러한 정치적 역할을 수임해 갔던 것이다.

그 다음의 청·일 전쟁에서 정한파의 패배 시점(1873)까지의 약 20년간의 아시아주의 시대에서는 국권론자들이 그러한 정치적 역할을 행해 갔었다고 볼 수 있다. 서구 열강은 독일제국의 성립(1871)을 계기로 제국주의 국가로 전환해 나와 식민지 개척지로는 이 지구상에서 마지막 남아 있는 동아시아 지역으로 진출하게 된다. 그러자 동아시아 지역에서 제일 먼저 근대 국가로 전환했던 일본은 자기들 중심의 대아시아주의를 표방하게 된다. 그러자 메이지 혁명 이후 민권 운동을 전개시켜 나갔던 민권론자들은 대아시아주의를 주창하는 과정에서 국권론자로 전환해 나와 국권신장 운동을 전개했던 것이다. 다시 말해, 그들은 메이지 정부에 대해 메이지 혁명 정신의 실천을 요구하는 한편, 조선 정벌 등과 같은 대외 침략을 강요했던 것이다.

넷째, 메이지 유신 과정에서는 우익 세력들이 행해 갔던 그러한 정치적 역할을 어떤 인사들이 행해 갔던 것인가? 메이지유신은 도쿠가와 바쿠후德川幕府 시대에 정치적으로 소외당했던 천황가天皇家와 도자마한外様藩이 결합하여 일으킨 정치적 혁명이다. 동진해 온 서구 열강들에 의해 문화를 개방당해 농업을 기반으로 해 온 일본의 경제 체제가 붕괴되는 분위기를 타고, 정치적으로 신반親藩과 후다이한譜代藩에 밀리던 도자마한이 존왕양이尊王攘夷 운동이 행해지는 정치적 상황을 이용해 그동안 도쿠가와 바쿠후의 그늘에 있던 천황가의 조정을 내세워 바쿠후를 타도하고 신정부를 세웠던 혁명인 것이다. 이 경우 신정부의 수립은 왕정복고라는 정치적 논거를 통해 이루어졌는데, 이 왕정복고란 천황이 바쿠후에게 정권을 위임하기 이전의 정치 형태인 '왕정'으로의 '복고'를 의미하는 것이었다. 그런데, 그런 왕정복고를 밀고 나갔던 세력들은 존왕양이 운동을 주도했던 세력들이었던바, 바로 그 세력이 메이지 유신의 이행 과정에서 우익들이 행했던 그러한 정치적 역할을 수임했던 것이다.

그러면 다음으로 사상상의 특징을 정리해 보기로 한다. 필자는 일본 우익의 사상적 특질을 규명하기 위해 제7장에서부터 제9장까지의 지면을 할애하였다.

첫째, 일본 우익의 사상적 기반은 존왕양이 사상을 근간으로 한 메이지 혁명 정신이라 할 수 있다. 사회주의 세력의 대항 세력으로 출현한 우익 세력들은 '다이쇼유신', '쇼와유신', '헤이세이유신' 등을 주장해 왔다. 그들의 그러한 태도는 제일의 '유신維新'인 '메이지유신' 속에 그들의 기본 사상이 내재되어 있다는 것을 의미한다. 그렇다면 그것은 무엇인가? '존왕양이'에서의 '존왕'이란 바쿠후를 대표하는 쇼군将軍에 대한 존경의 대립적 개념으로서의 '존왕'을 의미한다. 일본에는 천황 친정이 행해지지 않게 된 헤이안平安 시대 중기 이후(857년 이후) 정권을 위임한 조정과 그 정권을 위임 받은 기관이라고 하는 양대의 정치 권력이 존재해 왔다. 이 경우 관료, 무사, 승려 등과 같은 특정직에 종사하는 자들은 정권을 위임받은 기관 측의 인사들이고 농민과 같은 서민층의 인사들은 정권을 위임한 조정 측에 서 있는 자들이다. 이렇게 봤을 때, '존왕' 세력들은 조정 측과 농민층의 인사들이라 할 수 있다. 그러면 '양이攘夷' 운동을 일으켰던 세력들은 어떤 자들이었는가?

이 문제는 사상적 측면에서와 군사적 측면에서 논의될 수 있다. 우선 사상적 측면에서는 외국으로부터 들어온 불교나 유교 혹은 기독교와 같은 사상들을 오랑캐의 것으로 파악하고 그것에 대항할 수 있는 순수 일본 사상이나 종교를 추구했던 국학자 내지 신도주의자 등과 같은 자들에 의해서 행해졌다. 군사적 측면에서의 '양이'는 정권을 위임받은 바쿠후의 우두머리인 쇼군에 대한 존경보다는 정권을 위임한 조정의 정점에 있는 천황에 대한 존경을 강조했던 미토한水戸藩의 다이묘大名 등과 같은 자들에 의한 호국 운동이었다.

우리는 미토한의 다이묘 등이 취했던 그러한 사상을 '국체 사상'이라 말하고 있다. 그렇다면, 그러한 국학 사상이나 국체 사상은 과연 어디로부터 나온 것인가? 한마디로 그것들은 고대 일본의《기기》신화 사상을 기반으로 해서 성립된 것이라 할 수 있다. 일본은 천황가의 조상인 태양신의 후손이 천天으로부터 내려와 세운 나라라고 하는《기기》신화는 고대 일본의 천황가가 당시의 호적들로부터 그들이 소유하고 있던 인민과 땅을 빼앗아 자기의 것으로 만들기 위해서 만들어 낸 신화이다. 일본의 우익들은 그러한 내용의《기기》신화를 역사적 사실로 받아들여 그《기기》신화에 입각해 국가와 민족관을 정립시킨 자들이었다. 이렇게 봤을 때, 일본 우익들의 우익 활동의 사상은 고대 일본의《기기》신화를 기초로 해서 성립되어 나온 것이라 할 수 있다. 그렇다면 고대 일본의《기기》신화와 그것을 역사화시킨 일본의 천황가는 과연 어디로부터 유래된 것인가?

《기기》신화는 아시아 대륙의 북방 유목 민족의 개국 신화의 일종인 천손강림 신화를 근간으로 해서 이루어진 것이다. 우리는 여기에서 그 신화를 역사화시킨 천황가의 선조가 3-4세기에 한반도에서 일본으로 건너간 기마 민족 출신으로 보는 설들이 있다는 것을 주시해 볼 필요가 있는 것이다.

▌후기

내가 이 '일본우익의 활동과 사상' 연구에 착수한 것은 6년 전의 일이다. 그렇지만 일본의 우익에 대해 관심을 갖게 됐던 것은 훨씬 오래전의 일이다. 나는 10년 전 연구서 《일본사회주의운동과 사회주의문학》(1977)을 출간한 바 있다. 나에게 그 연구의 결론으로 얻은 하나의 진귀한 지식이 있었다. 그것은 서구의 사회주의가 국제주의의 형태를 취해 성립되어 나왔는데 반해 일본의 사회주의는 그와 대립되는 민족주의를 기반으로 하여 성립되어 나왔다고 하는 것이었다. 일본의 사회주의가 형성됐던 당시의 국제적 정세는 제국주의 시대였었기 때문에, 동아시아국가들에게서의 사회주의란 민족적 생존의 한 수단으로 받아들여졌다는 생각을 해 보면 아주 당연한 사실이지 않을 수 없다.

나는 30여 년간 일본에 관한 문헌들을 읽어 왔다. 그래도 나는 일본이란 이러한 나라라고 말할 수 있는 자신이 없었다. 그러나 나는 이 연구를 해 오면서 비로소 일본이라고 하는 실체가 어렴풋이 잡혀 오는 감을 느낄 수 있었다. 일본의 역사와 문화는 한마디로 황도사관(皇道史觀)을 주축으로 해서 전개되어 나왔다. 또 그것은 우익들의 바이블이라 할 수 있는 《고사기》(古事記)를 초석으로 해서 확립되었다.

그런데, 문제는 그 《고사기》의 신화가 아시아 대륙의 북방 알타이 지역을 통해 형성된 알타이민족들의 신화와 깊게 관련되어 있다고 하는 것이다. 나는 이 연구들을 통해 아마도 나의 일본 연구의 절정이 되리라 예상되는 하나의 중요한 연구 테마도 잡아냈다. 그래서 나는 금후의 연구를 통해 나의 고충이자 우리의 역경을 다소나마 해소시켜 나갈 수 있을 것이라는 희망도 갖게 되었다.

일본의 우익이란 무엇인가를 다시 한 번 생각해 본다. 나는 한 목사님으로부터 이런 말을 들은 적이 있다. 그가 기독교도인지 아닌지를 알아보려면, 예수가 십자가에 못 박혔다가 3일 만에 부활하신 그 기적을 그가 정말 믿는지 믿지 않는지를 알아보면 된다고. 나도 여기에서 그가 우익인지 아닌지를 쉽게 알아볼 수 있는 좋은 방법을 하나 제시한다. 일본은 천황가(天皇家)의 조상인 태양신의 후손이 하늘에서 내려와 세운 나라이다라고 하는 내용을 근간으로 하는 《고사기》의 신화를 그가 부정하려 들지 않는다면, 그는 우익이다라고.

▌참고문헌

외국어 문헌

井上辰雄『天皇家の誕生 — 帝と女帝の系譜』(遊子館, 2006).

高瀬広居『天皇家の歴史』(河出書房, 2005).

遠山美都男『古代王権と大化改新』(雄山閣, 2005).

神山茂夫『天皇制に関する理論的諸問題』(こぶし書房, 2003).

朴埈相『天皇制国家と朝鮮植民地支配』(人間の科学新社, 2003).

右翼問題研究会『右翼の潮流』(立花書房, 2003).

河合隼雄 監修『21世紀日本の構想懇談会』(講談社, 2003).

朴埈相『天皇制国家形成と朝鮮植民地支配』(人間の科学新社, 2003).

右翼問題研究会『右翼の潮流』(立花書房, 1998).

上田正昭他 監修『日本人名大辞典』講談社, 2002).

吉野誠『明治維新と征韓論 — 吉田松陰から西郷隆盛へ』(明石書店, 2002).

右翼問題研究会『右翼の潮流』(訂版, 立花書房, 2002).

渡辺治『日本の大国化とネオ·ナショナリズムの形成』(桜井書店, 2001).

清水均編集『現代用語の基礎知識』(自由国民社, 2001)

木村三浩『右翼はおわってねえぞ!』(雷韻出版, 2001).

神島二郎 · 鶴見俊輔·吉本隆明編集『橋川文三著作集10』(筑摩書房, 2001).

平凡社編『日本史事典』(平凡社, 2001).

堀幸雄『戦後の右翼勢力』(増補版, 勁草書房, 2001).

木村三浩『右翼はおわってねえぞ! — 新民族宣言』(雷韻出版, 2001).

松本健一『思想としての右翼』(論創社, 2000).

新川登亀男「'天皇'の成り立ち」(『グローバリズムと韓日文化』高麗大学校 日本学研究所, 2000).

三浦朱門『天皇=日本の体質』(海竜社, 2000).

松本健一『思想としての右翼』(論創社, 2000).

石上英一他編『山波日本史辞典』(岩波書店, 1999).

司馬遼太郎『対話集 日本人への遺言』(朝日文庫, 1999).

石上英一他 編『岩波日本史辞典』(岩波書店, 1999).

野田正彰『戦争と罪責』(岩波書店, 1998).
江口圭一『日本帝国主義史研究』(青木書店, 1998).
右翼問題研究会編『右翼の潮流』(立花書房, 1998).
山口定『ヨーロッパ新右翼』(朝日新聞社, 1998).
岩井忠態『近代天皇制のイデオロギー』(新日本出版社, 1998).
右翼問題研究会『右翼の潮流』(立花書房, 1998)).
広松渉他『岩波哲学・思想事典』(岩波書店, 1998).
岡本幸治編著『近代日本のアジア観』(ミネルヴァ書房, 1998).
岩井忠熊『近代天皇制のイデオロギー』(新日本出版社, 1998).
鈴木貞美『日本の'文学'概念』(作品社, 1998).
小堀桂一郎「戦後日本と国家主義」(『Voice』1997).
阿川弘之・谷沢永一「誰がこの国を守るのか」(『Voice』1997).
吉田裕.「閉塞するナショナリズム」(『世界』岩波書店, 1997).
遠藤誠治「'世界秩序'の流動」(『世界』臨時増刊, 1997).
江藤淳「"アンパン総理"も限界か」(『Voice』1997. 3).
西尾幹二「新しい歴史教科書の戦い」(『Voice』1997. 2).
堀幸雄『戦前の国家主義運動史』(三嶺書房, 1997).
趙軍『大アジア主義と中国』(亜紀書房, 1997).
堀幸雄『戦前の国家主義運動史』(三嶺書房, 1997).
松尾章一『近代天皇制国家と民衆·アジア(上)』(法政大学出版局, 1997).
渡辺昇一「戦後の学校教育が子供たちから抵抗する術を奪った」(『Voice』1996. 5).
高木正幸『右翼』(改訂版, 土曜美術社出版, 1996).
高木正幸『右翼・活動と団体』(改訂版, 土曜美術社出版, 1996).
藤岡信勝『汚辱の近現代史』(徳間書店, 1996).
本山幸彦「政教社」(『新潮日本文学辞典』新潮社, 1996).
松本健一『アジア主義の原象 — 中野正剛新潮45』(新潮社, 1996).
国史大辞典編集委員会 編集『国史大辞典(全巻)』(第1版, 国史大辞典編集委員会, 1996).
堺屋太一・石原慎太郎「決断しない国家は滅ぶ」(『Voice』1995. 9).
梅原猛「日本近代を超えて」(『Voice』1995. 7).
吉見義明・林博史「はじめに」(『共同研究 日本軍慰安婦』大同書店, 1995).
鈴木正幸「国体思想」(下中弘 編『日本史大事典第三巻』平凡社, 1995).
加藤祐三『近代日本と東アジア』(筑摩書房, 1995).
下中弘 編『日本史大辞典』(全七巻, 平凡社, 1995).

石原慎太郎「Noと言える村山政権」(『Voice』1994. 11).
鈴木邦男『新右翼』(新増補版, 彩流社, 1994).
平凡社 編集『日本史大事典』(全7巻, 平凡社, 1994).
古屋哲夫編『近代日本のアジア認識』(京都大学人文科学研究所, 1994).
松本健一『近代アジア精神史の試み』(中央公論社, 1994).
池田知久「中国古代の天人相関論 ― 董仲舒の場合」(満口雄三 他 編『世界像の形成』東京大学出版, 1994).
田中真人「国家社会主義」(下中弘 編『日本史大事典第三巻』平凡社, 1993).
辛勝夏『中国近代史』(大明出版社, 1993).
下中弘編『日本史大事典》(全7巻, 平凡社, 1993).
阪本是丸『明治維新と国学者』(大明堂, 1993).
井上光貞他『新詳説日本史』(改訂版, 山川出版社, 1992).
下中弘編「国体思想」(『日本史大事典』全七巻, 平凡社, 1992).
相良享『日本の儒教I― 根良享著作集1』(ぺりかん社, 1992).
天道是『右翼運動100年の軌跡 ―その 抬頭・挫折・混迷』(立花書房, 1992).
堀幸雄『右翼辞典』(三嶺書店, 1991).
古川万太郎『近代日本の大陸政策』(東京書籍, 1991).
田尻祐一郎「近世日本の'神国'論」(片野達郎 編『正統と異端 ― 天皇・天・神』角川書店, 1991).
中村幹雄『ナチ党の思想と運動』(名古屋大学出版会, 1990).
東大東洋史辞典編纂会 編『新編東洋史辞典』(東京創元社, 1990).
国史大辞典編輯委員会『国史大辞典』(全巻, 吉川弘文館, 1990).
国史大辞典編集委員会編『国史大辞典10』(古川弘文館, 1989).
斎藤正二『日本的自然観の変遷過程』(電機大学出版局, 1989).
高木正幸『右翼活動と団体』(土曜美術社, 1989).
高木正幸『右翼』(土曜美術社出版, 1989).
高木正幸『新左翼三十年史』(土曜美術社, 1988).
市古貞次他『日本文学全史1 ―上代』(学灯社, 1988).
市古貞次他『日本文学全史1 ― 上代』(学灯社, 1988).
The Random House Dictionary of the English Language(Second Edition, 1987).
岩井忠熊 「'京都学派'の系譜と'新国家主義'」(『季刊科学と思想』 通号63, 新日本出版社, 1987).
藤間生大 『東アジア世界の形成　第3巻　壬午軍乱と近代東アジア世界の成立』(春秋社,

1987).
梅原猛・吉本隆明『対話日本の原像』(中央公論社, 1986).
文部省検定『高校日本史』(改訂版, 実践出版,1986).
日本文学研究資料刊行会 編『古事記・日本書紀 I』(有精堂, 1986).
三省堂編『コンサイス人名辞典 —日本編』(三省堂, 1984).
樺島忠夫他 編『明治・大正新語俗語辞典』(東京堂出版, 1984).
木下半治『日本右翼の研究』(現代評論社, 1983).
堀幸雄『戦後の右翼勢力』(勁草書房, 1983).
木下半治『日本右翼の研究』(現代評論社, 1983).
浅沼和典「ファシズムの原理」(浅沼和典 他 編『比較ファシズム研究』成文堂, 1982).
高橋幸八郎他『日本近代史論』(車秦金易他訳, 知識産業社, 1981).
『日本国語大辞典』(小学館, 1981).
初瀬竜平『伝統的右翼内田良平の研究』(九州大学出版会, 1980).
国史大辞典編集委員会『国史大辞典』(全15巻, 吉川弘文館, 1979).
松沢哲成『アジア主義とファシズム』(れんが書房新社, 1979).
頭山統一『筑前玄洋社』(葦書房, 1977).
山極晃「朝鮮戦争とサンフランシスコ講和条約」(『岩波講座日本歴史22』岩波書店, 1977).
大江志乃夫「安保闘争」(岩波講座『日本歴史23』岩波書店, 1977).
岩波講座『日本歴史22-22』(岩波書店, 1977).
色川大吉「日本ナショナリズム論」(岩波講座『日本歴史17』岩波書店, 1976).
安藤実「第一次大戦と日本帝国主義」(岩波講座『日本歴史18』岩波書店, 1975).
一又正雄『杉山茂丸 — 明治大陸政策の源流』(原書房, 1975).
徳川斉昭「弘道館記」(『水戸学日本思想大系』53, 岩波書店, 1973).
会沢正志斎「新論」(『水戸学 日本思想大系』53, 岩波書店, 1973).
折口信夫『全集』(第20巻, 中央公論社, 1971).
内田良平「韓日合邦」(竹内好編『アジア主義』筑摩書房, 1971).
安丸良夫「民衆運動の思想」(『民衆運動の思想 日本思想大系』58, 岩波書店, 1970).
黒竜倶楽部『国士内田良平伝』(原書房, 1967).
渡辺龍策『大陸浪人』(番町書房, 1967).
藤田省三『天皇制国家の支配原理』(未来社, 1966).
黒竜会 編集『東亜先覚志士記伝』(上巻, 原書房, 1966).
広畑輔雄「盤古説話と記紀神話」(『漢文学会会報 二十四号』東京教育大学 漢文学会, 1965).
葦津珍彦『大アジア主義と頭山満』(日本教文社, 1965).

竹内好 編集·解説『現代日本思想大系9 — アジア主義』(筑波書房, 1963).
下中邦彦編『アジア歴史事典』(第12巻, 平凡社, 1960).
井上清『天皇制』(東京大学出版会, 1953).
E. ハアバアド·ノオマン「日本帝国の一源流」(『世界評論』 第1号. 1946).
平野義太郎『大アジア主義の歴史的基礎』(河出書房, 1945).
田中惣五郎『木戸孝允』(千倉書店, 1941).
木下半治『国家主義運動史』(慶応書房, 1939).
吉田鞆明『巨人頭山満翁は語る』(感山荘, 1939).
加藤玄智『加藤玄智集 シリーズ 日本の宗教学③』(クレス出版, 1937).
高須芳次郎『水戸学派の尊皇及び経綸』(雄山閣版, 1936).
鍋山貞親『左翼労働総合と右翼との闘争』(希望閣, 1931). 12).
エル·ヒタロフ『右翼的危険の増大と青年コミンテルンの諸任務』(藤川稔 訳, プロレタリア書房, 1931. 7).
バウル·メルケル『戦闘的総合戦略と右翼清算派』(桑原悦夫 訳, 南蛮書房, 1930. 6).
レンツナー『右翼的偏向の問題 — コミンテルン内の右翼化の問題について』(今村保男 訳, 永田書店, 1929).
高橋免去『左翼運動の理論的崩壊 — 右翼運動の理論的根拠』(白楊, 1927).
山川均『左翼の闘争』(白揚社, 1927).
ニコライ·レーニン『左翼小児病』(東京 : 希望閣, 1926).
孫文『吾人之大亜細亜主義』(神戸高等女学校の講堂にての講演, 1924).
日本詩人協会編『日本詩集—左翼戦線』(東京 :日本詩人協会, 1924).
李大剑『大亜細亜主義与新亜細亜主義』(『国民雑誌』 1巻2号, 1919).
小寺謙吉『大亜細亜主義論』(東京宝文館, 1916).
山県篤蔵 編集『'新聞雑誌'の'第二号'』(日新堂, 1871).

한국어 문헌

호사카 유지, 〈요시다 쇼인吉田松陰과 메이지 정부의 대한對韓 정책〉, 김양희·김채수·호사카 유지·홍현길, 《일본 우익사상의 기저연구》(보고사, 2007).
홍현길, 《히로이케 치쿠로의 도덕교육론》(보고사, 2006).
황명천, 《만요슈와 한민계 시가 연구》(보고사, 2006).
이희복, 〈일본적 유학의 창출〉, 한국일본학회, 《일본학보》 제64집(2005).
앨런 브링클리, 《있는 그대로의 미국사》 제2-3권, 황혜성 외 옮김(휴머니스트, 2005).
데니스 L. 바크 외, 《도이치현대사1 — 새나라세우기》(비봉출판사, 2004).

야스마루 요시오,《천황 제국가의 성립과 신흥종교》, 이원범 옮김(소화, 2002).
강창일,《근대 일본의 조선침략과 대아시아주의 — 우익 낭인의 행동과 사상을 중심으로》(역사비평사, 2002).
이희복,〈신유일치와 국체 사상〉, 일본사상학회,《일본사상》, 제5호(2002).
하겐 슐체,《새로 쓴 독일 역사》, 반성완 옮김(知와사랑, 2000).
한일 관계사학회 편,《한일양국의 상호인식》(국학자료원, 1998).
다니엘 리비에르,《프랑스의 역사 개정판》, 최갑수 옮김(까치, 1998).
김채수,《일본 사회주의운동과 일본사회주의 문학》(고려대학교출판부, 1997).
함동주,〈明治期 일본의 아시아주의와 國權意識〉,《일본 역사 연구》 제2집(1995).
司馬遷,《司馬遷 史記 6 — 史記列傳(중)》, 丁範鎭 외 옮김(까치, 1995)
司馬遷,《司馬遷 史記 1 — 史記本紀》, 丁範鎭 외 옮김(까치, 1994).
H, G, 크릴,《孔子 — 인간과 신화》, 이성규 옮김(지식산업사, 1994).
한상일,〈일본사회의 우경화 — 역사수정주의를 중심으로〉, 김호섭 외,《일본 우익 연구》(중심, 1994).
김채수,〈오자와 構想의 史的背景〉, 월간《세계와 나》(1993. 9).
김현구,《任那日本政府硏究》(일조각, 1993).
신승하,《중국근대사》(대명출판사, 1993).
신승하,《중국현대사》(대명출판사, 1992).
야스마루 요시오安丸良夫,〈일본의 근대 천황제와 민중의식〉, 계명대학교 일본문화 연구소,《일본학지》 제11집(1991).
안드레아스 힐그루버,《독일 현대사》, 손상하 옮김(까치, 1991).
이기백,《한국사신론》, 개정판(일조각, 1988).
강동진,《일본근대사》(한길사, 1985).
강재언,〈아시아主義와 一進會〉,《한국사회연구》 제2집(1984).
이토야 히사오糸屋壽雄 외,《일본민중운동사》, 윤대원 옮김(학민사, 1984).
에드윈 O, 라이샤워 외,《동양문화사(上)·(下)》, 전해종 외 옮김(을유문화사, 1984).
李弘稙編 ,〈전봉준〉,《國史大事典》(三榮出版社, 1984).
차기벽·박충석 편,《일본현대사의 구조》(한길사, 1983).
P, 스타인펠스,《現代美國知性史》, 金快相 옮김(現代思想社, 1983).
니콜라스 V, 랴자노프스키,《러시아의 역사II — 1801-1976》, 김현택 옮김(까치, 1982).
한상일,《日本帝國主義 의 한 硏究 — 大陸浪人과 大陸膨脹》(까치, 1980).
김익달 편,《세계문화사V》(학원사, 1964).

▌찾아보기

인문사회과학총서 69

일본 우익의 활동과 사상 연구

초판 발행 2008년 12월 10일
초판 1쇄 2008년 12월 10일
지은이 김채수
펴낸곳 **고려대학교출판부**
www. kupress. com
kupress@korea. ac. kr
136-701 서울특별시 성북구 안암동
02-3290-4230, 4232
Fax 923-6311
찍은곳 한국컴퓨터인쇄정보

ISBN 978-89-7641-359-8(세트)
ISBN 978-89-7641-672-8 94150

값 24,000 원
* 잘못 만들어진 책은 바꿔드립니다.